ポケットモンスター サン・ムーン 公式ガイドブック 上
完全ストーリー攻略　目次

アローラ地方 マップ	6
メレメレじま マップ	8
アーカラじま マップ	10
ウラウラじま マップ	12
ポニじま マップ	14
エーテルパラダイス マップ	15
この本の使いかた	16

進行チャート … 19
公式ガイドブック編集部おすすめの進行チャート	20

主な登場人物 … 31

島巡りの物語 … 47

アローラ地方のポケモン … 57
不思議な生き物 ポケットモンスター	58
アローラ地方特有の環境とポケモンの生態	62
アローラ地方の試練と大試練	66
ジガルデを完全な姿で活躍させよう	68
ボールを投げて野生のポケモンをつかまえよう	70
野生のポケモンを進化させよう	72
アローラ図鑑を完成させよう	74
世界中の人とポケモンを通信交換しよう	78

アローラ地方のポケモン勝負 … 81
ポケモン勝負に勝てるようになろう	82
ポケモンにZパワーを与えてZワザをくり出そう	87
ポケモンをメガシンカさせて戦おう	91
ポケモンを強く育てよう	93
島巡りを勝ちぬける強い「てもち」をつくろう	96
島巡りの中でくり広げられる対戦形式を知ろう	100

アローラ地方のポケモントレーナー … 101
ポケモンセンターは島巡りのサポート施設だ	102
フレンドリィショップ	103
パソコン	106
カフェスペース	108
ポケモンといっしょに島巡りや図鑑完成に挑もう	109

ポケモン	109
ポケモン図鑑	111
バッグ	115
トレーナーパス	116
レポート	118
戦闘の情報を読んで勝利を収めよう	119
野生のポケモンの捕獲	119
ポケモントレーナーとの勝負	120
戦闘中の天気	122

ストーリークリア … 123
●「ストーリークリア」の見かた	124

メレメレじま
1ばんどうろハウオリシティはずれ	126
1ばんどうろ	136
リリィタウン	141
マハロさんどう／いくさのいせき	150
トレーナーズスクール	152
ハウオリシティ	158
2ばんどうろ／きのみばたけ	172
ハウオリれいえん	178
しげみのどうくつ	180
3ばんどうろ	186
メレメレのはなぞの	192
うみつなぎのどうけつ	196
カーラエわん	198
テンカラットヒル	201
メレメレかい	206

アーカラじま
カンタイシティ	208
4ばんどうろ	218
オハナタウン	220
オハナぼくじょう	226
5ばんどうろ	230
せせらぎのおか	236
6ばんどうろ	242
ロイヤルアベニュー	246
7ばんどうろ	250

ヴェラかざんこうえん	254
8ばんどうろ	260
シェードジャングル	264
ディグダトンネル	271
9ばんどうろ	274
コニコシティ	276
メモリアルヒル／アーカラじまはずれ	284
いのちのいせき	288
ハノハノリゾート／ハノハノビーチ	292

エーテルパラダイス

エーテルパラダイス	296

ウラウラじま

マリエシティ	312
マリエていえん	322
マリエシティはずれのみさき	328
10ばんどうろ	332
ホクラニだけ	336
11ばんどうろ	344
12ばんどうろ	346
ホテリやま	350
ウラウラうらかいがん	352
13ばんどうろ	354
カプのむら	358
15ばんすいどう	362
14ばんどうろ／スーパー・メガやす あとち	370
ハイナさばく	376
みのりのいせき	380
16ばんどうろ	382
ウラウラのはなぞの	386
がちりんのみずうみ	390
にちりんのみずうみ	392
17ばんどうろ	394
ポータウン	398

ポニじま

うみのたみのむら	404
ポニのげんや	410
ポニのこどう	414
ポニのあらいそ	420
ひがんのいせき	422
ナッシー・アイランド	424
ポニのだいきょうこく	427

ウルトラスペース

ウルトラスペース	439

ウラウラじま

ラナキラマウンテン	444
国際警察の捜査に協力してUBを捕獲しよう	454

ポニじま

ポニのじゅりん	472
ポニのこうや	474
ポニのはなぞの	478
エンドケイブ	480

殿堂入り後のアローラ地方を冒険しよう … 486

ポニじま

ポニのかいがん	506
ポニのけんろ	508
バトルツリー	512

ポケリフレ … 517

ポケリフレでポケモンとコミュニケーションしよう	518
ポケリフレでポケモンと仲良くなる方法をおぼえよう	522

ポケリゾート … 525

ポケリゾートでボックスのポケモンと遊ぼう	526
のびのびリゾート	528
すくすくリゾート	530
どきどきリゾート	532
わいわいリゾート	534
ぽかぽかリゾート	535
いかだハウス	536

フェスサークル … 537

フェスサークルで世界中の人と交流しよう	538
フェスサークルのお店で買い物を楽しもう	542
やたい	542
バルーンアスレチック	544
そめものや	545
ホラーハウス／ギフトショップ	546
うらないや	548
くじや	549
アトラクションを楽しもう	550

お城の中の施設を利用しよう ……………… 552	アローラ地方で戦えるポケモントレーナーたち ……… 658
案内受付 ……………………………… 552	多彩なバトルスタイルを習得しよう ……… 668
トレーナー呼び出し受付 …………… 552	ゼンリョクポーズとZワザの戦闘アニメを堪能しよう … 671
模様替え受付 ………………………… 553	アローラ地方で横になれるベッドの寝心地くらべ …… 687
グローバルアトラクション受付 …… 553	ダジャレ好き集まれ! 島巡りの途中で聞ける傑作選 … 688
通信専用パソコン …………………… 554	

アローラ地方のスポットガイド ……… 689

気軽にポケモンの通信交換を楽しもう …… 555
GTSで世界中のプレイヤーと通信交換を楽しもう … 556
世界中の人たちと対戦で競いあおう ……… 558
バトルスポットでバトルマスターをめざそう ……… 560

連動コラム

「サトシゲッコウガ」 ……………………… 516
「モンコレGET」 …………………………… 700
「ポケモン Zリング」 ……………………… 702

ポケファインダー ………………………… 561

ポケファインダーでポケモンの写真を撮ろう ……… 562
撮影テクニックを駆使して高い「きろく」をもらおう … 564
4つの島の撮影スポットでナイスな写真を撮ろう … 566

バトルの相性表 …………………………… 703

ファッション ……………………………… 573

探したい街やどうろがすぐに見つかる
数字順・50音順さくいん

自由なアレンジでファッションを楽しもう … 574
　アイテムカタログ ♠男の子♠ ……… 579
　アイテムカタログ ♥女の子♥ ……… 589
　公式ガイドブック編集部のオススメコーデ
　　♠男の子編♠ ……………………… 606
　公式ガイドブック編集部のオススメコーデ
　　♥女の子編♥ ……………………… 608
白いアイテムをフェスサークルで染めてもらおう … 610

【数字順】	スーパー・メガやす
	あとち ………… 370
1ばんどうろ ………… 136	シェードジャングル … 264
1ばんどうろ	しげみのどうくつ … 180
ハウオリシティはずれ … 126	せせらぎのおか ……… 236
2ばんどうろ ………… 172	ディグダトンネル …… 271
3ばんどうろ ………… 186	テンカラットヒル …… 201
4ばんどうろ ………… 218	トレーナーズスクール … 152
5ばんどうろ ………… 230	ナッシー・アイランド … 424
6ばんどうろ ………… 242	にちりんのみずうみ … 392
7ばんどうろ ………… 250	ハイナさばく ………… 376
8ばんどうろ ………… 260	ハウオリシティ ……… 158
9ばんどうろ ………… 274	ハウオリれいえん …… 178
10ばんどうろ ………… 332	バトルツリー ………… 512
11ばんどうろ ………… 344	ハノハノビーチ ……… 292
12ばんどうろ ………… 346	ハノハノリゾート …… 292
13ばんどうろ ………… 354	ひがんのいせき ……… 422
14ばんどうろ ………… 370	ポータウン …………… 398
15ばんすいどう ……… 362	ホクラニだけ ………… 336
16ばんどうろ ………… 382	ホテリやま …………… 350
17ばんどうろ ………… 394	ポニのあらいそ ……… 420

バトル施設 ………………………………… 611

バトル施設でポケモンバトルを楽しもう … 612
　バトルロイヤル ……………………… 613
　バトルツリー ………………………… 615

QRスキャン ……………………………… 621

QRコードをスキャンして
　ポケモンの発見・捕獲をしよう …… 622

【50音順】	ポニのかいがん ……… 506
	ポニのげんや ………… 410
アーカラじまはずれ … 284	ポニのけんろ ………… 508
いくさのいせき ……… 150	ポニのこうや ………… 474
いのちのいせき ……… 288	ポニのこどう ………… 414
ヴェラかざんこうえん … 254	ポニのじゅりん ……… 472
うみつなぎのどうけつ … 196	ポニのだいきょうこく … 427
うみのたみのむら …… 404	ポニのはなぞの ……… 478
ウラウラうらかいがん … 352	マハロさんどう ……… 150
ウラウラのはなぞの … 386	マリエシティ ………… 312
ウルトラスペース …… 439	マリエシティ
エーテルパラダイス … 296	はずれのみさき …… 328
エンドケイブ ………… 480	マリエていえん ……… 322
オハナタウン ………… 220	みのりのいせき ……… 380
オハナぼくじょう …… 226	メモリアルヒル ……… 284
カーラエわん ………… 198	メレメレかい ………… 206
がちりんのみずうみ … 390	メレメレのはなぞの … 192
カプのむら …………… 358	ラナキラマウンテン … 444
カンタイシティ ……… 208	リリィタウン ………… 141
きのみばたけ ………… 172	ロイヤルアベニュー … 246
コニコシティ ………… 276	

PGL ………………………………………… 625

ポケモンバンク ………………………… 637

インタビュー …………………………… 643

増田順一氏・大森滋氏 公式クリエイターインタビュー … 644

バラエティ ……………………………… 653

散りばめられた過去作とのつながり
　ストーリーの豆知識を大公開! ……………… 654

4

ポケットモンスター サン・ムーン 公式ガイドブック 下
完全アローラ図鑑　目次

ポケモン50音順さくいん&チェックリスト ………… 6

アローラ図鑑 ………………………… 9
- ●「アローラ図鑑」の楽しみかた ……………… 10

コラム「さらにくわしい生態」
モクロー	12	イワンコ	60
フクスロー	13	ルガルガン	61
ジュナイパー	13	ヌイコグマ	90
ニャビー	14	キテルグマ	91
ニャヒート	15	シロデスナ	98
ガオガエン	15	ネッコアラ	120
アシマリ	16	ミミッキュ	128
オシャマリ	17	カプ・コケコ	148
アシレーヌ	17		

コラム「アローラのすがたの秘密」
コラッタ アローラのすがた	22	ガラガラ アローラのすがた	52
ラッタ アローラのすがた	26	イシツブテ アローラのすがた	55
ライチュウ アローラのすがた	32	ゴローン アローラのすがた	58
ニャース アローラのすがた	35	ゴローニャ アローラのすがた	65
ペルシアン アローラのすがた	36	サンド アローラのすがた	67
ベトベター アローラのすがた	41	サンドパン アローラのすがた	68
ベトベトン アローラのすがた	43	ロコン アローラのすがた	71
ディグダ アローラのすがた	44	キュウコン アローラのすがた	116
ダグトリオ アローラのすがた	51	ナッシー アローラのすがた	142

コラム「姿の変わるポケモン」
オドリドリ	48	シルヴァディ	108
パッチール	63	ジガルデ	111
ヨワシ	64	メタモン	113
ポワルン	96	メテノ	115

ポケモンデータファイル ………………… 161
- ●「ポケモンデータファイル」の見かた ………… 162

アローラ図鑑完成ガイド ……………… 481
- アローラ図鑑を完成させよう ……………………… 482
- アローラ地方特有のポケモンの出現方法を知ろう … 484
- 島図鑑を完成させていこう ………………………… 485
- ●島図鑑リスト ……………………………………… 486
- 野生のポケモンをつかまえるテクニックをおぼえよう … 490
- 捕獲に向いたポケモンを育てよう ………………… 492
- 別世界へ行って「昼」と「夜」を移動しよう ……… 493
- 草むらやどうくつなどに出現する野生のポケモンをつかまえよう … 494
- 仲間として出現する野生のポケモンをつかまえよう … 498
- 特別な天気のときに出現する仲間のポケモンをつかまえよう … 499
- 水上に出現する野生のポケモンをつかまえよう … 500
- 「つりざお」を使って野生のポケモンをつかまえよう … 501
- 特別な方法で出現する野生のポケモンをつかまえよう … 502
- カセキを復元して太古のポケモンを手に入れよう … 504
- 冒険の途中で貴重なポケモンを手に入れよう …… 504
- 国際警察の捜査に協力してUBを捕獲しよう …… 506
- ジガルデ・コアとジガルデ・セルを集めよう …… 507
- ●ジガルデ・コアとジガルデ・セルのヒントリスト …… 508
- レベルアップで進化をさせてポケモンを手に入れよう … 510

- 特定の時間帯に進化をさせてポケモンを手に入れよう … 513
- なつかせて進化させポケモンを手に入れよう …… 514
- 特定の場所で進化させてポケモンを手に入れよう … 515
- 特定のわざをおぼえさせて進化させてポケモンを進化させよう … 515
- いしを使って進化させてポケモンを手に入れよう … 516
- 特別な方法で進化させてポケモンを手に入れよう … 518
- 街の人と交換してポケモンを手に入れよう ……… 519
- タマゴを発見してポケモンを手に入れよう ……… 520
- ●アローラ図鑑のポケモンのタマゴグループ …… 526
- ポケリゾートで野生のポケモンを仲間にしよう …… 528
- 通信交換をしてポケモンを手に入れよう ………… 530

ポケモンバトル入門 ………………… 533
- 対戦にチャレンジしよう …………………………… 534
- ルールが異なる3種類の対戦を楽しもう ………… 535
- シングルバトルのテクニックをおぼえよう ……… 536
- ●シングルバトルで効果的なコンボ ……………… 537
- ダブルバトルのテクニックをおぼえよう ………… 538
- ●ダブルバトルで効果的なコンボ ………………… 539
- バトルロイヤルのテクニックをおぼえよう ……… 540
- ●バトルロイヤルで効果的なコンボ ……………… 541
- 対戦で活躍するポケモンを育成しよう …………… 542
- 対戦で活躍させたいポケモンを決めて見つけよう … 543
- タマゴから生まれたポケモンを大切に育てよう …… 544
- ●詳細版 アローラ図鑑のポケモンのタマゴグループ … 546
- きそポイントを上げてポケモンを強く育てよう … 550
- バトルビデオで対戦の記録・再生をしよう ……… 556

データ ……………………………… 557
- ポケモンのわざ ……………………………………… 558
- ・Zワザ ……………………………………………… 584
- わざをおぼえられる場所や条件 …………………… 585
- ・わざマシンの入手方法 …………………………… 585
- ・人から教えてもらえるわざをおぼえられる場所 … 586
- ポケモンのとくせい ………………………………… 587
- ・とくせい「ものひろい」でひろってくるどうぐ … 593
- ポケモンの「せいかく」と「とせい」 ……………… 594
- アローラ地方のポケモンを倒すともらえるきそポイントの種類 … 595
- ・倒すとHPのきそポイントが上がるポケモン …… 599
- ・倒すと「こうげき」のきそポイントが上がるポケモン … 599
- ・倒すと「ぼうぎょ」のきそポイントが上がるポケモン … 599
- ・倒すと「とくこう」のきそポイントが上がるポケモン … 600
- ・倒すと「とくぼう」のきそポイントが上がるポケモン … 600
- ・倒すと「すばやさ」のきそポイントが上がるポケモン … 600
- どうぐ ……………………………………………… 601
- ・影などとぶつかって出現したポケモンが落とすことのあるどうぐ … 614
- ・つりをすると釣れることのあるどうぐ ………… 614
- ・「ケンタロス ラッシュ」や「サメハダー ジェット」で頑丈な岩を壊すと見つかることのあるどうぐ … 614
- 野生のポケモンが持っているどうぐ ……………… 615
- きのみ ……………………………………………… 616
- 特別なポケモンと出会える場所と復活する条件 … 620
- わざの逆引き アローラ図鑑版 …………………… 622
- とくせいの逆引き アローラ図鑑版 ……………… 644
- ポケモン弱点早見表 アローラ図鑑版 …………… 646
- バトルの相性表 …………………………………… 655

5

ALOLA WORLD MAP
アローラ地方マップ

メレメレじま

ポニじま

エーテルパラダイス

メレメレじま マップ

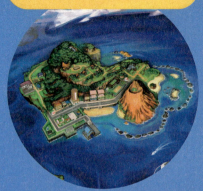

うみつなぎのどうけつ

カーラエわん

1ばんどうろ

主人公の家

トレーナーズスクール　ポケモンセンター

1ばんどうろ
ハウオリシティはずれ

ポケモンけんきゅうじょ

テンカラットヒル

メレメレかい

アーカラじま マップ

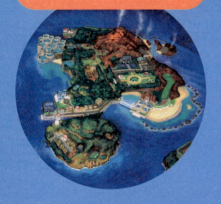

ポケモンセンター
ロードサイドモーテル

5ばんどうろ
ポケモンセンター

せせらぎのおか

オハナぼくじょう
カキの家
ポケモンセンター
オハナタウン

ホテルしおさい
4ばんどうろ

カンタイシティ
くうかんけんきゅうじょ
アーカラじょうせんじょ
ブティック
ポケモンセンター
かんこうあんないじょ
せいめいはんだんし
エーテル財団
ゲームフリーク

ディグダトンネル
いのちのいせき

コニコシティ
スイレンの家
ポケモンセンター
ライチのジュエリーショップ
かんぽうやくショップ
マオのレストラン
ブティック
わざマシンうりば
9ばんどうろこうばん
ヘアサロン
おこうや／ロミロミ
メモリアルヒル
9ばんどうろ
アーカラじまはずれ

8ばんどうろ
エーテルベース
かせきふくげんじょ
シェードジャングル
ヴェラかざんこうえん
ワカツダケトンネル
7ばんどうろ
ポケモンあずかりや
ロイヤルドーム
スーパー・メガやす
ロイヤルアベニュー
ポケモンセンター
マラサダショップ
6ばんどうろ
ハノハノリゾートホテル
わざおしえ
ハノハノリゾート
ハノハノビーチ

- いかがわしきやしき
- ポータウン
- ポケモンセンター
- ホクラニてんもんだい
- ポケモンセンター
- 17ばんどうろ
- ポーこうばん
- ホクラニだけ
- がちりんのみずうみ（『ポケモン サン』の場合）
- にちりんのみずうみ（『ポケモン ムーン』の場合）
- ウラウラのはなぞの
- 10ばんどうろ
- ポケモンセンター
- 16ばんどうろ
- エーテルベース
- ポケモンリーグ
- ポケモンセンター
- わざおもいだし
- ラナキラマウンテン
- エーテルハウス
- ポケモンセンター
- 15ばんすいどう
- カプのむら
- スーパー・メガやすあとち
- 14ばんどうろ

ウラウラじま マップ

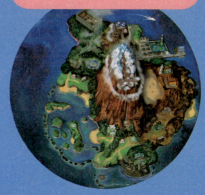

- リサイクルプラント

マリエシティはずれのみさき

- マリエとしょかん
- マリエちいきセンター

マリエていえん

- ヘアサロン
- ブティック
- マラサダショップ
- ポケモンセンター
- ウラウラじょうせんじょ
- ローリングドリーマー

マリエシティ

11ばんどうろ

みのりのいせき

12ばんどうろ

- ちねつはつでんしょ

ハイナさばく

ホテリやま

- モーテル

ウラウラうらかいがん

13ばんどうろ

13

ポニじま マップ

バトルツリー

にちりんのさいだん
(『ポケモン サン』の場合)
がちりんのさいだん
(『ポケモン ムーン』の場合)

エンドケイブ

ポニの
だいきょうこく

ポニのげんや

ポケモンセンター
わざおしえ

ハプウの家

ポニの
じゅりん

ナッシー・アイランド

うみのたみのむら

ポニのこどう

船上レストラン

ポニのあらいそ

マツリカの家

じょうせんじょ

エーテルパラダイス マップ

この本の使いかた

あっ なにか いいこと ありそう……

リーリエ

『ポケットモンスター サン・ムーン 公式ガイドブック 上 完全ストーリー攻略』の各章の内容を紹介。知りたい情報を探すときに利用しよう。

アローラ地方マップ

4つの島と1つの人工島からなるアローラ地方のマップだ。これからはじまる冒険に夢をふくらませよう。

6ページを見よう。

進行チャート

『ポケモン サン・ムーン』の物語の流れがわかる。迷ったときや進行具合を確認するときに活用しよう。

20ページを見よう。

登場人物

『ポケモン サン・ムーン』の登場人物の公式アートを楽しめる。名ゼリフとともに鑑賞しよう。

32ページを見よう。

フェスサークル

インターネットで世界中の人と遊べる施設を紹介。買い物や通信の方法などを解説している。

538ページを見よう。

ポケリゾート

パソコンのボックスにあずけているポケモンたちが遊ぶリゾート。島巡りを楽しくする施設を紹介している。

526ページを見よう。

ポケリフレ

ポケモンをおていれする方法を中心に、「なかよし」が上がったポケモンの行動をくわしく公開している。

518ページを見よう。

ポケファインダー

ポケモンの写真が撮れる撮影スポットや、上手に写真を撮れるテクニックをレクチャーしている。

562ページを見よう。

ファッション

アローラ地方で買えるファッションアイテムを全点公開。買い物やコーデの参考にしよう。

574ページを見よう。

バトル施設

バトルの殿堂、ロイヤルドームとバトルツリーの遊びかたを紹介。BPと交換で手に入るどうぐも掲載している。

612ページを見よう。

島巡りの物語

アローラ地方独自の風習やポケモンなど、『ポケモン サン・ムーン』の世界観を物語風に紹介している。

48ページを見よう。

アローラ地方の ポケモン

ポケモンの基本的な生態を中心に、アローラ地方特有のポケモンの特徴をくわしく解説している。

58ページを見よう。

アローラ地方の ポケモン勝負

島巡り中に出会うトレーナーとのポケモン勝負に勝てる方法を公開。「てもち」の例も豊富に紹介している。

82ページを見よう。

ストーリークリア

冒険の最初から殿堂入り後の物語までを完全攻略。ストーリーをクリアしたい人は、ここを中心に読もう。

126ページを見よう。

アローラ地方の ポケモントレーナー

ポケモンセンターやボックス、ポケモン図鑑などの使いかたをくわしく紹介。読むと得する情報が満載だ。

102ページを見よう。

ポケモンバンク

リニューアルし、ぜんこく図鑑に対応した『ポケモンバンク』の活用方法をくわしく解説する。

638ページを見よう。

QRスキャン

QRコードを読み込んで図鑑を充実させるQRスキャン。かくれた野生のポケモンと出会う方法も全公開。

622ページを見よう。

PGL

『ポケモン サン・ムーン』と連動するWebサイト「ポケモングローバルリンク」の楽しみかたを紹介する。

626ページを見よう。

インタビュー

ゲームフリークの増田順一氏、大森滋氏から明かされる、『ポケモン サン・ムーン』の誕生秘話を読める。

644ページを見よう。

アローラ地方の スポットガイド

島巡りやポケモンのサポートをしてくれる人々の居場所がひと目でわかる。毎日、このページを開こう。

690ページを見よう。

バラエティ

島巡りの合間にひと息つける、楽しい読み物が満載。Zワザをくり出すポーズや戦闘アニメなどを見られる。

654ページを見よう。

ポケットモンスター サン・ムーン
公式ガイドブック 上
完全ストーリー攻略

進行チャート

12	2ばんどうろ／きのみばたけ	▶P.172	●きのみばたけでスカル団に襲われているおじいさんを助ける。
13	ハウオリれいえん	▶P.178	●すべてを見て回って、2ばんどうろへもどる。
14	しげみのどうくつ	▶P.180	**イリマの試練** ●ぬしのデカグースを倒す（『ポケモン サン』の場合）。 ●ぬしのラッタ アローラのすがたを倒す（『ポケモン ムーン』の場合）。 ●「ノーマルZ」を手に入れる。
15	2ばんどうろ	▶P.177	●3ばんどうろへ続くキャプテンミニゲートが開く。 ●ククイはかせからZパワーの使いかたを教わる。
16	3ばんどうろ	▶P.186	●メレメレのはなぞのへ向かう。
17	メレメレのはなぞの	▶P.192	●はぐれたコスモッグの元へ向かう。
18	うみつなぎのどうけつ	▶P.196	●通りぬけて、カーラエわんへ向かう。
19	カーラエわん	▶P.198	●「ラプラス スイム」ですべてを見て回る。
20	3ばんどうろ	▶P.189	●ハウと3回目のポケモン勝負をする。 ●1ばんどうろへ続くキャプテンミニゲートを通りぬける。
21	リリィタウン	▶P.146	**◆メレメレの大試練** ●しまキングのハラとポケモン勝負をする。 ●ハラから「カクトウZ」をもらう。 ●ハラから「ライドギア」をもらう。 ●ハラが「ライドギア」にケンタロスを登録してくれる。
22	テンカラットヒル	▶P.201	●「カイリキー プッシュ」で巨岩を動かし、台座から「ヒコウZ」を手に入れる。
23	メレメレかい	▶P.206	●「サメハダー ジェット」ですべてを見て回る。
24	ハウオリシティ	▶P.166	●ショッピングモールのブティック・グラシデアで「グラシデアのはな」をもらう。 ●ポートエリアからヨットに乗り、アーカラじまへ向かう。
■アーカラじま			
25	カンタイシティ	▶P.208	●デクシオとポケモン勝負をする（『ポケモン サン』の場合）。 ●ジーナとポケモン勝負をする（『ポケモン ムーン』の場合）。 ●デクシオから「ジガルデキューブ」をもらう。
26	4ばんどうろ	▶P.218	●通りぬけて、オハナタウンへ向かう。
27	オハナタウン	▶P.220	●ハウと4回目のポケモン勝負をする。
28	オハナぼくじょう	▶P.226	●マオが「ライドギア」にムーランドを登録してくれる。 ●ポケモンあずかりやでイーブイのタマゴをもらう。

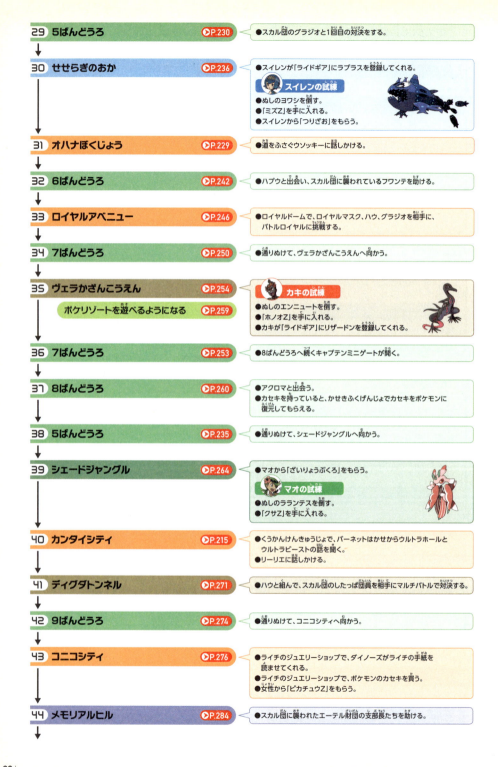

| 45 | アーカラじまはずれ | P.286 | ●スカル団幹部のプルメリと1回目の対決をする。 |

| 46 | いのちのいせき | P.288 | ◆アーカラの大試練
●しまクイーンのライチとポケモン勝負をする。
●ライチから「イワZ」をもらう。 |

| 47 | カンタイシティ | P.217 | ●くうかんけんきゅうじょで、バーネットはかせから「うつしかがみ」をもらう。 |

| 48 | ハノハノリゾート／ハノハノビーチ | P.292 | ●ザオボーに話しかけて、エーテルパラダイスへ向かう。 |

■ エーテルパラダイス

| 49 | エーテルパラダイス | P.296 | ●エーテル財団代表のルザミーネから話を聞く。
●謎の生き物？？？？？と戦う。
●船に乗って、ウラウラじまへ向かう。 |

■ ウラウラじま

| 50 | マリエシティ | P.312 | ●ハウと5回目のポケモン勝負をする。 |

| 51 | マリエていえん | P.322 | ●お茶屋でククイはかせから話を聞く。 |

| 52 | マリエシティ | P.315 | ●ナリヤ・オーキドと出会う。
●マリエとしょかんの2階で、リーリエが探している本をアセロラが読ませてくれる。 |

| 53 | マリエシティはずれのみさき | P.328 | ●すべてを見て回って、マリエシティへもどる。 |

| 54 | 10ばんどうろ | P.332 | ●スカル団のしたっぱ団員と対決後、バス停を調べる。 |

| 55 | ホクラニだけ | P.336 | ●ホクラニてんもんだいの入口で、マーレインとポケモン勝負をする。
マーマネの試練
●ぬしのクワガノンを倒す。
●「デンキZ」を手に入れる。
●マーレインから「ハガネZ」をもらう。
●マーレインから「はかせのふくめん」をあずかる。 |

| 56 | マリエていえん | P.325 | ●スカル団ボスのグズマと1回目の対決をする。
●ククイはかせから「ジュナイパーZ」か「ガオガエンZ」、「アシレーヌZ」のいずれかをもらう。 |

| 57 | 11ばんどうろ | P.344 | ●12ばんどうろへ続くキャプテンミニゲートが開く。 |

| 58 | 12ばんどうろ | P.346 | ●ハプウが「ライドギア」にバンバドロを登録してくれる。 |

| 59 | ホテリやま | P.350 | ●すべてを見て回って、12ばんどうろへもどる。 |

| 60 | ウラウラうらかいがん | P.352 | ●すべてを見て回って、12ばんどうろへもどる。 |

■ エーテルパラダイス

76 エーテルパラダイス ▶P.301
- 1Fでエーテル支部長のザオボーと対決する。
- B2Fでエーテル財団の職員と対決する。
- B2FのシークレットラボBで、ハウと組んで、エーテル財団の職員を相手にマルチバトルで対決する。
- シークレットラボBの棚と机を調べる。
- 1Fで、ハウと組んで、エーテル財団の職員を相手にマルチバトルで対決する。
- グラジオと組んで、エーテル財団の職員を相手にマルチバトルで対決する。
- ハウと組んで、エーテル支部長のザオボーとエーテル財団の職員を相手にマルチバトルで対決する。
- スカル団ボスのグズマと3回目の対決をする。
- ルザミーネの屋敷に入り、秘密のコレクションルームへ向かう。
- エーテル代表のルザミーネと1回目の対決をする。
- グラジオから「マスターボール」をもらう。
- B1Fでグラジオに話しかけて、ポニじまへ向かう。

■ ポニじま

77 うみのたみのむら ▶P.404
- 民家で女性からプテラをもらう。
- うみのたみの団長と出会い、しまキングのことを教えてもらう。
- 「てもち」にライチュウ アローラのすがたを加えて、民家にいる女性に話しかけると、「アロライZ」をもらえる。

78 ポニのげんや ▶P.410
- 通りぬけて、ポニのこどうへ向かう。

79 ポニのこどう ▶P.414
- ハプウのおばあさんが「ライドギア」にカイリキーを登録してくれる。

80 ポニのあらいそ ▶P.420
- 通りぬけて、ひがんのいせきへ向かう。

81 ひがんのいせき ▶P.422
- しまクイーンになったハプウから伝説のポケモンについて教えてもらう。

82 うみのたみのむら ▶P.408
- 団長の船で、ナッシー・アイランドへ向かう。

83 ナッシー・アイランド ▶P.424
- 台座から「たいようのふえ」を手に入れる(『ポケモン サン』の場合)。
- 台座から「つきのふえ」を手に入れる(『ポケモン ムーン』の場合)。

84 うみのたみのむら ▶P.409
- ポニのこどうへ向かう。

85 ポニのこどう ▶P.419
- スカル団幹部のプルメリから「ドクZ」をもらう。

86 ポニのだいきょうこく ▶P.427

◆ポニの大試練
- しまクイーンのハプウとポケモン勝負をする。
- ハプウから「ジメンZ」をもらう。
- ポニじまのキャプテン、マツリカから「フェアリーZ」をもらう。
- 試練の土地でぬしのジャラランガを倒す。
- 「ドラゴンZ」を手に入れる。
- 祭壇でリーリエの反対側へ移動し、ふえを吹く。
- 伝説のポケモン、ソルガレオが姿を現す(『ポケモン サン』の場合)。
- 伝説のポケモン、ルナアーラが姿を現す(『ポケモン ムーン』の場合)。

25

■ ウルトラスペース

87 ウルトラスペース ▶P.439
- エーテル代表のルザーミネと2回目の対決をする。

■ ポニじま

88 ポニのだいきょうこく ▶P.437
- ソルガレオをつかまえる(『ポケモン サン』の場合)。
- ルナアーラをつかまえる(『ポケモン ムーン』の場合)。
- クチナシといっしょにラナキラマウンテンへ向かう。

■ ウラウラじま

89 ラナキラマウンテン ▶P.444
- グラジオとポケモン勝負をする。
- 台座を調べて「コオリZ」を手に入れる。
- ハウと6回目のポケモン勝負をする。
- ポケモンリーグに挑戦する。
- 四天王のハラ、ライチ、アセロラ、カヒリとポケモン勝負をする。
- ククイはかせとポケモン勝負をする。

アローラ地方の初代チャンピオンになって殿堂入り！

■ メレメレじま

90 いくさのいせき ▶P.453
- メレメレの守り神カプ・コケコをつかまえる。
- 「カプZ」を手に入れる。

国際警察の捜査に協力してUBを捕獲しよう

■ メレメレじま

1 1ばんどうろハウオリシティはずれ　▶P.454
- ハウからZクリスタルをもらう。
（最初にモクローを選んだ場合は「ガオガエンZ」「アシレーヌZ」を、最初にニャビーを選んだ場合は「ジュナイパーZ」「アシレーヌZ」を、最初にアシマリを選んだ場合は「ジュナイパーZ」「ガオガエンZ」をもらえる）
- 家の外で男性から「あやしいカード」を受け取る。

■ アーカラじま

2 8ばんどうろ　▶P.455
- モーテルで、国際警察から依頼されるUB保護任務を引き受ける。
- ポケモントレーナーのリラとポケモン勝負をする。

■ エーテルパラダイス

3 エーテルパラダイス　▶P.457
- B2Fでビッケからリーリエの話を聞く。
- シークレットラボBでビッケから「ウルトラボール」を10個もらう。

■ アーカラじま

4 8ばんどうろ　▶P.458
- モーテルで、ハンサムに話しかけて「UBじょうほうは?」を選ぶ。

5 ヴェラかざんこうえん／ディグダトンネル　▶P.459
- [UB:01 パラサイト] ウツロイドを1匹つかまえる。

6 8ばんどうろ　▶P.460
- モーテルで、ハンサムに話しかけて「UBを　つかまえた」を選ぶ。

■ メレメレじま

7 2ばんどうろ　▶P.460
- モーテルで、ハンサムから「ウルトラボール」を10個もらう。
- ハンサムに話しかけて「UBじょうほうは?」を選ぶ。

8 メレメレのはなぞの　『ポケットモンスター サン』の場合　▶P.461
- [UB:02 イクスパンション] マッシブーンを2匹つかまえる。

8 しげみのどうくつ　『ポケットモンスター ムーン』の場合　▶P.462
- [UB:02 ビューティ] フェローチェを4匹つかまえる。

9 2ばんどうろ　▶P.462
- モーテルで、ハンサムに話しかけて「UBを　つかまえた」を選ぶ。

■ アーカラじま

10 8ばんどうろ　▶P.463
- モーテルで、キャプテンのマツリカとポケモン勝負をする。
- ハンサムから「ウルトラボール」を10個もらう。
- ハンサムに話しかけて「UBじょうほうは?」を選ぶ。

| 11 | シェードジャングル／メモリアルヒル | ▶P.464 | ●[UB:03 ライトニング] デンジュモクを2匹つかまえる。 |
| 12 | 8ばんどうろ | ▶P.464 | ●モーテルで、ハンサムに話しかけて「UBを つかまえた」を選ぶ。 |

■ ウラウラじま

13	13ばんどうろ	▶P.465	●モーテルで、ハンサムから「ウルトラボール」を10個もらう。 ●ハンサムに話しかけて「UBじょうほうは?」を選ぶ。
14	17ばんどうろ／マリエていえん 『ポケットモンスター サン』の場合	▶P.466	●[UB:04 スラッシュ] カミツルギを4匹つかまえる。
14	ハイナさばく／マリエていえん 『ポケットモンスター ムーン』の場合	▶P.467	●[UB:04 ブラスター] テッカグヤを2匹つかまえる。
15	13ばんどうろ	▶P.467	●モーテルで、ハンサムに話しかけて「UBを つかまえた」を選ぶ。

■ ポニじま

16	うみのたみのむら	▶P.468	●船上レストランで、しまキングのクチナシとポケモン勝負をする。 ●ハンサムから「ウルトラボール」を10個もらう。 ●ハンサムに話しかけて「UBじょうほうは?」を選ぶ。
17	ポニのじゅりん	▶P.472	●通りぬけて、ポニのこうやへ向かう。
18	ポニのこうや	▶P.474	●通りぬけて、ポニのはなぞのへ向かう。
19	ポニのはなぞの	▶P.478	●通りぬけて、エンドケイブへ向かう。
20	エンドケイブ	▶P.480	●[UB:05 グラトニー] アクジキングを1匹つかまえる。
21	うみのたみのむら	▶P.470	●船上レストランで、ハンサムに話しかけて「UBを つかまえた」を選ぶ。

■ エーテルパラダイス

| 22 | エーテルパラダイス | ▶P.470 | ●ハンサムから報酬を受け取り、任務が完了する。 |

■ メレメレじま

| 23 | テンカラットヒル | ▶P.471 | ●テンカラットヒルさいおうくうどうで、ネクロズマをつかまえる。 |

殿堂入り後のアローラ地方を冒険しよう

■ メレメレじま

1　ハウオリシティ　▶P.488
● ショッピングモールにいるすごいオヤジに話しかけると、Lv.100のポケモンに「すごいとっくん」をしてもらえる。

2　2ばんどうろ　▶P.488
● グズマの家でグズマに話しかけ、ポケモントレーナーのグズマとポケモン勝負をする。

■ アーカラじま

3　いのちのいせき　▶P.492
● アーカラの守り神カプ・テテフをつかまえる。

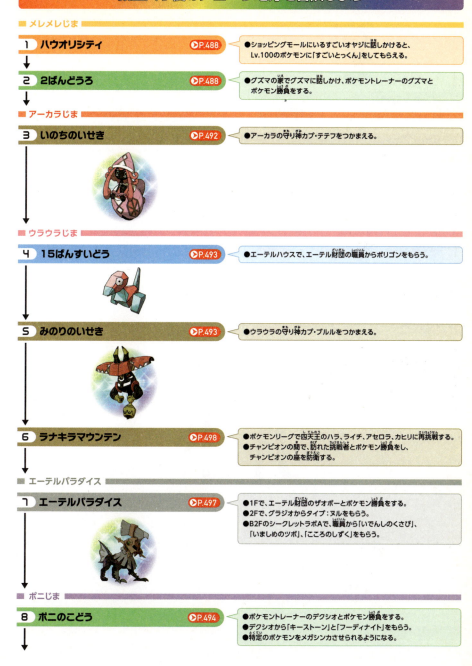

■ ウラウラじま

4　15ばんすいどう　▶P.493
● エーテルハウスで、エーテル財団の職員からポリゴンをもらう。

5　みのりのいせき　▶P.493
● ウラウラの守り神カプ・ブルルをつかまえる。

6　ラナキラマウンテン　▶P.498
● ポケモンリーグで四天王のハラ、ライチ、アセロラ、カヒリに再挑戦する。
● チャンピオンの間で、訪れた挑戦者とポケモン勝負をし、チャンピオンの座を防衛する。

■ エーテルパラダイス

7　エーテルパラダイス　▶P.497
● 1Fで、エーテル財団のザオボーとポケモン勝負をする。
● 2Fで、グラジオからタイプ：ヌルをもらう。
● B2Fのシークレットラボ A で、職員から「いでんしのくさび」、「いましめのツボ」、「こころのしずく」をもらう。

■ ポニじま

8　ポニのこどう　▶P.494
● ポケモントレーナーのデクシオとポケモン勝負をする。
● デクシオから「キーストーン」と「フーディナイト」をもらう。
● 特定のポケモンをメガシンカさせられるようになる。

■ ポニじま

| 9 | ひがんのいせき | ▶P.495 | ●ポニの守り神カプ・レヒレをつかまえる。 |

| 10 | ポニのだいきょうこく にちりんのさいだん
『ポケットモンスター サン』の場合 | ▶P.496 | ●「てもち」にソルガレオを加えて、「夜」に祭壇にあるゆがみを調べる。
●別世界へ移動し、ウラウラじま にちりんのみずうみの祭壇へ進み、現れたコスモッグに話しかけて連れて帰る。 |

| 10 | ポニのだいきょうこく がちりんのさいだん
『ポケットモンスター ムーン』の場合 | ▶P.496 | ●「てもち」にルナアーラを加えて、「昼」に祭壇にあるゆがみを調べる。
●別世界へ移動し、ウラウラじま がちりんのみずうみの祭壇へ進み、現れたコスモッグに話しかけて連れて帰る。 |

| 11 | ポニのかいがん | ▶P.506 | ●通りぬけて、ポニのけんろへ向かう。 |

| 12 | ポニのけんろ | ▶P.508 | ●通りぬけて、バトルツリーへ向かう。 |

| 13 | バトルツリー | ▶P.512 | ●バトルレジェンドのレッドかグリーンのどちらかとポケモン勝負をする。
●バトルツリーに挑戦する。 |

30

ポケットモンスター サン・ムーン
公式ガイドブック 上
完全ストーリー攻略

主な登場人物

主な登場人物

HERO　　　　　　　HEROINE
主人公　　　　　　　主人公
男の子　　　　　　　女の子

PROFESSOR

アローラ地方のポケモン博士
ククイはかせ

4つだ！ アローラ地方に ある 4つの 島を 巡り
最強の トレーナー……
島巡りチャンピオンを めざすのが
島巡り なんだぜ!!

POKÉMON TRAINER

ポケモンが大好きなトレーナー
ハウ

アローラー！
潮風に 誘われ 遊びに 来たよー！

ASSISTANT

謎を秘めた博士の助手
リーリエ

わたし……
ポケモンさんが 傷つく 勝負は
ちょっと 苦手ですが……
応援しますね

33

CAPTAIN

メレメレじまのキャプテン
イリマ

試練の 前に 新しい
仲間を 増やしては どうでしょう?
キミの チャレンジ 心から 待ってますよ!

ISLAND KAHUNA

メレメレじまのしまキング
ハラ

勇気と 優しさを 持つ
彼(彼女)に ポケモンを 託すから
トレーナーに なってもらいたいぞ!

C A P T A I N

アーカラじまのキャプテン
スイレン

ダイナミックな 水しぶき！
もしかすると とんでもない
ポケモンが 待ちかまえているかも……

C A P T A I N

アーカラじまのキャプテン
カキ

アローラに 古くから 伝わる 踊りを
ガラガラと ともに 学んでおります

ISLAND KAHUNA

アーカラじまのしまクイーン
ライチ

アローラの 人を ポケモンを
知ってくれて ありがとう

CAPTAIN

アーカラじまのキャプテン
マオ

やっぱり あなたと ポケモン……
素材のよさが 光ってる!

THE MASKED ROYAL
バトルロイヤルの伝道師
ロイヤルマスク

よくぞ 来た! われこそは
バトルロイヤルの 伝道師!
その名も ロイヤルマスク!!

CAPTAIN

ウラウラじまのキャプテン
マーマネ

目標 接近…… おそらく 試練が 目的だと 思われ あの…… フェスサークル 好き？

ISLAND KAHUNA

ウラウラじまのしまキング
クチナシ

静かに 暮らしたいんだがな

CAPTAIN

ウラウラじまのキャプテン
アセロラ

アセロラ こうみえて 大昔 すごかった 一族の 娘なの

ISLAND KAHUNA
ポニじまのしまクイーン
ハプウ

それに なんといっても 心根の よい 戦い方じゃ！
わらわも 目的のため あちこち 島巡りを しておる
また どこかで 会おうぞ！

CAPTAIN
ポニじまのキャプテン
マツリカ

あー あたし マツリカ キャプテン やってます！
といっても 絵を 描くため フラフラしてて
あたしの 試練は ないんだけど……

39

TEAM SKULL

スカル団ボス
グズマ

ブッ壊しても ブッ壊しても
手を 緩めなくて
嫌われる
グズマが ここに いるぜ

TEAM SKULL

スカル団幹部
プルメリ

あんたも 知ってのとおり
連中 バカ ばっかりでねえ
でもさあ バカ だからこそ
かわいいってこと あるじゃなあい?

TEAM SKULL
スカル団の用心棒
グラジオ

オレは グラジオ
相棒の ヌルを 鍛えるため 戦いつづけている!
ま…… いまは スカル団の 雇われ用心棒 だがな

TEAM SKULL
スカル団
したっぱ（男性）

ヨヨヨー! あいさつ なしが
おれたち スカル団の あいさつ!

TEAM SKULL
スカル団
したっぱ（女性）

アタイ はすっぱな したっぱ
好きな ポケモン マスキッパ

AETHER FOUNDATION
エーテル財団代表
ルザミーネ

わたくしが かわいそうな
ポケモンたちの 母となり
愛情を 注ぎこむのです

AETHER FOUNDATION
エーテル財団支部長
ザオボー

エーテル財団の 支部長 といえば
世界に ただ一人……
この ザオボーだけで ございます

AETHER FOUNDATION
エーテル財団職員
ビッケ

ここでは スカル団に 襲われた
ポケモンを かくまったり……

AETHER FOUNDATION
エーテル財団
職員(女性)

スカル団の 悪事を とめるため
こちらも 戦って いいのかしら?

AETHER FOUNDATION
エーテル財団
職員(男性)

エーテル財団では
傷つけられた ポケモンの
保護を おこなって おります

AETHER FOUNDATION
エーテル財団
職員

関係者以外 立ち入り禁止 です
話しかけるのが イヤになるほど
これしか いいません

ELITE FOUR

四天王
カヒリ

生まれ故郷にも ポケモンリーグが
造られると きき
アローラのため 舞い戻ったのです

POKÉMON TRAINER

ポケモントレーナー
リュウキ

天下 取るため 海を越えて
はるばる アローラに 来たのさ!

POKÉMON TRAINER
カントー地方のポケモントレーナー
レッド

……　……　……

POKÉMON TRAINER
カントー地方のポケモントレーナー
グリーン

おめでとう　アローラの　チャンピオン！
オレたちも　カントーで
チャンピオン　だったんだぜ！

AETHER FOUNDATION
エーテル代表
ルザミーネ

ポケットモンスター サン・ムーン
公式ガイドブック 上
完全ストーリー攻略

島巡りの物語

11歳になったあな

アローラ地方は、自然豊かな4つの島と1つの人工島を中心とした地域です。
温暖な気候で、たくさんの野生のポケモンが生息しています。
そんなアローラ地方には、島巡りという習わしがあります。

島巡りとは、島巡りチャンピオンをめざす少年、少女とポケモンの物語。
4つの島には、それぞれしまキングやしまクイーンがいて、
彼らに認められるために、7つの試練をこなしていきます。
島巡りを達成すれば、アローラ最強のトレーナーになれるのです。

島巡りへの参加資格は、11歳になること。
11歳のあなたは、カントー地方からアローラ地方の
メレメレ島へ引っ越してきたばかり。
ひょんなことから出会った
少女リーリエをピンチから救い、
その勇気のある行動が、
メレメレ島の守り神カプ・コケコの心を動かします。

あなたは
島巡りの旅に出る

あなたの活躍を聞いた、しまキングのハラは、あるテストをします。
ポケモンたちがあなたを認めるかどうか――。

くさタイプのモクロー。
ほのおタイプのニャビー。
みずタイプのアシマリ。

1匹を選ぶと、そのポケモンは笑顔を見せます。
ハラは勇気と優しさを持つあなたに、ポケモンを託してくれます。

あなたは、ポケモントレーナーとしての第一歩をふみ出したのです。
そして、ママからのはげましを受けて、島巡りに挑みます。
おや、友だちになったアローラ生まれのハウも、
島巡りに挑戦するようですよ。

島巡りの7つの試練をくわしく説明します。
試練とは、各島にいるキャプテンと呼ばれるトレーナーが出す課題です。
キャプテンがきたえにきたえ上げて、
通常のポケモンより体がはるかに大きく成長した、
ぬしポケモンと戦うのです。

あなたとポケモンが力を合わせて、
ぬしポケモンを倒すことができれば、試練は達成できます。

その島の試練をすべて達成すると、大試練に挑むことになります。
大試練とは、その島で最後に行う試練で、
しまキングやしまクイーンとポケモン勝負をするのです。
大試練を達成すると、次の島へ進むことになります。

試練と大試練
そして、達成のカギ

島巡りに旅立とうとするあなたに、
ハラが「Zリング」をプレゼントしてくれます。
「Zリング」は、ポケモンの秘めた力、
Zパワーを引きだす不思議な腕輪です。

ポケモンにZクリスタルを使うと、
絶大な威力を誇るZワザをくり出させることができます。
島巡りをする中で、Zクリスタルを手にするでしょう。

あなたが大切にしているポケモンたちにZクリスタルを使って、
ポケモン勝負で大活躍させましょう！

を握るZパワー

新時代のロトム図鑑でアローラ図鑑の完成をめざす

メレメレ島には、ポケモンのわざを研究しているククイ博士がいます。
ククイ博士は、トレーナーになったあなたにプレゼントをくれます。
ポケモン図鑑です。
出会ったポケモンを自動的に記録するハイテクな道具です。

ところで、このポケモン図鑑は、世間的に数が少ないレアなものです。
電気のような体で機械に入り込む能力を持つロトムが入った、
「ロトム図鑑」なのです。

ポケモン図鑑として最新の機能をそなえており、
タウンマップを見せてくれたり、
次の目的地を示してくれたり、
図鑑の完成度を診断してくれたりします。
ポケモンと人の新しいコミュニケーションの形を実現した、
新時代のポケモン図鑑です。

ロトム図鑑は、どんどん話しかけてきて、
島巡りのサポーターとして大活躍してくれます。
あなたは島巡りをしながら、
たくさんのポケモンたちと出会い、
アローラ図鑑の完成をめざすのです。

新たなポケモンリーグで最初のチャンピオンになろう

あなたが島巡りをしている間、
ククイ博士は心に秘めた夢の実現のために動きだします。
「アローラ地方にポケモンリーグを造る」という壮大な計画です。

ククイ博士がポケモンリーグの建造を予定しているのは、
アローラ地方でいちばん高い山のラナキラマウンテンです。
博士は、アローラ地方の昔からの風習を大事にしつつ、
世界に通じるチャンピオンを生みだすために、
ポケモンリーグを造る、と熱く語ります。

「そして、世界の人々に、
アローラ地方のポケモンやトレーナーの魅力を知ってもらいたい！」

できたばかりのポケモンリーグでは、
しまキングやしまクイーンが四天王を務めます。

アローラ地方のポケモンリーグを制覇して、
初代チャンピオンになる。
それが島巡りを達成した、
あなたの最後の目標になります。

周囲を豊かな海に囲まれ、一年を通じて温暖な気候。
それがアローラ地方の環境です。
そんな場所ですから、他の地域には存在していない、
ポケモンがたくさん生息しています。
その中でもとくにめずらしいのは、
リージョンフォームと呼ばれるポケモンたちです。

これまでに発見されてきた進化や、
フォルムチェンジとは異なる、
ポケモンの新たな形——。
そう、別の地方のポケモンたちが、
アローラ地方独自の進化を遂げているのです。
リージョンフォームを調査するために、
研究員がアローラ地方を訪れています。
彼らの研究によると、
リージョンフォームとは、
土地の影響を受けたポケモンが姿かたちや
タイプを変化させている現象だそうです。

あなたは島巡りをする中で、
何種類のリージョンフォームの
ポケモンと出会えるでしょうか。

リージョンフォームの
ポケモンをつかまえよう

ポケットモンスター サン・ムーン
公式ガイドブック 上
完全ストーリー攻略

アローラ地方のポケモン

不思議な生き物 ポケットモンスター

人とポケモンは助けあって生きている

ポケットモンスター、縮めてポケモン。この不思議な生き物の生態にはたくさんの謎が秘められており、新しい事実が次々と明らかになっている。ポケモンと人は、力を借りたり助けあったりしている。

いっしょに暮らしている
あたしの イワンコ すてきな ボディガード なの

仕事を手伝ってもらっている
ライドポケモンに てつだってもらい けんちくざいりょうを はこんでるよ！

いっしょに冒険している
よーし！ オハナタウンを ぬけて ぼくじょうけんがくに いっちゃお！

野生のポケモンはさまざまな場所に生息している

野生のポケモンは、草むらやどうくつ、さばく、水中、空中など、さまざまな場所に生息している。めあてのポケモンをつかまえる場合は、ポケモン図鑑を使って、生息地を調べ、そこを探索する。ポケモンが出現したら、ボールを投げてつかまえる。これが一人前のポケモントレーナーとなる第一歩だ。

●アローラ地方で野生のポケモンが生息している主な場所

草むら

草むらに足をふみ入れると、野生のポケモンと遭遇する。

どうくつ

どうくつの中を進んでいると、場所を問わず、野生のポケモンと遭遇する。

水中

水の世界に暮らしている野生のポケモンは、つりざおで釣りあげる。

空中

空を飛んでいる野生のポケモンは、その影に近づくと、降下してくる。

木の上

木の上に生息している野生のポケモンは、近づくと飛びかかってくる。

地中

地中に生息している野生のポケモンは、土けむりにぶつかると姿を現す。

ボールでつかまえるとポケモンと心が通う

野生のポケモンをモンスターボールでつかまえると、ポケモントレーナーの仲間になる。

1 野生として出現する

2 冒険の仲間になる

ポケモンはわざを使って相手と戦う

ポケモンは、わざをくり出して相手を攻撃する。わざは500種類以上あるが、1匹のポケモンが同時におぼえられるのは最大4種類。どのわざをおぼえさせて、どのわざを忘れさせるかは、ポケモントレーナーの戦いかた次第だ。

トレーナーの指示でわざを出す

わざは最大4つおぼえる

●アローラ地方でポケモンがわざをおぼえる方法

1. 戦闘に出してレベルアップさせる
2. 進化させたときにおぼえる特定のわざをおぼえさせる
3. わざマシンを使っておぼえさせる(わざマシンは何度でも使える)
4. 人から教わる
5. タマゴから生まれたときにおぼえている

ポケモンは種類ごとにとくせいを持っている

ポケモンは、種類ごとに異なるとくせいを持っている。とくせいは、ポケモンを戦闘に出したり、「てもち」の先頭にしたりすることで、効果が自動的に発揮される。

戦闘に出ると効果がはたらく

攻撃を受けると効果がはたらく

●わざととくせいの違い

| わざ | ポケモントレーナーの指示によってくり出す。合計4つまでさまざまな種類のわざをおぼえられる。 |

| とくせい | 戦闘に出たり、相手から攻撃を受けたりすると、自動的にはたらく。 |
| かくれとくせい | 特別な方法で手に入れたポケモンが持っている。 |

ポケモンには性別がある

ポケモンには、♂と♀の性別がある。中には、♂だけの種類や♀だけの種類、あるいは性別不明の種類も存在する。♂と♀がいるポケモンの中には、性別によって、体の形状の一部が異なっている種類もいる。♂と♀を手に入れたら、アローラ図鑑で違いを見比べてみよう。

●性別によって姿に違いのあるポケモンの例

レディバの場合
触角の長さが異なる。

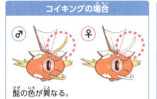
コイキングの場合
髭の色が異なる。

フカマルの場合
背ビレの切れ込みの有無が異なる。

ポケモンあずかりやにあずけるとポケモンのタマゴが発見される

ポケモンのタマゴが発見されることがある。アローラ地方では、アーカラじま オハナぼくじょうにあるポケモンあずかりやで、タマゴを発見できる。タマゴを発見する方法は、同じ種類のタマゴグループの♂と♀をあずけるのが基本だ。

♂ オスのポケモン — プリン 妖精グループ
♀ メスのポケモン — アブリボン 妖精グループ
タマゴ — アブリー

ポケモンは種類ごとに、植物や虫などのタマゴグループに属している。同じタマゴグループの♂と♀をあずけると、タマゴが発見される。

きみの ポケモンが もっていた タマゴ…… やっぱり ほしいよね？
はい／いいえ

ポケモンあずかりやの店員

色違いのポケモンが存在する

すべてのポケモンには、色違いのポケモンが存在する。色違いのポケモンは、通常のポケモンと、体の一部の色が異なる。とても貴重な存在なので、もし手に入れることができたら、大切に育てよう。通常のポケモンと比べ、強さなどに違いはない。

 通常のナマコブシ
 色違いのナマコブシ

●色違いのポケモンの特徴

1 すべてのポケモンに色違いが存在する

2 およそ4000分の1の確率で出現する

3 通常のポケモンとわざやとくせい、「のうりょく」などに違いはない

4 手に入れるとアローラ図鑑に姿が登録される

ポケリフレをたくさん行うとポケモンとの「なかよし」が上がる

ポケリフレは、ポケモンをなでてかわいがったり、汚れを落とすなどのケアをしたりできる。ポケリフレはいつでも自由に行えるし、戦闘後に行えることもある。ポケリフレでたくさん遊ぶと、主人公との間にある「なかよし」が上がる。「なかよし」が上がると、経験値を多めにもらえたり、戦闘で相手の攻撃をよけたり、とお得なことが起こる。ポケリフレはこまめに行おう。

●ポケリフレでポケモンをなでてかわいがる例

モクローの場合

ニャビーの場合

アシマリの場合

●「なかよし」が上がるとポケモンが取る行動の例

1. もらえる経験値が1.2倍になる
2. 「ひんし」状態になるダメージを受けてもHP1で持ちこたえることがある
3. 状態異常になっても自分で治すことがある
4. 相手の攻撃をよけることがある
5. 自分のわざが相手の急所に当たりやすくなる

ポケリフレについてくわしくは518ページを見よう。

がんばったポケモンにはリボンをつけられる

目標を達成したポケモンには、リボンが贈られる。アローラ地方でもらえるリボンはぜんぶで7種類。島巡りを達成して殿堂入りを果たしたり、ポケリフレで「なかよし」を最高に上げたりするなど、目標はさまざま。大切なポケモンに、リボンをたくさんつけてあげよう。

ポケモンの「つよさをみる」で確認しよう
ポケモンにつけられたリボンは、一覧で見られる。

●『ポケモン サン・ムーン』でつけてもらえるリボン

アローラ チャンプリボン 島巡りを達成し、殿堂入りを果たすともらえる。	**なかよしリボン** ポケリフレで「なかよし」を最高に上げるともらえる。	**あしあとリボン** 出会ったときから30以上レベルを上げるともらえる。	**がんばリボン** きそポイントを最高まで上げるともらえる。
ロイヤルマスターリボン バトルロイヤルのマスターランクで1位になる。	**グレートツリーリボン** バトルツリーのシングル・ダブル・マルチのいずれかでバトルレジェンドに勝つ。	**マスターツリーリボン** バトルツリーのスーパーシングル・スーパーダブル・スーパーマルチのいずれかでバトルレジェンドに勝つ。	

アローラ地方特有の環境とポケモンの生態

アローラ地方の特徴 1　ソフトのバージョンで時間の流れが異なる

『ポケットモンスター サン・ムーン』の時間は、一部のシーンを除き、実際の時間と連動している。『ポケモン サン』では、ニンテンドー3DS本体と同じ時間で、『ポケモン ムーン』では、そこから12時間の時差が生じ、ゲームの時間が流れていく。

● 12時00分にプレイした場合

『ポケットモンスター サン』
12時00分

『ポケットモンスター ムーン』
24時00分

アローラ地方の特徴 2　「昼」と「夜」の時間帯で出現するポケモンが変わる

アローラ地方では、1日が「昼」と「夜」の時間帯に分かれている。『ポケモン サン』と『ポケモン ムーン』では時差があるので、「昼」と「夜」の時間帯も異なる。また、野生のポケモンの中には、「昼」しか出現しない種類、「夜」しか出現しない種類が存在している。

● 「昼」だけに出現するポケモンと「夜」だけに出現するポケモンの例

【昼】

ヤングース
●出現場所
メレメレじま
1ばんどうろの
草むらⒶ

ルガルガン まひるのすがた
●出現場所
ポニじま
ポニのだいきょうこくの
洞窟外①の草むらⒶ

ププリン
●出現場所
アーカラじま
4ばんどうろの
草むらⒶ

【夜】

コラッタ アローラのすがた
●出現場所
メレメレじま
1ばんどうろの
草むらⒶ

ルガルガン まよなかのすがた
●出現場所
ポニじま
ポニのだいきょうこくの
洞窟外①の草むらⒶ

ピィ
●出現場所
ウラウラじま
ホクラニだけの
草むらⒶ

● 『ポケモン サン』と『ポケモン ムーン』で異なる「昼」と「夜」の時間帯

アローラ地方の特徴 ③ リージョンフォームのポケモンが生息している

アローラ地方の一部のポケモンは、独特の自然環境に適応し、他の地域とは異なる姿をしている。これらのポケモンはリージョンフォームと呼ばれ、その生態も姿も、これまでに発見された種類とは異なっている。

●リージョンフォームの主なポケモン

キュウコン アローラのすがた
ゴローン アローラのすがた
ペルシアン アローラのすがた
ベトベトン アローラのすがた
ダグトリオ アローラのすがた
ナッシー アローラのすがた

アローラ地方の特徴 ④ 同じどうろでも草むらごとに出現するポケモンが違う

アローラ地方では、同じ場所の中に複数の草むらがある場合、その草むらごとに出現するポケモンが異なることがある。めあてのポケモンが出現する草むらを確認してからつかまえよう。

●メレメレじま 1ばんどうろの草むらの場合

●メレメレじま 1ばんどうろの草むらに出現する野生のポケモンの例

アゴジムシ
●出現場所
メレメレじま1ばんどうろの草むらD・E

ピチュー
●出現場所
メレメレじま1ばんどうろの草むらD・E

ウソハチ
●出現場所
メレメレじま1ばんどうろの草むらF・G・H・I

ゴンベ
●出現場所
メレメレじま1ばんどうろの草むらF・G・H・I

アローラ地方の特徴 5 野生のポケモンが仲間を呼ぶ

アローラ地方では、野生のポケモンが戦闘中に仲間を呼ぶことがある。仲間を呼んだ後、仲間が出現することもあれば、出現しないこともある。1回の戦闘の中で、仲間が何度も呼ばれると、かくれとくせいを持ったポケモンが出現することがある。

●野生のポケモンが仲間を呼ぶまでの流れ

1 仲間のポケモンを呼ぶ

戦闘中に、相手のウソハチが仲間を呼んだ。

2 仲間が来るのを待つ

ウソハチの願いは叶うのか。しばらく沈黙が続く。

3 仲間がやってくる

なんと、ウソッキーが現れた。つかまえるチャンスだ。

●一度の戦闘で仲間が何度も呼ばれると起きる現象

1 「のうりょく」の高いポケモンが出現することがある

2 かくれとくせいを持ったポケモンが出現することがある

> **ゼンリョクガイド　天気が変わると呼ばれる仲間も変わる**
>
> 仲間として呼ばれるポケモンは、種類が豊富。ポワルンのように、天気が特別な状態のときだけ出現するポケモンもいるのだ。わざやとくせいの効果で、戦闘中に天気を変えてみよう。

アローラ地方の特徴 6 つりスポットで水中のポケモンを釣る

水中に生息している野生のポケモンは、つりざおで釣りあげる。アローラ地方のつりのどうぐは、つりざお1種類だけだ。つりざおを手に入れた後、つりスポットへ近づくとAボタンのアイコンが表示される。Aボタンをタイミングよく押すと、野生のポケモンを釣りあげられる。

●水中に生息する野生のポケモンを釣るまでの流れ

1 つりスポットに近づく

つりスポットに近づくと、Aボタンのアイコンが表示される。

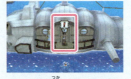

2 「つりざお」を使う

つりざおを使い、「！」アイコンが出たら、Aボタンを押そう。

3 ポケモンを釣りあげる

野生のポケモンが釣れたら、ボールでつかまえよう。

アローラ地方の特徴 7　進めない場所はポケモンライドで進む

アローラ地方には、ポケモンライドと呼ばれる風習がある。ライドギアを持っていると、島巡りを助けてくれるポケモンを気軽に呼びだすことができる。ポケモンライドでは、それらのポケモンに乗り、ゴツゴツした悪路や水上を移動できるのだ。手助けしてくれるポケモンたちは、ライドポケモンと呼ばれる。ちなみに、アローラ地方には、ひでんわざは存在しない。

ポケモンがいればどこにだって行ける！

ククイはかせ

●アローラ地方のポケモンライド

「ケンタロス　ラッシュ」
陸上を猛スピードで移動できる。Bボタンで突進すると、頑丈な岩を壊せる。移動に、とても便利だ。

登録条件　メレメレじま リリィタウンでしまキングのハラに勝利して大試練を達成する。

「ムーランド　サーチ」
ムーランドの力を借りると、地面に埋まったどうぐを発見できる。Bボタンを押しながら、移動して探そう。

登録条件　アーカラじま オハナぼくじょうでマオが登録してくれる。

「バンバドロ　ダッシュ」
主人公だけでは進めない、ゴツゴツした岩道を渡ることができる。Bボタンでスピードが上がる。

登録条件　ウラウラじま 12ばんどうろでハプウが登録してくれる。

「カイリキー　プッシュ」
道をふさぐ巨石を動かして、先へ進めるようにしてくれる。巨石の前でBボタンを押そう。

登録条件　ポニじま ポニのこどうでハプウのおばあさんが登録してくれる。

「ラプラス　スイム」
水上を移動できる。Bボタンを押すと、スピードが上がる。つりスポットがあれば、つりもできる。

登録条件　アーカラじま せせらぎのおかでスイレンが登録してくれる。

「サメハダー　ジェット」
水上をすばやく移動できる。Bボタンで突進し、頑丈な岩を壊せる。ただし、つりはできない。

登録条件　ウラウラじま 15ばんすいどうでギーマが登録してくれる。

「リザードン　フライト」
行ったことがある場所へ飛んでいける。到着地は街とどうろが中心だ。行きたい場所が広いエリアの場合は、着陸できるポイントが2か所以上あるので、目的地に近い場所を選ぼう。別の島への移動もできる。

登録条件　アーカラじま ヴェラかざんこうえんでカキの試練を達成する。

アローラ地方の試練と大試練

島巡りをするポケモントレーナーは試練と大試練に挑戦する

アローラ地方には、ポケモントレーナーが挑む島巡りという風習がある。4つの島それぞれで、試練を達成すると、大試練に挑戦できる仕組みだ。挑む前に、試練と大試練のことを知っておこう。

試練 キャプテンがきたえにきたえぬいたぬしポケモンと戦う

試練を達成するための課題は、キャプテンによって異なる。ポケモンとの勝負だけではなく、どうぐ探しや知恵比べなどがあり、実に多種多様なのだ。

● メレメレじま キャプテンのイリマの試練の例

試練に挑戦する条件　3匹の野生のポケモンを倒す

試練の最初は、課題をこなす。イリマの試練は、試練の間で3匹のポケモンを倒すのが課題だ。課題を達成すると、ぬしポケモンと戦うことができる。

ぬしポケモンとの勝負　デカグースかラッタ アローラのすがたを倒す

試練の最後には、ぬしポケモンとの戦闘が待ち受けている。ぬしポケモンは、同種と比べても、ひときわ体が大きい。戦闘になると、オーラを身にまとい、「のうりょく」を上げてくる。

ぬしのデカグースと勝負

『ポケットモンスター サン』の場合
ぬしのデカグースのサイズ
通常のデカグースのサイズ

ぬしのラッタ アローラのすがたと勝負

『ポケットモンスター ムーン』の場合
ぬしのラッタ アローラのすがたのサイズ
通常のラッタ アローラのすがたのサイズ

ゼンリョクガイド　どうぐ「クリティカット」を必ず使おう

ぬしポケモンは、強力な相手だ。すばやく倒すために、戦闘がはじまったらクリティカットを使おう。わざが急所に当たりやすくなる。急所に当たれば通常の1.5倍のダメージを与えられる。

大試練 1 しまキングやしまクイーンとポケモン勝負をする

大試練は、各島の最後の試練だ。島を治めるしまキングやしまクイーンとのポケモン勝負に挑戦できる。大試練を突破して、島の試練をすべて達成すれば、次の島へ向かうことができる。しまキングやしまクイーンたちは、きたえぬいた強力なポケモンたちをくり出してくるので、全力で挑む一大勝負となる。

● メレメレじま しまキングのハラの大試練の例

ハラの「てもち」のポケモン

 マンキー Lv.14 かくとう

 マクノシタ Lv.14 かくとう

 マケンカニ Lv.15 かくとう

● ウラウラじま しまキングのクチナシの大試練の例

クチナシの「てもち」のポケモン

 ヤミラミ Lv.38 あく ゴースト

 ワルビル Lv.38 じめん あく

 ペルシアン アローラのすがた Lv.39 あく

大試練 2 勝利するとZクリスタルとスタンプをもらえる

しまキングやしまクイーンに勝利すると、Zクリスタルとスタンプをもらえる。スタンプが増えると、人からもらった、レベルの高いポケモンが指示を聞くようになる。

 Zクリスタル

 スタンプ

ゼンリョクガイド Zワザをどのタイミングで使うかが勝負を左右する

しまキングやしまクイーンたちのポケモンは、Zワザを使ってくる。どのポケモンがZワザを使うかは、戦うまでわからない。Zワザで大ダメージを受けないように、弱点を突いて、早めに倒そう。

Zワザについてくわしくは87ページを見よう。

ジガルデを完全な姿で活躍させよう

ジガルデは「コア」と「セル」の個数によって形態を変える

ジガルデは、複数の「ジガルデ・コア」と「ジガルデ・セル」からなるポケモンで、「コア」と「セル」の数でフォルムを変える。ジガルデ・10％フォルムと、ジガルデ・50％フォルム、ジガルデ・パーフェクトフォルムの3種類が存在する。

●ジガルデの各形態

ジガルデ・セル　　ジガルデ・コア

アローラ地方を探索してジガルデ・コアとジガルデ・セルを集めよう

アーカラじまでジガルデキューブを手に入れると、アローラ地方に5個のジガルデ・コアと、95個のジガルデ・セルが出現する。すべてを集めよう。

ジガルデキューブ

●アローラ地方に出現するジガルデ・コアとジガルデ・セル

ジガルデ・コア
ジガルデ・コアは、ジガルデの頭脳のようなもの。手に入れると、ジガルデにわざをおぼえさせられる。

ジガルデ・セル
ジガルデ・セルは、ジガルデの細胞のようなもの。「昼」だけ、「夜」だけに出現するものもある。

ウラウラじま 16ばんどうろにあるエーテルベースで合成をしよう

ジガルデ・コアとジガルデ・セルを集めたら、ウラウラじま 16ばんどうろにあるエーテルベースへ行こう。ここにあるリボーンマシーンを使うと、ジガルデの合成と分離が行えるのだ。「ごうせい」を選ぶと、合成を行える。おぼえさせるわざは、ジガルデキューブで替えることができる。

●ジガルデ・コアやジガルデ・セルを合成するまでの流れ

1 エーテルベースへ行く

エーテルベースの前には、3匹のパッチールがいる。

2 「コア」や「セル」を合成する

リボーンマシーンで、集めた「コア」や「セル」を合成する。

3 ジガルデが誕生する

100個だと、パーフェクトフォルムになれるジガルデが誕生する。

ジガルデ・10％フォルム　　ジガルデ・50％フォルム　　ジガルデ・パーフェクトフォルム

とくせい「スワームチェンジ」のジガルデがパーフェクトフォルムになる

ジガルデ・コアとジガルデ・セルを100個集め、リボーンマシーンで合成すると、とくせい「スワームチェンジ」のジガルデが誕生する。とくせい「スワームチェンジ」のジガルデは、ジガルデキューブを使って、10％フォルムや50％フォルムに姿を切り替えられる。また、戦闘中にHPが半分以下になると、とくせい「スワームチェンジ」が発動し、パーフェクトフォルムになる。

●戦闘中にジガルデ・パーフェクトフォルムになるまでの流れ

1 ジガルデを戦闘に出す	2 とくせいの効果がはたらく	3 パーフェクトフォルムになる

とくせい「スワームチェンジ」のジガルデを戦闘に出す。	HPが半分以下になると、「スワームチェンジ」が発動する。	ジガルデ・パーフェクトフォルムに変わる。

●ジガルデのフォルムチェンジの法則

1. 100個のジガルデ・コアとジガルデ・セルを合成すると、とくせいが「スワームチェンジ」になる
2. 「スワームチェンジ」のジガルデは戦闘中、HPが半分以下になるとパーフェクトフォルムになる
3. 戦闘がおわると、元のフォルムにもどる
4. 一度フォルムチェンジした姿は、アローラ図鑑に姿が登録される

> **ゼンリョクガイド**　『ポケモン X・Y』のジガルデも分離や合成ができる
>
> 『ポケットモンスター X・Y』のジガルデも、『ポケモンバンク』を通じて、『ポケットモンスター サン・ムーン』に連れてこられる（→P.638）。リボーンマシーンで分離すると、50個分のジガルデ・セルになる。

ボールを投げて野生のポケモンをつかまえよう

野生のポケモンをつかまえるテクニックをおぼえよう

ボールを投げて、野生のポケモンをつかまえる。これが、ポケモンを仲間にして、「てもち」に加えていく方法だ。アローラ図鑑の完成度も上がる。島巡りに出かける前に、めあてのポケモンがつかまえやすくなるテクニックを知っておこう。

●ポケモンをつかまえやすくするテクニック

テクニック1 野生のポケモンのHPをできる限りへらす

野生のポケモンにボールを投げても、ボールから飛びだしてしまうことがある。そのポケモンがまだまだ元気いっぱいのためだ。わざを使って攻撃をして、HPをへらすと、野生のポケモンは弱り、つかまえられる確率がアップする。

HPが赤くなるまでへらそう

テクニック2 野生のポケモンを状態異常にする

ポケモンのわざには、相手を状態異常にする効果を持つものがある。めあてのポケモンを状態異常にすると、つかまえられる確率がアップする。とくに有効なのが「ねむり」状態だ。HPをギリギリまでへらし、さらに「ねむり」状態にしよう。

HPをへらして状態異常にしよう

■ポケモンの状態異常

ねむり 強力	こおり 強力	まひ	やけど	どく
特定のわざ以外、わざを出せなくなる。戦闘中に回復することがある。	特定のわざ以外、わざを出せなくなる。戦闘中に回復することがある。	4回に1回の確率でわざが出なくなる。「すばやさ」も下がる。戦闘中は自然に回復しない。	ターンごとにHPがへっていく。「こうげき」も下がる。戦闘中は自然に回復しない。	ターンごとにHPがへっていく。戦闘中は自然に回復しない。

テクニック3 最初に「クイックボール」を投げよう

クイックボールには、最初のターンに投げると、ポケモンがつかまえやすくなる効果がある。伝説のポケモンが1回でつかまることもある。めあてのポケモンと出会ったら、まずはクイックボールを投げるようにしよう。

ボールの機能にくわしくなろう

『ポケットモンスター サン・ムーン』には、たくさんの種類のボールが登場する。フレンドリィショップでも買えるボールは、基本的な種類といえるだろう。それぞれのボールには、独自の性能がある。性能の違いをおぼえて、ポケモンの種類や生息地によって使い分けよう。

●基本的なボール

「モンスターボール」

ポケモンをつかまえる、基本的な性能を持ったボール。
- ●フレンドリィショップで販売される条件
最初から販売されている。

「スーパーボール」

「モンスターボール」より、ポケモンをつかまえやすい。
- ●フレンドリィショップで販売される条件
メレメレじま イリマの試練を達成する。

「ハイパーボール」

「スーパーボール」より、ポケモンをつかまえやすい。
- ●フレンドリィショップで販売される条件
アーカラじま マオの試練を達成する。

「マスターボール」

どんなポケモンでもつかまえられる究極のボール。
- ●手に入る場所と条件
エーテルパラダイスで、エーテル代表のルザミーネに勝利した後に、グラジオからもらえる。

「プレミアボール」

「モンスターボール」と同じ性能。何かの記念のボール。
- ●手に入る条件
「モンスターボール」を10個以上まとめて買うと1個もらえる。

●特別な性能を持った主なボール

「クイックボール」

戦闘がはじまった後、すぐに投げるとつかまえやすい。
- ●販売しているフレンドリィショップ
アーカラじま 8ばんどうろ

「タイマーボール」

ターンがかかればかかるほど、つかまえやすくなる。
- ●販売しているフレンドリィショップ
アーカラじま オハナタウン

「ヒールボール」

つかまえたポケモンのHPと状態異常を回復する。
- ●販売しているフレンドリィショップ
メレメレじま 2ばんどうろ

「ダークボール」

「夜」の時間帯や、どうくつなどで出会うポケモンをつかまえやすい。
- ●販売しているフレンドリィショップ
アーカラじま 8ばんどうろ

「ネットボール」

むしタイプと、みずタイプのポケモンをつかまえやすい。
- ●販売しているフレンドリィショップ
アーカラじま オハナタウン

「ダイブボール」

水の世界で暮らしているポケモンをつかまえやすい。
- ●販売しているフレンドリィショップ
アーカラじま 8ばんどうろ

「ネストボール」

つかまえるポケモンのレベルが低いほど、つかまえやすい。
- ●販売しているフレンドリィショップ
メレメレじま 2ばんどうろ

「ゴージャスボール」

つかまえたポケモンがなつきやすくなる。
- ●販売しているフレンドリィショップ
メレメレじま 2ばんどうろ

「リピートボール」

一度つかまえたことのあるポケモンをつかまえやすい。
- ●販売しているフレンドリィショップ
アーカラじま オハナタウン

「ウルトラボール」

ウルトラビーストをつかまえるために開発されたボール。
- ●手に入る条件 UBを捕獲する出来事を進める（殿堂入り後）。

野生のポケモンを進化させよう

戦闘に出してレベルアップさせるとポケモンは進化する

ポケモンは、進化をする生き物だ。ポケモンの中には、野生として登場せず、進化をさせて手に入れる種類がたくさんいる。基本的には、ポケモンを戦闘に出して経験値が貯まればレベルアップし、進化をする。『ポケットモンスター サン・ムーン』には、もらえる経験値を増やしたり、ポケモンのレベルを上げたりする方法がたくさん用意されている。それらをフルに活用しよう。

●レベルアップで進化する主なポケモンの例

ジャラコ　　　　　ジャランゴ　　　　　　　ジャラランガ

●島巡りで「てもち」のポケモンに経験値を与える基本テクニック

野生のポケモンをたくさんつかまえて経験値を得る

経験値は、野生のポケモンを倒したときだけでなく、ボールでつかまえたときにも、もらえる。

「がくしゅうそうち」で「てもち」全員に経験値を与える

がくしゅうそうちをオンにしておけば、「てもち」のポケモン全員に、戦闘に出たポケモンの半分の経験値が与えられる。

ポケリフレで「なかよし」を上げて通常の1.2倍の経験値を与える

ポケリフレでポケモンとコミュニケーションをして、「なかよし」を上げよう。もらえる経験値が、通常の1.2倍に増える。

「ふしぎなアメ」をたくさん与えてポケモンのレベルを上げる

ふしぎなアメは、ポケモンのレベルを1上げる。島巡りでは、多くのアメが手に入るので、どんどん使おう。

主人公に十分なついていると進化するポケモンがいる

ポケモンとその持ち主の間には、なつき具合と呼ばれる信頼関係がある。なつき具合は、ポケモンが喜ぶことをすると上がる。なつき具合が十分に上がっている状態でレベルアップさせると、進化をするポケモンがいる。

●ポケモンをなつかせる方法

1	「てもち」に加えて冒険に連れていく
2	キャプテンやしまキング、しまクイーンなど強いトレーナーとの勝負に参加させる
3	「マックスアップ」や「タウリン」「ブロムヘキシン」など、きそポイントを上げるどうぐを使う
4	戦闘中に「プラスパワー」や「スピーダー」「クリティカット」などを使う
5	「ザロクのみ」や「ネコブのみ」など、ポケモンがなつく効果のあるきのみを与える
6	アーカラじま コニコシティのロミロミ(マッサージ)をしてもらう
7	ポケモンに「やすらぎのすず」を持たせる
8	「ゴージャスボール」でつかまえる
9	「フレンドボール」でつかまえる(つかまえると、なつき具合が最高になる)
10	ポケリゾートの「ぽかぽかリゾート」で温泉に入れる
11	フェスサークルのやたい「なつきカフェ」や「なつきパーラー」を利用する

ポケモンを進化させる条件はまだまだたくさんある

ポケモンを進化させる方法は、レベルアップが基本だが、他にもたくさんの方法がある。それらの条件の中には不思議なものも多く、アローラ図鑑の完成を面白くしてくれる。

●ポケモンを進化させる特別な条件の例

特別ないしを与える
特別な力を秘めたリーフのいしやほのおのいし、みずのいし、こおりのいしなどを使うと、進化する種類がいる。

特定のわざをおぼえさせてレベルアップさせる
レベルアップさせて特定のわざをおぼえさせる、あるいは特定のわざをおぼえた状態でレベルアップさせると、進化する種類がいる。

特定の場所で進化させる
特定の土地の力に反応して、レベルアップさせると進化する種類がいる。アローラ地方では、ポニじま ポニのだいきょうこくなどだ。

特定の時間帯にレベルアップさせる
アローラ地方の時間帯は、「昼」と「夜」に分けられる。それぞれの時間帯にレベルアップさせると、進化をする種類がいる。

アローラ図鑑を完成させよう

アローラ地方に生息する300種類のポケモンを登録すると完成する

『ポケットモンスター サン・ムーン』の冒険の目的には、島巡りに加え、アローラ図鑑の完成がある。300種類のポケモンを登録しよう。

アローラ図鑑にポケモンを登録しよう

野生のポケモンにボールを投げて、つかまえる。これがアローラ図鑑にポケモンを登録する基本的な方法だ。ポケモンを手に入れると、「とうろくかんりょう！」と表示される。

●アローラ図鑑にポケモンを登録する方法

1. 野生のポケモンをつかまえる
2. つかまえたポケモンを進化させる
3. 島巡りの途中で出会った人とポケモン交換をする
4. 他のプレイヤーと通信交換をする（クイック通信やGTSなど）

アローラ図鑑を完成させてごほうびをもらおう

アローラ図鑑を完成させると、アーカラじま カンタイシティのゲームフリークにいるゲームディレクターから、特別なごほうびをもらえる。トレーナーパスのスタンプと、ひかるおまもりだ。

ゲームディレクター

●アローラ図鑑を完成させるとゲームディレクターからもらえる主なごほうび

アローラずかんコンプリート（『ポケモン サン』の場合）	アローラずかんコンプリート（『ポケモン ムーン』の場合）	「ひかるおまもり」
アローラ地方のポケモンをすべて図鑑に登録した証だ。	『ポケモン サン』と『ポケモン ムーン』で、スタンプの模様が異なる。	ひかるおまもり ひかるおまもりを手に入れると、約4000分の1の確率で出現するといわれる、色違いのポケモンが出現しやすくなる。

最初は島図鑑の完成からめざそう

アローラ図鑑の完成をめざすとき、最初は島図鑑の完成を目標にしよう。島図鑑はメレメレ図鑑、アーカラ図鑑、ウラウラ図鑑、ポニ図鑑の4種類があり、それぞれ100種類から130種類のポケモンを登録すると、完成する。島図鑑を完成させると、自然にアローラ図鑑も完成に近づいていく。

→ ポケモンの生息地が表示される

→ アイコンの見かた
- 図鑑に登録済み
- 姿を見かけた

●島図鑑の種類
- メレメレ図鑑
- アーカラ図鑑
- ウラウラ図鑑
- ポニ図鑑

●島図鑑が完成させやすい理由

1. 島図鑑は、100種類から130種類のポケモンを登録すると完成する
2. 1種類つかまえると複数の図鑑に登録されるポケモンが多い(コイキングやメノクラゲなど)
3. つかまえるのが難しいポケモンは完成の条件にふくまれない

タイプ:ヌル / シルヴァディ / ジガルデ / コスモッグ / コスモウム / ソルガレオ / ルナアーラ / ウツロイド

マッシブーン / フェローチェ / デンジュモク / テッカグヤ / カミツルギ / アクジキング / ネクロズマ / マギアナ

島図鑑が埋まれば次第にアローラ図鑑も完成していく

アローラ図鑑は、300種類のアローラ地方のポケモンを登録すると、完成する。ポケモン図鑑には、300種類のポケモンを手に入れたくなる仕掛けが、たくさん用意されている。たとえば、上画面のポケモンの進化形やグループの表示だ。これらを1つずつ完成させることも目標にするといいだろう。

→ 進化の流れやグループが表示される

→ 記号の見かた
- 図鑑に登録済み
- 姿を見かけた
- 姿を見たことがない

ポケモン図鑑のくわしい機能は111ページを見よう。

街の人とポケモンを交換してアローラ図鑑の完成度を上げよう

島巡りで出会った人から、ポケモン交換を申し込まれることがある。相手がほしがっているポケモンを持っているかがひと目でわかるので、交換しやすい。図鑑の完成度も上がるので、交換には積極的に応じよう。

●アローラ地方で行える街の人とのポケモン交換

交換 1 メレメレじま 2ばんどうろ
ポケモンセンターの受付の右側にいる女性に話しかけると、オニスズメとワンリキーの交換を持ちかけられる。

渡すポケモン／もらうポケモン

オニスズメ
●出現場所
メレメレじま
2ばんどうろの
草むらD

ワンリキー Lv.9
(シトサン)
◆持っているどうぐ
「プラスパワー」

交換 2 アーカラじま 5ばんどうろ
ポケモンセンターの受付の左側にいる男性に話しかけると、ヨーテリーとアマカジの交換を持ちかけられる。

ヨーテリー
●出現場所
アーカラじま
5ばんどうろの
草むらA

アマカジ Lv.16
(タリーヨ)
◆持っているどうぐ
「ひかりのこな」

交換 3 アーカラじま コニコシティ
ポケモンセンターの受付の左側にいる女の子に話しかけると、ズバットとニョロゾの交換を持ちかけられる。

渡すポケモン／もらうポケモン

ズバット
●出現場所
アーカラじま
ディグダトンネル

ニョロゾ Lv.22
(ヤンヤン)
◆持っているどうぐ
「ミズZ」

交換 4 ウラウラじま マリエシティ
ローリングドリーマーにいる女性に話しかけると、ヤンチャムとピンプクの交換を持ちかけられる。

ヤンチャム
●出現場所
ウラウラじま
10ばんどうろ
の草むらA

ピンプク Lv.27
(うゆゆ)
◆持っているどうぐ
(なし)

交換 5 ウラウラじま カプのむら
ポケモンセンターの受付の左側にいる男性に話しかけると、ゴーストとゴローンの交換を持ちかけられる。

渡すポケモン／もらうポケモン

ゴースト
●出現場所
ウラウラじま
14ばんどうろの
スーパー・メガやす あとち

ゴローン
アローラのすがた Lv.32
(シヨッカ)
◆持っているどうぐ
「イワZ」

交換 6 ポニじま うみのたみのむら
中央の通路にいる女性に話しかけると、グランブルとアママイコの交換を持ちかけられる。

グランブル
●出現場所
ポニじま
ポニのげんや
の草むらA

アママイコ Lv.43
(ノッキリア)
◆持っているどうぐ
「クサZ」

交換 7 ポニじま ポニのけんろ
バトルツリーの手前にいる男性に話しかけると、キテルグマとファイアローの交換を持ちかけられる。

渡すポケモン／もらうポケモン

キテルグマ
●出現場所
ポニじま
ポニのけんろ
の草むらA

ファイアロー Lv.59
(ツノリー)
◆持っているどうぐ
「ホノオZ」

登録された図鑑を見たがっている人のためにポケモンをつかまえよう

島巡りの途中で出会った人から、特定のポケモンを図鑑に登録して、見せてほしい、と頼まれることがある。そのポケモンをつかまえ、登録された図鑑を見せると、おこづかいをもらえる。

●アローラ地方で人々が図鑑を見たがっているポケモン

見せて! 1 メレメレじま ハウオリシティ

ポケモンセンターにいる女性に話しかけると、フワンテを登録した図鑑を見たい、と頼まれる。

フワンテ
●出現場所
メレメレじま
ハウオリれいえんの
草むらⒶ（「昼」）

◆お礼／10000円

見せて! 2 メレメレじま 2ばんどうろ

ポケモンセンターにいる女性に話しかけると、アブリーを登録した図鑑を見たい、と頼まれる。

アブリー
●出現場所
メレメレじま
2ばんどうろの
草むらⒶ

◆お礼／3000円

見せて! 3 メレメレじま 3ばんどうろ

草むらⒸの入口近くにいる男性に話しかけると、イワンコを登録した図鑑を見たい、と頼まれる。

イワンコ
●出現場所
メレメレじま
テンカラットヒル
さいおうくうどうの草むらⒶ

◆お礼／3000円

見せて! 4 アーカラじま カンタイシティ

ブティックの中の右側にいる男性に話しかけると、ナマコブシを登録した図鑑を見たい、と頼まれる。

ナマコブシ
●出現場所
アーカラじま
7ばんどうろの水上

◆お礼／10000円

見せて! 5 アーカラじま 5ばんどうろ

ポケモンセンターにいる男性に話しかけると、ヒンバスを登録した図鑑を見たい、と頼まれる。

ヒンバス
●出現場所
アーカラじま
せせらぎのおかの
入口のつりスポットⒶ（つり）

◆お礼／3000円

見せて! 6 アーカラじま 8ばんどうろ

エーテルベースにいる女性に話しかけると、ヌイコグマを登録した図鑑を見たい、と頼まれる。

ヌイコグマ
●出現場所
アーカラじま
8ばんどうろの
草むらⒶ

◆お礼／5000円

見せて! 7 アーカラじま コニコシティ

ポケモンセンターにいる男性に話しかけると、ナゲツケサルを登録した図鑑を見たい、と頼まれる。

『ポケモン サン』の場合

ナゲツケサル
●出現場所
アーカラじま
シェードジャングルの
入口の草むらⒶ

◆お礼／5000円

見せて! 8 アーカラじま コニコシティ

ポケモンセンターにいる男性に話しかけると、ヤレユータンを登録した図鑑を見たい、と頼まれる。

『ポケモン ムーン』の場合

ヤレユータン
●出現場所
アーカラじま
シェードジャングルの
入口の草むらⒶ

◆お礼／5000円

見せて! 9 ウラウラじま マリエシティ

ブティックの中の左側にいる男性に話しかけると、トゲデマルを登録した図鑑を見たい、と頼まれる。

トゲデマル
●出現場所
ウラウラじま
ホテリやまの
草むらⒶ

◆お礼／10000円

見せて! 10 ウラウラじま 16ばんどうろ

ポケモンセンターにいる女性に話しかけると、ミミッキュを登録した図鑑を見たい、と頼まれる。

ミミッキュ
●出現場所
ウラウラじま
14ばんどうろの
スーパー・メガやす あとち

◆お礼／20000円

世界中の人と
ポケモンを通信交換しよう

クイック通信やフェスサークルで通信交換を楽しめる

アローラ図鑑を完成させるためには、通信交換が必要だ。近くにいる人と気軽に交換できるクイック通信や、世界中のプレイヤーと通信交換することもできるフェスサークルを活用しよう。『ポケットモンスター X・Y』と『ポケットモンスター オメガルビー・アルファサファイア』からポケモンを連れてくる場合は、『ポケモンバンク』（→P.638）を利用する。

●ポケモンの通信交換の例

ソルガレオ
『ポケモン サン』に登場する伝説のポケモン

通信交換

ルナアーラ
『ポケモン ムーン』に登場する伝説のポケモン

●『ポケモン サン・ムーン』で行えるポケモンの通信交換

クイック通信

下画面のメニューから行える通信交換。近くにいる人と、すばやくポケモン交換をするときに最適だ。

通信交換（フェスサークル）

フェスサークルで出会った人と行うポケモン交換。世界中の人と通信交換できるチャンスがある。

ミラクル交換（フェスサークル）

どんなポケモンがやってくるかわからない、まさにミラクルな交換。気軽に交換を楽しめる。

GTS（フェスサークル）

ポケモンをあずけ、希望者と交換が成立するのを待つシステムだ。「ほしいポケモン」で検索して、ポケモンを探すこともできる。

フェスサークルで通信交換をする方法は555ページを見よう。

通信交換をすればするほど「ポケモン」は面白くなる

『ポケットモンスター』シリーズは、世界中のプレイヤーと通信交換をすると、さらに面白くなる。持っていないポケモンを手に入れたり、相手がほしがっているポケモンをプレゼントしたりできる。おたがいにメリットのある通信交換が成立すると、相手への感謝の気持ちもわく。

●ポケモンの通信交換の主なメリット

アローラ図鑑に登録される
手に入れていないポケモンを交換すると、アローラ図鑑に登録されて、図鑑の完成度が上がる。

ポケモンに通常の1.5倍の経験値を与えられる
通信交換したポケモンを戦闘に出すと、通常の1.5倍の経験値が与えられるので、早く育つ。

メレメレじまのIDくじが当たりやすくなる
IDの異なるポケモンが増えるので、ハウオリシティのIDくじに当たりやすくなる(→P.160)。

通信交換で貴重なポケモンを手に入れよう

ポケモンの通信交換は、アローラ図鑑完成の重要な手段となる。通信交換を成立させるには、自分がほしいポケモンを希望するだけでなく、相手がほしがっているポケモンもよく考える必要がある。通信交換が成立しやすい例を3つ紹介しよう。

●通信交換をして手に入れたいポケモンの例

『ポケモン サン』と『ポケモン ムーン』のどちらかにしか出現しないポケモン
『ポケモン サン』と『ポケモン ムーン』それぞれ片方にだけ出現するポケモンは、交換が成立しやすい。『ポケモン サン』ならバクガメスやナゲツケサル、『ポケモン ムーン』ならジジーロンやヤレユータンなどだ。

島巡りの中で選んで手に入れるポケモン
島巡りの途中で、複数の中から1匹を選んで手に入れるポケモンがいる。たとえば、モクロー、ニャビー、アシマリなどだ。ポケモンあずかりやで自分がもらったポケモンのタマゴを複数発見し、タマゴをかえしておこう。

通信交換すると進化するポケモン
通信交換をすると進化をするポケモンがいる。たとえば、ユンゲラーはフーディンに、ゴーリキーはカイリキーに進化する。ユンゲラー同士、ゴーリキー同士を交換して、おたがいに進化後のポケモンを手に入れる方法もある。

ゼンリョクガイド ソルガレオとルナアーラは2匹ずつ手に入る
ソルガレオは『ポケモン サン』だけに、ルナアーラは『ポケモン ムーン』だけに登場するが、ゲーム中でそれぞれ2匹ずつ手に入る。希少価値を活かして、絶対にほしいポケモンと交換してもらうときに、1匹を贈ろう。

他の言語のプレイヤーと通信交換すると図鑑のページが増える

『ポケモン サン・ムーン』は、9つの言語を選べる。他の言語で遊んでいるプレイヤーと、ポケモンの通信交換が成立すると、アローラ図鑑にその言語のページが追加され、その言語でのポケモンの名前や解説文を読むことができる。表現の違いから、世界の豊かな多様性を感じよう。

●アローラ図鑑の9つの言語のタグの例

スタンプがないとポケモンが指示を守らないことがある

通信交換で手に入れたポケモンは、レベルが高いと、戦闘に出しても、指示を守らない。大試練を達成するともらえるスタンプが増えると、ポケモンが指示を守るようになる。

●スタンプとその効果

メレメレのしれん たっせいのあかし		効果	人と交換したポケモンでもLv.35までなら言うことをきく
		入手方法	しまキングのハラに勝利し、メレメレの大試練を達成する
アーカラのしれん たっせいのあかし		効果	人と交換したポケモンでもLv.50までなら言うことをきく
		入手方法	しまクイーンのライチに勝利し、アーカラの大試練を達成する
ウラウラのしれん たっせいのあかし		効果	人と交換したポケモンでもLv.65までなら言うことをきく
		入手方法	しまキングのクチナシに勝利し、ウラウラの大試練を達成する
ポニのしれん たっせいのあかし		効果	人と交換したポケモンでもLv.80までなら言うことをきく
		入手方法	しまクイーンのハプウに勝利し、ポニの大試練を達成する
しまめぐり たっせいのあかし		効果	人と交換したすべてのポケモンが言うことをきく
		入手方法	アローラ地方の初代チャンピオンになり、島巡りを達成する

ポケットモンスター サン・ムーン
公式(こうしき)ガイドブック 上(じょう)
完全(かんぜん)ストーリー攻略(こうりゃく)

アローラ地方(ちほう)の
ポケモン勝負(しょうぶ)

ポケモン勝負に勝てるようになろう

ポケモンのタイプは勝負の基本だ

すべてのポケモンは、タイプで分類される。タイプには、ノーマル、くさ、みず、ほのおなど、ぜんぶで18種類ある。タイプは、戦闘の勝敗にかかわる重要な要素だ。タイプの仕組みをおぼえよう。

●タイプと代表的なポケモン

ノーマル	ほのお	みず	くさ	でんき	こおり
イーブイ	ニャビー	アシマリ	モクロー	コイル	ユキワラシ

かくとう	どく	じめん	ひこう	エスパー	むし
マクノシタ	ヤトウモリ	スナバァ	ツツケラ	ケーシィ	アブリー

いわ	ゴースト	ドラゴン	あく	はがね	フェアリー
イワンコ	ミミッキュ	ジャラコ	ニューラ	ダンバル	キュワワー

タイプはポケモンとわざの両方にある

タイプは、ポケモンとわざの両方にある。たとえば、バンバドロの場合、ポケモンとしては、じめんタイプに分類される。しかし、わざはじめんタイプの「じしん」などだけではなく、かくとうタイプの「ばかぢから」など、他のタイプのわざもおぼえられる。

●ポケモンのタイプとわざの関係

バンバドロのタイプ
じめん

わざのタイプ
じしん
じめん
ばかぢから
かくとう

ポケモンのタイプは防御に関係する

オーロットのゴーストタイプのわざを、じめんタイプで受ける。

バンバドロ ← オーロット

わざのタイプは攻撃に関係する

じめんタイプのわざで、ドラゴンタイプのガブリアスを攻撃する。

バンバドロ → ガブリアス

タイプの弱点を突けば一発逆転できる

くさタイプはみずタイプに強く、ほのおタイプに弱い、というふうに、タイプにはじゃんけんのような強い弱いの関係がある。攻撃をする側のポケモンのわざのタイプと、攻撃を受ける側のポケモンのタイプの関係を「相性」という。相性がいい攻撃をできると、通常の2倍以上のダメージを与えることができる。

● タイプの相性の例

ダメージを何倍にも増やして相手を攻撃しよう

わざを使って相手に与えるダメージは、条件を満たすと、通常の1.5倍以上に増やすことができる。条件をおぼえて、相手のポケモンに大ダメージを与えよう。たとえば、モクローがくさタイプのわざ「はっぱカッター」を使い、みずタイプのアシマリを攻撃すると、ダメージは通常の3倍になる。

● ダメージを増やす基本的なテクニック

相手が弱点とするタイプのわざで攻撃する	自分のタイプと同じタイプのわざを使う	わざが相手の急所に当たる
相手の弱点を突いて攻撃をすれば、ダメージは通常の2倍になる。 ダメージ2倍	ポケモンのタイプと同じタイプのわざを使うと、ダメージは通常の1.5倍になる。 ダメージ1.5倍	わざが相手の急所に当たると、通常の1.5倍のダメージを与える。 ダメージ1.5倍

● 戦闘中のメッセージでわかるダメージの量

メッセージ	相性	ダメージ
「こうかはばつぐんだ！」	相性がよい	ダメージ2〜4倍
「こうかはいまひとつのようだ……」	相性がよくない	ダメージ半分以下
（メッセージはなし）	相性はふつう	通常のダメージ
「こうかがないようだ……」	相性が悪い	ダメージなし
「きゅうしょにあたった！」	—	ダメージ1.5倍

一度戦ったポケモンはわざの相性がわかる

『ポケットモンスター サン・ムーン』では、一度戦ったポケモンと再び勝負をするとき、わざの相性がいいかどうかがわかる。わざに「こうかばつぐん」「こうかあり」「いまひとつ」「こうかなし」と表示され、効果的なわざを選びやすくなっている。

ポケモンはわざをくり出す

ポケモンは、さまざまなわざをおぼえる。わざは600種類以上あり、それぞれが個性的な効果を発揮する。1匹のポケモンがおぼえられるわざは、最大4種類。どのわざをおぼえさせるかは、プレイヤーの自由だ。

●ポケモンにわざをおぼえさせる方法

1 レベルアップさせてわざをおぼえさせる

ポケモンは、わざをおぼえられるレベルが決まっている。そのレベルに達すると、わざをおぼえる。

2 進化させてわざをおぼえさせる

わざの中には、ポケモンが進化をしたときにだけおぼえられる種類がある。強力なわざが多い。

3 わざマシンを使ってわざをおぼえさせる

わざマシンを使うと、ポケモンにすぐにわざをおぼえさせられる。わざマシンは何度でも使える。

4 人から教わってわざをおぼえさせる

人から教えてもらえるわざもある。究極のわざや合体わざ、ドラゴンタイプ最強のわざなどだ。

5 タマゴからかえしておぼえさせる

タマゴをかえすと、タマゴから生まれたポケモンが「タマゴわざ」をおぼえていることがある。

ポケモンにはさまざまなタイプのわざをおぼえさせよう

島巡りで活躍させるポケモンには、複数のタイプのわざをおぼえさせるようにしよう。わざのタイプが同じものばかりだと、相性の悪いポケモンと戦うときに、不利になってしまう。わざのタイプは、できる限りバラバラにして、多くの種類のポケモンの弱点を突けるようにしよう。

●島巡りに効果的なわざをおぼえさせた例

エンニュート
どく ほのお

わざ	かえんほうしゃ	ほのお
わざ	ヘドロばくだん	どく
わざ	わるだくみ	あく
わざ	りゅうのはどう	ドラゴン

ポケモンは種類ごとにとくせいを持っている

とくせいは、ポケモンが種類ごとに持つ力だ。2種類のとくせいを持つ可能性のあるポケモンは、そのどちらかを持っている。また、特別な方法で手に入れたポケモンは、かくれとくせいを持っていることがある。

●ポケモンのとくせいの例

パラス
むし　くさ

パラスのとくせい	
とくせい	ほうし
とくせい	かんそうはだ
かくれとくせい	しめりけ

とくせいの効果（例：パラス）

パラスのとくせい「ほうし」は、直接攻撃を受けると、30％の確率で相手を「どく」「まひ」「ねむり」のいずれかの状態にする。とくせい「かんそうはだ」は、みずタイプのわざを受けると、最大HPの4分の1のHPを回復する。

●かくれとくせいを持ったポケモンを手に入れる方法

野生のポケモンが呼んだ仲間のポケモンが持っていることがある

『ポケモン サン・ムーン』でかくれとくせいを持つポケモンを手に入れる方法は、ひとつ。野生のポケモンが呼んだ仲間がかくれとくせいを持っている場合がある。

▶野生のポケモンが仲間を呼ぶ現象についてくわしくは64ページを見よう。

ポケモンにどうぐを持たせよう

ポケモンには、どうぐを1つ持たせられる。どうぐの中には、ポケモンに持たせることで、戦闘で効果を発揮する種類が多い。戦闘を有利に進めるために、ポケモンに必ずどうぐを持たせよう。

●「てもち」のポケモンにどうぐを持たせるまでの流れ

1 持たせるポケモンを選ぶ

下画面のメニューから「ポケモン」を選び、どうぐを持たせるポケモンを決める。

2 「どうぐ」から1つを選ぶ

「バッグ」の中にあるどうぐの中から、ポケモンに持たせたいどうぐを1つ選ぶ。

3 「つよさをみる」で確認する

ポケモンにどうぐを持たせることができた。さっそく戦闘をして効果を試してみよう。

●ポケモンに持たせると有利に戦えるどうぐの例

せんせいのツメ	持たせると、相手よりも先に攻撃できることがある。	たべのこし	持たせると、ターンごとに最大HPの16分の1ずつHPを回復する。
オボンのみ	持たせると、HPが半分以下になったときに、自分で最大HPの4分の1のHPを回復する。	ラムのみ	持たせると、状態異常と「こんらん」状態になったときに自分で治す。

85

ポケモンといっしょに勝負に勝とう

戦闘がはじまると、ポケモンはプレイヤーの指示通りに行動することになる。つまり、ポケモンが勝つのも負けるのも、プレイヤー次第なのだ。戦闘中は、わざや交代の指示などを行える。

●プレイヤーが戦闘中にポケモンにできる行動

ポケモンにできる行動 1　わざをくり出させる

戦闘がはじまったら、プレイヤーはポケモンがくり出すわざを決める。LボタンとAボタンを同時に押すと、わざの説明を見られる。

ポケモンが使うわざを選ぶ

ポケモンがわざをくり出す

ポケモンにできる行動 2　ポケモンを交代させる

ポケモンの残りHPが少なくなったら、回復させるか、交代させよう。交代させるポケモンの「のうりょく」やわざも確認できる。

「ポケモン」ボタンを押す

代わりのポケモンを選ぶ

ポケモンにできる行動 3　回復やサポートのどうぐを使う

戦闘中のポケモンに、どうぐやきのみを使うことができる。強敵にはクリティカットを使い、わざが急所に当たる確率を高めよう。

クリティカット

「バッグ」ボタンを押す

どうぐを選んで使う

ポケモンにZパワーを与えて Zワザをくり出そう

絆が深まると使える特別なわざだ

Zワザは、1回の戦闘で一度だけ使える威力絶大なわざだ。ポケモントレーナーの想いをポケモンに重ねて、たがいの全力を解き放つことで炸裂する。Zワザは、すべてのポケモンが使うことができるので、どの種類のポケモンでも、戦闘で大活躍できる可能性がある。

Zワザを放つには「Zリング」とZクリスタルが必要だ

Zワザを使うにはZリングとZクリスタルが必要だ。Zリングは、ポケモントレーナーが腕につけるどうぐ。Zクリスタルは、ポケモンに使うどうぐ。この2つのどうぐが共鳴し、Zワザが放たれるのだ。

Zリング　　Zクリスタル

●主なZワザ

ウルトラダッシュアタック	ダイナミックフルフレイム	スーパーアクアトルネード
 相手に強烈な突進を食らわせる。	 大火力の炎を相手に放つ。	 水の渦で相手のポケモンを飲み込む。
ブルームシャインエクストラ	ガーディアン・デ・アローラ	ひっさつのピカチュート
 巨大な花のようなエネルギーで相手を攻撃する。	 島の守り神たちの想いがこもったわざだ。	 ピカチュウを投げて攻撃する奇想天外なわざだ。

ポケモンにZクリスタルを使おう

大試練の達成などでZクリスタルを手に入れたら、ポケモンに使おう。Zクリスタルは、1つあれば、複数のポケモンに使うことができる。ポケモンがおぼえているわざとZクリスタルのタイプがそろっていることが条件だ。

Zクリスタル
（ゴーストZ）

Zクリスタル
（アクZ）

Zクリスタル
（フェアリーZ）

●「てもち」のポケモンにZクリスタルを使うまでの流れ

1 使うポケモンを選ぶ

下画面のメニューから「ポケモン」を選び、Zクリスタルを使うポケモンを決める。

2 「どうぐ」から1つを選ぶ

使いたいZクリスタルを選ぶと、そのZパワーがポケモンに与えられる。

3 複数に持たせられる

ポケモンにZクリスタルを使った状態だ。戦闘で、Zワザを放つことができる。

ポケモンにZワザをくり出させよう

ポケモンは1回の戦闘で、Zワザを1回だけくり出せる。最初からZワザを放って相手を圧倒するか、ピンチから脱するときに使うか。使いどころの判断が重要だ。

●ポケモンにZワザをくり出させるまでの流れ

1 「Zパワー」ボタンを押す

条件を満たして、Zワザが使える場合、下画面に「Zパワー」ボタンが表示される。

2 Zワザから1つを選ぶ

「Zパワー」ボタンを押すと、そのポケモンが使えるZワザが表示される。

3 Zワザをくり出す

Zワザを選ぶと、ポケモンがZワザを放つ。その強力な威力と戦闘アニメを見届けよう。

●Zワザのルール

1. Zワザは1回の戦闘で1回だけ使える
2. Zワザは通常のわざと同じようにPPを使う（元となるわざのPPが0の場合は使えない）
3. メガシンカできるポケモンがいる場合、1回の戦闘でZワザとメガシンカは1回ずつ行える
4. 特定のポケモン専用のZクリスタルは、Zワザの元となるわざをおぼえていないと使えない（例：ピカチュウ専用のZワザを使うためには、わざ「ボルテッカー」をおぼえている必要がある）

Zクリスタルを手に入れよう

Zクリスタルは、タイプの数だけあり、基本となるのは18種類だ。そして特定のポケモン専用のZクリスタルもある。Zクリスタルの主な入手方法は、試練や大試練を達成することだ。島巡りの途中で各地にある台座から手に入れたり、人からもらったりすることで入手することもある。

●Zクリスタルを手に入れる方法

1. キャプテンの試練を達成する
2. しまキングやしまクイーンの大試練を達成する
3. 島巡りの途中で台座から手に入れる
4. 人からもらう

●Zクリスタルの主な入手方法

ノーマルZ
入手場所●メレメレじま しげみのどうくつ

メレメレじま しげみのどうくつでイリマの試練を達成する。

カクトウZ
入手場所●メレメレじま リリィタウン

しまキングのハラに勝利して、メレメレの大試練を達成する。

ミズZ
入手場所●アーカラじま せせらぎのおか

アーカラじま せせらぎのおかで、スイレンの試練を達成する。

ホノオZ
入手場所●アーカラじま ヴェラかざんこうえん

アーカラじま ヴェラかざんこうえんで、カキの試練を達成する。

クサZ
入手場所●アーカラじま シェードジャングル

アーカラじま シェードジャングルで、マオの試練を達成する。

イワZ
入手場所●アーカラじま いのちのいせき

しまクイーンのライチに勝利して、アーカラの大試練を達成する。

デンキZ ／ ハガネZ
入手場所●ウラウラじま ホクラニだけ

ウラウラじま ホクラニだけの天文台で、マーマネの試練を達成する。

ゴーストZ
入手場所●ウラウラじま スーパー・メガやす あとち

ウラウラじま スーパー・メガやす あとちで、アセロラの試練を達成する。

エスパーZ
入手場所●ウラウラじま ハイナさばく

ウラウラじま ハイナさばくの奥地4にある台座を調べる。

ムシZ
入手場所●ウラウラじま ポータウン

ウラウラじま ポータウンのいかがわしきやしきのボスの部屋で手に入れる。

アクZ
入手場所●ウラウラじま マリエシティ

しまキングのクチナシに勝利して、ウラウラの大試練を達成する。

ヒコウZ
入手場所●メレメレじま テンカラットヒル

メレメレじま テンカラットヒルさいおうくうどうにある台座を調べる。

ドクZ
入手場所●ポニじま ポニのこどう

ポニのこどうでスカル団のしたっぱ団員に勝利後、プルメリからもらう。

ジメンZ
入手場所●ポニじま ポニのだいきょうこく

しまクイーンのハプウに勝利して、ポニの大試練を達成する。

フェアリーZ
入手場所●ポニじま ポニのだいきょうこく

ポニじま ポニのだいきょうこくでマツリカからもらう。

ドラゴンZ
入手場所●ポニじま ポニのだいきょうこく

ポニじま ポニのだいきょうこくのぬしの間でジャラランガに勝利する。

コオリZ
入手場所●ウラウラじま ラナキラマウンテン

ウラウラじま ラナキラマウンテンの内部にある台座を調べる。

ピカチュウZ
入手場所●アーカラじま コニコシティ

アーカラじま コニコシティで女性からもらう。

ジュナイパーZ
入手場所●ウラウラじま マリエていえん

ウラウラじま マリエていえんでククイはかせからもらう。

ガオガエンZ
入手場所●ウラウラじま マリエていえん

ウラウラじま マリエていえんでククイはかせからもらう。

アシレーヌZ
入手場所●ウラウラじま マリエていえん

ウラウラじま マリエていえんでククイはかせからもらう。

カプZ
入手場所●メレメレじま いくさのいせき

メレメレじま いくさのいせきでカプ・コケコと戦う。

アロライZ
入手場所●ポニじま うみのたみのむら

ポニじま うみのたみのむらの民家にいる女性に話しかける。◆1

イーブイZ
入手場所●アーカラじま ロイヤルアベニュー

アーカラじま スーパー・メガやすにいる男性の願いを叶えた後、勝利する。◆2

◆1 「てもち」にライチュウ アローラのすがたを加えた状態で、話しかけよう。
◆2 殿堂入り後に起きる出来事です。

ポケモンを メガシンカさせて戦おう

プレイヤーとポケモンの絆が深まると戦闘中に起きる特別な進化だ

メガシンカは、従来の進化を超えた進化だ。これ以上は進化をしないと思われていたポケモンたちが、さらに進化をする。『ポケットモンスター サン・ムーン』では、島巡りを達成し、殿堂入りを果たした後に、ポケモンをメガシンカさせられるようになる。

●アローラ図鑑のメガシンカポケモン

メガヤドラン　メガフーディン　メガゲンガー　メガギャラドス
メガヤミラミ　メガボーマンダ　メガガルーラ　メガカイロス
メガメタグロス　メガガブリアス　メガアブソル　メガオニゴーリ
メガサメハダー　メガハッサム　メガルカリオ　メガプテラ

殿堂入り後に「キーストーン」とメガストーンが手に入る

殿堂入り後に、ポニじま ポニのこどうで、デクシオに勝利すると、キーストーンをもらえる。メガストーンは、ポニじまにあるバトル施設のバトルツリーで1個64BPと交換できる（→P.616）。

デクシオ　ジーナ

ポケモンをメガシンカさせて戦おう

メガシンカは、ポケモンたちが戦闘中に秘めたパワーを一時的に解放し、強さを増す。ちなみに、ポケモンをメガシンカさせた場合でも、他の「てもち」のポケモンは、Zワザを使うことができる。

●メガシンカのルール

1. 1回の戦闘で、1匹のポケモンのみメガシンカさせられる
2. 「メガシンカ」ボタンを押して、わざを選ぶとメガシンカをする
3. 一度メガシンカしたら戦闘がおわるまでメガシンカしたまま
4. ポケモンを交代させてもメガシンカしたまま
5. 「ひんし」状態になると、元の姿にもどる

メガシンカをするとタイプやとくせい、「のうりょく」が変わる

メガシンカさせたポケモンの中には、タイプやとくせいが変わり、「のうりょく」が上がる種類がいる。戦闘中に、パワーアップするのだ。メガシンカをさせれば、一発逆転も狙える。

メガシンカさせてから攻撃しよう

メガシンカは、戦闘の間のみ起きる。戦闘がおわると、メガシンカをしたポケモンは元にもどる。メガシンカさせたいポケモンに、あらかじめメガストーンを持たせておくと、戦闘中にメガシンカさせることができる。必要となるメガストーンは、ポケモンごとに異なる。

●ポケモンをメガシンカさせてわざをくり出す方法

1 「メガシンカ」ボタンを押す

メガストーンを持たせたポケモンの「メガシンカ」ボタンを押そう。

2 わざを選ぶ

次に、ポケモンがおぼえているわざのうち、くり出したいわざを1つ選ぶ。

3 わざがくり出される

ポケモンがメガシンカをする。メガシンカをした後、わざがくり出される。

ポケモンを強く育てよう

ポケモンの強さは「のうりょく」で決まる

ポケモンには、「こうげき」や「ぼうぎょ」などの6種類の「のうりょく」がある。「のうりょく」は1匹ごとに異なり、数値が高いほど、優れている。

●ポケモンの6種類の「のうりょく」

HP
ポケモンの体力。ゼロになると、「ひんし」状態になる。

すばやさ
攻撃する速さ。相手より高いと、先に攻撃しやすくなる。

 ぶつりわざに関係する

こうげき
この数値が高いほど、ぶつりわざで相手に与えるダメージが増える。

ぼうぎょ
この数値が高いほど、ぶつりわざで受けるダメージがへる。

とくしゅわざに関係する

とくこう
この数値が高いほど、とくしゅわざで相手に与えるダメージが増える。

とくぼう
この数値が高いほど、とくしゅわざで受けるダメージがへる。

わざは3種類に分類され、強さは「のうりょく」に影響される

すべてのわざは、ぶつりわざ、とくしゅわざ、へんかわざの3種類に分類される。ぶつりわざととくしゅわざで与えるダメージは、ポケモンの「のうりょく」の高さと関係がある。

●わざの3分類

 ぶつりわざ
相手に直接触れて攻撃するわざの多くは、ぶつりわざに分類される。

とくしゅわざ
相手に直接触れずに攻撃するわざの多くは、とくしゅわざに分類される。

へんかわざ
相手や自分の「のうりょく」を変えるわざなどは、へんかわざに分類される。

「のうりょく」はレベルアップしたときに上がる

「のうりょく」は、ポケモンがレベルアップしたときに上がる。「のうりょく」が上がったポケモンは、攻撃力や防御力が高くなり、強くなる。「のうりょく」が大きく上がるのは、ポケモンが進化をしたときだ。ポケモンを強くしたいときは、進化させることを目標にして育てよう。

●ポケモンの進化と上がる「のうりょく」の例

アマカジは進化の最初の段階なので、「のうりょく」は低めだ。

アママイコに進化すると、「ぼうぎょ」と「すばやさ」が上がる。

「こうげき」が大幅に上がり、ぶつりわざが強力になる。

ポケモンに合った「のうりょく」を上げよう

ポケモンは、種類ごとに上がりやすい「のうりょく」が決まっている。そのポケモンの上がりやすい「のうりょく」を知り、ぶつりわざを中心におぼえさせるのか、とくしゅわざを中心にするのかを決めよう。

ブルーの文字の「のうりょく」はあまり伸びない

ピンクの文字の「のうりょく」はよく伸びる

島巡り中にきそポイントを上げて、ポケモンの「のうりょく」を伸ばそう

きそポイントは、「のうりょく」ごとに貯めることができるポイントだ。きそポイントを貯めると、レベルアップしたときに「のうりょく」がさらに高くなる。きそポイントは、「つよさをみる」で確認できる。

●きそポイントの法則

1. 1匹のポケモンに6種類の「のうりょく」があり、それぞれにきそポイントがある
2. きそポイントが上がっていると、レベルアップをしたときに「のうりょく」がよく伸びる
3. 6種類の「のうりょく」のうち、2種類までなら、きそポイントを限界まで上げられる

●島巡り中にきそポイントを上げる主な方法

1 きそポイントを上げるどうぐを使う

タウリンやリゾチウムなど、各「のうりょく」のきそポイントを伸ばすどうぐを使うと上がる。

2 野生のポケモンを倒すかつかまえる

野生のポケモンを倒すかつかまえるかすると、倒した種類ごとに、異なるきそポイントが上がる。

3 フェスサークルのお店を利用する

フェスサークルのやたいや、バルーンアスレチックを利用すると、きそポイントを効果的に伸ばせる。

経験値をたくさん貯めてポケモンを早くレベルアップさせよう

経験値が一定まで貯まると、ポケモンはレベルアップする。レベルアップしたポケモンは、「のうりょく」が大きく上がり、強くなる。経験値を多くもらい、レベルアップさせる方法を紹介しよう。

●島巡り中にポケモンを早くレベルアップさせるテクニック

1 ポケリフレでもらえる経験値を増やす

ポケリフレでポケモンとコミュニケーションして、「なかよし」がハート2つになると、通常の1.2倍の経験値をもらえるようになる。

2 進化キャンセルで経験値を増やす

進化の最中にBボタンを押すと、進化が止まる。進化キャンセルをすると、その後は通常の1.2倍の経験値をもらえる。

3 「ふしぎなアメ」をどんどん使う

ポケモンセンターのカフェスペースでもらえるなど、本作ではふしぎなアメが多めに手に入る(→P.108)。

4 フェスサークルでレベルアップさせる

フェスサークルのやたいのメニュー「ふしぎモーニング」などを食べさせると、レベルが1上がる(→P.542)。

「がくしゅうそうち」で「てもち」のポケモンを6匹育てよう

メレメレじま トレーナーズスクールでもらえるがくしゅうそうちは、「てもち」のポケモン全員に経験値を与えられるどうぐだ。6匹を同時に育てられる。きそポイントを上げる効果もある。

●「がくしゅうそうち」の効果

「てもち」のポケモンの例

戦闘に出たポケモン
→ 相手を倒した経験値のすべてを全員がもらえる

戦闘に出なかったポケモン
→ 相手を倒した経験値の半分を全員がもらえる

「すごいとっくん」でポケモンの力を限界まで引きだそう

殿堂入り後に、メレメレじま ハウオリシティに現れるすごいオヤジは「すごいとっくん」をしてくれる。Lv.100のポケモンの「のうりょく」を極限まで引きあげてくれるのだ。ぎんのおうかんかきんのおうかんが必要だ。

島巡りを勝ちぬける強い「てもち」をつくろう

ポケモンをつかまえながら強い「てもち」にしていこう

ポケモントレーナーが連れて歩いている6匹のポケモンを、「てもち」のポケモンと呼ぶ。「てもち」に加えるポケモンの選択基準は、さまざまだ。しかし、ある程度の戦略を考えておかないと、島巡りの途中で戦うしまキングやしまクイーン、最後に戦う四天王などの強敵とのポケモン勝負で、とても苦労することになる。ここでは、強い「てもち」をつくるヒントを紹介する。

●アローラ地方の四天王 アセロラの例

アセロラの「てもち」のポケモン

ヤミラミ Lv.54	フワライド Lv.54	ダダリン Lv.54	ユキメノコ Lv.54	シロデスナ Lv.55
あく ゴースト	ゴースト ひこう	ゴースト くさ	こおり ゴースト	ゴースト じめん

四天王であるアセロラの「てもち」は、ゴーストタイプのポケモンぞろいだ。もし自分の「てもち」にゴーストタイプのポケモンが多いと、苦戦させられる。ゴーストタイプのわざを受けない、ノーマルタイプのポケモンなどをくり出して戦おう。

弱点をおぎなえるポケモンを選ぼう

負けない「てもち」をつくる方法は、弱点をおぎなうのが基本だ。下の例を元に説明する。ジュナイパーはくさタイプのポケモンなので、ほのおタイプに弱い。そこでほのおタイプに強い、みずタイプのゴルダックを加える。このようにして、弱点をカバーするタイプのポケモンを加えていくのだ。

●弱点をおぎなう「てもち」の考えかたの例

モクロー（ジュナイパー）を中心とした「てもち」をつくってみよう

ジュナイパーは「こうげき」が高いので、ぶつりわざを中心におぼえさせよう。また、わざ「かげぬい」をおぼえたジュナイパーにジュナイパーZを持たせると、ジュナイパー専用のZワザ「シャドーアローズストライク」を放つことができる。他にくさタイプのわざ「リーフブレード」や、ひこうタイプのわざ「アクロバット」などをジュナイパーにおぼえさせよう。

●公式ガイドブック編集部で考案したジュナイパーを中心とした「てもち」の例

弱点をおぎなえるポケモンたち

ジュナイパー（くさ／ゴースト）　グソクムシャ（むし／みず）　フライゴン（じめん／ドラゴン）　ルカリオ（かくとう／はがね）　スターミー（みず／エスパー）　ファイアロー（ほのお／ひこう）

どんな相手でも弱点を突けるわざをおぼえられるポケモンたち❶

ジュナイパー（くさ／ゴースト）　クワガノン（むし／でんき）　ケケンカニ（かくとう／こおり）　エンニュート（どく／ほのお）　バンバドロ（じめん）　ドンカラス（あく／ひこう）

どんな相手でも弱点を突けるわざをおぼえられるポケモンたち❷

ジュナイパー（くさ／ゴースト）　ジバコイル（でんき／はがね）　ゴロンダ（かくとう／あく）　ナマズン（みず／じめん）　ウインディ（ほのお）　メレシー（いわ／フェアリー）

ニャビー（ガオガエン）を中心とした「てもち」をつくってみよう

ガオガエンは「こうげき」が高いので、ぶつりわざを中心におぼえさせよう。また、わざ「DDラリアット」をおぼえたガオガエンにガオガエンZを持たせると、ガオガエン専用のZワザ「ハイパーダーククラッシャー」をくり出すことができる。ガオガエンには、他にほのおタイプのわざ「ほのおのキバ」や「かえんほうしゃ」などをおぼえさせるのがおすすめだ。

● 公式ガイドブック編集部で考案したガオガエンを中心とした「てもち」の例

弱点をおぎなえるポケモンたち

ガオガエン
ほのお あく

ダダリン
ゴースト くさ

ギャラドス
みず ひこう

ガブリアス
ドラゴン じめん

キテルグマ
ノーマル かくとう

クロバット
どく ひこう

どんな相手でも弱点を突けるわざをおぼえられるポケモンたち❶

ガオガエン
ほのお あく

ヤドラン
みず エスパー

マシェード
くさ フェアリー

バンバドロ
じめん

ジバコイル
でんき はがね

ハリテヤマ
かくとう

どんな相手でも弱点を突けるわざをおぼえられるポケモンたち❷

ガオガエン
ほのお あく

ニョロボン
みず かくとう

アブリボン
むし フェアリー

ダグトリオ
アローラのすがた
じめん はがね

プテラ
いわ ひこう

オドリドリ
ふらふらスタイル
エスパー ひこう

アシマリ（アシレーヌ）を中心とした「てもち」をつくってみよう

アシレーヌは「とくこう」が高いので、とくしゅわざを中心におぼえさせよう。わざ「うたかたのアリア」をおぼえたアシレーヌにアシレーヌZを持たせると、アシレーヌ専用のZワザ「わだつみのシンフォニア」を放つことができる。他のおすすめのわざは、フェアリータイプの「ムーンフォース」だ。一発逆転を狙って、みずタイプの「ハイドロポンプ」をおぼえさせるのも手だ。

●公式ガイドブック編集部で考案したアシレーヌを中心とした「てもち」の例

弱点をおぎなえるポケモンたち

アシレーヌ	アマージョ	ルガルガン まひるのすがた	オドリドリ ぱちぱちスタイル	ガラガラ アローラのすがた	ハッサム
みず フェアリー	くさ	いわ	でんき ひこう	ほのお ゴースト	むし はがね

どんな相手でも弱点を突けるわざをおぼえられるポケモンたち❶

アシレーヌ	ジャラランガ	ゴローニャ アローラのすがた	ワルビアル	ベトベトン アローラのすがた	メタグロス
みず フェアリー	ドラゴン かくとう	いわ でんき	じめん あく	どく あく	はがね エスパー

どんな相手でも弱点を突けるわざをおぼえられるポケモンたち❷

アシレーヌ	オコリザル	ゲンガー	サンダース	トリトドン ひがしのうみ	アメモース
みず フェアリー	かくとう	ゴースト どく	でんき	みず じめん	むし ひこう

島巡りの中でくり広げられる対戦形式を知ろう

対戦の特徴を知っておくと有利に戦える

『ポケットモンスター サン・ムーン』の舞台、アローラ地方では、合計3種類の形式の対戦を楽しめる。シングルバトル、ダブルバトル、そしてバトルロイヤルだ。それぞれの特徴とルールをおぼえて、異なる面白さを持つ戦闘を楽しもう。

●アローラ地方で戦える3つの対戦形式

シングルバトル　1対1の基本的なポケモン勝負

相手のポケモントレーナーが、1匹ずつポケモンを出して戦う対戦だ。わざをくり出して、相手の弱点を突きながら戦うシンプルな駆け引きが楽しめる。とくせいの効果を活かしたり、ポケモンにどうぐを持たせたりすると、奥の深い戦いに発展する。

目が合ったら勝負開始

タイプの相性が勝利へのカギだ

ダブルバトル　2対2の一歩進んだポケモン勝負

相手の2人が1匹ずつポケモンをくり出して戦う対戦だ。相手のポケモンを2匹同時に攻撃できるわざが有効になるなど、「わざの効果範囲」も重要となる。わざの効果で、自分のもう1匹のポケモンを強化するなど、多彩な戦術が存在する。

2人1組のトレーナーと勝負開始

2匹を攻撃できるわざが決め手

バトルロイヤル　1対1対1対1の乱戦必至のポケモン勝負

4人のポケモントレーナーが、1対1対1対1で対決する、まさに乱戦がくり広げられる対戦だ。4人のうちの誰かのポケモンが、すべて倒れた時点で試合終了。それぞれが倒したポケモンの数と、残りのポケモンの数によって、勝者が決まる。

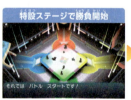
特設ステージで勝負開始

予想がつかない試合運び

ゼンリョクガイド　どの対戦形式でもZワザを活かして戦おう

3つの対戦形式は、それぞれ戦略が異なるが、カギとなるのはZワザだ。相手に先に使われて、大ダメージを受けると、その後の戦闘の流れが不利になりやすい。どのタイミングでZワザを放つのか、見極めよう。

ポケットモンスター サン・ムーン
公式ガイドブック 上
完全ストーリー攻略

アローラ地方の
ポケモントレーナー

ポケモンセンターは島巡りのサポート施設だ

ポケモントレーナーとポケモンを支える設備が充実している

ポケモンセンターは、ポケモントレーナーとポケモンのための施設だ。目印は赤い屋根。アローラ地方のいたるところにあり、24時間オープンしている。

こんにちは！ポケモン センター です あなたの ポケモンを 休ませて あげますか？

ポケモンセンターの受付

24時間いつでもポケモントレーナーを歓迎してくれる

アローラ地方のポケモンセンターには、さまざまなコーナーや設備が用意されている。ポケモンの全回復をしてくれる受付と、どうぐを売買できるフレンドリィショップ、ポケモンをあずけられるボックスを操作できるパソコン、そして豊富な種類のドリンクを飲めるカフェスペースだ。カフェスペースは、アローラ地方のポケモンセンター独自の設備だ。

●アローラ地方のポケモンセンターの設備

ポケモンを全回復してもらう

受付にいる女性に話しかけると、ポケモンのHPやPP、状態異常を回復してもらえる。無料で利用できる。

フレンドリィショップで買い物をする

フレンドリィショップは、島巡りに欠かせない便利などうぐを買える。どうぐの買い取りもしてもらえる。

カフェスペースでリラックスする

さまざまな飲み物を飲んで、島巡りの合間にひと息つけるスペース。販売しているドリンクは、場所ごとに異なる。

パソコンを操作する

「てもち」に収まらないポケモンは、パソコンの中のボックスにあずけられる。ポケモンを自由に出し入れできる。

施設にいる人から情報を収集しよう

ポケモンセンターには、多くの人が集まってくる。島巡りのコツや、その地域の情報など、役に立つアドバイスを聞けるので、全員に話しかけよう。ポケモン交換を持ちかけてくる人もいる（→P.76）。

フレンドリィショップ

フレンドリィショップ① 島巡りを進めると品ぞろえが豊富になっていく

フレンドリィショップでは、島巡りに必要などうぐを販売している。品ぞろえは、島巡りの進行に応じて増える。また、どうぐの買い取りもお願いできる。

ようこそフレンドリィショップへ！お買い物　ですね？

フレンドリィショップの店員

●フレンドリィショップの品ぞろえが増える条件

各島の試練を達成する

●フレンドリィショップの左側の店員が販売するどうぐ

どうぐ	値段	効果	販売される条件
モンスターボール	200円	野生のポケモンをつかまえるためのどうぐ	最初から販売している
スーパーボール	600円	「モンスターボール」よりつかまえやすいボール	メレメレじま　イリマの試練達成で販売される
ハイパーボール	800円	「スーパーボール」よりつかまえやすいボール	アーカラじま　マオの試練達成で販売される
キズぐすり	200円	ポケモンのHPを20回復する	最初から販売している
いいキズぐすり	700円	ポケモンのHPを60回復する	メレメレじま　イリマの試練達成で販売される
すごいキズぐすり	1500円	ポケモンのHPを120回復する	アーカラじま　マオの試練達成で販売される
まんたんのくすり	2500円	ポケモンのHPを全回復する	ウラウラじま　アセロラの試練達成で販売される
かいふくのくすり	3000円	ポケモンのHPと状態異常と「こんらん」状態を全回復する	ポニじま　ポニのだいきょうこくの試練達成で販売される
げんきのかけら	2000円	「ひんし」状態からHPを半分まで回復する	アーカラじま　スイレンの試練達成で販売される
どくけし	200円	「どく」状態を治す	最初から販売している
まひなおし	300円	「まひ」状態を治す	最初から販売している
ねむけざまし	100円	「ねむり」状態を治す	最初から販売している
やけどなおし	300円	「やけど」状態を治す	最初から販売している
こおりなおし	100円	「こおり」状態を治す	最初から販売している
なんでもなおし	400円	状態異常と「こんらん」状態を治す	ウラウラじま　マーマネの試練達成で販売される
あなぬけのヒモ	1000円	どうくつなどの奥から、すぐに入口へもどれる	最初から販売している
むしよけスプレー	400円	少しの間、弱い野生のポケモンが出てこなくなる	最初から販売している
シルバースプレー	700円	弱い野生のポケモンが出てこなくなる。「むしよけスプレー」より長く効く	アーカラじま　カキの試練達成で販売される
ゴールドスプレー	900円	弱い野生のポケモンが出てこなくなる。「シルバースプレー」より長く効く	ウラウラじま　マーマネの試練達成で販売される
あまいミツ	300円	草むらやどうくつで使うと、野生のポケモンが出現する	アーカラじま　スイレンの試練達成で販売される
ビビリだま	300円	野生のポケモンが仲間を呼びやすくなる	アーカラじま　カキの試練達成で販売される

ゼンリョクガイド 「ビビリだま」はどう使う？

ビビリだまは、さまざまな使いかたができる。野生のポケモンの中には、仲間としてしか出現しない種類がいる。そのポケモンを出現させるのが、基本的な使いかただ（→P.64）。

ビビリだま

フレンドリィショップ ② 各フレンドリィショップ独自のどうぐを買おう

フレンドリィショップには、店員が2人いる店がある。2人の店員のうち、右側に立っている店員は、その店でしか売っていないどうぐを販売している。他のフレンドリィショップや島巡り中に手に入るどうぐもあるが、右側の店員の売るどうぐは、基本的にはその店独自のものが多いことをおぼえておこう。

フレンドリィショップの店員

●フレンドリィショップの右側の店員が販売するどうぐ

メレメレじま ハウオリシティ フレンドリィショップの品ぞろえ

どうぐ	値段	効果
スピーダー	1000円	使ったポケモンの「すばやさ」が2段階上がる
プラスパワー	1000円	使ったポケモンの「こうげき」が2段階上がる
ディフェンダー	2000円	使ったポケモンの「ぼうぎょ」が2段階上がる
エフェクトガード	1500円	5ターンの間、味方の「のうりょく」を下げられなくする
クリティカット	1000円	使ったポケモンのわざの急所への当たりやすさが大きく上がる
ヨクアタール	1000円	使ったポケモンのわざの命中率が上がる
スペシャルアップ	1000円	使ったポケモンの「とくこう」が2段階上がる
スペシャルガード	2000円	使ったポケモンの「とくぼう」が2段階上がる

メレメレじま 2ばんどうろ フレンドリィショップの品ぞろえ

どうぐ	値段	効果
いいキズぐすり	700円	ポケモンのHPを60回復する
ヒールボール	300円	つかまえたポケモンのHPと状態異常を回復する、やさしいボール
ネストボール	1000円	つかまえるポケモンが弱いほどつかまえやすくなるボール
ゴージャスボール	1000円	つかまえたポケモンがなつきやすくなるボール
スピーダー	1000円	使ったポケモンの「すばやさ」が2段階上がる
プラスパワー	1000円	使ったポケモンの「こうげき」が2段階上がる
ディフェンダー	2000円	使ったポケモンの「ぼうぎょ」が2段階上がる
エフェクトガード	1500円	5ターンの間、味方の「のうりょく」を下げられなくする
クリティカット	1000円	使ったポケモンのわざの急所への当たりやすさが大きく上がる
ヨクアタール	1000円	使ったポケモンのわざの命中率が上がる
スペシャルアップ	1000円	使ったポケモンの「とくこう」が2段階上がる
スペシャルガード	2000円	使ったポケモンの「とくぼう」が2段階上がる

アーカラじま カンタイシティ フレンドリィショップの品ぞろえ

どうぐ	値段	効果
わざマシン016「ひかりのかべ」	10000円	5ターンの間、相手のとくしゅわざのダメージを半分にする
わざマシン017「まもる」	10000円	そのターンの相手のわざを受けない。連続で使うと失敗しやすくなる
わざマシン020「しんぴのまもり」	10000円	5ターンの間、状態異常と「こんらん」状態にならない
わざマシン033「リフレクター」	10000円	5ターンの間、相手のぶつりわざのダメージを半分にする
わざマシン070「オーロラベール」	30000円	5ターンの間、相手のぶつりわざととくしゅわざのダメージを半分にする

アーカラじま オハナタウン フレンドリィショップの品ぞろえ

どうぐ	値段	効果
リピートボール	1000円	つかまえたことがあるポケモンをつかまえやすいボール
タイマーボール	1000円	ターンがかかればかかるほど、つかまえやすくなるボール
ネットボール	1000円	むしタイプとみずタイプのポケモンをつかまえやすいボール

アーカラじま ロイヤルアベニュー フレンドリィショップの品ぞろえ

どうぐ	値段	効果
わざマシン007「あられ」	50000円	5ターンの間、天気を「あられ」状態にする
わざマシン011「にほんばれ」	50000円	5ターンの間、天気を「ひざしがつよい」状態にする
わざマシン018「あまごい」	50000円	5ターンの間、天気を「あめ」状態にする
わざマシン037「すなあらし」	50000円	5ターンの間、天気を「すなあらし」状態にする

アーカラじま 8ばんどうろ
フレンドリィショップの品ぞろえ

どうぐ	値段	効果
クイックボール	1000円	戦闘がはじまってすぐに投げるとつかまえやすいボール
ダークボール	1000円	「夜」の時間帯やどうくつでポケモンをつかまえやすいボール
ダイブボール	1000円	水の世界で暮らすポケモンがつかまえやすくなるボール
スピーダー	1000円	使ったポケモンの「すばやさ」が2段階上がる
プラスパワー	1000円	使ったポケモンの「こうげき」が2段階上がる
ディフェンダー	2000円	使ったポケモンの「ぼうぎょ」が2段階上がる
エフェクトガード	1500円	5ターンの間、味方の「のうりょく」を下げられなくする
クリティカット	1000円	使ったポケモンのわざの急所への当たりやすさが大きく上がる
ヨクアタール	1000円	使ったポケモンのわざの命中率が上がる
スペシャルアップ	1000円	使ったポケモンの「とくこう」が2段階上がる
スペシャルガード	2000円	使ったポケモンの「とくぼう」が2段階上がる

ウラウラじま マリエシティ
フレンドリィショップの品ぞろえ

どうぐ	値段	効果
わざマシン019「はねやすめ」	10000円	自分の最大HPの半分の値だけHPを回復する
わざマシン023「うちおとす」	10000円	とくせい「ふゆう」や、ひこうタイプのポケモンにじめんタイプのわざが当たる
わざマシン040「つばめがえし」	10000円	相手に必ず攻撃が当たる
わざマシン042「からげんき」	10000円	「どく」「まひ」「やけど」状態のときに使うと、わざの威力が2倍になる
わざマシン051「はがねのつばさ」	10000円	10％の確率で自分の「ぼうぎょ」を1段階上げる
わざマシン066「しっぺがえし」	10000円	相手より後にわざを出したとき、わざの威力が2倍になる
わざマシン069「ロックカット」	10000円	自分の「すばやさ」を2段階上げる
わざマシン075「つるぎのまい」	10000円	自分の「こうげき」を2段階上げる
わざマシン078「じならし」	10000円	100％の確率で相手の「すばやさ」を1段階下げる
わざマシン089「とんぼがえり」	10000円	攻撃した後に「てもち」のひかえのポケモンと入れ替わる

ウラウラじま ホクラニだけ
フレンドリィショップの品ぞろえ

どうぐ	値段	効果
タウリン	10000円	「こうげき」のきそポイントを上げる
ブロムヘキシン	10000円	「ぼうぎょ」のきそポイントを上げる
リゾチウム	10000円	「とくこう」のきそポイントを上げる
キトサン	10000円	「とくぼう」のきそポイントを上げる
インドメタシン	10000円	「すばやさ」のきそポイントを上げる
マックスアップ	10000円	HPのきそポイントを上げる

ポニじま うみのたみのむら
フレンドリィショップの品ぞろえ

どうぐ	値段	効果
わざマシン004「めいそう」	10000円	自分の「とくこう」と「とくぼう」を1段階上げる
わざマシン014「ふぶき」	30000円	10％の確率で相手を「こおり」状態にする
わざマシン015「はかいこうせん」	50000円	威力150のわざ。使用した次のターンは行動ができない
わざマシン022「ソーラービーム」	10000円	威力120のわざ。1ターン目はためて、2ターン目で攻撃する
わざマシン025「かみなり」	30000円	威力110のわざ。30％の確率で相手を「まひ」状態にする
わざマシン034「ヘドロウェーブ」	10000円	威力95のわざ。10％の確率で相手を「どく」状態にする
わざマシン038「だいもんじ」	30000円	威力110のわざ。10％の確率で相手を「やけど」状態にする
わざマシン052「きあいだま」	30000円	威力120のわざ。10％の確率で相手の「とくぼう」を1段階下げる
わざマシン068「ギガインパクト」	50000円	威力150のわざ。使用した次のターンは行動ができない
わざマシン071「ストーンエッジ」	30000円	威力100のわざ。急所に当たりやすい

わざのくわしい効果は、下巻「完全アローラ図鑑」を見よう。

パソコン

パソコン❶ ポケモンのあずかりシステムを利用する

ポケモンセンターの受付にあるパソコンを調べると、ボックスを操作できる。ボックスは、手に入れたポケモンをあずけられる設備だ。集めたポケモンを管理するための便利な機能が充実している。

パソコン

●ボックスの見かた

ポケモンの詳細情報
ポケモンのタイプやわざなどの、くわしい情報が表示される。

移動モード
ジャンプする

「てもち」のポケモン
主人公が連れているポケモン。ボックスのポケモンと入れ替えられる。

ボックスの中身
ひとつのボックスに、30匹のポケモンが入る。最初は8個だが、最大で32個に増える。

ボックスの中身

開いているボックス
空のボックスはふたが開き、空きのあるボックスはボールが表示される。

ボックスの状態を表示する
このボタンを押すと、すべてのボックスが一覧で表示される。

パソコン❷ ボックスの操作方法を切り替える

下画面の上部に並んだ3つのアイコンをタッチ、もしくはXボタンを押すと、ボックスのモードを切り替えることができる。ポケモン整理、もちもの の整理、バトルチーム登録の3種類のモードだ。それぞれ行えることが異なるので、モードごとの特徴を知っておこう。

●ボックス整理の方法

ポケモン整理

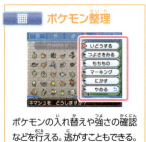

ポケモンの入れ替えや強さの確認などを行える。逃がすこともできる。

もちもの整理

どうぐを持っているポケモンが強調される。スライドで移動できる。

バトルチーム登録

通信対戦や大会などに参加するポケモンを登録しておける。

パソコン 3 検索機能でめあてのポケモンを探す

ボックスがたくさんのポケモンで埋まっても、豊富な検索機能で、めあてのポケモンをすぐに見つけだせる。ボックス画面でYボタンを押すか、画面下の虫眼鏡のアイコンをタッチすると、検索画面が表示される。検索条件を満たしたポケモンは、ハイライト表示されるので、ひと目でわかる。

●検索方法

ポケモン	名前の最初の1文字を入れると、リストが表示される
タイプ1	タイプを選ぶと、そのタイプに属するポケモンが表示される
タイプ2	2つのタイプを持っているポケモンを検索するときに使う
わざ	わざを選ぶと、おぼえているポケモンが表示される
わざマシン	わざマシンを選ぶと、おぼえられるポケモンが表示される
とくせい	とくせいを選ぶと、そのとくせいのポケモンが表示される
せいかく	「せいかく」を選ぶと、その「せいかく」のポケモンが表示される
せいべつ	「♂」「♀」「せいべつなし」から、ポケモンを探せる
もちもの	「もっている」「もっていない」から、ポケモンを探せる
マーク	●や▲などのマークをつけているポケモンを探せる
チーム	バトルチームに登録しているポケモンを調べられる

検索条件を入力する → ポケモンが表示される

パソコン 4 ジャッジ機能が追加される

条件を満たすと、パソコンにジャッジ機能が追加される。ボックスの右下に表示される「ジャッジ」ボタンを押すと、上画面に各「のうりょく」の生まれつきの強さがグラフで表示される。また、強さの診断もしてもらえる。

「ジャッジ」ボタンを押す

強さが表示される

●ボックスにジャッジ機能を追加する方法

タマゴを20個以上かえした状態で、ポニじま バトルツリーにいる男性に話しかける

●ジャッジが診断するポケモンの強さ

ポケモンの生まれつきの強さ
ポケモンの生まれつきの強さが6段階でコメントされる。下は「ダメかも」、上は「さいこう」だ。

ポケモンの「のうりょく」の伸びやすさ
ポケモンの「せいかく」により、伸びやすい「のうりょく」はピンクで、伸びにくい「のうりょく」はブルーで表示される。

パソコン 5 バトルチームを登録する

ボックスをバトルチーム登録に切り替えると、対戦で使うポケモンをバトルチームに登録できる。バトルチームは最大6個まで登録しておける。また、同じポケモンを、複数のバトルチームに登録することも可能だ。大会の際、ポケモンはロックされ、行動が制限される。

Xボタンを押す → チーム名をつける

●バトルチームに登録したらできなくなること

1 バトルチームのポケモン変更	2 ボックスへのポケモン移動
3 ポケモンのもちものの変更	4 ポケモンのマーキングの変更
5 ポケモンの通信交換	6 わざの順番の入れ替え

カフェスペース

カフェ 1 飲み物を飲んでひと息つこう

ポケモンセンターのカフェスペースで、飲み物を飲むことができる。マスターの話に耳をかたむけよう。島巡りに役立つ話なども聞ける。

カフェのマスター

くつろぎの ひとときを提供するポケモンセンターカフェスペースだよ

●マスターの温かい話の例

ためになる人生訓

ポケモンとの絆について

島巡りについて

カフェ 2 飲み物を注文すると地方名産のおかしをもらえる

カフェスペースで飲み物を注文すると、1日1回、おかし1個とポケマメを12個もらえる。もらえるおかしは、曜日ごとに異なる。おかしの効果は共通で、ポケモンに使うと、状態異常と「こんらん」状態を治す。ハートスイーツだけは、ポケモンのHPを20回復する効果がある。

ポケモンセンター カフェスペース 全メニュー

ミックスオレ	198円
エネココア	198円
モーモーミルク	198円
パイルジュース	198円
ロズレイティー	198円
グランブルマウンテン	198円

■日替わりのおかし

ミアレガレット	ミアレシティで人気のおかし。『ポケモン X・Y』に登場	月曜日
いかりまんじゅう	チョウジタウン名物のまんじゅう。『ポケモン 金・銀』に登場	火曜日
ヒウンアイス	ヒウンシティ名物のアイス。『ポケモン B・W』に登場	水曜日
もりのヨウカン	ハクタイのもりのかくれた名物。『ポケモン D・P』に登場	木曜日
シャラサブレ	シャラシティ名物のサブレ。『ポケモン X・Y』に登場	金曜日
フエンせんべい	フエンタウン名物。『ポケモン R・S』に登場	土曜日
ハートスイーツ	『ポケモン B・W』に登場	日曜日

カフェ 3 ポケモンのレベルを1上げる「ふしぎなアメ」をもらえる

ポケリフレでポケモンにポケマメを与えると、その数に応じて、ふしぎなアメをもらえる。ふしぎなアメは、ポケモンのレベルを1上げるどうぐだ。ポケリフレでポケモンにどんどんポケマメを与えよう。

ふしぎなアメ

●「ふしぎなアメ」をもらうためにポケモンに与えるポケマメの数

5個・10個・20個・50個・100個・200個・500個・1000個・10000個・100000個ごとにもらえる

ポケモンといっしょに島巡りや図鑑完成に挑もう

ポケモン

ポケモン1 「てもち」のポケモンをくわしく調べられる

ポケモントレーナーは、一度に最大6匹のポケモンを連れて歩ける。これらのポケモンを「てもち」という。下画面のメニューの「ポケモン」で、「てもち」のポケモンのお世話ができる。

●メニューの「ポケモン」画面

ポケモン2 「ポケモン」画面で戦闘の準備をしよう

下画面のメニューの「ポケモン」をタッチして、ポケモンの情報を調べたり、HPを回復したり、どうぐを持たせたりしよう。島巡りの達成には、「てもち」のポケモンのケアが欠かせない。

●「ポケモン」画面でできること

A 「つよさをみる」

ポケモンの情報を見られる。わざの順番の入れ替えもできる。

A 「かいふくする」

キズぐすりやどくけしなど、ポケモンを回復するどうぐを使える。

A 「もちもの」

どうぐを使ったり、ポケモンに持たせたりすることができる。

Y 「てもち」の移動

Yボタンを押すと、「てもち」の中でポケモンの場所を移動できる。タッチペンでスライドさせよう。

X 「てもち」の「もちもの」の移動

Xボタンを押すと、ポケモンが持っているどうぐを表示。スライドで入れ替えができる。

ポケモン目 ポケモンの「つよさ」をくわしく調べられる

「つよさをみる」では、ポケモンの情報を確認できる。わざ名をタッチしたり、カーソルをわざにあわせると、わざの威力や効果を調べられる。🅰アイコンをタッチすると、その項目に関するくわしい情報を見られる。「リボン」タグをタッチすると、そのポケモンが獲得したリボンが一覧で表示される。

●「つよさをみる」画面の見かた

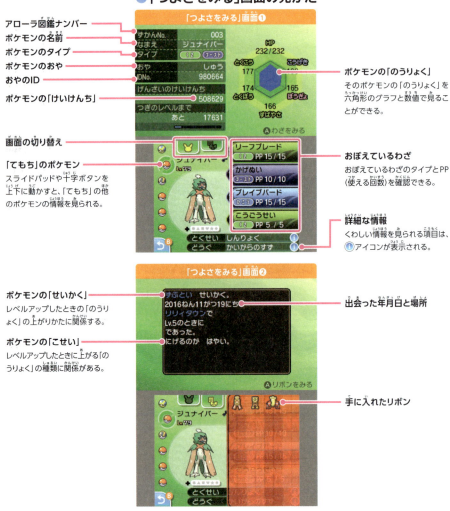

ポケモンのリボンについてくわしくは61ページを見よう。

ゼンリョクガイド 通信交換をしても「おや」と「ID」は変わらない

ポケモンの「おや」と「ID」は、プレイヤーごとに割り当てられる固有の情報だ。ポケモンを通信交換しても、「おや」と「ID」を変えることはできない。交換した相手を思い出すときにも役立つ。

ポケモン図鑑

ポケモン図鑑 1 機能満載の新時代のポケモン図鑑だ

島巡りに旅立つ主人公に、ククイはかせはポケモン図鑑を改良し、ロトム図鑑にしてくれる。ロトムというポケモンが入り込み、機能が大幅にアップした最新のポケモン図鑑なのだ。見られる情報が増えて、カスタマイズもできるようになり、ポケモン図鑑を使うのがますます楽しくなった。

●アローラ図鑑と4つの島図鑑

アローラ図鑑

メレメレ図鑑、アーカラ図鑑、ウラウラ図鑑、ポニ図鑑の4つの島図鑑を統合したポケモン図鑑だ。機能も豊富で、とても使いやすい。300種類のポケモンを登録すると、完成する。

メレメレ図鑑	アーカラ図鑑	ウラウラ図鑑	ポニ図鑑
メレメレじまで手に入る120匹のポケモンを登録すると、完成する。	アーカラじまで手に入る130匹のポケモンを登録すると、完成する。	ウラウラじまで手に入る130匹のポケモンを登録すると、完成する。	ポニじまで手に入る100匹のポケモンを登録すると、完成する。

ポケモン図鑑 2 図鑑のページの見かたをおぼえよう

ポケモン図鑑では、ポケモンに関するたくさんの情報を確認できる。スライドパッドを動かすと、ポケモンをさまざまな角度から見ることができる。

Yボタンを押した後でXボタンを押すと、そのポケモンの特徴的な動きを見られる。Yボタンをもう一度押すと、鳴き声を聴ける。

●ポケモン図鑑の見かた

ポケモンの見た目
複数の姿があるポケモンは、最初に登録された姿が表示される。

アローラ図鑑ナンバーとポケモン名

分類とフォルム名
複数の姿があるポケモンは、上画面に表示されている姿の名称が示される。

解説文
ポケモンの主な生態がわかる。バージョンで内容が異なる。

「アローラずかんQRコード」
家族や友だちに読み取ってもらうと、ポケモンの情報を共有できる。Xボタンを押すと、表示される。

ポケモンの雌雄
その種類に「♂」「♀」がいるか、性別不明かがわかる。

ポケモンのタイプ

ポケモンのたかさ／おもさ

すがた／なきごえ
複数の姿のポケモンを登録すると、表示する姿を変えられる。

ぶんぷ
そのポケモンの生息地がわかる。

◆QRコードは、㈱デンソーウェーブの登録商標です。　◆画面は加工しています。

ポケモン図鑑 3 ポケモンを手に入れて図鑑のページを埋めよう

ポケモン図鑑の各ポケモンのページは、そのポケモンを見かけたり、手に入れたりすると、情報が増えていく。そのポケモンの姿を見たことがない状態では、?が表示されるのみ。しかし、そのポケモンを入手して図鑑に登録すると、そのポケモンの全情報が表示されるようになる。

●図鑑ページの埋めかた

1 ポケモンを見たことがない

リストに?が表示されるのみ。専用のページもない。

2 ポケモンを見たことがある

ページが設けられ、「ぶんぷ」で生息地を調べられる。

3 ポケモンを手に入れた

分類や高さ、重さ、解説文など、すべての情報が表示される。

アローラ図鑑 1 ポケモンの詳細がわかる図鑑をじっくり眺めよう

アローラ図鑑には、ポケモンにくわしくなれたり、もっと好きになれたりする機能が盛りだくさんだ。上画面には、ポケモンの進化形やグループが表示され、目を楽しませてくれる。下画面にはポケモンのページがリスト表示され、めあてのポケモンをかんたんに探せるようになっている。

●アローラ図鑑の見かた

上画面に進化の流れやポケモンのグループが表示される

ポケモンたちのかっこいい姿や、かわいらしい姿を見られる。ポケモンたちを眺めて楽しもう。

下画面にはアローラ図鑑のページが表示される

各ポケモンのページが表示される。アローラ図鑑への登録段階がアイコンで示される。

検索機能

記号の見かた
- 🔴 図鑑に登録済み
- ⚫ 姿を見かけた
- ❓ 姿を見たことがない

アローラ図鑑 2 ポケモンの生息地を調べてつかまえよう

姿を見かけたポケモンの生息地を調べられる。「ぶんぷ」をタッチした後、Yボタンを押すと正確な生息地を調べられる。

アローラ図鑑 3 便利な検索機能を使おう

アローラ図鑑には、多彩な方法でポケモンを検索できる機能が搭載されている。「なまえ」や「タイプ」はもちろん、「すがた」や「つかまえた？」などでも検索できる。検索したポケモンは、上画面に表示される。

アローラ図鑑 4 進化の流れをカスタマイズしよう

アローラ図鑑の上画面のポケモンは、カスタマイズできる。各ポケモンのページでYボタンを押して、「すがた／なきごえ」を表示し、十字ボタンの左右で操作すると、姿を切り替えられる。姿の異なるポケモンや色違いのポケモンが登録されている場合は、それらを上画面に表示できる。

●進化の流れをカスタマイズする方法

1 姿を変えたい

ルガルガン まひるのすがたを、まよなかのすがたに変えたい。

2 姿を切り替える

「すがた／なきごえ」で、まよなかのすがたを表示させる。

3 カスタマイズができる

上画面に、ルガルガン まよなかのすがたが表示される。

島図鑑 1 島図鑑から完成させていこう

島図鑑の完成を、アローラ図鑑完成のための最初の目標にするといい。たとえばツツケラはメレメレ図鑑、アーカラ図鑑、ウラウラ図鑑、ポニ図鑑に属しており、1匹をつかまえるだけで、4つの島図鑑が同時に埋まるのだ。完成させやすくなっているので、気軽に挑戦してみよう。

●島図鑑の見かた

上画面に ポケモンと 生息地が表示される
下画面に表示されたポケモンにカーソルをあわせると、生息地が表示される。

下画面には 島図鑑に属するポケモンが アイコンで表示される
島図鑑には、ポケモンたちの姿がズラリと並ぶ。ポケモンを選んでAボタンを押すと、そのポケモンのページへ飛べる。

アイコンの見かた
● 図鑑に登録済み
● 姿を見かけた

ロトム図鑑の下画面 ❶ 多彩な機能で島巡りをサポートしてくれる

ロトム図鑑は、機能が充実している。島巡り達成のためのサポートをしたり、ポケファインダーを使える撮影スポットを示したり、島巡りのヒントを教えてくれたりすることもある。また、ロトムをタッチすると、さまざまなリアクションを披露して、楽しませてくれる。

●ロトム図鑑の下画面に表示される情報

主人公の周辺マップと次の目的地
島巡りの最中は、基本的に主人公の周辺の地図を表示している。次の目的地がある場合は、Pアイコンで行き先を示してくれる。

撮影スポット
ポケファインダーを使って、ポケモンの写真を撮れる撮影スポットに近づくと、◎アイコンと音で、教えてくれる。

タウンマップ
主人公の周辺だけではなく、島全体の地図を見たいときは、ロトム図鑑をタッチしよう。その島の各エリアの施設なども調べられる。

ロトムのメッセージ
ロトム図鑑は、主人公に島巡りのヒントを教えてくれる。聞きたいことがあるときは、下画面の中央をタッチしよう。

ロトム図鑑の下画面 ❷ メニュー画面を使いこなそう

Xボタンを押すと、下画面がメニュー画面に切り替わる。下画面の項目は、島巡りが進むにつれて追加されていく。「せってい」では、「はなしのはやさ」や「もじモード」「せんとうアニメ」などを、好みに応じて切り替えられる。自分が遊びやすい設定にして、島巡りに出かけよう。

●メニュー画面に表示される項目

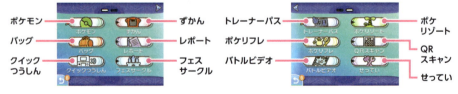

ポケモン／バッグ／クイックつうしん／ずかん／レポート／フェスサークル／トレーナーパス／ポケリフレ／バトルビデオ／ポケリゾート／QRスキャン／せってい

ロトム図鑑の下画面 ❸ すぐにポケモンライドを利用できる

メレメレじまの大試練を達成すると、ハラからライドギアをもらえる。Yボタンを押すと、ポケモンライドの選択画面になり、乗りたいポケモンにすぐに乗れる。降りるときは、再びYボタンを押そう。

バッグ

バッグ1 手に入れたどうぐが自動的にふり分けられる

「バッグ」には、7つのポケットがあり、手に入れたどうぐが自動でふり分けられる。はじめて手に入れたどうぐには「NEW」が点滅する。どうぐにカーソルをあわせると、上画面にどうぐの効果と持っている個数が表示される。

男の子

女の子

●バッグに用意されたポケット

かいふく	どうぐ	わざマシン	きのみ
ポケモンを回復するどうぐが入る。	ポケモンに持たせるどうぐなどが入る。	わざマシンが入る。おぼえるポケモンもわかる。	きのみが入る。ポケモンに持たせられる。

たいせつなもの	フリースペース	Zクリスタル
島巡りに欠かせない重要などうぐが入る。	よく使うどうぐを入れるなど、自由に使える。	Zクリスタルが入る。ポケモンに使える。

バッグ2 どうぐを整理して使いやすくできる

島巡りが進み、手に入れたどうぐが増えると、めあてのものを探すのに手間がかかる。バッグに搭載された便利な機能を使って、めあてのどうぐを探しやすいように並べ替えよう。

●どうぐを整理する方法

1 「せいりする」を使う

Xボタンを押すと、どうぐを整理して、自動で並べ替えができる。種類順や名前順などを指定するだけで整理できるので、便利だ。

2 「いれかえる」を使う

Yボタンを押してどうぐを選択し、スライドパッドや十字ボタンで位置を入れ替える。使い勝手の良さを求める人向けの整理方法だ。

バッグ3 戦闘で有利に戦えるようにポケモンにどうぐを持たせる

「てもち」のポケモンには、どうぐを必ず持たせよう。持たせるどうぐによってZワザを出せたり、状態異常を回復したりと効果はさまざまだが、いずれも戦闘を有利に進められる。

●ポケモンにどうぐを持たせる方法

1 メニューから持たせる

カーソルをどうぐにあわせて、Aボタンを押し、「もたせる」を選ぶ。ポケモンにどうぐを持たせる基本的な方法だ。

2 タッチペンでスライドさせて持たせる

どうぐ名をタッチしつづけると、アイコンが表示される。これをスライドすると、ポケモンに持たせられる。持たせたどうぐの入れ替えもできる。

115

トレーナーパス

トレーナーパス① 島巡りの記録をふり返ることができる

トレーナーパスは、島巡りの記録を見られるパスカードだ。上画面にはアローラ図鑑の完成度をふくめた島巡りの結果が、下画面にはスタンプが表示される。スタンプは、島巡りで大試練を達成したり、各図鑑を完成したりすると、押してもらえる。いわばポケモントレーナーの名誉の証だ。

●トレーナーパスの見かた

主人公の顔写真
髪型やカラーコンタクト、ファッションを変えると、自動的に変わる。

所持しているおこづかい

貯めているバトルポイント
バトルツリーやバトルロイヤルで対戦したときにもらえるBP(バトルポイント)の数。ポケモンをメガシンカさせるメガストーンなどと交換できる。

主人公の名前

トレーナーID

アローラ図鑑に登録したポケモンの数

総プレイ時間

ゲームを開始した日にち

スタンプ

ページをめくる

トレーナーパス② 顔写真を自由に変えられる

トレーナーパスを表示しているときに、Aボタンを押すと、顔写真を変えられる。撮影モードで、主人公の大きさや体の向きなどを変更し、顔写真を自由に撮影できるのだ。ブティックやヘアサロンを利用して、自分だけのファッションで着飾ると、自動的に顔写真が変更される。

●トレーナーパスの顔写真の変えかた

1 Aボタンを押す

トレーナーパスを表示させ、Aボタンを押そう。

2 写りかたを調整する

撮影モードで顔写真を撮れる。こだわりの1枚にしよう。

3 見た目が自動更新される

ファッションを変えると、自動的に変わっている。

トレーナーパス③ 変えた外見はさまざまな場面に反映される

変えた主人公の見た目は、トレーナーパスだけにとどまらず、さまざまな場面に反映される。他のプレイヤーにも見られるので、納得のいく写真に仕上げよう。

●トレーナーパスの顔写真が表示される場所

トレーナーパス
オリジナルの顔写真が入り、自分だけのトレーナーパスができあがる。

タイトル画面（つづきからはじめる）
ゲームを開始する前の、主人公の顔も変更される。

フェスサークル
フェスサークルで買い物やアトラクションを楽しむ際にも姿が変わる。

- 通信交換
- ミラクル交換
- GTS
- バトルロイヤル
- バトルスポット
- ライブ大会

トレーナーパス④ 遊び尽くしてすべてのスタンプを集めよう

トレーナーパスに押してもらえるスタンプは、ぜんぶで16種類。すべてのスタンプを押してもらえるまでには時間がかかるが、実現すれば最高の名誉だ。根気よく取り組んでみよう。

●16種類のスタンプ

トレーナーのあかし	メレメレのしれんたっせいのあかし	アーカラのしれんたっせいのあかし	ウラウラのしれんたっせいのあかし	ポニのしれんたっせいのあかし	しまめぐりたっせいのあかし

メレメレずかんコンプリート	アーカラずかんコンプリート	ウラウラずかんコンプリート	ポニずかんコンプリート	アローラずかんコンプリート（『ポケモン サン』の場合）	アローラずかんコンプリート（『ポケモン ムーン』の場合）

50れんしょうシングルたっせい	50れんしょうダブルたっせい	50れんしょうマルチたっせい	ポケファンダーマスターにんてい
バトルツリーのスーパーシングルバトルで50連勝する。	バトルツリーのスーパーダブルバトルで50連勝する。	バトルツリーのスーパーマルチバトルで50連勝する。	ポケファインダーをVer.5までアップデートする。

レポート

レポート 1 「レポート」で冒険の記録を保存できる

レポートは、『ポケットモンスター サン・ムーン』のプレイを中断する際に、それまでのプレイ内容を記録する機能だ。「レポート」画面にはプレイに関するさまざまな情報が書かれているので、じっくり眺めよう。とくに「総プレイ時間」は、思い出をふり返るのに最適だ。

●「レポート」画面の見かた

- 現在の日時
- 現在いる場所
- 「てもち」のポケモン
- アローラ図鑑に登録したポケモンの数
- 総プレイ時間
- 手に入れたZクリスタル
- 前回レポートを書いた日時

レポート 2 レポートはいつでもどこでも書ける

レポートは、島巡りを進めている途中、いつでも書ける。プレイ結果を失ってしまわないように、ゲームを中断するときは、必ずレポートを書くようにしよう。また、大試練やポケモンリーグの挑戦直前で、レポートを書くのもおすすめだ。失敗しても、直前から再開できるからだ。

●公式ガイドブック編集部おすすめのレポートを書くタイミング

試練や大試練の前

試練や大試練をはじめる前は、挑戦を急がずに、落ち着いてレポートを書こう。

ポケモンリーグに挑むとき

ポケモンリーグでは、負けると最初からやり直しになる。1人に勝つたびにレポートを書こう。

貴重なポケモンを発見したとき

貴重なポケモンを誤って倒してしまったときのために、戦う前にレポートを書いておこう。

レポートを消したいときは?

よく考えてから実行しよう

レポートをすべて消し、最初から『ポケットモンスター サン・ムーン』をはじめる際は、タイトル画面でXボタン、Bボタン、十字ボタンの上を同時に押そう。レポートを消した後は元にはもどせない。本当に消してよいか、よく考えよう。

戦闘の情報を読んで勝利を収めよう

野生のポケモンの捕獲

野生のポケモン 1 Yボタンを押すとボールをかんたんに投げられる

『ポケットモンスター サン・ムーン』では、戦闘画面の操作方法も一新されている。とくにボールを投げる手順がかんたんになっている。野生のポケモンをたくさんつかまえよう。

●野生のポケモンとの遭遇画面

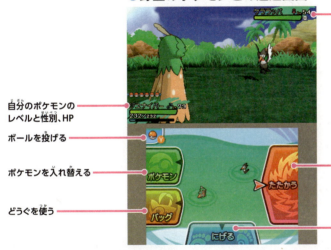

- 野生のポケモンのレベルと性別、HP
  図鑑にすでに登録されているポケモンは、モンスターボールのアイコンが表示される。
- 自分のポケモンのレベルと性別、HP
- ボールを投げる
- ポケモンを入れ替える
- どうぐを使う
- わざを使う
  一度ポケモンと戦うと、それ以降は、わざのタイプの相性が表示される（→P.120）。
- 野生のポケモンから逃げる

野生のポケモン 2 ポケモンの種類に応じて投げるボールを変えよう

野生のポケモンとの戦闘画面でYボタンを押すと、ボールを投げられる。Yボタンを押した後に、ボールの種類を選べるので、さらにYボタンを押して、そのポケモンに合ったボールを投げよう。

1 Yボタンを押す

つかまえたいポケモンと遭遇したら、Yボタンを押す。

2 ボールの種類を選ぶ

スライドパッドや十字ボタンを操作して、ボールを切り替えよう。

3 ボールを投げる

さらにYボタンを押すと、野生のポケモンにボールを投げられる。

119

ポケモントレーナーとの勝負

トレーナーとの勝負 1 戦闘の情報をチェックして有利に戦おう

ポケモントレーナーとの戦闘画面は、下画面に表示される情報が充実した。攻撃力がアップしたり、防御力が下がったりすると、ポケモンに⊕のアイコンがつく。⊕のついたポケモンをタッチすると、「のうりょく」の変化をくわしく調べられるのだ。場の天気の状態もアイコンと文字で表示される。

●トレーナーとのポケモン勝負画面

場の天気
- 「あめ」状態
- 「ひざしがつよい」状態
- 「すなあらし」状態
- 「あられ」状態

相手のポケモンの状態情報

自分のポケモンの状態情報

トレーナーとの勝負 2 わざに相性の判定が表示される

野生のポケモンとの戦闘と同様に、ポケモントレーナーとの勝負でも、一度戦った種類のポケモンが相手だと、わざにタイプの相性が表示される。相手の弱点がわかるので、戦闘が圧倒的に有利になる。できる限り多くの種類の野生のポケモンと出会っておくようにしよう。

こうかばつぐん
こうかあり
いまひとつ
こうかなし

相性の優先度 こうかばつぐん ＞ こうかあり ＞ いまひとつ ＞ こうかなし

トレーナーとの勝負 3 「L+A」でわざの情報を確認できる

わざをくり出す前に、わざの威力や命中率、効果を確認しよう。カーソルをわざにあわせた後、LボタンとAボタンを同時に押すと、情報を見られる。相手を一気に倒すとき、あるいは自分がピンチのときに情報を確認して、ベストなわざを選ぼう。

トレーナーとの勝負 ④ 情報を活かして有利に戦おう

+ が表示されたポケモン

ポケモンの状態情報

ポケモンの状態情報を調べる場合は、下画面を使用する。⊕アイコンが表示されている情報は、タッチすると、その詳細を調べられる。下画面の上部には、ポケモンの「のうりょく」の変化が、下部には状態異常や天気の変化などの状態情報が表示される。ちなみに、相手のポケモンの状態情報を見ることもできる。ただし、HPの具体的な数値と、とくせい、持っているどうぐは調べることができない。

下画面の上部～ポケモンのステータス変化
基本的な「のうりょく」に加え、「めいちゅう」と「かいひ」の変化を見られる。
▲ ステータスがアップしている場合(最大6個)
▼ ステータスがダウンしている場合(最大6個)

下画面の下部～ポケモンに与えている影響
下画面の下部には、ポケモンに影響を与えている状態がリストで表示される。たとえば、戦闘の場の天気などだ。

トレーナーとの勝負 ⑤ 特別な相性判定をするわざととくせいをおぼえよう

最後に、わざの相性表示について、くわしく解説しよう。相性が表示されるのは、ぶつりわざと、とくしゅわざだけだ。へんかわざは表示されない。また、通信対戦やバトルツリーなどのバトル施設では、出会ったことのないポケモンでも、相性が表示される。

■相性表示をしないわざ

例外のわざ			
ハサミギロチン	つのドリル	ソニックブーム	カウンター
ちきゅうなげ	りゅうのいかり	じわれ	ナイトヘッド
がまん	サイコウェーブ	いかりのまえば	ミラーコート
がむしゃら	ぜったいれいど	メタルバースト	いのちがけ
しぜんのいかり	ガーディアン・デ・アローラ (Zわざ)	—	

■特別な処理を行うわざ

わざ	特別な処理
めざめるパワー	わざ「めざめるパワー」のタイプから判定する
しぜんのめぐみ	持っているきのみから判定する
ウェザーボール	わざを選んだ時点の天気から判定する
さばきのつぶて	持っているプレートから判定する
テクノバスター	装備しているカセットから判定する
フライングプレス	かくとう+ひこうタイプで判定する
フリーズドライ	みずタイプへの「こうかばつぐん」を判定にいれる
サウザンアロー	ひこうタイプを「いまひとつ」と判定しない
マルチアタック	装備しているメモリから判定する
めざめるダンス	わざ「めざめるダンス」のタイプから判定する

■特別な処理を行うとくせい

とくせい	特別な処理
ノーマルスキン	すべてのわざをノーマルタイプとして判定する
スカイスキン	ノーマルタイプのわざをひこうタイプとして判定する
フェアリースキン	ノーマルタイプのわざをフェアリータイプとして判定する
フリーズスキン	ノーマルタイプのわざをこおりタイプとして判定する
きもったま	ノーマルタイプのわざでゴーストタイプに「こうかなし」と判定しない
エレキスキン	ノーマルタイプのわざをでんきタイプとして判定する

■その他の特別な処理

わざや場の状態	特別な処理
らんきりゅう	天気が「らんきりゅう」状態のとき、ひこうタイプに対してこおりタイプとでんきタイプを「こうかばつぐん」と判定しない
じゅうりょく	場が「じゅうりょく」状態のとき、じめんタイプのわざをひこうタイプ、とくせい「ふゆう」に「こうかなし」と判定しない
みやぶる	相手がわざ「みやぶる」を受けているとき、ノーマルタイプのわざをゴーストタイプに「こうかなし」と判定しない
かぎわける	相手がわざ「かぎわける」を受けているとき、ノーマルタイプのわざをゴーストタイプに「こうかなし」と判定しない
ミラクルアイ	相手がわざ「ミラクルアイ」を受けているとき、エスパータイプのわざをあくタイプに「こうかなし」と判定しない
ねをはる	相手のわざ「ねをはる」の効果がはたらいているとき、じめんタイプのわざをひこうタイプ、とくせい「ふゆう」に「こうかなし」と判定しない
うちおとす	相手がわざ「うちおとす」を受けているとき、じめんタイプのわざをひこうタイプ、とくせい「ふゆう」に「こうかなし」と判定しない

戦闘中の天気

天気 1 天気を変えると戦闘の流れを大きく変えられる

天気は、戦闘の流れを大きく変える要素だ。天気が変わると、戦闘画面では下画面にアイコンが表示される。ここでは天気の変化が戦闘に及ぼす影響をまとめている。天気を変える方法から、ポケモンたちが影響を受けるわざやとくせいまでわかるので、戦闘に役立ててほしい。

● アローラ地方の天気の種類と効果

あめ

効果
- みずタイプのわざの威力が1.5倍になる。
- ほのおタイプのわざの威力が2分の1になる。

この天気にする方法
- わざ「あまごい」を使う(効果時間5ターン)。
- とくせい「あめふらし」のポケモンを戦闘に出す(効果時間5ターン)。

影響を受けるわざ
- あさのひざし
- ウェザーボール
- かみなり
- こうごうせい
- ソーラービーム
- つきのひかり
- ぼうふう

影響を受けるとくせい
- あめうけざら
- うるおいボディ
- かんそうはだ
- すいすい
- てんきや

ひざしがつよい

効果
- ほのおタイプのわざの威力が1.5倍になる。
- みずタイプのわざの威力が2分の1になる。
- 「こおり」状態にならなくなる。

この天気にする方法
- わざ「にほんばれ」を使う(効果時間5ターン)。
- とくせい「ひでり」のポケモンを戦闘に出す(効果時間5ターン)。

影響を受けるわざ
- あさのひざし
- ウェザーボール
- かみなり
- こうごうせい
- せいちょう
- ソーラービーム
- つきのひかり
- ぼうふう

影響を受けるとくせい
- かんそうはだ
- サンパワー
- しゅうかく
- てんきや
- フラワーギフト
- ようりょくそ
- リーフガード

すなあらし

効果
- じめん、いわ、はがねタイプ以外のポケモンは、毎ターン終了時に最大HPの16分の1のダメージを受ける。
- いわタイプのポケモンの「とくぼう」が1.5倍になる。

この天気にする方法
- わざ「すなあらし」を使う(効果時間5ターン)。
- とくせい「すなおこし」のポケモンを戦闘に出す(効果時間5ターン)。

影響を受けるわざ
- あさのひざし
- ウェザーボール
- こうごうせい
- ソーラービーム
- つきのひかり

影響を受けるとくせい
- すなかき
- すながくれ
- すなのちから
- ぼうじん
- マジックガード

あられ

効果
- こおりタイプ以外のポケモンは、毎ターン終了時に最大HPの16分の1のダメージを受ける。

この天気にする方法
- わざ「あられ」を使う(効果時間5ターン)。
- とくせい「ゆきふらし」のポケモンを戦闘に出す(効果時間5ターン)。

影響を受けるわざ
- あさのひざし
- ウェザーボール
- こうごうせい
- ソーラービーム
- つきのひかり
- ふぶき

影響を受けるとくせい
- アイスボディ
- てんきや
- ぼうじん
- マジックガード
- ゆきかき
- ゆきがくれ

ポケットモンスター サン・ムーン
公式ガイドブック 上
完全ストーリー攻略

ストーリークリア

「ストーリークリア」の見かた

1 エリアの名前

2 そのエリアで出会える野生のポケモン
そのエリアに野生のポケモンが生息している場合、出現するポケモンを紹介しています。ポケモンのタイプも掲載しています。「昼」「夜」の時間帯限定で出現するポケモンや、『ポケモン サン』『ポケモン ムーン』のどちらか片方だけに出現するポケモンも、マークで示しています。

3 手に入るもの
そのエリアを探索すると手に入るものを紹介しています。殿堂入り後に手に入るものも明記しています。

4 そのエリアで買える商品
ポケモンセンターの中にあるフレンドリィショップで販売される商品は、試練を達成するごとに増えていきます。くわしくは、103ページをごらんください。そのエリアだけで販売している商品もあります。その場合は、買えるどうぐを紹介しています。ヒントとして手に入る数を示しています。くわしくは、104ページをごらんください。また、フレンドリィショップ以外の店や自動販売機で買えるどうぐも紹介しています。

5 このエリアで見つかるジガルデ・コアとジガルデ・セル
ジガルデキューブを手に入れた後、アローラ地方の各地に、ジガルデ・コアとジガルデ・セルが出現するようになります。そのエリアにジガルデ・コアとジガルデ・セルが出現する場合、ヒントとして手に入る数を示しています。ジガルデ・セルには、「昼」だけ出現するもの、「夜」だけ出現するもの、「昼」と「夜」に出現するものがあります。

6 「ムーランド サーチ」で見つかるどうぐ
ライドギアにムーランドが登録された後、「ムーランド サーチ」をすると、地面に埋まったどうぐを探し当てることができます。そのエリアに埋まったどうぐがある場合、手に入るどうぐの数を示しています。ぜひすべてのどうぐを探しましょう。

7 きのみのなる木で手に入るきのみ
そのエリアで手に入る可能性のあるきのみを示しています。アローラ地方では、各地にきのみのなる木が生えています。木の根元にあるきのみの山を調べると、きのみが3～5個手に入ります。きのみは、1日1回とることができます。きのみの山が大きいときは、レアなきのみが手に入るかもしれません。大きなきのみの山を調べたときに手に入る可能性のあるきのみには、（レア）と記しています。なお、きのみの山を調べたときに、マケンカニが出現することがあります。野生のマケンカニには、この方法でしか出会うことができませんので、必ずつかまえましょう。

8 勝負を挑んでくるポケモントレーナー
目が合ったり話しかけたりすると、ポケモン勝負を挑んでくるポケモントレーナーがいる場所を示しています。また、そのエリアにいるポケモントレーナーすべてを倒した後で挑戦できるようになる、すご腕のポケモントレーナーは、名前を青色にしています。

9 野生のポケモンが生息している場所
『ポケモン サン・ムーン』では、同じエリアの中でも、草むらごとに出現するポケモンが異なることがあります。また、つりスポットも、つりスポットごとに出現するポケモンが異なることがあります。さらに、特殊な方法で出現するポケモンもいます。

草むら：野生のポケモンが出現する草むらです。同じエリアに複数ある場合は、Ⓐ、Ⓑというふうに、記号で区別しています。
つりスポット：「つりざお」を使って野生のポケモンを釣れる場所です。同じエリアに複数ある場合は、Ⓐ、Ⓑというふうに、記号で区別しています。レアなつりスポットは、泡が吹きでているのが目印です。
水上：「ラプラス スイム」や「サメハダー ジェット」で水上を進んでいるときに野生のポケモンが出現します。
花園：野生のポケモンが出現する花園です。同じエリアに複数ある場合は、Ⓐ、Ⓑというふうに、記号で区別しています。
どうくつ：野生のポケモンが出現するどうくつです。
館内：野生のポケモンが出現する建物の中です。
ポケモンの影：ポケモンの影が出現する場所を示しています。草むらや木、空中を飛ぶポケモンの影に近づくと、突進してきて、野生のポケモンが出現します。同じエリアに違う種類のポケモンが出現するポイントがある場合は、Ⓐ、Ⓑというふうに、記号で区別しています。
土けむり：土けむりが出現する場所を示しています。地面のたけむりにぶつかると、野生のポケモンが出現します。
逃げるポケモン：コソクムシが現れる場所を示しています。逃げるコソクムシは、「ケンタロス ラッシュ」で追いかけて触れることで、戦闘できます。
水しぶき：水しぶきが出現する場所を示しています。「ラプラス スイム」や「サメハダー ジェット」で水上を進んでいると、水しぶきが突進してきて、野生のポケモンが出現します。

10 生息している野生のポケモン
そのエリアに生息している野生のポケモンの種類を紹介しています。「昼」「夜」の両方にマークが入っているポケモンは、時間帯に関係なく出現します。どちらかだけにマークのあるポケモンは、「昼」だけ、あるいは「夜」だけ出現するポケモンです。また、「ポケモン サン」だけに出現するポケモンは 🌞サン、「ポケモン ムーン」だけに出現するポケモン

この章は『ポケットモンスター サン・ムーン』の物語を、男の子の主人公で紹介します。主人公が女の子でも、もちろん活用できますよ！

は <ins>ゲット</ins> と示しています。戦闘中にポケモンが呼ぶ可能性のある仲間のポケモンも示しています。天気が特別な状態のときだけ仲間として出現するポケモンもいます。

11 クリアまでのステップ
そのエリアで起こる出来事や、物語を進めるためにプレイヤーがする行動を紹介しています。順番通りに進めていけば、物語をすべて体験できます。同じ場面でも『ポケモン サン』と『ポケモン ムーン』で違いがある場合は、それぞれの画面写真や内容を紹介しています。また、主人公が男の子か女の子かで違いがある場合も、それぞれの画面写真や内容を紹介しています。『ポケモン サン・ムーン』の物語全体の進めかたは、20ページからの「公式ガイドブック編集部おすすめの進行チャート」をごらんください。

12 さらにくわしい情報
手に入れたどうぐの効果的な使いかたや、そのエリアで起こる出来事のうら話など、読めば得する情報を紹介しています。

13 次の目的地
次に向かうべき目的地を示しています。

14 ジガルデ・セルの発見のヒント
見つけるのが難しい、「昼」か「夜」限定で出現するジガルデ・セルを手に入れるためのヒントを示しています。また、ジガルデにわざをおぼえさせるのに必要なジガルデ・コアを見つけるための、「ジガルデ・コアの発見のヒント」も掲載しています。

15 撮影スポット
ポケファインダーを使って、ポケモンの写真を撮影できるスポットを示しています。

16 はみだし
そのエリアにいる人物のセリフを掲載しています。島巡りをふり返るときに読むと面白いですよ。

17 試練を達成する方法
各島にいるキャプテンが出題する試練を達成するためのヒントです。ぬしポケモンと出会うためのヒントや、試練を達成すると手に入るZクリスタルの種類も紹介しています。

18 ぬしポケモンを倒す方法
ぬしポケモンを倒すためのヒントです。ぬしポケモンと戦うときの鉄則や、ぬしポケモンが呼ぶ仲間も紹介しています。

19 大試練を達成する方法
各島にいる、しまキングやしまクイーンとの戦いに勝利して、大試練を達成するためのヒントです。しまキングやしまクイーンがくり出してくるポケモンの弱点を突いて攻撃する方法を紹介しています。

20 しまキングやしまクイーンの「てもち」のポケモン
しまキングやしまクイーンがくり出してくる「てもち」のポケモンを紹介しています。そのポケモンが弱点としているタイプも紹介していますので、そのタイプのわざで攻撃して、勝利しましょう。×4のマークは、通常の4倍のダメージを与えられるタイプです。❗は、とくせいの効果によって与えるダメージが変わるタイプを示しています。戦闘のヒントとして活用してください。

21 Zワザを放つポケモン
しまキングやしまクイーンの「てもち」のポケモンには、1匹だけZワザを放ってくる種類がいます。Zワザを放つポケモンと、そのZワザを紹介しています。Zワザはとても強力なので、対策が必要です。

22 もらえるZクリスタル
試練や大試練を達成するともらえるZクリスタルの種類を紹介しています。

23 もらえるスタンプ
しまキングやしまクイーンに勝利すると、トレーナーパスにスタンプが押されます。そのスタンプが持つ効果を紹介しています。

●ポケモンの出現率

マーク	出現率
◎	よく出現する
○	ふつうに出現する
△	めったに出現しない
▲	とくに出現しない

●『ポケモン サン』と『ポケモン ムーン』で異なる「昼」「夜」の時間帯

メレメレじま
1ばんどうろ／ハウオリシティはずれ

ハウオリシティと　1ばんどうろの間　南風にのって　潮の香りが　漂う

この道路で出会えるポケモン

ヤングース
ノーマル

コラッタ アローラのすがた【夜】
あく　ノーマル

ヤドン
みず　エスパー

キャモメ
みず　ひこう

メノクラゲ
みず　どく

ケイコウオ
みず

手に入るもの
- ねむけざまし×2
- しまめぐりのあかし
- こうかくレンズ

手に入るもの（殿堂入り後）
- ジュナイパーZ
- ガオガエンZ
- アシレーヌZ
- あやしいカード
- しあわせタマゴ
- わざマシン90「みがわり」

「ムーランド　サーチ」で見つかるどうぐ　3個

トレーナーズスクール ▶P.152

ハウオリシティ ▶P.159

カフェスペース
- ミックスオレ　　198円
- モーモーミルク　198円
- パイルジュース　198円

この道路で見つかる
ジガルデ・コアとジガルデ・セル
昼0個　昼・夜2個　夜0個

おお！　アローラの　だいちを　ふみしめ　うれしそうだな！　おれも　まけずに　ダッシュ　したくなったぞ！

草むら Ⓐ Ⓑ				
ポケモン	昼	夜	仲間のポケモン	
☑ キャモメ	◎	◎	キャモメ	ー
☑ ヤドン	◯	◯	ヤドン	ー
☑ ヤングース	◯	ー	ヤングース	ー
☑ コラッタ アローラのすがた	ー	◯	コラッタ アローラのすがた	ー

水上				
ポケモン	昼	夜	仲間のポケモン	
☑ メノクラゲ	◎	◎	メノクラゲ	ー
☑ ケイコウオ	◎	◎	ケイコウオ	ー
☑ キャモメ	◯	◯	キャモメ	ー

あなたたち すっごく おにあい！ みているだけで うれしくなっちゃう

メレメレじま ▶ 1ばんどうろ ハウオリシティはずれ

STEP 1　アローラ地方での生活がはじまる

アローラ地方へ引っ越してきた主人公の、新たな生活がはじまる。テラスに出ているママは、『ポケモン サン』では太陽の光を、『ポケモン ムーン』では月の光を浴びて、アローラ地方での新生活に胸をときめかせている。

『ポケットモンスター サン』の場合

『ポケットモンスター ムーン』の場合

STEP 2　ベッドから起きあがって部屋を出よう

ママから主人公を起こすように頼まれたニャースが、主人公の部屋へ入ってくる。スライドパッドを操作してベッドから起きあがろう。部屋の中を見て回ったら、扉を開けてママに会いに行こう。

「たんけんのこころえ」を読もう

机の上には、おとうさんがくれた手帳が置いてあり、「たんけんのこころえ」を読める。Xボタンを押して下画面のメニューを開く方法や、レポートを書いて冒険を記録する方法がわかる。

STEP 3　ママの話を聞こう

リビングルームへ行くと、テラスからもどってきたママに「アローラの ポケモン 楽しみ?」と聞かれる。感想を伝えよう。選択肢の口調は、主人公が男の子か女の子かによって変化する。

主人公が男の子の場合

主人公が女の子の場合

STEP 4　ククイはかせを出迎えよう

アローラ地方でポケモンを研究しているククイはかせが、主人公の家を訪れる。はかせを出迎えるため、玄関へ向かおう。ママは昔、カントー地方でククイはかせとジムリーダーのポケモン勝負を見たことがあるそうだ。

ママは ニャースと ダンボールを かたづけるわ！

STEP 5　ククイはかせからしまキングの話を聞こう

ククイはかせが、冒険する子どもは、隣町にいるしまキングからポケモンをもらえることを教えてくれる。しまキングは、ポケモンを戦わせたら敵なしのトレーナーだ。隣町のリリィタウンへ行くための準備をしよう。

自分の部屋のベッドを調べよう

ぼうしとバッグを身につけた後、自分の部屋のベッドを調べて横になろう。ニャースがベッドの上に乗って、主人公を起こしてくれる。このとき、ニャースが落とす**ねむけざまし**が手に入る。

STEP 6　ぼうしとバッグを身につけよう

自分の部屋へ行き、ベッドのそばにあるダンボールを調べて、ぼうしとバッグを身につけよう。出かける準備がすんだら、リビングルームにいるママとククイはかせの話を聞いて、リリィタウンへ出発しよう。

主人公が男の子の場合

主人公が女の子の場合

STEP 7　自分の家から外へ出よう

リリィタウンへ出発したククイはかせの後を追って、外へ出よう。玄関の階段を下りて、西へ進んだ場所で、ククイはかせが主人公を待っている。その後、1ばんどうろへ進んでいくククイはかせを、再び追いかけよう。

メニュー画面を開いてみよう

Xボタンを押すと、下画面のメニューが表示される。この時点で使える項目は、「バッグ」「レポート」「せってい」の3つだ。項目は島巡りを進めると増えていき、さまざまな機能を使えるようになる（→P.114）。

STEP 8　ククイはかせを追いかけよう

玄関の階段を下りて、東へ進むと、ククイはかせに呼びとめられてしまう。リリィタウンへ到着するまでは、ククイはかせから呼ばれる方向へ進んでいこう。

『ポケットモンスター サン』の場合

『ポケットモンスター ムーン』の場合

じゃあ ママは おまつりで はしゃぎ すぎたので もう ねまーす！

メレメレじま ▶ 1ばんどうろ／ハウオリシティはずれ

STEP 9　ククイはかせを追って1ばんどうろへ向かおう

道端にいる男の子に話しかけると、Bボタンを押したまま移動するとダッシュできることを教えてもらえる。リリィタウンをめざすため、1ばんどうろへ向かったククイはかせを急いで追いかけよう（→P.136）。

『ポケットモンスター サン』の場合

『ポケットモンスター ムーン』の場合

リリィタウン探訪後　ママにポケモンを見せてあげよう

リリィタウンでしまキングのハラからポケモンをもらった後、主人公は自分の家にもどってくる。もらったばかりのポケモンをママに見せてあげよう。その後、「てもち」のポケモンが全回復する。

選んだポケモンがニャースと対面する
ママにポケモンを見せた後、主人公のパートナーになったポケモンと、ママのそばにいるニャースが短いあいさつを交わす。ポケモン同士の会話なので内容はわからないが、仲はよさそうだ。

リリィタウン探訪後　再びククイはかせがやってくる

主人公の家にもどった翌日、再びククイはかせがやってくる。主人公をリリィタウンで開かれるお祭りに誘いに来たのだ。ククイはかせは、1ばんどうろで主人公に教えたいこともある、という。ククイはかせの後を追おう。

リリィタウン探訪後　ククイはかせを追って1ばんどうろへ向かおう

玄関から外へ出よう。主人公を待っていたククイはかせは、1ばんどうろへ向かっていく。家の前を西へ進むと、ククイはかせに呼びとめられてしまうので、はかせの後を追って東へ進もう（→P.139）。

ケンタロスが道をふさいでいる
1ばんどうろでククイはかせからモンスターボールをもらった後は、主人公の家の西側にケンタロスが現れて通れない。ポケモンけんきゅうじょを訪れた後で、再び行ってみよう。

もっと ポケモン つかまえよ！　かっこいい ひざの ポケモンがいいな

［Zリング］入手後 リーリエが迎えにやってくる

リリィタウンのお祭りから主人公の家へもどると、ママに「てもち」のポケモンを全回復してもらえる。翌日、マハロさんどうで知りあったリーリエが主人公を迎えに来るので、チャイムが鳴ったら玄関の外へ出てみよう。

おこづかいを30000円もらえる

リーリエとポケモンけんきゅうじょへ向かう直前に、見送りしてくれるママから30000円のおこづかいをもらえる。フレンドリィショップを利用できるようになったら、モンスターボールやキズぐすりを買いそろえよう。

［Zリング］入手後 ポケモンけんきゅうじょへ向かおう

リーリエは、主人公をポケモンけんきゅうじょまで連れてくるように、ククイはかせから頼まれた、という。草むらで野生のポケモンをつかまえながら、リーリエとともにポケモンけんきゅうじょへ向かおう。

段差を下りて近道ができる

主人公の家からポケモンけんきゅうじょへ向かうとき、段差を飛び降りると、草むらを通らずに近道することができる。段差を上がることはできないので、主人公の家へもどるときは、草むらを通るしかない。

［Zリング］入手後 ハウオリシティの手前にケンタロスがいる

ハウオリシティへ通じる道にはケンタロスがいて、先へ進めない。また、1ばんどうろへ進もうとすると、リーリエに呼びとめられてしまう。ポケモンけんきゅうじょを訪れた後で、もう一度来てみよう。

［Zリング］入手後 テンカラットヒルは岩でふさがれている

ポケモンけんきゅうじょの近くにあるテンカラットヒルは、入口が大きな岩でふさがれている。メレメレの大試練でハラに勝利して、ライドギアにケンタロスを登録してもらった後で通れるようになる。

メレメレじま ▶ 1ばんどうろ ハウオリシティはずれ

[Zリング]入手後 ポケモンけんきゅうじょの中に入ろう

ポケモンけんきゅうじょへ近づくと、イワンコとわざの研究をしているククイはかせの声が聞こえる。リーリエは3か月前から、ポケモンけんきゅうじょで世話になっているそうだ。ククイはかせに会うために、中へ入ろう。

ククイはかせの白衣はボロボロ

ポケモンけんきゅうじょの中でも、ククイはかせはわざの研究に余念がない。そのせいで、屋根は壊れ、白衣もボロボロになる。裁縫が苦手なリーリエは、新しい白衣を買ってしまうそうだ。

[Zリング]入手後 ポケモン図鑑をパワーアップしてもらおう

ククイはかせは、主人公のポケモン図鑑をあずかり、届いたばかりのパーツを使ってロトム図鑑にパワーアップしてくれる。図鑑の中のロトムが話すようになり、タウンマップも表示されるようになる。

けんきゅうじょにはポケモンがいっぱい

ポケモンけんきゅうじょの中には、ククイはかせの研究に協力するポケモンが何匹もいる。部屋で遊んでいるイワンコ、ブルー、ヌイコグマなどに話しかけたり、水槽の中のラブカスやサニーゴをながめたりしてみよう。

[Zリング]入手後 「しまめぐりのあかし」をもらえる

ククイはかせから、島巡りについての話を聞いた後、島巡りの参加証明となるしまめぐりのあかしをもらえる。アローラ地方最強のトレーナーである島巡りチャンピオンをめざして、冒険に出発しよう。

ポケモンのわざを学ぼう

ポケモンけんきゅうじょの地下は、ククイはかせの研究室になっている。本棚を調べると、「ポケモンの わざのかず」「ポケモンの わざぶんるい」という2冊の本を読める。ポケモンのわざを学ぼう。

[Zリング]入手後 下画面に目的地が表示されるようになる

ククイはかせにパワーアップしてもらったロトム図鑑では、下画面にタウンマップと、次の目的地が表示される。マップ上の黄色いアイコンが自分のいる場所、赤い旗のアイコンが次の目的地だ。次に向かう場所を確認しながら行動しよう。

ロトム図鑑

いいぞ！ イワンコ もっとだ！ もっと おもいっきり くるんだ！！

132

［Zリング］入手後　ポケモンセンターを訪れよう

ポケモンけんきゅうじょを出たら、次の目的地であるポケモンセンターへ向かおう。ポケモンセンターの前で待つリーリエが、主人公に施設の案内をしてくれる。リーリエはその後、トレーナーズスクールへ向かっていく。

「てもち」のポケモンを全回復させよう

ポケモンセンターの受付の女性に話しかけると、「てもち」のポケモンを全回復してもらえる。パソコンを使えば、ボックスにポケモンをあずけたり、「てもち」に加えたりすることもできる（→P.102）。

［Zリング］入手後　メニューに新しい項目が加わる

ポケモンセンターに到着すると、下画面のメニューに新しい項目が増える。「クイックつうしん」（→P.78）、「フェスサークル」（→P.538）、「QRスキャン」（→P.622）、「バトルビデオ」（→P.554）をさっそく利用してみよう。

［Zリング］入手後　フレンドリィショップでどうぐを買おう

フレンドリィショップは、島巡りに役立つさまざまなどうぐを売っている店だ。モンスターボールや回復用のどうぐなど、よく使うどうぐは多めに買っておこう。手に入れたどうぐを、買い取ってもらうこともできる。

島巡りを進めると品ぞろえが増える

フレンドリィショップで買える商品の種類は、試練を達成するたびに増えていく。試練を達成した後は、近くのフレンドリィショップに立ち寄って、品ぞろえをチェックしよう（→P.103）。

［Zリング］入手後　カフェスペースでくつろごう

カフェスペースのマスターに話しかけると、飲み物を注文して、くつろぎのひとときを過ごせる。ドリンクメニューは店ごとに異なるが、価格はすべて198円だ。島巡りの合間に立ち寄って、気分をリフレッシュしよう。

カフェスペースでいろいろな話を聞ける

カフェスペースで飲み物を注文すると、マスターから島巡りに役立つアドバイスを聞くことができる。今作の新要素についてくわしく教えてくれることもあるので、じっくり耳を傾けよう。

メレメレじま ▶ 1ばんどうろ ハウオリシティはずれ

[Zリング入手後] 曜日ごとに毎日異なるおかしをもらえる

カフェスペースで飲み物を注文すると、1日1回、おかしをサービスしてもらえる。手に入るおかしの種類は、曜日ごとに決まっている。おかしには、ポケモンの状態異常やHPを回復する効果がある（→P.108）。

毎日通っておかしをもらおう

カフェスペースでもらえるおかしは、月曜日がミアレガレット、火曜日がいかりまんじゅう、水曜日がヒウンアイス、木曜日がもりのヨウカン、金曜日がシャラサブレ、土曜日がフエンせんべい、日曜日がハートスイーツだ。

[Zリング入手後] ポケマメを毎日12個もらえる

カフェスペースで飲み物を注文すると、1日1回、ポケマメを12個もらえる。手に入れたポケマメは、ポケリフレでポケモンに与えよう。「なかよし」が上がって、島巡りを有利に進められるようになる（→P.518）。

「ふしぎなアメ」をカフェでもらおう

ポケモンに与えたポケマメの数が、5個、10個、20個、50個、100個、200個、500個、1000個、10000個、100000個を超えると、カフェスペースでふしぎなアメを1個もらえる。ポケモンのレベルを1上げるどうぐだ。

[Zリング入手後] ケンタロスが道をふさいでいる

トレーナーズスクールの前にいるリーリエから、ハウオリシティへ通じる道にケンタロスがいて、先へ進めないことを教えてもらえる。トレーナーズスクールを探訪した後で、ハウオリシティへ向かおう。

[Zリング入手後] トレーナーズスクールへ向かおう

トレーナーズスクールは、優秀なポケモントレーナーをめざす生徒たちの学び舎だ。トレーナーズスクールの前で主人公を待っていたリーリエは、ひと足先に中へ入っていく。リーリエの後を追いかけよう（→P.152）。

次の目的地
トレーナーズスクール

ポケモンセンターから西へ進めば、トレーナーズスクールに到着する。

これ ロフト？

トレーナーズ スクール探訪後 ハラのケンタロスをなでよう

トレーナーズスクールの課題をおえたら、リーリエとハウオリシティへ向かおう。ケンタロスのそばにいるハラがケンタロスを連れ帰ってくれる、という。ハラの依頼に応じ、ケンタロスに話しかけてなでてあげよう。

ジガルデ・コアの発見のヒント

アーカラじま カンタイシティでジガルデキューブを入手した後、主人公の家へもどろう。家の中を探すとジガルデ・コアが1個見つかる。ジガルデにわざ「しんそく」をおぼえさせられる。

トレーナーズ スクール探訪後 ハウオリシティへ向かおう

ハラとケンタロスが去った後、リーリエとハウはハウオリシティへ入っていく。リーリエの話では、ハウオリシティはアローラ地方でいちばん大きな街だ、という。2人を追って、ハウオリシティへ進もう(→P.158)。

次の目的地 ハウオリシティ

ケンタロスがいた曲がり角を曲がれば、ハウオリシティに入れる。

メレメレの大試練達成後 テンカラットヒルへ行ってみよう

メレメレの大試練でハラに勝利してライドギアを手に入れると、テンカラットヒルの入口をふさぐ岩を壊せるようになる。「ケンタロス ラッシュ」で、Bボタンを押したまま岩に向かって突進し、岩を壊そう(→P.201)。

砂浜でサニーゴを助けよう

アーカラじまでスイレンの大試練を達成した後、ポケモンけんきゅうじょのそばに、ケガをした2匹のサニーゴが現れる。話しかけると女性が現れ、助けたお礼としてこうかくレンズをもらえる。

サメハダー登録後 水辺からメレメレかいへ行こう

ウラウラじま 15ばんすいどうでライドギアにサメハダーを登録してもらうと、水上の岩を壊せるようになる。ポケモンけんきゅうじょのそばにある水辺から、「サメハダー ジェット」でメレメレかいへ進もう(→P.206)。

島巡りを進めてから再び訪れよう

メレメレかいの水上には岩が多いため、「ラプラス スイム」ではすべてを回ることができない。「サメハダー ジェット」で、岩を壊しながら進むのがおすすめだ。

ひみつ です!!

1ばんどうろ

メレメレじま

リリィタウンと ハウオリシティを つなぐ 美しい 自然に 彩られた 道路

この道路で出会えるポケモン

ツツケラ
ノーマル ひこう

ヤングース
ノーマル

コラッタ アローラのすがた
あく ノーマル

キャタピー
むし

トランセル
むし

レディバ
むし ひこう

イトマル
むし どく

ピチュー
でんき

ピカチュウ
でんき

アゴジムシ
むし

ウソハチ
いわ

ウソッキー
いわ

ピンプク
ノーマル

ゴンベ
ノーマル

カビゴン
ノーマル

3ばんどうろ ▶P.187
リリィタウン ▶P.141
草むら E
草むら D
草むら F
草むら G
☐ えんじの ミノル

手に入るもの

- ☑ モンスターボール×11
- ☑ キズぐすり×7
- ☑ どくけし
- ☑ まひなおし
- ☑ ネストボール
- ☑ きんのたま

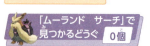
「ムーランド サーチ」で 見つかるどうぐ 0個

● 草むら A B C

ポケモン	昼	夜	仲間のポケモン		
☑ ツツケラ	○	○	ツツケラ	-	-
☑ キャタピー	○	○	キャタピー	-	-
☑ ヤングース	○	-	ヤングース	-	-
☑ コラッタ アローラのすがた	-	○	コラッタ アローラのすがた	-	-
☑ レディバ	○	-	レディバ	-	-
☑ イトマル	-	○	イトマル	-	-

かがくの ちからって すげー！

136

この道路で見つかる ジガルデ・コアとジガルデ・セル
昼2個 / 昼・夜0個 / 夜0個

- ミニスカートの ユイ
- たんぱんこぞうの ケンタ

1ばんどうろ ▶P.127 ハウオリシティはずれ

1ばんどうろ ▶P.127 ハウオリシティはずれ

● 草むら D E

ポケモン	昼	夜	仲間のポケモン		
☑ ツツケラ	○	○	ツツケラ	-	-
☑ ヤングース	○	-	ヤングース	-	-
☑ コラッタ アローラのすがた	-	○	コラッタ アローラのすがた	-	-
☑ アゴジムシ	△	△	アゴジムシ	-	-
☑ キャタピー	△	△	キャタピー	-	-
☑ トランセル	△	△	キャタピー	-	-
☑ レディバ	△	-	レディバ	-	-
☑ イトマル	-	△	イトマル	-	-
☑ ピチュー	▲	▲	ピカチュウ	ピンプク	ピチュー

● 草むら F G H I

ポケモン	昼	夜	仲間のポケモン		
☑ ツツケラ	○	○	ツツケラ	-	-
☑ ヤングース	○	-	ヤングース	-	-
☑ コラッタ アローラのすがた	-	○	コラッタ アローラのすがた	-	-
☑ ウソハチ	△	△	ウソッキー	ウソハチ	ピンプク
☑ キャタピー	△	△	キャタピー	-	-
☑ トランセル	△	△	キャタピー	-	-
☑ レディバ	△	-	レディバ	-	-
☑ イトマル	-	△	イトマル	-	-
☑ ゴンベ	▲	▲	カビゴン	ゴンベ	ピンプク

おっと！ ひっこしてきた ヤツ こんど ポケモンしょうぶ しような！

メレメレじま ▶ 1ばんどうろ

STEP 1　ククイはかせにアローラ地方の感想を語ろう

1ばんどうろへ入った後、ククイはかせを追って道なりに進もう。ククイはかせに追いつくと、アローラ地方の感想を聞かれる。自分の正直な気持ちを選ぼう。はかせがやさしく応じてくれる。

STEP 2　ククイはかせに質問するトレーナーと会う

たんぱんこぞうが駆け寄ってきて、ククイはかせにわざに関する質問をする。しかし、たんぱんこぞうは、ポケモンにおぼえさせたいわざをすでに決めているようだ。はかせは、「また　勝負しようぜ！」と約束をして歩きだす。

たんぱんこぞうとは意外な場所で再会する

ククイはかせに駆け寄ってくるたんぱんこぞうとは、殿堂入り後に再会することになる。ポケモンリーグの防衛戦で、挑戦者タロウとして現れるのだ。再び会う日まで、彼の成長を楽しみにしよう。

STEP 3　親しげに話しかけてくるトレーナーもいる

リリィタウンが近づくと、ヤングースを戦わせている男の子が、親しげに声をかけてくる。ポケモンがいてくれるからこそのコミュニケーションだ。アローラ地方の温暖な気候が、気さくな人柄を育むのだろう。

STEP 4　ククイはかせとリリィタウンへ入る

リリィタウンの入口に到着すると、ククイはかせは階段を上がってリリィタウンへ入る。はかせの後をついていこう。しまキングのハラから、どんなポケモンをもらえるのだろうか（→ P.141）。

ポケモン　たたかわせて　そだてる！　だから　どんどん　めをあわせるぞ！

ポケモンのつかまえかたを教わろう

リリィタウン探訪後

草むらにいるククイはかせが、野生のポケモンのつかまえかたをくわしく教えてくれる。野生のポケモンが草むらから飛びだすことや、HPをへらしてからボールを投げるとつかまえやすいことをおぼえよう。

出現するポケモンが草むらによって異なる

アローラ地方では、同じどうろや街の中でも、草むらごとに出現するポケモンが異なることがある。めあてのポケモンをつかまえたいときは、出現表を確認しよう。

「モンスターボール」と「キズぐすり」をもらえる

リリィタウン探訪後

ククイはかせからポケモンのつかまえかたを教わった後、モンスターボール10個と、キズぐすり5個をもらえる。モンスターボールはポケモンをつかまえるためのボール、キズぐすりはポケモンのHPを20回復するどうぐだ。

戦闘中の情報をチェックしよう

戦闘中に、下画面に表示されるポケモンをタッチすると、「のうりょく」の変化が表示される。使うわざを選ぶ画面では、一度戦った相手とのタイプの相性が表示される。戦闘中はつねに確認して、戦闘を有利に導こう(→P.120)。

野生のポケモンをつかまえよう

リリィタウン探訪後

草むらで野生のポケモンと出会ったら、HPをへらしてからモンスターボールを投げて、つかまえよう。つかまえたポケモンは「てもち」に加わる。「てもち」がいっぱいのときは、パソコンのボックスに送ることができる。

ポケモントレーナーと戦おう

リリィタウン探訪後

道の途中にいるポケモントレーナーと目が合ったり、話しかけたりすると、ポケモン勝負がはじまる。勝利して賞金を獲得しよう。ポケモントレーナーとの勝負では、相手のポケモンをつかまえることはできない。

メレメレじま ▶ 1ばんどうろ

【リリィタウン探訪後】キャプテンミニゲートは閉まっている

1ばんどうろから3ばんどうろへ通じる道はキャプテンミニゲートでふさがれていて、通ることができない。キャプテンミニゲートがオープンするのは、しげみのどうくつでイリマの試練を達成した後だ。

ポケモンを全回復しておこう

ポケモントレーナーとの戦闘や、野生のポケモンとの戦いで、「てもち」のポケモンが弱っていたら、主人公の家へもどろう。ママに話しかけると、「てもち」のポケモンを全回復してもらえる。

【リリィタウン探訪後】道が頑丈な岩でふさがれている

草むらⒼに通じる柵の切れ目は、岩でふさがれており、通ることができない。メレメレの大試練でハラに勝利し、ライドギアにケンタロスが登録された後、通れるようになる。

ジガルデ・セルの発見のヒント

アーカラじま カンタイシティで ジガルデキューブ を入手した後、「昼」に1ばんどうろを訪れると、2個のジガルデ・セルが見つかる。草むらⒷや、草むらⒽの近くを探してみよう。

【リリィタウン探訪後】階段を上がってリリィタウンへ入ろう

リリィタウンへ近づくにつれて、お祭りの太鼓の音が聞こえてくる。入口の両脇には松明が灯されていて、気分が盛りあがる。階段を上がってリリィタウンへ入り、さっそくお祭りに参加しよう（→P.145）。

大試練の達成後に岩を壊そう

メレメレの大試練でハラに勝利して、ケンタロスに乗れるようになったら、岩を壊して草むらⒻ～Ⓘを回ろう。この場所にしか生息していないゴンベをつかまえられる。

【イリマの試練達成後】ゲートをぬけてリリィタウンをめざそう

しげみのどうくつでイリマの試練を達成すると、キャプテンミニゲートがオープンして、3ばんどうろから1ばんどうろへもどれるようになる。メレメレの大試練に挑むため、リリィタウンをめざそう（→P.146）。

▶次の目的地

リリィタウン

3ばんどうろからもどった後、西へ進むと、リリィタウンにたどり着く。

おい！ あいて してください！

140

メレメレじま
リリィタウン

カプ・コケコに なじみのある 人々が 暮らす 古来からの 伝統 受け継がれし 村

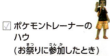
☑ ポケモントレーナーの
　ハウ
　（お祭りに参加したとき）

マハロさんどう ▶P.150

☑ しまキングの
　ハラ
　（イリマの試練達成後）

ハラの家

1ばんどうろ ▶P.136

☑ ポケモントレーナーの
　ハウ
　（ハラからポケモンをもらった後）

手に入るもの
☑ ポケモン図鑑
☑ トレーナーパス
☑ Ｚリング
☑ カクトウＺ
☑ ライドギア
☑ わざマシン54
　「みねうち」

「ムーランド　サーチ」で
見つかるどうぐ　0個

この村で見つかる ジガルデ・コアとジガルデ・セル
昼0個 ／ 昼・夜1個 ／ 夜1個

ポケモンとの つきあいかたは ひと それぞれ だもんね

メレメレじま ▶ リリィタウン

STEP 1　メレメレじまのしまキングを探そう

ククイはかせとリリィタウンに到着したものの、しまキングの姿が見えない。ククイはかせは、村の奥にあるマハロさんどうへ行ったかもしれない、という。しまキングを探しに、村の奥へ進んでいこう。

STEP 2　不思議な少女を見かける

広場へ続く階段を上がると、白いぼうしをかぶった少女を見かける。少女は、バッグに話しかけている。その後、少女はマハロさんどうへ向かっていき、姿を消してしまう。少女のバッグには、何が入っているのだろうか。

守り神カプ・コケコをまつっている

リリィタウンに入った直後に、ククイはかせから村の説明を聞ける。リリィタウンは、メレメレじまの守り神であるポケモン、カプ・コケコをまつっている村で、マハロさんどうの先には、カプ・コケコの遺跡があるという。

STEP 3　少女を追ってマハロさんどうへ行こう

木でできた土俵の横を通りぬけて、村の奥の出口からマハロさんどうへ向かおう。しまキングのハラの行方だけでなく、先ほど姿を消した少女の行動も気になる。2人とも、マハロさんどうにいるのだろうか（→P.150）。

アローラ地方は独自の発展をとげた

民家にいる男性に話しかけると、アローラ地方の歴史を教えてくれる。波に乗り、海を越えてきた昔の人たちが、ポケモンと手を取りあってアローラ地方を発展させたのだそうだ。

マハロさんどう探訪後　少女はククイはかせの助手、リーリエだった

マハロさんどうで少女とほしぐもちゃんを助けた後、少女といっしょにリリィタウンへもどろう。ククイはかせが2人を出迎え、少女を紹介してくれる。彼女の名前はリーリエといい、ククイはかせの助手を務めている。

ハラの家にはまだ入れない

土俵の左手にある家は、しまキングのハラの家だ。はじめてリリィタウンを訪れたときは、入口に男性が立っていて、入ることができない。マハロさんどうからもどり、ハラからポケモンをもらった後に、訪れよう。

あたしの　イワンコ　すてきな　ボディガード　なの

ハラからポケモンをもらおう
マハロさんどう探訪後

リーリエの紹介がおわると、しまキングのハラがもどってくる。ハラは、マハロさんどうでカプ・コケコの心を動かした主人公に、ポケモンを託してくれる。3匹のポケモンの中から1匹を選び、島巡りのパートナーにしよう。

『ポケットモンスター サン』の場合

『ポケットモンスター ムーン』の場合

● ハラから1匹もらえるポケモン

モクロー Lv.5　くさ／ひこう　とくせい・しんりょく

ニャビー Lv.5　ほのお　とくせい・もうか

アシマリ Lv.5　みず　とくせい・げきりゅう

ククイはかせから「ポケモン図鑑」をもらおう
マハロさんどう探訪後

ハラからポケモンをもらって、ポケモントレーナーとなった主人公に、ククイはかせがポケモン図鑑をプレゼントしてくれる。ポケモン図鑑は、出会ったポケモンの情報が自動的に記録されるハイテクなどうぐだ。

ニックネームをポケモンにつけよう
ハラからもらったポケモンは、これからはじまる島巡りで、主人公と行動をともにするパートナーだ。もらった直後にニックネームをつけられる。よく考えて、ニックネームをつけてあげよう。

ポケリフレを遊べるようになる
マハロさんどう探訪後

ハラからポケモンをもらうと、下画面のメニューに「ポケリフレ」が追加される。ポケモンをなでたり、ポケマメをあげたりすることで「なかよし」が上がり、島巡りを有利に進められるようになる（→P.518）。

トレーナーパスももらえる
ククイはかせはポケモン図鑑の他に、トレーナーパスもプレゼントしてくれる。主人公の名前やID、おこづかいの金額などを確認できる。条件を満たすとスタンプも押される（→P.116）。

いわわん　わん！

メレメレじま・リリィタウン

マハロさんどう探訪後　ハラの孫、ハウがやってくる

土俵のそばの階段を下りると、少年が近づいてきて、主人公にポケモン勝負を挑んでくる。彼の名前はハウ。しまキングであるハラの孫だ。ハラやククイはかせ、リーリエが見守る中で、ポケモン勝負を開始しよう。

ポケモントレーナーのハウと勝負！❶

ポケモンと同じタイプのわざで攻撃しよう

主人公が選んだポケモンのわざで、ハウのポケモンの弱点を突ける。ポケモンと同じタイプのわざをくり出そう。

●ハウの「てもち」のポケモン

> うん！　だからねー
> ポケモン勝負　しよー！
> きみが　来るの
> 待ちきれなくてー
> あちこち　探してたんだー！

マハロさんどう探訪後　ハラに「かがやくいし」をあずける

ハウとのポケモン勝負に勝つと、バッグに入っているかがやくいしが光を放つ。ハラは、カプ・コケコに助けられ、かがやくいしを持っている主人公に一目置く。石をあずかりたい、というハラに、かがやくいしをあずけよう。

いろんな　ポケモンが　ひそんでいる　くさむらは　たからばこ　だよ！

ククイはかせとリーリエが家へ送ってくれる
マハロさんどう探訪後

主人公は、ハラにポケモントレーナーとしての才能を認められ、翌日開かれるお祭りに参加するようにすすめられる。ハラとの会話がすんだ後は、ククイはかせとリーリエに、主人公の家まで送ってもらおう（→P.130）。

お祭りに参加してハウと勝負をしよう
「モンスターボール」入手後

リリィタウンで開かれるゼンリョク祭りでは、島の守り神ポケモンであるカプ・コケコにポケモン勝負を捧げるのが習わしとなっている。主人公を待ち受けているハウと、広場にある土俵でポケモン勝負をはじめよう。

ポケモントレーナーのハウと勝負！❷
レベルが上がり、ピチューが加わっている

前回のリリィタウンでの戦いと比べて、ハウのポケモンのレベルが2上がり、ピチューが加わっている。

お互いが楽しく競えるならきっといい勝負になるよねー

●ハウの「てもち」のポケモン

イワンコはね　なかよしの　しるしに　くびの　いわを　すりつけてくるよ！　……ちょっぴり　いたいけどね

メレメレじま ▶ リリィタウン

［モンスターボール］入手後 ハラから「Ζリング」をもらおう

ハウとのポケモン勝負をおえた後、主人公はハラからΖリングを授かる。このΖリングは、前日ハラにあずけたかがやくいしを加工してつくられたもの。ポケモンの秘められた力、Ζパワーを引きだすためのどうぐだ。

Ζパワーを使うにはΖクリスタルが必要だ

ポケモンのΖパワーを引きだしてΖワザを使うには、主人公のΖリングと、ポケモンに持たせるΖクリスタルが必要だ。Ζクリスタルは、島巡りをして試練や大試練を達成したり、各地にある台座を調べたりすると手に入る（→P.89）。

［モンスターボール］入手後 ククイはかせとリーリエが再び家へ送ってくれる

ククイはかせは、島巡りをして各地を回れば、主人公がカプ・コケコから託された使命がわかるかもしれない、という。その後、ククイはかせとリーリエは、主人公を家まで送ってくれる（→P.131）。

イリマの試練達成後 はじめての大試練に挑戦だ

しげみのどうくつでイリマの試練を達成した後は、リリィタウンでメレメレの大試練に挑もう。ククイはかせは、しまキングのハラが、かくとうタイプのポケモンの使い手だ、と教えてくれる。

イリマの試練達成後 しまキングのハラが待ちかまえていた

広場へ通じる階段には、しまキングのハラが待ちかまえている。ハラとの勝負に挑もう。「てもち」のポケモンが弱っていたら、1ばんどうろハウオリシティはずれのポケモンセンターで全回復させておこう。

いい てんきだと かぜを おいかけ あちこち フラフラ するわな

メレメレの大試練

しまキング・ハラとのポケモン勝負

お待ちしておりました 島巡りに挑む者たちよ あらためてあいさつをしますかな メレメレ島のしまキング ハラと申します でははじめるとしますかな メレメレ島最後の試練にしてしまキングとのポケモン勝負！ その名も 大試練！

ひこうやエスパー、フェアリータイプのわざで弱点を突こう

ハラがくり出すポケモンは、すべてかくとうタイプだ。相手の弱点である、ひこうやエスパー、フェアリータイプのわざで攻撃し、大ダメージを与えよう。ハラのマケンカニは、かくとうタイプのZワザ「ぜんりょくむそうげきれつけん」を放ってくる。かくとうタイプのわざを弱点とする、ノーマルやこおり、いわ、あく、はがねタイプのポケモンが受けると、一撃で「ひんし」状態になってしまう危険性がある。ゴーストタイプのポケモンなら、マケンカニのZワザがまったく効かないため、ダメージを受けずにすむ。

●ハラの「てもち」のポケモン

注意 Zワザを放つマケンカニ

マケンカニが放つ「ぜんりょくむそうげきれつけん」は、Zパワーの効果で、威力が格段に上がったかくとうタイプのZワザだ。

大試練達成後に手に入るもの

Zクリスタル カクトウZ

かくとうタイプのわざをおぼえたポケモンに使うと、ポケモンにZパワーを与え、Zワザを放てるようになるZクリスタルだ。

スタンプ メレメレのしれんたっせいのあかし

通信交換などで人と交換したポケモンでも、Lv.35までは言うことを聞いてくれるようになる。

アローラ！ こどもと ポケモンは げんきいっぱい でないとね！

メレメレじま ▶ リリィタウン

メレメレの大試練達成後 ハラから「カクトウZ」を受け取る

ハラとのポケモン勝負に勝ち、大試練を達成すると、かくとうタイプのZパワーを引きだすカクトウZを授かる。かくとうタイプのわざをおぼえているポケモンに使って、Zワザをくり出すためのどうぐだ。

メレメレの大試練達成後 かくとうタイプのゼンリョクポーズを授けられる

Zパワーを使ったZワザは、主人公がゼンリョクポーズと呼ばれるアクションをした後にくり出される。カクトウZを受け取った後、ハラから、かくとうタイプのゼンリョクポーズを教えてもらおう（→P.671）。

メレメレの大試練達成後 「ライドギア」にケンタロスが登録される

ハラは、自分のケンタロスに主人公が乗れるように、ライドギアを進呈してくれる。Yボタンでライドギアを起動し、登録されている「ケンタロス ラッシュ」を呼びだそう。Bボタンを押しながら移動すると、突進して岩を壊すことができる。

十字ボタンに登録しよう

Yボタンを押してライドギアを起動した後、「ケンタロス ラッシュ」の左にある十字ボタンのアイコンをタッチしよう。「ケンタロス ラッシュ」を十字ボタンに登録できる。次からは、十字ボタンを押すだけでケンタロスに乗れる。

メレメレの大試練達成後 キャプテンのイリマがやってくる

キャプテンのイリマが、大試練を達成した主人公の元へやってくる。イリマは、ライドギアがイリマと友人が改良したどうぐであることを教えてくれる。また今度ポケモン勝負をしましょう、といって去っていく。

イリマのセリフが変わる

Zワザを使わずにハラに勝利すると、イリマが、Zパワーを使わずに勝つなんてすごい、と感心してくれる。Zワザを使ったほうが有利に戦えるが、ポケモン勝負の腕に自信があるなら、Zワザを使わずに戦ってみるのも手だ。

しまキング ハラさんの しゅぎょうは きびしいっす

わざマシン「みねうち」をもらおう
メレメレの大試練達成後

ハラから、「ケンタロス ラッシュ」で1ばんどうろの大きな岩を壊せることを教えてもらった後、ククイはかせから、わざマシン54「みねうち」をもらえる。相手を攻撃したとき、相手を「ひんし」状態にせず、HPを1だけ残すわざだ。

わざ「みねうち」を活用しよう
「てもち」にわざ「みねうち」をおぼえたポケモンがいると、野生のポケモンをつかまえるときに役に立つ。ハラからもらったモクローや、2ばんどうろでつかまえられるオニスズメなどにおぼえさせよう。

リーリエのお願いを聞こう
メレメレの大試練達成後

ククイはかせがヨットを整備するためにハウオリシティへ向かった後、リーリエが主人公に話しかけてくる。コスモッグを元のすみかにもどしたい、というリーリエの願いを聞いてあげよう。

ジガルデ・セルの発見のヒント
アーカラじま カンタイシティでジガルデキューブを入手した後、「夜」にリリィタウンを訪れると、ジガルデ・セルが1個見つかる。土俵の奥の木の近くを探してみよう。

メレメレじまをすみずみまで見て回ろう
メレメレの大試練達成後

「ケンタロス ラッシュ」で、これまで行けなかった場所へ進むことができる。3ばんどうろ、うみつなぎのどうけつ、しげみのどうくつ、2ばんどうろ、1ばんどうろ、1ばんどうろハウオリシティはずれ、テンカラットヒルを再び回ろう。

ジガルデ・コアの発見のヒント
アーカラじま カンタイシティでジガルデキューブを入手した後、ハラの家でジガルデ・コアが1個見つかる。ジガルデにわざ「サウザンアロー」をおぼえさせることができる。

次の島をめざしてハウオリシティへ向かおう
メレメレの大試練達成後

メレメレじまをすべて回ったら、ハウオリシティ ショッピングエリアのイリマの家へ立ち寄って、その後で、ハウオリシティ ポートエリアへ行こう。ヨットに乗ってメレメレじまを離れ、次の島へ進める（→P.171）。

次の目的地
ハウオリシティ

1ばんどうろハウオリシティはずれへもどり、西へ進んでハウオリシティへ行こう。

ハラさん ハウくんには あまいっす

マハロさんどう／いくさのいせき

メレメレ島の守り神 カプ・コケコの遺跡へと通じる山道

■マハロさんどうつり橋

手に入るもの
☑ かがやくいし

手に入るもの（殿堂入り後）
☑ エレキシード

「ムーランド サーチ」で見つかるどうぐ 0個

■いくさのいせき深部

■いくさのいせき内部

■マハロさんどう

■いくさのいせき入口

リリィタウン ▶ P.141

この遺跡で見つかる ジガルデ・コアとジガルデ・セル
昼0個 昼・夜1個 夜0個

STEP 1 つり橋で少女に助けを求められる

少女を追ってマハロさんどうのつり橋まで進むと、少女のポケモン、ほしぐもちゃんが3匹のオニスズメに襲われている。少女は、足がすくんで動けなくなっている。少女から助けを求められるので、頼みを聞いてあげよう。

STEP 2 橋の途中でほしぐもちゃんを助けよう

つり橋を渡ってほしぐもちゃんに近づくと、主人公はほしぐもちゃんをオニスズメの攻撃から守ろうとする。ところがその瞬間、ほしぐもちゃんはまばゆい光を放って橋を壊し、主人公はほしぐもちゃんとともに落下してしまう。

STEP 3 少女から「かがやくいし」を手渡される

落下する主人公とほしぐもちゃんを、島の守り神であるカプ・コケコが間一髪で救ってくれる。カプ・コケコはかがやくいしを落として飛び去る。それに気づいたリーリエから、かがやくいしを手渡してもらえる。

STEP 4 少女といっしょにリリィタウンへもどろう

ほしぐもちゃんを救出した後、再びほしぐもちゃんが襲われないように、少女といっしょにリリィタウンの広場までもどろう。出口で主人公を待つ少女に近づくと、すぐに広場へもどることができる（→P.142）。

つり橋の奥へは殿堂入り後に行ける

ほしぐもちゃんが橋を壊したため、つり橋の先にあるいくさのいせきへは進むことができない。つり橋が修復されるのは、殿堂入り後だ。殿堂入りを果たした後で、再び訪れよう（→P.487）。

ピュピュウ！！

メレメレじま

トレーナーズスクール

誰よりも強いポケモントレーナーをめざす生徒たちが集う学校

■校庭

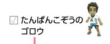
☐ たんぱんこぞうの ゴロウ

☐ スポーツしょうじょの ヒロミ

☐ ホープトレーナーの ジュンヤ

1ばんどうろ ▶P.126
ハウオリシティはずれ

このスクールで出会えるポケモン

ニャース アローラのすがた
あく

コイル
でんき　はがね

ベトベター アローラのすがた
どく　あく

手に入るもの

- ☐ がくしゅうそうち
- ☐ キズぐすり×3
- ☐ どくけし
- ☐ まひなおし
- ☐ せんせいのツメ
- ☐ わざマシン01 「ふるいたてる」
- ☐ スーパーボール×5

手に入るもの（殿堂入り後）

- ☐ おうじゃのしるし

■校庭

● 草むら Ⓐ Ⓑ Ⓒ Ⓓ

ポケモン	昼	夜	仲間のポケモン		
☐ コイル	◯	◯	コイル	—	—
☐ ニャース アローラのすがた	◯	◯	ニャース アローラのすがた	—	—
☐ ベトベター アローラのすがた	◯	◯	ベトベター アローラのすがた	—	—

「ムーランド　サーチ」で見つかるどうぐ　3個

スクールで　まなんだ　タクティクス　たたかいで　おしえてやる！

152

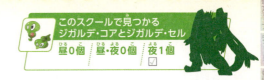

このスクールで見つかる
ジガルデ・コアとジガルデ・セル
昼0個 | 昼・夜0個 | 夜1個
☑

■3階

■2階

☑ せんせいの
　エリコ

■1階

☑ えんじの
　ユウコ

あなたの　たたかいかた……　いろいろ　すごいじゃない？

メレメレじま ▶ トレーナーズスクール

STEP 1 入口の西側にケンタロスがいる

トレーナーズスクールに到着したら、主人公を待っていたリーリエと中へ入ろう。ハウオリシティへ続く道の先にはケンタロスがいて、いまはハウオリシティへ進めない。まずはトレーナーズスクールへ向かおう。

STEP 2 ククイはかせから「がくしゅうそうち」をもらおう

ククイはかせたちが、主人公をレッスンするために待ち受けている。まずは、ククイはかせからがくしゅうそうちを受け取ろう。オンにすると戦闘で得た経験値が「てもち」のポケモン全員に与えられるようになる（→P.95）。

どうぐを集めながら進んでいこう

トレーナーズスクールの中には、キズぐすりやどくけしなどのどうぐが落ちている。人に話しかけると、どうぐをもらえることもある。ポケモントレーナーとの勝負を進めながら、すべてのどうぐを集めよう。

STEP 3 4人の相手を倒すレッスンに挑戦しよう

トレーナーズスクールで行われるレッスンは、先生の教え子である4人のポケモントレーナーを倒すことが目的だ。ククイはかせは、そこで得られる経験が、主人公とポケモンを成長させてくれる、という。

ポケモンを全回復できる

レッスン中に「てもち」のポケモンが弱ってきたら、リーリエに話しかけてポケモンを全回復してもらおう。リーリエは、主人公のレッスン中、何度でも全回復してくれる。

STEP 4 校舎の外にいる1人目とポケモン勝負だ

校舎の東側で、スポーツしょうじょのヒロミとのポケモン勝負に勝とう。わざやどうぐを使ってポケモンの「のうりょく」を上げると、相手に与えるダメージや、相手から受けるダメージが変化することを教えてもらえる。

ニャース ねこだまし！ あいてを ひるませろ！

STEP 5　運動場にいる相手とすぐには戦えない

校庭の運動場にも、ポケモントレーナーらしい男性が立っているが、話しかけてもポケモン勝負をしてもらえない。この男性と戦うには、他の3人のポケモントレーナー全員に勝利する必要がある。

STEP 6　草むらのそばにいる2人目とポケモン勝負だ

校舎の西側の赤い柵の前でAボタンを押し、柵の中に入ろう。奥にいるたんぱんこぞうのゴロウに話しかけると、ポケモン勝負ができる。勝利後に、ポケモンのわざには、相手を状態異常にする種類があることを教えてもらえる。

リージョンフォームのポケモンが現れる

校庭の草むらでは、野生のコイルやニャース、ベトベターが飛びだす。このうち、ニャースとベトベターは、アローラ地方独自の進化をとげた、アローラのすがたのポケモンだ。モンスターボールを投げてつかまえよう。

STEP 7　校舎の中にいる3人目とポケモン勝負だ

校舎の中へ入り、1階の東の端にいる、えんじのユウコとポケモン勝負をしよう。勝利した後、ユウコに再び話しかけると、ポケモントレーナーごとに、ポケモン勝負を仕掛けてくる距離が異なることを教えてもらえる。

教室の黒板や本棚を見てみよう

教室の黒板や本棚を調べたり、授業中の先生や生徒に話しかけたりすると、ポケモン勝負に役立つ、さまざまな知識を得ることができる。1階と2階の教室を回り、すべての情報を読んでおこう。

STEP 8　レッスン中は3階に上がれない

校舎の2階の階段の前には先生が立っていて、3階へ上がろうとする主人公を止める。校舎の3階へ上がれるようになるのは、4人のポケモントレーナーを倒し、2階の先生とのポケモン勝負に勝利して、レッスンをおえた後だ。

ジガルデ・セルの発見のヒント

アーカラじま カンタイシティでジガルデキューブを入手した後、「夜」にトレーナーズスクールを訪れよう。校舎の1階をよく探すと、ジガルデ・セルが1個見つかる。

STEP 9　最後に運動場にいる4人目と勝負しよう

3人のポケモントレーナーとの勝負に勝つと、運動場でホープトレーナーのジュンヤに挑むことができる。勝利後にわざマシン01「ふるいたてる」をもらえる。自分の「こうげき」と「とくこう」を1段階上げるわざだ。

STEP 10　わざマシンを積極的に使おう

わざマシンは、ポケモンにかんたんにわざをおぼえさせることができるどうぐだ。何度でも使える。「バッグ」を開いてわざマシンを選べば、ポケモンにわざをおぼえさせられる。「てもち」の中におぼえられるポケモンがいれば、積極的に使おう。

STEP 11　放送で校舎の2階に呼びだされる

4人のポケモントレーナーをすべて倒すと、主人公を呼びだす校内放送が流れてくる。主人公の元へやってきたリーリエに話しかけて、「てもち」のポケモンを全回復させた後、校舎の2階へ向かおう。

STEP 12　2階で先生とポケモン勝負だ

校舎の2階へ上がると、せんせいのエリコがいる。近づくと、ポケモン勝負を挑んでくるので、受けて立とう。勝利すると、エリコからスーパーボールを5個もらえる。モンスターボールよりも、ポケモンをつかまえやすいボールだ。

STEP 13　キャプテンのイリマがやってくる

エリコに勝利すると、ククイはかせと、キャプテンのイリマがやってくる。キャプテンが、しまキングに挑むための試練を与える者であることや、イリマの試練がしげみのどうくつで行われることを教えてくれる。

イリマはスクールの卒業生だ

殿堂入り後にトレーナーズスクールを訪れて、3階にいる校長の話を聞こう。校長は、卒業生のイリマがキャプテンに、主人公が初代チャンピオンになったことをとても喜んでいる。

STEP 14　スクールのみんなに見送られる

ククイはかせやリーリエ、先生、生徒たちがレッスンをおえた主人公を囲み、はげましの言葉をかけてくれる。彼らに見送られながら、スクールを出よう。リーリエは、ハウオリシティを案内してくれるという。

STEP 15　3階に上がれるようになっている

ハウオリシティに入る前にトレーナーズスクールへもどると、3階へ上がることができる。3階の本棚を調べると、「アローラえほん」を読める。3階には校長室があるが、入れるようになるのは殿堂入り後だ。

扉の奥へは殿堂入り後に入れる

殿堂入り後に再びトレーナーズスクールを訪れると、3階の校長室の前にいる男性とポケモン勝負をすることができる。勝利後は、扉の中へ入って校長とのポケモン勝負に挑もう（→P.487）。

STEP 16　ハウオリシティをめざして進もう

リーリエといっしょにトレーナーズスクールを出た後、1ばんどうろハウオリシティはずれの道を進んで、ハウオリシティへ向かおう。道の先では、ケンタロスを迎えに来たハラと、ハウに出会える（→P.135）。

次の目的地　ハウオリシティ

トレーナーズスクールを出た後、リーリエが案内してくれる。

なにか よびだされるほどの まずいことを なさったのですか？

メレメレじま
ハウオリシティ

ハウオリシティ以外からも人々が集まる人気スポット

この街で出会えるポケモン

ヤングース ノーマル

コラッタ アローラのすがた あく ノーマル

ピチュー でんき

ピカチュウ でんき

ピンプク ノーマル

キャモメ みず ひこう

ケーシィ エスパー

ニャース アローラのすがた あく

コイル でんき はがね

ベトベター アローラのすがた どく あく

メノクラゲ みず どく

ケイコウオ みず

2ばんどうろ ▶P.173

ショッピングモール
ポケモンセンター
イリマの家
ハウオリやくしょ
草むら A
草むら B
草むら C

■ショッピングエリア
● 草むら A B C D E F

ポケモン	昼	夜	仲間のポケモン		
キャモメ	○	○	キャモメ	-	-
ケーシィ	○	○	ケーシィ	-	-
ヤングース	○	-	ヤングース	-	-
コラッタ アローラのすがた	-	○	コラッタ アローラのすがた	-	-
ベトベター アローラのすがた	△	△	ベトベター アローラのすがた	-	-
コイル	△	△	コイル	-	-
ニャース アローラのすがた	△	△	ニャース アローラのすがた	-	-
ピチュー	▲	▲	ピカチュウ	ピンプク	ピチュー

■ビーチサイドエリア
● 水上

ポケモン	昼	夜	仲間のポケモン
メノクラゲ	○	○	メノクラゲ
ケイコウオ	○	○	ケイコウオ
キャモメ	○	○	キャモメ

手に入るもの

- モンスターボール
- キズぐすり
- ハイパーボール×10
- レンズケース
- コスメポーチ（女の子の場合）
- シルクのスカーフ
- げんきのかけら×2
- ヒールボール
- ピーピーエイド
- ミアレガレット
- ちいさなキノコ
- わざマシン49「エコーボイス」
- いいキズぐすり
- プラスパワー
- ディフェンダー
- グラシデアのはな
- スーパーボール×5
- わざマシン48「りんしょう」
- かわらずのいし
- かいがらのすず

うーみー！！

フレンドリィショップ（右の店員）
- スピーダー 1000円
- プラスパワー 1000円
- ディフェンダー 2000円
- エフェクトガード 1500円
- クリティカット 1000円
- ヨクアタール 1000円
- スペシャルアップ 1000円
- スペシャルガード 2000円

カフェスペース
- ミックスオレ 198円
- モーモーミルク 198円
- ロズレイティー 198円

マラサダショップ
- アマサダ 200円
- おおきいマラサダ 350円

自動販売機（じょうせんじょ）
- おいしいみず 200円

◆メレメレの大試練達成後に販売されます。

YOROZU（左の店員）
- こんごうだま 10000円
- しらたま 10000円
- はっきんだま 10000円
- べにいろのたま 10000円
- あいいろのたま 10000円

YOROZU（右の店員）
- あおぞらプレート 10000円
- いかずちプレート 10000円
- がんせきプレート 10000円
- こうてつプレート 10000円
- こぶしのプレート 10000円
- こわもてプレート 10000円
- しずくプレート 10000円
- せいれいプレート 10000円

◆プレートは、ウラウラの大試練達成後に販売されます。

■ショッピングエリア
■ビーチサイドエリア
■ポートエリア
■ショッピングモールの中

じょうせんじょ
- カンタイシティ P.208
- うみのたみのむら P.404
- エーテルパラダイス P.297

1ばんどうろ ハウオリシティはずれ P.126
メレメレかい P.206

手に入るもの（殿堂入り後）
- めざめいし

「ムーランド サーチ」で見つかるどうぐ 8個
◆ショッピングエリアで5個、ビーチサイドエリアで3個見つかります。

この街で見つかる ジガルデ・コアとジガルデ・セル
昼0個 昼・夜1個 夜1個

ブティックとグラシデアで買えるファッションアイテムは579ページを見よう。

アローラの あいさつ いっしょに しましょ！ アローラ！

159

メレメレじま ▸ ハウオリシティ

STEP 1 アローラ地方のあいさつを教えてもらう

ハウオリシティへ入ると、赤い車のそばにいる女性が話しかけてくる。アローラ地方のあいさつ「アローラ！」を教えてもらおう。女性は、「アローラ！」とあいさつすれば、みんなと仲良しになれる、とアドバイスをしてくれる。

「キズぐすり」をもらえる

アローラ地方最大の街、ハウオリシティには、多くの人々が行き交っている。アローラ地方のあいさつを教えてくれた女性の先には、キズぐすりをくれる女性が立っているので、必ず話しかけよう。

STEP 2 図鑑の拡張パーツ「ポケファインダー」をもらおう

アローラかんこうあんないじょでハウと合流した後、店員から、ロトム図鑑の拡張パーツのポケファインダーをもらおう。撮影スポットでポケファインダーを起動すると、ポケモンの撮影ができる（→P.562）。

STEP 3 毎日IDくじを引いて景品を当てよう

アローラかんこうあんないじょで左の店員に話しかけると、1日1回、IDくじを引ける。くじのナンバーと、「てもち」やボックスにいるポケモンのIDが一致したケタ数によって、さまざまな景品をもらえる。

特等の景品は「マスターボール」だ

くじのナンバーとポケモンのIDの一致したケタが下5ケタならマスターボール、下4ケタならふしぎなアメ、下3ケタならポイントマックス、下2ケタならポイントアップ、下1ケタならモーモーミルクをもらえる。

STEP 4 男性の願いを聞いて「ハイパーボール」をもらおう

アローラかんこうあんないじょの中に、自分の代わりに10種類以上のポケモンを図鑑に登録してほしい、という男性がいる。10種類以上のポケモンを登録した状態で話しかけると、ハイパーボールを10個もらえる。

交換をするほど当たりやすい

ポケモン交換をたくさん行って、いろいろなIDのポケモンを手に入れておくと、IDくじが当たりやすくなる。見ず知らずの人とでも手軽にポケモンを交換できる、ミラクル交換がおすすめだ（→P.78）。

とんでゆく キャモメ…… おとされる キャモメの ふん…… ああ だいしぜん！

STEP 5　ハウとリーリエの3人で記念撮影だ

アローラかんこうあんないじょを出て、ハウとリーリエに再会すると、ロトム図鑑がポケファインダーで3人の記念写真を撮ってくれる。その後、ハウとリーリエは、それぞれの行きたい店へ向かって去っていく。

> **ポケファインダーはバージョンアップする**
> もらったばかりのポケファインダーには、基本的な機能しかついていない。撮影スポットでポケモンを撮影して「きろく」を伸ばし、バージョンアップすると、ズーム機能などが追加されていく（→P.563）。

STEP 6　撮影スポットで写真を撮ろう

アローラかんこうあんないじょの隣の壁でポケファインダーを起動して、ピカチュウやガーディ、イワンコ（「昼」のみ出現）、ニャースアローラのすがた（「夜」のみ出現）を撮影しよう。（→P.566）。

> **撮影スポット　壁の壊れた部分**
>
> アローラかんこうあんないじょの横にある、壁が壊れている部分だ。

STEP 7　ビーチサイドエリアにも撮影スポットがある

ビーチサイドエリアの砂浜にも撮影スポットがある。キャモメ、ペリッパー、フワンテ（「昼」のみ）を撮影できるが、場所が遠く離れている。ポケファインダーをバージョンアップした後、ズーム機能を使って写そう（→P.566）。

> **撮影スポット　ビーチサイドエリア**
>
> ビーチサイドエリアの砂浜の南側にある、砂が少し黒ずんでいる場所だ。

STEP 8　リーリエから「レンズケース」をもらおう

主人公が男の子の場合

主人公が女の子の場合

ブティックの前へ進むと、リーリエに呼びとめられて、レンズケースをもらえる。主人公が女の子なら、コスメポーチも渡してくれる。ブティックで、カラーコンタクトやリップの色を変えるためのどうぐだ（→P.576）。

> もう！　ぷにぷにだからって　ナマコブシを　なげずに　モンスターボールを　なげたら　どう？

メレメレじま ▶ ハウオリシティ

STEP 9　ブティックで新しいアイテムを買おう

ブティックで服やアクセサリーを買い、フィッティングルームで着替えよう。品ぞろえは店ごとに異なる。『ポケモン サン』と『ポケモン ムーン』、主人公の性別によって売られるアイテムが違う（→P.579）。

STEP 10　ヘアサロンで髪型や色を変えてみよう

ヘアサロンでは、ヘアアレンジ（髪型の変更）とカラー（髪の色の変更）をしてもらえる。料金は、ヘアアレンジが4000円、カラーが2000円、ヘアアレンジ＆カラーが5000円だ。服装に合わせて、ヘアスタイルを変えてみよう。

殿堂入り後に選べる種類が増える

殿堂入りを果たすと、ヘアサロンで選べる髪型に「ウェーブパーマ」（男の子の場合）、「ツインテール」（女の子の場合）が追加される。髪の色も追加されて、男の子、女の子ともに「レッド」と「ホワイト」を選べるようになる。

STEP 11　ショッピングモールにはまだ入れない

ヘアサロンの隣には、大きなショッピングモールがあるが、はじめて訪れたときには入ることができない。ショッピングモールが開店するのは、メレメレの大試練に挑戦し、しまキングのハラに勝利した後だ。

STEP 12　わすれジイさんにわざを忘れさせてもらおう

ポケモンセンターのフレンドリィショップの近くに、わすれジイさんがいる。ポケモンがおぼえているわざを忘れさせてくれる。自分のポケモンがおぼえているわざを忘れさせたいときに話しかけよう。

最初は通れない柵がある

ショッピングエリアの柵の中へ入るときは、赤い柵の前でAボタンを押そう。ペンキぬりたての赤い柵は、島巡りを続けていくうちに、ペンキが乾く。乾いたら、通れるようになる。

ポケモンと　おそろいに　なるような　コーディネート　できると　いいな

STEP 13　フワンテをつかまえて女性に図鑑を見せよう

ポケモンセンターの中にいる女性に話しかけて「いいですよ」を選ぶと、フワンテをつかまえて図鑑を見せてほしい、と頼まれる。島巡りを進めて、ハウオリれいえんに生息しているフワンテをつかまえよう。

おこづかいをもらえる

メレメレじま ハウオリれいえんの草むらでフワンテをつかまえたら、再びポケモンセンターの中にいる女性に話しかけよう。図鑑を見せると、お礼として、10000円のおこづかいをもらえる。

STEP 14　街の人のうわさ話を聞こう

ポケモンセンターから西へ進むと、男性と女性がうわさ話をしているのが聞こえてくる。むやみにポケモン勝負をふっかけてきたり、人のポケモンを奪おうとしたりする、スカル団というならずものたちがいるらしい。

STEP 15　2ばんどうろへは後で向かおう

ポケモンセンターの脇の道を北へ向かうと、荒ぶるケンタロスをしずめようとしているハラがいて、2ばんどうろへ進めない。ポートエリアでキャプテンのイリマとポケモン勝負をした後で訪れよう。

STEP 16　イリマの家を訪れよう

ショッピングエリアの西の端には、キャプテンのイリマの家がある。1階のキッチンでイリマのお母さんに話しかけると、留学中のイリマが留学先で見つけたおかし、ミアレガレットをもらえる。

イリマのお母さんは女優だった

イリマのお母さんは、イリマが実力でキャプテンの座を勝ち取ったことや、自分自身も実力で主演を勝ち取ったことを教えてくれる。イリマのお母さんは、その昔、女優だったようだ。

メレメレじま ▶ ハウオリシティ

STEP 17 マラサダショップを訪れよう

マラサダショップでマラサダを買い、ポケモンに与えて「なかよし」を上げよう。左の店員から買えるアマサダは、「せいかく」がおくびょう、ようき、むじゃき、せっかちのポケモンに与えると、「なかよし」が上がりやすい。

性格によって好みが変わる

店の中で食べられるマラサダの種類は、マラサダショップごとに異なり、ポケモンの「せいかく」によって味の好ききらいがある。好きな味のマラサダなら「なかよし」がよく上がり、きらいな味だと上がりにくい。

STEP 18 「おおきいマラサダ」を毎日1個買える

マラサダショップの右の店員からは、テイクアウト用のおおきいマラサダを1日1個買える。アーカラじま ロイヤルアベニューや、ウラウラじま マリエシティのマラサダショップでも、1日1個ずつ買うことができる。

まれに「マボサダ」が売りだされる

マラサダショップでまれに売りだされるマボサダは、どんな「せいかく」のポケモンに与えても「なかよし」がよく上がる。マボサダは販売開始から7日で売り切れ、その後、30日が過ぎると、再び買えるようになる。

STEP 19 ポートエリアでイリマと出会う

マラサダショップから東へ進み、さらに突き当たりを南へ進んでいくと、ポートエリアに到着する。じょうせんじょの前には、トレーナーズスクールで会ったキャプテンのイリマが立っている。話しかけてみよう。

次の目的地
ポートエリア

マラサダショップから東へ進み、曲がり角を南へ進んで階段を下りよう。

STEP 20 因縁をつけてきたスカル団を倒そう

主人公とイリマが話をしていると、スカル団のしたっぱ団員2人組が因縁をつけてくる。したっぱ団員たちは、イリマが持っているポケモンを狙っているようだ。イリマと手分けして倒そう。

じょうせんじょの連絡船は点検中だ

じょうせんじょでは、他の島と行き来する連絡船に乗れる。だが、はじめて訪れたときは、点検のため運航を中止している。メレメレの大試練の達成を目標にして、島巡りを続けよう。

あたたかい アローラに ひんやりした ポケモン……さいこうの くみあわせ でしょ

STEP 21　イリマからポケモン勝負を申し込まれる

スカル団のしたっぱ団員たちを退治すると、イリマに「てもち」のポケモンを全回復してもらえる。その後、主人公は、イリマの試練に挑めるかどうかをチェックする、というイリマから、ポケモン勝負を申し込まれる。

キャプテンの イリマとポケモン勝負！❶

はい！ ボクの 試練に 挑めるか チェック させてもらいます！ キャプテン イリマが 自慢する ポケモンたち ご覧あれ！

●イリマの「てもち」のポケモン

ヤングース Lv.9
ノーマル
弱点　かくとう

ドーブル Lv.10
ノーマル
弱点　かくとう

威力の高いわざでダメージを与えよう

イリマのポケモンは、2匹ともノーマルタイプだ。かくとうタイプのわざを使えば、弱点を突けるが、これまでの島巡りではかくとうタイプの野生のポケモンと出会えない。「てもち」のポケモンがおぼえているわざの中から、威力の高いわざを選んで攻撃しよう。HPがへったら、すぐにキズぐすりを使って回復させよう。

STEP 22　イリマの試練に挑戦するよう誘われる

イリマとのポケモン勝負に勝利すると、イリマからしげみのどうくつで行われるイリマの試練に挑戦するように誘われる。しげみのどうくつをめざすため、ハウオリシティの北側の出口へ向かい、2ばんどうろをめざそう。

ぼくたち けっこん したんです！ なので とどけを だしにきました！

165

メレメレじま ▶ ハウオリシティ

STEP 23 再びハラのケンタロスに触れよう

ポケモンセンターの横の道を北へ進むと、先ほどまで荒ぶっていたケンタロスを、ハラがおとなしくしずめている。ハラの依頼に応えてケンタロスに触れると、ケンタロスは喜んで去っていく。

STEP 24 北へ進んで2ばんどうろに向かおう

ハラがケンタロスを追いかけていった後、2ばんどうろへ進めるようになる。ポケモンセンターに立ち寄って、「てもち」のポケモンを全回復したら、2ばんどうろへ向かおう（→P.172）。

次の目的地：2ばんどうろ

ハウオリシティの北側の出口から北へ進むと、2ばんどうろに入れる。

メレメレの大試練達成後 ショッピングモールがオープンする

メレメレの大試練でハラに勝利した後、ショッピングモールがオープンして、さまざまな店やサービスを利用できるようになる。すべての店を回って、買い物やポケモン勝負を楽しもう。

メレメレの大試練達成後 グラシデアで「グラシデアのはな」をもらおう

高級ブティック・グラシデアで、カウンターの奥にいる店員に話しかけると、来店サービスのグラシデアのはなをもらえる。シェイミにグラシデアのはなを使うと、フォルムチェンジさせることができるどうぐだ。

グラシデアは超高級品だらけ

グラシデアで売られているアイテムは高価で、気軽に買えないものばかりだ。アーカラじまで手に入るおまもりこばんやこううんのおこうを活用して、おこづかいを貯めてから再び訪れよう。

マラサダとは ぶさいくという いみ！ すっごい ネーミングを するもんだな

メレメレの大試練達成後 究極のわざを教えてもらおう

ショッピングモールの奥にあるわざおしえの店で、左側の店員に話しかけると、ポケモンの種類に応じた究極のわざを教えてもらえる。おぼえられるポケモンを十分になつかせてから、店員に話しかけよう。

● 教えてもらえる究極のわざとおぼえられるポケモン

わざ「ハードプラント」のポケモン
フシギバナ／メガニウム／ジュカイン／ドダイトス
ジャローダ／ブリガロン／ジュナイパー

わざ「ブラストバーン」のポケモン
リザードン／バクフーン／バシャーモ／ゴウカザル
エンブオー／マフォクシー／ガオガエン

わざ「ハイドロカノン」のポケモン
カメックス／オーダイル／ラグラージ／エンペルト
ダイケンキ／ゲッコウガ／アシレーヌ

メレメレの大試練達成後 合体わざを教えてもらおう

わざおしえの店の右側の店員から、十分になついた特定のポケモンに、合体わざを教えてもらえる。合体わざは3種類ある。ダブルバトルやマルチバトルで2種類を組み合わせて使うと、強力な威力や効果を発揮する。

● 教えてもらえる合体わざとおぼえられるポケモン

わざ「くさのちかい」のポケモン
フシギダネと進化形すべて／チコリータと進化形すべて／キモリと進化形すべて／ナエトルと進化形すべて

ツタージャと進化形すべて／ハリマロンと進化形すべて／モクローと進化形すべて

わざ「ほのおのちかい」のポケモン
ヒトカゲと進化形すべて／ヒノアラシと進化形すべて／アチャモと進化形すべて／ヒコザルと進化形すべて

ポカブと進化形すべて／フォッコと進化形すべて／ニャビーと進化形すべて

わざ「みずのちかい」のポケモン
ゼニガメと進化形すべて／ワニノコと進化形すべて／ミズゴロウと進化形すべて／ポッチャマと進化形すべて

ミジュマルと進化形すべて／ケロマツと進化形すべて／アシマリと進化形すべて

なにを たてるか しらないが とにかく じならし！

メレメレじま・ハウオリシティ

メレメレの大試練達成後 YOROZUで特別などうぐを買える

アンティーク セレクトショップ YOROZUの女性店員に話しかけると、アローラ地方には生息していない伝説のポケモンたちの専用のどうぐを買える。価格は1個10000円だ。

メレメレの大試練達成後 バトルバイキングでポケモン勝負を楽しもう

バトルバイキングは、食べ放題のバイキング形式で食事を提供する店だ。大皿の前にいるポケモントレーナーとポケモン勝負をして、料理を獲得しよう。獲得した料理の量や人気度に応じて、店員からどうぐをもらえる。

バイキングクイーンは殿堂入り後に現れる

バトルバイキングに5回以上挑戦し、そのうち殿堂入り後にも2回以上挑戦していれば、店にバイキングクイーンが現れる。食べた料理の満足度を競いあおう。勝利すると、称号をゆずってもらえる。

●バトルバイキングのルール

1. 1日に1回利用できる
2. 店内にある4つの場所から料理を取ろうとすると、ポケモントレーナーとの勝負がはじまる
3. 10ターンまで勝負ができ、ターンが経過するほど料理の量がへっていく
4. ポケモントレーナーに勝利すると、その時点で残っている料理をすべて取れる
5. 人気が高い料理は、強いポケモントレーナーとの勝負になりやすい
6. 手に入れた料理の量と人気度によって、最終的な満足度と、もらえるどうぐが決まる

●料理の人気度とへるスピード

料理	人気度	へるスピード
とっしんステーキ	大人気	1ターンごとに2つへる
ラッキーオムレツ		
ミルタンチーズピザ		
ホウエンラーメン	オススメ	1ターンごとに1つへる
うずしおスシ		
バニプッチパフェ		
マトマパスタ	あまっている	2ターンごとに1つへる
マーボーピスナ		
リンドサラダ		

●店員のメッセージともらえるどうぐ

メッセージ	もらえるどうぐ
おいしいもので おなか いっぱい！ とても まんぞく できたみたいですね	げんきのかたまり
おなか いっぱい！ まんぞく できたみたいですね	マックスアップ
う～ん みたところ…… まだまだ たりないって かんじです	おおきなキノコ
ふまん しかない かおしてますね こころも からだも ハングリー	あまいミツ

あなた おばあちゃんから おかしを もらえそうな かおね

メレメレの大試練達成後　「昼」にアローラ・ライドショーを見物しよう

「昼」にショッピングモールを訪れると、ステージの右側に女性が立っている。話しかけて、アローラ・ライドショーを見学しよう。ライドポケモンたちの勇姿を楽しんだ後で、女性から**スーパーボール**を5個もらえる。

ポスターの裏にボタンがある？

ショッピングモールの中に、「ポスターの裏に……ボタンなんてないわね」と話す女性がいる。『ポケモン 赤・緑』のタマムシシティには、ポスターの裏にかくし階段が出現するボタンがあったが、ここにはないようだ。

メレメレの大試練達成後　「夜」にステージのお掃除の手伝いをしよう

「夜」にショッピングモールを訪れると、ステージの前にベトベターアローラのすがたがいる。近づくと、清掃員がやってくる。掃除をお手伝いしよう。6つのゴミをひろうと、清掃員から**わざマシン48「りんしょう」**をもらえる。

●6つのゴミが落ちている場所

1個目　ステージの左側

アローラ・ライドショーが行われるステージの左端へ行こう。プランターの前にゴミが落ちている。

2個目　客席の右端

客席の右端のすみにゴミが落ちている。手すりの陰にかくれているので、見落とさないようにしよう。

3個目　わざおしえの店の前

わざおしえの店の前にゴミが落ちている。手前の壁にそって探そう。

4個目　YOROZUの右側

アンティーク セレクトショップ YOROZU の隣にある、プランターの前にゴミが落ちている。

5個目　中央の階段の下

ショッピングモールの中央の階段の下、インフォメーションの横にゴミが落ちている。

6個目　左側の階段の下

ショッピングモールの左端の階段の下、ポスターの近くにゴミが落ちている。

じどうはんばいき　って　なかに　ロトムが　はいったりしないのかな？

メレメレじま ▶ ハウオリシティ

イリマの家でお父さんの話を聞こう
【メレメレの大試練達成後】

イリマの家を訪れると、イリマのお父さんが話しかけてくる。イリマは小さいころから、ポケモン勝負に熱中しすぎる性格なので、キャプテンとして大丈夫なのかを心配しているようだ。

ハウオリやくしょでどうぐをもらおう

メレメレの大試練達成後、ハウオリやくしょの受付に、デリバードがやってくる。だが、デリバードは間違った品物を配達してしまったらしい。受付の女性の代わりに、かいがらのすずを受け取ろう。

2階にいるイリマに話しかけよう
【メレメレの大試練達成後】

イリマの家の2階でイリマに再会すると、ながらく研究していた勝負のプランについてのシミュレーションが完成した、という。イリマは、主人公に協力を依頼する。快く引き受けよう。テストはトレーナーズスクールで行われる。

キャプテンのイリマとポケモン勝負！❷

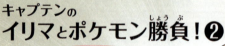

考えた 戦略……
ひらめいた 戦術……
それらが どう 相手に 作用し
戦局が 展開するか……
ボクの 興味は そこなのです！

かくとうタイプのわざで2匹の弱点を突こう

前回のハウオリシティでの戦いと比べて、ヤングースがデカグースに進化し、ドーブルのレベルも上がっている。どちらも、かくとうタイプのわざが弱点だ。2ばんどうろに出現するマクノシタや、3ばんどうろに出現するマンキーをつかまえて育てていれば、かくとうタイプのわざで弱点を突ける。

●イリマの「てもち」のポケモン

デカグース Lv.15
ノーマル
弱点 かくとう

ドーブル Lv.14
ノーマル
弱点 かくとう

アローラの まぶしい ひざし…… サングラスが ひつよう かしら？

メレメレの大試練達成後　イリマから「かわらずのいし」をもらえる

トレーナーズスクールでのポケモン勝負をおえて、イリマの部屋へもどってくると、テストにつきあったお礼として**かわらずのいし**をもらえる。ポケモンに持たせておくと、進化をしなくなるどうぐだ。

ジガルデ・セルの発見のヒント

アーカラじま カンタイシティで**ジガルデキューブ**を入手した後、「夜」にハウオリシティを訪れてみよう。ポケモンセンターの周辺に、「夜」の時間帯だけ現れるジガルデ・セルが1個存在する。

メレメレの大試練達成後　ポートエリアをめざして進もう

メレメレじまをすべて見て回ったら、次の島へ向かうためにポートエリアへ行こう。ヨットの整備をしているククイはかせやハウ、リーリエが待っている。

次の目的地　ポートエリア

イリマの家から東へ進み、突き当たりの角を曲がって階段を下りる。

メレメレの大試練達成後　ポートエリアから次の島へ向かおう

ポートエリアに係留されているククイはかせのヨットは、ハウも心配するほど古びている。しかし、航行に問題はなさそうだ。出発の準備ができたら、はかせの質問に「はい」と答えて、次の島へ向かおう（→P.208）。

ラプラス登録後に水上へ出られる

アーカラじま せせらぎのおかで**ライドギア**にラプラスを登録してもらうと、水上へ出られるようになる。ビーチサイドエリアから水上を南へ進み、メレメレかいへ行ってみよう（→P.206）。

ウラウラの大試練達成後　ショッピングモールでプレートを買える

ウラウラの大試練を達成した後、YOROZUで8種類のプレートが売りだされる。ポケモンに持たせると、特定のタイプのわざの威力が1.2倍に上がる。幻のポケモンのアルセウスに持たせると、タイプシフトをする。

ムーランドで探しだそう

ウラウラの大試練達成後、9種類のプレートを「ムーランド　サーチ」で探しだせる。1ばんどうろハウオリシティはずれに2個、トレーナーズスクールに1個、ハウオリシティに5個、ハウオリれいえんに1個ある。

ポケモンが　まるごと　はいってえ　でも　かわいらしい　バッグ　ないの？

メレメレじま
2ばんどうろ／きのみばたけ

メレメレ島の　上側へ　続く　道　トレーナーたちの　修行場として　有名

この道路で出会えるポケモン

ヤングース　ノーマル

コラッタ アローラのすがた　あく　ノーマル

ケーシィ　エスパー

ニャース アローラのすがた　あく
ガーディ　ほのお
スリープ　エスパー

マクノシタ　かくとう
ドーブル　ノーマル
オニスズメ　ノーマル　ひこう

アブリー　むし　フェアリー

手に入るもの
- ヒールボール
- いいキズぐすり×2
- ネストボール×2
- オレンのみ
- オボンのみ
- ぎんのこな
- おおきなキノコ
- げんきのかけら×5
- ほしのかけら
- わざマシン87「いばる」

手に入るもの(殿堂入り後)
- ウルトラボール×10

「ムーランド　サーチ」で見つかるどうぐ 4個
◆2ばんどうろで2個、きのみばたけで2個見つかります。

フレンドリィショップ(右の店員)
- いいキズぐすり　700円
- ヒールボール　300円
- ネストボール　1000円
- ゴージャスボール 1000円
- スピーダー　1000円
- プラスパワー　1000円
- ディフェンダー 2000円
- エフェクトガード 1500円
- クリティカット 1000円
- ヨクアタール 1000円
- スペシャルアップ 1000円
- スペシャルガード 2000円

カフェスペース
- エネココア　198円
- パイルジュース 198円
- ロズレイティー 198円

■2ばんどうろ

●草むら A B C

ポケモン	昼	夜	仲間のポケモン	
スリープ	○	○	スリープ	―
ニャース アローラのすがた	○	○	ニャース アローラのすがた	―
ドーブル	○	○	ドーブル	―
ケーシィ	○	○	ケーシィ	―
ヤングース	△	―	ヤングース	―
コラッタ アローラのすがた	―	△	コラッタ アローラのすがた	―

●草むら D E F

ポケモン	昼	夜	仲間のポケモン	
オニスズメ	◎	◎	オニスズメ	―
アブリー	○	○	アブリー	―
ガーディ	○	○	ガーディ	―
ドーブル	△	△	ドーブル	―
ヤングース	△	―	ヤングース	―
コラッタ アローラのすがた	―	△	コラッタ アローラのすがた	―

●ポケモンの影

ポケモン	昼	夜	仲間のポケモン	
ヤングース	◎	―	ヤングース	―
コラッタ アローラのすがた	―	◎	コラッタ アローラのすがた	―
マクノシタ	○	○	マクノシタ	―

ロトムずかんだ！　いいな　いいな！

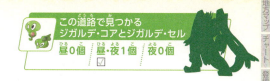

この道路で見つかる ジガルデ・コアとジガルデ・セル
昼0個 / 昼・夜1個 / 夜0個

■2ばんどうろ

- バックパッカーの アユミ
- ポケモンブリーダーの ユウジ
- えんじの マツリ
- ポケモンセンター
- きのみのなる木
- 3ばんどうろ ▶ P.187
- しげみのどうくつ ▶ P.180
- 草むら F
- 影
- 草むら D
- 草むら E
- きのみのなる木
- モーテル
- スカル団の したっぱ
- きのみばたけ
- グズマの家
- えんじの キミオ
- 草むら C
- 草むら B
- ハウオリれいえん
- 草むら A
- 影
- おとなのおねえさんの カナミ
- ミニスカートの ユカ
- ハウオリシティ ▶ P.158

きのみのなる木（2ばんどうろ）で手に入るきのみ
- カゴのみ
- オレンのみ
- キーのみ
- ヒメリのみ
- オボンのみ（レア）

きのみのなる木（きのみばたけ）で手に入るきのみ
- キーのみ
- オレンのみ

◆レアなきのみは出現しません。

うーん　ヘアスタイルは　バッチリ　なのに　かおが　おいついていないかも

メレメレじま ▶ 2ばんどうろ／きのみばたけ

STEP 1　草むらでポケモンの影がぶつかってくる

2ばんどうろの入口の近くの草むらに入ると、ゆれる草むらから影が突進してきて、野生のポケモンとの戦闘がはじまる。2ばんどうろの草むらには、このようなポケモンの影がよく現れるので、警戒しながら進もう。

落としたどうぐを手に入れよう

影で現れるポケモンは、主人公とぶつかったときにどうぐを落とすことがある。ぶつかった場所でAボタンのアイコンが表示されたら、Aボタンを押してどうぐを手に入れよう。

STEP 2　頑丈な岩はまだ壊せない

2ばんどうろを進んでいくと、頑丈な岩が道をふさいでいる。はじめて訪れたときは壊すことができない。メレメレの大試練でハラに勝利して、ライドギアを手に入れた後、「ケンタロス ラッシュ」で破壊しよう。

がんじょう そうな いわだ……！
ポケモンの パワーなら こわせるかも？

岩を壊すとどうぐが手に入る

「ケンタロス ラッシュ」で岩を破壊した後、地面が光っていたら、近づいてAボタンを押そう。ほしのすながに手に入る。ウラウラじまではほしのかけら、ポニじまではほしのかけらやすいせいのかけらが見つかることもある。

STEP 3　ハウオリれいえんを訪れよう

岩がある場所から東へ進み、草むらを通りぬけてハウオリれいえんへ向かおう。ハウオリれいえんには、人といっしょに暮らしていたポケモンたちが眠っており、ポケモントレーナーもお参りに来ている（→P.178）。

このさき ハウオリれいえん
そこに あるのは えいえん

民家は誰の家？

民家の男性に話しかけると、息子が家を飛びだしたまま帰ってこない、という。本棚には、大柄な少年が、しまめぐりのあかしをかかげている写真もある。この家は、島巡りの最中に何度も戦うスカル団のボス、グズマの家だ。

STEP 4　デリバードの案内できのみばたけへ行こう

きのみばたけの前にいるデリバードが、主人公のバッグをくわえて、先へ進ませてくれない。きのみばたけで異変が起こっていることを、主人公に伝えたいのだろうか。様子を確認するため、きのみばたけへ入ろう。

しゅうを きのみばたけに
つれていこうと しているようだ

次の目的地　きのみばたけ

デリバードがいる場所のすぐ東側に、きのみばたけの入口がある。

えんじの エンジンが とまっても ポケモンが うごかしてくれる！

STEP 5　スカル団からおじいさんを救いだそう

ハウオリシティで戦ったスカル団のしたっぱ団員たちが、今度はきのみばたけのおじいさんにからんでいる。したっぱ団員とポケモン勝負をして、再びこらしめてやろう。倒すと、おじいさんからオレンのみをもらえる。

デリバードからどうぐをもらえる

きのみばたけの小屋にいる5匹のデリバードに話しかけていくと、このうちの1匹からげんきのかけらをもらえる。「ひんし」状態のポケモンのHPを半分まで回復させるどうぐだ。

STEP 6　きのみのなる木を調べてきのみを手に入れよう

きのみばたけで、きのみのなる木の根元にあるきのみの山を調べると、キーのみ、オレンのみが3～5個手に入る。きのみのなる木はさまざまな場所にあり、場所ごとに手に入るきのみの種類が決まっている。

マケンカニが飛びだすことがある

きのみの山は、マケンカニが木からきのみを落として集めたものだ。きのみの山を調べると、マケンカニが飛びだしてくることがある。マケンカニと戦闘になったら、ボールを投げてつかまえよう。

STEP 7　おじいさんから「オボンのみ」をもらおう

おじいさんに話しかけると、きのみマスターになる意志があるかどうかを問われる。「はい」と答えよう。その後、おじいさんの指示にしたがってキーのみを見せると、ごほうびにオボンのみをもらえる。

ポケリゾートできのみを育てられる

ポケリゾートの「すくすくリゾート」を開発して、きのみの育成を楽しもう。1つの畑に6個のきのみを植えて、きのみを増やせる。開発を進めて畑を3つにすれば、最大で18個のきのみを一度に育てられる（→P.530）。

STEP 8　ハウとポケモンセンターに入ろう

きのみばたけを出た後、ポケモントレーナーと戦いながら、道なりに東へ進んでいこう。ポケモンセンターの前で待っているハウと合流し、いっしょにポケモンセンターへ入ると、げんきのかけらを3個もらえる。

メレメレじま ▶ 2ばんどうろ／きのみばたけ

STEP 9 街の人とポケモンを交換しよう

ポケモンセンターの中にいる女性が、オニスズメとワンリキーを交換してくれる。オニスズメは、2ばんどうろの草むらに生息している。オニスズメをつかまえて、女性のワンリキーと交換してもらおう。

ワンリキーが大活躍する

女性に交換してもらえるワンリキーは、かくとうタイプだ。イリマの試練に出現するぬしポケモンに、弱点のかくとうタイプのわざで攻撃すれば、大ダメージを与えられる。

STEP 10 アブリーをつかまえて女性に図鑑を見せよう

ポケモンセンターの中にいる女性に話しかけて「いいですよ」を選ぶと、アブリーをつかまえて図鑑を見せてほしい、と頼まれる。アブリーは、2ばんどうろや3ばんどうろに生息している。島巡りを進めて、アブリーをつかまえよう。

おこづかいをもらえる

アブリーをつかまえたら、再びポケモンセンターの中にいる女性に話しかけよう。図鑑を見せると、お礼として、3000円のおこづかいをもらえる。

STEP 11 きのみのなる木を調べてきのみを手に入れよう

2ばんどうろで、きのみのなる木の根元にあるきのみの山を調べると、カゴのみ、オレンのみ、キーのみ、ヒメリのみが手に入る。きのみの山が大きい場合は、オボンのみが手に入ることがある。

STEP 12 キャプテンミニゲートは閉まっている

ポケモンセンターの先は、3ばんどうろに通じているが、はじめて訪れたときはキャプテンミニゲートでふさがれている。ゲートが開くのは、しげみのどうくつでぬしポケモンを倒し、イリマの試練を達成した後だ。

> あたしが ねてると いつのまにか おなかのうえで オドリドリが ねてるのよねー

STEP 13 しげみのどうくつへ向かおう

ポケモンセンターの前にあるしげみのどうくつの入口で、イリマが主人公を待ち受けている。ポケモンセンターで「てもち」のポケモンを全回復させ、キズぐすりやクリティカットなどを十分用意した後で、試練に挑もう(→P.180)。

次の目的地
しげみのどうくつ

しげみのどうくつの入口は、ポケモンセンターの目の前にある。

イリマの試練達成後 キャプテンミニゲートがオープンする

イリマの試練を達成して外へ出ると、イリマはキャプテンミニゲートが島のあちこちにあることや、試練を達成すると通れるようになることを教えてくれる。そして、3ばんどうろに通じるゲートを開けてもらえる。

イリマの試練達成後 ククイはかせからZパワーの使いかたを教わる

イリマの試練を達成した後、ククイはかせにZパワーの使いかたを教えてもらおう。Zクリスタルと同じタイプのわざをおぼえているポケモンに使うと、1回の勝負につき1回だけ、Zパワーを使ってZワザをくり出せる。

グズマの家でわざマシンをもらおう

ウラウラじま ラナキラマウンテンへ入れるようになった後、グズマの家にいるおばあさんに会いに行こう。おばあさんは、グズマからあずかったわざマシン87「いばる」を、渡してくれる。

イリマの試練達成後 ゲートをぬけて3ばんどうろへ向かおう

3ばんどうろでリーリエとはぐれたククイはかせは、主人公とイリマに手分けして探すように依頼する。イリマの試練を達成して開いたキャプテンミニゲートを通り、3ばんどうろへ進もう(→P.186)。

次の目的地
3ばんどうろ

2ばんどうろのキャプテンミニゲートを通過して、3ばんどうろに入ろう。

ああ！ うみの みずが サイコソーダ だったら…… ポケモン げんきに なるのに！

ハウオリれいえん

メレメレじま

人々に愛され　ともに暮らしたポケモンたちが安らかに眠っている

この霊園で出会えるポケモン

ゴース
ゴースト　どく

フワンテ
ゴースト　ひこう

ムウマ
ゴースト

ズバット
どく　ひこう

手に入るもの
- わざマシン100「ないしょばなし」
- まひなおし
- いいキズぐすり
- おおきなキノコ
- わざマシン56「なげつける」

「ムーランド　サーチ」で見つかるどうぐ　3個

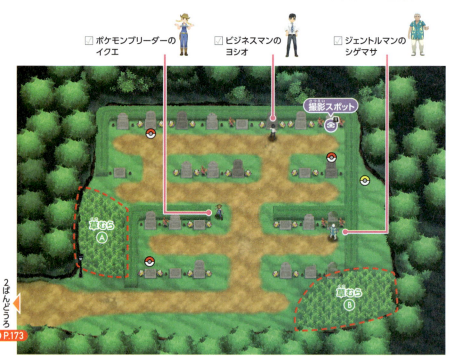

- ポケモンブリーダーのイクエ
- ビジネスマンのヨシオ
- ジェントルマンのシゲマサ
- 撮影スポット
- 草むらⓐ
- 草むらⓑ
- ２ばんどうろ　P.173

●草むら Ⓐ Ⓑ

ポケモン	昼	夜	仲間のポケモン
☑ ゴース	◎	◎	ゴース	ー	ー
☑ ズバット	○	○	ズバット	ー	ー
☑ フワンテ	○	ー	フワンテ	ー	ー
☑ ムウマ	ー	○	ムウマ	ー	ー

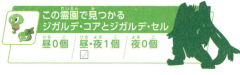
この霊園で見つかるジガルデ・コアとジガルデ・セル
昼0個　昼・夜1個　夜0個

ピカチュウが　ねむる　おはか……　あのコの　ことばで　かたりかけるの

STEP 1　撮影スポットで写真を撮ろう

ハウオリれいえんの撮影スポットには、「昼」はツツケラ、「夜」はゴースやズバットが現れる。「昼」にこの撮影スポットを訪れたときは、ポケファインダーを上空へ向けて、空高く飛ぶツツケラを撮影しよう（→P.567）。

撮影スポット
れいえんの奥

ハウオリれいえんの、北の端にあるお墓の前で撮影することができる。

STEP 2　すべてを見て回ったら2ばんどうろへもどろう

ハウオリれいえんの3人のポケモントレーナーを倒し、落ちているどうぐをすべて集めたら、2ばんどうろへもどろう（→P.174）。この場所にしか生息していないフワンテは「昼」のみ、ムウマは「夜」のみ出現する。

フワンテをつかまえよう

ハウオリシティのポケモンセンターにいる女性が見たがっていたフワンテは、ハウオリれいえんの草むらに「昼」だけ出現する。必ずつかまえて、図鑑に登録しよう（→P.163）。

メレメレの大試練達成後　「夜」にカイリキーとおばあさんが現れる

「夜」にハウオリれいえんを訪れると、交通事故でご主人を亡くしたおばあさんとカイリキーが墓参りに来ている。おばあさんに話しかけると、ご主人が生前に使っていたわざマシン56「なげつける」をもらえる。

ポケモンの　れいえんに　くると……　しんみり　しちゃって　いけないですね

メレメレじま
しげみのどうくつ

島巡りに挑戦するポケモントレーナーが　はじめての試練を受ける洞窟

■試練の間

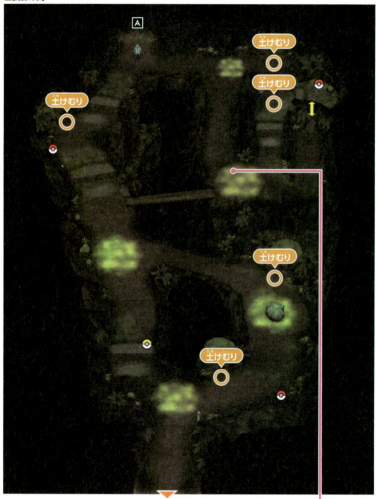

▼2ばんどうろ ▶P.173

☐ スカル団の
　　したっぱ

手に入るもの
- ☐ いいキズぐすり×2
- ☐ わざマシン31
　　「かわらわり」
- ☐ ディフェンダー
- ☐ ノーマルZ
- ☐ スーパーボール×10
- ☐ わざマシン46
　　「どろぼう」

「ムーランド　サーチ」で
見つかるどうぐ 2個

◆試練の間で1個、ぬしの間で1個見つかります。

わたしは　しまめぐりに　いどむ　しょうねんしょうじょを　おたすけする　しれんサポーター　なのです

この洞窟で見つかる ジガルデ・コアとジガルデ・セル		
昼0個	昼・夜1個	夜0個
	☑	

■ぬしの間

この洞窟で出会えるポケモン

■試練の間

● どうくつ

ポケモン	昼	夜	仲間のポケモン		
☑ ズバット	◎	◎	ズバット	-	-
☑ ディグダ アローラのすがた	◎	◎	ディグダ アローラのすがた	-	-

● 土けむり

ポケモン	昼	夜	仲間のポケモン		
☑ ヤングース サン	◎	◎	ヤングース	-	-
☑ コラッタ アローラのすがた ムーン	◎	◎	コラッタ アローラのすがた	-	-

こいつの しれんを ジャマするため しのびこんで きたんだぜ！！

メレメレじま ▶ しげみのどうくつ

STEP 1 イリマから試練の内容を告げられる

イリマから試練の内容を説明してもらった後、ぬしの間にある台座からZクリスタルを手に入れるための試練に挑もう。しげみのどうくつに出現する野生のポケモンは、試練を達成するまでつかまえられない。

STEP 2 出現するポケモンがバージョンで異なる

イリマの試練で巣穴から現れるポケモンは、『ポケモン サン』の場合はヤングースとデカグース、『ポケモン ムーン』の場合はコラッタ アローラのすがたとラッタ アローラのすがただ。どちらもかくとうタイプのわざが弱点だ。

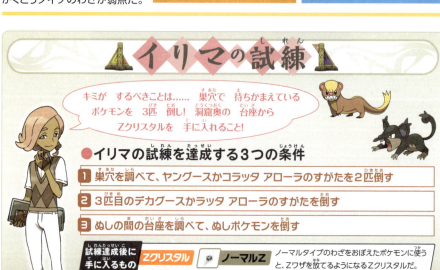

イリマの試練

キミが するべきことは……巣穴で 待ちかまえているポケモンを 3匹 倒し！洞窟奥の 台座からZクリスタルを 手に入れること！

● イリマの試練を達成する3つの条件

1 巣穴を調べて、ヤングースかコラッタ アローラのすがたを2匹倒す
2 3匹目のデカグースかラッタ アローラのすがたを倒す
3 ぬしの間の台座を調べて、ぬしポケモンを倒す

試練達成後に手に入るもの　Zクリスタル　ノーマルZ　ノーマルタイプのわざをおぼえたポケモンに使うと、Zワザを放てるようになるZクリスタルだ。

試練達成のヒント　スカル団を倒して3匹目を見つけよう
スカル団のしたっぱ団員とのポケモン勝負に勝つと、したっぱ団員が3つある巣穴のうち2つをふさぐ。残りの巣穴を調べて、デカグースかラッタ アローラのすがたと戦おう。

メレメレじまのキャプテン　イリマ

おれ こんなに よわくて スカルだんで いいのかよ！？

ぬしのデカグースと勝負！

『ポケットモンスター サン』の場合

かくとうタイプのわざで大ダメージを与えよう

ぬしのデカグースは、戦闘開始と同時にオーラをまとい、「ぼうぎょ」を1段階上げる。戦闘中に呼ぶ仲間のポケモンは、ヤングース1匹だけだ。やってきたヤングースをすばやく倒し、その後は、デカグースへの攻撃に専念しよう。どちらもかくとうタイプのわざで弱点を突けば、大ダメージを与えられる。2ばんどうろでつかまえられる、かくとうタイプのマクノシタを育てておくと、有利に戦える。

デカグース ノーマル
Lv.12
弱点 かくとう

● デカグースが呼ぶ仲間のポケモン

ヤングース Lv.10
ノーマル
弱点 かくとう

ぬしのデカグースとの戦闘に勝つ鉄則
▶ 戦闘開始後「クリティカット」を使い、わざを急所に当たりやすくさせる
▶ わざを使って、デカグースを状態異常にしよう
▶ 最初に仲間を倒そう（仲間がいると複数の攻撃を受けてしまうため）

ぬしのラッタ アローラのすがたと勝負！

『ポケットモンスター ムーン』の場合

かくとうやむし、フェアリータイプのわざが有効だ

ぬしのラッタ アローラのすがたは、戦闘開始と同時にオーラをまとい、「ぼうぎょ」を1段階上げる。戦闘中に呼ぶ仲間のポケモンは、コラッタ アローラのすがた1匹だけだ。どちらもかくとうタイプのわざなら通常の4倍、むし、フェアリータイプのわざなら通常の2倍のダメージを与えられる。2ばんどうろでつかまえられる、かくとうタイプのマクノシタや、むしとフェアリータイプのアブリーを育てていると、有利に戦える。

ラッタ
アローラのすがた
Lv.12
弱点 ×4 かくとう / むし / フェアリー
あく ノーマル

● ラッタ アローラのすがたが呼ぶ仲間のポケモン

コラッタ アローラのすがた Lv.10
あく ノーマル
弱点 ×4 かくとう / むし / フェアリー

ぬしのラッタ アローラのすがたとの戦闘に勝つ鉄則
▶ 戦闘開始後「クリティカット」を使い、わざを急所に当たりやすくさせる
▶ わざを使って、ラッタ アローラのすがたを状態異常にしよう
▶ 最初に仲間を倒そう（仲間がいると複数の攻撃を受けてしまうため）

まじっスカ！ なんなんスカ？ つよすぎ じゃないでスカ！？

メレメレじま ▶ しげみのどうくつ

STEP 3　試練を達成して「ノーマルZ」を手に入れよう

ぬしポケモンとの勝負に勝つと、イリマが主人公の元へやってくる。イリマは、きたえ上げたぬしポケモンを倒されたことに驚く。そして、イリマの試練を達成した主人公に、台座のノーマルZを授けてくれる。

STEP 4　ノーマルタイプのゼンリョクポーズを授けられる

ノーマルタイプのわざをおぼえているポケモンにノーマルZを使うと、Zパワーでわざを強め、Zワザを放てる。イリマから、ノーマルタイプのZワザを放つときにくり出すゼンリョクポーズを教えてもらおう。

STEP 5　イリマから「スーパーボール」をもらおう

イリマからスーパーボールを10個もらった後は、しげみのどうくつで野生のポケモンをつかまえられるようになる。スーパーボールは、モンスターボールよりもポケモンをつかまえやすいボールだ。

STEP 6　イリマを追って2ばんどうろへもどろう

イリマは、3ばんどうろでおもしろいものを見せる、といって、しげみのどうくつから去っていく。3ばんどうろは、2ばんどうろの先にある場所だ。試練の間を通りぬけて、2ばんどうろへもどろう（→P.177）。

次の目的地　2ばんどうろ

試練の間を南へ進んでしげみのどうくつの入口までもどり、外へ出よう。

> なんてゆーか　しれんのばしょ　ヤバくないでスカ！？

イリマの試練達成後　しげみのどうくつのポケモンをつかまえよう

イリマの試練を達成した後は、しげみのどうくつに現れる野生のポケモンを自由につかまえられるようになる。野生のポケモンに出会ったら、イリマからもらったスーパーボールを投げてつかまえよう。

イリマの試練達成後　フレンドリィショップの品ぞろえが増える

イリマの試練を達成してノーマルZを手に入れると、フレンドリィショップの左の店員からスーパーボールといいキズぐすりを買えるようになる。2ばんどうろへもどった後、フレンドリィショップで買おう。

試練を達成すると品ぞろえが増える

フレンドリィショップの商品は、この先も試練を達成するたびに少しずつ増えていき、島巡りに役立つさまざまなどうぐを買えるようになる。

メレメレの大試練達成後　ぬしの間でわざマシンを手に入れよう

メレメレの大試練でハラに勝利した後、ぬしの間にある岩を「ケンタロス　ラッシュ」で壊そう。坂を登った先で、わざマシン46「どろぼう」が手に入る。戦闘中に、相手のポケモンのもちものをうばえるわざだ。

ああ！　だよな　あいぼう！

メレメレじま
3ばんどうろ

とりポケモン たちが 多く 暮らす 岩肌に 囲まれた 険しい 山道

この道路で出会えるポケモン

ヤングース
ノーマル

コラッタ アローラのすがた
あく ノーマル

オニスズメ
ノーマル ひこう

ワシボン サン
ノーマル ひこう

バルチャイ ムーン
あく ひこう

マンキー
かくとう

デリバード
こおり ひこう

アブリー
むし フェアリー

タツベイ
ドラゴン

ボーマンダ
ドラゴン ひこう

手に入るもの
- ヒールボール
- するどいくちばし
- やすらぎのすず
- いいキズぐすり
- レッドカード
- ネストボール
- わざマシン83「まとわりつく」

きのみのなる木で手に入るきのみ
- カゴのみ
- モモンのみ
- クラボのみ
- オボンのみ
- ヒメリのみ
- オボンのみ(レア)

「ムーランド サーチ」で見つかるどうぐ　1個

● 草むら A B

ポケモン	昼	夜	仲間のポケモン		
☑ オニスズメ	◎	◎	オニスズメ	—	—
☑ アブリー	○	○	アブリー	—	—
☑ マンキー	○	○	マンキー	—	—
☑ デリバード	△	△	デリバード	—	—
☑ ヤングース	△	—	ヤングース	—	—
☑ コラッタ アローラのすがた	—	△	コラッタ アローラのすがた	—	—

● 草むら C

ポケモン	昼	夜	仲間のポケモン		
☑ オニスズメ	◎	◎	オニスズメ	—	—
☑ アブリー	○	○	アブリー	—	—
☑ マンキー	○	○	マンキー	—	—
☑ ヤングース	△	—	ヤングース	—	—
☑ コラッタ アローラのすがた	—	△	コラッタ アローラのすがた	—	—
☑ タツベイ	▲	▲	ボーマンダ	タツベイ	—

● ポケモンの影

ポケモン	昼	夜	仲間のポケモン
☑ オニスズメ	◎	◎	オニスズメ
☑ ワシボン サン	○	○	ワシボン
☑ バルチャイ ムーン	○	○	バルチャイ

うごく かげと かさなったら とりポケモンに おそわれちゃったよ あいつら かわいいなあ！

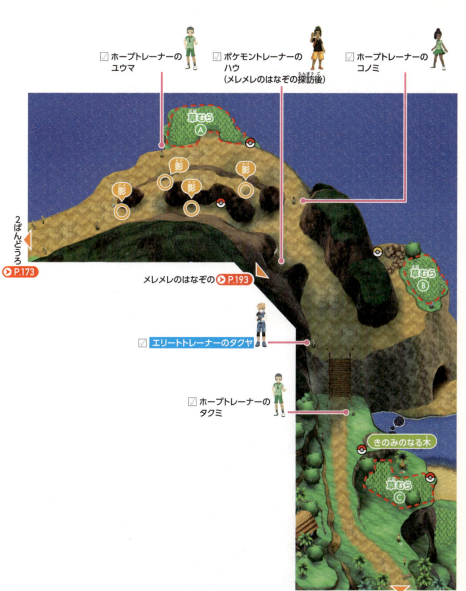

メレメレじま ▶ 3ばんどうろ

STEP 1　ポケモンの影に近づくと襲いかかってくる

3ばんどうろで地面に映る動く影に近づくと、オニスズメかワシボン（バルチャイ）のどちらかが襲いかかってきて、戦闘がはじまる。ワシボンは『ポケモン サン』にのみ、バルチャイは『ポケモン ムーン』にのみ現れるポケモンだ。

しまめぐりかんばんをチェックしよう

しまめぐりかんばんは、島巡りに役立つさまざまな情報が書かれた看板だ。アローラ地方の各地に立っている。3ばんどうろのしまめぐりかんばんでは、Zワザに関する大切な情報を読める。

STEP 2　リーリエを探しながら先へ進もう

ククイはかせとはぐれたリーリエを探すため、ポケモントレーナーと戦いながら3ばんどうろをすみずみまで見て回ろう。岩陰や草むらのすみなど、見落としやすい場所に落ちているどうぐも、すべて集めよう。

どうぐを落とすことがある

影に近づくと現れるオニスズメはきれいなハネかするどいくちばしを、ワシボンやバルチャイはきれいなハネを落とすことがある。戦闘後に地面が光っていたら、Aボタンを押して手に入れよう。

STEP 3　すご腕のエリートトレーナーとすぐには戦えない

つり橋のそばにいるエリートトレーナー姿の男性は、すご腕のポケモントレーナーだ。3ばんどうろにいる3人のポケモントレーナーを倒した後、はじめて勝負を挑める。全員に勝ってから、再び話しかけよう。

STEP 4　つり橋の手前を探索しよう

エリートトレーナーの近くのつり橋には、ククイはかせが立っていて通れない。橋のたもとでリーリエを待っているのだ。ククイはかせは、リーリエは遠くに行けないはずだ、という。つり橋を渡らずに、探索を続けよう。

きみと　ポケモンを　みていると　こころが　やすらぐ……

STEP 5　メレメレのはなぞのへ向かおう

エリートトレーナーがいる場所から少し引き返し、看板がある場所を曲がってメレメレのはなぞのへ向かおう。3ばんどうろで見つからなかったリーリエは、きっとメレメレのはなぞのに迷い込んでいる（→P.192）。

次の目的地
メレメレのはなぞの

3ばんどうろを道なりに進み、看板が立っている分岐点を曲がる。

メレメレのはなぞの探訪後　ハウから勝負を申し込まれる

リーリエといっしょにメレメレのはなぞのからもどってくると、イリマの試練をおえたハウがポケモン勝負を挑んでくる。主人公と戦って、自分の強さを確かめたい、というハウの勝負を受けて立とう。

ポケモントレーナーのハウと勝負！❸
レベルが大きく上がっている

前回のリリィタウンでの戦いと比べて、ハウのポケモンは、ピチューが進化し、レベルが7上がっている。

「いきなりだけどー　どれだけ　強くなったか確かめさせてー！」

● ハウの「てもち」のポケモン

はるかぜ　よりも　おだやかな　ぼくの　こころも　ふるえるよ

メレメレじま ▶ 3ばんどうろ

すご腕のエリートトレーナーに戦いを挑もう
メレメレのはなぞの探訪後

3ばんどうろにいる3人のポケモントレーナーに勝った後で、すご腕のエリートトレーナーに話しかけ、勝負を申し込もう。エリートトレーナーがくり出す2匹のポケモンを倒して勝利すると、レッドカードをもらえる。

岩を壊してどうぐを手に入れよう
メレメレの大試練でハラに勝利した後、「ケンタロスラッシュ」で草むらⒷの奥の岩を壊して、わざマシン83「まとわりつく」を手に入れよう。4～5ターンの間、相手にまとわりついて攻撃し、逃げられなくするわざだ。

イワンコをつかまえて男性に図鑑を見せよう
メレメレのはなぞの探訪後

草むらⒸの近くにいる男性に話しかけて「いいですよ」を選ぶと、イワンコをつかまえて図鑑を見せてほしい、と頼まれる。イワンコはテンカラットヒルに生息している。島巡りを進めて、イワンコをつかまえよう。

おこづかいをもらえる
テンカラットヒルさいおうくどうの草むらでイワンコをつかまえよう（→P.203）。草むらⒸの近くにいる男性に話しかけて図鑑を見せると、3000円のおこづかいをもらえる。

きのみのなる木を調べてきのみを手に入れよう
メレメレのはなぞの探訪後

3ばんどうろで、きのみのなる木の根元にあるきのみの山を調べると、カゴのみ、モモンのみ、クラボのみ、オボンのみ、ヒメリのみが手に入る。きのみの山が大きい場合は、オボンのみが出やすい。

ジガルデ・セルの発見のヒント
アーカラじま カンタイシティでジガルデキューブを入手した後、「昼」に3ばんどうろを訪れてみよう。つり橋の北側に、「昼」の時間帯だけに現れるジガルデ・セルが1個存在する。

リリィタウンをめざして1ばんどうろへ出よう
メレメレのはなぞの探訪後

メレメレのはなぞでリーリエを見つけだすと、リリィタウンで行われるメレメレの大試練に挑戦できるようになる。南へ進んでキャプテンミニゲートをぬけ、1ばんどうろを通ってリリィタウンへ向かおう（→P.140）。

次の目的地
リリィタウン

キャプテンミニゲートをぬけた後、西へ進むとリリィタウンに到着する。

さて！ おいらも ハニーの ために イワンコを さがしに いってみるよ！

メレメレじま
メレメレのはなぞの

一面が美しい花で満ちている　目にも鮮やかな花園

この花園で出会えるポケモン

キャタピー
むし

トランセル
むし

バタフリー
むし　ひこう

オドリドリ ぱちぱちスタイル
でんき　ひこう

アブリー
むし　フェアリー

チュリネ ムーン
くさ

モンメン サン
くさ　フェアリー

撮影スポット

うみつなぎのどうけつ ▶P.197

手に入るもの
- スーパーボール
- ネットボール
- どくバリ
- やまぶきのミツ

「ムーランド　サーチ」で見つかるどうぐ　3個

●花園

ポケモン	昼	夜	仲間のポケモン		
✓ アブリー	○	○	アブリー	−	−
✓ オドリドリ ぱちぱちスタイル	○	○	オドリドリ ぱちぱちスタイル	−	−
✓ モンメン サン	○	○	モンメン	−	−
✓ チュリネ ムーン	○	○	チュリネ	−	−
✓ キャタピー	△	△	キャタピー	バタフリー	−
✓ トランセル	△	△	キャタピー	バタフリー	−
✓ バタフリー	▲	▲	バタフリー	−	−

かのじょ……　すぐに　きえるんです　きになると　からだが　かってに　うごく　タイプの　ひとかなあ……？

3ばんどうろ ▶P.187

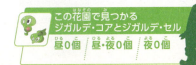

この花園で見つかる
ジガルデ・コアとジガルデ・セル
昼0個 / 昼・夜0個 / 夜0個

あたしを さがしてるッ！ ああ！ なんて うれしい！ あいされている じっかん！

メレメレじま ▶ メレメレのはなその

STEP 1　困っているリーリエを発見する

メレメレのはなぞのへ入ると、コスモッグが草むらの奥へ入ってしまって、困りはてているリーリエと出会う。再び野生のポケモンに襲われないように、一刻も早くコスモッグを助けだそう。

STEP 2　リーリエにポケモンを全回復してもらおう

リーリエに話しかけると、「てもち」のポケモンを全回復してもらえる。コスモッグを見つけて3ばんどうろへもどるまでは、何度でも全回復してくれる。「てもち」のポケモンが弱ってきたら、リーリエの元へ向かおう。

4種類のすがたを持つオドリドリが出現する

オドリドリには4種類のすがたがあり、アローラ地方の4つの島に1種類ずつ生息している。メレメレのはなぞので出会えるのは、オドリドリ ぱちぱちスタイルだ。

STEP 3　「夜」に「やまぶきのミツ」が手に入る

「夜」にメレメレのはなぞのを訪れ、キラキラ光る場所を調べて**やまぶきのミツ**を手に入れよう。ぱちぱちスタイル以外のオドリドリに使うと、オドリドリ ぱちぱちスタイルへフォルムチェンジさせることができるどうぐだ。

STEP 4　うみつなぎのどうけつへ行ってみよう

メレメレのはなぞのの西には、うみつなぎのどうけつの入口があり（→P.196）、その先はカーラエわんにつながっている。これらの場所を探訪した後、メレメレのはなぞのへもどり、コスモッグの捜索を続けよう。

「ラプラス スイム」ですべてを見て回れる

うみつなぎのどうけつの中には、「ケンタロス ラッシュ」や「ラプラス スイム」でどうぐを集める場所がある。アーカラじま せせらぎのおかでライドギアにラプラスを登録してもらった後、再び訪れよう。

ぴゅう！

194

STEP 5 撮影スポットで写真を撮ろう

撮影スポット
高台の上

西側の高台の上でポケファインダーを起動して、ポケモンの写真を撮ろう。この撮影スポットには、オドリドリ ぱちぱちスタイルやアブリーが出現する。ときどき、2匹いっしょに現れることもある（→P.567）。

メレメレのはなぞのの西側の高台に上がり、突き当たりまで進もう。

STEP 6 コスモッグの元へ行って助けてあげよう

撮影スポットの近くにいるコスモッグに話しかけ、リーリエの元へ連れもどしてあげよう。リーリエは、コスモッグを救った主人公に感謝の気持ちを伝え、「てもち」のポケモンを全回復してくれる。

STEP 7 リーリエといっしょに3ばんどうろへもどろう

コスモッグを助けて、リーリエに「てもち」のポケモンを全回復してもらった後、主人公とリーリエはいっしょに3ばんどうろへもどっていく。ククイはかせにリーリエの無事を報告するために、3ばんどうろへもどろう（→P.189）。

ひとが すくないからって はしゃぎすぎ ですよ もう！

メレメレじま
うみつなぎのどうけつ

メレメレの花園とカーラエ湾を結ぶ　なだらかな坂の多い洞穴

この洞穴で出会えるポケモン

ズバット
どく／ひこう

ディグダ アローラのすがた
じめん／はがね

コダック
みず

コイキング
みず

ギャラドス
みず／ひこう

ドジョッチ
みず／じめん

ナマズン
みず／じめん

手に入るもの
- あなぬけのヒモ
- ヒールボール
- とけないこおり
- いいキズぐすり
- たつじんのおび
- げんきのかたまり

「ムーランド　サーチ」で見つかるどうぐ　2個

つりスポット A

● どうくつ

ポケモン	昼	夜	仲間のポケモン		
✓ ズバット	◎	◎	ズバット	-	-
✓ ディグダ アローラのすがた	○	○	ディグダ アローラのすがた	-	-

● 水上

ポケモン	昼	夜	仲間のポケモン		
✓ ズバット	◎	◎	ズバット	-	-
✓ コダック	○	○	コダック	-	-

● つりスポット A

ポケモン	昼	夜	仲間のポケモン		
✓ コイキング	◎	◎	ギャラドス	コイキング	-
✓ ドジョッチ	▲	▲	ナマズン	ドジョッチ	-

● つりスポット A（レア）

ポケモン	昼	夜	仲間のポケモン		
✓ コイキング	◎	◎	コイキング	ギャラドス	-
✓ ドジョッチ	◎	◎	ドジョッチ	ナマズン	-

> この洞穴で見つかる
> ジガルデ・コアとジガルデ・セル
> 昼0個　昼・夜0個　夜0個

メレメレのはなぞの ▶P.192

カーラエわん ▶P.199

STEP 1　カーラエわんへ行ってみよう

どうぐを集めながら坂や段差を下りていくと、東の出口からカーラエわんへ出られる（→P.198）。カーラエわんの砂浜に落ちているどうぐを手に入れた後、うみつなぎのどうけつを通って、メレメレのはなぞのへもどろう。

ポケモンライドでどうぐを集めよう

岩でふさがれた場所の奥にあるどうぐは「ケンタロス　ラッシュ」で、つりスポットの近くにあるどうぐは「ラプラス　スイム」で取りに行ける。これらのライドポケモンがライドギアに登録された後、再び訪れよう。

197

| メレメレじま |

カーラエわん

アローラ百景に 選ばれる メレメレ島 絶景スポットの ひとつ

この湾で出会えるポケモン

ヤングース
ノーマル

コラッタ アローラのすがた
あく ノーマル

ヤドン
みず エスパー

ヤドラン
みず エスパー

キャモメ
みず ひこう

コイキング
みず

ギャラドス
みず ひこう

メノクラゲ
みず どく

ケイコウオ
みず

ヨワシ たんどくのすがた
みず

シェルダー
みず

タツベイ
ドラゴン

コモルー
ドラゴン

手に入るもの
- ネットボール
- わざマシン05 「ほえる」
- ダイブボール

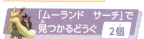
「ムーランド サーチ」で 見つかるどうぐ 2個

● 草むら Ａ

ポケモン	昼	夜	仲間のポケモン		
✓ キャモメ	◎	◎	キャモメ	−	−
✓ ヤドン	○	○	ヤドラン	ヤドン	−
✓ ヤングース	○	−	ヤングース	−	−
✓ コラッタ アローラのすがた	−	○	コラッタ アローラのすがた	−	−
✓ タツベイ	△	△	コモルー	タツベイ	−

● 水上

ポケモン	昼	夜	仲間のポケモン		
✓ メノクラゲ	◎	◎	メノクラゲ	−	−
✓ ケイコウオ	○	○	ケイコウオ	−	−
✓ キャモメ	○	○	キャモメ	−	−

● つりスポット Ａ Ｂ Ｃ Ｄ

ポケモン	昼	夜	仲間のポケモン		
✓ コイキング	◎	◎	ギャラドス	コイキング	−
✓ ヨワシ	○	○	ヨワシ	−	−
✓ シェルダー	▲	▲	シェルダー	−	−

● つりスポット Ｄ (レア)

ポケモン	昼	夜	仲間のポケモン		
✓ コイキング	◎	◎	コイキング	ギャラドス	−
✓ ヨワシ	○	○	ヨワシ	−	−
✓ シェルダー	○	○	シェルダー	−	−

うみつなぎのどうけつ ▶ P.197

つりスポット D

つりスポット A

つりスポット B

撮影スポット

草むら A

つりスポット C

この湾で見つかる
ジガルデ・コアとジガルデ・セル
昼0個 | 昼・夜1個 | 夜0個
☑

199

メレメレじま ▶ カーラエわん

STEP 1 水上へ出るにはラプラスが必要だ

うみつなぎのどうけつを通って、カーラエわんへ進むと、小さな砂浜に出る。ここから水上へ出るには、アーカラじま せせらぎのおかでライドギアに登録してもらえるラプラスが必要だ。

STEP 2 メレメレのはなぞのにもどろう

はじめてカーラエわんを訪れたときは、水上へ出ることができない。砂浜に落ちているどうぐを手に入れた後、うみつなぎのどうけつを通ってメレメレのはなぞのへもどろう(→P.194)。

ラプラス登録後 「ラプラス スイム」でカーラエわんを進もう

「ラプラス スイム」で水上へ出て、どうぐを手に入れよう。アーカラじま せせらぎのおかでスイレンの試練を達成し、つりざおを手に入れていれば、この場所だけに生息しているシェルダーを釣ることができる。

リザードンに乗って島巡りにもどろう

カーラエわんを再び訪れる前に、アーカラじま ヴェラかざんこうえんでカキの試練を達成しておこう。ライドギアにリザードンを登録してもらえる。カーラエわんをすべて回った後、「リザードン フライト」ですばやく島巡りへもどれる。

ラプラス登録後 撮影スポットで写真を撮ろう

撮影スポットでポケファインダーを起動すると、小島に現れるヤドンやダグトリオ アローラのすがた、サニーゴを撮影できる。距離が離れているため、ズーム機能を活かして大きく写そう(→P.567)。

撮影スポット カーラエわんの水上

南の小島から、「ラプラス スイム」で東へ進んだ場所にある。

メレメレじま
テンカラットヒル

2か所の入口が大きな岩でふさがれ ポケモンの助けなしには進入できない

この丘で出会えるポケモン

ズバット
どく / ひこう

ディグダ アローラのすがた
じめん / はがね

コダック
みず

ワンリキー
かくとう

ダンゴロ
いわ

メレシー
いわ / フェアリー

ヤミラミ
あく / ゴースト

イワンコ
いわ

パッチール
ノーマル

手に入るもの

- ☑ プラスパワー
- ☑ いいキズぐすり
- ☑ ハイパーボール
- ☑ かたいいし
- ☑ わざマシン62「アクロバット」
- ☑ スーパーボール
- ☑ きんのたま
- ☑ やけどなおし
- ☑ わざマシン64「だいばくはつ」
- ☑ ヒコウZ

「ムーランド サーチ」で見つかるどうぐ 3個

◆入口で2個、テンカラットヒルさいおうくどうで1個見つかります。

この丘で見つかるジガルデ・コアとジガルデ・セル
昼0個 / 昼・夜0個 / 夜0個

■入口

B ▶P.202
A ▶P.203
水上 C / A
メレメレかい ▶P.206
1ばんどうろ ▶P.127 ハウオリシティはずれ
水上 B
C

メレメレじま ▶ テンカラットヒル

■テンカラットヒル
　さいおうくうどう

■入口

● どうくつ

ポケモン	昼	夜	仲間のポケモン		
☑ ズバット	○	○	ズバット	−	−
☑ ディグダ アローラのすがた	○	○	ディグダ アローラのすがた	−	−
☑ ダンゴロ	○	○	ダンゴロ	−	−
☑ メレシー	○	○	メレシー	ヤミラミ	−

● 水上 Ⓐ Ⓑ

ポケモン	昼	夜	仲間のポケモン		
☑ ズバット	◎	◎	ズバット	−	−
☑ コダック	○	○	コダック	−	−

■テンカラットヒルさいおうくうどう

● 草むら Ⓐ Ⓑ Ⓒ Ⓓ

ポケモン	昼	夜	仲間のポケモン		
☑ ワンリキー	○	○	ワンリキー	−	−
☑ イワンコ	○	○	イワンコ	−	−
☑ ダンゴロ	○	○	ダンゴロ	−	−
☑ メレシー	○	○	メレシー	−	−
☑ バッチール	△	△	バッチール	−	−

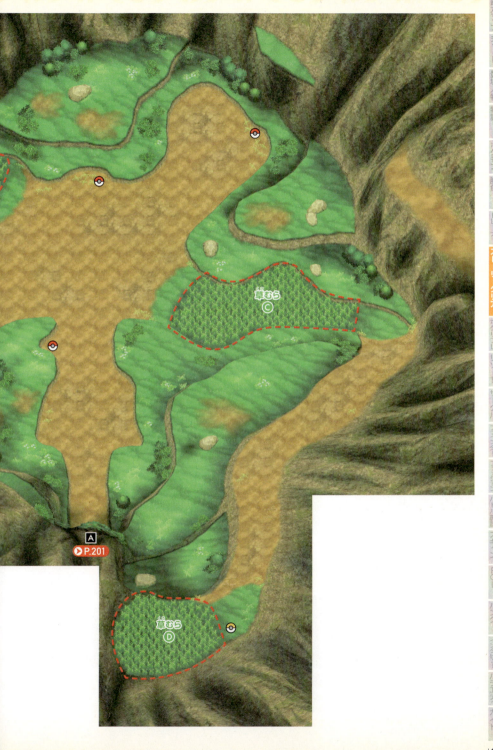

メレメレじま ▶ テンカラットヒル

STEP 1　どうぐを集めながら進もう

テンカラットヒルに入ったら、すべてのどうぐを集めながら西へ進んでいこう。道をふさいでいる岩は、「ケンタロス　ラッシュ」で、Bボタンを押したまま突進すれば、壊すことができる。

STEP 2　巨石はまだ動かせない

道を西へ進んでいくと、「ケンタロス　ラッシュ」では壊せない巨石に突き当たる。この石を動かせるようになるのは、島巡りを続け、ライドギアにカイリキーを登録してもらった後だ。

カイリキーはポニじまで登録される

島巡りの終盤に訪れるポニじま ポニのこどうでハプウのおばあさんに出会うと、ライドギアにカイリキーを登録してもらえる。登録後、必ずこの場所へもどってこよう。

STEP 3　さいおうくうどうを探索しよう

白い巨石がある場所を曲がって北へ進むと、テンカラットヒルさいおうくうどうへ出られる。広大な空洞をすみずみまで見て回り、どうぐをすべて集めた後、テンカラットヒルの入口へもどろう。

イワンコをつかまえよう

3ばんどうろ 草むら©の近くにいる男性が見たがっているイワンコは、テンカラットヒルさいおうくうどうに出現する。必ずつかまえて、図鑑に登録しよう（→P.190）。

STEP 4　次の島をめざしてハウオリシティへ向かおう

メレメレの大試練を達成した主人公を次の島へ連れていくため、ククイはかせがハウオリシティポートエリアで待っている。テンカラットヒルを出てハウオリシティへ向かい、次の島をめざそう（→P.171）。

次の目的地　ハウオリシティ

1ばんどうろハウオリシティはずれへもどり、西にあるハウオリシティへ向かおう。

サメハダー登録後 メレメレかいから入ってどうぐを集めよう

テンカラットヒルには、メレメレかいとつながっている小さな部屋がある。「サメハダー　ジェット」でメレメレかいの岩を壊して入り、わざマシン64「だいばくはつ」を手に入れよう。

サメハダーの登録はウラウラじまだ

ウラウラじま 14ばんどうろでアセロラの試練を達成した後、15ばんすいどうにいるギーマに話しかけると、ライドギアにサメハダーを登録してもらえる。

カイリキー登録後 「カイリキー　プッシュ」で巨石を押そう

ライドギアにカイリキーが登録された後、テンカラットヒルを再び訪れ、巨石を動かそう。Bボタンを押しながら石を動かして穴へ落とすと、さらに奥へ進めるようになる。

カイリキー登録後 台座を調べて「ヒコウZ」を手に入れよう

巨石の場所から西へ進んで、テンカラットヒルさいおうくうどうの高台へ出よう。台座を調べると、ヒコウZが手に入る。ひこうタイプのわざをおぼえているポケモンにヒコウZを使うと、Zワザを放てるようになる。

メレメレかい

メレメレじま

一年中 メレメレ島の 人や ポケモン 多くの 観光客で にぎわっている

この海で出会えるポケモン

キャモメ
みず／ひこう

コイキング
みず

ギャラドス
みず／ひこう

メノクラゲ
みず／どく

ケイコウオ
みず

ヨワシ（たんどくのすがた）
みず

ラブカス
みず

サニーゴ
みず／いわ

ヒドイデ
どく／みず

手に入るもの
- やわらかいすな
- シルバースプレー
- わざマシン80「いわなだれ」

「ムーランド サーチ」で 見つかるどうぐ 1個

☐ ビキニのおねえさんの ユウキ
ハウオリシティ ▶ P.159
つりスポット H
つりスポット G
テンカラットヒル ▶ P.201
つりスポット F
つりスポット E
☐ ビキニのおねえさんの ミサキ

● 水上

ポケモン	昼	夜	仲間のポケモン		
✓ メノクラゲ	◎	◎	メノクラゲ	—	—
✓ ケイコウオ	○	○	ケイコウオ	—	—
✓ キャモメ	○	○	キャモメ	—	—

● つりスポット A B C D E F G H

ポケモン	昼	夜	仲間のポケモン		
✓ コイキング	◎	◎	ギャラドス	コイキング	—
✓ ヨワシ	○	○	ヨワシ	—	—
✓ ラブカス	▲	▲	ラブカス	—	—
✓ サニーゴ	▲	▲	ヒドイデ	サニーゴ	—

● つりスポット D F（レア）

ポケモン	昼	夜	仲間のポケモン		
✓ ラブカス	◎	◎	ラブカス	—	—
✓ コイキング	○	○	コイキング	ギャラドス	—
✓ ヨワシ	○	○	ヨワシ	—	—
✓ サニーゴ	○	○	ヒドイデ	サニーゴ	—

たんパンこぞうが しんか したのが かいパンやろう なんだ！ ウソだけど

この海で見つかる ジガルデ・コアとジガルデ・セル
昼0個 / 昼・夜0個 / 夜0個

「サメハダー ジェット」で岩を壊して進もう

サメハダー 登録後

メレメレかいの水上にある岩を壊して、テンカラットヒルへ進むには「サメハダー ジェット」が必要だ。ウラウラじま 15ばんすいどうでライドギアにサメハダーを登録してもらった後、ここへもどってこよう。

ハウオリシティとつながっている

メレメレかいは、1ばんどうろハウオリシティはずれと、ハウオリシティ ビーチサイドエリアをむすぶ海だ。ポケモントレーナーを倒しながらすみずみまで見て回り、どうぐをすべて集めよう。

アローラでは あさから ばんまで ビキニなのが ふつう なんだもん！

アーカラじま
カンタイシティ

多くの 訪れを 喜び もてなす アーカラ島の 玄関口

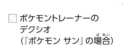

- ポケモントレーナーの デクシオ（『ポケモン サン』の場合）
- ポケモントレーナーの ジーナ（『ポケモン ムーン』の場合）

ホテルしおさい
ハウオリシティ ▶P.159
マリエシティ ▶P.313
うみのたみのむら ▶P.404
エーテルパラダイス ▶P.297
じょうせんじょ
アローラかんこうあんないじょ
ブティック

手に入るもの
- ふしぎなアメ
- ジガルデキューブ
- おおきなキノコ
- ミックスオレ
- うつしかがみ

手に入るもの（殿堂入り後）
- まるいおまもり

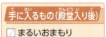

「ムーランド サーチ」で見つかるどうぐ　0個

あらよっと！ わーい！ アーカラじま じょうりくー！！

この街で見つかる ジガルデ・コアとジガルデ・セル		
昼0個	昼・夜1個	夜1個
	☑	☑

フレンドリィショップ（右の店員）	
☑ わざマシン016「ひかりのかべ」	10000円
☑ わざマシン017「まもる」	10000円
☑ わざマシン020「しんぴのまもり」	10000円
☑ わざマシン033「リフレクター」	10000円
☑ わざマシン070「オーロラベール」	30000円

カフェスペース	
☑ ミックスオレ	198円
☑ エネココア	198円
☑ パイルジュース	198円

自動販売機（じょうせんじょ）	
☑ おいしいみず	200円

自動販売機（ゲームフリーク）	
☑ おいしいみず	150円

ブティックで買えるファッションアイテムは579ページを見よう。

6ばんどうろ ▶P.243
4ばんどうろ ▶P.218
ポケモンセンター
くうかんけんきゅうじょ
エーテル財団
ゲームフリーク
ハノハノリゾート ▶P.292
ディグダトンネル ▶P.271

あらよっと！　といいながら　ヨットから　おりたのは　もしかして　ギャグ　でしょうか？

209

アーカラじま ▶ カンタイシティ

STEP 1　しまクイーンとキャプテンに出会う

アーカラじまに到着した主人公たちの前に、アーカラじまのしまクイーンのライチと、キャプテンのマオが現れる。ライチは、島巡りをする主人公とのポケモン勝負に期待している、といってマオとともに去っていく。

カンタイシティは旅人がつくった街だ

街にいる男性に話しかけると、昔、カントーやジョウトを旅したポケモントレーナーがカンタイシティをつくったことがわかる。そのときに連れ帰ったポケモンが、アローラ地方で増えたようだ。

STEP 2　ポケモンにニックネームをつけよう

アローラかんこうあんないじょにいるせいめいはんだんしに話しかけると、「てもち」のポケモンにニックネームをつけたり、変更したりできる。人と交換したポケモンのニックネームは、変えることができない。

顔ハメ看板で遊んでみよう

アローラかんこうあんないじょには、アローラ地方の女性とキレイハナが写っている顔ハメ看板が置かれている。看板の裏側へ回り込み、顔を出して遊んでみよう。

STEP 3　リーリエから守り神の話を聞こう

ブティックの前にいるリーリエに近づいて話を聞き、アーカラじまの守り神がカプ・テテフであることを教えてもらおう。その後、リーリエは、大事な人と待ち合わせがある、といって、ホテルしおさいへ向かっていく。

STEP 4　ブティックで新しいアイテムを買おう

カンタイシティのブティックでは、ポロシャツやハーフパンツなどの他、クラシカルな雰囲気のウェリントングラスも販売している。『ポケモン サン』と『ポケモン ムーン』、主人公の性別によって、売られるアイテムは異なる。

『ポケットモンスター サン』の場合

『ポケットモンスター ムーン』の場合

うみにも たくさんの ポケモンが いて…… せかいには どれだけの ポケモンが いるのでしょう

STEP 5　ナマコブシをつかまえて男性に図鑑を見せよう

ブティックの中にいるおじいさんに話しかけて「いいですよ」を選ぶと、ナマコブシをつかまえて図鑑を見せてほしい、と頼まれる。7ばんどうろや、ハノハノビーチの水上に生息しているナマコブシをつかまえよう。

おこづかいをもらえる

7ばんどうろかハノハノビーチでナマコブシをつかまえたら、再びブティックの中にいるおじいさんに話しかけよう。図鑑を見せてあげると、お礼として、10000円のおこづかいをもらえる。

STEP 6　ポケモンセンターから東側へは後で訪れよう

ポケモンセンターの前には、ムーランドに乗って見えないどうぐを探している女性がいるため、それ以上東へ進むことができない。スイレンの試練を目標に、せせらぎのおかをめざそう。

デクシオとジーナは過去作にも登場した

ホテルしおさいの前にいるデクシオとジーナは『ポケモン X・Y』に登場した人物で、カロス地方のプラターヌはかせの助手にあたる。『ポケモン X・Y』の主人公の前にたびたび現れて、冒険をサポートしていた。

STEP 7　ホテルしおさいをめざして進もう

東へは進めないので、ポケモンセンターの角を北へ進もう。北側には、リーリエが向かったホテルしおさいがある。この先では、デクシオかジーナとのポケモン勝負が待っている。

次の目的地　ホテルしおさい

ポケモンセンターの横の道を、北へ向かって進んでいこう。

STEP 8　デクシオかジーナとポケモン勝負だ

ホテルしおさいへ近づくと、噴水の前にいる男女が近づいてくる。2人は、島巡りの風習に興味があるといい、主人公にポケモン勝負を挑む。『ポケモン サン』ではデクシオ、『ポケモン ムーン』ではジーナと戦うことになる。

『ポケットモンスター サン』の場合

『ポケットモンスター ムーン』の場合

アーカラじま ▶ カンタイシティ

ポケモントレーナーの
デクシオとポケモン勝負！

『ポケットモンスター サン』の場合

どうして……
とはいえ せっかく ですので
腕試しを させてください

むしやゴースト、あくタイプの
わざで戦おう

デクシオのポケモンは、どちらもエスパータイプで、ヤドンはみずタイプにも属している。共通の弱点である、むしやゴースト、あくタイプのわざをおぼえているポケモンで戦おう。デクシオがどちらのポケモンをくり出しても、弱点を突いて戦える。

●デクシオの「てもち」のポケモン

ヤドン Lv.15
みず エスパー
弱点 くさ でんき むし ゴースト あく

エーフィ Lv.16
エスパー
弱点 むし ゴースト あく

ポケモントレーナーの
ジーナとポケモン勝負！

『ポケットモンスター ムーン』の場合

よろしければ
あたくしと 腕試し しない？
レッツゴー ですわ！

いわやほのお、はがねタイプの
わざで戦おう

ジーナのポケモンは、どちらもこおりタイプで、デリバードはひこうタイプにも属している。共通の弱点である、いわやほのお、はがねタイプのわざをおぼえているポケモンで戦おう。いわタイプのわざでデリバードを攻撃すると、通常の4倍のダメージを与えられる。

●ジーナの「てもち」のポケモン

デリバード Lv.15
こおり ひこう
弱点 いわ ほのお でんき はがね

グレイシア Lv.16
こおり
弱点 ほのお かくとう いわ はがね

アローラ！ アローラって ちほうの なまえと あいさつが おなじなの おもしろいね

STEP 9 デクシオから「ジガルデキューブ」をもらおう

デクシオかジーナとのポケモン勝負に勝利すると、島巡りの一端に触れられたことに感謝して「てもち」のポケモンを全回復してくれる。さらに、ジガルデ・コアとジガルデ・セルを集めるためのジガルデキューブをもらえる。

リーリエはまた道に迷ったらしい
ホテルしおさいにいるリーリエは、待ち合わせの約束をした相手と出会うことができずにいる。スカル団らしき人物を見かけ、避けているうちに、約束した相手に会えなくなってしまったようだ。

STEP 10 不思議な生き物はぜんぶで100個存在する

デクシオからもらったジガルデキューブは、ジガルデの合成に必要なジガルデ・コアとジガルデ・セルを集めるためのどうぐだ。ジガルデ・コアとジガルデ・セルは、アローラ地方で合計100個見つけられる。

STEP 11 試練の場をめざして4ばんどうろへ行こう

ホテルしおさいの中にいるリーリエが、カンタイシティからいちばん近い試練が4ばんどうろを越えた場所で行われる、と教えてくれる。次の目的地のオハナタウンをめざして、4ばんどうろへ向かおう(→P.218)。

次の目的地 オハナタウン

カンタイシティから4ばんどうろに入り、通りぬけよう。

スイレンの試練達成後 ポケモンセンターの東側を探索しよう

せせらぎのおかでスイレンの試練を達成した後、6ばんどうろを通ってカンタイシティへもどり、街の東側を探索しよう。ポケモンセンターの前にいたムーランドがいなくなり、街の中を自由に行き来できるようになっている。

アーカラじま ▶ カンタイシティ

スイレンの試練達成後 — ハノハノリゾートの入口にムーランドがいる

ムーランドに乗って見えないどうぐを探していた女性が、ハノハノリゾートの入口へ移動して、どうぐ探しを続けている。アーカラじまの試練をすべて達成した後で、再び訪れよう。

スイレンの試練達成後 — くうかんけんきゅうじょは後で訪れよう

くうかんけんきゅうじょに入り、エレベータに乗ろうとすると、受付の女性から、はかせは留守だ、といわれて止められてしまう。はかせとは、ククイはかせのことだろうか。シェードジャングルでマオの試練を達成した後で訪れよう。

ジガルデ・セルの発見のヒント

アーカラじま せせらぎのおかでスイレンの試練を達成した後、「夜」にカンタイシティのくうかんけんきゅうじょを訪れてみよう。大きなアンテナの周囲を探すと、ジガルデ・セルが1個見つかる。

スイレンの試練達成後 — ゲームフリークを訪れよう

くうかんけんきゅうじょの隣のビルの2階にはゲームフリークがある。訪れて、ゲーム開発に励むスタッフに会おう。自動販売機の前にいる女性に話しかけると、遊びに来た主人公にミックスオレをプレゼントしてくれる。

ゲームフリークの自動販売機はお得だ

ゲームフリークの自動販売機では、1匹のポケモンのHPを30回復するおいしいみずを150円で買うことができる。他の自動販売機で買うよりも50円もお得なので、まとめ買いするのも手だ。

スイレンの試練達成後 — ゲームディレクターから表彰してもらえる

ゲームフリークのゲームディレクターに話しかけよう。4種類の島図鑑を完成させると1種類ずつ、アローラ図鑑を完成すると1種類、合計5種類のスタンプを押してもらえる（→P.74）。

エーテル財団の事務所をのぞこう

ゲームフリークの上の階にあるエーテル財団の事務所では、傷つけられたポケモンの保護を行っている。エーテル財団の職員は、おもしろ半分でポケモンを傷つけるスカル団の悪事に怒り心頭だ。

アローラって あおいよねー！ そらも うみも― あおいよねー！

スイレンの試練達成後 モリモトとは殿堂入り後に戦える

ゲームフリークの奥にいる男性に話しかけると、島巡りがおわったら忘れずに来るように、と念を押される。この男性は、ゲームフリークのモリモトだ。殿堂入り後に1日1回、ポケモン勝負をしてもらえる（→P.490）。

色違いの確率は約4000匹に1匹だ

ゲームフリークの入口の横にしゃがみこんでいる男性は、色違いのポケモンが現れる確率が、およそ4000匹に1匹であることを教えてくれる。色違いのポケモンと出会ったら、必ずつかまえよう。

スイレンの試練達成後 ディグダトンネルの中はまだ進めない

カンタイシティの南にあるディグダトンネルは、アーカラじまの3つの試練を達成した後で通れるようになる。ヴェラかざんこうえんのカキの試練と、シェードジャングルのマオの試練を達成したら、再び訪れよう。

好きな色を選んで反応を楽しもう

ゲームフリークの左の棚のそばにいる男性に話しかけ、「あか」「みどり」「あお」「きいろ」の中から、遊びたいゲームの色を答えよう。男性の反応を楽しめる。「きいろ」を選べば、ピカチュウのものまねをしてくれる。

スイレンの試練達成後 6ばんどうろへもどって島巡りを続けよう

カンタイシティの東側をすべて回ったら、6ばんどうろへもどり、ロイヤルアベニューへ向かおう（→P.245）。次に挑戦するカキの試練は、ロイヤルアベニューの先にあるヴェラかざんこうえんで行われる。

次の目的地 ロイヤルアベニュー

6ばんどうろにもどり、北へ進んだ先にある分かれ道を東へ向かおう。

マオの試練達成後 くうかんけんきゅうじょを訪れよう

くうかんけんきゅうじょを訪れると、リーリエがコスモグを相手にポケモントレーナーのまねごとをしている。リーリエは、ククイはかせが主人公を待っていることを教えてくれる。

おきゃくさまの ポケモンさまを おさんぽ させている わたくしです

アーカラじま ▶ カンタイシティ

ククイはかせと合流する
マオの試練達成後

くうかんけんきゅうじょへ入っていったリーリエを追って、エレベータで3階へ上がろう。ククイはかせと合流すると、くうかんけんきゅうじょの所長で、はかせの奥さんでもあるバーネットはかせを紹介してもらえる。

バーネットはかせは過去作にも登場した
バーネットはかせは、ニンテンドー3DSダウンロードソフト『ポケモンARサーチャー』に登場した人物だ。『夢のはざま』と呼ばれる空間について研究していた。

バーネットはかせから話を聞こう
マオの試練達成後

バーネットはかせは、アローラ地方の空にごくまれに、ウルトラホールと呼ばれる穴が現れることを教えてくれる。ウルトラホールからやってきたポケモンはウルトラビースト。島の守り神と争った、という。

本棚を調べて別世界について学ぼう
くうかんけんきゅうじょの本棚を調べると、別世界と関連があるロトムタクン、ギラティナ、パルキアについての解説テキストを読める。『ポケモン ダイヤモンド・パール』ではじめて登場したポケモンだ。

リーリエに話しかけよう
マオの試練達成後

リーリエに話しかけると、3か月前にコスモッグのことを教わるため、バーネットはかせを訪ねたときのことを教えてくれる。リーリエは、親身になってくれたバーネットはかせを、本当の母のように思っている。

次の目的地を聞いて1階へ下りよう
マオの試練達成後

エレベータに近づくと、ククイはかせやバーネットはかせから、主人公が次に挑む相手がしまクイーンのライチであることを教えてもらえる。ライチの店は、コニコシティにある。エレベータで1階へ下り、次の目的地をめざそう。

おちゃのこさいさい　おかえんなさい！　いちどは　おいでよ　ホテルしおさい！

マオの試練達成後　空に不気味な裂け目が現れる

くうかんけんきゅうじょの外へ出ると、空に裂け目が現れて、すぐに消えてしまう。そこへやってきたハウは、3つの試練を達成した主人公に、ディグダトンネルがポケモンセンターの近くにあることを教えてくれる。

マオの試練達成後　ディグダトンネルをめざして進もう

しまクイーンのライチの店があるコニコシティは、ディグダトンネルの先にある。トンネルの中にいるポケモントレーナーとの勝負にそなえて、ポケモンセンターで「てもち」のポケモンを全回復させてから進もう(→P.271)。

次の目的地
ディグダトンネル

ポケモンセンターの近くの道を南に進むと、ディグダトンネルに到着する。

アーカラの大試練達成後　バーネットはかせから「うつしかがみ」をもらおう

アーカラの大試練でライチに勝利した後、くうかんけんきゅうじょでバーネットはかせからうつしかがみをもらおう。トルネロス、ボルトロス、ランドロスをフォルムチェンジさせるどうぐだ。

アーカラの大試練達成後　ハノハノリゾートへ向かおう

アーカラの大試練でライチに勝利した後は、ハノハノリゾートの入口にいた女性とムーランドがいなくなり、先へ進むことができるようになる。次の島へ向かう船に乗るために、ハノハノリゾートへ進もう(→P.292)。

次の目的地
ハノハノリゾート

カンタイシティのポケモンセンターから東へ進み、橋を渡ろう。

4ばんどうろ

アーカラじま

カンタイシティと オハナタウンを つなぐ 道路 おだやかな 自然が 広がっている

- ポケモンコレクターの マサユキ
- かんこうきゃくの シンイチロウ
- コックの テルキ
- ベルボーイの ジョージ

オハナタウン ▶P.221
カンタイシティ ▶P.209

この道路で出会えるポケモン

ツツケラ ノーマル ひこう / ヤングース ノーマル / コラッタ アローラのすがた あく ノーマル / アゴジムシ むし / ピンプク ノーマル / ヨーテリー ノーマル

イーブイ ノーマル / エーフィ エスパー / ブラッキー あく / ドロバンコ じめん / ププリン ノーマル フェアリー / プリン ノーマル フェアリー

ちかごろでは ポケモンさま だけで おとまりになる ばあいも ありまして

この道路で見つかる ジガルデ・コアとジガルデ・セル
昼0個 / 昼・夜1個 / 夜0個
/ ☑ /

● 草むら Ⓐ Ⓑ Ⓒ Ⓓ Ⓔ Ⓕ

ポケモン	昼	夜	仲間のポケモン		
☑ ヨーテリー	○	○	ヨーテリー	—	—
☑ ドロバンコ	○	○	ドロバンコ	—	—
☑ ツツケラ	△	○	ツツケラ	—	—
☑ アゴジムシ	△	△	アゴジムシ	—	—
☑ ププリン	△	—	プリン	ピンプク	ププリン
☑ ヤングース	△	—	ヤングース	—	—
☑ コラッタ(アローラのすがた)	—	△	コラッタ(アローラのすがた)	—	—
☑ イーブイ	▲	—	エーフィ	イーブイ	
☑ イーブイ	—	▲	ブラッキー	イーブイ	

手に入るもの
- ☑ スーパーボール
- ☑ げんきのかけら
- ☑ ビビリだま
- ☑ ちからのねっこ

きのみのなる木で手に入るきのみ
- ☑ モモンのみ
- ☑ フィラのみ
- ☑ ウイのみ
- ☑ マゴのみ
- ☑ バンジのみ
- ☑ イアのみ
- ☑ ラムのみ(レア)

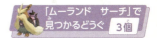

「ムーランド サーチ」で見つかるどうぐ　3個

STEP 1 きのみのなる木を調べてきのみを手に入れよう

4ばんどうろで、きのみのなる木の根元にあるきのみの山を調べると、モモンのみ、フィラのみ、ウイのみ、マゴのみ、バンジのみ、イアのみが手に入る。きのみの山が大きい場合は、ラムのみが手に入ることがある。

STEP 2 先へ進んでオハナタウンへ入ろう

ポケモントレーナーを倒しながら4ばんどうろを進み、どうぐをすべて集めた後、北側の出口からオハナタウンへ向かおう(→P.220)。4ばんどうろには、「てもち」に加えると、戦力になるポケモンがたくさん生息している。

次の目的地
オハナタウン

4ばんどうろの北側の出口をぬけると、オハナタウンへ入れる。

> コレクターは しあわせな いきものだ めあての ポケモンが いなくても そうぞう だけで ニヤニヤできます

アーカラじま
オハナタウン

アーカラ島の 中央に 位置する 牧場と 牧草地帯に 囲まれた 町

この町で出会えるポケモン

コイキング
みず

ギャラドス
みず ひこう

ドジョッチ
みず じめん

ナマズン
みず じめん

手に入るもの
- クリティカット
- クイックボール
- わざマシン88「ねごと」

手に入るもの（殿堂入り後）
- プロテクター

「ムーランド サーチ」で 見つかるどうぐ 3個

つりスポット Ⓐ

フレンドリィショップ（右の店員）
- リピートボール 1000円
- タイマーボール 1000円
- ネットボール 1000円

カフェスペース
- パイルジュース 198円
- ロズレイティー 198円
- グランブルマウンテン 198円

● つりスポット Ⓐ

ポケモン	昼	夜	仲間のポケモン		
コイキング	◯	◯	ギャラドス	コイキング	ー
ドジョッチ	▲	▲	ナマズン	ドジョッチ	ー

● つりスポット Ⓐ（レア）

ポケモン	昼	夜	仲間のポケモン		
コイキング	◯	◯	コイキング	ギャラドス	ー
ドジョッチ	◯	◯	ドジョッチ	ナマズン	ー

まちが できるまえの なんにも なかった ころは ひとも ケンタロスも むれに なって はしりまわって いたそうな

オハナぼくじょう ▶P.226

ポケモンセンター

カキの家

6ばんどうろ ▶P.243

4ばんどうろ ▶P.218

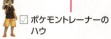

☐ ポケモントレーナーの ハウ

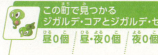

この町で見つかる
ジガルデ・コアとジガルデ・セル
昼0個 ｜ 昼・夜0個 ｜ 夜0個

オハナは ちいさな まちだがね ポケモンと しごとを わけあい たすけあい くらしておるよ

アーカラじま ▶ オハナタウン

STEP 1　ハウにポケモン勝負を挑まれる

オハナタウンに入ると、メレメレの大試練を達成してZリングを手に入れたハウが、主人公にポケモン勝負を挑んでくる。ハウに「てもち」のポケモンを全回復してもらった後で、ポケモン勝負を開始しよう。

ポケモントレーナーのハウと勝負！❹

最初のポケモンが進化してZワザを放つ

前回のメレメレじま 3ばんどうろでの戦いと比べて、ハウのポケモンは、最初に選んだポケモンが進化している。

腕試し させてよー！ 大試練で 認められて おれも Zリング 手に入れたしさー！

●ハウの「てもち」のポケモン

STEP 2　ハウが重要なヒントを教えてくれる

ハウとのポケモン勝負に勝利した後、ハウからクリティカットをもらえる。ハウは、ぬしポケモンと戦うときにクリティカットを使うことをおすすめしてくれる。わざが急所に当たりやすくなり、通常の1.5倍のダメージを与えられる。

ポケモンの あしこしを きたえるため オハナぼくじょうは とおりみちに おおきな さかを つくってるんだって！

STEP 3　キャプテンのカキの家を訪れよう

キャプテンのカキの家の前にいる男の子は、カキの試練を達成するとリザードンに乗れるようになることを教えてくれる。カキは、アーカラじまの2人目のキャプテンだ。ヴェラかざんこうえんで挑戦者を待っている。

ブーバーからどうぐをもらおう

キャプテンのカキの家には、たくさんのブーバーがいる。2階にいるブーバーに話しかけて、クイックボールを手に入れよう。野生のポケモンとの戦闘がはじまってすぐに投げると、ポケモンをつかまえやすくなるボールだ。

STEP 4　先へ進んでオハナぼくじょうへ向かおう

主人公とのポケモン勝負をおえたハウは、オハナぼくじょうに向かって駆けだしていく。ハウは何を急いでいるのだろうか。オハナタウンの北側の出口をぬけて、オハナぼくじょうへ進もう（→P.226）。

次の目的地
オハナぼくじょう

オハナタウンの北側の出口をぬけると、オハナぼくじょうへ進める。

スイレンの試練達成後　6ばんどうろから訪れるとどうぐが手に入る

6ばんどうろからオハナタウンの東側へ入り、民家の裏庭に落ちているわざマシン88「ねごと」を手に入れよう。「ねむり」状態のときに使うと、おぼえているわざの中からランダムで1つをくり出せるわざだ。

スイレンの試練達成後　6ばんどうろにもどって島巡りを続けよう

オハナタウンの民家の裏庭から、オハナタウンのポケモンセンターがある側には行けない。東へ進んで6ばんどうろへもどり、カンタイシティの東側や、ロイヤルアベニューをめざして島巡りを続けよう（→P.244）。

次の目的地
6ばんどうろ

オハナタウンの民家の裏庭から東へ進むと、6ばんどうろへもどれる。

だれも　いないはずなのに　ときどき　みられているような……　あれって　まもりがみさま　かな

アーカラじま ▶ オハナタウン

アーカラの大試練達成後 カキの家の2階にいるカキに話しかけよう

遊んでいるゲームが『ポケモン サン』の場合、アーカラの大試練でライチに勝利した後、「夜」の時間帯にカキの家の2階を訪れよう。ファイヤーダンスのトレーニングに励むカキと出会える。カキは、ひまがあるときには、できる限りダンストレーニングをしている、という。

「夜」だけ起こる出来事だ
カキが自分の家でファイヤーダンスのトレーニングをしているのは、『ポケモン サン』の「夜」の時間帯だけだ。必ず「夜」に訪れよう。「昼」に訪れても、部屋の中には誰もいない。

アーカラの大試練達成後 カキはスーパー・メガやすに向かっていった

カキは、会いに来てくれたのに悪いが、これからスーパー・メガやすへ行く、といって部屋を出ていく。ロイヤルアベニューのスーパー・メガやすに何か用事があるようだ。カキの後を追って、外へ出よう。

アーカラの大試練達成後 ロイヤルアベニューへ向かおう

先に出発したカキを追いかけるため、「リザードン フライト」でロイヤルアベニューへ飛ぼう。到着後にポケモンセンターで「てもち」のポケモンを全回復させておくと、この後のカキとのポケモン勝負に心おきなく挑める。

アーカラの大試練達成後 カキにポケモン勝負を申し込まれる

スーパー・メガやすへ向かうと、店の前ではスーパー・メガやすの店長がカキに謝罪し、精一杯はずんだ、という最後のアルバイト代を手渡していた。主人公は、アルバイトを解雇されたカキから、ポケモン勝負を申し込まれる。

ブーバーちゃん なんでも かんでも やいちゃうの

キャプテンの カキとポケモン勝負！

『ポケットモンスター サン』の場合

「よければ 勝負に つきあってほしい
……一人で 踊る
気持ちに なれないんだ」

●カキの「てもち」のポケモン

ガーディ Lv.26　ほのお　弱点：みず・じめん・いわ
ヒノヤコマ Lv.26　ほのお・ひこう　弱点：いわ×4・みず・でんき
ガラガラ アローラのすがた Lv.27　ほのお・ゴースト　弱点：みず・じめん・いわ・ゴースト・あく

みずやいわタイプが共通の弱点だ

カキのポケモンは、すべてほのおタイプだ。ヒノヤコマはひこうタイプ、ガラガラ アローラのすがたはゴーストタイプにも属している。共通の弱点である、みずやいわタイプのわざで大ダメージを与えよう。

アーカラの大試練達成後
カキは夢を語って去っていく

カキとのポケモン勝負に勝利した後、カキの質問に「なんのこと？」と答えると、カキの夢を聞ける。カキは、プロのファイヤーダンサーをめざすために、ダンス留学の費用を貯めていたことを打ち明けて、去っていく。

『ポケットモンスター サン』の場合

カキ
……おれの ゆめは
プロの ファイヤーダンサー

アーカラの大試練達成後
新しいバトルスタイルを習得できる

スーパー・メガやすでカキとの勝負に勝利すると、ウラウラじま マリエシティはずれのみさきにいるミブリから、バトルスタイル「いのりなスタイル」を教えてもらえる。島巡りを進めて、習得しよう（→P.669）。

バトルスタイルをミブリから教わろう

バトルスタイルとは、ポケモンをくり出すときのアクションや、通信対戦を行うときのキメポーズのことだ。ぜんぶで8種類ある。条件を満たしてミブリに話しかけると、教えてもらえる。

『ポケットモンスター サン』の場合

しゅうは
ヤブクロンを くりだした！

おちている どうぐも ケンタロスが きようにけりあげて わたしに パスしてくれるのよね！

225

| アーカラじま |

オハナぼくじょう

出入りが自由なモーモー広場では　ケンタロスやミルタンクと触れあえる

モーモーひろば

草むら Ⓐ

オハナタウン ▶P.221

☐ マダムの
　ミツエ

この牧場で出会えるポケモン

ヨーテリー
ノーマル

ドロバンコ
じめん

ケンタロス
ノーマル

ミルタンク
ノーマル

手に入るもの
- ☑ ピントレンズ
- ☑ ピーピーエイド
- ☑ タマゴ
- ☑ わざマシン10
　「めざめるパワー」
- ☑ おまもりこばん
- ☑ ヒールボール
- ☑ しんぴのしずく

ぼくじょうで　はたらく　みんな　ポケモンしょうぶが　だいすき！

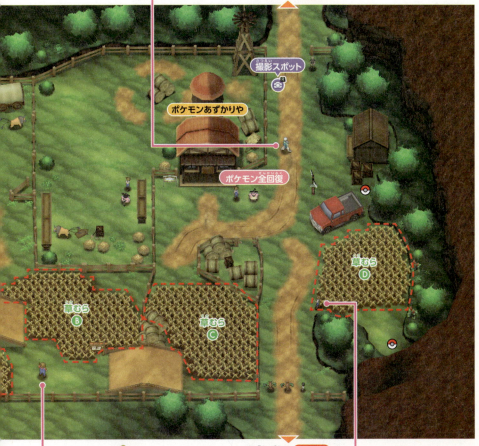

この牧場で見つかる
ジガルデ・コアとジガルデ・セル
昼1個 / 昼・夜0個 / 夜1個

☑ ジェントルマンの ゲンゾウ

5ばんどうろ ▶P.231

撮影スポット

ポケモンあずかりや

ポケモン全回復

草むら B
草むら C
草むら D

6ばんどうろ ▶P.243

☑ ポケモンブリーダーの マサオ

☑ ポケモンブリーダーの ミチル

「ムーランド　サーチ」で 見つかるどうぐ　7個

◆モーモーひろばの中で3個、
　モーモーひろばの外で4個見つかります。

草むら Ⓐ Ⓑ Ⓒ Ⓓ

ポケモン	昼	夜	仲間のポケモン		
☑ ヨーテリー	◎	◎	ヨーテリー	ー	ー
☑ ドロバンコ	◎	◎	ドロバンコ	ー	ー
☑ ケンタロス	▲	▲	ケンタロス	ミルタンク	ー
☑ ミルタンク	▲	▲	ミルタンク	ケンタロス	ー

よくたべ　よくねる……　あとは　ほどよく　しょうぶね！

227

アーカラじま ▶ オハナぼくじょう

STEP 1　マオが「ライドギア」にムーランドを登録してくれる

モーモーひろばの入口にいる男性の案内で中へ入ると、マオと再会する。マオはライドギアにムーランドを登録してくれる。「ムーランド　サーチ」で、地面に落ちている見えないどうぐを探せるようになる。

暴れるケンタロスをおとなしくさせよう

モーモーひろばのすみにいるケンタロスは気性が荒く、牧場主が頼りにしているオカミサン（ミルタンク）でも手に負えない。オカミサンの代わりにケンタロスと戦って、おとなしくさせよう。お礼にピントレンズをもらえる。

STEP 2　ポケモンあずかりやにポケモンをあずけよう

ポケモンあずかりやは、ポケモンを同時に2匹まであずかってくれる施設だ。同じタマゴグループの♂と♀のポケモンを同時にあずけると、ポケモンのタマゴが発見されることがある。

ジガルデ・セルの発見のヒント

オハナぼくじょうには、「昼」の時間帯、「夜」の時間帯限定で見つかるジガルデ・セルが、それぞれ1個ずつ存在する。「昼」は草むらⒷの周辺を、「夜」は草むらⒶの周辺をよく探そう。

STEP 3　イーブイのタマゴをもらおう

ポケモンあずかりやでカウンターの女性に話しかけ、女性の質問に「はい」と答えると、イーブイのタマゴをもらえる。「てもち」がいっぱいのときは、「てもち」に加えるか、パソコンのボックスへ送るかを選べる。

イーブイ
ノーマル

STEP 4　わざ「めざめるパワー」のタイプを教わろう

ポケモンあずかりやの中にいる女性から、わざマシン10「めざめるパワー」をもらおう。その後、再び話しかけると、ポケモンが「めざめるパワー」をおぼえたときに、どのタイプになるかを教えてくれる。

ミルタンクがポケモンを全回復してくれる

ポケモンあずかりやの前にいるミルタンクに話しかけて、「てもち」のポケモンを全回復してもらおう。ミルタンクの隣の女性は、ポケモンあずかりやにあずけたポケモンの様子を教えてくれる。

ぼくじょうに　ある　きふくで　ポケモンの　あしこしを　きたえてる！

STEP 5　ウソッキーたちが道で落ち込んでいる

6ばんどうろへ通じる道には、スイレンとの勝負に負けて落ち込んでいる2匹のウソッキーがいて、先へ進めない。せせらぎのおかでスイレンの試練を達成した後で、再び訪れよう。

道をふさぐおかしな木とは？

道をふさぐウソッキーは、『ポケモン 金・銀』などでは「おかしな木」といわれていた。スイレンの試練を達成した後、ウソッキーに話しかけたときに表示される「おかしな木」とは、その名残りだ。

STEP 6　撮影スポットで写真を撮ろう

ポケモンあずかりやの近くの撮影スポットでポケファインダーを起動して、ヨーテリー、イーブイ、エーフィ、ブラッキーを撮影しよう。エーフィは「昼」のみ、ブラッキーは「夜」のみ現れるポケモンだ（→P.568）。

撮影スポット
ポケモンあずかりやの近く

ポケモンあずかりやの北にある、木の柵のそばで撮影できる。

STEP 7　北へ進んで5ばんどうろへ向かおう

オハナぼくじょうをすみずみまで見て回って、すべてのポケモントレーナーと戦ったり、どうぐを集めたりしよう。その後、北の出口をぬけて、5ばんどうろへ向かおう（→P.230）。

次の目的地
5ばんどうろ

ポケモンあずかりやから北へまっすぐ進むと、5ばんどうろに入れる。

スイレンの試練達成後　ウソッキーをどかして6ばんどうろへ向かおう

スイレンの試練を達成した後、2匹のウソッキーに再び話しかけて、ミズZを見せよう。ウソッキーは、スイレンに負けた勝負を思い出したかのように逃げ去り、6ばんどうろへ進むことができるようになる（→P.242）。

次の目的地
6ばんどうろ

ウソッキーがいた場所から南へまっすぐ進むと、6ばんどうろに入れる。

5ばんどうろ

アーカラじま

入り組んだ 道と 段差が 入り混じった 踏破するには 結構 つかれる 道路

この道路で出会えるポケモン

ツツケラ　ノーマル ひこう

ケララッパ　ノーマル ひこう

キャタピー　むし

トランセル　むし

バタフリー　むし ひこう

アゴジムシ　むし

ウソハチ　いわ

ウソッキー　いわ

ピンプク　ノーマル

ディグダ アローラのすがた　じめん はがね

ヨーテリー　ノーマル

カリキリ　くさ

草むら Ⓐ Ⓑ Ⓒ Ⓓ

ポケモン	昼	夜	仲間のポケモン		
☑ ヨーテリー	○	○	ヨーテリー	−	−
☑ ツツケラ	○	○	ツツケラ	−	−
☑ カリキリ	○	○	カリキリ	−	−
☑ アゴジムシ	△	△	アゴジムシ	−	−
☑ キャタピー	△	△	キャタピー	バタフリー	−
☑ トランセル	△	△	キャタピー	バタフリー	−
☑ バタフリー	▲	▲	バタフリー	−	−

草むら Ⓔ

ポケモン	昼	夜	仲間のポケモン		
☑ カリキリ	○	○	カリキリ	−	−
☑ ケララッパ	○	○	ケララッパ	−	−
☑ ウソハチ	△	△	ウソハチ	ウソッキー	ピンプク
☑ アゴジムシ	△	△	アゴジムシ	−	−
☑ キャタピー	△	△	キャタピー	バタフリー	−
☑ トランセル	△	△	キャタピー	バタフリー	−
☑ バタフリー	▲	▲	バタフリー	−	−

土けむり

ポケモン	昼	夜	仲間のポケモン
☑ ディグダ アローラのすがた	○	○	ディグダ アローラのすがた

手に入るもの

- ☑ いいキズぐすり
- ☑ わざマシン41「いちゃもん」
- ☑ げんきのかけら×3
- ☑ クリティカット
- ☑ わざマシン57「チャージビーム」
- ☑ すごいキズぐすり
- ☑ ピーピーエイド
- ☑ わざマシン59「ぶんまわす」
- ☑ わざマシン96「しぜんのちから」

カフェスペース

- ☑ エネココア　198円
- ☑ モーモーミルク 198円
- ☑ パイルジュース 198円

きのみのなる木で手に入るきのみ

- ☑ チーゴのみ
- ☑ クラボのみ
- ☑ キーのみ
- ☑ モモンのみ
- ☑ ラムのみ（レア）

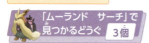
「ムーランド サーチ」で見つかるどうぐ　3個

1+1は　2ではなく　3にも　4にも　なるといいます

アーカラじま ▶ 5ばんどうろ

STEP 1　すご腕のしれんサポーターとすぐには戦えない

5ばんどうろの南にいるしれんサポーター姿の男性は、すご腕のポケモントレーナーだ。5ばんどうろにいる9人のポケモントレーナーを倒した後、はじめて勝負を挑める。全員に勝ってから、再び話しかけよう。

STEP 2　はじめてのダブルバトルに挑戦しよう

ポケモントレーナーのふたごちゃんとの戦いは、ダブルバトルになる。ダブルバトルでは「てもち」の左上と右上にいるポケモンが戦闘に出ることになる。戦う前に、「てもち」のポケモンの順番を確認しておこう（→P.109）。

STEP 3　スカル団が道をふさいでいる

草むらⒷの東側にはスカル団のしたっぱ団員がたむろしていて、草むらの中を通りぬけることができない。いったん南へ引き返して、他の場所を回ろう。この後で戦うグラジオに勝利すると、したっぱ団員はいなくなる。

先に会うとスカル団はいない

したっぱ団員たちは、草むらの前で、グラジオが通りかかるのを待っているようだ。主人公がグラジオとポケモン勝負を行うと、したっぱ団員はグラジオに会うために草むらを離れる。

STEP 4　スカル団の用心棒グラジオと出会う

5ばんどうろを西へ進むと、金髪で黒ずくめの男とのポケモン勝負に敗れたハウが、主人公に助けを求めてくる。この男はスカル団の用心棒、グラジオだ。勝負に負けてもニコニコしているハウの態度が気にさわるらしい。

STEP 5 グラジオにポケモン勝負を挑まれる

グラジオは、相棒のタイプ：ヌルをきたえるために戦いを続けている、といって、主人公にポケモン勝負を挑んでくる。グラジオに敗れたハウのためにも挑戦を受けて立ち、必ず勝利しよう。

スカル団のグラジオと対決！❶

「なにもいわず オレたちの 相手しな」

●グラジオの「てもち」のポケモン
- ズバット Lv.17　どく／ひこう　弱点：でんき、こおり、エスパー、いわ
- タイプ：ヌル Lv.18　ノーマル　弱点：かくとう

相手の2匹のポケモンの弱点を突こう

ズバットはどくとひこうタイプ、タイプ：ヌルはノーマルタイプなので、弱点がバラバラだ。でんきやこおり、エスパー、いわ、かくとうタイプのわざを使えるポケモンを「てもち」に加えて、グラジオがくり出すポケモンに対抗しよう。

STEP 6 ハウからどうぐをもらおう

グラジオとの勝負に勝利すると、スカル団のしたっぱ団員2人が現れてグラジオをののしる。ひとしきり口論をした後、3人とも去っていく。グラジオを倒したお礼として、ハウは主人公にげんきのかけらを3個くれる。

たんぱんこぞう でも いいけど ハーフパンツボーイと よばれたい！

アーカラじま ▶ 5ばんどうろ

STEP 7　街の人とポケモンを交換しよう

ポケモンセンターの中にいる男性が、ヨーテリーとアマカジを交換してくれる。ヨーテリーは、5ばんどうろやオハナぼくじょうに生息している。つかまえたら、男性のアマカジと交換してもらおう。

オハナぼくじょうでヨーテリーをつかまえよう

ヨーテリーは、5ばんどうろの草むらにも生息しているが、オハナぼくじょうの草むらのほうが出現しやすい。なかなか出会えないときは、オハナぼくじょうへもどってつかまえてこよう。

STEP 8　ヒンバスをつかまえて男性に図鑑を見せよう

ポケモンセンターの中にいる男性に話しかけると、ヒンバスをつかまえて図鑑を見せてほしい、と頼まれる。ヒンバスは、せせらぎのおかに生息している。島巡りを進めて、つりスポットでヒンバスを釣りあげよう。

おこづかいをもらえる

せせらぎのおかのつりスポットでヒンバスをつかまえたら、再びポケモンセンターの中にいる男性に話しかけよう。図鑑を見せてあげると、お礼として、3000円のおこづかいをもらえる。

STEP 9　きのみのなる木を調べてきのみを手に入れよう

5ばんどうろで、きのみのなる木の根元にあるきのみの山を調べると、チーゴのみ、クラボのみ、キーのみ、モモンのみが手に入る。きのみの山が大きい場合は、ラムのみが手に入ることがある。

STEP 10　試練のためにせせらぎのおかへ向かおう

スイレンの試練に挑むため、5ばんどうろの西側の出口をぬけ、せせらぎのおかへ向かおう（→P.236）。5ばんどうろの北側は、段差があるため進めない。8ばんどうろまで島巡りを進めた後で、5ばんどうろの北側を探索しよう。

次の目的地
せせらぎのおか

ポケモンセンターの前の道を西へ進むと、せせらぎのおかへ入れる。

> わしは　めんせき　だけでなく　たいせきも　おおきいのだ！

オハナぼくじょうへもどろう
スイレンの試練達成後

次の試練が行われるヴェラかざんこうえんへ向かうため、オハナぼくじょうへもどり、6ばんどうろへ進もう。オハナぼくじょうで道をふさいでいるウソッキーは、スイレンからもらったミズZを見せると逃げだす（→P.229）。

8ばんどうろから訪れよう
カキの試練達成後

ヴェラかざんこうえんでカキの試練を達成した後、8ばんどうろを通過して、5ばんどうろの北側を訪れることができる。北側のポケモントレーナーを全員倒して、どうぐを手に入れたら、段差を下りて南側へ進もう。

段差のため行き来はできない

5ばんどうろの北側と南側は、間に段差があるため、北から南へ進むことしかできない。誤って段差を下りてしまったときは、「リザードン　フライト」で8ばんどうろへもどろう。再び5ばんどうろの北側へ入れる。

すご腕のしれんサポーターに戦いを挑もう
カキの試練達成後

5ばんどうろにいる9人のポケモントレーナーに勝った後で、すご腕のしれんサポーターに勝負を申し込もう。エスパータイプのZワザを放つヤドンを倒して勝利すると、わざマシン96「しぜんのちから」をもらえる。

試練のためにシェードジャングルへ向かおう
カキの試練達成後

マオの試練に挑戦するため、シェードジャングルへ向かおう。いったん「リザードン　フライト」で8ばんどうろへもどり、再び5ばんどうろの北側から入ってくると、シェードジャングルへかんたんに進める（→P.264）。

次の目的地　シェードジャングル

5ばんどうろの北側の入口のそばに、シェードジャングルへの入口がある。

アーカラじま
せせらぎのおか

アーカラ島で最初の試練が待ち受ける　海に面した小高い丘

この丘で出会えるポケモン

キャモメ（みず・ひこう）　コダック（みず）　コイキング（みず）　ギャラドス（みず・ひこう）　メノクラゲ（みず・どく）　ケイコウオ（みず）

ヨワシ たんどくのすがた（みず）　ヨーテリー（ノーマル）　アメタマ（♀）（むし・みず）　シズクモ（みず・むし）　ネマシュ（♀）（くさ・フェアリー）　パラス（♀）（むし・くさ）

ニョロモ（みず）　トサキント（みず）　アズマオウ（♀）（みず）　ヒンバス（みず）　ママンボウ（みず）

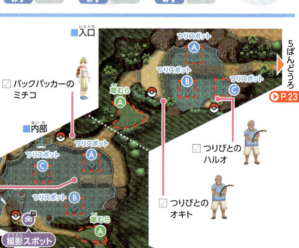

この丘で見つかる ジガルデ・コアとジガルデ・セル

昼0個 / 昼・夜0個 / 夜0個

■入口

●草むら Ⓐ

ポケモン	昼	夜	仲間のポケモン		
☑ ヨーテリー	○	○	ヨーテリー	-	-
☑ コダック	○	○	コダック	-	-
☑ パラス	○	-	パラス	-	-
☑ ネマシュ	-	○	ネマシュ	-	-
☑ ニョロモ	△	△	ニョロモ	-	-
☑ キャモメ	△	△	キャモメ	-	-
☑ シズクモ	△	-	シズクモ	-	-
☑ アメタマ	-	△	アメタマ	-	-

●水上

ポケモン	昼	夜	仲間のポケモン		
☑ ニョロモ	◎	◎	ニョロモ	-	-
☑ シズクモ	◎	-	シズクモ	-	-
☑ アメタマ	-	◎	アメタマ	-	-
☑ コダック	○	○	コダック	-	-

●つりスポット Ⓐ Ⓑ Ⓒ

ポケモン	昼	夜	仲間のポケモン		
☑ コイキング	◎	◎	ギャラドス	コイキング	-
☑ トサキント	○	○	アズマオウ	トサキント	-
☑ ヒンバス	▲	▲	ヒンバス	-	-

●つりスポット Ⓒ (レア)

ポケモン	昼	夜	仲間のポケモン		
☑ コイキング	◎	◎	コイキング	ギャラドス	-
☑ トサキント	○	○	トサキント	アズマオウ	-
☑ ヒンバス	▲	▲	ヒンバス	-	-

■内部

●草むら Ⓐ Ⓑ Ⓒ

ポケモン	昼	夜	仲間のポケモン		
☑ ニョロモ	○	○	ニョロモ	-	-
☑ コダック	○	○	コダック	-	-
☑ キャモメ	○	○	キャモメ	-	-
☑ シズクモ	○	-	シズクモ	-	-
☑ アメタマ	-	○	アメタマ	-	-

●水上

ポケモン	昼	夜	仲間のポケモン		
☑ ニョロモ	◎	◎	ニョロモ	-	-
☑ シズクモ	◎	-	シズクモ	-	-
☑ アメタマ	-	◎	アメタマ	-	-
☑ コダック	○	○	コダック	-	-

●つりスポット Ⓐ Ⓑ Ⓒ Ⓓ Ⓔ Ⓕ

ポケモン	昼	夜	仲間のポケモン		
☑ コイキング	◎	◎	ギャラドス	コイキング	-
☑ トサキント	○	○	アズマオウ	トサキント	-
☑ ヒンバス	▲	▲	ヒンバス	-	-

●つりスポット Ⓒ Ⓕ (レア)

ポケモン	昼	夜	仲間のポケモン		
☑ コイキング	◎	◎	コイキング	ギャラドス	-
☑ トサキント	○	○	トサキント	アズマオウ	-
☑ ヒンバス	▲	▲	ヒンバス	-	-

■ぬしの間

●水上

ポケモン	昼	夜	仲間のポケモン		
☑ メノクラゲ	○	○	メノクラゲ	-	-
☑ ケイコウオ	○	○	ケイコウオ	-	-
☑ キャモメ	○	○	キャモメ	-	-

●つりスポット Ⓐ Ⓑ Ⓒ Ⓓ Ⓔ Ⓕ

ポケモン	昼	夜	仲間のポケモン		
☑ コイキング	◎	◎	ギャラドス	コイキング	-
☑ ヨワシ	○	○	ヨワシ	-	-
☑ ママンボウ	▲	▲	ママンボウ	-	-

●つりスポット Ⓕ (レア)

ポケモン	昼	夜	仲間のポケモン		
☑ コイキング	◎	◎	コイキング	ギャラドス	-
☑ ヨワシ	○	○	ヨワシ	-	-
☑ ママンボウ	▲	▲	ママンボウ	-	-

手に入るもの

- ☑ ネットボール
- ☑ スペシャルアップ
- ☑ ふしぎなアメ
- ☑ げんきのかけら
- ☑ わざマシン55「ねっとう」
- ☑ すごいキズぐすり
- ☑ ミズZ
- ☑ つりざお
- ☑ ダイブボール×10

「ムーランド サーチ」で見つかるどうぐ **2個**

◆入口で1個、内部で1個見つかります。

つれるまで やめなければ かならず ポケモンを つれます

アーカラじま ▶ せせらぎのおか

STEP 1 キャプテンのスイレンと出会う

せせらぎのおかの入り口で、キャプテンのスイレンが主人公を待っていた。スイレンは主人公を腕の立つトレーナーと見込んで助けを求め、西へ向かって去っていく。スイレンを追って、道なりに西へ進もう。

ヨワシは仲間を呼びやすい

せせらぎのおかで出会えるヨワシは、HPが少なくなると仲間を呼びやすい。仲間を倒すと、再び仲間を呼ぶため、延々と戦いつづけることができる。戦闘をくり返して、経験値をかせぐのも手だ。

STEP 2 水しぶきを調べるよう頼まれる

スイレンに追いつくと、湖の中央にダイナミックな水しぶきが立っている。スイレンは、とんでもないポケモンが待ちかまえているかもしれない、といい、主人公に水しぶきの原因を調べるように依頼する。

STEP 3 「ライドギア」にラプラスが登録される

スイレンからライドギアにラプラスを登録してもらった後、「ラプラス スイム」で水上を渡り、水しぶきの調査へ向かおう。Bボタンを押しながら進むと、スピードを上げることができる。

STEP 4 水しぶきに近づくとヨワシが襲ってくる

水しぶきに近づくと数匹の小さなポケモンが逃げ、再び水しぶきに近づくとヨワシが現れる。戦闘後、スイレンは、別の場所からさらに激しい水しぶきの音が聞こえる、といって去っていく。

つり とは みち…… ポケモン だけではなく おのれに かつ たたかい なのです

STEP 5　撮影スポットで写真を撮ろう

ヨワシとの戦闘後、西の陸地にある撮影スポットでポケファインダーを起動して、アメタマやシズクモ、ニョロモ、ニョロトノを撮影しよう。シズクモは「昼」のみ、アメタマは「夜」のみ現れるポケモンだ(→ P.568)。

撮影スポット
内部

ヨワシと戦った場所から西へ進んで陸地へ上がり、柵に近づく。

STEP 6　いよいよスイレンの試練に挑戦だ

スイレンを追いかけて2つ目の水しぶきに現れるヨワシを倒し、さらに奥へ進んでいこう。ぬしの間にたどり着く。キャプテンゲートを越えてスイレンに話しかけ、スイレンの試練に挑戦しよう。

戦闘中の天気が「あめ」状態になる

フィールドに雨が降っているときは、戦闘中の天気も「あめ」状態になり、みずタイプのわざの威力が1.5倍に上がる。ほかのタイプのわざの威力は、半分に下がってしまう。

スイレンの試練

わたし　スイレンの試練は海の　ドンと　呼ばれるぬしポケモンを倒すことです！

●スイレンの試練を達成する条件
1　ぬしポケモンのヨワシを倒す

アーカラじまのキャプテンスイレン

試練達成後に手に入るもの　Zクリスタル　ミズZ
みずタイプのわざをおぼえたポケモンに使うと、Zワザを放てるようになるZクリスタルだ。

試練達成のヒント　仲間のポケモンを最優先で倒そう
ぬしのヨワシ　むれたすがたが仲間のポケモンを呼んだら、仲間から先に倒す。とくに、ぬしのHPを回復するママンボウは、すばやく倒そう。ぬしと仲間を同時に攻撃できるわざで、2匹同時にダメージを与える方法が有効だ。

アイ　アム　つりびと　つまり　ポケモンを　つる　ひとだ！

アーカラじま ▶ せせらぎのおか

ぬしのヨワシと勝負!

攻守ともに強いくさタイプのポケモンで戦おう

ぬしのヨワシ むれたすがたは、戦闘開始と同時にオーラをまとって「ぼうぎょ」を1段階上げる。さらに、天気が「あめ」状態なので、みずタイプのわざの威力が1.5倍になる。ヨワシが呼ぶ仲間のポケモンはどちらも、わざ「てだすけ」で、ぬしの攻撃力を上げる。早めに倒そう。どちらの仲間もみずタイプなので、くさやでんきタイプのわざで弱点を突ける。くさタイプのポケモンなら、相手がくり出すみずタイプのわざを受けても、ダメージが通常の半分になる。

ヨワシ むれたすがた Lv.20
みず
弱点 くさ でんき

●ヨワシが呼ぶ仲間のポケモン

ママンボウ Lv.18
みず
弱点 くさ でんき

ヨワシ たんどくのすがた Lv.18
みず
弱点 くさ でんき

ぬしのヨワシとの戦闘に勝つ鉄則
▶戦闘開始後「クリティカット」を使い、わざを急所に当たりやすくさせる
▶わざを使って、ヨワシを状態異常にしよう
▶最初に仲間を倒そう(仲間がいると複数の攻撃を受けてしまうため)

STEP 7 試練を達成して「ミズZ」を手に入れよう

ぬしのヨワシとの勝負に勝利すると、スイレンはたんねんにきたえ上げたぬしポケモンが倒されたことを、心からくやしがる。そして、試練を達成した主人公を祝って、ミズZを授けてくれる。

STEP 8 みずタイプのゼンリョクポーズを授けられる

みずタイプのわざをおぼえているポケモンにミズZを使うと、Zワザを放てるようになる。スイレンから、みずタイプのZワザをくり出すときのゼンリョクポーズを教えてもらおう。

もしかして もしかすると いきのいい かいパンやろうが おぼれている かのうせいも あります

STEP 9 スイレンから「つりざお」をもらおう

スイレンの試練達成後にもらえるつりざおは、水上のつりスポットでポケモンを釣りあげられるどうぐだ。つりスポットに近づいてAボタンのアイコンが表示されたら、Aボタンを押してつりをしよう。

ヒンバスをつかまえよう

5ばんどうろのポケモンセンターにいた男性が、ヒンバスを見たがっていた（→P.234）。ヒンバスは、せせらぎのおかの入口や内部のつりスポットに出現する。ヒンバスとはなかなか出会えないが、釣れるまでがんばろう。

STEP 10 スイレンから「ダイブボール」をもらえる

スイレンからダイブボールを10個もらった後は、せせらぎのおかのぬしの間で、野生のポケモンをつかまえられるようになる。ダイブボールは、水の世界で暮らすポケモンがつかまえやすいボールだ。

STEP 11 岩陰のそばでつりをしてみよう

つりざおでポケモンを釣れるつりスポットは、水上の岩陰にある。せせらぎのおかの入口と内部だけに生息しているヒンバスや、ぬしの間だけに生息しているママンボウを釣りあげよう。

試練達成で品ぞろえが増える

スイレンの試練を達成してミズZを手に入れると、フレンドリィショップでげんきのかけらとあまいミツを買えるようになる。5ばんどうろへもどった後、フレンドリィショップに立ち寄って買おう。

STEP 12 スイレンと5ばんどうろへもどろう

スイレンは、主人公を5ばんどうろのポケモンセンターまで送ってくれる、という。「はい」と答えると、連れていってもらえる。その後スイレンは、次の試練がヴェラかざんこうえんで行われることを教えてくれる（→P.235）。

いったん断っても再びお願いできる

スイレンの質問に断っても、再び話しかければポケモンセンターへ連れていってもらえる。ただし、せせらぎのおかから出ると、ぬしの間にいたスイレンはいなくなってしまう。次の試練に関する情報も聞けなくなる。

つりざおが あれば ポケモンや トレーナーとも であえて ウハウハ！

6ばんどうろ

アーカラじま

ただ ひたすらに 真っ直ぐな 別名 ストレート ストリート

この道路で出会えるポケモン

 ツツケラ ノーマル ひこう
 ヤングース ノーマル
 コラッタ アローラのすがた あく ノーマル
 アゴジムシ むし
 ピンプク ノーマル
 オドリドリ ふらふらスタイル エスパー ひこう

 ヨーテリー ノーマル
 イーブイ ノーマル
 エーフィ エスパー
 ブラッキー あく
 ドロバンコ じめん
 ププリン ノーマル フェアリー

 プリン ノーマル フェアリー

手に入るもの
- いいキズぐすり
- ふしぎなアメ

「ムーランド サーチ」で見つかるどうぐ 2個

草むら Ⓐ

ポケモン	昼	夜	仲間のポケモン		
✓ ヨーテリー	○	○	ヨーテリー	ー	ー
✓ ドロバンコ	○	○	ドロバンコ	ー	ー
✓ ツツケラ	△	○	ツツケラ	ー	ー
✓ アゴジムシ	△	△	アゴジムシ	ー	ー
✓ ププリン	△	ー	プリン	ピンプク	ププリン
✓ ヤングース	○	ー	ヤングース	ー	ー
✓ コラッタ アローラのすがた	ー	△	コラッタ アローラのすがた	ー	ー
✓ イーブイ	▲	ー	エーフィ	イーブイ	ー
✓ イーブイ	ー	▲	ブラッキー	イーブイ	ー

草むら Ⓑ Ⓒ

ポケモン	昼	夜	仲間のポケモン		
✓ ヨーテリー	○	○	ヨーテリー	ー	ー
✓ オドリドリ ふらふらスタイル	○	○	オドリドリ ふらふらスタイル	ー	ー
✓ ツツケラ	△	○	ツツケラ	ー	ー
✓ アゴジムシ	△	△	アゴジムシ	ー	ー
✓ ププリン	△	ー	プリン	ピンプク	ププリン
✓ ヤングース	○	ー	ヤングース	ー	ー
✓ コラッタ アローラのすがた	ー	△	コラッタ アローラのすがた	ー	ー
✓ イーブイ	▲	ー	エーフィ	イーブイ	ー
✓ イーブイ	ー	▲	ブラッキー	イーブイ	ー

この道路で見つかるジガルデ・コアとジガルデ・セル
昼 0個 / 昼・夜 0個 / 夜 0個

たんぱんこぞうの アントニーと いえば アローラちほうに おれひとり だぜ！

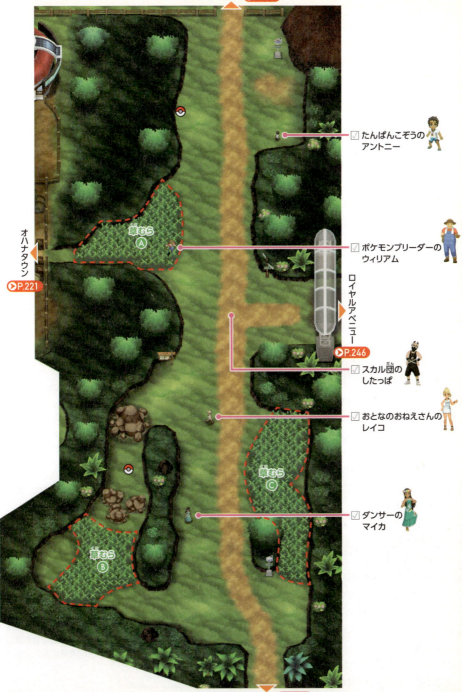

アーカラじま ▶ 6ばんどうろ

STEP 1 まっすぐな道を進んでいこう

6ばんどうろは、ストレートストリートとも呼ばれている、南北にのびるまっすぐな道だ。オハナぼくじょうから入ってきた後、ポケモントレーナーと戦ったり、どうぐを手に入れたりしながら、南へ進んでいこう。

STEP 2 オハナタウンにつながる脇道を進もう

草むらⒶをぬけた場所にある西側の出口は、オハナタウンの民家の裏庭へ通じている（→P.223）。裏庭へ進み、落ちているどうぐを手に入れたら、再び6ばんどうろへもどってこよう。

STEP 3 スカル団に襲われたフワンテを助けよう

バンバドロを連れたハプウが、スカル団のしたっぱ団員に襲われたフワンテを助けようとしている。ハプウから、片方のしたっぱ団員を倒すように依頼されるので、彼女と手分けして、したっぱ団員をこらしめよう。

メレメレじまで会ったスカル団だ

6ばんどうろで会うスカル団のしたっぱ団員は、メレメレじまで主人公の前にたびたび現れた相手だった。メレメレじまで仕事をしくじった2人は、アーカラじまへ飛ばされたらしい。

STEP 4 ハプウにバトルロイヤルをすすめられる

スカル団のしたっぱ団員に勝利した後、主人公はハプウからバトルロイヤルへの挑戦をすすめられる。バトルロイヤルは、ロイヤルアベニューのロイヤルドームで行われる。4人のポケモントレーナーで戦う新しいポケモン勝負だ。

岩を壊して手に入れよう

おとなのおねえさんのレイコの近くに落ちているどうぐは、南北を岩でふさがれている。「ケンタロス ラッシュ」で岩を壊し、どうぐを手に入れよう。

なんて りっぱな……！

STEP 5　6ばんどうろをすべて見て回ろう

ポケモントレーナーと戦ったり、どうぐを集めたりしながら、6ばんどうろをすみずみまで見て回ろう。ハプウと出会った場所の近くにある、おとなけいじばんも読んでおこう。

STEP 6　南へ進むとカンタイシティとつながる

6ばんどうろの南の出口は、カンタイシティの東側とつながっている。カンタイシティは、メレメレじまからアーカラじまへ渡ってきたとき、最初に上陸した街だ。

STEP 7　カンタイシティを回ってもどってこよう

6ばんどうろからカンタイシティへ入ると、アーカラじまに上陸した直後は行けなかった場所をすべて回れる（→P.213）。カンタイシティの東側をすみずみまで回った後、再び6ばんどうろへもどり、島巡りを続けよう。

STEP 8　ロイヤルアベニューへ向かおう

ハプウから教えてもらったバトルロイヤルに挑戦するために、ロイヤルアベニューへ向かおう。ロイヤルアベニューは、ハプウと出会った場所から、東へ進めばすぐに入れる（→P.246）。

ロイヤルアベニュー

南北にのびる6ばんどうろの中間に入口がある。

タマゴを もっている ひとが おおく とおるから ダンスで おうえんね！

アーカラじま
ロイヤルアベニュー

ロイヤルドームの 周りに 発展した まるで シティの ような 大通り

▶P.243

手に入るもの	
☑ ハイパーボール	☑ オボンのみ
☑ うすももミツ	☑ マゴのみ
☑ マックスアップ	☑ パイルのみ
☑ おとクーポン	☑ ミックスオレ
☑ マトマのみ	☑ わざマシン44
☑ チーゴのみ	「ねむる」
☑ オレンのみ	☑ がんばリボン
☑ ブリーのみ	

手に入るもの (殿堂入り後)
☑ イーブイZ

「ムーランド　サーチ」で 見つかるどうぐ 2個

ひとが すてた ゴミを たべる ポケモンも おる なにが だいじかは それぞれ なんじゃなあ

この大通りで見つかる ジガルデ・コアとジガルデ・セル			
昼1個 ☑	昼・夜0個	夜1個 ☑	

7ばんどうろ ▶P.251

フレンドリィショップ（右の店員）	
☐ わざマシン007「あられ」	50000円
☐ わざマシン011「にほんばれ」	50000円
☐ わざマシン018「あまごい」	50000円
☐ わざマシン037「すなあらし」	50000円

カフェスペース	
☐ エネココア	198円
☐ パイルジュース	198円
☐ グランブルマウンテン	198円

スーパー・メガやす（右端のレジ）	
☐ ふしぎなおきもの	3000円

スーパー・メガやす（右から2番目のレジ）	
☐ キズぐすり	200円
☐ どくけし	200円
☐ まひなおし	300円
☐ やけどなおし	300円
☐ こおりなおし	100円
☐ ねむけざまし	100円
☐ むしよけスプレー	400円

マラサダショップ	
☐ スッパサダ	200円
☐ シブサダ	200円
☐ おおきいマラサダ	350円

スーパー・メガやす（右から3番目のレジ）	
☐ モンスターボール	200円
☐ スーパーボール	600円
☐ ヒールボール	300円
☐ ネストボール	1000円
☐ タイマーボール	1000円

ロイヤルドームでBPと交換で手に入るどうぐは614ページを見よう。▶

あたらしい グッズを うるために レスラーや アイドルって コスチュームを かえるのかしら？

247

アーカラじま・ロイヤルアベニュー

STEP 1 ロイヤルドームに入るグラジオを見かける

街の北側にあるロイヤルドームへ向かうと、ロイヤルドームへ入っていくグラジオを見かける。何かあるとここに来てしまう、とつぶやくグラジオ。なぜ彼はバトルロイヤルに挑みつづけるのだろうか。

「うすもものミツ」を「夜」に手に入れよう

「夜」に広場でキラキラ光る場所を調べ、うすもものミツを手に入れよう。ふらふらスタイル以外のオドリドリに使うと、オドリドリ ふらふらスタイルにフォルムチェンジさせることができるどうぐだ。

STEP 2 撮影スポットで写真を撮ろう

広場の花壇にある撮影スポットでポケファインダーを起動して、バタフリーやオドリドリ ふらふらスタイルを撮影しよう。バタフリーは「昼」のみ、オドリドリ ふらふらスタイルは「夜」のみ現れる（→P.568）。

撮影スポット 広場

広場の丸い花壇の南側に、撮影スポットがある。

STEP 3 スーパー・メガやすで買い物をしよう

スーパー・メガやすは、店に入ったときにもらえるおとクーポンを使うと、買い物した金額の50％をキャッシュバックしてくれる店だ。半額で買い物ができるので、よく使うどうぐをまとめ買いしておこう。

殿堂入り後に話しかけよう

左端のレジの男性は、昔、島巡りを達成したイーブイつかいのカゲトラだ。殿堂入り後に話しかけ、アローラ地方の各地にいるカゲトラの先輩を8人倒した後、カゲトラとの勝負に勝つとイーブイZをもらえる（→P.491）。

STEP 4 日替わりのきのみを毎日もらおう

スーパー・メガやすの試食コーナーの男性に話しかけて、1日1回、試食品のきのみをもらおう。きのみの種類は日替わりで、マトマのみ、チーゴのみ、オレンのみ、ブリーのみ、オボンのみ、マゴのみ、パイルのみの順にもらえる。

スリーパーに寄付をしよう

スーパー・メガやすの中にいるスリーパーに話しかけて、「1000円あげる」を選ぼう。スリーパーの正体が着ぐるみだったことがわかり、気前のいい主人公に感激した相手から、わざマシン44「ねむる」をもらえる。

となりの カラテマン…… なんという しゅうちゅうりょくだ！

STEP 5 ロイヤルドームでロイヤルマスクと出会う

ロイヤルドームの中央の受付に近づくと、バトルロイヤルの伝道師であるロイヤルマスクが話しかけてくる。レスラーらしく体格のいいロイヤルマスクから、バトルロイヤルのルールを教えてもらおう。

ジガルデ・セルの発見のヒント

ロイヤルアベニューは、「昼」のみ、「夜」のみに見つかるジガルデ・セルが、それぞれ1個ずつ存在する。「昼」はスーパー・メガやすの駐車場を、「夜」は広場を探してみよう。

STEP 6 ロイヤルドームでバトルロイヤルに挑戦だ

ロイヤルマスクは、ポケモンを1匹ずつ出しあって、お試しでバトルロイヤルをしよう、と提案する。ちょうどロイヤルドームを訪れていたハウとグラジオも交えて、バトルロイヤルに挑戦しよう。

バトルロイヤルで戦ってみよう

お試しのバトルロイヤルをおえた後は、受付の右から2番目の人に話しかけると、いつでもバトルロイヤルに挑戦できる。その他の受付の人は、バトルロイヤルで獲得したBPを景品と交換してくれる(→P.614)。

STEP 7 「がんばリボン」をつけてもらおう

ロイヤルドーム1階の右端に、女性が立っている。きそポイントが最高まで上がったポケモンを「てもち」の先頭にして話しかけると、がんばリボンをつけてもらえる(→P.61)。

キャプテンのカキと出会う

バトルロイヤルをおえた後、4人の試合を観戦していたキャプテンのカキが主人公に声をかけてくる。カキは、次の試練がヴェラかざんこうえんで行われることを告げる。

STEP 8 試練をめざして7ばんどうろへ行こう

次に挑むカキの試練は、7ばんどうろの先のヴェラかざんこうえんで行われる。「てもち」のポケモンが全回復していることを確認したら、ロイヤルアベニューの東側にある出口から7ばんどうろへ向かおう(→P.250)。

次の目的地
7ばんどうろ

スーパー・メガやすの東の道を北へ進んだ先が、7ばんどうろだ。

アーカラじま
7ばんどうろ

ヴェラ火山公園が 目の前に 広がる じっとり 汗ばむ 暑さな 道路

この道路で出会えるポケモン

キャモメ
みず / ひこう

ディグダ アローラのすがた
じめん / はがね

コイキング
みず

ギャラドス
みず / ひこう

メノクラゲ
みず / どく

ケイコウオ
みず

ヨワシ たんどくのすがた
みず

ヒトデマン
みず

スターミー
みず / エスパー

ナマコブシ
みず

●水上

ポケモン	昼	夜	仲間のポケモン	
☑ メノクラゲ	○	○	メノクラゲ	ー	ー
☑ ケイコウオ	○	○	ケイコウオ	ー	ー
☑ キャモメ	○	○	キャモメ	ー	ー
☑ ナマコブシ	○	○	ナマコブシ	ー	ー

●つりスポット Ⓐ Ⓑ Ⓒ Ⓓ Ⓔ

ポケモン	昼	夜	仲間のポケモン	
☑ コイキング	◎	◎	ギャラドス	コイキング	ー
☑ ヨワシ	○	○	ヨワシ	ー	ー
☑ ヒトデマン	▲	▲	スターミー	ヒトデマン	ー

●つりスポット Ⓔ (レア)

ポケモン	昼	夜	仲間のポケモン	
☑ コイキング	◎	◎	コイキング	ギャラドス	ー
☑ ヨワシ	○	○	ヨワシ	ー	ー
☑ ヒトデマン	○	○	スターミー	ヒトデマン	ー

●土けむり

ポケモン	昼	夜	仲間のポケモン	
☑ ディグダ アローラのすがた	○	○	ディグダ アローラのすがた	ー	ー

手に入るもの

- ☑ ゴールドスプレー
- ☑ どくけし
- ☑ わざマシン73「でんじは」

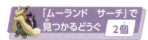
「ムーランド サーチ」で 見つかるどうぐ 2個

ポケモンと トレーナーは ちからを あわせる チームなんだぜ

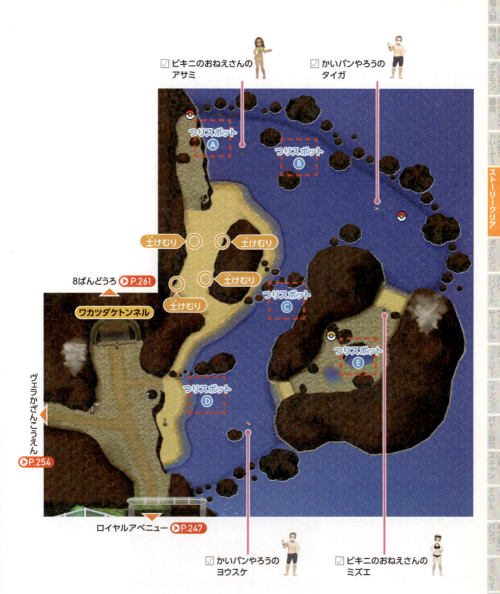

なにも いわない ポケモンは いまの あたしに ぴったりなの……

アーカラじま ▶ 7ばんどうろ

STEP 1　まずは東側の海辺を探索しよう

7ばんどうろに入ったら、砂浜から「ラプラス　スイム」に乗り、水上を探索しよう。この場所には、ナマコブシも生息している。カンタイシティのブティックにいるおじいさんが、見たがっていたポケモンだ（→P.211）。

ナマコブシをつかまえよう

カンタイシティのブティックでおじいさんから教わった、ナマコブシの生息地はハノハノビーチだ。しかし、7ばんどうろの水上でもつかまえることができる。図鑑に登録できたら、おじいさんに見せに行こう。

STEP 2　土けむりにぶつかるとポケモンが襲ってくる

北側の砂浜に上陸した後、砂浜をさらに北へ進もう。岩壁の穴から、地面を動き回る土けむりが次々と現れる。土けむりにぶつかると、ディグダ アローラのすがたが出現する。

STEP 3　「ラプラス　スイム」で水上をすべて回ろう

砂浜の北側から「ラプラス　スイム」で水上を進み、まだ探索していない場所をすみずみまで見て回ろう。大きな島の西側は段差になっており、いったん下りると、後もどりできない。すべての探索がおわってから下りよう。

水中にあるどうぐを忘れずに取ろう

かいパンやろうのタイガの近くには、水中に沈んでいるどうぐがある。見つけにくいが、どうぐに近づくとAボタンのアイコンが表示される。必ず手に入れよう。

STEP 4　キャプテンミニゲートは閉まっている

7ばんどうろの北側にあるワカツダケトンネルは8ばんどうろへ通じているが、はじめて訪れたときはキャプテンミニゲートでふさがれている。ゲートが開くのは、ヴェラかざんこうえんで試練を達成した後だ。

しょうぶで　どのわざを　だすのか　ノーミソではなく　マッスルできめる！

STEP 5　ヴェラかざんこうえんへ向かおう

7ばんどうろをすみずみまで見て回ったら、カキの試練に挑戦するため、ヴェラかざんこうえんへ向かおう(→P.254)。ヴェラかざんこうえんの入口にいる男性は、カキのダンスは見ないと損だ、とおすすめしてくれる。

次の目的地
ヴェラかざんこうえん

7ばんどうろから、西へのびる分かれ道を進んでいこう。

カキの試練達成後　キャプテンミニゲートがオープンする

カキの試練を達成してヴェラかざんこうえんからもどってきた後、北へ進んでワカツダケトンネルへ向かおう。キャプテンミニゲートのそばにいる女性が、主人公の試練達成を祝って、ゲートを開けてくれる。

カキの試練達成後　北へ進んで8ばんどうろへ向かおう

キャプテンミニゲートのそばにいる女性から、次の試練がシェードジャングルで行われることを教えてもらえる。シェードジャングルをめざし、ワカツダケトンネルをぬけて8ばんどうろへ進もう(→P.260)。

次の目的地
8ばんどうろ

ワカツダケトンネルを通りぬけた先に、8ばんどうろがある。

ようこそ　あたくしの　ミニ　アイランドに

アーカラじま
ヴェラかざんこうえん

火山大好き3姉妹が　公園の中を案内してくれる

■山道

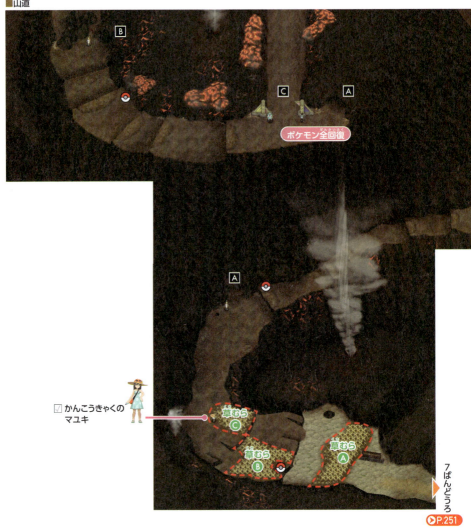

きゃー！　しまめぐりの　ひと！　ポケモンみせて！　かんこう　させて！

この公園で見つかる ジガルデ・コアとジガルデ・セル
昼0個 / 昼・夜1個 / 夜0個

☑ エリートトレーナーの ジョン

■ぬしの間

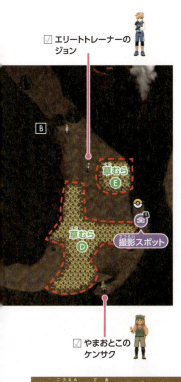

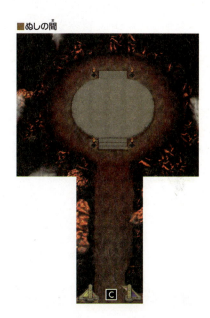

☑ やまおとこの ケンサク

この公園で出会えるポケモン

■山道

● 草むら Ⓐ Ⓑ Ⓒ Ⓓ Ⓔ

ポケモン	昼	夜	仲間のポケモン		
☑ ヤトウモリ	○	○	ヤトウモリ	ー	ー
☑ ヤヤコマ	○	○	ヤヤコマ	ー	ー
☑ カラカラ	○	○	カラカラ	ガルーラ	ー
☑ ブビィ	△	△	ブーバー	ブビィ	ー
☑ ガルーラ	▲	▲	ガルーラ	ー	ー

手に入るもの
- ☑ すごいキズぐすり
- ☑ もくたん
- ☑ わざマシン39 「がんせきふうじ」
- ☑ やけどなおし
- ☑ ホノオZ
- ☑ クイックボール×10

「ムーランド サーチ」で 見つかるどうぐ 0個

かざんだいすき 3しまいの いちばん かわいいコ です！

アーカラじま ▶ ヴェラかざんこうえん

STEP 1　ぬしの間へ行く前にすべてを回ろう

入口から道なりに進み、トンネルへ入ると、ぬしの間がある頂上に進める。カキの試練にすぐ挑戦することもできるが、その前に、山を下りながら、ヴェラかざんこうえんをすみずみまで見て回ろう。

STEP 2　女性がポケモンを全回復してくれる

ぬしの間の前にいる女性に話しかけると、「てもち」のポケモンを全回復してもらえる。ポケモントレーナーや野生のポケモンとの戦闘でHPがへっていたら、ポケモンを全回復させてからヴェラかざんこうえんを回ろう。

STEP 3　撮影スポットで写真を撮ろう

草むらEの近くにある撮影スポットでポケファインダーを起動して、ヤヤコマやファイアロー、ヤトウモリ、カラカラを撮影しよう。ヤヤコマは「昼」のみ、ファイアローは「昼」にまれに現れるポケモンだ（→P.569）。

撮影スポット
山道の東の端

ぬしの間の前の段差を下りてトンネルをぬけ、南へ進む。草むらEの近くにある。

STEP 4　いよいよカキの試練に挑戦だ

ヴェラかざんこうえんのポケモントレーナーをすべて倒し、どうぐを集めた後、ぬしの間へもどろう。キャプテンゲートの前にいる女性に話しかけると、「てもち」のポケモンを全回復してもらえる。いよいよカキの試練に挑戦だ。

山をぐるりと一周できる

撮影スポットから西へ進んでいくと、ヴェラかざんこうえんで最初に入ったトンネルまでもどれる。頂上から段差を下りていくと、山をぐるりと一周して、ふもとまでもどれるのだ。

ユンゲラーを　しんか　させたい……！　ともだち……　ともだちが　ほしい！！

カキの試練

カキの試練は 観察力を もとめる！
1度目の 踊りと 2度目の 踊り……
どこが 違うのか 答えてもらうぞ！

アーカラじまの
キャプテン
カキ

●カキの試練を達成する3つの条件

1. 1度目の踊りと2度目の踊りの違う点を当てる
2. 踊りの問題を3問正解する
3. ぬしポケモンのエンニュートを倒す

試練達成後に
手に入るもの ホノオZ　ほのおタイプのわざをおぼえたポケモンに使うと、Zワザを放てるようになるZクリスタルだ。

試練達成の ヒント　2種類の踊りの違いを見つけて答えよう

カキの試練では、1度目の踊りと2度目の踊りの違いを答えていく。正解がわからない場合は、「もういちど」を選ぶと、何度でも踊りを見せてもらえる。落ち着いて、違いを確実に見つけてから答えよう。

ぬしのエンニュートと勝負！

じめんタイプのわざをくり出して最初にぬしを倒してしまおう

ぬしのエンニュートは、戦闘開始と同時にオーラをまとって「とくぼう」を1段階上げる。また、ヤタピのみを持っているので、ピンチになると「とくこう」が1段階上がる。エンニュートが呼ぶ仲間のポケモンは、ヤトウモリだ。仲間を倒しても、呼びつづけるので、ぬしのエンニュートを倒すことに集中しよう。じめんやみず、エスパー、いわタイプのわざを使えば、エンニュートの弱点を突ける。じめんタイプのわざは、通常の4倍の大ダメージを与えられるので、とくに効果的だ。

エンニュート　どく　ほのお
Lv.22　弱点 ×4 じめん　みず　エスパー
　　　　　　　　いわ

●エンニュートが呼ぶ仲間のポケモン

ヤトウモリ Lv.20　どく　ほのお
弱点 ×4 じめん　みず　エスパー
　　　　いわ

ぬしのエンニュートとの戦闘に勝つ鉄則
▶戦闘開始後「クリティカット」を使い、わざを急所に当たりやすくさせる
▶わざを使って、エンニュートを状態異常にしよう
▶エンニュートだけを狙おう（仲間を何度も呼びつづけるため）

かざんだいすき　3しまいの　いちばん　きれいなコ　です！

アーカラじま ▶ ヴェラかざんこうえん

STEP 5 試練を達成して「ホノオZ」を手に入れよう

ぬしのエンニュートとの勝負に勝利すると、カキは、火山最強のぬしポケモンをあざやかに倒した主人公にホノオZを授けてくれる。カキは、主人公がこまやかな踊りの違いを見破ったことにも感心しているようだ。

STEP 6 ほのおタイプのゼンリョクポーズを授けられる

ほのおタイプのわざをおぼえているポケモンにホノオZを使うと、Zパワーでわざを強めた、Zワザを放てる。カキから、ほのおタイプのZワザを放つときにくり出すゼンリョクポーズを教えてもらおう。

STEP 7 カキから「クイックボール」をもらおう

カキからクイックボールを10個もらった後は、ヴェラかざんこうえんで野生のポケモンをつかまえられる。クイックボールは、野生のポケモンとの戦闘の1ターン目に投げると、つかまえやすくなるボールだ。

「クイックボール」を多めに持っておこう

野生のポケモンをつかまえたいときは、まずクイックボールを投げよう。ケーシィなどの逃げやすいポケモンにも有効だ。この後に訪れる、8ばんどうろのフレンドリィショップで売っている。

STEP 8 「ライドギア」にリザードンが登録される

カキは、主人公のライドギアにリザードンを登録してくれる。「リザードン　フライト」は、これまでに行ったことのある街やどうろへ、一気に飛ぶことができるライドポケモンだ。

十字ボタンに登録すると便利だ

「リザードン　フライト」は、島巡りの途中でひんぱんに使うので、十字ボタンに登録しておこう。Yボタンでライドギアを開き、「リザードン　フライト」の横にある十字ボタンのアイコンをタッチすれば、登録できる。

やまという　やまにのぼる！　やまおとこの　こころいき！

STEP 9 ポケリゾートへ行けるようになる

ライドギアにリザードンが登録されると、下画面のメニューから「ポケリゾート」へ行けるようになる。パソコンのボックスにあずけているポケモンが、自由に行き来して、遊べるリゾートだ（→P.526）。

試練達成で品ぞろえが増える

カキの試練を達成してホノオZを手に入れると、フレンドリィショップでシルバースプレーとビビリだまを買えるようになる。8ばんどうろへ進んだ後、フレンドリィショップで買おう。

STEP 10 ポケリゾートをどんどん開発しよう

ポケリゾートで遊べるリゾートは、ぜんぶで5種類あり、それぞれをLV1からLV3まで開発できる。最初から遊べるのは、「のびのびリゾート LV1」だ。「のびのびリゾート」でひろえるポケマメを集めて、どんどん開発しよう。

STEP 11 先へ進むために7ばんどうろへもどろう

次の試練をめざすため、「リザードン フライト」でヴェラかざんこうえんへ飛ぼう。7ばんどうろまでかんたんにもどれる（→P.253）。出発前に、キャプテンゲートの前にいる女性に「てもち」のポケモンを全回復してもらうといい。

次の目的地
7ばんどうろ

トンネルを通って下山するか、「リザードン フライト」で一気に飛ぼう。

かざんだいすき 3しまいの いちばん チャーミングなコ です！

8ばんどうろ

アーカラじま

人や ポケモンの デートスポット として メジャーな 海の みえる 道

この道路で出会えるポケモン

ツツケラ
ノーマル ひこう

ケララッパ
ノーマル ひこう

ヤングース
ノーマル

コラッタ アローラのすがた
あく ノーマル

キャモメ
みず ひこう

コイキング
みず

ギャラドス
みず ひこう

メノクラゲ
みず どく

ケイコウオ
みず

ヨワシ たんどくのすがた
みず

ヒノヤコマ
ほのお ひこう

ヤトウモリ
どく ほのお

ヌイコグマ
ノーマル かくとう

コソクムシ
むし みず

チョンチー
みず でんき

☐ ゴルファーの マリア
☐ ゴルファーの タカシ

モーテル
ポケモンセンター
逃げるポケモン
つりスポットC
つりスポットB

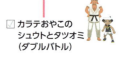
☐ カラテおやこの シュウとタツオミ （ダブルバトル）

手に入るもの
- ☐ わざマシン43 「ニトロチャージ」
- ☐ おおきなしんじゅ
- ☐ すごいキズぐすり
- ☐ きせきのタネ
- ☐ ハイパーボール
- ☐ かみなりのいし
- ☐ ダイブボール
- ☐ みずのいし
- ☐ わざマシン58 「フリーフォール」
- ☐ わざマシン53 「エナジーボール」

手に入るもの(殿堂入り後)
- ☐ ウルトラボール×10
- ☐ アクアカセット
- ☐ イナズマカセット
- ☐ ブレイズカセット
- ☐ フリーズカセット

きのみのなる木で 手に入るきのみ
- ☐ モモンのみ
- ☐ キーのみ
- ☐ カゴのみ
- ☐ クラボのみ
- ☐ オレンのみ
- ☐ オボンのみ
- ☐ ラムのみ(レア)

まけて ばかりで じぶんさがしの たび してます

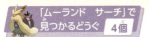

フレンドリィショップ (右の店員)	
☑ クイックボール	1000円
☑ ダークボール	1000円
☑ ダイブボール	1000円
☑ スピーダー	1000円
☑ プラスパワー	1000円
☑ ディフェンダー	2000円
☑ エフェクトガード	1500円
☑ クリティカット	1000円
☑ ヨクアタール	1000円
☑ スペシャルアップ	1000円
☑ スペシャルガード	2000円

カフェスペース	
☑ エネココア	198円
☑ パイルジュース	198円
☑ グランブルマウンテン	198円

自動販売機（モーテル）	
☑ おいしいみず	400円
☑ サイコソーダ	600円

● 草むら Ⓐ Ⓑ Ⓒ Ⓓ Ⓔ

ポケモン	昼	夜	仲間のポケモン		
☑ ケララッパ	○	○	ツツケラ	—	—
☑ ヤトウモリ	○	○	ヤトウモリ	—	—
☑ ヤングース	○	—	ヤングース	—	—
☑ コラッタ アローラのすがた	—	○	コラッタ アローラのすがた	—	—
☑ ヒノヤコマ	△	△	ヒノヤコマ	—	—
☑ ヌイコグマ	▲	▲	ヌイコグマ	—	—

● 逃げるポケモン

ポケモン	昼	夜	仲間のポケモン		
☑ コソクムシ	○	○	コソクムシ	—	—

◆コソクムシは、ランダムで出現します。

● 水上

ポケモン	昼	夜	仲間のポケモン		
☑ メノクラゲ	◎	◎	メノクラゲ	—	—
☑ ケイコウオ	◎	◎	ケイコウオ	—	—
☑ キャモメ	○	○	キャモメ	—	—

● つりスポット Ⓐ Ⓑ Ⓒ

ポケモン	昼	夜	仲間のポケモン		
☑ コイキング	◎	◎	ギャラドス	コイキング	—
☑ ヨワシ	○	○	ヨワシ	—	—
☑ チョンチー	▲	▲	チョンチー	—	—

● つりスポット Ⓐ（レア）

ポケモン	昼	夜	仲間のポケモン		
☑ コイキング	◎	◎	コイキング	ギャラドス	—
☑ ヨワシ	○	○	ヨワシ	—	—
☑ チョンチー	○	○	チョンチー	—	—

けんきゅう！ けんきゅう！ ポケモン けんきゅう いたします！

アーカラじま ▶ 8ばんどうろ

STEP 1　すご腕のエリートトレーナーとすぐには戦えない

しまめぐりかんばんのそばにいるエリートトレーナー姿の女性は、すご腕のポケモントレーナーだ。8ばんどうろにいる8人のポケモントレーナーを倒した後、はじめて勝負を挑める。全員に勝ってから、再び話しかけよう。

ジガルデ・セルの発見のヒント

「昼」の時間帯に8ばんどうろを訪れると、ジガルデ・セルが1個見つかる。コソクムシがいる水辺の岩場の周辺を、よく探してみよう。

STEP 2　ヌイコグマをつかまえて女性に図鑑を見せよう

エーテルベースの女性に話しかけて「いいですよ」を選ぶと、ヌイコグマをつかまえて図鑑を見せてほしい、と頼まれる。ヌイコグマは、8ばんどうろの草むらに生息している。なかなか出会えないポケモンだが、根気よくつかまえよう。

おこづかいをもらえる

8ばんどうろの草むらでヌイコグマをつかまえたら、エーテルベースの女性に話しかけよう。図鑑を見せてあげると、お礼として、5000円のおこづかいをもらえる。

STEP 3　アクロマから声をかけられる

エーテルベースの前を通りかかると、科学者のアクロマに呼びとめられ、わざマシン43「ニトロチャージ」をもらえる。攻撃すると同時に、自分の「すばやさ」を必ず1段階上げるわざだ。

アクロマは過去作に登場した人物だ

科学者アクロマは、『ポケモンブラック2・ホワイト2』に登場した人物だ。ポケモンの強さを研究するためにポケモン勝負を挑んできたが、冒険に役立つ情報を提供してくれる一面もあった。

STEP 4　撮影スポットで写真を撮ろう

エーテルベースの前の撮影スポットでポケファインダーを起動して、ヤングースやコラッタ アローラのすがた、マケンカニを撮影しよう。ヤングースは「昼」のみ、コラッタ アローラのすがたは「夜」のみに現れるポケモンだ(→P.569)。

撮影スポット

エーテルベース

エーテルベースの前で、ポケモンを撮影することができる。

スイングの きほんは こし！ こしを いれて おあいて するわ！

STEP 5 きのみのなる木を調べてきのみを手に入れよう

8ばんどうろで、きのみのなる木の根元にあるきのみの山を調べると、モモンのみ、キーのみ、カゴのみ、クラボのみ、オレンのみ、オボンのみが手に入る。きのみの山が大きい場合は、ラムのみが手に入ることがある。

グラジオがモーテルに泊まっている

ポケモンセンターの隣のモーテルには、スカル団の用心棒、グラジオが泊まっている。話しかけても「出ていきな」といわれるだけだ。受付の女性の話では、グラジオは宿代を2年分支払い、ほぼ貸し切り状態になっている、という。

STEP 6 かせきふくげんじょを訪れよう

コニコシティでカセキを手に入れたら、ここで復元してもらおう。ずがいのカセキはズガイドスに、ふたのカセキはプロトーガに、たてのカセキはタテトプスに、はねのカセキはアーケンに復元してもらえる。

バージョンによってカセキが異なる

コニコシティで買えるカセキの種類は、バージョンによって異なる。『ポケモン サン』では、ずがいのカセキとふたのカセキを買える。『ポケモン ムーン』では、はねのカセキとたてのカセキだ。

STEP 7 すご腕のエリートトレーナーに戦いを挑もう

8ばんどうろにいる8人のポケモントレーナーと戦った後で、すご腕のエリートトレーナーに話しかけ、勝負を申し込もう。ひこうタイプのZワザを放つオニドリルを倒して勝利すると、わざマシン58「フリーフォール」をもらえる。

コソクムシをつかまえよう

海辺の岩場にいる小さな白いポケモンは、コソクムシだ。「ケンタロス ラッシュ」で、一気に接近しよう。触れると戦闘できる。走って近づいても追いつけず、岩場の穴へ逃げ込んでしまう。

STEP 8 試練に挑戦するために5ばんどうろへ向かおう

ポケモンセンターで「てもち」のポケモンを全回復させた後、マオの試練に挑むため、5ばんどうろの北側へ進もう。マオの試練が行われるシェードジャングルの入口は、5ばんどうろに入ってすぐの場所にある(→P.235)。

次の目的地
5ばんどうろ

ポケモンセンターの前の道を東へ進んでいくと、5ばんどうろへ入れる。

あなに いれるだけ…… それが むずかしくて おもしろい！

アーカラじま

シェードジャングル

ぬしポケモンを呼びだすための素材が手に入る 森の恵みの宝庫

このジャングルで出会えるポケモン

ケララッパ
ノーマル ひこう

キャタピー
むし

トランセル
むし

バタフリー
むし ひこう

ウソハチ
いわ

ウソッキー
いわ

ピンプク
ノーマル

ズバット
どく ひこう

ディグダ アローラのすがた
じめん はがね

カリキリ
くさ

ネマシュ
くさ フェアリー

パラス
むし くさ

それでは シェードジャングル マオのしれん はじめ！

このジャングルで見つかる ジガルデ・コアとジガルデ・セル
昼0個 / 昼・夜1個 ☑ / 夜0個

■東側

■深部

8ばんどうろ ▶P.261

アマカジ
くさ

キュワワー
フェアリー

カイロス
むし

ヤレユータン ムーン
ノーマル エスパー

ナゲツケサル サン
かくとう

ヌメラ
ドラゴン

ポワルン
ノーマル

ちいさなキノコ いいよね！ いちぶの マニアの あいだで にんきが たかい ひみつは たべれば わかるからね！

265

アーカラじま ▶ シェードジャングル

手に入るもの
- ざいりょうぶくろ
- いいキズぐすり
- げんきのかたまり
- おおきなねっこ
- わざマシン86「くさむすび」
- クサZ
- ネストボール×10
- わざマシン67「スマートホーン」
- ねむけざまし

「ムーランド サーチ」で見つかるどうぐ 10個
◆試練中をふくめて、入口で2個、西側で2個、東側で2個、北側で3個、深部で1個見つかります。

■入口

● 草むら Ⓐ Ⓑ

ポケモン	昼	夜	仲間のポケモン			「あめ」のときの仲間	「あられ」のときの仲間	「すなあらし」のときの仲間
☑ カリキリ	○	○	カリキリ	-	-	ポワルン	ヌメラ	ポワルン	-	ポワルン	-
☑ ケララッパ	○	○	ケララッパ	-	-
☑ パラス	○	-	パラス	-	-
☑ ネマシュ	-	○	ネマシュ	-	-
☑ ウソハチ	△	△	ウソハチ	ウソッキー	ピンプク
☑ キャタピー	△	△	キャタピー	バタフリー	-
☑ トランセル	△	△	キャタピー	バタフリー	-
☑ キュワワー	▲	▲	キュワワー	-	-
☑ ナゲツケサル	▲	▲	ケララッパ	-	-
☑ ヤレユータン	▲	▲	ケララッパ	-	-

■西側

● 草むら Ⓐ

ポケモン	昼	夜	仲間のポケモン			「あめ」のときの仲間	「あられ」のときの仲間	「すなあらし」のときの仲間
☑ アマカジ	◎	◎	アマカジ	-	-	ポワルン	ヌメラ	ポワルン	-	ポワルン	-
☑ カリキリ	○	○	カリキリ	-	-
☑ ケララッパ	○	○	ケララッパ	-	-
☑ パラス	△	-	パラス	-	-
☑ ネマシュ	-	△	ネマシュ	-	-
☑ キュワワー	▲	▲	キュワワー	-	-
☑ ナゲツケサル	▲	▲	ケララッパ	-	-
☑ ヤレユータン	▲	▲	ケララッパ	-	-

● ポケモンの影

ポケモン	昼	夜	仲間のポケモン			「あめ」のときの仲間	「あられ」のときの仲間	「すなあらし」のときの仲間
☑ カリキリ	○	○	カリキリ	-	-	ポワルン	ヌメラ	ポワルン	-	ポワルン	-

■北側

● 草むら Ⓐ Ⓑ

ポケモン	昼	夜	仲間のポケモン			「あめ」のときの仲間	「あられ」のときの仲間	「すなあらし」のときの仲間
☑ カリキリ	○	○	カリキリ	-	-	ポワルン	ヌメラ	ポワルン	-	ポワルン	-
☑ ケララッパ	○	○	ケララッパ	-	-
☑ パラス	○	-	パラス	-	-
☑ ネマシュ	-	○	ネマシュ	-	-
☑ カイロス	△	△	カイロス	-	-
☑ キュワワー	▲	▲	キュワワー	-	-
☑ ナゲツケサル	▲	▲	ケララッパ	-	-
☑ ヤレユータン	▲	▲	ケララッパ	-	-

■深部

● どうくつ

ポケモン	昼	夜	仲間のポケモン		
☑ ズバット	◎	◎	ズバット	-	-
☑ ディグダ アローラのすがた	○	○	ディグダ アローラのすがた	-	-

いい きせきのタネ だね！ えいよう たっぷり！ まさに ジャングルの きせき！

STEP 1　マオから「ざいりょうぶくろ」をもらおう

シェードジャングルに入ると、キャプテンのマオから特別料理マオスペシャルの材料を集めるように指示される。マオからざいりょうぶくろをもらったら、マゴのみ、ちいさなキノコ、ふっかつそう、きせきのタネを探そう。

STEP 2　ヒントが書かれた看板を見ながら探そう

マオから指示された4種類の材料は、マオのスペシャルヒントが書かれた看板の近くに落ちている。すべてかくれたどうぐなので、「ムーランド　サーチ」を使って、Bボタンを押しながら移動して探そう。

> **イーブイが進化する**
> シェードジャングルの北側に、コケでおおわれた岩がある。この場所でイーブイをレベルアップさせると、リーフィアに進化する。

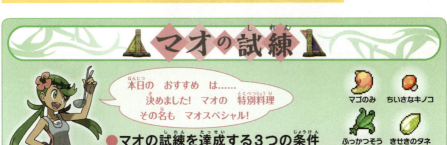

マオの試練

本日の　おすすめ　は……
決めました！　マオの　特別料理
その名も　マオスペシャル！

マゴのみ　　ちいさなキノコ
ふっかつそう　きせきのタネ

アーカラじまの
キャプテン
マオ

●マオの試練を達成する3つの条件

1. 「マゴのみ」「ちいさなキノコ」「ふっかつそう」「きせきのタネ」を見つけだす
2. Aボタンを連打して、マオスペシャルを完成させる
3. ぬしポケモンのラランテスを倒す

試練達成後に手に入るもの　Zクリスタル クサZ
くさタイプのわざをおぼえたポケモンに使うと、Zワザを放てるようになるZクリスタルだ。

試練達成のヒント
「ふっかつそう」はかんたんに見つけられる
北側にある看板に、ふっかつそうは短い、というヒントが書かれている。短い草が生えている場所を探して、ふっかつそうを手に入れよう。他の場所で見つかる草は、ただの雑草だ。

マゴのみ　はっけん　おめでとう！　マゴのみは　おおきいほど　まがって　まがるほどに　あまくて　おいしいの！

267

アーカラじま ▶ シェードジャングル

STEP 3　撮影スポットで写真を撮ろう

西側の撮影スポットで、カリキリやネマシュ、パラス、アマカジ、キュワワー、ヌメルゴンを撮影しよう。パラスとアマカジは「昼」のみ、カリキリとネマシュは「夜」のみ、ヌメルゴンはまれに現れるポケモンだ（→P.569）。

撮影スポット
西側

シェードジャングル 西側の草むらⒶの近くにある。

STEP 4　いっしょにマオスペシャルをつくろう

4つの材料を集めた後、入口へもどると、カキとスイレンがその他に必要な材料を持ってやってくる。Aボタンを連打して、マオスペシャルをつくろう。連打が遅いと、マオスペシャルが完成しない。

ぬしのラランテスと勝負！

ぬしと仲間2匹の弱点を突けるポケモンをそろえて戦おう

ぬしのラランテスは、戦闘開始と同時にオーラをまとって「すばやさ」を2段階上げる。ラランテスはパワフルハーブを持っている。また、仲間のポワルンは、わざ「にほんばれ」で天気を「ひざしがつよい」状態にする。どうぐと天気の効果で、通常は2ターン必要なわざ「ソーラーブレード」を、ラランテスは1ターンでくり出してくる。ラランテスと仲間のポケモンの3匹は、弱点がバラバラだ。相手に応じてポケモンを交代させながら、3匹の弱点を突いていこう。

ぬしのラランテスとの戦闘に勝つ鉄則
▶ 戦闘開始後「クリティカット」を使い、わざを急所に当たりやすくさせる
▶ わざを使って、ラランテスを状態異常にしよう
▶ 最初に仲間を倒そう（仲間がいると複数の攻撃を受けてしまうため）

ラランテス Lv.24　くさ
弱点：ほのお・こおり・どく・ひこう・むし

●ラランテスが呼ぶ仲間のポケモン

ポワルン Lv.22　ノーマル
弱点：かくとう

ケララッパ Lv.22　ノーマル・ひこう
弱点：でんき・こおり・いわ

いい ふっかつそう だね！ ポケモンも おどろくほどの にがさが あじに ふかみを だすの！

STEP 5　試練を達成して「クサZ」を手に入れよう

ぬしのララランテスとの勝負に勝利すると、マオは、主人公がぬしポケモンをおとなしくさせたことに驚く。そしてマオは、クサZを授けてくれる。これで、主人公は、アーカラじまの3つの試練をすべて達成したことになる。

STEP 6　くさタイプのゼンリョクポーズを授けられる

くさタイプのわざをおぼえているポケモンにクサZを使うと、Zパワーでわざを強めたZワザを放てる。マオから、くさタイプのZワザを放つときにくり出すゼンリョクポーズを教えてもらおう。

STEP 7　マオから「ネストボール」をもらおう

マオからネストボールを10個もらった後は、シェードジャングルで野生のポケモンをつかまえられるようになる。ネストボールは、つかまえるポケモンが弱いほど、つかまえやすくなるボールだ。

ナゲツケサルをつかまえよう

『ポケモン サン』の場合、島巡りを進めた後で訪れるコニコシティに、ナゲツケサルが登録された図鑑を見たがっている人物がいる。シェードジャングルに生息しているナゲツケサルをつかまえておこう（→P.280）。

STEP 8　マオスペシャルの味にスイレンとカキが逃げだした

マオは、ララランテスがマオスペシャルを残していることに気づいて、スイレンとカキに食べさせてみた。しかし、マオスペシャルの特殊な味は、2人の口に合わなかったようだ。2人は水を求めて逃げだしてしまう。

ヤレユータンをつかまえよう

『ポケモン ムーン』の場合、島巡りを進めた後で訪れるコニコシティに、ヤレユータンが登録された図鑑を見たがっている人物がいる。シェードジャングルに生息しているヤレユータンをつかまえておこう（→P.280）。

アーカラじま ▶ シェードジャングル

STEP 9　ククイはかせがやってくる

マオがシェードジャングルを去った後、ククイはかせがやってくる。ククイはかせは、主人公がマオの試練を達成したお祝いに、わざマシン67「スマートホーン」をプレゼントしてくれる。相手に攻撃が必ず当たるわざだ。

試練達成で品ぞろえが増える

マオの試練を達成すると、フレンドリィショップでハイパーボールとすごいキズぐすりを買えるようになる。すごいキズぐすりは、ポケモンのHPを120回復するどうぐだ。

STEP 10　「リザードン　フライト」でカンタイシティへ飛ぼう

主人公はククイはかせから、島巡りの一環としてカンタイシティのくうかんけんきゅうじょへ来るように誘われる。ククイはかせが去った後、「リザードン　フライト」でカンタイシティへ飛ぼう（→P.215）。

次の目的地　カンタイシティ

「リザードン　フライト」で飛んだ後、ポケモンセンターの前から東へ進もう。

カイリキー登録後　巨石を動かして8ばんどうろへ進もう

ポニじま ポニのこどうでライドギアにカイリキーを登録してもらうと、シェードジャングルの東側や深部にある巨石を動かして、8ばんどうろの高台へ進める。高台の上でどうぐを手に入れよう。

おっ！　なんだか　あまいかおりが　ただよっているぜ！　マオの　スペシャルメニュー　かな？

アーカラじま

ディグダトンネル

ディグダが長年かけて掘った カンタイシティとコニコシティを結ぶトンネル

- コニコシティ ▶P.277
- カンタイシティ ▶P.209
- ☐ さぎょういんのマサカズ
- ☐ さぎょういんのナガノリ
- ☐ カラテおうのレツジ
- 土けむり
- 9ばんどうろ ▶P.274
- ☐ さぎょういんのマサヒコ
- ☐ スカル団のしたっぱ（マルチバトル）

このトンネルで出会えるポケモン

ズバット
どく ひこう

ディグダ アローラのすがた
じめん はがね

手に入るもの

- ☐ ダークボール
- ☐ ほのおのいし
- ☐ すごいキズぐすり
- ☐ げんきのかたまり
- ☐ ピーピーリカバー

「ムーランド サーチ」で見つかるどうぐ 3個

●どうくつ

ポケモン	昼	夜	仲間のポケモン		
☐ ズバット	◎	◎	ズバット	-	-
☐ ディグダ アローラのすがた	◯	◯	ディグダ アローラのすがた	-	-

●土けむり

ポケモン	昼	夜	仲間のポケモン		
☐ ディグダ アローラのすがた	◎	◎	ディグダ アローラのすがた	-	-

このトンネルで見つかる
ジガルデ・コアとジガルデ・セル
昼0個 ｜ 昼・夜1個 ｜ 夜0個

しょうぶも そうだし トンネルを ほるのも そうだし ポケモンって すごいのう！

アーカラじま ▶ ディグダトンネル

STEP 1 試練をすべて達成してから訪れよう

アーカラじまのすべての試練を達成したら、ディグダトンネルを通って島巡りを進めよう。入口のそばにいるしまクイーンのライチは、トンネルをぬけた先のコニコシティで待ち合わせをしよう、と主人公に提案する。

> **試練を達成する前は奥へ進めない**
>
> ディグダトンネルは、ディグダたちが暴れていたため、奥へ進むことができなかった。主人公が島巡りを続けている間に、ライチやエーテル財団の職員が、ディグダを落ち着かせてくれている。

STEP 2 すご腕のカラテおうとすぐには戦えない

入口の近くにいるカラテおう姿の男性は、すご腕のポケモントレーナーだ。ディグダトンネルにいる3人のポケモントレーナーを倒した後、はじめて勝負を挑める。全員に勝ってから、再び話しかけよう。

STEP 3 エーテル財団の職員の話を聞こう

トンネルの中で、ポケモンの保護をしているエーテル財団の職員2人から話を聞こう。ディグダが暴れた原因がスカル団だということや、ディグダが長年かけてこのトンネルを掘ったことを教えてもらえる。

STEP 4 すご腕のカラテおうに戦いを挑もう

ディグダトンネルにいる3人のポケモントレーナーと戦った後で、すご腕のカラテおうに話しかけ、勝負を申し込もう。カラテおうのハリテヤマは、かくとうタイプのZワザを放つ。勝利すると、げんきのかたまりをもらえる。

あなをほる！ ほったら うめたくなる そうしろと たましいが さけぶのだ！

STEP 5　ハウと協力してマルチバトルに挑もう

ディグダに袋だたきにあった、というスカル団のしたっぱ団員が、うさ晴らしをするために主人公にポケモン勝負を挑んでくる。ちょうどそこに現れたハウとともにマルチバトルに挑み、したっぱ団員たちをやっつけよう。

STEP 6　ハウから「ピーピーリカバー」をもらおう

スカル団のしたっぱ団員たちとの勝負に勝利した後、ハウからピーピーリカバーをもらえる。1つのわざのPPを全回復するどうぐだ。ハウはディグダと遊ぶため、この場所に残るらしい。

STEP 7　南へ進んで9ばんどうろへ出よう

スカル団のしたっぱ団員たちと戦った場所から南へ進み、9ばんどうろへ出よう（→P.274）。9ばんどうろは、しまクイーンのライチと待ち合わせる約束をしたコニコシティへ通じている。

次の目的地
コニコシティ

9ばんどうろを西へ進めば、次の目的地のコニコシティに入れる。

カイリキー登録後　巨石を動かしてコニコシティへ進もう

ポニじま ポニのこどうでライドギアにカイリキーを登録してもらったら、再び訪れよう。ディグダトンネルの巨石を動かして、コニコシティの北側の高台へ出られる。高台の上でどうぐを手に入れよう。

ちからまかせ では さぎょうは うまく いかねえ！

アーカラじま
9ばんどうろ

ディグダトンネルを 掘りきった ディグダたちが 残りの チカラで 整えた 短い 道路

9ばんどうろこうばん

- おまわりさんの ハルキ
- ディグダトンネル ▶P.271
- コニコシティ ▶P.276
- つりスポット Ⓐ
- メモリアルヒル ▶P.284
- つりびとの マキオ

手に入るもの
- ネットボール
- きあいのハチマキ

「ムーランド　サーチ」で 見つかるどうぐ　1個

この道路で出会えるポケモン

 コイキング　みず

 ギャラドス　みず　ひこう

 ヨワシ たんどくのすがた　みず

 ラブカス　みず

 サニーゴ　みず　いわ

 ヒドイデ　どく　みず

この道路で見つかる ジガルデ・コアとジガルデ・セル
昼0個　昼・夜0個　夜0個

つりスポット Ⓐ

ポケモン	昼	夜	仲間のポケモン		
ラブカス	◎	◎	ラブカス	−	−
コイキング	△	△	ギャラドス	コイキング	−
ヨワシ	△	△	ヨワシ	−	−
サニーゴ	▲	▲	ヒドイデ	サニーゴ	−

おまわりさんが よわくても いいよ アローラは へいわ だからなあ！

STEP 1　ライチが待つコニコシティへ入ろう

ディグダトンネルをぬけたら、ライチのジュエリーショップがあるコニコシティへ向かおう。西へ進んでいくと、コニコシティの入口が見えてくる。赤い大きな門が目印だ（→P.276）。

次の目的地
コニコシティ

9ばんどうろを道なりに西へ進むと、コニコシティの大きな門がある。

コニコシティ探訪後　いせきをめざしてメモリアルヒルへ行こう

コニコシティで読ませてもらったライチの手紙の指示にしたがって、メモリアルヒルの奥にある、いのちのいせきをめざそう。メモリアルヒルの入口は、コニコシティからすぐの場所にある（→P.284）。

アーカラの大試練達成後　おまわりさんからどうぐをもらおう

アーカラの大試練でライチに勝利した後、交番にいるブルーに話しかけると、奥からおまわりさんが出てくる。おまわりさんの質問に答えると、きあいのハチマキをもらえる。

コニコシティ

アーカラじま

入口の 大きな門が 印象的な たくさんの お店が 並ぶ 商売の 街

とうだいのあるみさき
スイレンの家
ライチのジュエリーショップ
マオのレストラン
ポケモンセンター
かんぽうや
ブティック
ヘアサロン
わざマシンうりば
ロミロミ
おこうや

手に入るもの
- まんたんのくすり
- ピカチュウZ
- しんかのきせき
- ちからのハチマキ
- わざマシン61「おにび」

手に入るもの(殿堂入り後)
- ホイップポップ
- においぶくろ
- りゅうのキバ

「ムーランド サーチ」で見つかるどうぐ 1個

9ばんどうろ ▶P.274

ふむう！ がいこくの グッズは よくわからなくて おもしろいです！

この街で見つかる ジガルデ・コアとジガルデ・セル		
昼0個	昼・夜1個	夜1個
	☑	☑

▼ ディグダトンネル ▶P.271

ライチのジュエリーショップ
☑ ほのおのいし	3000円
☑ かみなりのいし	3000円
☑ みずのいし	3000円
☑ リーフのいし	3000円

ライチのジュエリーショップ
（カウンターの奥／『ポケモン サン』の場合）
☑ ずがいのカセキ	7000円
☑ ふたのカセキ	7000円

ライチのジュエリーショップ
（カウンターの奥／『ポケモン ムーン』の場合）
☑ はねのカセキ	7000円
☑ たてのカセキ	7000円

マオのレストラン
☑ Zていしょく	にく	1040円
☑ Zていしょく	さかな	1040円
☑ Zていしょく	やさい	1040円
☑ Zていしょく	スペシャル	1040円

◆食事をすると、ハートのウロコを2個もらえます。

わざマシンうりば
☑ わざマシン008「ビルドアップ」	10000円
☑ わざマシン009「ベノムショック」	10000円
☑ わざマシン032「かげぶんしん」	10000円
☑ わざマシン047「ローキック」	10000円
☑ わざマシン065「シャドークロー」	10000円
☑ わざマシン082「ドラゴンテール」	10000円

おこうや
☑ うしおのおこう	2000円
☑ のんきのおこう	5000円
☑ おはなのおこう	2000円
☑ きよめのおこう	6000円
☑ がんせきおこう	2000円
☑ あやしいおこう	2000円
☑ こううんのおこう	11000円
☑ まんぷくおこう	5000円
☑ さざなみのおこう	2000円

カフェスペース
☑ モーモーミルク	198円
☑ パイルジュース	198円
☑ グランブルマウンテン	198円

かんぽうや
☑ ばんのうごな	300円
☑ ちからのこな	500円
☑ ちからのねっこ	1200円
☑ ふっかつそう	2800円

ブティックとライチのジュエリーショップで買えるファッションアイテムは579ページを見よう。▶

うーん ピカチュウを ひきたてるには あおむらさきいろの ふくが いいかな

アーカラじま ▶ コニコシティ

STEP 1　ぜんぶで9種類あるおこうを買おう

おこうやで売っているおこうは、ポケモンに持たせるとさまざまな効果を発揮するどうぐだ。ポケモンに持たせると、みずタイプのわざの威力が上がるうしおのおこうなど、9種類のおこうを買える。

STEP 2　ポケモンをマッサージしてもらおう

ロミロミの女性に話しかけると、1日1回、「てもち」の先頭にいるポケモンに、アローラならではのマッサージをしてもらえる。なつき具合を上げたいポケモンをマッサージしてもらおう。

STEP 3　ブティックで新しいアイテムを買おう

コニコシティのブティックでは、スポーツふうタンクトップなど、スポーティなスタイルのアイテムを中心に販売している。『ポケモン サン』と『ポケモン ムーン』、主人公の性別によって、売られるアイテムは異なる。

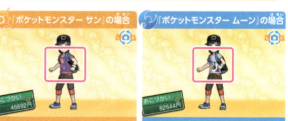

STEP 4　いろいろなわざマシンを買おう

わざマシンうりばでは、6種類のわざマシンを売っている。「てもち」のポケモンにおぼえさせられるわざがあれば、買っておこう。わざマシン65「シャドークロー」は威力や命中率が高く、急所に当たりやすいわざなのでおすすめだ。

ヘアサロンのメニューは同じだ

髪型や髪の色を変えたいときは、ヘアサロンへ立ち寄ろう。アローラ地方のヘアサロンは、メレメレじま ハウオリシティ、アーカラじま コニコシティ、ウラウラじま マリエシティにあるが、どの店もメニューは同じだ。

> もりもり たべた あとは ポケモンしょうぶで ダイエット！ でも スリムに なるのは ポケモン だけなの……

STEP 5　ポケモンのなつき具合を教えてもらおう

わざマシンうりばの隣には、ポケモンがどれくらいなついているかを教えてくれる女性が立っている。女性に話しかけた後、「てもち」のポケモンの中から1匹を選んで、なつき具合を教えてもらおう。

STEP 6　マオのレストランで「ハートのウロコ」をもらおう

マオのレストランで4種類のZ定食の中からいずれかを注文すると、サービスとしてハートのウロコを2個もらえる。料理は何回でも注文することができ、そのたびにハートのウロコをサービスしてくれる。

「ハートのウロコ」を集めよう

ハートのウロコは、ウラウラじま ラナキラマウンテンのポケモンセンターにいるマダムメモリアルから、ポケモンにわざを教えてもらうときに必要などうぐだ(→P.447)。たくさん集めておこう。

STEP 7　かんぽうやでかんぽうやくを買おう

ポケモンセンターの横に立っているかんぽうやは、ポケモンのHPや状態異常を回復させるどうぐを売っている。同じ効果を持つ他のどうぐよりも安く買えるが、とても苦い。使うと、ポケモンのなつき具合が下がってしまう。

しまクイーンと食事を楽しめる

アーカラの大試練でライチに勝利した後、マオのレストランで「Zていしょく スペシャル」を注文すると、ライチといっしょに食事を楽しめる。おごってもらえるうえ、サービスで、ハートのウロコを4個もらえる。

STEP 8　ダイノーズからライチの手紙を見せてもらおう

ライチのジュエリーショップに入ると、ダイノーズがライチの手紙を見せてくれる。ライチは、いのちのいせきで主人公を待っているようだ。手紙を読みおえると、ダイノーズからまんたんのくすりをもらえる。

ジガルデ・コアの発見のヒント

ライチのジュエリーショップの2階へ上がり、ライチの部屋をよく調べてみよう。ジガルデ・コアが1個見つかる。ジガルデにわざ「りゅうのまい」をおぼえさせられる。

アローラは いろんな ちほうの しょくじの ぶんかが まじって あたらしい メニューが うまれてる！

アーカラじま ▶ コニコシティ

STEP 9　4種類の進化のいしを買える

ライチのジュエリーショップでは、特定のポケモンを進化させる4種類のいしを買える。いしの種類によって、使えるポケモンが決まっている。すべて買って、つかまえたポケモンに使ってみよう。

おこづかいをもらおう

アーカラじま シェードジャングルの草むらでナゲツケサルかヤレユータンをつかまえておこう。ポケモンセンターにいるエーテル財団の職員に図鑑を見せると、5000円のおこづかいをもらえる。

STEP 10　ポケモンのカセキを買おう

ライチのジュエリーショップの奥のカウンターで、ポケモンのカセキを1個7000円で買える。買えるカセキの種類は、バージョンによって異なる。買ったカセキは、8ばんどうろのかせきふくげんじょでポケモンに復元してもらえる。

☀『ポケットモンスター サン』の場合

🌙『ポケットモンスター ムーン』の場合

STEP 11　主人公が女の子だとかみかざりを買える

主人公が女の子の場合、ライチのジュエリーショップにかみかざりを売ってくれる店員がいる。豊富なカラーバリエーションの中から、好みのかみかざりを選ぼう。色の種類は、バージョンによって異なる。

主人公が男の子の場合

主人公が女の子の場合

STEP 12　特定のポケモンをつかまえて図鑑を見せよう

ポケモンセンターにいるエーテル財団の職員に話しかけると、『ポケモン サン』の場合はナゲツケサル、『ポケモン ムーン』の場合はヤレユータンをつかまえて図鑑を見せてほしい、と頼まれる。シェードジャングルでつかまえよう。

☀『ポケットモンスター サン』の場合

🌙『ポケットモンスター ムーン』の場合

STEP 13 街の人とポケモンを交換しよう

ポケモンセンターの中にいる女の子が、ズバットとニョロゾを交換してくれる。ズバットをつかまえよう。ズバットは、ディグダトンネルなどに生息している。つかまえたら、女の子のニョロゾと交換してもらおう。

ズバットは多くの場所に出現する

アーカラじまでズバットが出現しやすい場所は、シェードジャングルの深部とディグダトンネルだ。コニコシティから近い、ディグダトンネルでつかまえよう。

STEP 14 女性から「ピカチュウZ」をもらおう

岬にいる女性に話しかけて、ピカチュウだけに使えるZクリスタル**ピカチュウZ**をもらおう。わざ「ボルテッカー」をおぼえているピカチュウに**ピカチュウZ**を使うと、Zワザ「ひっさつのピカチュート」をくり出せる(→P.684)。

STEP 15 わざ「ボルテッカー」を教えてもらえる

「てもち」にピカチュウを加えた状態で岬にいる女性に話しかけると、わざ「ボルテッカー」を教えてもらえる。そのピカチュウに**ピカチュウZ**を使って、Zワザ「ひっさつのピカチュート」をくり出せるようにしよう。

ジガルデ・セルの発見のヒント

「夜」の時間帯にコニコシティを訪れると、ジガルデ・セルが1個見つかる。街の奥の岬のあたりをよく探してみよう。

STEP 16 いのちのいせきをめざして出発しよう

ライチの手紙の指示にしたがって、いのちのいせきへ向かおう。いのちのいせきは、9ばんどうろからメモリアルヒル、さらにアーカラじまはずれを通りぬけた先にある(→P.275)。

次の目的地 いのちのいせき

9ばんどうろから東へ進んでいき、いのちのいせきをめざす。

アーカラじま ▶ コニコシティ

アーカラの大試練達成後
キャプテンのスイレンとポケモン勝負をしよう

スイレンの家を訪ね、スイレンの妹たちとポケモン勝負をしよう。勝負をおえると、妹たちは、スイレンと主人公のどちらが強いのかをしつこく質問してくる。勝負でその答えを出そう。勝つと、ちからのハチマキをもらえる。

バトルスタイルを習得できる

スイレンとの勝負に勝利すると、ウラウラじま マリエシティはずれのみさきにいるミブリから、バトルスタイル「おとめなスタイル」を教えてもらえる。島巡りを進めて、習得しよう(→P.669)。

キャプテンのスイレンとポケモン勝負!

「姉としての 手前も ありますし なにより キャプテン である わたしの 誇りも あります…… 本気の スイレン みてください!」

くさやでんきタイプなどのわざで弱点を突こう

みずタイプのポケモンには、くさとでんきタイプのわざが有効だ。ただし、オニシズクモはむしタイプにも属しているため、くさタイプのわざでは弱点を突けない。オニシズクモと戦うときは、でんきやひこう、いわタイプのわざで対抗しよう。

● スイレンの「てもち」のポケモン

チョンチー Lv.26	みず / でんき
弱点	くさ じめん
シェルダー Lv.26	みず
弱点	くさ でんき
オニシズクモ Lv.27 [Z]	みず むし
弱点	でんき ひこう いわ

アーカラの大試練達成後
マオにポケモン勝負を申し込もう

遊んでいるゲームが『ポケモン ムーン』の場合、アーカラの大試練でライチに勝利した後、マオとポケモン勝負ができる。マオのレストランの2階にいるマオに話しかけよう。質問に答えると、マオにポケモン勝負を申し込める。

「昼」だけ起こる出来事だ

マオが、マオのレストランの2階にいるのは、『ポケモン ムーン』の「昼」の時間帯だけだ。必ず「昼」に訪れよう。「夜」に訪れても、部屋の中には誰もいない。

『ポケットモンスター ムーン』の場合

すごい ほうせき! パワーストーン! わたしも かれしを ゲットです! ライチさん…… かれし いないけどね……

アーカラの大試練達成後　シェードジャングルへ向かおう

マオは、主人公とポケモン勝負する場所をシェードジャングルに決め、部屋を出ていく。マオのレストランから出たら、「リザードン フライト」でシェードジャングルへ飛ぼう。降りたった場所から北へ進めば、シェードジャングルは目の前だ。

『ポケットモンスター ムーン』の場合

バトルスタイルをミブリから教わろう

マオとの勝負に勝利すると、ウラウラじま マリエシティはずれのみさきにいるミブリから、バトルスタイル「いのりなスタイル」を教えてもらえる。島巡りを進めて、習得しよう（→P.669）。

アーカラの大試練達成後　キャプテンのマオとポケモン勝負をしよう

シェードジャングルの中にいる白い影に近づくと、マオに話しかけられてポケモン勝負がはじまる。白い影は、コソクムシだ。このコソクムシは、マオの兄のポケモンで、いつもはレストランの食材集めを手伝っている。

『ポケットモンスター ムーン』の場合
マオ
あー！ きてますねえ

ディグダトンネルから訪れよう

コニコシティの北の高台は、ディグダトンネルを通りぬけていく場所だ。ポニじま ポニのこうどうまで島巡りを進め、ライドギアにカイリキーを登録してもらうと、行けるようになる。

キャプテンのマオとポケモン勝負！
『ポケットモンスター ムーン』の場合

さーて しこみは オーケーだよね？
勝負 はじめよっか！
料理とは 別の マオの 本気
食らえ!!

ほのおやこおり、ひこうタイプのわざで戦おう

マオのポケモンは、すべてくさタイプだ。ボクレーはゴーストタイプ、マシェードはフェアリータイプにも属している。共通の弱点である、ほのおやこおり、ひこうタイプのわざで大ダメージを与えよう。マシェードには、どくタイプのわざも効果的だ。通常の4倍のダメージを与えられる。

●マオの「てもち」のポケモン

ボクレー Lv.26
ゴースト／くさ
弱点：ほのお／こおり／ひこう／ゴースト／あく

マシェード Lv.26
くさ／フェアリー
弱点(×4)：どく／ほのお／こおり／ひこう／はがね

アママイコ Lv.27
くさ
弱点：ほのお／こおり／どく／ひこう／むし

じんせいの あらゆることが ポケモンに つうじておる…… ハラさんの おしえで ございます

アーカラじま

メモリアルヒル／アーカラじまはずれ

アーカラ島の守り神　カプ・テテフの遺跡へと通じる道

この丘で出会えるポケモン

デカグース　ラッタ アローラのすがた　キャモメ　ゴース　ズバット　コイキング
ノーマル　あく ノーマル　みず ひこう　ゴースト どく　どく ひこう　みず

ギャラドス　ヨワシ たんどくのすがた　ヌイコグマ　ボクレー　ノズパス　チョンチー
みず ひこう　みず　ノーマル かくとう　ゴースト くさ　いわ　みず でんき

手に入るもの

- きよめのおふだ
- ダークボール
- のろいのおふだ
- すごいキズぐすり
- わざマシン28「きゅうけつ」

「ムーランド　サーチ」で見つかるどうぐ　7個

◆メモリアルヒルで4個、アーカラじまはずれで3個見つかります。

□ マダムの サユリ

□ パッドガールの マリカ

■メモリアルヒル

草むら A

草むら B

9ばんどうろ
▶P.274

□ えんじの フミオ

□ ジェントルマンの スミス

□ スカル団の したっぱ

■メモリアルヒル

● 草むら A B

ポケモン	昼	夜	仲間のポケモン		
✓ ゴース	◎	◎	ゴース	ー	ー
✓ ボクレー	○	○	ボクレー	ー	ー
✓ ズバット	○	○	ズバット	ー	ー

ふああ　なんだか　ねむいや！

284

この丘で見つかる ジガルデ・コアとジガルデ・セル
昼0個 / 昼・夜1個 / 夜0個

■アーカラじまはずれ

●草むら Ⓐ Ⓑ Ⓒ Ⓓ

ポケモン	昼	夜	仲間のポケモン		
☑ キャモメ	◎	◎	キャモメ	−	−
☑ デカグース	○	−	デカグース	−	−
☑ ラッタ アローラのすがた	−	○	ラッタ アローラのすがた	−	−
☑ ノズパス	△	△	ノズパス	−	−
☑ ヌイコグマ	▲	▲	ヌイコグマ	−	−

●つりスポット Ⓐ Ⓑ

ポケモン	昼	夜	仲間のポケモン		
☑ コイキング	◎	◎	ギャラドス	コイキング	−
☑ ヨワシ	○	○	ヨワシ	−	−
☑ チョンチー	▲	▲	チョンチー	−	−

●つりスポット Ⓑ (レア)

ポケモン	昼	夜	仲間のポケモン		
☑ コイキング	◎	◎	コイキング	ギャラドス	−
☑ ヨワシ	○	○	ヨワシ	−	−
☑ チョンチー	○	○	チョンチー	−	−

いのちのいせき ▶P.288

■アーカラじまはずれ

☑ スカル団幹部の プルメリ

☑ カラテおうの ケンジ

☑ つりびとの チョウジ

バッドガールって こわそう でしょ？ したしみやすく バッちゃんと およびください

アーカラじま ▶ メモリアルヒル／アーカラじまはずれ

STEP 1　スカル団に襲われたエーテル財団を助けよう

メモリアルヒルを東へ進んでいくと、エーテル財団の支部長たちとスカル団のしたっぱ団員がにらみあっている。スカル団に奪われたエーテル財団のヤドンを取りもどすため、したっぱ団員とのポケモン勝負に挑もう。

STEP 2　支部長がすばらしいところへ誘ってくれる

スカル団からヤドンを取りもどすと、エーテル財団の支部長は主人公に感謝して、すばらしいところへ案内してくれる、という。アーカラの大試練を達成したら、支部長が待つハノハノリゾートへ向かおう。

支部長の言動が少しあやしい

財団の職員は、支部長はいつも口だけで何もしない、とぐちをこぼす。主人公をすばらしい場所へ案内する、という支部長の約束は本当に守ってもらえるのだろうか。

STEP 3　アーカラじまはずれへ進もう

エーテル財団の支部長たちが去った後、東へ進んでアーカラじまはずれに入ろう。アーカラじまはずれを道なりに北へ進んでいけば、しまクイーンのライチが待つ、いのちのいせきに到着する。

STEP 4　スカル団幹部のプルメリに呼びとめられる

いのちのいせきへ進もうとすると、スカル団幹部のプルメリがポケモン勝負を挑んでくる。スカル団のしたっぱ団員を何度も倒してきた主人公に、仕返しをしに来たようだ。プルメリとの勝負を受けて立とう。

かてると　おもう　だけで　かてたら　いいのになあ

スカル団幹部の プルメリと対決！❶

「かわいい あいつらを いじめる あんたが ジャマなのよ」

●プルメリの「てもち」のポケモン

ゴルバット Lv.25	どく／ひこう	弱点：でんき・こおり・エスパー・いわ
ヤトウモリ Lv.26	どく／ほのお	弱点：じめん・みず・エスパー・いわ

共通の弱点は エスパーやいわタイプだ

ゴルバットとヤトウモリは、どちらもどくタイプのポケモンだ。共通の弱点である、エスパーやいわタイプのわざで攻撃しよう。ほのおタイプにも属しているヤトウモリを、じめんタイプのわざで攻撃すれば、通常の4倍のダメージを与えることができる。

STEP 5　プルメリは捨てゼリフを吐いて去っていく

プルメリとの対決に勝利すると、主人公のポケモントレーナーとしての実力を認めるが、次にじゃまをしたら本気でやっちまう、と捨てゼリフを吐いて去っていく。スカル団との戦いは、まだまだ続きそうだ。

STEP 6　ライチが待ついのちのいせきへ行こう

プルメリが立ち去ったら、アーカラの大試練に挑むため、ライチが待ついのちのいせきへ進もう（→P.288）。「てもち」のポケモンが弱っていても、この先で出会うリーリエに全回復してもらえる。

次の目的地　いのちのいせき

アーカラじまはずれの花の端の道をぬければ、いのちのいせきへ入れる。

アーカラじま
いのちのいせき

アーカラの守り神カプ・テテフをまつった遺跡

■入口

アーカラじまはずれ ▶P.285

☐ しまクイーンの
　ライチ

■深部

■内部

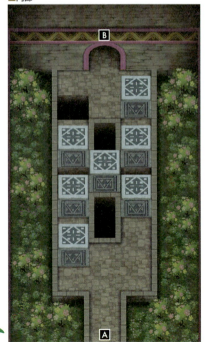

手に入るもの
☐ イワZ

「ムーランド　サーチ」で
見つかるどうぐ　0個

この遺跡で見つかる
ジガルデ・コアとジガルデ・セル
昼 0個 ／ 昼・夜 0個 ／ 夜 0個

じゃね！　わたしは　これから　ロイヤルマスクの　しあいが　あるの！

STEP 1　バーネットはかせとリーリエがやってくる

いのちのいせきを進んでいくと、バーネットはかせとリーリエがやってくる。リーリエは、コスモッグをいのちのいせきへ連れてくる途中で道に迷い、バーネットはかせに連れてきてもらったようだ。

ロイヤルマスクのファンだ

リーリエを連れてきたバーネットはかせは、ロイヤルマスクの試合を観戦するため、すぐに帰ってしまう。ロイヤルマスクの覆面の下の素顔も気になっているようだ。

STEP 2　リーリエにポケモンを全回復してもらおう

リーリエは、主人公の「てもち」のポケモンを全回復させた後、奥にあるのがアーカラの守り神、カプ・テテフの遺跡だ、と教えてくれる。リーリエは、すぐに遺跡へ行きたがるコスモッグに困り果てていた。

STEP 3　ライチがいのちのいせきから出てくる

リーリエと話をしていると、いのちのいせきから、しまクイーンのライチが現れる。ライチとの待ち合わせの場所が変わったのは、ライチがカプ・テテフに呼ばれて、いのちのいせきをきれいにしていたためらしい。

STEP 4　いよいよしまクイーンに挑戦だ

しまクイーンのライチにポケモン勝負を挑んで、アーカラの大試練を達成しよう。ライチの質問に「よろこんで！」と答えると、ポケモン勝負がはじまる。勝負の前に準備をしたいときは「ちょっとまって」を選ぼう。

アーカラの大試練
しまクイーン・ライチとのポケモン勝負

……さぁと アーカラ島 3人の キャプテンの試練を こなし！ 挑むは しまクイーン ライチの 大試練！ アーカラで 一番 ハードな ポケモン勝負 ガツンと いくよ！

かくとうやじめん、はがねタイプの ポケモンが有利だ

ライチがくり出すポケモンは、すべていわタイプだ。相手の弱点である、みず、くさ、かくとう、じめん、はがねタイプのわざで攻撃しよう。ライチのルガルガン まよなかのすがたは、いわタイプのZワザ「ワールズエンドフォール」を放ってくる。いわタイプのわざを弱点とする、ほのおやこおり、ひこう、むしタイプのポケモンが受けると、「ひんし」状態にされやすい。いわタイプのわざのダメージを受けにくい、かくとうやじめん、はがねタイプのポケモンで対抗し、攻守ともに戦闘を有利に進めよう。

●ライチの「てもち」のポケモン

ノズパス Lv.26
いわ
弱点 みず くさ かくとう じめん はがね

ガントル Lv.26
いわ
弱点 みず くさ かくとう じめん はがね

ルガルガン まよなかのすがた Lv.27
いわ
弱点 みず くさ かくとう じめん はがね

注意 Zワザを放つルガルガン

ルガルガン まよなかのすがたが放つ「ワールズエンドフォール」は、Zパワーの効果で、威力が格段に上がったいわタイプのZワザだ。

大試練達成後に手に入るもの

Zクリスタル イワZ

いわタイプのわざをおぼえたポケモンに使うと、ポケモンにZパワーを与え、Zワザを放てるようになるZクリスタルだ。

スタンプ アーカラのしれんたっせいのあかし

通信交換などで人と交換したポケモンでも、Lv.50までは言うことを聞いてくれるようになる。

STEP 5　ライチから「イワZ」を受け取る

ライチとの勝負に勝利してアーカラの大試練を達成したら、ライチからイワZを受け取ろう。ライチは、ゼンリョクを出し切り、「てもち」のポケモンとの最高のコンビネーションを見せた主人公をたたえてくれる。

STEP 6　いわタイプのゼンリョクポーズを授けられる

いわタイプのわざをおぼえているポケモンにイワZを使うと、Zパワーでわざを強めたZワザを放てる。ライチから、いわタイプのZワザを放つときにくり出すゼンリョクポーズを教えてもらおう。

カイリキーで奥へ進める

いのちのいせきの巨石を「カイリキー　プッシュ」で押し、床の穴に落としながら進んでいくと、いせきの深部へたどり着ける。巨石を押す順番を間違えたときは、いったん外に出るとやり直せる。

STEP 7　いせきの深部へはまだ進めない

いのちのいせきの内部は、巨石で通路がふさがれているため、先へ進めない。島巡りを進めて、ポニじま ポニのこどうでライドギアにカイリキーを登録してもらうと、進めるようになる。

殿堂入り後に守り神が姿を現す

殿堂入り後、いのちのいせきの深部にある石像を調べると、アーカラ島の守り神、カプ・テテフとの勝負がはじまる。HPをできる限りへらして、「ねむり」状態にした後、ボールを投げよう（→P.493）。

STEP 8　「リザードン　フライト」でカンタイシティへ飛ぼう

ライチに勝利した後、ハウがやってくる。ハウは、エーテル財団の支部長がハノハノリゾートで主人公を待っていることを教えてくれる。「リザードン　フライト」でカンタイシティへ飛び、ハノハノリゾートへ向かおう（→P.217）。

次の目的地　ハノハノリゾート

「リザードン　フライト」でカンタイシティへ飛んだ後、東へ進んでいこう。

ハノハノリゾート／ハノハノビーチ

アーカラじま

アローラ地方 最大の リゾート地 ホテルの 予約は 一年先まで 満杯

このビーチで出会えるポケモン

 キャモメ　みず／ひこう

 メノクラゲ　みず／どく

 ケイコウオ　みず

 ヒトデマン　みず

 スナバァ　ゴースト／じめん

 ナマコブシ　みず

■ハノハノビーチ

● 水上

ポケモン	昼	夜	仲間のポケモン		
☑ メノクラゲ	○	○	メノクラゲ	ー	ー
☑ ケイコウオ	○	○	ケイコウオ	ー	ー
☑ キャモメ	○	○	キャモメ	ー	ー
☑ ナマコブシ	○	○	ナマコブシ	ー	ー

● 水しぶき

ポケモン	昼	夜	仲間のポケモン		
☑ メノクラゲ	○	○	メノクラゲ	ー	ー

● 土けむり

ポケモン	昼	夜	仲間のポケモン		
☑ ヒトデマン	◎	◎	ヒトデマン	ー	ー
☑ スナバァ	○	○	スナバァ	ー	ー

手に入るもの

- ☑ サイコソーダ
- ☑ おだんごしんじゅ
- ☑ くろいメガネ
- ☑ ダイブボール
- ☑ どくけし
- ☑ あしあとリボン
- ☑ わざマシン45「メロメロ」
- ☑ メトロノーム

手に入るもの（殿堂入り後）

- ☑ わざマシン92「トリックルーム」

「ムーランド　サーチ」で 見つかるどうぐ　**6個**

◆ハノハノビーチで6個見つかります。

■ハノハノリゾート

ハノハノリゾートホテル

カンタイシティ ▶P.209

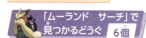

ペリッパーの　くちの　なかに　はいってみたい！　はこばれたい！

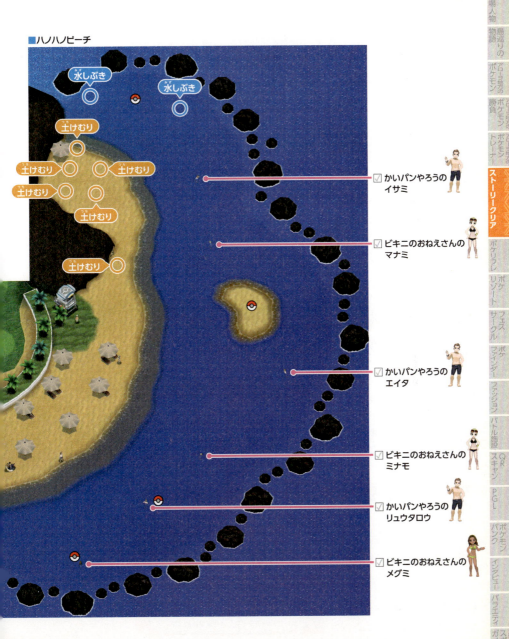

アーカラじま ▶ ハノハノリゾート／ハノハノビーチ

STEP 1　ナマコブシ投げのアルバイトに挑戦しよう

砂浜にいる男性に話しかけると、1日1回、ナマコブシ投げのアルバイトができる。砂浜に打ちあげられたナマコブシをすべて海へ投げよう。その後で男性に話しかけると、アルバイト代として、20000円をもらえる。

見えにくい場所をよく確認しよう

ナマコブシは、ビーチの広い範囲に打ちあげられている。ビーチパラソルの陰や、波打ち際など、見えにくい場所にかくれていることもある。すみずみまでチェックしよう。

STEP 2　「ラプラス　スイム」で水上をすべて回ろう

「ラプラス　スイム」で水上へ出て、すべてのポケモントレーナーを倒しながら、水底や小島に落ちているどうぐを集めよう。水底に落ちているどうぐは、ぜんぶで3つある。マップを見て、場所を確認しておこう。

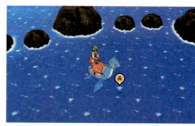

ナマコブシをつかまえよう

カンタイシティのブティックに、図鑑に登録されたナマコブシを見たがっているおじいさんがいた。ナマコブシは、ハノハノビーチの水上に生息している。（→P.211）。

STEP 3　エーテル財団の支部長と再会する

ハノハノリゾートホテルの中で、エーテル財団の支部長ザオボーが主人公を待っている。ザオボーは、主人公をエーテルパラダイスへ連れていってくれるという。エーテルパラダイスは、ポケモンを保護するための人工の島だ。

ジガルデ・セルの発見のヒント

「昼」の時間帯にハノハノビーチを訪れると、ジガルデ・セルが1個見つかる。ナマコブシ投げのアルバイトを募集している男性の近くを、よく探してみよう。

STEP 4　いったん断ってホテルの中を見て回ろう

ザオボーの誘いに「いいえ」と答えていったん断り、ホテルの中を散策しよう。ロビーにいる人に話しかけたり、どうぐを手に入れたりすることができる。大きな噴水や、水が流れる巨大なオブジェなど、見どころが多い。

だいたんな　ビキニで　だいたんに　せめちゃう！

STEP 5 「あしあとリボン」をつけてもらおう

ロビーの左端にいる男性は、ポケモンにあしあとリボンをつけてくれる。「てもち」のポケモンの中から、出会ったときと現在のレベルの差が30以上のポケモンを見せると、1匹に1つずつもらえる（→P.61）。

ケルディオとメロエッタにわざを教えてもらおう

ロビーには、ケルディオとメロエッタにわざを教えてくれる男性がいる。ケルディオにはわざ「しんぴのつるぎ」を、メロエッタにはわざ「いにしえのうた」を教えてくれる。

STEP 6 あやしげなカイリキーを救おう

カイリキーをしつこく触るゴルファーズにポケモン勝負を挑み、カイリキーを救おう。勝負に勝つと、カイリキーの着ぐるみを着て、モテようとしていた男性から、わざマシン45「メロメロ」をもらえる。

オーナーの娘はカヒリだ

ハノハノリゾートホテルのオーナーの娘は、世界クラスのゴルファー、カヒリだ。カヒリとは、島巡りの最後に訪れるウラウラじま ラナキラマウンテンで会える。ポケモンリーグ四天王の1人なのだ。

STEP 7 男性に話しかけてどうぐをもらおう

フロントの裏にいる男性に話しかけて「わかりました」を選び、ポケモン勝負をしよう。男性に勝利するとメトロノームをもらえる。ポケモンに持たせて同じわざを連続で使うと、威力が上がるどうぐだ。

STEP 8 エーテルパラダイスへ向かおう

ザオボーに話しかけて「はい」を選び、エーテルパラダイスへ向かおう（→P.296）。後からやってきたハウもいっしょだ。2人を見送りに来たククイはかせは、次はウラウラじま マリエていえんで会おう、と約束をする。

次の目的地
エーテルパラダイス

ザオボーに話しかけると、連絡船でエーテルパラダイスまで送ってもらえる。

モンスターボールの　しまいばしょ？　それは　かいパンやろうの　なぞだね

295

エーテルパラダイス

海上に 浮かぶ メガフロート エーテル財団の 研究施設が 集まる

■コレクションルーム

☑ エーテル代表の ルザミーネ

■2F：ほこく

エレベータ

■リビングルーム

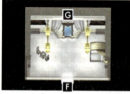

■エントランスルーム

■外周

ルザミーネの家

☑ スカル団ボスの グズマ

☑ スカル団の したっぱ

☑ スカル団の したっぱ

手に入るもの

- ☑ ながねぎ
- ☑ ふしぎなアメ
- ☑ わざマシン29 「サイコキネシス」
- ☑ スペシャルアップ
- ☑ わざマシン06 「どくどく」
- ☑ げんきのかたまり
- ☑ かいふくのくすり
- ☑ なんでもなおし
- ☑ マスターボール
- ☑ すごいキズぐすり

手に入るもの（殿堂入り後）

- ☑ おおきいマラサダ×2
- ☑ ウルトラボール×10
- ☑ あやしいパッチ
- ☑ シルヴァディ専用の メモリ（17種類）
- ☑ いでんしのくさび
- ☑ いましめのツボ
- ☑ こころのしずく

「ムーランド　サーチ」で 見つかるどうぐ　0個

◆エーテル財団の職員との戦闘は、ウラウラの大試練達成後に訪れたときに起こります。はじめて訪れたときは、戦闘はありません。

わたしの ことは なまえではなく かたがきで およびなさい

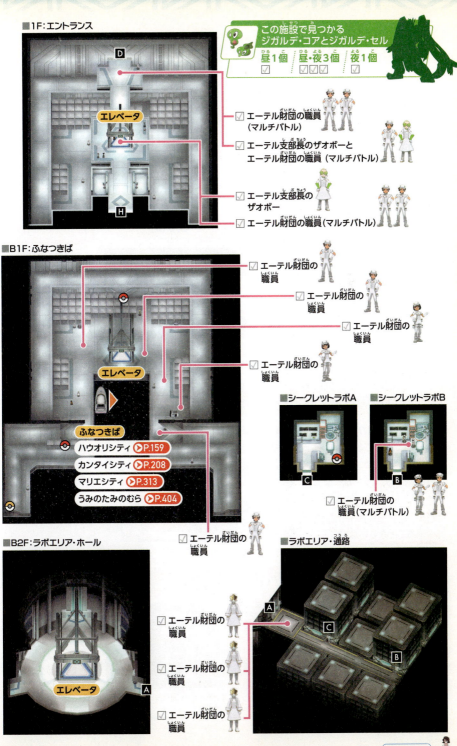

エーテルパラダイス

STEP 1 支部長の紹介でビッケと出会う

エーテルパラダイスに着いて船から降りると、支部長のザオボーはその場を離れ、女性が話しかけてくる。女性の名はビッケ。職員から、主人公やハウの活躍を聞いていたらしい。ビッケに館内を案内してもらおう。

STEP 2 ビッケが2Fのほごくへ案内してくれる

1Fのエントランスを案内してもらった後、主人公とハウは2Fへ移動する。ビッケは、エーテルパラダイスでポケモンをどのように保護しているかを聞かせてくれた後、エーテル財団の代表が2Fにいることを教えてくれる。

「ながねぎ」はカモネギのどうぐだ

1Fの北側の出口にいる職員に話しかけると、ながねぎをもらえる。カモネギに持たせると、わざが急所に当たりやすくなるどうぐだ。アローラ地方にカモネギは生息していない。『ポケモンバンク』で連れてこよう。

STEP 3 1Fのエントランスへ行ってみよう

ビッケの案内がおわると、自由に行動できるようになる。エーテル代表に会う前に、他のフロアを見て回ろう。1Fでは、職員や訪れている客から話を聞ける。ただし、北や南にある出口から外へ出ることはできない。

セキチクシティは過去作に登場した街だ

1Fの中央にいる観光客から、セキチクシティのサファリゾーンの話を聞ける。セキチクシティは、『ポケモン 赤・緑』のカントー地方にある街で、サファリゾーンが有名だ。

STEP 4 B1Fのふなつきばへ行ってみよう

エレベータを調べて、B1Fへ移動しよう。B1Fは、エーテルパラダイスに降りたったフロアだ。職員から話を聞いたり、どうぐを集めたりしよう。西へ進み、さらに南へ進んだ先は、作業員に止められて進めない。

ホドモエシティにいた職員と出会える

B1Fの東側にいる職員は、イッシュ地方のホドモエシティでポケモンの世話をしていた、と教えてくれる。ホドモエシティは、『ポケモンブラック・ホワイト・ブラック2・ホワイト2』に登場する街だ。

STEP 5　B2Fのラボエリアへ行ってみよう

エレベータを調べて、B2Fへ移動しよう。このフロアには、シークレットラボが2つある。ただし、はじめて訪れたときは、職員が立っていて、奥へ進めないようになっている。他には何もないので、2Fへもどろう。

STEP 6　2Fのほごくで代表のルザミーネと出会う

2Fへ上がったら、北へ進もう。北側の中央へ進むと、エーテル代表のルザミーネと出会う。ルザミーネは、主人公とハウに自己紹介する。そして、傷ついたポケモンを助け、母のように愛している、と想いを語る。

ルザミーネは40歳を過ぎている

ハウの言葉を受けて、ルザミーネは、うれしそうに、40歳を超えていることを伝える。美しい見た目と実年齢のギャップの大きさには、誰もがハウと同じようにびっくりするはずだ。

STEP 7　突然の地震で空間に大きな穴が開く

ルザミーネと話をしていると、突然地震が起こる。ビッケは、「地下から……　でしょうか」とつぶやく。エーテルパラダイスの地下に何かあるのだろうか。その直後、まばゆい光を放ちながら、空間に巨大な穴が開く。

STEP 8　謎の穴から未知の生き物が姿を現す

突然目の前に開いた穴から、見たことのない生き物が姿を現す。みんなが驚いている中、ルザミーネだけは、その存在を知っているかのように冷静だ。突然現れたこの生き物は、どのような存在なのだろうか。

れんらくせんの　ほかにも　かもつせんで　いろいろ　はこぶのさ

エーテルパラダイス

STEP 9 謎の生き物を倒そう

ハウは、謎の生き物に近づこうとするルザミーネを止めるのに必死だ。その間に、謎の生き物を倒そう。謎の生き物に話しかけると、戦いに突入する。話しかける前に、レポートを書いておこう。

じぇるるっぷ……！！

?????はつかまえられない

エーテルパラダイスの中は、ボールの機能を封じる妨害電波を出しているため、ボールを使うことができない。?????との戦いでも、ボールを使えないため、つかまえることができない。

?????を倒そう！

????? Lv.27
いわ どく
とくせい●ビーストブースト

?????は、オーラの効果で「ぼうぎょ」が2段階も上がっている。とくしゅわざで攻撃すると有利だ。じめんやみずタイプなどのわざで弱点を突こう。5ターンが経過すると、倒さなくても?????は逃げていく。?????は、殿堂入り後につかまえることができる（→P.459）。

弱点 ×4 じめん みず エスパー はがね

STEP 10 ルザミーネが謎の言葉を残す

?????が姿を消すと、ルザミーネは、連れ去られたあのコが必要だ、とつぶやく。また、?????はウルトラホールから現れたウルトラビーストだ、という。ルザミーネはいったい何を知っているのだろうか。

ルザミーネ
あのコが ひつよう ね
つれさられた あのコが……

STEP 11 ビッケからどうぐをもらおう

ビッケの案内でB1Fを訪れた主人公とハウは、3番目の島、ウラウラじまへ向かうことになる。別れ際、主人公はビッケからわざマシン29「サイコキネシス」をもらえる。威力90のエスパータイプのとくしゅわざだ。

しゅうは わざマシン29
「サイコキネシス」を てにいれた！

どうにも ならないことは わすれるのが ハッピーさ

STEP 12 ハウといっしょに次の島へ出発しよう

ビッケに見送られて、主人公とハウは、ウラウラじまへ向かう船に乗り込む。船では、ハウとエーテルパラダイスでの出来事をふり返る。ウラウラじまでは、どんな冒険が待っているだろうか(→P.312)。

ウラウラの大試練達成後　リーリエを探すために探索しよう

グラジオの情報を頼りに、主人公はエーテルパラダイスにたどり着く。グラジオは、エーテルパラダイスにくわしいようだが、リーリエがどこにいるかはわからないらしい。職員たちと戦いながら探索しよう。

職員たちが戦いを挑んでくる
はじめて訪れたときは親切に対応してくれた職員たちが、リーリエ救出のために訪れたときは、襲いかかってくる。上からの命令で行動しているようだが、なぜ急に態度が変わったのだろうか。

ウラウラの大試練達成後　エレベータで1Fへ移動しよう

B1Fを探索したら、フロアの中央にあるエレベータに近づこう。グラジオとハウがやってきて、グラジオがエレベータを調べてくれる。関係者以外は地下へ行けないことがわかり、全員で1Fへ向かうことになる。

なぜかグラジオはこの場所にくわしい
グラジオは、エーテルパラダイスの内部にくわしく、ザオボーから「グラジオさま」と呼ばれている。エーテルパラダイスの関係者なのだろうか。なぜスカル団の用心棒をしているのだろうか。

ウラウラの大試練達成後　支部長のザオボーが待ちかまえていた

エレベータで1Fへ上がると、ザオボーが話しかけてくる。グラジオもザオボーも、おたがいをよく知っているような口ぶりで言葉を交わす。勝負を挑んでくるザオボーに勝利して、リーリエを見つける手がかりを得よう。

エーテルパラダイス

エーテル支部長のザオボーと対決！

エーテルパラダイス最後の砦と呼ばれるこの支部長ザオボーにお子さまの相手をしろと？よろしいでしょう！

むしやゴースト、あくタイプのわざで弱点を突こう

ザオボーがくり出すポケモンは、スリーパー1匹だけだ。ただし、わざ「かなしばり」でこちらのポケモンが使えるわざを制限したり、エスパータイプのわざ「サイコキネシス」で強力な攻撃を仕掛けてきたりする。むしやゴースト、あくタイプのわざで攻撃して、一気に倒そう。

● ザオボーの「てもち」のポケモン

スリーパー Lv.39
エスパー
弱点　むし　ゴースト　あく

ウラウラの大試練達成後

ザオボーの協力で地下へ降りられるようになる

主人公との勝負に敗れたザオボーは、エレベータのロックを解除して、地下へ降りられるようにしてくれる。グラジオの「準備できたか？」という問いに「はい」と答えよう。グラジオやハウと、B2Fへ降りていける。

1Fでポケモンを全回復できる

グラジオの「準備できたか？」という問いに「いいえ」と答えると、自由に行動できるようになる。エレベータで1Fへ行き、南側の受付にいる人に話しかけると、ポケモンを全回復してもらえる。

ウラウラの大試練達成後

捜索のためにB2Fへ降りていこう

B2Fへ降りると、グラジオから、シークレットラボAとシークレットラボBがあることを教えてもらえる。そして、グラジオの指示で、主人公はハウといっしょに、シークレットラボBの捜索をすることになる。

パラダイスにいるポケモンがあんしんできるよう たたかわねば！

ハウから「げんきのかたまり」をもらえる

シークレットラボBへ向かう前に、ハウが話しかけてきて、げんきのかたまりをくれる。「ひんし」状態からポケモンのHPを全回復するどうぐだ。フレンドリィショップでは買えない貴重などうぐなので、大切に使おう。

エーテル財団の職員との3連戦に勝利しよう

シークレットラボBへ続く通路を進むと、3人のエーテル財団の職員が行く手をはばむ。この3人とは、連続して戦うことになる。戦闘がはじまると、中断することはできない。倒されないように、回復しながら戦おう。

特殊なボールを開発している

行く手をはばむエーテル財団の職員の2人目を倒すと、エーテルパラダイスで新しいボールを開発していることを教えてもらえる。ウルトラビーストをつかまえられる特殊なボールらしい。

職員からコスモッグの秘密を聞こう

行く手をはばむエーテル財団の職員の3人目を倒すと、コスモッグがウルトラホールを開くためのカギだ、ということを教えてもらえる。リーリエがコスモッグとともに連れ去られたのも、このことが理由のようだ。

ハウと組んで職員を相手にマルチバトルだ

通路を突き当たりまで進んだ先にあるシークレットラボBに入ると、エーテル財団の職員が2人がかりで襲ってくる。ハウとタッグを組んで、マルチバトルで勝負に挑もう。ハウは、Lv.38のライチュウ アローラのすがたをくり出す。

エーテルパラダイス

ウラウラの大試練達成後 シークレットラボBで棚を調べよう

職員を倒したら、シークレットラボBの中を探索しよう。部屋の右奥にある棚を調べると、「エーテル レポート ウルトラホール」を読める。ウルトラホールの奥にウルトラビーストがいる、という報告をまとめた書類だ。

シークレットラボAは後で調べよう

シークレットラボBへ向かう途中、シークレットラボAの扉の前に、グラジオが立っている。グラジオに立ちふさがれて、中には入れない。シークレットラボAは、シークレットラボBを訪れた後で入れるようになる。

ウラウラの大試練達成後 シークレットラボBで机を調べよう

入口の東側にある机を調べると、「エーテルレポート コスモッグ」を読める。これによると、コスモッグはウルトラビーストの一種とのこと。ストレスを与えると、ウルトラホールを開ける習性があるらしい。

ウラウラの大試練達成後 シークレットラボAでファイルを読もう

シークレットラボBを出ると、グラジオが待っていた。グラジオとハウは、エレベータへ向かっていく。先へ進む前に、シークレットラボAに入り、棚のファイルを読もう。タイプ:ヌルの特徴を深く理解できる。

ザオボーのブログをチェックしよう

シークレットラボAの机にあるパソコンを調べると、「支部長Sのブログ」を読める。名前は書かれていないものの、悪い上司の見本のような内容から、書いたのはザオボーとみて間違いない。

ウラウラの大試練達成後 エレベータで1Fへ上がろう

通ってきた通路をもどり、エレベータへ向かうと、グラジオとハウはすでに上のフロアへ行ったらしく、姿が見えない。2人の後を追おう。エレベータの操作盤を調べて「1F:エントランス」を選ぶと、1Fへ上がれる。

あっ おまえら なんだ！ きたない てで さわるな！！

再びハウと組んで職員を相手にマルチバトルだ
【ウラウラの大試練達成後】

1Fへ上がると、エーテル財団の職員たちがエレベータを囲んでいた。グラジオやハウも身動きがとれずにいる。ハウから協力を頼まれて、エーテル財団の職員2人を相手にマルチバトルに挑む。

ビッケがポケモンを全回復してくれる
【ウラウラの大試練達成後】

職員とのマルチバトルに勝利すると、ビッケがやってくる。ビッケは、他の職員と違い、主人公たちの味方のようだ。主人公のポケモンを全回復してくれる。また、リーリエが代表のところにいることも教えてくれる。

「ぼっちゃま」と呼ばれるグラジオ

ビッケは、グラジオを「ぼっちゃま」と呼び、主人公とハウを驚かせる。グラジオは、いったいどういう人物なのだろうか。髪の色や雰囲気がエーテル代表のルザミーネに似ているが……。

グラジオと組んで職員を相手にマルチバトルだ
【ウラウラの大試練達成後】

エレベータから北へ進むと、閉ざされたシャッターの前に、ザオボーと職員たちがいた。今度はグラジオとタッグを組んで、職員を相手にマルチバトルに挑むことになる。グラジオは、Lv.38のゴルバットをくり出す。

ルザミーネは見た目と違う？

2度目にエーテルパラダイスを訪れたときは、雰囲気がガラリと変わっている。すべてはルザミーネの意向と思われるが、あの優しそうな顔の裏に、何がかくされているのだろうか。

ついにザオボーとマルチバトルで対決する
【ウラウラの大試練達成後】

いよいよザオボーが勝負を挑んでくる。グラジオは、主人公とハウにザオボーの相手を任せる。ハウと組んで、ザオボーとエーテル財団の職員の2人を相手に、マルチバトルに挑もう。

グラジオとリーリエの関係は？

スカル団の用心棒でありながら、コスモッグの身を案じ、主人公たちに忠告をしてきたグラジオ。いっしょに乗り込んだエーテルパラダイスでも、リーリエを探すために必死だ。グラジオとリーリエの関係は？

エーテルパラダイス

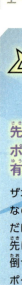

エーテル支部長のザオボーと職員を相手にマルチバトル！

先に職員のポケモンを倒して有利に戦おう

ザオボーのポケモンが3匹なのに対して、職員は1匹だけ。職員のレディアンを先に倒そう。レディアンを倒せば、相手はザオボーのポケモンだけとなり、有利に戦える。むしやゴースト、あくタイプのわざが共通の弱点だ。弱点を突いて、すばやく勝利しよう。

●ザオボーの「てもち」のポケモン
- ヤドラン Lv.39 みず/エスパー 弱点: くさ でんき むし ゴースト あく
- ハギギシリ Lv.39 みず/エスパー 弱点: くさ でんき むし ゴースト あく
- スリーパー Lv.40 エスパー 弱点: むし ゴースト あく

●職員の「てもち」のポケモン
- レディアン Lv.38 むし/ひこう 弱点: いわ ほのお でんき こおり ひこう

ウラウラの大試練達成後 — ザオボーからカギを手に入れて奥へ進もう

ザオボーたちとのマルチバトルに勝利すると、ザオボーは、しぶしぶシャッターを開けるカギを手渡す。グラジオとハウはシャッターを開け、ひと足先にエントランスを北へ進んでいった。後を追いかけて、北へ進んでいこう。

ハウ「ザオボーさん カギ ありがとうー」

ウラウラの大試練達成後 — したっぱ団員とグズマが待ちかまえていた

エントランスから北へ進んだ先では、スカル団ボスのグズマが待ちかまえていた。したっぱ団員たちも、主人公たちをじゃますけかのように並んでいる。団員たちを倒しながら、ルザミーネの家へ続く道を進もう。

ハウ「しゅう！ スカルだん やっつけるよー！！」

「まぶしい やつらだ…… キラキラしてやがる……」

ウラウラの大試練達成後 スカル団ボスのグズマと再び対決だ

ルザミーネの家の前に、グズマが立ちはだかっている。グズマは、スポンサーのルザミーネのために、主人公にポケモン勝負を仕掛けてくる。勝たなければ先へ進めない。リーリエを救うために、全力で倒そう。

グラジオはグズマに敗北している

主人公がしたっぱ団員たちと戦っている間に、グラジオはグズマと勝負していた。だが、負けてしまったようだ。主人公が2人の元へたどり着いたとき、グラジオはがっくりと肩を落としていた。

スカル団ボスのグズマと対決！ ❸

おまえが 煙たいのは
ふりはらっても
まとわりつくからだ
火元から 消さねえとな！

ひこうやいわタイプのわざが共通の弱点だ

グズマのポケモンは、ポータウンで戦ったときからレベルが4上がり、さらにアメモースとカイロスの2匹が加わっている。4匹ともひこうやいわタイプのわざが共通の弱点だ。弱点を攻めて、大ダメージを与えよう。

● グズマの「てもち」のポケモン

グソクムシャ Lv.41 — むし / みず — 弱点：でんき ひこう いわ
アリアドス Lv.40 — むし / どく — 弱点：ほのお ひこう エスパー いわ
アメモース Lv.40 — むし / ひこう — 弱点：ほのお でんき こおり いわ
カイロス Lv.40 — むし — 弱点：ほのお ひこう いわ

ウラウラの大試練達成後 北へ進んでルザミーネの家に入ろう

勝利すると、グズマは道を開けてくれる。いよいよルザミーネの家に乗り込むことになる。扉を開けて、中へ入ろう。エントランスルームから、さらに奥に進んだ先のリビングルームで、ルザミーネが待ちかまえている。

ジガルデ・セルの発見のヒント

ルザミーネの家に入る前に、外周を見て回ろう。家の西側に、「昼」の時間帯だけ現れるジガルデ・セルが1個存在する。「夜」の時間帯に訪れたときは、「昼」の時間帯に改めて訪れよう。

しまめぐりで チャンピオンを めざす アローラの こども…… おそるべし！

リーリエをさらったのは母のルザミーネだった

ウラウラの大試練達成後

ルザミーネの家のリビングルームに入ると、中にルザミーネとリーリエがいた。リーリエを連れ去ったのは、ルザミーネだった。さらに、2人の会話から、ルザミーネがリーリエの母、という衝撃の事実が判明する。

家族関係が明らかになる

ルザミーネは、コスモッグを連れ去ったリーリエと、タイプ：ヌルを連れて家を出たグラジオに怒りをあらわにする。2人はルザミーネの子どもたちであることが判明した。

ルザミーネを追ってワープパネルに乗ろう

ウラウラの大試練達成後

コスモッグを悪用しようとするルザミーネから守るため、リーリエはコスモッグを連れて家を出ていた。そのことが許せないルザミーネは、リーリエの必死の願いも聞かず、秘密の部屋へ移動してしまう。後を追おう。

秘密の部屋は悪夢のような光景だ

ウラウラの大試練達成後

秘密の部屋は、ルザミーネのコレクションルームだった。ついに本性を現したルザミーネは、コスモッグを使ってたくさんのウルトラホールを開け、アローラ地方でウルトラビーストを暴れさせるのだ、と言い放つ。

コスモッグの力が強引に発揮させられる

ウラウラの大試練達成後

リーリエやグラジオが必死に止めるが、ルザミーネはまったく耳を貸さない。ルザミーネは、ケージに入れたコスモッグをかかげてストレスを与え、ついにウルトラホールを出現させてしまう。

ウルトラホールが開いてしまう

ウラウラの大試練達成後

ルザミーネによってコスモッグの力がむりやり引きだされ、天井に開いたウルトラホールから謎の生き物が姿を現す。そして、アローラ地方の各地でも、次々とウルトラホールが開いてしまう。アローラ地方の危機だ。

アローラ地方中にウルトラビーストが姿を現す

ウラウラの大試練達成後

各地のウルトラホールから、異形のポケモンが姿を現す。ウルトラビーストだ。散歩中のハラは、ウルトラビーストに襲われそうになる。メレメレじまだけでなく、ウルトラビーストは他の島にも降りたっているようだ。

『ポケットモンスター サン』の場合

『ポケットモンスター ムーン』の場合

母の言葉にめげずグラジオが立ち上がる

ウラウラの大試練達成後

ルザミーネはグズマに、自分の子どもたちといっしょに主人公を排除するように命じる。だがグラジオは、そんな仕打ちにもめげず、ウルトラビーストの成敗を誓う。そして主人公に、ルザミーネの制止を託す。

守り神としまキングがアローラを守る

アローラ地方の各島を襲ったウルトラビーストたちには、それぞれの島のしまキングやしまクイーン、そして守り神が立ち向かった。彼らの活躍で、アローラ地方の平和は守られた。

主人公に襲いかかるルザミーネを倒そう

ウラウラの大試練達成後

グラジオやリーリエから願いを託され、主人公はルザミーネと向きあう。だが、自分のことしか頭にないルザミーネに、子どもたちの願いは届かない。ルザミーネは、主人公に全力で襲いかかってくる。

エーテルパラダイス

エーテル代表の ルザミーネと対決！❶

まずは あなたを
静かに させないとね

● ルザミーネの「てもち」のポケモン

ピクシー Lv.41
フェアリー
弱点 どく はがね

ドレディア Lv.41
くさ
弱点 ほのお こおり どく ひこう むし

ムウマージ Lv.41
ゴースト
弱点 ゴースト あく

ミロカロス Lv.41
みず
弱点 くさ でんき

キテルグマ Lv.41
ノーマル かくとう
弱点 かくとう ひこう エスパー フェアリー

ポケモンを交代させて弱点を突こう

ルザミーネのくり出すポケモンは、弱点がバラバラだ。相手に応じてポケモンを交代させ、確実に弱点を突こう。ルザミーネのキテルグマは、「ぼうぎょ」が高い。クリティカットを使ってわざを急所に当てるか、とくしゅわざを使って大ダメージを与えよう。

ウラウラの大試練達成後
ルザミーネとグズマが姿を消してしまう

主人公との戦いに敗れた後、ルザミーネはグズマを連れて、消えゆくウルトラホールに吸い込まれていく。そして、ウルトラホールが消えると同時に、2人の姿も消えてしまう。2人は別世界へ飛ばされたのだ。

コスモッグの姿が変わる

ルザミーネが別世界へ消えた後、リーリエはコスモッグがいたケージに駆けよる。だがそこにいたのは、姿が変わり、眠ったままのコスモッグだった。コスモッグの身に何が起きているのだろうか。

ウラウラの大試練達成後
リーリエを探すために外へ出よう

ルザミーネのコレクションルームを出ると、ビッケが待っていた。ビッケの手配で、全員が体を休めることになる。翌日、ビッケから、リーリエが外で待っている、といわれる。ルザミーネの家のリビングルームを出て、外周へ向かおう。

ビッケ
リーリエさまが おやしきの そとで おまちです

マネー くれれば どんな まね だってするよ！

ウラウラの大試練達成後
イメチェンしたリーリエの話を聞こう

外周を少し進むと、白い服を着たポニーテールの少女と出会う。イメージチェンジをしたリーリエだった。コスモッグを助けるため、そしてルザミーネを救うために気合を入れた、リーリエのゼンリョクの姿だ。

ハウは試練をほったらかしだった

ハウは、ウラウラじまのアセロラの試練をほったらかして、エーテルパラダイスに来ていた。事件をきっかけに、強くなりたい、という思いが高まったようだ。ハウはポニじまに同行せず、ここから別行動することになる。

ウラウラの大試練達成後
グラジオがリーリエにふえを託す

グラジオがやってきて、リーリエにつきのふえ（たいようのふえ）を手渡す。アローラ地方には、ふえの音色で伝説のポケモンを呼びだす言い伝えがある。ふえは、ルザミーネのコレクションルームにあったようだ。

ウラウラの大試練達成後
グラジオから「マスターボール」をもらおう

リーリエにふえを託した後、グラジオは主人公に、マスターボールを手渡す。どんなポケモンでも必ずつかまえられる究極のボールだ。つかまえるのが難しいポケモンと出会ったときに活用しよう。

エーテルパラダイスを回ろう

B1Fのふなつきばから船に乗る前に、エーテルパラダイスをすみずみまで見て回ろう。B1Fでグラジオに話しかけた後でも、「いいえ」を選べば、自由に行動できる。

ウラウラの大試練達成後
ふなつきばから次の島へ出発しよう

南へ進み、エントランスのエレベータを調べて、B1Fへ向かおう。エレベータの南側のふなつきばで、グラジオとリーリエが待っている。グラジオに話しかけて「はい」を選び、4番目の島、ポニじまへ向かおう（→P.404）。

ジガルデ・セルの発見のヒント

エーテルパラダイスの外周の南側へは、ルザミーネが姿を消した翌日以降、はじめて行けるようになる。ここに、「夜」の時間帯だけ現れるジガルデ・セルが1個存在する。エントランスから出て西へ進んだ先だ。

マリエシティ

ウラウラじま

オリエンタルな 雰囲気 ただよう 街 めずらしい デザインの 建物が 並ぶ

マリエシティはずれのみさき ▶P.329
マリエとしょかん
マリエちいきセンター
ヘアサロン
ブティック
マリエていえん ▶P.323
ローリングドリーマー
マラサダショップ
10ばんどうろ ▶P.333
11ばんどうろ ▶P.344

手に入るもの

- ふしぎなおきもの
- なかよしリボン
- つめたいいわ
- さらさらいわ
- あついいわ
- しめったいわ
- わざマシン76「そらをとぶ」
- ラブラブボール
- アクZ
- れいかいのぬの
- わざマシン21「やつあたり」
- わざマシン27「おんがえし」

「ムーランド サーチ」で 見つかるどうぐ 0個

いってみたかった せりふが あるんだ ようこそ！ マリエシティへ！

フレンドリィショップ(右の店員)

☐ わざマシン019「はねやすめ」	10000円
☐ わざマシン023「うちおとす」	10000円
☐ わざマシン040「つばめがえし」	10000円
☐ わざマシン042「からげんき」	10000円
☐ わざマシン051「はがねのつばさ」	10000円
☐ わざマシン066「しっぺがえし」	10000円
☐ わざマシン069「ロックカット」	10000円
☐ わざマシン075「つるぎのまい」	10000円
☐ わざマシン078「じならし」	10000円
☐ わざマシン089「とんぼがえり」	10000円

ローリングドリーマー

☐ Zカイセキ　〜ニンジャ〜	4000円
☐ Zカイセキ　〜サムライ〜	4000円
☐ Zカイセキ　〜ゲイシャ〜	4000円
☐ Zカイセキ　〜オチムシャ〜	4000円

◆食事をすると、ハートのウロコを4個もらえます。

カフェスペース

☐ ミックスオレ	198円
☐ モーモーミルク	198円
☐ ロズレイティー	198円

マラサダショップ

☐ カラサダ	200円
☐ ニガサダ	200円
☐ おおきいマラサダ	350円

ほりだしものいち(左側の男の子)

☐ ひかりのいし　3000円 (『ポケモン サン』)	
☐ やみのいし　3000円 (『ポケモン ムーン』)	

自動販売機(じょうせんじょ)

☐ サイコソーダ	300円
☐ サイコソーダ	300円
☐ サイコソーダ	300円

自動販売機(マリエちいきセンター)

☐ おいしいみず	200円
☐ サイコソーダ	300円
☐ ミックスオレ	350円

◆ほりだしものいちで商品を買えるのは、ウラウラの大試練達成後です。

◆ブティックとほりだしものいちで買えるファッションアイテムは579ページを見よう。▶

カンタイシティ ▶P.208
エーテルパラダイス ▶P.297

ポケモンセンター

じょうせんじょ

ポケモントレーナーの　ハウ

しまキングの　クチナシ (ポータウン探訪後)

この街で見つかる
ジガルデ・コアとジガルデ・セル
昼1個 ／ 昼・夜0個 ／ 夜1個
☐　　　　　☐　　　　　☐

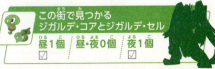

ぬしポケモンの　おそろしさを　しれば　たいていのこと　のりきれるよね！

ウラウラじま ▶ マリエシティ

STEP 1　ハウとポケモン勝負をしよう

エーテルパラダイスから乗ってきた船を降りると同時に、ハウからポケモン勝負を申し込まれる。直前に主人公のポケモンを全回復してもらえるので、「いいよ」を選び、久しぶりのハウとの勝負を楽しもう。

ポケモントレーナーの ハウと勝負！⑤
イーブイの進化形が加わっている
前回のアーカラじま オハナタウンでの戦いと比べ、イーブイの進化形が加わっている。

●ハウの「てもち」のポケモン

STEP 2　マリエていえんの入口にリーリエがいる

じょうせんじょから西へ進んでいくと、道の途中にリーリエが立っている。まずは、マリエていえんを訪れて、ククイはかせに会いに行こう。

なんにも しないで ダラダラして すごす じかんに うつくしい ものが あるのね

STEP 3 マリエていえんを訪れよう

ククイはかせと会う約束をしているマリエていえんは、マリエシティの北にある。ポケモンセンターの前の道を西へ進み、さらに北へ進んだ先だ。ククイはかせに会うために、マリエていえんをめざして進もう(→P.322)。

次の目的地　マリエていえん

じょうせんじょから西へ、ポケモンセンターの脇を北へ進んだ先にある。

マリエていえん探訪後　リーリエとマリエとしょかんへ向かおう

マリエていえんからもどり、街の西へ進もうとすると、リーリエに話しかけられる。リーリエは、マリエとしょかんで読みたい本がある、という。先に出発したリーリエの後を追って、マリエとしょかんへ向かおう。

リーリエ
よみたい ほんが ありまして
いっしょに さがしてほしいのです

ジガルデ・セルの発見のヒント

マリエシティの街の中、マリエていえんの入口のそばに、「昼」の時間帯だけ現れるジガルデ・セルが1個存在する。リーリエと出会う場所の近くをよく探してみよう。

マリエていえん探訪後　ナリヤ・オーキドと出会う

西へ進むと、近づいてくる男性を見て、ロトム図鑑が飛びだしてくる。ロトム図鑑の生みの親の1人、ナリヤ・オーキドだった。ナリヤ・オーキドは自己紹介した後、マリエとしょかんへの道を主人公に伝え、去っていく。

オーキド
やあやあ はじめまして
わたしは ナリヤ・オーキド

カントー地方のはかせのいとこだ

リージョンフォームの研究家であるナリヤ・オーキドは、カントー地方のオーキドはかせのいとこだ。顔はそっくりだが、日焼けした顔にアロハシャツと短パン姿。雰囲気は大きく異なる。

マリエていえん探訪後　ローリングドリーマーで食事しよう

ローリングドリーマーは、4000円で懐石料理を楽しめるレストランだ。どのメニューを選んでも、食後に店員からハートのウロコを4個もらえる。立てつづけに食事をして、ハートのウロコを集めることもできる。

……ヨクゾ マイラレタ
……シテ ヨウケンハ?

しまキングと食事を楽しめる

ウラウラの大試練でクチナシに勝利した後、ローリングドリーマーを訪れよう。「Zカイセキ　〜オチムシャ〜」を注文すると、クチナシがやってくる。ごちそうしてもらえるうえに、ハートのウロコを8個もらえる。

わたしは みちを おしえたくて たまらない おまわりさん

ウラウラじま ▶ マリエシティ

街の人とポケモンを交換しよう
【マリエていえん探訪後】

ローリングドリーマーの中にいる女性が、ヤンチャムとピンプクを交換してくれる。ヤンチャムは、次の目的地である10ばんどうろに生息している。つかまえたら、ピンプクと交換してもらおう。

おまわりさんが道を教えてくれる
さまざまな店が並ぶエリアの南側、11ばんどうろへ続く道に立っているおまわりさんは、マリエシティの道案内をしてくれる。行き先がわからなくなったら、話しかけて教えてもらおう。

ブティックで新しいアイテムを買おう
【マリエていえん探訪後】

マリエシティのブティックでは、タンクトップやデニムジーンズなど、カジュアルなスタイルのアイテムを中心に販売している。『ポケモン サン』と『ポケモン ムーン』、主人公の性別によって、売られるアイテムが異なる。

『ポケットモンスター サン』の場合

『ポケットモンスター ムーン』の場合

トゲデマルをつかまえて男性に図鑑を見せよう
【マリエていえん探訪後】

ブティックの中にいる男性に話しかけて「いいですよ」を選ぶと、トゲデマルの図鑑を見せてほしい、と頼まれる。トゲデマルは、ホテリやまの草むらに生息している。島巡りを進めて、トゲデマルをつかまえよう。

おこづかいをもらえる
ウラウラじま ホテリやまの草むらでトゲデマルをつかまえたら、再びブティックの中にいる男性に話しかけよう。図鑑を見せると、お礼として、10000円のおこづかいをもらえる。

マリエちいきセンターを訪れよう
【マリエていえん探訪後】

リーリエと待ち合わせしているマリエとしょかんは、ブティックやヘアサロンの北にある。マリエとしょかんの隣には、マリエちいきセンターがある。リーリエと会う前に、マリエちいきセンターに立ち寄ろう。

トリミアンのカットをしてもらえる
マリエシティのヘアサロンにいるバッドガール姿の女性に話しかけると、1回500円でトリミアンのカットをしてもらえる。トリミアンは、アローラ地方には生息していない。『ポケモンバンク』で連れてこよう。

そうだよ…… ひとは みんな ローリングな ドリーマーだから

マリエていえん探訪後　「なかよしリボン」をつけてもらおう

マリエちいきセンターへ行き、中にいる女の子に話しかけよう。ポケリフレで「なかよし」を最高に高めたポケモンが「てもち」の先頭にいると、女の子から なかよしリボン をもらえる。ポケモンをかわいがった証だ(→P.61)。

マリエていえん探訪後　天候のクイズに答えてどうぐをもらおう

マリエちいきセンターの廊下を東へ進み、最初の部屋に入ろう。女性に話しかけると、天候に関するクイズを4問出題される。答えていくと、最後に つめたいいわ、さらさらいわ、あついいわ、しめったいわ をもらえる。

マリエていえん探訪後　レアな柄のアイテムを手に入れよう

マリエちいきセンターの廊下を東へ進み、奥の部屋に入ろう。ほりだしものいちが開催されている。右側にいる女性に話しかけると、『ポケモン サン』の場合はぼうし、『ポケモン ムーン』の場合はくつを買える。

マリエていえん探訪後　マリエとしょかんの前でハプウと再会する

マリエとしょかんの前へ進むと、リーリエが待っていた。2人で話していると、アーカラじま6ばんどうろで会ったハプウがやってくる。リーリエとハプウは初対面だ。あいさつを交わした後、ハプウは去っていく。

> **ジガルデ・セルの発見のヒント**
> マリエちいきセンターの中に、「夜」の時間帯だけ現れるジガルデ・セルが1個存在する。「夜」の時間帯に、すみずみまで回って見つけ出そう。

ウラウラじま・マリエシティ

マリエていえん探訪後 ナリヤ・オーキドにペルシアンを見せよう

マリエとしょかんの奥に、ナリヤ・オーキドがいる。話しかけて、リージョンフォームの話を聞こう。「てもち」にペルシアン アローラのすがたがいる状態で話しかけると、ナリヤ・オーキドから**ラブラブボール**をもらえる。

ニャースをなつかせて進化させよう

ペルシアン アローラのすがたは、野生では出現しない。メレメレじま トレーナーズスクールなどに出現するニャース アローラのすがたをつかまえ、十分になつかせてからレベルアップさせよう（→P.73）。

マリエていえん探訪後 マリエとしょかんの2階で伝説のポケモンの本を読もう

階段を上がると、リーリエが伝説のポケモンの本を探している。そこへ、不思議な少女が現れ、リーリエに本を読ませてくれる。リーリエはマリエとしょかんに残り、主人公は次の試練へ出発することになる。

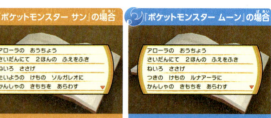

マリエていえん探訪後 マリエシティはずれのみさきを訪れよう

次の試練に出発する前に、マリエシティはずれのみさきへ行ってみよう。マリエシティはずれのみさきは、マリエシティの北側にある。街の西の端にある道を北へ進んでいくと、たどり着ける（→P.328）。

「そらをとぶ」をもらおう

マリエとしょかんにいる女性に話しかけると、アローラ地方での移動方法について2つ質問される。答えると、最後にわざマシン76「そらをとぶ」をもらえる。どのように答えても大丈夫だ。

マリエていえん探訪後 試練をめざして10ばんどうろへ行こう

マリエシティと、マリエシティはずれのみさきを見て回ったら、次の試練へ向けて出発だ。ククイはかせと、10ばんどうろで会う約束をしている。街の西の端から、10ばんどうろへ向かおう（→P.332）。

次の目的地
10ばんどうろ

マリエシティの西の端から、10ばんどうろを道なりに進んだ先に目的地がある。

じみね！ ベトベトンの ように はでな ふくを きないと ふけこむわ

マーマネの試練達成後　ククイはかせを探しにマリエていえんへ行こう

ホクラニだけでマーマネの試練を達成したら、ククイはかせに会いに行こう。ククイはかせは、マリエていえんにいる。ポケモンセンターの西側にある道を北へ進み、マリエていえんに入っていこう(→P.325)。

次の目的地　マリエていえん

「リザードン フライト」でポケモンセンターの前に到着したら、北へ進む。

グズマと対決後　次の試練をめざして11ばんどうろへ行こう

11ばんどうろはキャプテンミニゲートでふさがれていたが、マーマネの試練を達成したことで、通れるようになっている。次の試練の場は、11ばんどうろの先にある。11ばんどうろへ向かおう(→P.344)。

次の目的地　11ばんどうろ

道案内のおまわりさんが立っている場所から南へ進み、道なりに進もう。

ポータウン探訪後　グラジオといっしょにじょうせんじょへやってくる

15ばんすいどうのエーテルハウスからグラジオに連れられてきたのは、マリエシティのじょうせんじょだった。グラジオは、リーリエが連れ去られた場所を知っているようだ。どこへ向かおうとしているのだろうか。

ポータウン探訪後　しまキングのクチナシと勝負だ

グラジオといっしょにハウの到着を待っていると、クチナシがやってくる。クチナシは突然、しまキングであることを告げ、主人公に勝負を申し込んでくる。ウラウラの大試練だ。気を引きしめて、大試練に挑もう。

ウラウラの大試練
しまキング・クチナシとのポケモン勝負

おじさん しまキング なのよ　だから 相手しなよ　島巡りチャンピオンに なるための　経験ってのやるからよ　ま 軽くね

フェアリータイプのわざならすべての弱点を突ける

クチナシがくり出すポケモンは、すべてあくタイプだ。ヤミラミとワルビルはそれぞれ2つのタイプに属しているが、フェアリータイプのわざなら、相手のすべてのポケモンに共通する弱点となる。クチナシのペルシアン アローラのすがたは、あくタイプのZワザ「ブラックホールイクリプス」を放ってくる。あくタイプのわざを弱点とするエスパーやゴーストタイプのポケモンが受けると、「ひんし」状態になってしまう危険性が高い。クチナシがペルシアン アローラのすがたをくり出したら、すぐに、エスパーやゴーストタイプ以外のポケモンに交代させよう。

●クチナシの「てもち」のポケモン

注意 Zワザを放つペルシアン

ペルシアン アローラのすがたが放つ「ブラックホールイクリプス」は、Zパワーの効果で、威力が格段に上がったあくタイプのZワザだ。

大試練達成後に手に入るもの

Zクリスタル アクZ
あくタイプのわざをおぼえたポケモンに使うと、ポケモンにZパワーを与え、Zワザを放てるようになるZクリスタルだ。

スタンプ　ウラウラのしれんたっせいのあかし

通信交換などで人と交換したポケモンでも、Lv.65までは言うことを聞いてくれるようになる。

はれでも あめでも フラフラと ダンスを おどるのよ

ポータウン探訪後 クチナシから「アクZ」を受け取る

クチナシに勝利すると、ウラウラの大試練は達成だ。クチナシは、主人公のポケモンを全回復してくれた後、あくタイプのZクリスタル、アクZを手渡してくれる。あくタイプのわざをおぼえたポケモンに使おう。

ちいきセンターで進化のいしを買おう

ウラウラの大試練を達成したら、マリエちいきセンターへ行こう。ほりだしものいちの左側にいる男の子に話しかけると、『ポケモン サン』ならひかりのいし、『ポケモン ムーン』ならやみのいしを、3000円で買える。

ポータウン探訪後 あくタイプのゼンリョクポーズを授けられる

クチナシは、あくタイプのゼンリョクポーズを教えてくれる。無表情でぶっきらぼうなクチナシは、最後にユニークなポーズを決める。その姿を見て、ギョッと驚くグラジオの顔にも注目だ。

「れいかいのぬの」をもらおう

ウラウラの大試練を達成すると、ポケモンセンターにミミッキュを連れた女の子が現れる。話しかけると、れいかいのぬのをもらえる。アローラ地方には生息していないが、サマヨールをヨノワールに進化させるどうぐだ。

ポータウン探訪後 少し遅れてハウが合流する

ハウがじょうせんじょに到着する。楽しい旅にはならないことを告げるグラジオに、ハウも決意を見せる。目の前でリーリエをさらわれたことや、逆にリーリエに守られたことが、ハウの気持ちを引きしめたようだ。

2種類のわざマシンが手に入る

ウラウラの大試練達成後、「夜」にマラサダショップへ行こう。ヤレユータンに話しかけて「受け取る」を選ぶと、わざマシン21「やつあたり」をもらえる。その直後、おまわりさんからわざマシン27「おんがえし」をもらえる。

ポータウン探訪後 エーテルパラダイスに乗り込もう

グラジオは、これから向かうのはエーテルパラダイスだ、という。あまりに意外な場所で、ハウもびっくりしている。だが、グラジオは確信している。グラジオを信じて、いっしょにエーテルパラダイスへ向かおう（→P.301）。

次の目的地 エーテルパラダイス

グラジオやハウと訪れるときは、自動的に移動することになる。

ウラウラじま
マリエていえん

マリエシティの奥に広がる 自然豊かな庭園

この庭園で出会えるポケモン

レディアン	アリアドス	ニャース アローラのすがた	チュリネ ムーン	モンメン サン	コダック
むし・ひこう	むし・どく	あく	くさ	くさ・フェアリー	みず

コイキング	ギャラドス	アメモース	オニシズクモ	ニョロモ	ニョロゾ
みず	みず・ひこう	むし・ひこう	みず・むし	みず	みず

ニョロボン	ニョロトノ	トサキント	アズマオウ	ポワルン	
みず・かくとう	みず	みず	みず	ノーマル	

●草むら Ⓐ Ⓑ Ⓒ Ⓓ Ⓔ Ⓕ Ⓖ Ⓗ

ポケモン	昼	夜	仲間のポケモン			「あめ」のときの仲間	「あられ」のときの仲間	「すなあらし」のときの仲間
✓ ニョロモ	◎	◎	ニョロモ	–	–	ニョロボン	ポワルン	ポワルン
✓ ニャース アローラのすがた	◎	◎	ニャース アローラのすがた	–	–	ニョロゾ	–	–
✓ オニシズクモ	○	–	オニシズクモ	–	–			
✓ アメモース	–	○	アメモース	–	–	ニョロトノ		
✓ レディアン	○	–	レディアン	–	–			
✓ アリアドス	–	○	アリアドス	–	–			
✓ コダック	△	△	コダック	–	–			
✓ モンメン サン	△	△	モンメン	–	–			
✓ チュリネ ムーン	△	△	チュリネ	–	–			

●つりスポット Ⓐ Ⓑ Ⓒ Ⓓ

ポケモン	昼	夜	仲間のポケモン		
✓ コイキング	◎	◎	ギャラドス	コイキング	–
✓ トサキント	◎	◎	アズマオウ	トサキント	–

●つりスポット Ⓓ（レア）

ポケモン	昼	夜	仲間のポケモン		
✓ コイキング	◎	◎	コイキング	ギャラドス	–
✓ トサキント	◎	◎	トサキント	アズマオウ	–

手に入るもの
- ✓ グラスシード
- ✓ ゴージャスボール
- ✓ おおきなキノコ
- ✓ いかりまんじゅう
- ✓ ジュナイパーZ
- ✓ ガオガエンZ
- ✓ アシレーヌZ
- ✓ でかいきんのたま
- ✓ ふうせん

「ムーランド　サーチ」で見つかるどうぐ **1個**

◆この場所では「ムーランド　サーチ」は使えません。

ほら　ヤドンも　のんびり　しよーよ　って　のんびり　してるか　だって　ヤドン　だもんね

ウラウラじま ▶ マリエていえん

STEP 1　北にある橋の前でハウが立ちふさがる

マリエていえんに入ると、ハウからお茶屋があることを教えてもらえる。ククイはかせは、きっとお茶屋にいるはずだ。正面の橋は、ハウがいるため通れない。ハウの言葉にしたがって、橋を渡らずに周りから進もう。

ライドポケモンは禁止の場所だ

マリエていえんでは、「リザードン　フライト」以外のポケモンライドが禁止されている。かくされたどうぐが1個あるが、「ムーランド　サーチ」は使えない。自分の力で見つけだそう。

STEP 2　マリエていえんを散策しよう

橋の場所から東へ進むと行き止まりだが、まずは東側を回ろう。すべてを見て回ったら、いったん橋へもどり、今度は西へ進もう。どうぐを集めたり、ポケモントレーナーと戦ったりしながら、お茶屋をめざそう。

池に秘密がある

マリエていえんの池のそばに、女性が立っている。ウラウラの大試練を達成した後、「昼」の時間帯に訪れ、女性に話しかけよう。池がどのポケモンの形をしているかを答えると、ふうせんをもらえる。

STEP 3　ククイはかせがいるお茶屋をめざそう

お茶屋のベンチに座っているククイはかせに近づこう。すると、ハウもやってきて、3人が合流する。ククイはかせは、主人公やハウから、エーテルパラダイスで何があったのかを聞きたくて、ワクワクしている。

STEP 4　ククイはかせに事件を報告をしよう

主人公とハウは、ククイはかせにエーテルパラダイスでの事件を報告する。ウルトラホールやウルトラビーストの話を聞いたはかせは、いつかウルトラホールの先へ行けるようになるかもしれない、と想像をふくらませる。

トラベルを　してると　すべてを　みせたくなるの！

STEP 5　ククイはかせから次の試練を教えてもらう

ククイはかせは、次の試練がホクラニだけで行われることを教えてくれる。ハウは、マラサダショップへ立ち寄りたいから、という理由で、後から来ることになる。ホクラニだけへは、10ばんどうろからバスで行くようだ。

STEP 6　マリエシティへもどろう

ククイはかせと待ち合わせした10ばんどうろのバス停へ向かおう。マリエていえんを出て西へ進んだ先に10ばんどうろがある。出発前に、ポケモンセンターに立ち寄って、ポケモンを全回復しておこう（→P.315）。

次の目的地
10ばんどうろ

待ち合わせ場所のバス停は、10ばんどうろを道なりに西へ進んだ先にある。

マーマネの試練達成後　スカル団ボスのグズマとククイはかせがいる

ククイはかせを探すためにマリエていえんを訪れると、はかせがスカル団のしたっぱ団員たちに囲まれていた。そこへボスのグズマが姿を現す。グズマは、ククイはかせがポケモンリーグを造ることに反対のようだ。

マーマネの試練達成後　グズマと対決してスカル団を退散させよう

グズマは、アローラ地方の島巡りの慣習自体が気に入らないらしい。何か深い理由でもあるのだろうか。グズマは、ククイはかせが大切にしているものを壊す、といって、主人公にポケモン勝負を仕掛けてくる。

ウラウラじま ▶ マリエていえん

スカル団ボスのグズマと対決！❶

「破壊という言葉が人の形をしているのがこのオレさまグズマだぜぇ！」

●グズマの「てもち」のポケモン

グソクムシャ Lv.31
むし / みず
弱点　でんき　ひこう　いわ

アリアドス Lv.30
むし / どく
弱点　ほのお　ひこう　エスパー　いわ

ひこうやいわタイプのわざで弱点を突ける

グズマのポケモンは、2匹ともむしタイプだが、弱点が異なっている。ひこうやいわタイプのわざが共通の弱点だ。グソクムシャは、とくせい「ききかいひ」の効果で、HPがへると自動的に交代する。弱点を突いて、一気に倒そう。

マーマネの試練達成後 ── ククイはかせから特別なZクリスタルをもらおう

グズマに勝利すると、スカル団は去っていく。その後、ククイはかせからZクリスタルをもらえる。最初に選んだポケモンがモクローならジュナイパーZ、ニャビーならガオガエンZ、アシマリならアシレーヌZだ。

しゅうは ジュナイパーZ を てにいれた！

殿堂入り後にすべて手に入る

ククイはかせからは、ジュナイパーZ、ガオガエンZ、アシレーヌZの中から1種類しかもらえない。だが、殿堂入り後、主人公の家にやってきたハウから、残りの2種類をもらえる。最終的にはすべてが手に入るのだ。

マーマネの試練達成後 ── はかせが「はかせのふくめん」を受け取る

ククイはかせは、主人公がマーレインからあずかったはかせのふくめんを見つけだす。「ぼくからロイヤルマスクに返すから」といわれ、ククイはかせにはかせのふくめんをあずけることになる。

しゅうは はかせに はかせのふくめんを わたした！

ボタンを押さずにじっくり見よう

ククイはかせにはかせのふくめんを渡す場面では、ボタンを押さずにしばらく待とう。画面の中央に表示された覆面が、ゆっくりとククイはかせの顔に重なり、まるでククイはかせが覆面をかぶっているように見える。

きょうは ポケモンのひ！

マーマネの試練達成後 アセロラから次の目的地を聞こう

ククイはかせにはかせのふくめんをあずけた後、リーリエとアセロラがやってくる。アセロラから、次の目的地がカプのむらだと教えてもらえる。カプのむらは、11ばんどうろを越えた先にあるようだ。

マーマネの試練達成後 マリエシティへもどろう

次の試練の場をめざして11ばんどうろへ向かうため、マリエシティにもどろう。南へ進めば、マリエシティだ。11ばんどうろは、マリエシティを西へ進み、おまわりさんのいる場所を南へ進んだ先にある（→P.319）。

グズマと対決後 5人勝ちぬき戦に挑戦しよう

グズマと対決後にマリエていえんを訪れると、橋にポケモントレーナーたちが並んでいる。そばにいる男の子によると、この橋はゴールデンボールブリッジというらしい。5人に勝ちぬくと、ごほうびをもらえる。

グズマと対決後 ロケット団に勧誘されてしまう

5人のポケモントレーナーに勝利すると、最後に男性が待ちかまえている。ごほうびのでかいきんのたまをくれた後、なんと、ロケット団に勧誘される。断ると、男性がポケモン勝負を挑んでくる。倒して、男性の話を聞こう。

セリフまで過去作と同じだ

ゴールデンボールブリッジは、『ポケモン 赤・緑』に登場した場所だ。ポケモントレーナーや、最後に待ちかまえる男性のセリフまで、すべて過去作と同じ。プレイしたことのある人なら、懐かしく感じるだろう。

ウラウラじま
マリエシティはずれのみさき

人と ポケモンの 共同運営施設 リサイクルプラントが 有名な 岬

この岬で出会えるポケモン

デカグース
ノーマル

ラッタ アローラのすがた
あく ノーマル

コイル
でんき はがね

ベトベター アローラのすがた
どく あく

ヤブクロン
どく

ダストダス
どく

手に入るもの
- [x] どくけし
- [x] きんのたま
- [x] フレンドボール
- [x] スピーダー
- [x] まがったスプーン

「ムーランド サーチ」で
見つかるどうぐ　0個

草むら Ⓐ Ⓑ Ⓒ

ポケモン	昼	夜	仲間のポケモン		
☑ ヤブクロン	○	○	ダストダス	ヤブクロン	ー
☑ ベトベター アローラのすがた	○	○	ベトベター アローラのすがた	ー	ー
☑ コイル	○	○	コイル	ー	ー
☑ デカグース	○	ー	デカグース	ー	ー
☑ ラッタ アローラのすがた	ー	○	ラッタ アローラのすがた	ー	ー

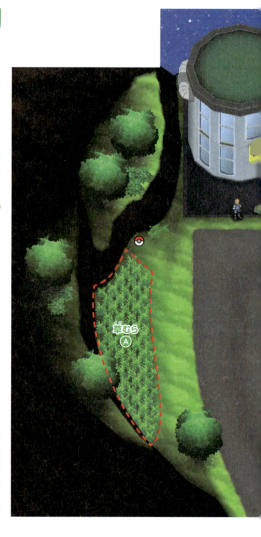

クリーン　クリーン！　せいそういんは　たたかいかたも　クリーン　です！

ウラウラじま ▶ マリエシティはずれのみさき

STEP 1　ナリヤ・オーキドからベトベターの話を聞こう

リサイクルプラントの駐車場に、ナリヤ・オーキドがいる。話しかけて、ベトベター アローラのすがたの話を聞こう。聞きおえると、ナリヤ・オーキドからフレンドボールをもらえる。その後、ナリヤ・オーキドは立ち去る。

STEP 2　振付師ミブリの弟子になろう

リサイクルプラントの駐車場にいる男性は、振付師のミブリ。話しかけると、ミブリの弟子となり、バトルスタイルを習得できる（→P.668）。ミブリに話しかけると、バトルスタイルを変更できる。

ジガルデ・セルの発見のヒント

マリエシティはずれのみさきには、「昼」の時間帯だけに現れるジガルデ・セルが1個存在する。「昼」の時間帯に訪れたら、ミブリが立っている辺りをよく探してみよう。

●8種類のバトルスタイル（キメポーズ）

ふつうなスタイル	かれいなスタイル	おとめなスタイル	いのりなスタイル	キザなスタイル

ひだりなスタイル	もえてるスタイル	アイドルスタイル

STEP 3　リサイクルプラントの社長と息子に出会う

リサイクルプラントの入口に近づくと、男性たちの会話が聞こえてくる。2人は、リサイクルプラントの社長とその息子。社長は、ふがいない息子を正式に採用することができず、息子は自信を失っている様子だ。

キャーッ！　あとがまちゃん！　なにか　け・い・け・ん　したね！

STEP 4　リサイクルプラントの社長と勝負をしよう

主人公がしまめぐりのあかしを持っていることに気づいた社長は、主人公にポケモン勝負を申し込んでくる。何か狙いがあるようだ。「いいですよ」を選んで、引き受けよう。社長は、ベトベトン アローラのすがたをくり出す。

STEP 5　ポケモン勝負をして息子を奮いたたせよう

社長は、今度は息子にもポケモン勝負をするように命じる。社長の言葉に勇気を出して、息子がポケモン勝負を挑んでくる。「つきあいます」を選んで、息子と勝負しよう。勝つと、社長からまがったスプーンをもらえる。

STEP 6　マリエシティへもどろう

先代と新社長になった2人との勝負をおえたら、マリエシティへもどろう。次の試練の場所は、ホクラニだけ。まずは、ククイはかせと待ち合わせをしている10ばんどうろのバス停をめざそう(→P.318)。

へへ！　さすがだな！　やるじゃねえか！　あんた！

10ばんどうろ

ウラウラじま

ポケモンの すみかに 囲まれた 道 ホクラニ岳の 山道に つながっている

- スカル団の したっぱ
- スカル団の したっぱ
- ホクラニだけ ▶P.336
- バス停
- おまわりさんの マモル
- 影
- 草むら C
- 草むら B
- 影
- おとなのおねえさんの アキナ

手に入るもの
- とけないこおり
- まひなおし
- ヨクアタール

きのみのなる木で手に入るきのみ
- ザロクのみ
- ネコブのみ
- タポルのみ
- ロメのみ
- ウブのみ
- マトマのみ
- アッキのみ(レア)

「ムーランド サーチ」で 見つかるどうぐ 2個

●草むら A B C

ポケモン	昼	夜	仲間のポケモン		
オニドリル	○	○	オニドリル	−	−
デカグース	○	−	デカグース	−	−
ラッタ アローラのすがた	−	○	ラッタ アローラのすがた	−	−
レディアン	−	○	レディアン	−	−
アリアドス	−	○	アリアドス	−	−
ヤンチャム	△	△	ヤンチャム	ゴロンダ	−
エアームド	△	△	エアームド	−	−

●ポケモンの影

ポケモン	昼	夜	仲間のポケモン		
オニドリル	◎	◎	オニドリル	−	−
エアームド	○	○	エアームド	−	−

きの ちかくを あるいていたら ポケモンが あたまに おちてきた！ ツイてるんだか ツイてないんだか

この道路で出会えるポケモン

デカグース
ノーマル

ラッタ アローラのすがた
あく ノーマル

レディアン
むし ひこう

アリアドス
むし どく

オニドリル
ノーマル ひこう

エアームド
はがね ひこう

ヤンチャム
かくとう

ゴロンダ
かくとう あく

この道路で見つかる ジガルデ・コアとジガルデ・セル

昼1個	昼・夜0個	夜0個
☑		

きのみのなる木
ポケモン全回復
草むら A
マリエシティ P.312

☐ ファイヤーマンの アツシ

かじばの バカぢからっ！

ウラウラじま ▶ 10ばんどうろ

STEP 1　おばあさんのヌイコグマを探しだそう

10ばんどうろにいるおばあさんに話しかけると、ヌイコグマを探してほしい、と頼まれる。「いいですよ」を選んで、引き受けよう。8匹すべてを見つけると、お礼にとけないこおりと、15000円のおこづかいをもらえる。

●8匹のヌイコグマがいる場所

1匹目　ファイヤーマンのアツシの向かい

ファイヤーマンのアツシの向かいに、木々が密集している。その影にかくれている。

2匹目　きのみのなる木の東側

きのみのなる木の東側にある木にかくれている。西側から近づくと、姿を確認できる。

3匹目　きのみのなる木の真後ろ

きのみのなる木の真後ろにかくれている。西側から近づくと、姿を確認できる。

4匹目　おとなのおねえさんのアキナの正面

おとなのおねえさんのアキナのほぼ正面、おとくなけいじばんの南側にいる。

5匹目　おとなのおねえさんのアキナの西側

おとなのおねえさんのアキナの西側にある草むらの中にかくれている。

6匹目　おとくなけいじばんの真後ろ

おとくなけいじばんの真後ろにかくれている。西側から近づくと、姿を確認できる。

7匹目　おまわりさんのマモルの隣

おまわりさんのマモルがいる草むらの中にかくれている。

8匹目　おまわりさんのマモルの向かい

おまわりさんのマモルがいる草むらの向かい側にいる。

STEP 2　木からポケモンの影がぶつかってくる

10ばんどうろでは、木からポケモンが飛びだしてくる。木に近づくと、ガサガサとゆれ、ポケモンの影が主人公にぶつかってくるのだ。出現するポケモンは、オニドリルとエアームド。ちなみに、2匹とも草むらにも出現する。

みちゆく おねえさんが きになる？ それとも ポケモンが きになる？

STEP 3　きのみのなる木を調べてきのみを手に入れよう

10ばんどうろで、きのみのなる木の根元にあるきのみの山を調べると、ザロクのみ、ネコブのみ、タポルのみ、ロメのみ、ウブのみ、マトマのみが手に入る。きのみの山が大きいと、アッキのみが手に入ることがある。

ポケモンを全回復してくれる

きのみのなる木のそばに、しれんサポーター姿の女性が立っている。話しかけると、ポケモンを全回復してもらえる。次の試練が待つホクラニだけへ、万全の状態で進んでいこう。

STEP 4　バス停を奪おうとするスカル団を倒そう

ククイはかせと待ち合わせをしているバス停に近づくと、スカル団のしたっぱ団員たちが話しかけてくる。バス停の標識を持って帰ろうとしていたのだ。2人のしたっぱ団員たちとの連戦に勝利して、バス停を守ろう。

ジガルデ・セルの発見のヒント

10ばんどうろには、「昼」の時間帯だけに現れるジガルデ・セルが1個存在する。おとなけいじばんの北側にいるエリートトレーナー姿の男性のそばを探してみよう。

STEP 5　ククイはかせとホクラニだけへ向かおう

スカル団のしたっぱ団員たちが去ると同時に、ククイはかせがやってくる。ホクラニだけへは、バスに乗って向かうことになる。バス停を調べて「はい」を選ぶと、ナッシーバスがやってくるので乗ろう（→P.336）。

次の目的地　ホクラニだけ

バスに乗ると、ホクラニてんもんだいの目の前に到着する。

マーマネの試練達成後　バスを降りてマリエシティへもどろう

ホクラニてんもんだいを出たら、バスに乗ろう。運転手に話しかけて「はい」を選ぶと、10ばんどうろのバス停にもどれる。次の目的地は、ククイはかせが待っているマリエていえんだ（→P.319）。

ウラウラじま
ホクラニだけ

フェスサークルの管理人マーマネがいるホクラニ天文台がそびえ立つ

■ホクラニだけ

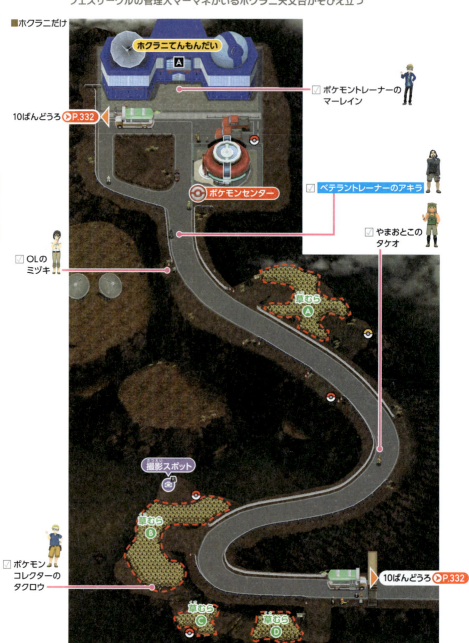

ポケモンが　てつだって　くれるから　やまのうえでも　パトロールできるよ！

この岳で出会えるポケモン

- ラッキー（夜）／ノーマル
- オニドリル／ノーマル・ひこう
- エアームド／はがね・ひこう

- メタモン／ノーマル
- ピィ（夜）／フェアリー
- ピッピ（夜）／フェアリー

- メテノ りゅうせいのすがた／いわ・ひこう
- ダンバル／はがね・エスパー

この岳で見つかる ジガルデ・コアとジガルデ・セル

昼0個	昼・夜0個	夜1個
		☑

「ムーランド サーチ」で見つかるどうぐ　1個

◆ホクラニだけで1個見つかります。

■所長室

C

■廊下

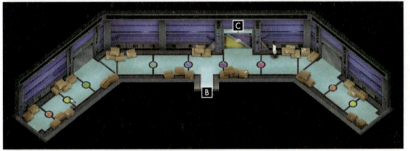

■エントランス

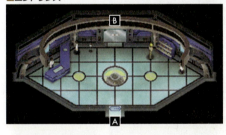

手に入るもの
- ☑ わざマシン72「ボルトチェンジ」
- ☑ スピードボール
- ☑ ヘビーボール
- ☑ まんたんのくすり
- ☑ わざマシン95「バークアウト」
- ☑ レベルボール
- ☑ ムーンボール
- ☑ すいせいのかけら
- ☑ デンキZ
- ☑ ハガネZ
- ☑ はかせのふくめん

フレンドリィショップ（右の店員）
- タウリン　　　10000円
- ブロムヘキシン 10000円
- リゾチウム　　10000円
- キトサン　　　10000円
- インドメタシン 10000円
- マックスアップ 10000円

カフェスペース
- ミックスオレ　198円
- エネココア　　198円
- ロズレイティー 198円

● 草むら Ⓐ Ⓑ Ⓒ Ⓓ

ポケモン	昼	夜	仲間のポケモン		
☑ オニドリル	◎	○	オニドリル	ー	ー
☑ メテノ	○	○	メテノ	ー	ー
☑ ダンバル	△	△	ダンバル	ー	ー
☑ エアームド	△	△	エアームド	ー	ー
☑ メタモン	△	△	メタモン	ー	ー
☑ ピィ	ー	△	ピッピ	ラッキー	ピィ

おれは カフェで まったり あいぼうは ポケリゾートで のんびり

ウラウラじま ▶ ホクラニだけ

STEP 1　ククイはかせの夢を聞かせてもらえる

10ばんどうろから乗ったバスが、ホクラニだけに到着する。ククイはかせは、遠くに見えるラナキラマウンテンを見ながら、ラナキラマウンテンにポケモンリーグを造る、という壮大な夢を聞かせてくれる。

> **バスに乗ってもどれる**
> 舗装道路を下りきった場所に、バスが停まっている。これに乗ると、10ばんどうろのバス停へもどることができる。また、ホクラニてんもんだいのそばに停まっているバスに乗っても、10ばんどうろへもどれる。

STEP 2　すご腕のベテラントレーナーとすぐには戦えない

ポケモンセンターのそばにいるベテラントレーナー姿の男性は、すご腕のポケモントレーナーだ。ホクラニだけにいる3人のポケモントレーナーを倒した後、はじめて勝負を挑める。全員に勝った後で話しかけよう。

STEP 3　バスで通ってきた道を歩いてもどろう

ホクラニだけは、舗装道路が10ばんどうろまで続いている。ポケモントレーナーと戦ったり、どうぐを集めたりしながら、舗装道路を下っていこう。ガードレールの切れ目から、道路の脇にも出られる。

STEP 4　撮影スポットで写真を撮ろう

道路の脇へ出た先にある崖に、撮影スポットがある。ポケファインダーを起動して、ポケモンの写真を撮ろう。ダンバルやメタングを撮影できる。ピッピ、ピクシー、ジバコイルは、「夜」だけ出現する（→P.570）。

> **撮影スポット**
> **崖の先端**
>
>
> 草むらⓑを北へぬけた先に、撮影スポットがある。

ふぁ！？　あるいて　くだるの？　つぎの　バスていまで　とおいぞ？

STEP 5 ホクラニてんもんだいへもどろう

すべてを見て回ったら、ホクラニてんもんだいの前へもどろう。下りきった場所に停まっているバスに乗ると、10ばんどうろへもどってしまう。「リザードン フライト」でホクラニだけへ飛べば、瞬時にもどれる。

STEP 6 すご腕のベテラントレーナーに戦いを挑もう

3人のポケモントレーナーと戦った後で、すご腕のベテラントレーナーに話しかけ、勝負を申し込もう。あくタイプのZワザを放つアブソルを倒して勝利すると、わざマシン95「バークアウト」をもらえる。

STEP 7 ナリヤ・オーキドからメテノの話を聞こう

ポケモンセンターの東側に、ナリヤ・オーキドがいる。宇宙から降ってくる、といわれるメテノの話を聞こう。聞きおえると、ナリヤ・オーキドからムーンボールをもらえる。話の後、ナリヤ・オーキドは立ち去る。

マーレインはボックスの管理者だ

ポケモンをあずけられるパソコンのボックスは、カントー地方のマサキがつくったシステムだ。アローラ地方では、マーレインがボックスを管理しているらしい。

STEP 8 マーレインとポケモン勝負だ

ホクラニてんもんだいの入口に、男性が立っている。男性の名はマーレイン。ククイはかせとは、昔からの知り合いらしい。マーレインは、主人公が試練に挑戦する資格があるか確かめる、といって勝負を挑んでくる。

ククイはかせはロイヤルマスク?

マーレインは、ククイはかせのことを「ロイヤルマスクくん」と呼ぶ。本人は決して認めていない。だが、マーレインはニコニコしながら、ククイはかせをロイヤルマスクと呼びつづけるのだ。

| ウラウラじま ▶ ホクラニだけ

ポケモントレーナーの
マーレインとポケモン勝負！

「むかしは ククイとも 冒険し 鍛えた トレーナーの 腕前…… 存分に 披露させてもらう！」

● マーレインの「てもち」のポケモン

エアームド Lv.29
はがね ひこう
弱点 ほのお でんき

メタング Lv.29
はがね エスパー
弱点 ほのお じめん ゴースト
あく

ダグトリオ アローラのすがた Lv.30
じめん はがね
弱点 ほのお みず かくとう
じめん

ほのおタイプのわざなら全員の弱点を突ける

マーレインは、はがねタイプの使い手だ。3匹のポケモンのタイプは異なるが、ほのおタイプのわざが共通の弱点だ。エアームドにはでんきタイプ、メタングとダグトリオ アローラのすがたには、じめんタイプのわざも有効だ。マーレインがくり出すポケモンに合わせて、こちらもポケモンを交代させながら、弱点を突こう。

STEP 9 ホクラニてんもんだいへ入っていこう

マーレインに勝利すると、ホクラニてんもんだいの中に入れるようになる。所長室には、キャプテンのマーマネがいる。入口でどうぐをもらったり、研究員たちに話しかけたりしながら、所長室をめざそう。

STEP 10 マーマネの試練に挑戦しよう

所長室に入ると、マーマネが話しかけてくる。マーマネは、てっとり早く試練に挑戦できるように、ぬしポケモンを呼びだすマシンを製作したらしい。はじめて使うというマシンの実験につきあって、試練を達成しよう。

マーマネ
マシンは はじめて つかうから
じっけんに おつきあい ください

ジガルデ・セルの発見のヒント

ホクラニだけのホクラニてんもんだいの中に、「夜」の時間帯だけに現れるジガルデ・セルが1個存在する。「夜」の時間帯に、廊下をすみずみまで回って見つけだそう。

やまおとこの だいこうぶつは でかくて ごつい ポケモンさ！ つぎに おおもりライスよ！

マーマネの試練

ウラウラじまの
キャプテン
マーマネ

そして 作ってみたのが ぬしポケモンを 呼びだす マシン だったりする……
マシンは はじめて 使うから 実験に おつきあい ください
ぬしポケモン こいこい マーク2 スイッチ オン！

●マーマネの試練を達成する3つの条件

1. 「ぬしポケモン こいこい マーク2」が出す音声クイズに答える
2. 扉が開くことに現れるポケモンを倒す
3. ぬしポケモンのクワガノンを倒す

試練達成後に手に入るもの　Zクリスタル でんきタイプのわざをおぼえたポケモンに使うと、Zワザを放てるようになるZクリスタルだ。

試練達成のヒント　クイズの音声は何度でも聞き直せる

マーマネの試練は、出題される音が何かを当てる音声のクイズ。間違えると、ポケモンと戦うことになる。「もういっかいきく」を選べば何度でも聞き直せるし、時間制限もない。あわてずに正解を考えよう。

ぬしのクワガノンと勝負！

複数を同時に攻撃できるわざ「いわなだれ」が効果的だ

ぬしのクワガノンは、戦闘開始と同時にオーラをまとい、「こうげき」「ぼうぎょ」「とくこう」「とくぼう」「すばやさ」を1段階ずつ上げる。クワガノンはオッカのみを持っているため、弱点のほのおタイプのわざで攻撃しても、最初の1回は受けるダメージを弱めてしまう。クワガノンが呼ぶ仲間のデンヂムシは、弱点がクワガノンと同じ。ほのおとでんきタイプだ。「てもち」にいわタイプのわざ「いわなだれ」を使えるポケモンがいれば、ぬしにも仲間にも、同時に大ダメージを与えられる。

クワガノン Lv.29　むし／でんき　弱点 ほのお／いわ

●クワガノンが呼ぶ仲間のポケモン

デンヂムシ Lv.27　むし／でんき　弱点 ほのお／いわ

デンヂムシ Lv.28　むし／でんき　弱点 ほのお／いわ

ぬしのクワガノンとの戦闘に勝つ鉄則

- 戦闘開始後「クリティカット」を使い、わざを急所に当たりやすくさせる
- わざを使って、クワガノンを状態異常にしよう
- 最初に仲間を倒そう（仲間がいると複数の攻撃を受けてしまうため）

まいった！ とっておきの じょうほうを おしえるですよ

STEP 11　マーレインが扉を開けてくれる

ぬしのクワガノンを倒すと、電力が復旧し、マーレインが扉を開けてくれる。マーレインに会えて、マーマネはうれしそうだ。マーレインはマーマネをほめたたえるが、電力の使いすぎについては、少しだけ釘を刺す。

STEP 12　マーマネから「デンキZ」をもらおう

ぬしポケモンのクワガノンを倒すと、マーマネの試練は達成される。マーマネは、主人公にでんきタイプのZクリスタル、デンキZを手渡してくれる。でんきタイプのわざをおぼえたポケモンに使おう。

試練達成で品ぞろえが増える

マーマネの試練を達成したことで、フレンドリィショップで買える商品が増えている。なんでもなおしとゴールドスプレーが販売開始だ。

STEP 13　でんきタイプのゼンリョクポーズを授けられる

デンキZを手渡した後、マーマネは、でんきタイプのゼンリョクポーズを教えてくれる。停電したときはおしゃべりだったマーマネだが、人見知りのせいか、明るい場所では、慣れない相手と話すのは苦手らしい。

STEP 14　マーレインからは「ハガネZ」をもらえる

本来のしきたりとは違い、マーマネはマーレインから任命されてキャプテンの任についているらしい。マーレインは、立派に責任を果たしたことをほめた後、主人公にハガネZをくれる。はがねタイプのZクリスタルだ。

ウラウラじまの特殊な事情とは？

キャプテンの任命は、本来はしまキングの役割だ。だが、ウラウラじまは、しまキングのクチナシが少し変わった人物のためか、元キャプテンのマーレインが、いとこであるマーマネに後を継がせたようだ。

かんじょうの　なみが　うねる……　まけて　くやしくて　さけびたい……！

STEP 15　マーレインから「はかせのふくめん」をあずかる

マーレインから、ククイはかせの忘れ物をあずかってほしい、といわれ、はかせのふくめんを渡される。ククイはかせは全力で否定しているのに、マーレインはあくまでククイはかせがロイヤルマスクだといいはる。

ボタンを押さずにしばらくながめよう

マーレインからはかせのふくめんをもらった後、ボタンを押さずにいよう。少しずつ画面が動き、中央の覆面の絵がマーレインの顔にぴったり重なり、マーレインが覆面をかぶっているように見える。

STEP 16　デオキシスをフォルムチェンジできる

所長室の中に、隕石が飾ってある。調べると、「宇宙から降ってきた不思議な隕石がある……」と説明が出る。「てもち」にデオキシスがいる状態で隕石を調べると、デオキシスをフォルムチェンジできる。

2人とはポケモンリーグで戦える

マーマネとマーレインとは、殿堂入り後に挑戦するポケモンリーグで再会できる。防衛戦の挑戦者として、チャンピオンの間に姿を現すのだ。2人とのポケモン勝負を楽しみにしておこう。

STEP 17　ククイはかせに会いにマリエシティへもどろう

別れ際、ククイはかせはマリエていえんへもどる、といっていた。ククイはかせに会いに行こう。ホクラニてんもんだいを出たら、「リザードン　フライト」でマリエシティへ飛ぼう（→P.319）。ナッシーバスに乗ってもどるのも手だ。

11ばんどうろ

ウラウラじま

マリエシティと 自然を 結ぶ 道の ひとつ 険しい 山道へと 続いていく

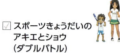
☑ スポーツきょうだいの
アキエとショウ
（ダブルバトル）

この道路で出会えるポケモン

ケララッパ ノーマル ひこう	デカグース ノーマル	ラッタ アローラのすがた あく ノーマル	レディアン むし ひこう	アリアドス むし どく	ネマシュ くさ フェアリー	
パラス むし くさ	ヤンチャム かくとう	ゴロンダ かくとう あく	ネッコアラ ノーマル			

手に入るもの
- ☑ おおきなキノコ×2
- ☑ わざマシン74「ジャイロボール」
- ☑ ちいさなキノコ
- ☑ クイックボール

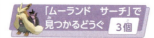
「ムーランド　サーチ」で 見つかるどうぐ 3個

わたしは かいパンやろう から しんかした およげる やまおとこ！

この道路で見つかる
ジガルデ・コアとジガルデ・セル
昼0個 | 昼・夜0個 | 夜1個

□ えんじの ヒロム

□ カラテおうの テツジ

草むら E
草むら F
12ばんどうろ ▶P.346

● 草むら Ⓐ Ⓑ Ⓒ Ⓓ Ⓔ Ⓕ

ポケモン	昼	夜	仲間のポケモン		
☑ ケララッパ	〇	〇	ケララッパ	-	-
☑ ヤンチャム	〇	〇	ヤンチャム	ゴロンダ	-
☑ デカグース	〇	-	デカグース	-	-
☑ ラッタ アローラのすがた	-	〇	ラッタ アローラのすがた	-	-
☑ レディアン	〇	-	レディアン	-	-
☑ アリアドス	-	〇	アリアドス	-	-
☑ ネッコアラ	△	△	ネッコアラ	-	-
☑ パラス	△	-	パラス	-	-
☑ ネマシュ	-	△	ネマシュ	-	-

STEP 1 ゲートから12ばんどうろへ向かおう

11ばんどうろを東へ進み、突き当たりにあるキャプテンミニゲートに近づこう。ゲートの前に立っている女性がデンキZを確認すると、ゲートを開けてくれる。そのまま進み、12ばんどうろへ向かおう（→P.346）。

ジガルデ・セルの発見のヒント

11ばんどうろには、「夜」の時間帯だけに現れるジガルデ・セルが1個存在する。「夜」の時間帯に訪れて、カラテおうのテツジがいる周辺を注意深く探してみよう。

それでは ミニゲートを あけましょう！

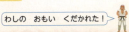

わしの おもい くだかれた！

ウラウラじま
12ばんどうろ

ゴツゴツとした 岩が 旅する 人々の 行く手を 阻む 険しい 道

11ばんどうろ
▶ P.345

この道路で出会えるポケモン

ラッキー
ノーマル

ドロバンコ
じめん

コータス
ほのお

エレキッド
でんき

エレブー
でんき

イシツブテ アローラのすがた
いわ でんき

手に入るもの

- やけどなおし
- ピーピーエイダー
- すごいキズぐすり
- プラスパワー
- わざマシン77「じこあんじ」

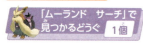

「ムーランド サーチ」で見つかるどうぐ 1個

● 草むら Ⓐ Ⓑ Ⓒ Ⓓ Ⓔ Ⓕ Ⓖ Ⓗ Ⓘ Ⓙ Ⓚ

ポケモン	昼	夜	仲間のポケモン		
☑ イシツブテ アローラのすがた	◎	◎	イシツブテ アローラのすがた	−	−
☑ ドロバンコ	○	○	ドロバンコ	−	−
☑ コータス	○	○	コータス	−	−
☑ エレキッド	△	△	エレブー	ラッキー	エレキッド

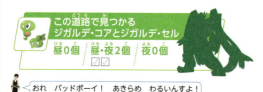

この道路で見つかる
ジガルデ・コアとジガルデ・セル
昼0個 昼・夜2個 夜0個

おれ バッドボーイ！ あきらめ わるいんすよ！

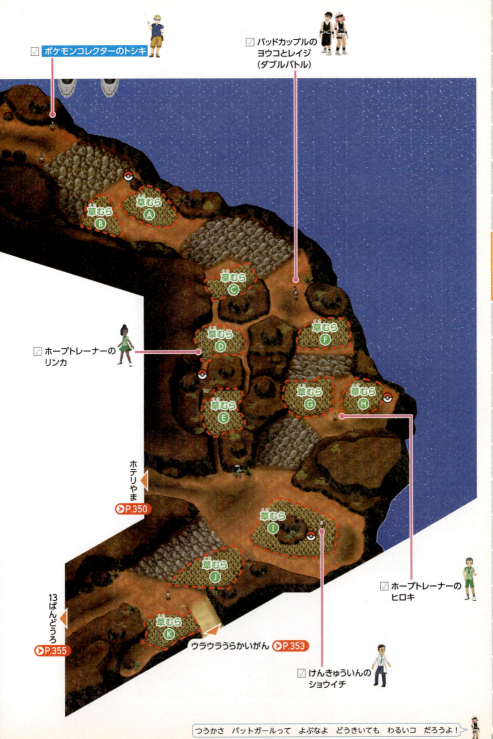

ウラウラじま ▶ 12ばんどうろ

STEP 1 ハプウがバンバドロを登録してくれる

12ばんどうろを少し進むと、後ろからハプウがやってくる。12ばんどうろの岩道を通れるようにするために、ライドギアにバンバドロを登録してもらえる。「バンバドロ　ダッシュ」なら、岩道を通れるようになる。

STEP 2 すご腕のポケモンコレクターとすぐには戦えない

12ばんどうろの入口にいるポケモンコレクター姿の男性は、すご腕のポケモントレーナーだ。12ばんどうろにいる5人のポケモントレーナーを倒した後、はじめて勝負を挑める。全員に勝った後で話しかけよう。

STEP 3 岩道を「バンバドロ　ダッシュ」で進もう

12ばんどうろの道は、ところどころがゴツゴツとした岩でおおわれている。ここを通るには、ポケモンの助けが必要だ。「バンバドロ　ダッシュ」なら、岩道を難なく通れる。Bボタンを押しながら進めば、走って渡れる。

きそポイントをチェックしよう

12ばんどうろに入ってすぐの場所にあるしまめぐりかんばんを読もう。ポケモンの「つよさをみる」画面でYボタンを押すと、きそポイントの上がり具合が確認できることを教えてもらえる。

STEP 4 ホテリやまに立ち寄ろう

12ばんどうろを進んでいくと、途中で西へ続く道が現れる。西へ進んだ先は、ホテリやまだ。ホテリやまには、ちねつはつでんしょがある。先へ進む前に立ち寄ろう（→P.350）。すべてを見て回ったら、12ばんどうろへもどろう。

もっと　かわいく……　そして　もっと　つよくなれば　いいのね！

STEP 5　すご腕のポケモンコレクターに戦いを挑もう

5人のポケモントレーナーと戦った後で、すご腕のポケモンコレクターに話しかけ、勝負を申し込もう。相手のカイロスは、むしタイプのZワザを放つ。勝利すると、わざマシン77「じこあんじ」をもらえる。

STEP 6　ウラウラうらかいがんに立ち寄ろう

13ばんどうろへ続く出口の手前に、南へ続く道がある。進んだ先は、ウラウラうらかいがんだ。先へ進む前に立ち寄ろう(→P.352)。すべてを見て回ったら、12ばんどうろへもどろう。

しまスキャンでポケモンを見つけよう

おとくなけいじばんに、しまスキャンに関する情報が掲載されている。しまスキャンは、下画面のメニューの「QRスキャン」で行える。めずらしいポケモンをつかまえられるので、トライしよう(→P.623)。

STEP 7　試練の場をめざして13ばんどうろへ向かおう

アセロラから教わった次の目的地は、カプのむらだ。カプのむらは、12ばんどうろから13ばんどうろへ進み、さらに13ばんどうろを通りぬけた先にある。試練の場をめざして、13ばんどうろへ向かおう(→P.354)。

次の目的地　カプのむら

カプのむらは、13ばんどうろを道なりに通りぬけるとたどり着く。

ウラウラじま
ホテリやま

火山の地熱を利用して電気をつくる　地熱発電所がある山

この山で出会えるポケモン

デンヂムシ　ラッキー　ドロバンコ　コータス　バクガメス(サン)　トゲデマル
むし/でんき　ノーマル　じめん　ほのお　ほのお/ドラゴン　でんき/はがね

エレキッド　エレブー　イシツブテ アローラのすがた
でんき　でんき　いわ/でんき

手に入るもの
- たいようのいし
- タイマーボール
- わざマシン63「さしおさえ」
- ルアーボール

「ムーランド　サーチ」で見つかるどうぐ　1個

● 草むら Ⓐ Ⓑ

ポケモン	昼	夜	仲間のポケモン		
イシツブテ アローラのすがた	○	○	イシツブテ アローラのすがた	–	–
ドロバンコ	○	○	ドロバンコ	–	–
デンヂムシ	△	△	デンヂムシ	–	–
トゲデマル	△	△	トゲデマル	–	–
エレキッド	○	○	エレブー	ラッキー	エレキッド
バクガメス (サン)	△	△	バクガメス	–	–
コータス (サン)	△	△	コータス	–	–
コータス (ムーン)	○	○	コータス	–	–

ビジネスマンのサトル

この山で見つかるジガルデ・コアとジガルデ・セル
昼0個　昼・夜1個　夜0個

わたしは　ビジネスマン！　いいかえれば　しょうばいおとこ！

STEP 1　ちねつはつでんしょを見学しよう

ホテリやまの北側に、ちねつはつでんしょがある。さまざまな展示品が並び、近くの学校から生徒たちが見学に訪れている。展示品を調べると、くわしい説明を読める。ひとつひとつ調べて、地熱発電について学ぼう。

トゲデマルをつかまえよう

マリエシティのブティックにいる男性が見たがっているトゲデマルは、ホテリやまに生息している。トゲデマルは、どの草むらにも出現する。歩き回って、トゲデマルをつかまえよう（→P.316）。

STEP 2　ナリヤ・オーキドからディグダの話を聞こう

ちねつはつでんしょの中に、ナリヤ・オーキドがいる。話しかけて、ディグダ アローラのすがたの話を聞こう。聞きおえると、ナリヤ・オーキドからルアーボールをもらえる。その後、ナリヤ・オーキドは立ち去る。

STEP 3　撮影スポットで写真を撮ろう

ちねつはつでんしょの西側にある金網のそばに、撮影スポットがある。ポケファインダーを起動して、ポケモンの写真を撮ろう。トゲデマルやエレキッド、ポリゴンZ、レアコイルが姿を現し、撮影できる（→P.570）。

撮影スポット　金網のそば

ちねつはつでんしょの西側に、金網がある。この金網の西の端へ進もう。

STEP 4　12ばんどうろへもどろう

すべてを見て回ったら、島巡りを再開しよう。次の目的地は、カプのむらだ。試練が待ちかまえているカプのむらは、13ばんどうろを通りぬけた先にある。13ばんどうろへ続く、12ばんどうろへもどろう（→P.349）。

しゃかいかけんがく　なので　ナッシーバスを　かしきってきたよ！

351

ウラウラじま

ウラウラうらかいがん

ウラウラ島の　裏側に　ひっそりと　広がる　うらぶれた　海岸

この海岸で出会えるポケモン

ペリッパー　コイキング　ギャラドス
みず ひこう　みず　みず ひこう

メノクラゲ　ケイコウオ　ヨワシ たんどくのすがた
みず どく　みず　みず

ハギギシリ
みず エスパー

この海岸で見つかる ジガルデ・コアとジガルデ・セル

昼1個　昼・夜0個　夜1個
☑　　　　　　　　☑

きのみのなる木で 手に入るきのみ

☑ ナナシのみ
☑ クラボのみ
☑ カゴのみ
☑ ヒメリのみ
☑ ズアのみ（レア）

「ムーランド　サーチ」で 見つかるどうぐ　4個

水上

ポケモン	昼	夜	仲間のポケモン		
☑ メノクラゲ	○	○	メノクラゲ	—	—
☑ ケイコウオ	○	○	ケイコウオ	—	—
☑ ペリッパー	○	○	ペリッパー	—	—

STEP 1　きのみのなる木を調べてきのみを手に入れよう

ジガルデ・セルの 発見のヒント

ウラウラうらかいがんで、きのみのなる木の根元にあるきのみの山を調べると、ナナシのみ、クラボのみ、カゴのみ、ヒメリのみが手に入る。きのみの山が大きい場合は、ズアのみが手に入ることがある。

ウラウラうらかいがんには、「昼」の時間帯だけに現れるジガルデ・セルが1個存在する。12ばんどうろから入ってきたら、西へ進み、海のそばを探してみよう。

こら！　あんまり　つよいと　おたのしみが　すぐ　おわるでしょ

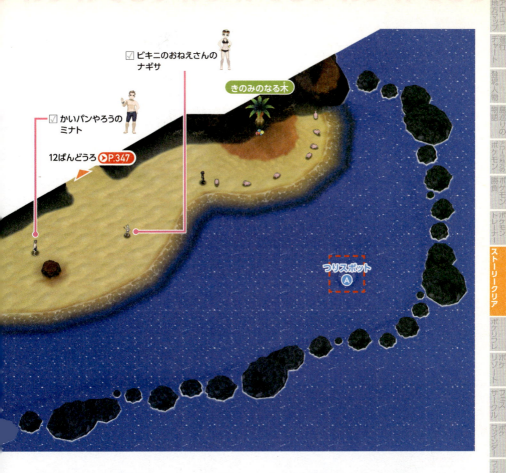

● つりスポット Ⓐ					
ポケモン	昼	夜	仲間のポケモン		
☑ コイキング	◎	◎	ギャラドス	コイキング	−
☑ ヨワシ	○	○	ヨワシ	−	−
☑ ハギギシリ	▲	▲	ハギギシリ	−	−

● つりスポット Ⓐ（レア）					
ポケモン	昼	夜	仲間のポケモン		
☑ コイキング	◎	◎	コイキング	ギャラドス	−
☑ ヨワシ	○	○	ヨワシ	−	−
☑ ハギギシリ	○	○	ハギギシリ	−	−

STEP 2 すべてを見て回って12ばんどうろへもどろう

ポケモントレーナーと戦ったり、きのみを集めたりしたら、12ばんどうろへもどろう（→P.349）。もどった場所から西へ進めば、13ばんどうろにたどり着く。目的地のカプのむらは、13ばんどうろをぬけた先にある。

ジガルデ・セルの発見のヒント

ウラウラうらかいがんには、「夜」の時間帯だけに現れるジガルデ・セルが1個存在する。12ばんどうろから入ってきたら、東へ進んでいき、崖のそばをよく確認しよう。

いいね いいね おこづかいを あげよう！

13ばんどうろ

ウラウラじま

ハイナ砂漠へ 挑む前の 休憩ポイントと されている 道路

ハイナさばく ▶P.376

カプのむら ▶P.359

つりスポット Ⓐ

この道路で出会えるポケモン

コイキング
みず

ギャラドス
みず ひこう

ヨワシ たんどくのすがた
みず

ハギギシリ
みず エスパー

手に入るもの
- まんたんのくすり
- つきのいし
- エフェクトガード
- わざマシン12「ちょうはつ」
- ビビリだま×3

手に入るもの（殿堂入り後）
- ウルトラボール×10

自動販売機（モーテル）
- おいしいみず 400円
- サイコソーダ 600円
- ミックスオレ 700円

ハイヨー！ バンバドロ！！ ガキのとき すきだった ヒーローの ものまねを してるのさ

| 「ムーランド　サーチ」で見つかるどうぐ | 0個 |

この道路で見つかるジガルデ・コアとジガルデ・セル

昼0個	昼・夜1個	夜1個
	☑	☑

モーテル

撮影スポット

12ばんどうろ
▶P.347

つりスポット B

● つりスポット Ⓐ Ⓑ				
ポケモン	昼	夜	仲間のポケモン	
☑ コイキング	◎	◎	ギャラドス	コイキング	－
☑ ヨワシ	○	○	ヨワシ	－	－
☑ ハギギシリ	▲	▲	ハギギシリ	－	－

● つりスポット Ⓑ（レア）				
ポケモン	昼	夜	仲間のポケモン	
☑ コイキング	○	○	コイキング	ギャラドス	－
☑ ヨワシ	○	○	ヨワシ	－	－
☑ ハギギシリ	○	○	ハギギシリ	－	－

おっしゃー！　アローラの　うみから　みずポケモン　ぜんぶ　つるどー！

ウラウラじま ▶ 13ばんどうろ

STEP 1　グラジオから意外な忠告を受ける

13ばんどうろに入ると、グラジオが姿を現す。グラジオは、スカル団がコスモッグを狙っていることや、コスモッグが災厄をもたらすことを教えてくれる。そして、コスモッグを守ってやれ、と忠告してくる。

自動販売機は2倍の値段だ

モーテルの受付には、自動販売機が設置されている。だが、値段をよく確認しよう。実は、すべての商品が通常の値段の2倍なのだ。おこづかいに余裕があるときにでも利用するようにしよう。

STEP 2　おじいさんからさばくをぬけるヒントを聞こう

池の北側に、ダイノーズを連れたおじいさんがいる。話しかけると、ハイナさばくをぬけるためのヒントを聞ける。ハイナさばくは、アセロラの試練を達成すると行けるようになる場所だ。ヒントをよくおぼえておこう。

モーテルで留守番するヌイコグマがいる

モーテルの客室には、ヌイコグマが1匹だけで留守番している。受付の人によると、ポケモントレーナーが置き去りにしていったらしい。ヌイコグマがトレーナーのことをずっと待っているとしたら、ひどい話だ。

STEP 3　撮影スポットで写真を撮ろう

ハイナさばくをぬけるためのヒントを教えてくれるおじいさんの東側に、撮影スポットがある。ポケファインダーを起動して、ポケモンの写真を撮ろう。メグロコやフカマル、フライゴンを撮影できる（→P.570）。

撮影スポット　池の近く

13ばんどうろの中央にある池の北側にある。おじいさんの東側だ。

STEP 4　キャプテンミニゲートは閉まっている

池の北側にあるキャプテンミニゲートは閉まっていて、通れない。アセロラの試練を達成すると、通れるようになる。ゲートの先には、ハイナさばくと、みのりのいせきがある。試練を達成したら訪れよう。

ジガルデ・セルの発見のヒント

13ばんどうろには、「夜」の時間帯だけに現れるジガルデ・セルが1個存在する。「夜」の時間帯に訪れて、モーテルの駐車場の付近を探そう。

STEP 5　試練をめざしてカプのむらへ向かおう

13ばんどうろを西へ進むと、カプのむらにたどり着く。アセロラから、次の試練のために向かうように教えられた場所だ。次の試練では、どんなことが待ち受けているのだろうか。カプのむらへ向かおう（→P.358）。

次の目的地
カプのむら

13ばんどうろをまっすぐ西へ進み、通りぬけた先がカプのむらだ。

アセロラの試練達成後　キャプテンミニゲートがオープンする

アセロラの試練を達成したら、キャプテンミニゲートの前にいる女性に近づこう。主人公が手に入れたゴーストZを確認すると、ゲートを開けてくれる。これで、ハイナさばくや、みのりのいせきへ行けるようになる。

スカル団は悪い組織ではない？

トレーラーハウスの中にいる女性に話しかけると、スカル団の話を聞ける。もともとは、しまキングを中心とした集まりだったそうだが、何が起こったのか、カプの懲罰を受けて、現在のようになってしまったらしい。

アセロラの試練達成後　女性に「おいしいみず」を渡そう

キャプテンミニゲートを守っていた女性に話しかけると、おいしいみずをもらえないか、と頼まれる。持っていたら、「はい」を選んで渡そう。おいしいみずを渡すと、お礼にビビリだまを3個もらえる。

アセロラの試練達成後　ハイナさばくへ行ってみよう

キャプテンミニゲートから北へ進んだ先は、ハイナさばくだ。「昼」と「夜」で天気が異なり、迷路のように入り組んだマップが主人公の行く手をはばむ。HPを回復するどうぐを買いそろえてから向かおう（→P.376）。

なんだよ？　ふんばって　みはってんだよ！

ウラウラじま
カプのむら

かつて カプの 怒りを 買い 破壊されたと いわれる 荒地

この村で出会えるポケモン

カフェスペース	
☑ ミックスオレ	198円
☑ エネココア	198円
☑ モーモーミルク	198円

デカグース
ノーマル

ラッタ アローラのすがた
あく ノーマル

ペリッパー
みず ひこう

「ムーランド サーチ」で見つかるどうぐ 0個

ポワルン
ノーマル

アブソル
あく

ユキワラシ
こおり

サンド アローラのすがた ムーン
こおり はがね

ロコン アローラのすがた サン
こおり

バニプッチ
こおり

15ばんすいどう ▶P.362

草むら Ⓐ

14ばんどうろ ▶P.370

アローラ！ ライドポケモンに てつだってもらい けんちくざいりょうを はこんでるよ！

| この村で見つかる ジガルデ・コアとジガルデ・セル |
| 昼0個 | 昼・夜1個 | 夜0個 |
| | ☑ | |

● 草むら Ⓐ

ポケモン	昼	夜	仲間のポケモン			「あめ」のときの仲間	「あられ」のときの仲間		「すなあらし」のときの仲間
☑ ペリッパー	○	○	ペリッパー	−	−				
☑ ユキワラシ	○	○	ユキワラシ	−	−				
☑ デカグース	○	−	デカグース	−	−				
☑ ラッタ アローラのすがた	−	○	ラッタ アローラのすがた	−	−	ポワルン	−	ポワルン	ポワルン
☑ アブソル	△	△	アブソル	−	−			ポワルン	バニプッチ	ポワルン	−
☑ ロコン アローラのすがた サン	△	△	ロコン アローラのすがた	−	−				
☑ サンド アローラのすがた ムーン	△	△	サンド アローラのすがた	−	−				

ラナキラマウンテン ▶P.444

ポケモンセンター

13ばんどうろ ▶P.354

アローラ！ すっごい リーグを つくるからよ すっごい トレーナーに なるんだぜ！

ウラウラじま ▶ カプのむら

STEP 1 ハウからポケモンリーグの話を聞こう

カプのむらに入ると、ハウが話しかけてきて、新しくできるポケモンリーグの話を聞かせてくれる。ククイはかせが計画したポケモンリーグは、ラナキラマウンテンの山頂にできるようだ。

天気が「あめ」状態だ

はじめてカプのむらを訪れたときは、天気が「あめ」状態だ。戦闘中の天気も「あめ」状態になり、みずやほのおタイプのわざの威力が変わる（→P.122）。

STEP 2 ラナキラマウンテンは工事中だ

ポケモンリーグを建設中のラナキラマウンテンへは、カプのむらから行ける。ただし、はじめて訪れたときは、中に入れない。島巡りを続けて、ポケモンリーグの完成を待とう。

STEP 3 スーパー・メガやすは移転している

カプのむらには、スーパー・メガやすの看板が立っている。店はすでにつぶれ、アーカラじま ロイヤルアベニューに移転している。いまは建物だけが残っており、スーパー・メガやす あとが試練の場となっている。

STEP 4 街の人とポケモンを交換しよう

ポケモンセンターの中にいる男性が、ゴーストとゴローン アローラのすがたを交換してくれる。ゴーストは、14ばんどうろのスーパー・メガやす あとに生息している。アセロラの試練を達成した後でつかまえよう。

交換すると同時に進化する

男性にゴーストを渡して、ゴローン アローラのすがたを受け取ると、すぐにゴローニャ アローラのすがたに進化する。アローラ図鑑には、ゴローンとゴローニャの2匹が登録される。

オニシズクモの あわの なかに たからものを いれておけば きんこより あんしん じゃないかな？

STEP 5　アセロラが待つ15ばんすいどうへ向かおう

アセロラは、カプのむらの隣にある15ばんすいどうで主人公を待っている。15ばんすいどうは、ポケモンを保護するエーテルハウスがある場所だ。カプのむらの西側を北へ進み、15ばんすいどうへ向かおう（→P.362）。

次の目的地：15ばんすいどう

カプのむらの草むらⒶの西側を北へ進むと、15ばんすいどうへ入れる。

エーテルハウス探訪後　試練のために14ばんどうろへ向かおう

エーテルハウスでアセロラに会った後、試練に挑戦できるようになる。アセロラの後を追って、カプのむらへもどろう。ポケモンセンターから南に進めば、黒く湿った砂浜が特徴的な14ばんどうろだ（→P.370）。

次の目的地：14ばんどうろ

カプのむらから南へ進むと、14ばんどうろだ。東の端に試練の場所がある。

アセロラの試練達成後　アセロラの後を追ってエーテルハウスへ行こう

スーパー・メガやす あとちでアセロラの試練を達成すると、アセロラはエーテルハウスへもどっていく。アセロラの後を追いかけて、カプのむらの西の端から北へ進み、15ばんすいどうへ向かおう（→P.365）。

次の目的地：15ばんすいどう

カプのむらの西側にある道を北へ進んで、15ばんすいどうへ入ろう。

アローラって はかせを なのる ひとが おおいのよね

15ばんすいどう

ウラウラじま

ウラウラ島の 左側を つなぐ 水道 人の 力だけでは 進むのは 困難

- □ ビキニのおねえさんの シズク
- □ みずぎカップルの ユウミとフミヒト （ダブルバトル）
- 16ばんどうろ ▶P.382
- つりスポット Ⓐ
- つりスポット Ⓑ
- 草むら Ⓑ
- 草むら Ⓐ
- カプのむら ▶P.358
- □ かいパンやろうの タツオ
- □ エリートトレーナーの エリナ
- □ エリートトレーナーの ユウキ
- □ しれんサポーターのアヤノ

さいきん ここいらで きながしの ギャンブラーを みかけるんだが いまは いないようだね……

> この水道で見つかる
> ジガルデ・コアとジガルデ・セル
> 昼1個　昼・夜1個　夜0個
> ☑　　　☑　　　□

この水道で出会えるポケモン

 デカグース　ノーマル
 ラッタ アローラのすがた　あく／ノーマル
 ヤドン　みず／エスパー
 ペリッパー　みず／ひこう
 コイキング　みず
 ギャラドス　みず／ひこう
 メノクラゲ　みず／どく
 ケイコウオ　みず
 ヨワシ たんどくのすがた　みず
 ハギギシリ　みず／エスパー

- エーテルハウス
- えんじのハジメ
- スカル団のグラジオ（ポータウン探訪後）
- スカル団のしたっぱ
- スカル団幹部のプルメリ（アセロラの試練達成後）

手に入るもの
- ☑ すごいキズぐすり
- ☑ ゴージャスボール×5
- ☑ ふしぎなアメ
- ☑ わざマシン93「ワイルドボルト」
- ☑ ダイブボール
- ☑ ポイントマックス

手に入るもの（殿堂入り後）
- ☑ アップグレード

「ムーランド　サーチ」で見つかるどうぐ　2個

● 草むら Ⓐ Ⓑ

ポケモン	昼	夜	仲間のポケモン		
☑ ペリッパー	◎	◎	ペリッパー	−	−
☑ ヤドン	○	○	ヤドン	−	−
☑ デカグース	○	−	デカグース	−	−
☑ ラッタ アローラのすがた	−	○	ラッタ アローラのすがた	−	−

● 水上

ポケモン	昼	夜	仲間のポケモン		
☑ メノクラゲ	◎	◎	メノクラゲ	−	−
☑ ケイコウオ	◎	◎	ケイコウオ	−	−
☑ ペリッパー	○	○	ペリッパー	−	−

● つりスポット Ⓐ Ⓑ

ポケモン	昼	夜	仲間のポケモン		
☑ コイキング	◎	◎	ギャラドス	コイキング	−
☑ ヨワシ	○	○	ヨワシ	−	−
☑ ハギギシリ	▲	▲	ハギギシリ	−	−

● つりスポット Ⓑ（レア）

ポケモン	昼	夜	仲間のポケモン		
☑ コイキング	◎	◎	コイキング	ギャラドス	−
☑ ヨワシ	○	○	ヨワシ	−	−
☑ ハギギシリ	○	○	ハギギシリ	−	−

> スカルだんの　れんちゅう……　ひとから　うばった　ポケモンを　ふねで　はこんで　いやがるんだ！

ウラウラじま ▶ 15ばんすいどう

STEP 1　すご腕のしれんサポーターとすぐには戦えない

15ばんすいどうの入口にいるしれんサポーター姿の女性は、すご腕のポケモントレーナーだ。15ばんすいどうにいる6人のポケモントレーナーを倒した後に、はじめて勝負を挑める。全員に勝った後で話しかけよう。

STEP 2　水上は岩にふさがれている

15ばんすいどうの西側に広がる海は、途中を頑丈な岩がふさいでいるため、「ラプラス　スイム」では通りぬけられない。島巡りを続けて、「サメハダー　ジェット」を手に入れたら再び訪れよう。

スカル団の悪行が明らかになる

砂浜にいる男性によると、スカル団は人から奪ったポケモンを船で運んでいるのだ、という。何の目的でポケモンを奪い、どこへ運んでいるというのだろうか。

STEP 3　エーテルハウスを訪れよう

エーテルハウスは、海辺の東側にある大きな建物だ。ここがアセロラの住んでいる場所らしい。アセロラは、もうどってきているだろうか。試練のことをくわしく聞くために、エーテルハウスに入っていこう。

子どもとポケモンが保護される施設だ

エーテルハウスは、エーテル財団が運営している施設。子どもやポケモンたちを保護し、住居を提供している。エーテル財団では、ポケモンだけでなく、子どもたちの面倒もみているのだ。

STEP 4　留守番のえんじたちに勝負を挑まれる

エーテルハウスの中に入ると、留守番のえんじたちに不審者扱いされてしまう。アセロラはまだもどっていないようだ。えんじは、主人公にポケモン勝負を挑んでくる。勝負を通じて、不審者ではないことを信じてもらおう。

STEP 5 アセロラから試練に誘われる

えんじに勝利すると、アセロラが帰ってくる。アセロラから、実はキャプテンであることや、試練はスーパー・メガやす あとちで行われることを教えてもらえる。アセロラに、あとちへ案内するから外で待っていて、といわれる。

ジガルデ・セルの発見のヒント

エーテルハウスの中に、「昼」の時間帯だけ現れるジガルデ・セルが1個存在する。「昼」の時間帯に訪れたら、エーテルハウスの左奥にある部屋に入り、探してみよう。

STEP 6 スカル団に襲われたリーリエを救おう

エーテルハウスを出ると、リーリエがスカル団のしたっぱ団員にからまれていた。バッグが動くのを見られてしまったようだ。したっぱ団員を倒そう。勝利すると、リーリエからゴージャスボールを5個もらえる。

STEP 7 試練の場をめざしてカプのむらへもどろう

リーリエは、エーテルハウスで休んでいく、という。その間に、試練に挑戦しよう。アセロラは、カプのむらへ向かった。後を追ってカプのむらにもどろう（→P.361）。「リザードン　フライト」で移動するのも手だ。

次の目的地
14ばんどうろ

カプのむらのポケモンセンターから南へ進み、14ばんどうろを東へ進もう。

アセロラの試練達成後　エーテルハウスがスカル団に襲われていた

アセロラの試練を達成した後、エーテルハウスへ行くと、スカル団幹部のプルメリとしたっぱ団員たちがいた。プルメリの目的は、主人公を自分たちのアジトに誘い込むこと。そのために、プルメリはポケモン勝負を挑んでくる。

ウラウラじま ▶ 15ばんすいどう

スカル団幹部のプルメリと対決！❷

> あんた いっただろ？
> 次 ジャマしたら
> 本気で やっちまうから
> って！

エスパーやいわタイプのわざで攻撃しよう

プルメリのポケモンは、エスパーやいわタイプのわざが共通の弱点だ。ゴルバットはわざ「どくどくのキバ」で、エンニュートはわざ「どくどく」で、こちらを「もうどく」状態にしようとする。「もうどく」状態にさせられると、圧倒的に不利になる。

● プルメリの「てもち」のポケモン

ゴルバット Lv.34
どく／ひこう
弱点：でんき／こおり／エスパー／いわ

エンニュート Lv.35
どく／ほのお
弱点：じめん（×4）／みず／エスパー／いわ

アセロラの試練達成後｜捨てゼリフを残してプルメリは去っていく

プルメリは、ヤングースを奪っていた。返してほしければ、ポータウンにあるスカル団のアジトに1人で来い、といい捨てて、したっぱ団員たちとともに去っていく。えんじたちのヤングースが誘拐されてしまった。

> プルメリ
> ボスが おまちかね なんだ
> ポータウンの あたいらの アジトで！

アセロラの試練達成後｜連れ去られたヤングースを取りもどそう

アセロラの後を追ってエーテルハウスに入ると、リーリエやえんじたちから、ヤングースを助けてほしい、と頼まれる。そしてアセロラから、15ばんすいどうにいる着物を着た人が助けてくれるかも、という情報をもらえる。

> リーリエ
> しゅうさん
> たすけてあげて…… ください！

こどもにしては がんばったよ ぼく

ギーマがサメハダーを登録してくれる
アセロラの試練達成後

エーテルハウスから西側の砂浜へ行くと、着流しの男性が立っている。男性の名はギーマ。ギーマが投げるコインの裏表を当てると、ライドギアにサメハダーを登録してもらえる。自分の直感を信じて、答えを選ぼう。

ギーマは四天王の1人だ
ギーマは、イッシュ地方のポケモンリーグで四天王を務める人物だ。イッシュ地方では洋服を着ていたが、アローラでは着物姿。ギャンブラーというより、勝負師という雰囲気だ。

「サメハダー ジェット」で海を渡ろう
アセロラの試練達成後

「サメハダー ジェット」で水上へ出たら、Bボタンを押しながら、頑丈な岩に向かって突進しよう。岩を壊し、先へ進めるようになる。ポケモントレーナーと戦いながら、道なりに海の道を進んでいこう。

水上を速く進める
「サメハダー ジェット」では、「ラプラス スイム」よりもすばやく水上を移動できる。ただし、水上でつりはできない。つりスポットでつりをするときは、「ラプラス スイム」に乗り換えよう。

「リザードン フライト」でもどれるようにしよう
アセロラの試練達成後

海の道を進んで、北の突き当たりで上陸したら、砂浜から北へ進んで16ばんどうろへ入ろう。目の前にあるポケモンセンターに入れば、次からは「リザードン フライト」ですぐにもどってこられるようになる。

メレメレじまをすみずみまで回れる
メレメレじま メレメレかいをすべて回るには、「サメハダー ジェット」が必要だ。どうくつの入口をふさぐ岩を壊せば、テンカラットヒルへ進める（→P.207）。

すご腕のしれんサポーターに戦いを挑もう
アセロラの試練達成後

いったん「リザードン フライト」でカプのむらへもどり、再び15ばんすいどうへ向かおう。入口近くにいるすご腕のしれんサポーターに話しかけ、ポケモン勝負を申し込もう。見事に勝利すると、ポイントマックスをもらえる。

ウラウラじま ▶ 15ばんすいどう

アセロラの試練達成後 「リザードン フライト」で16ばんどうろへ飛ぼう

すご腕のしれんサポーターに勝利したら、島巡りにもどろう。「リザードン フライト」で16ばんどうろへ飛べば、スムーズに島巡りを続けられる。ポケモンセンターの前から、16ばんどうろを回ろう(→P.382)。

ポータウン探訪後 エーテルハウスの様子がおかしい

ポータウンでヤングースを救出した後、エーテルハウスにもどると、アセロラもいっしょに入ってくる。だが、留守番をしていたハウやえんじたちに元気がない。リーリエがスカル団に連れ去られてしまった、というのだ。

ポータウン探訪後 リーリエがプルメリにさらわれていた

主人公とのポケモン勝負後、いったん去ったプルメリは、再びエーテルハウスにもどってきたらしい。コスモッグを奪うためだった。コスモッグや他の人たちを守るために、リーリエは自らの意志でプルメリに同行していった。

ポータウン探訪後 グラジオに怒りをぶつけられる

突然、エーテルハウスにグラジオが飛び込んでくる。グラジオは、コスモッグとリーリエがさらわれたのは、主人公たちが頼りないからだ、と怒りをぶつけてくる。そして、ポケモン勝負を挑んでくるのだった。

グラジオが怒る理由は?
グラジオは、コスモッグが奪われたことにも、リーリエがさらわれたことにも、強い怒りを感じている様子だ。グラジオは、リーリエと知り合いなのだろうか。

スカル団の グラジオと対決！②

オマエらが 頼りないから コスモッグも！ ……オレの リーリエも！ 怒り ぶちまける！

●グラジオの「てもち」のポケモン

ゴルバット Lv.37	どく	ひこう
弱点	でんき こおり いわ	エスパー

ニューラ Lv.37	あく	こおり
弱点	かくとう ほのお むし いわ はがね	フェアリー

タイプ：ヌル Lv.38	ノーマル
弱点	かくとう

でんきやかくとうタイプの わざで弱点を突こう

前回、アーカラじま 5ばんどうろで戦ったときと比べて、「てもち」のポケモンのレベルが20上がっている。また、ズバットはゴルバットに進化し、さらにニューラが加わっている。3匹のタイプはバラバラなので、相手に応じてポケモンを交代させながら、弱点を突いていこう。

ポータウン 探訪後 グラジオといっしょにマリエシティへ向かおう

グラジオ
じょうせんじょに こい！
……ついてくるか？

はい
いいえ

ポケモン勝負後も、グラジオの気持ちは収まっていない様子だ。コスモッグは必ず取りもどす必要がある、といい、主人公についてくるか？と聞いてくる。「はい」を選ぶと、瞬時にマリエシティへ移動する（→P.319）。

ポケモンは 全回復している

グラジオとの勝負でポケモンが傷ついた場合でも、勝負後にポケモンは全回復している。グラジオの問いに「はい」と答えて、マリエシティへ行こう。

かまれるのも だんだん ここちよく なってきたよー

14ばんどうろ／スーパー・メガやす あとち

ウラウラじま

試練の場所に 続く 古びた 道路 海沿いの 黒い砂浜が 有名

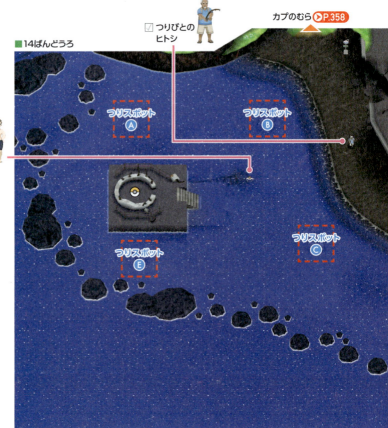

カプのむら ▶P.358

☐ つりびとの
　ヒトシ

■14ばんどうろ

つりスポット Ⓐ
つりスポット Ⓑ
つりスポット Ⓒ
つりスポット Ⓔ

☐ かいパンやろうの
　タイヘイ

この道路で出会えるポケモン

ペリッパー
みず／ひこう

ゴースト
ゴースト／どく

ゲンガー
ゴースト／どく

ゴルバット
どく／ひこう

コイキング
みず

ギャラドス
みず／ひこう

メノクラゲ
みず／どく

ケイコウオ
みず

ヨワシ たんどくのすがた
みず

クレッフィ
はがね／フェアリー

ミミッキュ
ゴースト／フェアリー

ハギギシリ
みず／エスパー

スイレンの つくった つりざお それさえあれば わしも かてるよ！

この道路で見つかる ジガルデ・コアとジガルデ・セル
昼0個 / 昼・夜1個 / 夜1個

スーパー・メガやす あとち ▶P.372 A

つりスポット D

ポケモンコレクターの キヨシ

手に入るもの
- まんたんのくすり
- わざマシン30「シャドーボール」
- ゴーストZ
- ダークボール×10

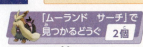

「ムーランド サーチ」で 見つかるどうぐ 2個

◆14ばんどうろで2個見つかります。

■14ばんどうろ

● 水上
ポケモン	昼	夜	仲間のポケモン		
メノクラゲ	◎	◎	メノクラゲ	−	−
ケイコウオ	◎	◎	ケイコウオ	−	−
ペリッパー	○	○	ペリッパー	−	−

● つりスポット A B C D E
ポケモン	昼	夜	仲間のポケモン		
コイキング	◎	◎	ギャラドス	コイキング	−
ヨワシ	○	○	ヨワシ	−	−
ハギギシリ	▲	▲	ハギギシリ	−	−

● つりスポット E (レア)
ポケモン	昼	夜	仲間のポケモン		
コイキング	○	○	コイキング	ギャラドス	−
ヨワシ	○	○	ヨワシ	−	−
ハギギシリ	○	○	ハギギシリ	−	−

めずらしい ポケモンが ほしい！ しゅうねんで ぼくは どこにでもいく

ウラウラじま ▶ 14ばんどうろ／スーパー・メガやす あとち

■ ぬしの間

■ ショッピングフロア

▶ P.371

■ ショッピングフロア

● 館内

ポケモン	昼	夜	仲間のポケモン		
☑ ゴースト	◎	◎	ゲンガー	ゴースト	−
☑ ゴルバット	◎	◎	ゴルバット	−	−
☑ クレッフィ	△	△	クレッフィ	−	−
☑ ミミッキュ	▲	▲	ミミッキュ	−	−

そういや なみのりを おぼえる ピカチュウを みたことが あったな

STEP 1　試練の場へ進む前にすべてを見て回ろう

試練の場であるスーパー・メガやす あとちは、砂浜の端にある。試練の場へ行く前に、砂浜や水上を見て回ろう。ポケモントレーナーと戦ったり、どうぐを集めたりできる。水上には、つりスポットもある。

ジガルデ・セルの発見のヒント

14ばんどうろには、「夜」の時間帯だけに現れるジガルデ・セルが1個存在する。「夜」の時間帯に訪れたら、つりびとのヒトシがいる場所の近くをよく探してみよう。

STEP 2　アセロラの試練に挑戦しよう

スーパー・メガやす あとちへ続く階段に近づくと、アセロラが声をかけてくる。後を追って、階段を上がろう。アセロラから、試練の内容についてくわしく説明してもらえる。建物に入ったら、試練開始だ。

アセロラの試練

跡地には ゴーストタイプの ポケモンが たくさん いるんだ アセロラの試練はね ここの ぬしポケモンを ポケファインダーで 撮影すること です！

●アセロラの試練を達成する3つの条件

1. いたずらしているゴース、ゴースト、ゲンガーを撮影し、倒す
2. ぬしの間にいるミミッキュを撮影する
3. ぬしポケモンのミミッキュを倒す

ウラウラじまのキャプテン アセロラ

試練達成後に手に入るもの　Zクリスタル　ゴーストZ

ゴーストタイプのわざをおぼえたポケモンに使うと、Zワザを放てるようになるZクリスタルだ。

試練達成のヒント　ミミッキュを探しだして撮影しよう

ぬしの間に入ると、どこからか視線を感じるが、目の前には何もいない。ポケファインダーで周りを見渡して、ミミッキュを探そう。ミミッキュを見つけたら、すぐに撮影しよう。

わたしが ラプラスに のらないのは ラプラスより はやく およげるからだ

ウラウラじま ▶ 14ばんどうろ／スーパー・メガやす あとち

ぬしのミミッキュと勝負！

ゴーストやはがねタイプのわざが弱点だ

ぬしのミミッキュは、戦闘開始と同時にオーラをまとい、「こうげき」「ぼうぎょ」「とくこう」「とくぼう」「すばやさ」を1段階ずつ上げる。またミミッキュは、とくせい「ばけのかわ」の効果で、最初の一撃はダメージを受けない。最初のターンでZワザを使うのはさけよう。仲間として呼ばれるゴーストやゲンガーもふくめて、ゴーストタイプのわざが弱点だ。呼ばれた仲間を優先して倒そう。ミミッキュは、ゴーストタイプに加えて、はがねタイプのわざも弱点だ。的確に弱点を突いて、ミミッキュを倒そう。

ミミッキュ　Lv.33　ゴースト　フェアリー
弱点　ゴースト　はがね

●ミミッキュが呼ぶ仲間のポケモン

ゴースト　Lv.27　ゴースト　どく
弱点　じめん　エスパー　ゴースト　あく

ゲンガー　Lv.27　ゴースト　どく
弱点　じめん　エスパー　ゴースト　あく

ぬしのミミッキュとの戦闘に勝つ鉄則
▶ 戦闘開始後「クリティカット」を使い、わざを急所に当たりやすくさせる
▶ わざを使って、ミミッキュを状態異常にしよう
▶ 最初に仲間を倒そう（仲間がいると複数の攻撃を受けてしまうため）

STEP 3　アセロラから「ゴーストZ」をもらおう

ぬしポケモンのミミッキュを倒したことで、アセロラの試練は達成される。アセロラは、主人公にゴーストタイプのZクリスタル、ゴーストZをくれる。ゴーストタイプのわざをおぼえたポケモンに使おう。

試練達成で品ぞろえが増える

アセロラの試練を達成すると、フレンドリィショップに新しい商品が登場する。まんたんのくすりを買えるようになる。まんたんのくすりは、ポケモンのHPを全回復させる。1個2500円だ。

STEP 4　ゴーストタイプのゼンリョクポーズを授けられる

ゴーストZを手渡すと、アセロラはゴーストタイプのゼンリョクポーズを実演してくれる。いかにもオバケが出そうなポーズだ。ゴーストタイプのZワザを放つときに披露しよう。

13ばんどうろのゲートが開く

アセロラの試練を達成することで、13ばんどうろにあるキャプテンミニゲートがオープンする。島巡りを進める前に、13ばんどうろへ行こう。ゲートを開けてもらい、ハイナさばくへ向かおう（→P.357）。

こちらの あとちは しれんの ばしょ！ きいております がんばって ください！

STEP 5　アセロラから「ダークボール」をもらおう

アセロラから、ダークボールを10個もらえる。「夜」の時間帯やどうくつ、室内で使うと、ポケモンがつかまえやすいボールだ。スーパー・メガやす あとちでも効果を発揮するので、野生のポケモンをつかまえよう。

**ミミッキュを
つかまえよう**

16ばんどうろのポケモンセンターにいる女性が見たがっているミミッキュは、スーパー・メガやすあとちに生息している。試練を達成したら、中に入り、ミミッキュをつかまえよう（→P.384）。

STEP 6　15ばんすいどうのエーテルハウスへもどろう

ハイナさばく（→P.376）や、みのりのいせき（→P.380）を見て回ったら、島巡りを再開しよう。アセロラは、試練の後、エーテルハウスにもどっている。アセロラに会うために、15ばんすいどうへ向かおう（→P.365）。

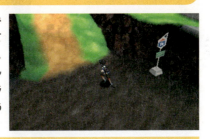

アセロラの試練達成後　撮影スポットで写真を撮ろう

スーパー・メガやす あとちの中に、撮影スポットがある。ダンボールが3個積み重なった場所だ。ポケファインダーを起動して、ポケモンの写真を撮ろう。ゴース、ゴースト、ゲンガー、ミミッキュを撮影できる（→P.571）。

**撮影スポット
店内**

店内に入り北へ、さらに西へ進んだところが撮影スポットだ。

あれ……？　なんだか ひえてきた……？　って そんなわけ ないか

ウラウラじま
ハイナさばく

守り神カプ・ブルルをまつる遺跡の前に広がる　砂でできた天然の迷路

この砂漠で出会えるポケモン

ダグトリオ アローラのすがた
じめん　はがね

ポワルン
ノーマル

メグロコ
じめん　あく

ナックラー
じめん

ガバイト
ドラゴン　じめん

手に入るもの
- ピーピーマックス
- エスパーZ
- すいせいのかけら
- わざマシン85「ゆめくい」
- ぼうじんゴーグル
- たいようのいし
- つきのいし

「ムーランド　サーチ」で見つかるどうぐ　0個

■ エリア3

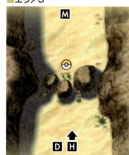

■ エリア2

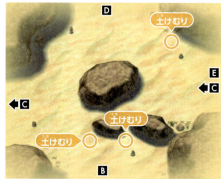

■ エリア1

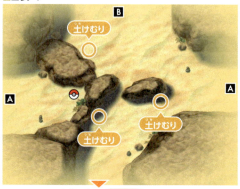

13ばんどうろ ▶P.354

……イテェ！！！　ホコリが　めに……　オレの　ポケモンも　めを　こすってるよ……

■ 奥地3

■ 奥地2　　みのりのいせき ▶P.380

■ 奥地1

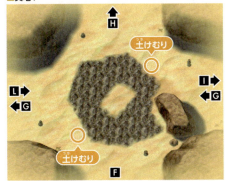

■ 奥地4

■ このマップの使いかた
ハイナさばくのマップは、入る場所と出る場所が異なるところがあります。マップのつながりをよく確認しながら、みのりのいせきをめざしましょう。

■ エリア4

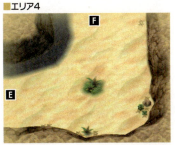

この砂漠で見つかる
ジガルデ・コアとジガルデ・セル
昼0個 / 昼・夜1個 / 夜0個

● 砂漠

ポケモン	昼	夜	仲間のポケモン			「あめ」のときの仲間		「あられ」のときの仲間		「すなあらし」のときの仲間	
☑ メグロコ	◎	◎	メグロコ	-	-	ポワルン	-	ポワルン	-	ポワルン	-
☑ ダグトリオ アローラのすがた	○	○	ダグトリオ アローラのすがた	-	-	ポワルン	-	ポワルン	-	ポワルン	ガバイト

● 土けむり

ポケモン	昼	夜	仲間のポケモン			「あめ」のときの仲間		「あられ」のときの仲間		「すなあらし」のときの仲間	
☑ メグロコ	◎	◎	メグロコ	-	-	ポワルン	-	ポワルン	-	ポワルン	-
☑ ダグトリオ アローラのすがた	○	○	ダグトリオ アローラのすがた	-	-	ポワルン	-	ポワルン	-	ポワルン	ガバイト
☑ ナックラー	△	△	ナックラー	-	-	-	-	-	-	-	-

さっきから　ホコリが　めに　はいって　いたいんだよ　オレの　ポケモンたちも　めを　こすってるし……

ウラウラじま ▶ ハイナさばく

STEP 1　「昼」と「夜」で天気が変わる

ハイナさばくは、過酷な環境にある場所だ。「昼」の時間帯は天気が「ひざしがつよい」状態に、「夜」の時間帯は天気が「すなあらし」状態になる。「てもち」のポケモンの残りのHPを確認しながら進んでいこう。

「昼」の時間帯

「夜」の時間帯

STEP 2　迷路になっているマップを進もう

ハイナさばくは、エリア同士が不思議な空間でつながっている。入った場所からそのまま出ても、同じ場所にもどれるわけではない。376～377ページのマップで、つながりを確認しながら進んでいこう。

おじいさんのヒントを思い出そう

13ばんどうろに、ハイナさばくをぬけるためのヒントを教えてくれるおじいさんがいた。おじいさんによると、モニュメントの数がヒントのようだ。「2コ　1コ　4コ　3コ」が正解とのことだ。

STEP 3　土けむりにぶつかるとポケモンが出現する

エリア1、2と、奥地1、2には、地面を動き回る土けむりがある。土けむりにぶつかると、ポケモンが出現する。ナックラーとは、この方法でしか出会えない。積極的に土けむりとぶつかって、ナックラーをつかまえよう。

ループする地形に注意しよう

ハイナさばくのエリア1とエリア2、奥地1と奥地2は、それぞれ地形が似かよっていて、区別をつけにくい。自分がどこにいるのかを把握するために、目印を見つけて、位置を確認しながら進もう。

STEP 4　台座から「エスパーZ」を手に入れよう

奥地4には、Zクリスタルが置かれた台座がある。調べると、エスパーZが手に入る。エスパーZは、ここでしか手に入らない。必ず奥地4にたどり着いて、貴重なZクリスタルを手に入れよう。

きみの ポケモンは めの ようすとか どうなってる？

STEP 5　迷路の先にみのりのいせきがある

奥地2を北へ進めば、みのりのいせきへたどり着く。一度みのりのいせきに足をふみ入れれば、次からは「リザードン　フライト」で行けるようになる。後で訪れやすくするために、がんばって、みのりのいせきへたどり着こう。

STEP 6　迷ったらリザードンでカプのむらへもどろう

自分がどこにいるのかわからなくなったら、最初からやり直すといい。「リザードン　フライト」でカプのむらへ飛び、13ばんどうろへ向かおう。13ばんどうろから北へ進めば、ハイナさばくのエリア1に入れる。

ウラウラの大試練達成後　「夜」にやまおとこからどうぐをもらえる

エリア3の南側にいる男性は、しきりに目が痛い、といっている。「夜」の時間帯に訪れて、男性に話しかけよう。男性の問いに「しょぼしょぼ！」と答えると、ぼうじんゴーグルをもらえる。

不思議な男性が現れる

ソルガレオ（ルナアーラ）をつかまえた後、エリア4に男性が現れる。『ポケモン サン』と『ポケモン ムーン』で、それぞれ異なるポケモンを「てもち」に加えて話しかけると、たいようのいし（つきのいし）をもらえる。

それにしても　ハイナさばく……　まよい　まくって……　はや1ねん　いったい　いつになったら　でられるんだろう？

| ウラウラじま |

みのりのいせき

ウラウラの守り神カプ・ブルルをまつった遺跡

■内部

■深部

「ムーランド　サーチ」で見つかるどうぐ　0個

■入口

ハイナさばく ▶P.377

この遺跡で見つかるジガルデ・コアとジガルデ・セル
昼0個 ｜ 昼・夜1個 ｜ 夜0個

STEP 1　いせきの奥へはまだ進めない

入口から奥へ進んで内部へ向かうと、巨石が道をふさいでいる。巨石を動かすためには、「カイリキー　プッシュ」が必要だ。カイリキーは、ポニじま ポニのこどうでライドギアに登録してもらえる。

カイリキーを登録すれば奥へ進める

ポニじま ポニのこどうでカイリキーを登録してもらえる。その後は、みのりのいせきの深部へ進むことができるようになる。だが、殿堂入り前は、訪れたとしても何も起こらない。殿堂入り後に訪れるようにしよう。

STEP 2　次はさばくを通らずに来ることができる

一度みのりのいせきに入れば、次からは「リザードン　フライト」で飛んでこられる。みのりのいせきの手前に広がるハイナさばくは、天気が過酷なうえに、迷路になっている。迷路を通らずに来られるので楽だ。

STEP 3　「リザードン　フライト」でカプのむらへもどろう

みのりのいせきを訪れたら、島巡りを再開しよう。アセロラの試練を達成した後、アセロラはエーテルハウスにもどっている。「リザードン　フライト」でカプのむらへ飛び、15ばんすいどうへ向かおう（→P.365）。

殿堂入り後に守り神が姿を現す

殿堂入り後に、みのりのいせきの深部を訪れ、石像を調べると、守り神のカプ・ブルルが姿を現す。ボールを投げてつかまえて、アローラ図鑑に登録しよう（→P.493）。

16ばんどうろ

ウラウラの花園から 先へ 進む前に みんな ポケモンセンターで ひと休み

この道路で出会えるポケモン

デカグース
ノーマル

ラッタ アローラのすがた
あく ノーマル

ヤドン
みず エスパー

ペリッパー
みず ひこう

手に入るもの
- ミックスオレ
- わざマシン81「シザークロス」
- ポイントアップ

カフェスペース
- エネココア 198円
- モーモーミルク 198円
- グランブルマウンテン 198円

きのみのなる木で手に入るきのみ
- ナナシのみ
- オボンのみ
- キーのみ
- モモンのみ
- オレンのみ
- ラムのみ（レア）

「ムーランド　サーチ」で見つかるどうぐ 0個

ケンタロスと　サメハダーの　しょうめんしょうとつ　どっちがかつ？

● 草むら Ⓐ Ⓑ

ポケモン	昼	夜	仲間のポケモン		
☑ ペリッパー	◎	◎	ペリッパー	—	—
☑ ヤドン	○	○	ヤドン	—	—
☑ デカグース	○	—	デカグース	—	—
☑ ラッタ アローラのすがた	—	○	ラッタ アローラのすがた	—	—

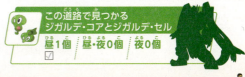

この道路で見つかる
ジガルデ・コアとジガルデ・セル
昼1個　昼・夜0個　夜0個
☑

しまめぐりの　トレーナーは　つよい！　わたしの　けんきゅうは　たしかです！

ウラウラじま ▶ 16ばんどうろ

STEP 1 ミミッキュをつかまえて女性に図鑑を見せよう

ポケモンセンターの中にいる女性に話しかけて「いいですよ」を選ぶと、ミミッキュの図鑑を見せてほしい、と頼まれる。野生のミミッキュは、14ばんどうろのスーパー・メガやす あとに生息している。

おこづかいをもらえる

スーパー・メガやす あとでミミッキュをつかまえたら、再びポケモンセンターの中にいる女性に話しかけよう。図鑑を見せると、お礼として、20000円のおこづかいをもらえる。

STEP 2 エーテルベースへ入っていこう

ポケモンセンターの東側に、エーテルベースがある。ジガルデキューブに10個目の「コア」と「セル」が吸い込まれたときに、通信でジーナが教えてくれた建物だ。ここで何ができるのだろうか。中へ入ろう。

「ミックスオレ」をもらおう

これまでの島巡りで、カフェスペースで5回以上飲み物を注文している状態で、16ばんどうろのカフェスペースへ行こう。そばに座っている女性に話しかけると、ミックスオレをもらえる。

STEP 3 デクシオとジーナに再会する

エーテルベースに入ると、デクシオとジーナが待っていた。エーテルベースには、これまでに集めた「コア」と「セル」を、ジガルデに合成したり分離したりできるリボーンマシーンがあることを説明してくれる。

STEP 4 リボーンマシーンを使ってみよう

リボーンマシーンを使うと、集めたジガルデ・コアとジガルデ・セルの数に応じて、複数のフォルムのジガルデを合成できる。また、合成したジガルデを分離し、元の「コア」と「セル」にもどすこともできる。

ジガルデ・セルの発見のヒント

16ばんどうろには、「昼」の時間帯だけに現れるジガルデ・セルが1個存在する。「昼」の時間帯に訪れて、ポケモンセンターの周辺をすみずみまで探索しよう。

ほのあわく うかぶ プチ…… まさに がんぷく でしょう！

STEP 5　合成するとジガルデが図鑑に登録される

リボーンマシーンでジガルデを合成すると、アローラ図鑑に登録される。ただし、登録されるのは、合成した姿だけだ。「コア」と「セル」を10個以上、50個以上、100個集めるたびに合成して、すべての姿を登録しよう（→P.68）。

持っている個数によってジガルデの姿が変わる

集めたジガルデ・コアとジガルデ・セルの合計が10個以上なら10%フォルム、50個以上なら50%フォルム、100個ならパーフェクトフォルムになれるジガルデを合成できる。

STEP 6　分離すると「コア」と「セル」にもどる

合成したジガルデは、いつでも分離して、元の「コア」と「セル」にもどすことができる。ただし、戦いで得た経験値やリボンなどの実績がすべて消えてしまう。ジガルデを分離する前に、よく考えよう。

STEP 7　きのみのなる木を調べてきのみを手に入れよう

16ばんどうろで、きのみのなる木の根元にあるきのみの山を調べると、ナナシのみ、オボンのみ、キーのみ、モモンのみ、オレンのみが手に入る。きのみの山が大きい場合は、ラムのみが手に入ることがある。

STEP 8　北へ進んでウラウラのはなぞのへ向かおう

スカル団が根城にしているポータウンは、16ばんどうろを北へ進み、ウラウラのはなぞのと17ばんどうろをぬけた先にある。まずは、ヤングースを救出するために、北へ進んで、ウラウラのはなぞのへ向かおう（→P.386）。

のうこうで　ふかみある　プチと　ぜつみょうな　はいちは　アートだ！

ウラウラのはなぞの

紅の花が咲き乱れる花園　オドリドリ めらめらスタイルが生息する

はなぞのに　たたずむ　OL　えに　なるでしょ……

この花園で見つかる ジガルデ・コアとジガルデ・セル
昼0個 ｜ 昼・夜2個 ｜ 夜0個
☑☑

がちりんのみずうみ ▶P.390
『ポケットモンスター サン』の場合

にちりんのみずうみ ▶P.392
『ポケットモンスター ムーン』の場合

☐ OLのマリコ

この花園で出会えるポケモン

レディアン	アリアドス	オドリドリ めらめらスタイル
むし ひこう	むし どく	ほのお ひこう

アブリボン	チュリネ ムーン	モンメン サン
むし フェアリー	くさ	くさ フェアリー

手に入るもの
- ☑ くれないのミツ
- ☑ リピートボール
- ☑ スペシャルガード
- ☑ ビビりだま
- ☑ かえんだま

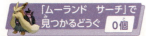
「ムーランド サーチ」で見つかるどうぐ 0個

● 草むら Ⓐ Ⓑ　　花園 Ⓐ Ⓑ

ポケモン	昼	夜	仲間のポケモン		
☑ アブリボン	○	○	アブリボン	–	–
☑ オドリドリ めらめらスタイル	○	○	オドリドリ めらめらスタイル	–	–
☑ モンメン サン	○	○	モンメン	–	–
☑ チュリネ ムーン	○	○	チュリネ	–	–
☑ レディアン	○	–	レディアン	–	–
☑ アリアドス	–	○	アリアドス	–	–

もう！ オドリドリを みていたら おどりが とまらなくて ウフフなの！

ウラウラじま ▶ ウラウラのはなぞの

STEP 1　すご腕のゴルファーとすぐには戦えない

入ってすぐの場所にいるゴルファー姿の男性は、すご腕のポケモントレーナーだ。ウラウラのはなぞのにいる3人のポケモントレーナーを倒した後、はじめて勝負を挑める。全員に勝った後で話しかけよう。

「くれないのミツ」を手に入れよう

ウラウラのはなぞのでキラキラ光る場所を調べ、くれないのミツを手に入れよう。めらめらスタイル以外のオドリドリに使うと、オドリドリ めらめらスタイルにフォルムチェンジさせることができるどうぐだ。

STEP 2　撮影スポットで写真を撮ろう

木道の途中にある撮影スポットでポケファインダーを起動して、ポケモンの写真を撮ろう。オドリドリ めらめらスタイルが出現する。レディアンは「昼」のみ、アリアドスは「夜」のみ姿を現し、撮影できる（→P.571）。

撮影スポット
木道

木道を道なりに北へ進み、右へカーブする場所の角が撮影スポットだ。

STEP 3　すべてを見て回ったら入口へもどろう

木道を進みながら、ポケモントレーナーと戦ったり、どうぐを集めたりして、すべてを見て回ろう。3人のポケモントレーナーに勝利したら、すご腕のポケモントレーナーに挑戦だ。南へ進み、入口へもどろう。

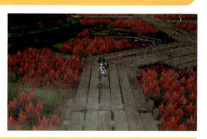

STEP 4　すご腕のゴルファーに戦いを挑もう

3人のポケモントレーナーと戦った後で、すご腕のゴルファーに話しかけ、勝負を申し込もう。ゴルファーは、かえんだまを使ったトリッキーな戦術を仕掛けてくる。勝利すると、かえんだまをもらえる。

もふもふ してるのが さいきょーの ポケモン！

STEP 5 がちりん（にちりん）のみずうみに立ち寄ろう

木道を渡りきった場所から東へ進んだ先は、『ポケモン サン』の場合はがちりんのみずうみへ、『ポケモン ムーン』の場合はにちりんのみずうみへ続いている。島巡りを進める前に、立ち寄ろう（→P.390、392）。

STEP 6 西へ進んで出口へ向かおう

がちりん（にちりん）のみずうみからもどったら、西の突き当たりまで進んでいこう。突き当たりから北へ進めば、目的地の17ばんどうろだ。南へ進めば、ウラウラのはなぞのの木道にもどれる。

STEP 7 北へ進んで17ばんどうろへ入っていこう

エーテルハウスから連れ去られたヤングースは、スカル団のアジト、ポータウンにいる。ポータウンは、17ばんどうろとつながっている場所だ。北へ進み、目的地の17ばんどうろへ進んでいこう（→P.394）。

次の目的地
17ばんどうろ

ウラウラのはなぞのから北へ進んでいくと、たどり着ける。

もえる ゴルファー！！ こんしんの ショットだ！！

| ウラウラじま

がちりんのみずうみ
『ポケットモンスター サン』の場合

湖の中央に 月をかたどった祭壇が静かにたたずむ

手に入るもの
- [x] わざマシン03「サイコショック」

「ムーランド　サーチ」で見つかるどうぐ **0個**

■広間

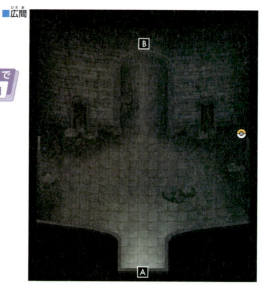

■入口

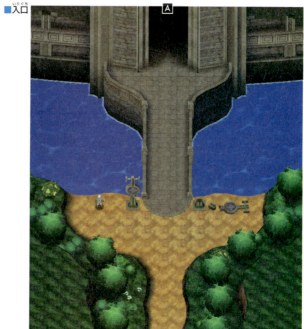

ウラウラのはなぞの ▶P.387

……おや　きみは　よく　ポケセンに　きてくれる　トレーナーさん　だね

■通路

この湖で見つかる
ジガルデ・コアとジガルデ・セル
昼0個／昼・夜0個／夜0個

■祭壇

STEP 1　すべてを見て回ったらはなぞのへもどろう

がちりんのみずうみは、忘れ去られた廃墟だ。何もなく、何も起こらない。入口にいる男性に話を聞いたり、どうぐを集めたり、いちばん奥の祭壇を探索したりしたら、ウラウラのはなぞのへもどろう（→P.389）。

殿堂入り後に訪れることになる

殿堂入り後、ポニじま ポニのだいきょうこくに出現するゆがみを通過したら、この場所を訪れよう。伝説のポケモン同士の出会いがあり、コスモッグを仲間にできる（→P.496）。

くちては いるが りっぱな ここには なぜか なにも ないよ

ウラウラじま

にちりんのみずうみ 『ポケットモンスター ムーン』の場合

湖の中央に 太陽をかたどった祭壇が静かにたたずむ

手に入るもの
☑ わざマシン03
「サイコショック」

「ムーランド サーチ」で
見つかるどうぐ 0個

■広間

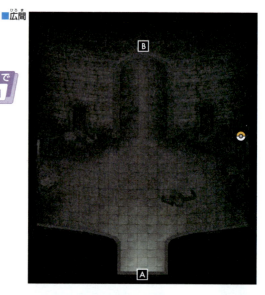

■入口

ウラウラのはなぞの ▶P.387

……おや きみは よく ポケセンに きてくれる トレーナーさん だね

■通路

■この湖で見つかる ジガルデ・コアとジガルデ・セル
昼0個 | 昼・夜0個 | 夜0個

■祭壇

STEP 1 すべてを見て回ったらはなぞのへもどろう

にちりんのみずうみは、忘れ去られた廃墟だ。何もなく、何も起こらない。入口にいる男性に話を聞いたり、どうぐを集めたり、いちばん奥の祭壇を探索したりしたら、ウラウラのはなぞのへもどろう（→P.389）。

『ポケットモンスター ムーン』の場合

殿堂入り後に訪れることになる

殿堂入り後、ポニじま ポニのだいきょうこくに出現するゆがみを通過したら、この場所を訪れよう。伝説のポケモン同士の出会いがあり、コスモッグを仲間にできる（→P.496）。

くちては いるが りっぱな ここには なぜか なにも ないよ

ウラウラじま
17ばんどうろ

しんしんと 雨の 降り続ける そこはかとなく 不気味さの 漂う 道

この道路で出会えるポケモン

デカグース
ノーマル

ラッタ アローラのすがた
あく ノーマル

レディアン
むし ひこう

アリアドス
むし どく

オニドリル
ノーマル ひこう

ヌメラ
ドラゴン

ポワルン
ノーマル

エアームド
はがね ひこう

ヤンチャム
かくとう

ゴロンダ
かくとう あく

ゴローン アローラのすがた
いわ でんき

きのみのなる木で手に入るきのみ
- オボンのみ
- ヒメリのみ
- モモンのみ
- チーゴのみ
- ラムのみ
- リュガのみ（レア）

手に入るもの
- ミックスオレ
- なんでもなおし
- わざマシン84「どくづき」

「ムーランド サーチ」で見つかるどうぐ 2個

ポーこうばん

ウラウラのはなぞの ▶P.386

●草むら A H

ポケモン	昼	夜	仲間のポケモン			「あめ」のときの仲間	「あられ」のときの仲間	「すなあらし」のときの仲間
オニドリル	○	○	オニドリル	ー	ー	ポワルン	ポワルン	ポワルン
ヤンチャム	○	○	ヤンチャム	ゴロンダ	ー			
デカグース	○	ー	デカグース	ー	ー	ヌメラ	ー	ー
ラッタ アローラのすがた	ー	○	ラッタ アローラのすがた	ー	ー			
レディアン	○	○	レディアン	ー	ー			
アリアドス	ー	○	アリアドス	ー	ー			

ケンカ よわいけどよ スカルだん やってると ケンカ うられないんだよ

394

この道路で見つかるジガルデ・コアとジガルデ・セル
昼0個 ／ 昼・夜3個 ／ 夜0個

● 草むら B C D E F G

ポケモン	昼	夜	仲間のポケモン			「あめ」のときの仲間		「あられ」のときの仲間		「すなあらし」のときの仲間	
☑ オニドリル	○	○	オニドリル	—	—	ポワルン	ヌメラ	ポワルン	—	ポワルン	—
☑ ゴローン アローラのすがた	○	○	ゴローン アローラのすがた	—	—						
☑ デカグース	○	—	デカグース	—	—						
☑ ラッタ アローラのすがた	—	○	ラッタ アローラのすがた	—	—						
☑ ヤンチャム	△	△	ヤンチャム	ゴロンダ	—						
☑ エアームド	△	△	エアームド	—	—						

ああ まけちまった…… なんて さいあく バッドデイ……

395

ウラウラじま ▶ 17ばんどうろ

STEP 1　東側の高台を探索しよう

17ばんどうろの東側には、高台がある。段差があるため、高台の上を一度にすべて回ることはできない。段差を下りていき、再び高台に上がって、次は別の段差を下りる。これを何回かくり返して、すべてを回ろう。

天気がつねに「あめ」状態だ

17ばんどうろでは、天気がつねに「あめ」状態だ。したっぱ団員との戦闘中も、野生のポケモンと出会ったときも、天気は「あめ」状態となり、みずタイプとほのおタイプのわざの威力が変動する（→P.122）。

STEP 2　スカル団のしたっぱ団員がたむろしている

17ばんどうろにいるポケモントレーナーは、すべてスカル団のしたっぱ団員だ。スカル団のアジト、ポータウンがすぐそばにあることを物語っている。すみずみまで回って、すべてのしたっぱ団員を倒そう。

あ〜ん？　ここいら　ぜ〜んぶ
スカルだん　パラダイス　なんだけど？

ジガルデ・コアの発見のヒント

ポーこうばんの中に、ジガルデ・コアが1個存在している。この「コア」を手に入れると、ジガルデキューブを使って、ジガルデにわざ「サウザンウェーブ」をおぼえさせられる。

STEP 3　町の入口の北側も探索しよう

17ばんどうろの北側にあるポータウンの入口を通りすぎた先にも、草むらやきのみのなる木がある。入口へ近づくと、見張っているしたっぱ団員たちに声をかけられるので、少し離れて北へ進もう。

STEP 4　きのみのなる木を調べてきのみを手に入れよう

17ばんどうろで、きのみのなる木の根元にあるきのみの山を調べると、オボンのみ、ヒメリのみ、モモンのみ、チーゴのみ、ラムのみが手に入る。きのみの山が大きい場合は、リュガのみが手に入ることがある。

しゅうは
オボンのみを　てにいれた！

まけて　パラダイス　ほんとに　いっちゃいそ！

STEP 5 したっぱ団員が入口を見張っている

ポータウンの入口に近づくと、見張りをしているしたっぱ団員たちが話しかけてくる。主人公がZリングを持っているのを見て、敵意を燃やしたのか、ポケモン勝負を挑んでくる。したっぱ団員たちとのダブルバトルに勝利しよう。

STEP 6 ポータウンには入れてもらえない

ダブルバトルに勝っても、見張りのしたっぱ団員たちはすねてしまい、扉を開けてくれそうもない。見張りたちは、主人公をその場に残し、町の奥へ入っていってしまう。どうすればいいのだろうか。

したっぱ団員のぐちを聞こう

17ばんどうろで戦うスカル団のしたっぱ団員の中に、ユニークなぐちをいう者がいる。真面目がきらいでスカル団に入ったのに、真面目にしたっぱをやっているのだそうだ。

STEP 7 突然おじさんが現れて扉を開けてくれる

扉の前で呆然としていると、いきなり見知らぬおじさんがやってくる。ぶっきらぼうだが、芯が強そうだ。おじさんは、主人公に覚悟はあるか、と聞く。「ある！」と答えると、ポータウンへの扉を開けてもらえる（→P.398）。

ウラウラじま
ポータウン

スカル団がたむろするアジト　奥には大きな屋敷がそびえ立っている

■ポータウン

手に入るもの
- ☐ ゴールドスプレー
- ☐ ふしぎなアメ
- ☐ けむりだま
- ☐ こおりのいし
- ☐ げんきのかたまり
- ☐ ばんのうごな
- ☐ わざマシン36「ヘドロばくだん」
- ☐ ブロムヘキシン
- ☐ あなぬけのヒモ
- ☐ ムシZ

「ムーランド　サーチ」で見つかるどうぐ　0個

- ☐ スカル団のしたっぱ
- ☐ スカル団のしたっぱ
- ☐ スカル団のしたっぱ（ダブルバトル）
- ☐ スカル団のしたっぱ
- ☐ スカル団のしたっぱ

いかがわしきやしき

ポケモンセンター
ポケモン全回復（有料）

17ばんどうろ ▶P.395

ポケモンセンター（殿堂入り後）
- ☐ スカルタンクトップ 10000円

この町で見つかるジガルデ・コアとジガルデ・セル
昼1個　昼・夜0個　夜1個
☐　　　☐　　　☐

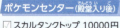

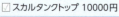

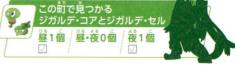

バリケードに　あまえていた……　いま　マジ　くやんでいるよ……

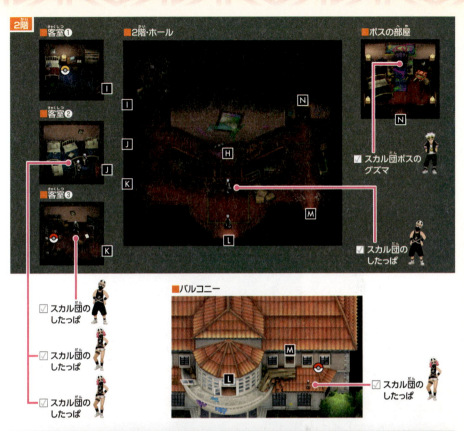

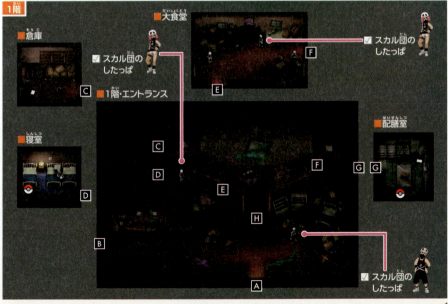

オレたち バリケード なければ よわいんだからよ てかげんしろよ！

ウラウラじま ▶ ポータウン

STEP 1　ぬけ穴からバリケードの奥へ進もう

ポータウンに入ると、目の前でスカル団のしたっぱ団員たちがバリケードを築いている。中に入れないようにしているのだ。だが、バリケードの西側に、ぬけ穴がある。穴の前でAボタンを押して、町の中へ入っていこう。

天気がつねに「あめ」状態だ

17ばんどうろと同じく、ポータウンの中も、つねに天気が「あめ」状態だ。戦闘中の天気も「あめ」状態になる。いかがわしきやしきの中は、バルコニーだけが「あめ」状態となる。

STEP 2　10円でポケモンを全回復してもらえる

バリケードを越えた先の東側に、くち果てたポケモンセンターがある。中は停電しているため、機能していない。だが、カウンターの奥にいる女性のしたっぱ団員に10円を払うと、ポケモンを全回復してもらえる。

スカル団のラップを聴こう

くち果てたポケモンセンターでは、スカル団のしたっぱ団員たちがラップを聴かせてくれる。歌詞のすべてで韻をふんでいる。本格的なラップを楽しもう。

STEP 3　いかがわしきやしきに入っていこう

したっぱ団員と戦ったり、ぬけ穴をくぐったりしながら、北へ進んでいこう。北の突き当たりに、大きな屋敷がある。いかがわしきやしきだ。ここがスカル団のアジトらしい。扉を開けて、中に入っていこう。

殿堂入り後に服を買える

ポケモンセンターで、10円を払うとポケモンを全回復してくれるサービスは、殿堂入りを果たすまで受けられる。殿堂入り後は、ここでタンクトップを買えるようになる（→P.494）。

STEP 4　1つ目のメモを読もう

1階・エントランスに入ったら、西側の奥にある倉庫へ入ろう。床に、1つ目のメモが落ちている。調べると、合言葉が書いてある。この合言葉は、ボスの部屋へ進むために必要となる。メモの数は3つ。すべての内容をおぼえよう。

ジガルデ・セルの発見のヒント

ポータウンには、「昼」の時間帯だけに現れるジガルデ・セル、「夜」の時間帯だけに現れるジガルデ・セルが1個ずつ存在する。それぞれの時間帯に、いかがわしきやしきの手前に置かれた車の周辺を探索しよう。

よしっ ギャンブルは やめる！ かけても いいぜ！！

STEP 5　2つ目のメモを読もう

1階・エントランスから大食堂へ進み、東側にある扉から1階・エントランスにもどろう。東側に、配膳室がある。中に入ると、床に2つ目のメモが落ちている。調べて、書かれた合言葉をしっかりとおぼえよう。

STEP 6　3つ目のメモを読もう

階段から2階・ホールへ上がろう。西側に3つ並んだ客室のうち、いちばん南にある客室③の床に、3つ目のメモが落ちている。調べて、合言葉をおぼえよう。必要な合言葉は、これですべてそろった。

したっぱ同士の争いを見物しよう

2階の客室②に入ると、2人の女性したっぱ団員がケンカをしている。相手のタンクトップを間違えて着たことが原因のようだ。聞いていてちょっとはずかしい言い争いを見物しよう。

STEP 7　正しく回答して奥へ進もう

2階・ホールを南へ進もうとすると、したっぱ団員から合言葉を求められる。メモの内容を思い出しながら、答えていこう。最後に「これで　いいのかい？」と聞かれたら、2つ目のメモに書かれていた内容を思い出そう。

必要なのは合言葉だけじゃない

2つ目のメモには、スカル団の団員が実行するべき行動も書かれている。実は、これがボスの部屋へ行くために必要になる、もっとも重要なヒントなのだ。

STEP 8　バルコニーからボスの部屋をめざそう

合言葉を告げて通りぬけた先は、バルコニーだ。バルコニーから屋根を伝って、東側にある窓から再び2階・ホールに入ろう。ここから北へ進んだ先に、ボスの部屋がある。部屋では、グズマが待ちかまえている。

……そういえば　スカ　スカ　いってた　あいつ　どこに　いったのかしら？

ウラウラじま ▶ ポータウン

STEP 9　グズマを倒してヤングースを取りもどそう

ボスの部屋に入ると、スカル団ボスのグズマが手ぐすね引いて待っていた。グズマは、人助けのために行動する主人公をあざ笑う。そして、ポケモン勝負を挑んでくる。ヤングースを救うために、勝利しよう。

スカル団ボスの グズマと対決！❷

「機械が 壊れたら どうする？ とりあえず ブッ叩くよな！」

ひこうやいわタイプの わざで弱点を突こう

グズマのポケモンは、マリエていえんで戦ったときと比べて、レベルが6上がっている。グソクムシャとアリアドスの2匹は、ひこうやいわタイプのわざが共通の弱点だ。確実に弱点を突いて、大ダメージを与えよう。

●グズマの「てもち」のポケモン

グソクムシャ Lv.37　むし／みず
弱点：でんき　ひこう　いわ

アリアドス Lv.36　むし／どく
弱点：ほのお　ひこう　エスパー　いわ

STEP 10　グズマとしたっぱ団員は去っていく

勝負後、グズマは約束通り、ヤングースを返してくれる。だが、まだあきらめているわけではないようだ。グズマは、「おまえは ブッ壊す！ あいつらの 力を 使ってもな」という不気味な言葉をいい捨てて、去っていった。

いつもは あまい ホットケーキとか あまい きのみケーキ つくってんだよ

STEP 11　Zクリスタル「ムシZ」を手に入れよう

グズマが去った後、ボスの部屋を探索しよう。椅子の隣にある宝箱を調べると、ムシZが手に入る。宝箱には、近づいてもAボタンのアイコンが表示されない。見落としてしまいがちなので、必ず調べて手に入れよう。

グズマの椅子に座ってみよう

グズマと対決後、空席となったボスの椅子を調べて、座ってみよう。すると、スカル団のテーマ曲とともに、したっぱ団員が姿を現す。ボスが椅子に座ると、したっぱ団員がやってくる仕組みのようだ。

STEP 12　屋敷の外でおじさんが待っていた

いかがわしきやしきを出ると、ポータウンの扉を開けてくれたおじさんが待っていた。取りもどしたヤングースは、おじさんの足元にじゃれついている。おじさんは、主人公のポケモンを全回復してくれる。

STEP 13　アセロラが駆けつけてくる

アセロラがやってきて、おじさんを「クチナシおじさん！」と呼びかける。ここではじめて、おじさんの名前が判明する。アセロラによると、クチナシはスカル団を見張るために、ポータウンに住んでいるようだ。

STEP 14　エーテルハウスへもどろう

アセロラは、エーテルハウスに来てよ、といって去っていく。「リザードン　フライト」で、カプのむらへ飛ぼう。カプのむらのポケモンセンターから西へ進み、道なりに北へ進んで15ばんすいどうへ入ろう（→P.368）。

次の目的地
15ばんすいどう

カプのむらの西の端から北へ進めば、15ばんすいどうへ入れる。

うみのたみのむら

ポニじま

船の 上で 暮らす 人々の 村 村人は みんな 自由気ままな 性格

ポニのげんや ▶P.411
ポケモンセンター
船上レストラン
マツリカの家
民家
じょうせんじょ
ナッシー・アイランド ▶P.425
ハウオリシティ ▶P.159
カンタイシティ ▶P.208
エーテルパラダイス ▶P.297

うみの そこには まだまだ しらない ポケモンが いるんじゃないかね?

この村で見つかる
ジガルデ・コアとジガルデ・セル
昼0個 ｜ 昼・夜2個 ｜ 夜0個
☑☑

この村で出会えるポケモン

コイキング　みず

ギャラドス　みず／ひこう

ダダリン　ゴースト／くさ

ホエルコ　みず

ホエルオー　みず

手に入るもの
- ☑ マグマブースター
- ☑ エレキブースター
- ☑ アロライZ
- ☑ ラッキーパンチ
- ☑ わざマシン91「ラスターカノン」

手に入るもの（殿堂入り後）
- ☑ ウルトラボール×10
- ☑ きんのたま×6

「ムーランド　サーチ」で見つかるどうぐ　0個

フレンドリィショップ（右の店員）
☑ わざマシン004「めいそう」	10000円
☑ わざマシン014「ふぶき」	30000円
☑ わざマシン015「はかいこうせん」	50000円
☑ わざマシン022「ソーラービーム」	10000円
☑ わざマシン025「かみなり」	30000円
☑ わざマシン034「ヘドロウェーブ」	10000円
☑ わざマシン038「だいもんじ」	30000円
☑ わざマシン052「きあいだま」	30000円
☑ わざマシン068「ギガインパクト」	50000円
☑ わざマシン071「ストーンエッジ」	30000円

カフェスペース
☑ ミックスオレ	198円
☑ ロズレイティー	198円
☑ グランブルマウンテン	198円

船上レストラン
☑ Zヌードル		500円
☑ Zヌードル	おおもり	500円
☑ Zヌードル	とくもり	500円
☑ Zヌードル	Zもり	500円

◆食事をすると、ハートのウロコを1個もらえます。

つりスポット A
ポケモン	昼	夜	仲間のポケモン		
☑ コイキング	◎	◎	ギャラドス	コイキング	―
☑ ホエルコ	○	○	ホエルオー	ホエルコ	―
☑ ダダリン	▲	▲	ダダリン	―	―

つりスポット A（レア）
ポケモン	昼	夜	仲間のポケモン		
☑ コイキング	◎	◎	コイキング	ギャラドス	―
☑ ホエルコ	○	○	ホエルオー	ホエルコ	―
☑ ダダリン	△	△	ダダリン	―	―

なみに　ゆられて　ゆらゆら　なげた　モンスターボール　ゆらゆら

ポニじま ▶ うみのたみのむら

STEP 1　グラジオからアドバイスをもらえる

グラジオは、主人公とリーリエをポニじまへ送ってくれる。そして去り際に、ポニじまのしまキングを訪ねろ、というアドバイスをくれる。ポニじまのしまキングは、伝説のポケモンにまつわる祭壇の番人だという。

STEP 2　マツリカの家を訪れよう

じょうせんじょうの北側に、絵かきのマツリカの家がある。両親に話しかけると、マツリカについて教えてもらえる。実は、マツリカはポニじまの唯一のキャプテンだ。だが、放浪していて、試練は行っていない。

STEP 3　女性からプテラをもらおう

マツリカの家の西にある民家に入ろう。奥にいる女性に話しかけると、プテラをもらえる。古代の大空の王者だ。「てもち」がいっぱいの場合は、「てもち」に加えるか、ボックスに送るかを選べる。

プテラ　いわ　ひこう

STEP 4　団長にしまキングについて教えてもらおう

中央の通路を北へ進むと、ベテランのトレーナー姿の男性が話しかけてくる。男性は、海の民をまとめている団長だ。リーリエがしまキングについて聞いてみると、団長は、ハプウの家に行くことをすすめてくれる。

進化に関わるどうぐをもらおう

プテラをくれる女性がいる民家には、男性もいる。男性に話しかけると、ブーバーを進化させるために必要なマグマブースターと、エレブーを進化させるために必要なエレキブースターをもらえる。

さあ　いこうよ　ヤドン！！

STEP 5　船上レストランで食事をしよう

船上レストランは、500円でヌードルを楽しめるレストランだ。どのメニューを選んでも、食後に店員からハートのウロコをもらえる。立てつづけに食事をして、ハートのウロコを集めることもできる。

しまクイーンと食事を楽しめる

ポニの大試練でハプウに勝利した後、船上レストランを訪れよう。「Zヌードル　Zもり」を注文すると、ハプウがやってくる。ごちそうしてもらえるうえに、ハートのウロコを2個もらえる。

STEP 6　ライチュウを見せて「アロライZ」をもらおう

マツリカの家の北にある民家で、ベテラントレーナー姿の女性に話しかけよう。「てもち」にライチュウ　アローラのすがたがいる状態で話しかけると、アロライZをもらえる。ライチュウ専用のZクリスタルだ。

ライチュウに持たせよう

アロライZは、ライチュウ　アローラのすがただけに使えるZクリスタルだ。わざ「10まんボルト」をおぼえたライチュウ　アローラのすがたに使うと、Zわざ「ライトニングサーフライド」を放てる。

STEP 7　街の人とポケモンを交換しよう

中央の通路にいる女性が、グランブルとアママイコを交換してくれる。グランブルをつかまえよう。グランブルは、次に向かうポニのげんやに生息している。つかまえたら、アママイコと交換してもらおう。

STEP 8　わざ「ガリョウテンセイ」を教えてもらえる

ポケモンセンターの中にいるおじいさんは、レックウザにわざ「ガリョウテンセイ」を教えてくれる。レックウザは、アローラ地方には生息していない。『ポケモンバンク』で連れてきたら、わざを教えてもらおう。

ポニじま ▶ うみのたみのむら

STEP 9　わざ「りゅうせいぐん」を教えてもらえる

ポケモンセンターの中にいる女性に話しかけると、ドラゴンタイプ最強のわざ「りゅうせいぐん」を教えてもらえる。「りゅうせいぐん」は、ドラゴンタイプのポケモンなどが十分になついていると、教えてもらえる。

STEP 10　ハプウの家をめざして出発しよう

団長に教えてもらったハプウの家は、ポニのこどうにある。ポニのこどうは、うみのたみのむらからポニのげんやを進み、通りぬけた先にある。まずは、北へ進んで、ポニのげんやへ向かおう(→P.410)。

次の目的地：ポニのげんや

ポニのげんやは、うみのたみのむらをまっすぐ北へ進んだ先にある。

ひがんのいせき探訪後　しまクイーンになったハプウが応援してくれる

ひがんのいせきで、見事しまクイーンになったハプウといっしょに、うみのたみのむらにもどってきた。後は、伝説のポケモンを呼びだすのに必要なふえを手に入れるだけだ。ハプウの情報を頼りに、団長を探そう。

ひがんのいせき探訪後　団長に協力してもらおう

じょうせんじょからまっすぐ西へ進むと、団長が話しかけてくる。コイキング丸で、ナッシー・アイランドに連れていってもらおう。団長は、伝説のポケモンを呼びだすふえがある場所を知っているようだ。

どこまでも　ひろがる　うみ！　どこまでも　およいでいきたい……！

ひがんのいせき 探訪後	## ナッシー・アイランドへ出発だ

団長は、主人公とリーリエの頼みを引き受けてくれる。団長のコイキング丸で、ナッシー・アイランドへ連れていってくれる、というのだ。さっそく乗り込んで、ナッシー・アイランドへ向かおう（→P.424）。

ふえ入手後	## 団長に祭壇の場所を教えてもらおう

たいようのふえ（つきのふえ）を手に入れてナッシー・アイランドからもどると、団長がふえを吹く場所を教えてくれる。その場所とは、ポニのだいきょうこくの奥にある祭壇。厳しい旅になりそうだ。

リザードンで行けるようになる

ポニのだいきょうこくに一度入ると、次からは「リザードン フライト」で行けるようになる。到着地点は、ポニのだいきょうこくへ向かう道の入口だ。

ふえ入手後	## ポニのだいきょうこくへ向かおう

ポニのだいきょうこくは、ポニのこどうから北へ進んだ先にある（→P.427）。「リザードン フライト」で向かうなら、ひがんのいせきへ飛ぼう。そこから、ポニのあらいそと、ポニのこどうを通っていくといい。

次の目的地
ポニのこどう

ポニのこどうの十字路を北へ進む。まっすぐ進んだ先が目的地だ。

てんきんを めいじられたのに こうばんが ないもんで……

409

ポニじま

ポニのげんや

海の民の村から 続く ポニ島の 玄関口

この原野で出会えるポケモン

デカグース
ノーマル

ラッタ アローラのすがた(夜)
あく ノーマル

ペリッパー
みず ひこう

コイキング
みず

ギャラドス
みず ひこう

ドククラゲ
みず どく

ネオラント
みず

コソクムシ
むし みず

グランブル
フェアリー

トリトドン ひがしのうみ
みず じめん

ジーランス
みず いわ

ホエルコ
みず

ホエルオー
みず

ラプラス
みず こおり

タマタマ
くさ エスパー

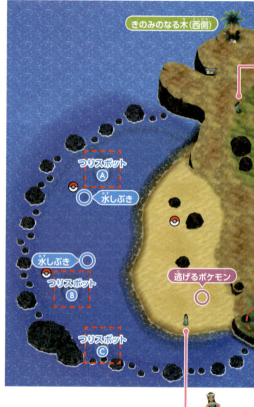

きのみのなる木(西側)

つりスポット A
水しぶき

水しぶき
つりスポット B

つりスポット C

逃げるポケモン

☑ ダンサーのユリア

● 草むら A B C D E F G H I

ポケモン	昼	夜	仲間のポケモン			
☑ ペリッパー	○	○	ペリッパー	ー	ー	ー
☑ グランブル	○	○	グランブル	ー	ー	ー
☑ デカグース	○	ー	デカグース	ー	ー	ー
☑ ラッタ アローラのすがた	ー	○	ラッタ アローラのすがた	ー	ー	ー
☑ トリトドン ひがしのうみ	△	△	トリトドン ひがしのうみ	ー	ー	ー
☑ タマタマ	△	△	タマタマ	ー	ー	ー

● 逃げるポケモン

ポケモン	昼	夜	仲間のポケモン			
☑ コソクムシ	○	○	コソクムシ	ー	ー	ー

◆コソクムシは、ランダムで出現します。

● 水上

ポケモン	昼	夜	仲間のポケモン			
☑ ドククラゲ	○	○	ドククラゲ	ネオラント	ー	ー
☑ トリトドン ひがしのうみ	○	○	トリトドン ひがしのうみ	ー	ー	ー
☑ ペリッパー	○	○	ペリッパー	ー	ー	ー
☑ ネオラント	○	○	ネオラント	ー	ー	ー
☑ ラプラス	▲	▲	ラプラス	ー	ー	ー

● 水しぶき

ポケモン	昼	夜	仲間のポケモン			
☑ ホエルコ	○	○	ホエルコ	ー	ー	ー
☑ ホエルオー	△	△	ホエルオー	ー	ー	ー

♪ ダンスを おどりつづけるには タフさと きあいが だいじ♪

手に入るもの
☑ ゴールドスプレー
☑ やみのいし
☑ おだんごしんじゅ
☑ ふしぎなアメ
☑ まんたんのくすり
☑ きあいのタスキ

きのみのなる木(西側)で手に入るきのみ
☑ オッカのみ
☑ ナモのみ
☑ ヨプのみ
☑ シュカのみ
☑ ヨロギのみ
☑ ホズのみ
☑ カムラのみ(レア)

きのみのなる木(中央)で手に入るきのみ
☑ イトケのみ
☑ ロゼルのみ
☑ ヤチェのみ
☑ ソクノのみ
☑ ウタンのみ
☑ リリバのみ
☑ ヤタピのみ(レア)

きのみのなる木(東側)で手に入るきのみ
☑ リンドのみ
☑ カシブのみ
☑ バコウのみ
☑ ビアーのみ
☑ タンガのみ
☑ ハバンのみ
☑ チイラのみ(レア)

「ムーランド サーチ」で見つかるどうぐ 3個

☑ ダンサーのカレン
☑ エリートトレーナーのノブヒコ

きのみのなる木(中央)

草むら B
草むら A
草むら C
草むら D
草むら E
草むら F
草むら G
草むら H
草むら I

きのみのなる木(東側)

うみのたみのむら ▶P.404
☑ エリートトレーナーのソウマ
☑ コックのミツオ

ポニのこうや ▶P.414

つりスポット Ⓐ Ⓑ Ⓒ

ポケモン	昼	夜	仲間のポケモン		
☑ コイキング	◎	◎	ギャラドス	コイキング	ー
☑ ホエルコ	○	○	ホエルオー	ホエルコ	ー
☑ ジーランス	▲	▲	ジーランス	ー	ー

つりスポット Ⓒ (レア)

ポケモン	昼	夜	仲間のポケモン		
☑ コイキング	◎	◎	コイキング	ギャラドス	ー
☑ ホエルコ	◎	◎	ホエルコ	ホエルオー	ー
☑ ジーランス	△	△	ジーランス	ー	ー

この原野で見つかるジガルデ・コアとジガルデ・セル
昼1個 昼・夜1個 夜1個
☑ ☑ ☑

きのみを いただくことに かんしゃして おどりを ささげてます

ポニじま ▶ ポニのげんや

STEP 1　リーリエといっしょに島巡りをしよう

ポニじまでは、リーリエといっしょに島巡りをすることになる。つねに行動をともにするわけではないが、リーリエは、主人公の近くにいる機会が多くなる。リーリエがそばにいるときは、積極的に話しかけよう。

STEP 2　「ラプラス スイム」で水上も見て回ろう

ポニのげんやの西側には、海が広がっている。水上にポケモントレーナーはいないが、つりスポットがあったり、海底にどうぐが落ちていたりする。「ラプラス スイム」で、水上もすみずみまで見て回ろう。

STEP 3　すご腕のダンサーとすぐには戦えない

西側の砂浜にいるダンサー姿の女性は、すご腕のポケモントレーナーだ。ポニのげんやにいる4人のポケモントレーナーを倒した後、はじめて勝負を挑める。全員に勝った後で、再び話しかけよう。

> **ジガルデ・セルの発見のヒント**
> ポニのげんやには、「昼」の時間帯だけに現れるジガルデ・セルが1個存在する。「昼」の時間帯に訪れたら、入口から東へ進んだ先にある、小さな高台の周辺を探そう。

STEP 4　西側のきのみのなる木できのみをとろう

西側のきのみのなる木の根元にある、きのみの山を調べると、オッカのみ、ナモのみ、ヨプのみ、シュカのみ、ヨロギのみ、ホズのみが手に入る。きのみの山が大きい場合は、カムラのみが手に入ることがある。

> **ジガルデ・セルの発見のヒント**
> ポニのげんやには、「夜」の時間帯だけに現れるジガルデ・セルが1個存在する。「夜」の時間帯に訪れたら、ポニのげんやの東側、おとくなけいじばんがある場所を探索してみよう。

> きのみ きのまま きのみ あつめて♪

STEP 5　中央のきのみのなる木できのみをとろう

中央のきのみのなる木の根元にある、きのみの山を調べると、イトケのみ、ロゼルのみ、ヤチェのみ、ソクノのみ、ウタンのみ、リリバのみが手に入る。きのみの山が大きい場合は、ヤタピのみが手に入ることがある。

STEP 6　東側のきのみのなる木できのみをとろう

東側のきのみのなる木の根元にある、きのみの山を調べると、リンドのみ、カシブのみ、バコウのみ、ビアーのみ、タンガのみ、ハバンのみが手に入る。きのみの山が大きい場合は、チイラのみが手に入ることがある。

STEP 7　すご腕のダンサーに戦いを挑もう

4人のポケモントレーナーに勝った後で、砂浜にいるすご腕のダンサーに話しかけると、ポケモン勝負を申し込める。きあいのタスキを持った4種類のオドリドリを倒そう。勝利すると、きあいのタスキをもらえる。

「きあいのタスキ」を活用しよう

きあいのタスキは、ポケモンに持たせると、HPが満タンから「ひんし」状態になるわざを受けても、HPが1残るどうぐだ。バトルロイヤルやバトルツリー、通信対戦などで活用してみよう。

STEP 8　ポニのこどうをめざして進もう

ポニのげんやを東方向へ進んでいくと、ポニのこどうにたどり着く。ポニのこどうは、目的地のハプウの家がある場所だ。道なりに東へ進んでいこう。突き当たりを東へ進めば、ポニのこどうに入れる（→P.414）。

次の目的地　ポニのこどう

ポニのげんやを東へ進んでいき、突き当たりからさらに東へ進む。

ポニのこどう

ポニの大峡谷へ 続く 古い 道 わずかだが 人と ポケモンの 家が ある

この古道で出会えるポケモン

デカグース
ノーマル

ラッタ アローラのすがた
あく ノーマル

ペリッパー
みず ひこう

グランブル
フェアリー

トリトドン ひがしのうみ
みず じめん

タマタマ
くさ エスパー

手に入るもの
- ねむけざまし
- ビビリだま
- ひかりのいし
- わざマシン79「こおりのいぶき」
- ドクZ

手に入るもの(殿堂入り後)
- キーストーン
- フーディナイト

「ムーランド サーチ」で見つかるどうぐ 2個

ポケモン全回復 / ハプウの家 / ポニのげんや ▶P.411

● 草むら Ⓐ Ⓑ Ⓒ

ポケモン	昼	夜	仲間のポケモン		
ペリッパー	○	○	ペリッパー	—	—
グランブル	○	○	グランブル	—	—
デカグース	○	—	デカグース	—	—
ラッタ アローラのすがた	—	○	ラッタ アローラのすがた	—	—
トリトドン ひがしのうみ	△	△	トリトドン ひがしのうみ	—	—
タマタマ	△	△	タマタマ	—	—

おお! がんばる リーリエ いわば がんばリーリエ じゃのう!

ポニじま ▶ ポニのこどう

STEP 1　ハプウの家を訪れよう

目的地のハプウの家は、ポニのこどうに入ってすぐの場所にある。家に近づくと、バンバドロが主人公とリーリエに気づき、大きくいななく。すぐに家からハプウが出てきて、リーリエの変身ぶりにびっくりする。

ポニじまにある唯一の民家だ
ポニじまは、豊かな自然に恵まれ、人の手がほとんど入っていないのが特徴だ。ポニのこどうにあるハプウの家は、ポニじまの陸地にある唯一の民家、ということになる。

STEP 2　ハプウが遺跡へ案内してくれる

ハプウにしまキングについて聞いてみるが、答えは残念な内容だった。しまキングだったおじいさんが亡くなった後、ポニじまにしまキングは不在らしい。だが、ハプウの提案で、ひがんのいせきへ向かうことになった。

STEP 3　ハプウのおばあさんに声をかけられる

先にひがんのいせきへ出発したハプウを見送ると、突然おばあさんに話しかけられる。ハプウのおばあさんだった。おばあさんは、主人公とリーリエがハプウの友だちと知り、うれしそうに目を細める。

STEP 4　「ライドギア」にカイリキーを登録してもらおう

ハプウのおばあさんは、ライドギアにカイリキーを登録してくれる。「カイリキー　プッシュ」を使うことで、ひがんのいせきに入れるようになる。これで準備は整った。ハプウの後を追いかけよう。

ジガルデ・コアの発見のヒント
ハプウの家の中に、ジガルデ・コアが1個存在する。この「コア」を手に入れると、ジガルデキューブを使って、ジガルデにわざ「コアパニッシャー」をおぼえさせられる。

あなた　アローラうまれ　ではないね　なんとなくだけど　そう　おもうよ

STEP 5　「カイリキー　プッシュ」で進める場所へ行こう

メレメレじま テンカラットヒル（→P.205）、アーカラじま シェードジャングル（→P.270）、ディグダトンネル（→P.273）に、「カイリキー　プッシュ」で動かせる巨石がある。再び訪れて、どうぐを手に入れよう。

STEP 6　ミルタンクにポケモンを全回復してもらおう

ハプウの家の中にいるミルタンクに話しかけると、ポケモンを全回復してもらえる。ポニじまには、ポケモンセンターが1つしかない。ポケモンを全回復したいときは、ミルタンクに話しかけるのも手だ。

「ねむけざまし」をニャースからもらえる

ハプウの家の、東側の部屋に入ろう。ベッドが3つ置かれた部屋だ。このうちの左側のベッドを調べよう。横たわった後、ニャース アローラのすがたにたたき起こされて、ねむけざましが手に入る。

STEP 7　ポニのだいきょうこくは後で訪れよう

ハプウの家の東側にある十字路を北へ進むと、ポニのだいきょうこくだ。だが、入口に立ちはだかる男性に止められてしまい、先へは進めない。まずは、ハプウを追って、ひがんのいせきへ向かおう。

ジガルデ・セルの発見のヒント

ポニのこうどうには、「昼」の時間帯だけに現れるジガルデ・セルが1個存在する。「昼」の時間帯に訪れたら、ハプウの家の周囲を調べてみよう。塀の外側で見つかるはずだ。

STEP 8　ポニのじゅりんへ行けるのは殿堂入り後だ

ポケモンコレクターのトシオがいる場所の北側は、ポニのじゅりんへと続いている。だが、一歩中へ入ると、男性に止められてしまう。ポニのじゅりんを冒険できるようになるのは、殿堂入りを迎えた後になる。

ポニじま ▸ ポニのこどう

STEP 9　ハプウを追ってポニのあらいそへ向かおう

ハプウは、ひと足先に、ひがんのいせきへ向かっていった。後を追いかけて、目的地のひがんのいせきへ向かおう。ひがんのいせきは、ポニのあらいその東側にある。まずは、ポニのあらいそをめざそう（→P.420）。

次の目的地
ひがんのいせき

目的地のひがんのいせきは、ポニのあらいそを東へ進んだ先にある。

ポニのあらいそ探訪後　ポニのあらいそから訪れよう

ポニのあらいそに入り、西へ進んだ先から北へ進むと、ポニのこどうの草むらに入れる。草むらを東へ進んだ先の突き当たりに、どうぐが落ちている。どうぐを手に入れるには、ポニのあらいそを通る必要があるのだ。

ふえ入手後　ポニのだいきょうこくをめざそう

ナッシー・アイランドでたいようのふえ（つきのふえ）を手に入れたら、ポニのだいきょうこくをめざして進もう（→P.427）。「リザードン　フライト」でひがんのいせきへ飛んで、ポニのあらいそを通りぬけて訪れるといい。

ふえ入手後　スカル団に襲われているリーリエを救おう

ポニのだいきょうこくへ続く道を、スカル団のしたっぱ団員がふさいでいる。団員たちは、グズマを救う方法を知るため、主人公たちの行動を監視していたようだ。2連戦となるしたっぱ団員たちとのポケモン勝負に勝とう。

ジガルデ・セルの発見のヒント

ポニのこどうには、「夜」の時間帯だけに現れるジガルデ・セルが1個存在する。ポニのだいきょうこくへ続く道の手前をよく探索してみよう。

まけたがよ　あきらめないぜ！　だって　スカルだん　だもん！

ふえ入手後 スカル団幹部のプルメリがやってくる

したっぱ団員たちに勝利すると、それまで遠くから眺めていた幹部のプルメリがやってくる。プルメリは、したっぱ団員たちを退散させる。そして、リーリエの姿を見て、彼女が覚悟を決めたことを察するのだった。

ふえ入手後 改心したプルメリと和解する

プルメリは、グズマがなぜルザミーネに心酔し、別世界までついていったのか、その理由を聞かせてくれる。そして、主人公とリーリエに、消えたグズマの救出を託す。主人公とリーリエの実力を認めてくれたのだ。

殿堂入り後に再会する

プルメリとは、殿堂入り後にポケモンリーグで再会できる。防衛戦の挑戦者として、チャンピオンの間に姿を現すのだ。マーレインとクチナシに背中を押され、きたえ直したらしい。

ふえ入手後 プルメリから「ドクZ」をもらおう

これまでのおわびといって、プルメリからどくタイプのZクリスタル、ドクZをもらえる。どくタイプのわざをおぼえたポケモンに使うと、どくタイプのZワザを放つことができるようになる。

ふえ入手後 ポニのだいきょうこくへ入っていこう

次の目的は、ポニのだいきょうこくで2本のふえを吹き、伝説のポケモンを呼びだすことだ。リーリエもはりきっている。先に駆けだしていくリーリエを追いかけて、ポニのだいきょうこくに入ろう（→P.427）。

次の目的地
ポニのだいきょうこく

ポニのこどうから北へ進んだ先が、ポニのだいきょうこくだ。

よしな まけいぬが みっともない

ポニのあらいそ

ポニじま

ポニ島の 下側に 広がる 激しい 波の 打ち付ける 荒磯

この荒磯で出会えるポケモン

コイキング
みず

ギャラドス
みず　ひこう

コソクムシ
むし　みず

サメハダー
みず　あく

ホエルコ
みず

ホエルオー
みず

手に入るもの（殿堂入り後）
- わざマシン98「たきのぼり」
- わざマシン94「なみのり」

「ムーランドサーチ」で見つかるどうぐ 1個

つりスポット Ⓐ Ⓑ Ⓒ

ポケモン	昼	夜	仲間のポケモン		
コイキング	◎	◎	ギャラドス	コイキング	ー
ホエルコ	○	○	ホエルオー	ホエルコ	ー
サメハダー	▲	▲	サメハダー	ー	ー

つりスポット Ⓒ（レア）

ポケモン	昼	夜	仲間のポケモン		
コイキング	◎	◎	コイキング	ギャラドス	ー
ホエルコ	○	○	ホエルコ	ホエルオー	ー
サメハダー	△	△	サメハダー	ー	ー

STEP 1　すみずみまで見て回ろう

ポニのあらいそは、ポケモントレーナーが1人しかいない場所だが、すみずみまで見て回ろう。南側には水辺が広がっている。ただし、「ラプラス スイム」や「サメハダー ジェット」で水上へ出ることはできない。

ジガルデ・セルの発見のヒント

ポニのあらいそには、「昼」の時間帯だけに現れるジガルデ・セルと「夜」の時間帯だけに現れるジガルデ・セルが1個ずつ存在する。それぞれの時間帯に、間欠泉のそばや、ひがんのいせきの入口の近くを探索しよう。

あーん！　ポケモンに　パワー　そそがれてない！

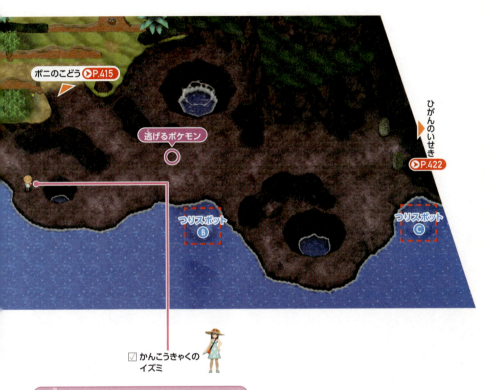

この荒磯で見つかる ジガルデ・コアとジガルデ・セル		
昼1個	昼・夜0個	夜1個
☑		☑

● 逃げるポケモン

ポケモン	昼	夜	仲間のポケモン		
☑ コソクムシ	◎	◎	コソクムシ	–	–

◆コソクムシは、ランダムで出現します。

STEP 2 ひがんのいせきへ入っていこう

目的地のひがんのいせきは、ポニのあらいその東側にある。ハプウはすでに中に入っているようで、姿が見えない。東へ進み、2つの石像の間を通りぬけて、ひがんのいせきへ入っていこう（→P.422）。

次の目的地
ひがんのいせき

ポニのあらいそを東へ進んでいくと、ひがんのいせきに入れる。

いせきに まつられる ポケモン…… けがれを きよめて くれるそうです

ポニじま

ひがんのいせき

ポニの守り神カプ・レヒレをまつった遺跡

■内部

■深部

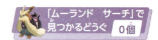
「ムーランド　サーチ」で見つかるどうぐ　0個

■入口

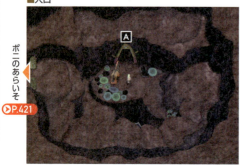

▶P.421

この遺跡で見つかるジガルデ・コアとジガルデ・セル
昼0個　昼・夜1個　夜0個

ひがんのいせき……　どこかしら……　おもおもしい　かんじが　いたします

STEP 1　入口でリーリエと合流する

内部へ続く入口にいるリーリエに近づくと、話しかけてくる。リーリエは、いせきの特別な力が、コスモッグを元気にしてくれることを期待している。希望がかなうことを願いながら、奥へ進んでいこう。

STEP 2　「カイリキー プッシュ」で巨石を動かそう

内部は、巨石が道をふさいでいる。試しにリーリエが押してみたが、ビクともしない。「カイリキー プッシュ」で、巨石を動かそう。パズルを解くように巨石を2つ動かして、1つを穴へ落とせば、通れるようになる。

STEP 3　ハプウがしまクイーンになる

深部へ進むと、ちょうどハプウがしまクイーンになる瞬間に立ち会える。石像から現れた証を手にし、ハプウは晴れてしまクイーンとなる。ハプウは、伝説のポケモンを呼ぶには2本のふえが必要なことを教えてくれる。

殿堂入り後に守り神が姿を現す

殿堂入り後に、ひがんのいせきの深部を訪れ、石像を調べよう。守り神のカプ・レヒレが姿を現す。戦ってつかまえ、アローラ図鑑に登録しよう（→P.495）。

STEP 4　うみのたみのむらへもどろう

1本のふえは、エーテルパラダイスでリーリエがグラジオからもらっている。もう1本は、ナッシー・アイランドにあるようだ。「リザードン フライト」でうみのたみのむらへ飛び、団長に連れていってもらおう（→P.408）。

次の目的地
うみのたみのむら

団長は、うみのたみのむらの南の端、西側にあるコイキング丸の前にいる。

ムヒイウン！

ナッシー・アイランド

ポニ島のはずれにある無人島　昔は試練の場だったといわれている

この島で出会えるポケモン

ペリッパー
みず　ひこう

ヌメイル
ドラゴン

ポワルン
ノーマル

トリトドン　ひがしのうみ
みず　じめん

タマタマ
くさ　エスパー

ナッシー　アローラのすがた
くさ　ドラゴン

手に入るもの
- [x] きれいなウロコ
- [x] たいようのふえ
- [x] つきのふえ

「ムーランド　サーチ」で見つかるどうぐ　2個

この島で見つかるジガルデ・コアとジガルデ・セル
昼0個　昼・夜0個　夜0個

草むら Ⓐ Ⓑ Ⓒ

ポケモン	昼	夜	仲間のポケモン		「あめ」のときの仲間	「あられ」のときの仲間	「すなあらし」のときの仲間
☑ タマタマ	◯	◯	タマタマ	–	–		
☑ ナッシー アローラのすがた	◯	◯	ナッシー アローラのすがた	–	ポワルン	ヌメイル	ポワルン	–	ポワルン	–
☑ ペリッパー	◯	◯	ペリッパー	–			
☑ トリトドン ひがしのうみ	△	△	トリトドン ひがしのうみ	–			

はあ……　ようやく　とうちゃく　ナッシー・アイランド　やで！

ポニじま ▶ ナッシー・アイランド

STEP 1　ナッシー アローラのすがたを目撃する

コイキング丸で、ナッシー・アイランドにやってきた。リーリエと話していると、突然ポケモンの鳴き声が聞こえ、高さが10メートル以上あるナッシー アローラのすがたが現れる。ボールを投げてつかまえよう。

STEP 2　リーリエから思い出話を聞こう

突然雨が降ってきて、2人で壁のくぼみに入り、雨宿りすることになった。リーリエは、ルザミーネとの思い出を語りだす。ルザミーネも、昔は子どもと楽しく過ごす、優しいお母さんだったようだ。

STEP 3　「たいようのふえ」（「つきのふえ」）を手に入れよう

ナッシー・アイランドの北の突き当たりに、ふえが置かれた台座がある。調べると、『ポケモン サン』ではたいようのふえが、『ポケモン ムーン』ではつきのふえが手に入る。これで2本のふえがそろった。

STEP 4　団長とうみのたみのむらへもどろう

たいようのふえ（つきのふえ）を手に入れると、瞬時に団長が待つコイキング丸のところへもどる。主人公とリーリエは、団長といっしょにうみのたみのむらへ帰ることになる（→P.409）。

リザードンで来られるようになる

一度ナッシー・アイランドを訪れると、次からは「リザードン フライト」で来られるようになる。ゆったりとしたコイキング丸の船旅もいいが、すばやく移動できるのは、やはり便利だ。

なにか いいこと ありそう…… っというか ありますよね！

ポニのだいきょうこく

険しい道が続く大峡谷　最後の試練が待ち受けている

この大峡谷で出会えるポケモン

ゴルバット
どく／ひこう

ダグトリオ アローラのすがた
じめん／はがね

ゴルダック
みず

コイキング
みず

ギャラドス
みず／ひこう

ドジョッチ
みず／じめん

ナマズン
みず／じめん

ゴーリキー
かくとう

ガントル
いわ

メレシー
いわ／フェアリー

ヤミラミ
あく／ゴースト

ルガルガン まひるのすがた
いわ

ルガルガン まよなかのすがた
いわ

エアームド
はがね／ひこう

ジャラコ
ドラゴン

ジャランゴ
ドラゴン／かくとう

ジャラランガ
ドラゴン／かくとう

ヤミカラス
あく／ひこう

ミニリュウ
ドラゴン

ハクリュー
ドラゴン

■入口・洞窟外①・②・③

● 草むら Ⓐ Ⓑ Ⓒ Ⓓ Ⓔ

ポケモン	昼	夜	仲間のポケモン		
✓ ゴーリキー	○	○	ゴーリキー	−	−
✓ ルガルガン まひるのすがた	○	−	ルガルガン まひるのすがた	−	−
✓ ルガルガン まよなかのすがた	−	○	ルガルガン まよなかのすがた	−	−
✓ エアームド	△	△	エアームド	−	−
✓ ガントル	○	○	ガントル	−	−
✓ ヤミカラス	△	△	ヤミカラス	−	−
✓ メレシー	△	△	メレシー	−	−
✓ ジャラコ	▲	▲	ジャラランガ	ジャランゴ	−

洞窟内部①・②

● どうくつ

ポケモン	昼	夜	仲間のポケモン		
✓ ゴルバット	○	○	ゴルバット	−	−
✓ ダグトリオ アローラのすがた	○	○	ダグトリオ アローラのすがた	−	−
✓ ガントル	○	○	ガントル	−	−
✓ メレシー	○	○	メレシー	ヤミラミ	−

洞窟内部③

● どうくつ

ポケモン	昼	夜	仲間のポケモン		
✓ ゴルバット	○	○	ゴルバット	−	−
✓ ダグトリオ アローラのすがた	○	○	ダグトリオ アローラのすがた	−	−
✓ ガントル	○	○	ガントル	−	−
✓ メレシー	○	○	メレシー	ヤミラミ	−

● 水上

ポケモン	昼	夜	仲間のポケモン		
✓ ゴルバット	◎	◎	ゴルバット	−	−
✓ ゴルダック	○	○	ゴルダック	−	−

● つりスポット Ⓐ Ⓑ

ポケモン	昼	夜	仲間のポケモン		
✓ コイキング	◎	◎	コイキング	−	−
✓ ドジョッチ	○	○	ナマズン	ドジョッチ	−
✓ ミニリュウ	▲	▲	ハクリュー	ミニリュウ	−

● つりスポット Ⓑ（レア）

ポケモン	昼	夜	仲間のポケモン		
✓ コイキング	◎	◎	コイキング	ギャラドス	−
✓ ドジョッチ	○	○	ドジョッチ	ナマズン	−
✓ ミニリュウ	△	△	ミニリュウ	ハクリュー	−

● 土けむり

ポケモン	昼	夜	仲間のポケモン		
✓ ダグトリオ アローラのすがた			ダグトリオ アローラのすがた		

トレーナーも　ポケモンも　じゆうで　いい！　じゆうが　いい！

ポニじま ▶ ポニのだいきょうこく

■洞窟内部①
■洞窟内部②

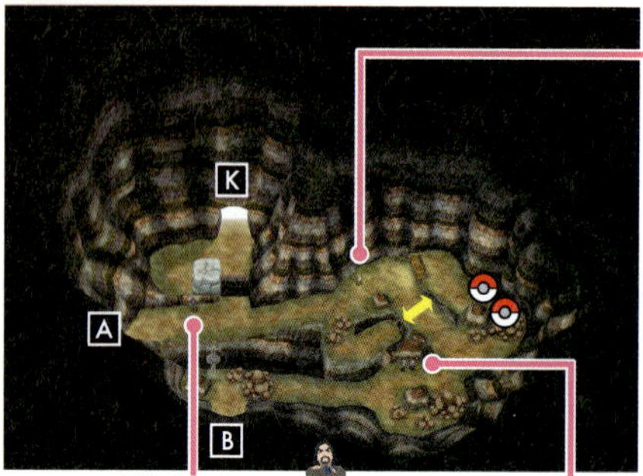

- バックパッカーのマヨイ
- やまおとこのユウイチロウ
- ベテラントレーナーのヒロカズ
- エリートコンビのケントとアイミ（ダブルバトル）
- ベテラントレーナーのヤヨイ
- エリートトレーナーのショウコ
- エリートトレーナーのヒロシ
- ベテラントレーナーのエイジ
- ベテラントレーナーのヒトミ

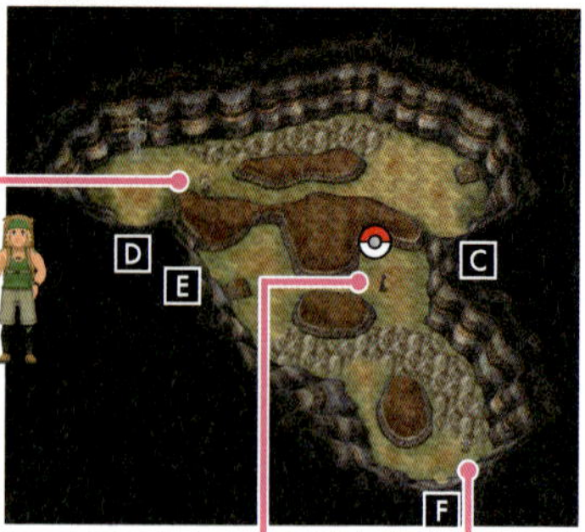

■洞窟外③

■入口

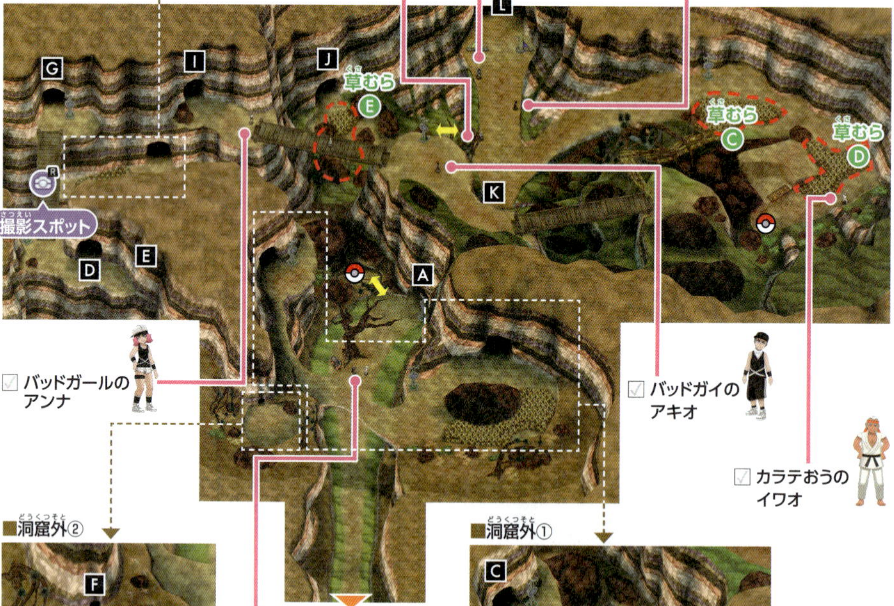

- バッドガールのアンナ
- バッドガイのアキオ
- カラテおうのイワオ

■洞窟外②

ポニのこどう ▶P.415

- しまクイーンのハプウ

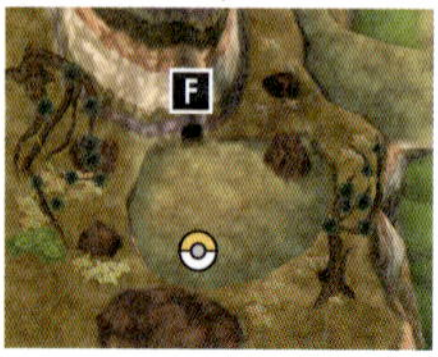

■洞窟外①

いいね アローラ！ いいね きみと ポケモン！

■洞窟内部③

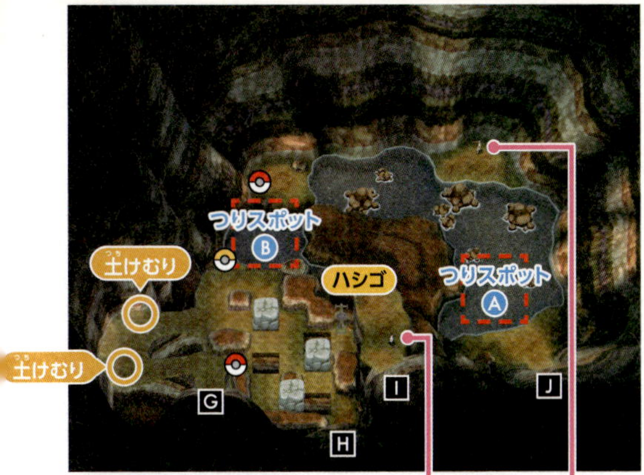

■にちりんのさいだん
『ポケットモンスター サン』の場合

■がちりんのさいだん
『ポケットモンスター ムーン』の場合

■ぬしの間

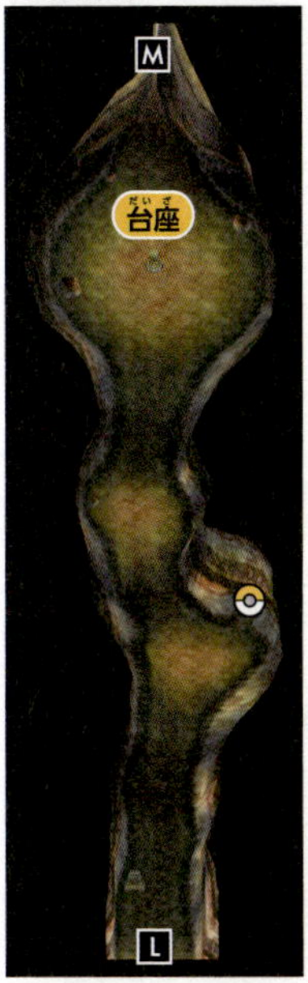

☑ けんきゅういんの ヒロユキ
☑ カラテおうの タダシ 

手に入るもの
☑ ジメンZ
☑ げんきのかたまり
☑ まんたんのくすり×2
☑ ピーピーエイダー
☑ げんきのかけら
☑ あなぬけのヒモ
☑ わざマシン99「マジカルシャイン」
☑ かいふくのくすり
☑ ダークボール
☑ フェアリーZ
☑ なんでもなおし
☑ ふしぎなアメ
☑ わざマシン35「かえんほうしゃ」
☑ わざマシン02「ドラゴンクロー」
☑ ドラゴンZ

「ムーランド サーチ」で見つかるどうぐ 5個
◆入口で2個、洞窟外で2個、洞窟内部①で1個見つかります。

この大峡谷で見つかる ジガルデ・コアとジガルデ・セル
昼0個 ／ 昼・夜4個 ／ 夜0個

STEP 1 ハプウを相手に大試練に挑戦しよう

ポニのだいきょうこくに入って北へ進むと、ハプウがいた。ふえを入手できたことを喜んでくれる。そして、ハプウは急に表情を引きしめ、しまクイーンとして、主人公にポニの大試練に挑戦するようにいい渡す。

ハプウ
そう！ しまクイーン ハプウの だいしれん じゃ！

やまー いったー！ と やー まいったー！ はにてるな！

ポニじま ▶ ポニのだいきょうこく

ポニの大試練

しまクイーン・ハプウとのポケモン勝負

Zリングを持つ ということはカプと共にあるということ！ では はじめての大試練！ しまクイーン ハプウ ぜんりょくを尽くし 心ゆくまで戦うぞ！

相手に応じて交代させながら確実に弱点を突こう

ハプウのポケモンは、すべてじめんタイプだが、弱点はバラバラだ。トリトドン ひがしのうみにはくさタイプのわざ、フライゴンにはこおりタイプのわざで攻撃すると、通常の4倍のダメージを与えられる。このようにして、もっともダメージを与えられるわざを持ったポケモンに交代させながら、確実に弱点を突こう。バンバドロは、じめんタイプのZわざ「ライジングランドオーバー」を放つ。じめんタイプのわざが弱点の、ほのおやでんき、どく、いわ、はがねタイプのポケモンが受けると危険だ。ひこうタイプやとくせい「ふゆう」のポケモンがいれば、回避することができる。

●ハプウの「てもち」のポケモン

ダグトリオ アローラのすがた Lv.47
じめん はがね
弱点 ほのお みず かくとう じめん

トリトドン ひがしのうみ Lv.47
みず じめん
弱点 ×4 くさ

フライゴン Lv.47
じめん ドラゴン
弱点 ×4 こおり ドラゴン フェアリー

バンバドロ Lv.48
じめん
弱点 みず くさ こおり

注意 Zワザを放つバンバドロ

バンバドロが放つ「ライジングランドオーバー」は、Zパワーの効果で、威力が格段に上がったじめんタイプのZワザだ。

大試練達成後に手に入るもの

Zクリスタル ジメンZ
じめんタイプのわざをおぼえたポケモンに使うと、ポケモンにZパワーを与え、Zワザを放てるようになるZクリスタルだ。

スタンプ ポニのしれんたっせいのあかし
通信交換などで人と交換したポケモンでも、Lv.80までは言うことを聞いてくれるようになる。

ポケモンが すき！ たたかうのが すき！ わざをだすのが すき！ そして かつのが だいすき！

STEP 2　ハプウから「ジメンZ」を受け取る

ハプウに勝利すると、ポニの大試練は達成だ。ハプウは主人公の勝利をたたえた後、じめんタイプのZクリスタル、ジメンZを手渡してくれる。じめんタイプのわざをおぼえたポケモンに使おう。

STEP 3　じめんタイプのゼンリョクポーズを授けられる

ジメンZを手渡した後、ハプウは、じめんタイプのゼンリョクポーズを教えてくれる。ハプウは、ポーズの最後に「ほにゃあ!!」という特徴的なかけ声を発する。マネしてみるのも面白いかもしれない。

STEP 4　リーリエから「げんきのかたまり」をもらおう

大試練を見守っていたリーリエが、入口に立っている。近づくと話しかけてきて、げんきのかたまりをくれる。エーテルパラダイスで見つけたらしい。「ひんし」状態のポケモンに使うと、HPを全回復する貴重などうぐだ。

STEP 5　祭壇をめざして進んでいこう

リーリエは、心の準備ができたら追いかける、といい、主人公のポケモンを全回復してくれる。いよいよ伝説のポケモンがいるかもしれない場所へ出発だ。ポニのだいきょうこくの中へ足をふみ入れよう。

道をふさぐ巨石は後で動かせる

洞窟内部①に入ると、ベテラントレーナーのヒロカズの後ろに、巨石がある。だが、穴があるため、入口側から動かすことはできない。巨石は、後で動かせるので、気にせずに島巡りを続けよう。

つよい トレーナーは みただけで あいての つよさが わかるのよ！

STEP 6 「ケンタロス ラッシュ」で岩を壊して進もう

洞窟内部①を進んでいくと、道が頑丈な岩でふさがれている。「ケンタロス ラッシュ」で岩を壊し、道を切り開こう。ポニのだいきょうこくの中には、他にもポケモンライドが必要な場所がたくさんある。

この場所で進化するポケモンがいる

デンヂムシ、レアコイル、ノズパスは、ポニのだいきょうこくでレベルアップさせると、それぞれクワガノン、ジバコイル、ダイノーズに進化する。場所は、ポニのだいきょうこくの中なら、どこでも大丈夫だ。

STEP 7 「バンバドロ ダッシュ」で岩道を進んでいこう

洞窟内部②へ進むと、今度は道が岩でおおわれている。岩道は、歩いて進むことができない。「バンバドロ ダッシュ」で駆けぬけよう。Bボタンを押しながら進めば、すばやく走ることができる。

STEP 8 リーリエがつり橋を渡るのを見守ろう

洞窟内部②を通りぬけた先にあるつり橋に近づくと、リーリエがやってくる。いまならつり橋も渡れる、というリーリエ。彼女自身の試練を見守ろう。途中でヤミカラスが襲ってくるが……。

STEP 9 撮影スポットで写真を撮ろう

リーリエが渡ったつり橋を中央まで進んだところに、撮影スポットがある。ポケファインダーを起動して、ポケモンの写真を撮ろう。ジャラコやジャランゴ、ギガイアス、ルカリオを撮影できる(→P.572)。

撮影スポット つり橋の中央

洞窟内部②を通りぬけ、西へ進んだ先にあるつり橋の中央付近だ。

あちこち しらべるには ポケモンの うでまえも ひつよう なのです

STEP 10 リーリエにポケモンを全回復してもらおう

洞窟内部③への入口に、リーリエが立っている。リーリエに話しかけると、ポケモンを全回復してもらえる。ここでリフレッシュして、ポニのだいきょうこくの探索を続けよう。

STEP 11 「カイリキー プッシュ」で巨石を動かそう

洞窟内部③に入り、道なりに坂を降りていくと、巨石が3個置かれたフロアへたどり着く。「カイリキー プッシュ」で巨石を動かして、道を切り開こう。東側にあるハシゴにたどり着ければ、先へ進むことができる。

研究員が憧れるオダマキはかせ

洞窟内部③にいるけんきゅういんのヒロユキは、オダマキはかせに憧れている、という。オダマキはかせは、ホウエン地方のポケモンはかせ。ポケモンの分布調査のためのフィールドワークが好きな行動派だ。

STEP 12 マツリカから「フェアリーZ」をもらおう

洞窟内部③でハシゴを登り、外へ出たところにつり橋がある。渡っていると、マツリカがやってくる。ポニじま唯一のキャプテンだ。マツリカから、フェアリータイプのZクリスタル、フェアリーZをもらえる。

殿堂入り後に2回戦える

キャプテンのマツリカとは、殿堂入り後にポケモン勝負をする機会が2回ある。マツリカは、フェアリータイプの使い手だ。どんな戦いかたをするのか、いまから楽しみにしておこう。

STEP 13 巨石を動かして入口への近道をつくろう

つり橋を2つ渡って、道なりに進んだ先を南へ進むと、洞窟内部①の北側にたどり着く。「カイリキー プッシュ」で巨石を動かし、穴に落とすと、ポニのだいきょうこくの外へ出る近道をつくれる。

ポニじま ▶ ポニのだいきょうこく

STEP 14 「サメハダー ジェット」で水路を開こう

洞窟内部③の東側には、水辺がある。途中では、頑丈な岩が水路をふさいでいるので、「サメハダー ジェット」で岩を壊そう。進んでいった先には、どうぐやつりスポットがある。すべてを巡ったら、水路の入口へもどろう。

STEP 15 リーリエがポケモンを全回復してくれる

洞窟内部③から出たら、北へ進もう。3人のポケモントレーナーに勝利しながら進んだ先には、ぬしの間がある。ぬしの間の手前に、リーリエが立っている。話しかけると、ポケモンを全回復してくれる。

STEP 16 どうくつの中は試練の土地だ

ぬしの間に入ると、すぐそばに石碑が立っている。石碑には、ここが試練の土地だと書いてある。どんな試練が待ち受けているのだろうか。アローラ地方の7つの試練、最後の関門だ。心して、先へ進んでいこう。

> **試練の元祖といわれている**
>
> ハプウによると、ポニのだいきょうこくの試練は、島巡りで行う試練の元祖、といわれているらしい。昔は、その場所で最強を誇るポケモンと戦うことを試練にしていたのかもしれない。

STEP 17 天井から降ってくる2匹のポケモンを倒そう

先へ進んでいくと、最初はジャラコが、さらに進むとジャランゴが天井から降ってくる。ジャラコやジャランゴは、これまでの試練と同じように、つかまえることができない。倒しながら奥へ進んでいこう。

かつ！ それだけよ

STEP 18　最後に姿を現すぬしポケモンを倒そう

ジャラコとジャランゴを倒して先へ進むと、台座がある。台座を調べよう。すると突然、ぬしポケモンのジャラランガが姿を現す。これがアローラ地方で最後の試練だ。気合を入れて、ぬしポケモンを倒そう。

ぬしのジャラランガと勝負!

フェアリータイプのわざで通常の4倍のダメージを与えよう

ぬしのジャラランガは、オーラの効果で「こうげき」「ぼうぎょ」「とくこう」「とくぼう」「すばやさ」を1段階ずつ上げる。ジャラランガをフェアリータイプのわざで攻撃すると、通常の4倍のダメージを与えられる。直前にマツリカからもらえるフェアリーZを持たせたポケモンを活躍させて、強力なZわざで攻めるといい。ただし、ジャラランガは、最初のターンでわざ「まもる」を使ってくることが多い。こちらのZわざのダメージがへらされてしまうので、最初のターンにZわざを使うのはさけよう。

ジャラランガ　Lv.45　ドラゴン　かくとう
弱点×4 フェアリー こおり ひこう エスパー ドラゴン

●ジャラランガが呼ぶ仲間のポケモン

ジャランゴ　Lv.32　ドラゴン　かくとう
弱点×4 フェアリー こおり ひこう エスパー ドラゴン

ハッサム　Lv.32　むし　はがね
弱点×4 ほのお

ぬしのジャラランガとの戦闘に勝つ鉄則
▶戦闘開始後「クリティカット」を使い、わざを急所に当たりやすくさせる
▶わざを使って、ジャラランガを状態異常にしよう
▶最初に仲間を倒そう（仲間がいると複数の攻撃を受けてしまうため）

STEP 19　台座から「ドラゴンZ」を手に入れよう

ぬしのジャラランガに勝利すると、ジャラランガは姿を消す。試練達成となり、ドラゴンタイプのZクリスタル、ドラゴンZが手に入る。ドラゴンタイプのわざをおぼえたポケモンに使って、活躍させよう。

ポニじま ▶ ポニのだいきょうこく

STEP 20 祭壇に上がっていこう

ぬしの間から北へ進むと、『ポケモン サン』ではにちりんのさいだん、『ポケモン ムーン』ではがちりんのさいだんにたどり着く。目の前にある長い階段を上がって、奥にある祭壇へ向かおう。

『ポケットモンスター サン』の場合

『ポケットモンスター ムーン』の場合

STEP 21 ふえを吹く場所へ移動しよう

祭壇にたどり着くと、リーリエが祭壇の西側へ移動していく。ここがふえを吹く場所のようだ。正面のオブジェをはさんで、リーリエの反対側へ移動しよう。ふえを吹くかどうかの選択肢は、もちろん「はい」を選ぼう。

『ポケットモンスター サン』の場合

『ポケットモンスター ムーン』の場合

STEP 22 伝説のポケモンが姿を現す

主人公とリーリエの2人でふえを吹くと、正面のオブジェが光り輝き、祭壇に光の球体が生まれる。リーリエのバッグからコスモッグが飛びだし、その後、伝説のポケモンが姿を現す。

『ポケットモンスター サン』の場合

『ポケットモンスター ムーン』の場合

STEP 23 ウルトラスペースへ連れていってもらおう

リーリエは、祭壇にたたずむソルガレオ（ルナアーラ）の姿に感激している。そして、ルザミーネの元へ行きたい、と願う。ソルガレオ（ルナアーラ）は、主人公とリーリエをウルトラスペースへ連れていってくれる（→P.439）。

『ポケットモンスター サン』の場合

『ポケットモンスター ムーン』の場合

> きみたち さいこう だね！ ハートの つよさ かんじたよ！

ウルトラスペース探訪後 ハプウが出迎えてくれる

ウルトラスペースからもどると、祭壇でハプウが待っていた。ハプウは、グズマにルザミーネの保護をてきぱきと指示し、下で待っている、といって祭壇を降りていく。さすがはしまクイーン、頼りがいがある。

ハプウ
とにかく ぶじで よかった！

ポケモンは全回復している

ソルガレオ（ルナアーラ）をつかまえるときは、主人公のポケモンは全回復している。ウルトラスペースでのルザミーネ戦で傷ついていた場合でも、心配は不要だ。

ウルトラスペース探訪後 リーリエから伝説のポケモンを託される

リーリエは、ソルガレオ（ルナアーラ）がまだまだ旅を続けたいことを感じとる。そして主人公に、ソルガレオ（ルナアーラ）をボールに入れてあげてほしい、と頼んでくる。リーリエの願いをかなえよう。

リーリエ
わたしや しゅうさんと まだまだ たびを したいんでしょう？

何度でも挑戦できる

ソルガレオ（ルナアーラ）は、誤って倒してしまった場合でも、すぐに復活する。その場で、何度でも再挑戦できるのだ。失敗をおそれずに戦おう。

ソルガレオをつかまえよう！ 『ポケットモンスター サン』の場合

最初は、みずやでんきタイプなどのわざで、確実にHPをへらそう。その後は、ノーマルやくさ、こおりタイプなど、与えるダメージが半分になるわざを使い、HPが赤くなるまで、慎重にHPをへらしていくといい。

HPを少しずつへらせるわざのタイプ ≫ ノーマル くさ こおり ひこう エスパー いわ ドラゴン はがね フェアリー

ソルガレオ Lv.55
エスパー はがね
とくせい●メタルプロテクト
わざ●メテオドライブ
　　　コスモパワー
　　　かみくだく
　　　しねんのずつき

ルナアーラをつかまえよう！ 『ポケットモンスター ムーン』の場合

最初は、ほのおやみず、くさタイプなどのわざで、確実にHPをへらそう。その後は、与えるダメージが半分になる、どくやエスパータイプのわざを使い、HPが赤くなるまで、慎重にHPをへらしていこう。

HPを少しずつへらせるわざのタイプ ≫ どく エスパー

ルナアーラ Lv.55
エスパー ゴースト
とくせい●ファントムガード
わざ●シャドーレイ
　　　コスモパワー
　　　ナイトバースト
　　　シャドーボール

やるじゃないか……！ すきなんだよ しんじあう ポケモンと トレーナーが

ポニじま ▶ ボニのだいきょうこく

リーリエがほしぐもちゃんに別れを告げる

ソルガレオ（ルナアーラ）をつかまえた後、リーリエは、言葉をつくしてソルガレオ（ルナアーラ）に思いを伝える。まるで、さびしさをまぎらわすかのようだ。そして最後に、本当の別れを告げる。

クチナシがやってきていた

リーリエが去った後、後ろから突然クチナシが話しかけてくる。いつの間に来ていたのだろうか。クチナシは、ククイはかせから頼まれて、祭壇にやってきたらしい。すごいものを見た、と感激している。

クチナシから大大試練への挑戦に誘われる

クチナシがあずかってきたククイはかせの伝言は、ポケモンリーグが完成した、というものだった。これが、島巡りの試練と大試練のすべてをこなした者が挑む最後の試練、大大試練になるのだ、という。

ラナキラマウンテンへ向かおう

ポケモンリーグは、ウラウラじまラナキラマウンテンにある。クチナシの問いに「はい」と答えると、瞬時に移動できる。ポケモンは全回復しているので、安心して「はい」を選ぼう（→P.444）。

次の目的地：ラナキラマウンテン

ウラウラじま カプのむらを北へ進んでいくと、ラナキラマウンテンだ。

いきな！ いきたいところに！

ウルトラスペース

伝説のポケモンの力を借りて はじめて訪れることができる ウルトラビーストの世界

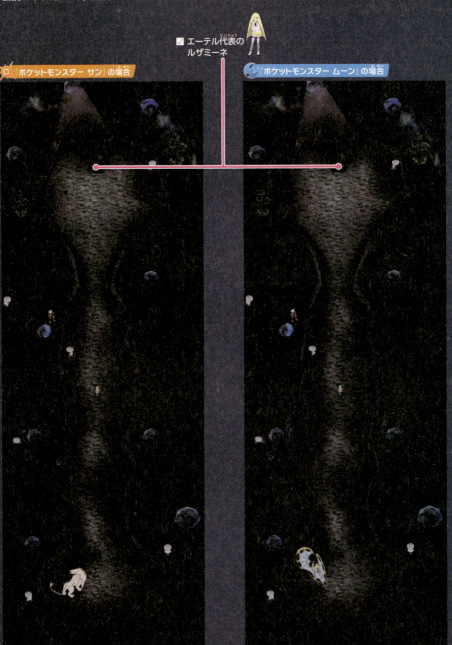

『ポケットモンスター サン』の場合

『ポケットモンスター ムーン』の場合

エーテル代表のルザミーネ

ウルトラスペース

STEP 1 不思議な空間を奥へ進んでいこう

ソルガレオ(ルナアーラ)が連れてきてくれたのは、美しい鍾乳洞のような空間だった。だが、空気が重苦しい。ソルガレオ(ルナアーラ)は入口から動けないようだ。リーリエと2人で、奥へ進んでいこう。

ウルトラスペースはウツロイドだらけだ

ウルトラスペースは、フワフワただようウツロイドでいっぱいだ。だが、アローラ地方にウルトラホールが開いたときに現れたのは、別の姿のウルトラビーストだった。ウルトラスペースは複数あるのだろうか。

STEP 2 困りはてたグズマと再会する

少し奥へ進むと、すっかり元気を失ったグズマと出会う。グズマは、この場所の危険性をルザミーネに伝えたが、ルザミーネはまったく聞く耳を持たなかったらしい。それでも行く、とリーリエは先へ進んでいく。

STEP 3 ルザミーネは奥で満足そうに座っていた

突き当たりに、ルザミーネがいた。そばにはウツロイドがただよっている。リーリエは、母の行動を非難するが、ルザミーネには通じない。自分の世界には、自分が望むものだけがあればいい、といい切るのだ。

STEP 4 ウツロイドと融合したルザミーネが襲ってくる

リーリエの怒りに感化されたのか、ルザミーネは次第に表情を険しくしていく。素直だったリーリエが逆らうようになったのは主人公のせいだ、と決めつけ、ウツロイドと融合して襲ってくる。全力を出して戦おう。

エーテル代表のルザミーネと対決！❷

「許しませんよ!!
ウツロイドの能力で!
あなたを打ちのめしてみせますわ!!」

●ルザミーネの「てもち」のポケモン

ポケモン	レベル	タイプ	弱点
ピクシー	Lv.50	フェアリー	どく・はがね
ドレディア	Lv.50	くさ	ほのお・こおり・どく・ひこう・むし
ムウマージ	Lv.50	ゴースト	ゴースト・あく
ミロカロス	Lv.50	みず	くさ・でんき
キテルグマ	Lv.50	ノーマル・かくとう	かくとう・ひこう・エスパー・フェアリー

ルザミーネを誤った考えから救いだそう

ルザミーネのポケモンは、ウツロイドの影響でオーラをまとい、それぞれ「のうりょく」のいずれか1種類を1段階上げている。相手の弱点を突けるタイプのわざをおぼえたポケモンと交代させながら、確実に大ダメージを与えよう。

STEP 5　ルザミーネは正気を取りもどす

勝利後も、ウツロイドと融合したルザミーネは襲いかかろうとする。だが、ソルガレオ（ルナアーラ）が放つ光を浴び、ウツロイドはルザミーネから分離する。ルザミーネは、ようやく正気を取りもどしたようだ。

「ふふふ……」

STEP 6　異変が起きた空間から脱出しよう

突然、大量のウツロイドが姿を現す。気を失っているルザミーネの姿が、消えたり現れたりする。不安定な様子だ。ソルガレオ（ルナアーラ）がパワーを発揮し、全員を元の世界へもどしてくれる（→P.437）。

『ポケットモンスター サン』の場合

ラリオーナッ！！！

『ポケットモンスター ムーン』の場合

マヒナベーアッ！！！

ウラウラじま
ラナキラマウンテン

ククイはかせが山頂にポケモンリーグを新設した極寒の山

この山で出会えるポケモン

ゴルバット / どく・ひこう

ポワルン / ノーマル
ジジーロン【ムーン】/ ノーマル・ドラゴン

アブソル / あく

ユキワラシ / こおり
オニゴーリ / こおり

ニューラ / あく・こおり

サンド アローラのすがた【ムーン】/ こおり・はがね

ロコン アローラのすがた【サン】/ こおり

バニリッチ / こおり

■山腹

■入口

☑ ポケモントレーナーのグラジオ

カプのむら ▶P.359

手に入るもの
- ☑ ピーピーマックス
- ☑ あなぬけのヒモ
- ☑ わざマシン13「れいとうビーム」
- ☑ コオリZ
- ☑ かいふくのくすり
- ☑ げんきのかたまり×4
- ☑ カプZ
- ☑ ピッピにんぎょう

カフェスペース
- ☑ モーモーミルク 198円
- ☑ ロズレイティー 198円
- ☑ グランブルマウンテン 198円

「ムーランド　サーチ」で見つかるどうぐ　1個

◆山頂で1個見つかります。

この山で見つかるジガルデ・コアとジガルデ・セル
昼0個　昼・夜2個　夜0個
☐ ☑ ☐

■山腹・山間

● 草むら Ⓐ Ⓑ Ⓒ

ポケモン	昼	夜	仲間のポケモン			「あめ」のときの仲間	「あられ」のときの仲間		「すなあらし」のときの仲間	
☑ ユキワラシ	○	○	ユキワラシ	オニゴーリ	―		―			
☑ アブソル	○	○	アブソル	―	―					
☑ ニューラ	○	○	ニューラ	―	―	ポワルン	―	ポワルン	バニリッチ	ポワルン	―
☑ ロコン アローラのすがた【サン】	○	○	ロコン アローラのすがた							
☑ サンド アローラのすがた【ムーン】	○	○	サンド アローラのすがた							

444

■山間

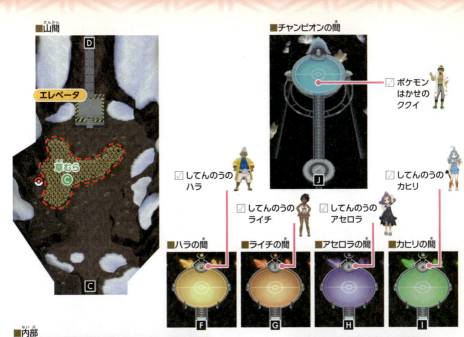

■チャンピオンの間

☑ ポケモンはかせのククイ

☑ してんのうのハラ
☑ してんのうのライチ
☑ してんのうのアセロラ
☑ してんのうのカヒリ

■ハラの間　■ライチの間　■アセロラの間　■カヒリの間

■内部

■エントランス

■山頂　ポケモンリーグ

☑ ポケモントレーナーのハウ

撮影スポット

ポケモンセンター

エレベータ

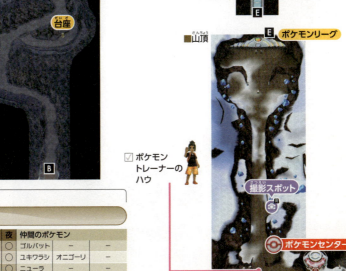

■内部

● どうくつ

ポケモン	昼	夜	仲間のポケモン		
☑ ゴルバット	○	○	ゴルバット	–	–
☑ ユキワラシ	○	○	ユキワラシ	オニゴーリ	–
☑ ニューラ	○	○	ニューラ	–	–
☑ アブソル サン	○	○	アブソル	–	–
☑ アブソル ムーン	△	△	アブソル	–	–
☑ ジジーロン ムーン	△	△	ジジーロン	–	–

445

ウラウラじま ▶ ラナキラマウンテン

STEP 1 グラジオが感謝の気持ちを勝負にぶつける

クチナシが連れてきてくれたのは、カプのむらの北にそびえるラナキラマウンテンだ。北へ進むと、エレベータでグラジオが降りてくる。母やリーリエを救ってくれた感謝の気持ちを表すため、ポケモン勝負を挑んでくる。

勝利後に貴重などうぐをもらえる

グラジオに勝利すると、グラジオからピーピーマックスをもらえる。1匹のポケモンの4つのわざすべてのPPを全回復する効果がある。フレンドリィショップでは買えない、貴重などうぐだ。

ポケモントレーナーのグラジオとポケモン勝負！

「あの　おっさんが　くれた　Zリングの　分まで！　オレたちの　ゼンリョク　みせてやる！」

Zワザを警戒しながら弱点を突いていこう

グラジオのルカリオは、はがねタイプのZワザを放ってくる。また、前回と比べ、タイプ：ヌルが進化して、シルヴァディになっている。どうぐを持たせないとノーマルタイプだが、ここで登場するシルヴァディのタイプは、主人公が最初に選んだポケモンによってチェンジする。ポケモンを交代させながら、的確に弱点を突こう。

●グラジオの「てもち」のポケモン

クロバット Lv.52	どく・ひこう	弱点：でんき・こおり・エスパー・いわ
マニューラ Lv.52	あく・こおり	弱点：×4 かくとう・ほのお・むし・いわ・はがね・フェアリー
シルヴァディ タイプ：ファイヤーLv.53	ほのお	弱点：みず・じめん・いわ
シルヴァディ タイプ：ウォーターLv.53	みず	弱点：くさ・でんき
シルヴァディ タイプ：プラスLv.53	くさ	弱点：ほのお・こおり・どく・ひこう・むし
ルカリオ Lv.52	かくとう・はがね	弱点：ほのお・かくとう・じめん

◆シルヴァディのタイプは、最初にモクローを選んだ場合はタイプ：ファイヤー、ニャビーを選んだ場合はタイプ：ウォーター、アシマリを選んだ場合はタイプ：グラスになります。

STEP 2 新設されたポケモンリーグをめざそう

グラジオに勝利したら、さっそくポケモンリーグへ向かって出発しよう。ポケモンリーグは、ラナキラマウンテンの山頂にある。北へ進み、エレベータを調べると、山腹へ進める。そのまま奥へ進んでいこう。

次の目的地：ポケモンリーグ

ポケモンリーグは、内部や山間を通りぬけた先、山頂の突き当たりにある。

STEP 3　どうくつの中を進んでいこう

エレベータを降りたら、東へ進んで、山腹を通りぬけよう。突き当たりの入口から、内部へ入れる。内部は、行き止まりはあるものの、構造はシンプルだ。どうぐを探したり、野生のポケモンと戦ったりしながら、進んでいこう。

この場所で進化するポケモンがいる

イーブイを内部でレベルアップさせると、グレイシアに進化する。またマケンカニは、ラナキラマウンテンでレベルアップさせると、ケケンカニに進化する。場所は、ラナキラマウンテンの中なら、どこでも大丈夫だ。

STEP 4　台座から「コオリZ」を手に入れよう

内部に、Zクリスタルが置かれた台座がある。台座を調べると、コオリZが手に入る。こおりタイプのわざをおぼえたポケモンに使うと、こおりタイプのZワザ「レイジングジオフリーズ」を放てるようになる。

STEP 5　マダムメモリアルにわざを教えてもらおう

山頂にあるポケモンセンターの中に、マダムメモリアルがいる。マダムメモリアルにハートのウロコを1個渡すと、ポケモンの基本わざ、レベルアップわざ、進化したときにおぼえるわざの中から1つを教えてもらえる。

これからおぼえるわざも教えてもらえる

マダムメモリアルは、ポケモンがレベルアップでおぼえるわざを教えてくれる。まだおぼえるレベルに達していないときでも、これからおぼえられるわざならば、教えてもらえるのだ。

STEP 6　ポケモンリーグにそなえて準備を整えよう

ポケモンリーグに入ると、四天王と最後の1人を倒すまで、外へ出られない。ポケモンセンターで、準備をしっかり整えよう。かいふくのくすりやげんきのかけらをたくさん買っておくのがおすすめだ。

「ハートのウロコ」を手に入れよう

ハートのウロコを手に入れたいときは、アーカラじま、ウラウラじま、ポニじまにあるレストランで食事をするのがおすすめだ。食事の後にハートのウロコをもらえる。それぞれのレストランで、もらえる個数は異なる。

ウラウラじま ▶ ラナキラマウンテン

STEP 7　ハウが最初の挑戦者の座を賭けて挑んでくる

ポケモンセンターから西へ、さらに北へ進もうとすると、ハウがやってくる。最初の挑戦者の座を賭けて、ここで勝負しよう、というのだ。ハウのポケモンは、強く成長している。気を引きしめて戦おう。

ハウ
さいしょの ちょうせんしゃは
どっちか きめようよー！！

ポケモントレーナーの ハウと勝負！ 6

ネッコアラが加わっている
前回のマリエシティでの戦いから、レベルが25も上がっている。また、ネッコアラが加わり、4匹になっている。

ポケモンリーグ 最初の挑戦者は どっちか決めようよー！！ 本気の真剣勝負だよ！ おれと— ポケモンたちのゼンリョクを ぶつけて 勝つからね！

●ハウの「てもち」のポケモン

STEP 8　ハウから「げんきのかたまり」をもらおう

勝負の後、ハウは敗北のくやしさをにじませる。負けてもニコニコしていた以前のハウとは別人のようだ。だが、すぐにいつもの笑顔にもどり、主人公にげんきのかたまりを3個もくれる。主人公をはげましてくれるのだ。

げんきのかたまりを
3コ てにいれた！

ポケモンは全回復している
ハウとの勝負の後、主人公のポケモンは全回復している。ポケモンセンターにもどって、回復する必要はない。そのまま北へ進み、ポケモンリーグをめざそう。

STEP 9　撮影スポットで写真を撮ろう

道の途中にある撮影スポットで、ポケファインダーを起動してポケモンの写真を撮ろう。バニプッチやバニリッチなどを撮影できる。アブソルは「昼」のみ、ニューラとユキメノコは「夜」のみに現れる（→P.571）。

撮影スポット
山頂

ポケモンセンターから西へ、さらに北へ進んだ先の道のくぼみにある。

STEP 10　ククイはかせが待っていた

ポケモンリーグに向かって北へ進んでいくと、ククイはかせが待っていた。ククイはかせは、島巡りですべての試練と、すべての大試練を達成して、この場所にたどり着いた主人公をほめたたえてくれる。

STEP 11　ククイはかせから思い出話を聞こう

ククイはかせは、ラナキラマウンテンがもともと島巡りの仕上げを行う場所だった、と教えてくれる。そして、はかせがカントー地方を訪れて、ポケモンリーグで四天王と戦ったときの思い出を語ってくれるのだった。

マントのドラゴン使いとは？

ククイはかせが思い出話で語る「マントのドラゴン使い」とは、カントー地方のポケモンリーグで四天王を務める1人、ワタルのことだろうか。ワタルは、ドラゴンタイプの使い手だ。

STEP 12　ポケモンリーグへ入っていこう

ポケモンリーグの扉はすでに開いている。覚悟を決めて、中へ入ろう。ククイはかせが、この新しく造られたポケモンリーグにも、四天王をそろえたことを教えてくれる。まずは、四天王を倒すことに集中しよう。

四天王は好きな順に戦おう

ポケモンリーグの中は、中央から4本の通路がのびていて、その先に四天王が待ちかまえている。四天王は、全員が強豪だ。どの順番で回るかは自由だ。

ウラウラじま ▶ ラナキラマウンテン

ハラの間

しまキング にして 四天王の ハラ ですな では…… 本気の 本気 オニの ハラで いきますかな!

四天王の ハラと ポケモン勝負!

ひこうやエスパータイプ
などのわざで攻めよう

ハラのポケモンは、ひこうやエスパー、フェアリータイプの
わざが共通の弱点だ。ケケンカニは、かくとうタイプのZワザを放つ。どくやエスパー、むし、フェアリータイプなどのポケモンと交代させて、受けるダメージをへらそう。

●ハラの「てもち」のポケモン

| ハリテヤマ Lv.54 かくとう 弱点 ひこう エスパー フェアリー |
| オコリザル Lv.54 かくとう 弱点 ひこう エスパー フェアリー |
| キテルグマ Lv.54 ノーマル かくとう 弱点 かくとう ひこう エスパー フェアリー |
| ニョロボン Lv.54 みず かくとう 弱点 くさ でんき ひこう エスパー フェアリー |
| ケケンカニ Lv.55 かくとう こおり 弱点 ほのお かくとう ひこう エスパー はがね フェアリー |

ライチの間

前置きは なし! ライチさんと 戦うよね

四天王の ライチと ポケモン勝負!

全員に共通の弱点である
じめんタイプのわざで攻撃だ

ライチのポケモンはすべて、じめんタイプのわざが弱点だ。ルガルガンが放ついわタイプのZワザは、かくとうやじめん、はがねタイプのポケモンで受けるといい。受けるダメージを半分におさえられる。

●ライチの「てもち」のポケモン

| ジーランス Lv.54 みず いわ 弱点 くさ でんき かくとう じめん |
| メレシー Lv.54 いわ フェアリー 弱点 はがね みず くさ じめん |
| ゴローニャ アローラのすがた Lv.54 いわ でんき 弱点 じめん みず くさ かくとう |
| ダイノーズ Lv.54 いわ はがね 弱点 かくとう じめん みず |
| ルガルガン まよなかのすがた Lv.55 いわ 弱点 みず くさ かくとう じめん はがね |

アセロラの間

「アセロラね おじさんの 分も 戦っちゃうよー!!」

四天王のアセロラとポケモン勝負!

ゴーストやあくタイプのわざで弱点を突いていこう

アセロラのポケモンは、ヤミラミ以外は、ゴーストとあくタイプのわざが共通の弱点だ。シロデスナがゴーストタイプのZワザを放つが、ノーマルやあくタイプのポケモンに交代させておけば、受けるダメージをへらせる。

●アセロラの「てもち」のポケモン

- ヤミラミ Lv.54　あく／ゴースト　弱点: フェアリー
- フワライド Lv.54　ゴースト／ひこう　弱点: でんき・こおり・いわ・ゴースト・あく
- ダダリン Lv.54　ゴースト／くさ　弱点: ほのお・こおり・ひこう・ゴースト・あく
- ユキメノコ Lv.54　こおり／ゴースト　弱点: ほのお・いわ・はがね・ゴースト
- シロデスナ Lv.55　ゴースト／じめん　弱点: みず・くさ・ゴースト

カヒリの間

「あたしの 自慢の パートナーは ひこうタイプの ポケモンたち とくと ご覧あれ!!」

四天王のカヒリとポケモン勝負!

でんきタイプのわざならすべての弱点を突ける

カヒリのポケモンすべてに共通の弱点は、でんきタイプのわざだ。ドデカバシは、ひこうタイプのZワザを放つ。受けるダメージが半分になるでんきやいわ、はがねタイプのポケモンをくり出して、攻撃に耐えよう。

●カヒリの「てもち」のポケモン

- エアームド Lv.54　はがね／ひこう　弱点: ほのお・でんき
- クロバット Lv.54　どく／ひこう　弱点: でんき・こおり・いわ・エスパー
- オドリドリ めらめらスタイル Lv.54　ほのお／ひこう　弱点: いわ(×4)・みず・でんき
- バルジーナ Lv.54　あく／ひこう　弱点: でんき・こおり・いわ・フェアリー
- ドデカバシ Lv.55　ノーマル／ひこう　弱点: でんき・こおり・いわ

ウラウラじま ▶ ラナキラマウンテン

チャンピオンの間

しまめぐりの トリを 飾り
新しい リーグの 門出を
祝うのに ふさわしい
ポケモン勝負を しよう!!

ポケモンはかせの ククイと ポケモン勝負!

多彩なタイプのわざを駆使して相手の弱点を突こう

ククイはかせがくり出すポケモンは、6匹ともタイプが異なるので、弱点がバラバラだ。また、主人公が最初に選んだポケモンによって、登場するポケモンが変わる。さらに、ククイはかせのガオガエン、アシレーヌ、ジュナイパーは、それぞれほのお、みず、くさタイプのZワザを放ってきて、こちらに大ダメージを与えようとする。激しい戦いになるが、相手の弱点を見極めて、ポケモンを交代させながら弱点を突いていこう。そして、必ず勝利を手にしよう。

●ククイの「てもち」のポケモン

殿堂入り後 リリィタウンでお祭りが開催される

アローラ地方初のチャンピオンとなった主人公。リリィタウンでは、その偉業をたたえ、お祭りが開催される。各島のキャプテンたちやしまキング、しまクイーンたちが一堂に会し、お祭りは大盛りあがりだ。

殿堂入りでスタンプが押される

殿堂入りを果たしたことで、トレーナーパスに「しまめぐりたっせいのあかし」のスタンプが押される。人と交換したポケモンが、レベルに関係なく、言うことを聞いてくれるようになる(→P.117)。

殿堂入り後 カプ・コケコに会いに行こう

お祭りが盛りあがる中、リーリエが主人公に近づいてくる。冒険の最初に2人を助けてくれたカプ・コケコにお礼をいいに行こう、と誘われるのだ。2人でいくさのいせきへ行くと、カプ・コケコが姿を現す。

カプ・コケコをつかまえよう！

とくせい「エレキメイカー」の効果で、5ターンの間、エレキフィールドになる。この間、カプ・コケコを「ねむり」状態にはできない。HPをへらしたら、ダークボールを投げよう。つかまえると、カプZが手に入る。

HPを少しずつへらせるわざのタイプ	でんき	かくとう	ひこう	むし	あく

カプ・コケコ Lv.60
でんき フェアリー
とくせい●エレキメイカー
わざ●しぜんのいかり
ほうでん
こそくいどう
エレキボール

殿堂入り後 旅立つリーリエを見送ろう

お祭りの翌日、主人公の家にハウが飛び込んでくる。リーリエがカントー地方に旅立ってしまう、というのだ。じょうせんじょへ行くと、リーリエから、思い出深いピッピにんぎょうをもらえる。旅立つリーリエを見送ろう。

物語はまだまだ続く

試練や大試練に挑戦する島めぐりは、主人公がチャンピオンになったことでおわりを迎える。だが、アローラ地方の冒険はまだまだ続く。実は、アローラ地方の全域を恐怖に陥れる大事件が進行していた(→P.454)。

国際警察の捜査に協力して UBを捕獲しよう

未知の生命体がアローラ地方に出没する

エーテル代表のルザミーネが起こした事件は、主人公たちの活躍で収束したかのように見えた。だが、いったん開いたウルトラホールからは、さまざまな姿を持つUB（ウルトラビースト）たちが降りたち、アローラ地方を危機に陥れていた。

ハウからZクリスタルをもらおう
（1ばんどうろ／ハウオリシティはずれ）

主人公の家で、自分の部屋から出ると、ハウがやってくる。ハウから、ジュナイパーZ、ガオガエンZ、アシレーヌZのうち、ククイはかせからもらえなかった2種類をもらえる。これで、3種類すべてがそろった。

カントー地方のニャースが大喜び

ハウが家にやってくると、ママのニャースは大はしゃぎで、額の小判をキラキラさせる。それを見て、ハウもうれしかったらしく、見つめあっておたがいにニコニコだ。

ハウからバトルツリーについて教えてもらおう
（1ばんどうろ／ハウオリシティはずれ）

ハウは、ポニじまの奥に、島巡りをおえた人や強いポケモントレーナーが競いあう施設、バトルツリーがあることを教えてくれる。自分の実力を試すのに絶好のスポットだ（→P.512）。冒険を続けて、訪れよう。

男性から「あやしいカード」を受け取る
（1ばんどうろ／ハウオリシティはずれ）

主人公の家を出ると、男性が声をかけてくる。男性は、ある人に頼まれた、といってあやしいカードを差しだす。他の人には内密に、といい残して、男性は去っていく。何が書いてあるのだろうか。

1ばんどうろ ハウオリシティはずれ バッグの中の「あやしいカード」を調べよう

Xボタンを押して、下画面のメニューの「バッグ」をタッチしよう。たいせつなものポケットにあるあやしいカードにカーソルをあわせると、書かれた内容を読める。指示にしたがって、アーカラじまへ向かおう。

8ばんどうろ モーテルの客室へ向かおう

「リザードン フライト」で、アーカラじま 8ばんどうろへ飛ぼう。ポケモンセンターの前に到着する。そこから西へ進んだ先に、モーテルがある。受付に行く必要はない。駐車場から客室へ向かい、中に入ろう。

リラは過去作にも登場した人物だ

リラは、『ポケモン エメラルド』に登場している。バトルフロンティアのフロンティアブレーンの1人だ。バトルタワーで、タワータイクーンとして活躍していた。

8ばんどうろ 国際警察のリラとハンサムに出会う

客室の中では、国際警察のリラとハンサムが主人公を待っていた。いきなり、UBと接触したことがあるか、と聞かれる。ウツロイドのことだ。リラとハンサムは、国際警察がUBの保護任務についたことを教えてくれる。

毎度おなじみのハンサムが登場する

国際警察のハンサムは、『ポケットモンスター』シリーズに欠かせない重要人物だ。あるときは街の探偵として、あるときは海から流れ着いた記憶喪失の男として、多くの作品に登場している。

8ばんどうろ UBの捕獲に協力しよう

国際警察は、UBの保護、あるいはせん滅を任務としている、という。できれば保護したいと願うリラとハンサムから、保護任務に協力してほしい、と頼まれる。「いいですよ!」を選び、引き受けよう。

フレンドリィショップで店員に声をかけられる

殿堂入りを果たし、アローラ地方の初代チャンピオンになった後で、フレンドリィショップを訪れよう。店員がチャンピオンになったことを祝福してくれる。

8ばんどうろ｜リラからテストとしてポケモン勝負を挑まれる

国際警察の任務を引き受けた後、リラから、念のためテストを受けることになる。リラを相手に、ポケモン勝負で勝利しなくてはならない。リラの口ぶりから、かなりの実力者であることがうかがえる。心して戦おう。

ポケモントレーナーの リラとポケモン勝負！

準備は　よろしいのですね
それでは　はじめましょう
全力で　きてくださって
結構ですので

くり出してきた相手に応じてポケモンを交代させよう

リラがくり出すポケモンは、それぞれタイプが異なるので、弱点はバラバラだ。相手のポケモンのタイプに応じてポケモンを交代させ、弱点のタイプのわざで攻撃しよう。リラのポケモンは、こちらのポケモンに対して、もっともダメージを与えられる攻撃わざを仕掛けてくる。強力なわざが多いので、HPを回復させながら戦おう。

●リラの「てもち」のポケモン

- フーディン Lv.61　エスパー　弱点：むし／ゴースト／あく
- マニューラ Lv.61　あく　こおり　弱点：×4 かくとう／ほのお／むし／いわ／はがね／フェアリー
- ムウマージ Lv.61　ゴースト　弱点：ゴースト／あく
- ボーマンダ Lv.61　ドラゴン　ひこう　弱点：×4 こおり／いわ／ドラゴン／フェアリー
- カビゴン Lv.61　ノーマル　弱点：かくとう

8ばんどうろ｜エーテル財団のビッケを紹介される

リラに勝利すると、テストは合格だ。UB捕獲チームの一員となった主人公に、ハンサムは、エーテルパラダイスへ行くように指示する。協力者のビッケから、くわしい話を聞いてきてほしい、とのことだ。

エーテルパラダイス　B2Fのラボエリアへ向かおう

「リザードン フライト」でエーテルパラダイスへ飛ぼう。降りたった場所から北へ進み、エントランスに入る。中央にあるエレベータを調べて、「B2F:ラボエリア」を選び、B2Fへ向かおう。

エーテルパラダイス　ビッケからリーリエが旅立った理由を聞こう

B2Fでエレベータから降りると、目の前にビッケがいる。ビッケは、リーリエがカントー地方へ旅立った理由を教えてくれる。ルザミーネの治療のため、パソコンのボックスを発明したマサキの元へ行った、というのだ。

なぜマサキに会いに行ったのか？

カントー地方のマサキは、ポケモンとくっついてしまった過去がある。しかし、分離プログラムを作動させることで、無事に離れることができた。ウツロイドと融合したルザミーネに、分離プログラムを使うつもりなのだ。

エーテルパラダイス　シークレットラボBへ向かおう

ビッケは、主人公との話をおえると、通路の奥へ向かう。ビッケの後を追って、シークレットラボBへ向かおう。シークレットラボBは、通路の突き当たりにある研究室だ。東へ進んでいこう。

エーテルパラダイス　ビッケから「ウルトラボール」をもらえる

シークレットラボBに入ると、ビッケからウルトラボールを10個もらえる。ウルトラビーストをつかまえるために、特別につくられたボールだ。エーテルパラダイスで、極秘に開発が進められていたようだ。

「おおきいマラサダ」を2個もらえる

話を聞いた後、ビッケから、おおきいマラサダを2個もらえる。そういえば、以前訪れたとき、ビッケはハウにおおきいマラサダを渡していた。実はビッケも、ハウと同じく、マラサダのファンなのかもしれない。

8ばんどうろ モーテルの客室へ向かおう

シークレットラボBを出たら、通路を通ってエレベータで1Fへ上がり、南へ進んで外周へ出よう。「リザードン　フライト」でアーカラじま 8ばんどうろへ飛んだ後、西へ進み、再びモーテルの客室の中に入ろう。

8ばんどうろ ハンサムがあわてて部屋に飛び込んでくる

客室にはリラしかいなかったが、すぐにハンサムが帰ってくる。ものすごくあわてた様子だ。UBの目撃情報があった、というのだ。目撃されたのは、コードネームがパラサイトというUB。場所はアーカラじまだ。

ハンサムの口調は江戸っ子風だ

UBの目撃情報を持ってモーテルに飛び込んできたハンサムは、なぜか江戸っ子風だ。「てえへんだっ!!」といいながら入ってきて、リラが驚く、という展開は、この後もくり返される。

8ばんどうろ ハンサムからUB情報を得よう

リラは、市街地周辺の警戒にあたるため、出かけていった。残ったハンサムに話しかけよう。「UBじょうほうは?」を選ぶと、目撃されたUBの種類と匹数、UBが目撃された場所を教えてもらえる。

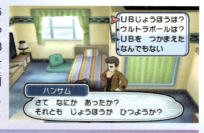

パラサイトとは寄生の意味だ

国際警察がウツロイドにつけたコードネームは、パラサイト。「寄生」を意味する。ウルトラスペースでルザミーネと融合したのも、ウツロイドだった。まさにルザミーネに寄生していたのだ。

UB01 出現場所 UBが目撃された場所へ向かおう

目撃されたUBのコードネームは、パラサイト。ウツロイドだ。場所は、アーカラじま ヴェラかざんこうえんか、ディグダトンネルの2か所で、目撃数は1匹だ。どちらかへ出かけて、ウツロイドを1匹つかまえよう。

どちらの場所へ行っても大丈夫だ

UBの目撃場所は、1か所の場合もあるし、2か所の場合もある。2か所で目撃された場合でも、どちらか片方で目標の数のUBをつかまえられる。

UBを確実に捕獲していこう

UBは、通常の野生のポケモンと同じように、草むらやどうくつの中を歩き回ると、飛びだしてくる。ただ歩き回るだけでは、その場所に出現する野生のポケモンも飛びだしてくるので、出会いにくい。UBが通常の野生のポケモンよりレベルが高いことを利用しよう。シルバースプレーやゴールドスプレーを使って、「てもち」の先頭のポケモンよりレベルが低いポケモンと出会わないようにするのだ。こうすれば、出現するポケモンをUBだけにしぼれる。

●UBを効果的に捕獲するコツ

1. 「てもち」の先頭をUBより少しレベルの低いポケモンにしよう
2. 「むしよけスプレー」「シルバースプレー」「ゴールドスプレー」を使おう
3. 目撃された場所へ行き、UBと出会うまで歩き回ろう
4. 「ウルトラボール」を使うと、つかまえやすい

UB01 出現場所

ウツロイドを1匹探しだそう

ウツロイドが出現するのは、アーカラじま ヴェラかざんこうえんか、ディグダトンネルだ。「リザードン フライト」で、どちらかへ向かおう。UBが出現する場所に入ると、BGMが変わる。

つかまえるまでは名前が表示されない

すべてのUBは、つかまえるまで名前がわからない状態だ。はじめて戦うときは、「?????が あらわれた！」と表示される。一度つかまえると、名前が表示されるようになる。

UB01：パラサイト ウツロイドを1匹つかまえよう！

ウツロイド Lv.55
いわ どく
とくせい●ビーストブースト
わざ●パワージェム
　　　ミラーコート
　　　アシッドボム
　　　ベノムトラップ

ウツロイドはオーラをまとい、「とくぼう」を2段階上げる。弱点を突くと倒してしまう危険があるので、HPを少しずつへらせるタイプのわざで攻撃しよう。ウルトラボールを投げつづければ、つかまえられる。

HPを少しずつへらせるわざのタイプ	ノーマル	ほのお	どく	ひこう	むし
	フェアリー				

8ばんどうろ　ハンサムにUB捕獲を報告しよう

ウツロイドをつかまえると、その場所のBGMが通常にもどる。「リザードン　フライト」でアーカラじま 8ばんどうろのモーテルへもどり、ハンサムに話しかけよう。「UBを　つかまえた」を選ぶと、最初の任務は完了だ。

ビッケからUBの情報を聞こう

UBを捕獲し、ハンサムに「UBを　つかまえた」と報告すると、そのUBの情報がエーテルパラダイスに送られる。捕獲したUBの詳細な情報は、エーテルパラダイスのシークレットラボBにいるビッケに聞こう。

8ばんどうろ　新たなUB目撃情報が飛び込んでくる

最初の任務完了を祝うため、ハンサムはレストランへ出かけていく。だが、緊急事態が発生した。再びUBの目撃情報が飛び込んできたのだ。ハンサムがあわててもどってくる。今度はメレメレじままで目撃されたらしい。

2ばんどうろ　モーテルの客室へ向かおう

「リザードン　フライト」で、メレメレじま ハウオリれいえんへ飛ぼう。北へ進むと、モーテルがある。2ばんどうろへ直接飛ぶよりも、ハウオリれいえんへ飛ぶほうが、モーテルへの近道になる。

クチナシは元国際警察だった

クチナシは、なぜ極秘計画を知っているのだろうか。また、秘密のコードネームを知っている理由は？　その答えは、クチナシが元国際警察だった、というヒントから想像するしかない。

2ばんどうろ　クチナシから新たな情報を知らされる

モーテルの客室に入ると、リラがいた。これから客が来る、という。待っていると、意外な人物がやってくる。クチナシだった。クチナシはリラに、UBの情報を伝える。なぜクチナシがUBのことを知っているのだろうか。

『ポケットモンスター サン』の場合

『ポケットモンスター ムーン』の場合

2ばんどうろ ハンサムからUB情報を得よう

ハンサムに話しかけると、2番目のUB目撃情報が得られる。『ポケモン サン』のUBはコードネーム イクスパンション のマッシブーン、『ポケモン ムーン』のUBはコードネーム ビューティ のフェローチェだ。

『ポケットモンスター サン』の場合
『ポケットモンスター ムーン』の場合

UB02 出現場所 UB02の目撃現場へ向かおう

『ポケモン サン』では、メレメレのはなぞのにマッシブーンが2匹、『ポケモン ムーン』では、しげみのどうくつにフェローチェが4匹出現する。どちらもメレメレじまだ。「リザードン フライト」で向かおう。

『ポケットモンスター サン』の場合
『ポケットモンスター ムーン』の場合

メレメレのはなぞの マッシブーンを2匹探しだそう

マッシブーンは、メレメレじま メレメレのはなぞのに出現する。2匹捕獲する必要があるので、1匹つかまえただけでは、作戦はおわらない。花園で探索を続けて、2匹目も捕獲しよう。

『ポケットモンスター サン』の場合

UB02:イクスパンション マッシブーンを2匹つかまえよう！

『ポケットモンスター サン』
マッシブーン Lv.65
むし かくとう
とくせい●ビーストブースト
わざ●カウンター
アームハンマー
とびかかる
ばくれつパンチ

マッシブーンは、オーラの効果で「ぼうぎょ」を2段階上げる。わざ「カウンター」を使うので、ぶつりわざで攻撃すると、2倍にして返される危険がある。HPをへらしたら、ウルトラボールでつかまえよう。

HPを少しずつへらせるわざのタイプ >> くさ かくとう じめん むし あく

461

しげみのどうくつ フェローチェを4匹探しだそう

フェローチェは、メレメレじま しげみのどうくつに出現する。4匹捕獲する必要がある。どうくつの中を歩き回り、4匹すべてをつかまえよう。すべての捕獲が完了すると、BGMが元にもどる。

『ポケットモンスター ムーン』の場合

?????が あらわれた！

UB02:ビューティ フェローチェを4匹つかまえよう！

『ポケットモンスター ムーン』
フェローチェ Lv.60
むし／かくとう
とくせい●ビーストブースト
わざ●トリプルキック／とびかかる／むしのさざめき／さきどり

フェローチェは、戦闘開始と同時にオーラをまとい、「すばやさ」を2段階上げる。HPをへらさなくても、最初のターンにウルトラボールを投げるだけで捕獲できることがある。試してみよう。

HPを少しずつへらせるわざのタイプ	くさ	かくとう	じめん	むし	あく

2ばんどうろ ハンサムにUB捕獲を報告しよう

「リザードン フライト」でメレメレじま ハウオリれいえんへ飛び、2ばんどうろのモーテルへ向かおう。客室でハンサムに話しかけ、「UBを つかまえた」を選べば、2番目の任務も完了する。リラも帰ってきて、皆で捕獲を祝う。

ハンサム：すばらしい！ やったじゃないか！ すぐに ボスを よびもどそう！

リラは疲れた様子を見せる

2番目のUBを捕獲後、客室にもどったリラは、かなり疲れた様子を見せていた。大丈夫、としきりにいうリラだったが、具合が悪そうだ。ハンサムも心配している。

2ばんどうろ 再び新たなUB目撃情報が飛び込んでくる

出かけていたハンサムが、再びあわてふためいてもどってきた。3番目のUBの目撃情報が飛び込んできたのだ。今度の目撃場所は、アーカラじま。またしても、お祝いのごちそうはおあずけになってしまった。

ハンサム：ばしょは アーカラじま！ また ごちそうは おあずけだな！

8ばんどうろ　モーテルの客室へ向かおう

「リザードン　フライト」で、アーカラじま 8ばんどうろへ飛ぼう。モーテルは、ポケモンセンターの西側にある。西へ進み、モーテルの客室に入ろう。中には、ハンサムと、情報提供者のマツリカがいる。

8ばんどうろ　情報提供者のマツリカとポケモン勝負だ

マツリカは、誰からかはいえないが、UB情報の提供を頼まれておつかいに来たという。ついでに、主人公と本気でポケモン勝負をしてくるようにいわれたらしく、全力の勝負を挑んでくる。受けて立とう。

> **待ってもらうこともできる**
>
> マツリカから勝負を挑まれたとき、「まって」を選ぶと、いったん中断できる。ポケモンセンターでポケモンを全回復したり、どうぐを買ったりすることができる。もう一度話しかけて「いいよ」を選ぶと、勝負開始だ。

キャプテンの マツリカとポケモン勝負!! ❶

> はーい！　それじゃあ　はじめよー！
> マツリカ　いきますよ！
> ゼンリョク！　ゼンリョク！

どくやはがねタイプのわざで弱点を突こう

マツリカのポケモンは、すべてフェアリータイプ。クレッフィ以外のポケモンは、どくとはがねタイプのわざが共通の弱点だ。マシェードには、どくタイプのわざで通常の4倍のダメージを与えられる。弱点が異なるクレッフィには、ほのおやじめんタイプのわざで対抗しよう。

●マツリカの「てもち」のポケモン

- クレッフィ Lv.61　はがね／フェアリー　弱点：ほのお／じめん
- グランブル Lv.61　フェアリー　弱点：どく／はがね
- マシェード Lv.61　くさ／フェアリー　弱点：どく×4／ほのお／こおり／ひこう／はがね
- プクリン Lv.61　ノーマル／フェアリー　弱点：どく／はがね
- アブリボン Lv.61　むし／フェアリー　弱点：ほのお／どく／ひこう／いわ／はがね

8ばんどうろ ハンサムからUB情報を得よう

マツリカに勝利したら、ハンサムに話しかけて、「UBじょうほうは？」を選ぼう。3番目のUBのコードネームは、ライトニング。出現場所は、アーカラじま シェードジャングルか、メモリアルヒルだ。2匹が目撃されている。

UB03 出現場所 デンジュモクを2匹探しだそう

「リザードン フライト」で、アーカラじま シェードジャングルか、メモリアルヒルへ飛ぼう。どちらへ行っても、草むらにライトニングのデンジュモクが出現する。2匹つかまえれば、目的達成だ。

UB03:ライトニング デンジュモクを2匹つかまえよう！

デンジュモク Lv.65
でんき
とくせい●ビーストブースト
わざ●さいみんじゅつ
　　　ほうでん
　　　エレキフィールド
　　　パワーウィップ

デンジュモクは、オーラの効果で「とくこう」を2段階上げる。デンジュモクのわざ「ほうでん」が強力になる。でんきやひこう、はがねタイプのわざを使って少しずつHPをへらし、ウルトラボールでつかまえよう。

HPを少しずつ
へらせる
わざのタイプ　》　

8ばんどうろ ハンサムにUB捕獲を報告しよう

「リザードン フライト」でアーカラじま 8ばんどうろへ飛び、モーテルへ向かおう。客室でハンサムに話しかけ、「UBを つかまえた」を選ぶと、3番目の任務が完了する。ハンサムに呼ばれて、リラも帰ってきた。

リラの具合はますます悪くなる

任務からもどったリラは、あやうく倒れそうになる。ハンサムは、カイリキー並みのスタミナを持つリラが立ちくらみなどありえない、とつぶやく。リラは、気丈にふるまいつづけている。

8ばんどうろ クチナシが新情報を持ってやってくる

突然、クチナシがモーテルの客室に入ってくる。クチナシは、ハンサムと言葉を交わす。2人は知り合いのようだ。クチナシが持ってきたのは、UBの情報だった。ウラウラじまに、4番目のUBが現れた、というのだ。

『ポケットモンスター サン』の場合

『ポケットモンスター ムーン』の場合

カプのむら 東へ進んで13ばんどうろへ向かおう

「リザードン フライト」で、ウラウラじま カプのむらへ飛ぼう。ポケモンセンターから東へ進むと、13ばんどうろに入れる。モーテルは、13ばんどうろの東の端にある。どんどん東へ進んでいこう。

13ばんどうろ モーテルの客室へ向かおう

13ばんどうろを東へ進んでいくと、12ばんどうろへ続く出口の手前に、モーテルがある。駐車場の階段を上がって、客室へ向かおう。中に入ると、リラとハンサムがすでに部屋にいる。ひと足先に訪れていたようだ。

ハンサムにも秘密があるらしい

UBを捕獲するごとに、リラの様子はおかしくなっていく。まるで、目の敵のようにUBが追ってくるのだ、とリラは語る。なぐさめるハンサムの様子もぎこちない。何か秘密があるのだろうか。

13ばんどうろ 新たなUBのくわしい情報を知らされる

ハンサムから、クチナシがつかんだUBの情報が伝えられる。『ポケモン サン』のUBのコードネームはスラッシュ、『ポケモン ムーン』ではブラスターだ。またしても、複数のUBが出現しているらしい。

『ポケットモンスター サン』の場合

『ポケットモンスター ムーン』の場合

13ばんどうろ　ハンサムからUB情報を得よう

ハンサムに話しかけると、4番目のUB目撃情報が得られる。『ポケモン サン』のUBはコードネーム スラッシュのカミツルギ。『ポケモン ムーン』のUBはコードネーム ブラスターのテッカグヤだ。

『ポケットモンスター サン』の場合

『ポケットモンスター ムーン』の場合

UB04出現場所　UB04の目撃現場へ向かおう

『ポケモン サン』では、ウラウラじま 17ばんどうろか、マリエていえんにカミツルギが4匹、『ポケモン ムーン』では、ウラウラじま ハイナさばくか、マリエていえんにテッカグヤが2匹出現する。どちらかへ向かおう。

『ポケットモンスター サン』の場合

『ポケットモンスター ムーン』の場合

UB04出現場所　カミツルギを4匹探しだそう

「リザードン フライト」で、ウラウラじま 17ばんどうろ、もしくはマリエシティへ飛ぼう。マリエていえんへは、マリエシティから訪れよう。草むらに、カミツルギが出現する。4匹つかまえれば、BGMが元にもどる。

『ポケットモンスター サン』の場合

UB04:スラッシュ　カミツルギを4匹つかまえよう！

『ポケットモンスター サン』
カミツルギ Lv.60
くさ　はがね
とくせい●ビーストブースト
わざ●リーフブレード
シザークロス
みきり
エアスラッシュ

カミツルギは、オーラの効果で「こうげき」を2段階上げる。ぶつりわざばかりを使うカミツルギの攻撃が、より強力になる。大ダメージを受ける前にカミツルギのHPをへらし、ウルトラボールを投げつづけよう。

HPを少しずつへらせるわざのタイプ ▶ ノーマル みず くさ でんき エスパー いわ ドラゴン はがね フェアリー

UB04 出現場所 テッカグヤを2匹探しだそう

「リザードン フライト」で、ウラウラじま みのりのいせきか、もしくはマリエシティへ飛ぼう。それぞれ、降りたった場所からハイナさばく、もしくはマリエていえんへ向かう。テッカグヤを2匹捕獲しよう。

「ポケットモンスター ムーン」の場合

UB04:ブラスター テッカグヤを2匹つかまえよう！

「ポケットモンスター ムーン」
テッカグヤ Lv.65
はがね　ひこう
とくせい●ビーストブースト
わざ●ボディパージ／タネばくだん／ロケットずつき／てっぺき

テッカグヤは、オーラの効果で「ぼうぎょ」を2段階上げる。テッカグヤは「ぼうぎょ」が高いので、ぶつりわざを放てば、うっかり倒してしまう心配が少なくなる。ぶつりわざを使って、HPをへらそう。

HPを少しずつへらせるわざのタイプ：ノーマル／くさ／ひこう／エスパー／むし／ドラゴン／はがね／フェアリー

13ばんどうろ ハンサムにUB捕獲を報告しよう

「リザードン フライト」でウラウラじま カプのむらへ飛び、東へ進んで、13ばんどうろのモーテルへ向かおう。客室にいるハンサムに話しかけ、「UBを つかまえた」を選ぶと、4番目の任務が無事に完了する。

リラ：われわれが ほごすべき UBは　いよいよ のこり 1しゅと なりました

リラが持つ意外な過去とは？

リラは、UB根絶やし作戦で、「まき餌」の役割を果たしたらしい。UBは、ウルトラホールから現れた者を求める習性があるのだ。つまり、リラはウルトラホールからやってきた別世界の人間ということだろうか。

13ばんどうろ ハンサムとクチナシから過去の話を聞こう

リラがお祝いのごちそうを買いに出かけている間に、クチナシがやってくる。ハンサムとクチナシは、主人公に秘密を告げる。約10年前、アローラ地方で、国際警察のUB根絶やし作戦が行われた、というのだ。

クチナシ：そのすきに ひとりの メンバーは UBに やられちまったんだ

「フォール」とは何か？

国際警察では、ウルトラホールを通過した人間のことを「フォール」と名づけている。ウルトラスペースを訪れた主人公も、「フォール」の1人。だから、今回の捜査協力者に任命されたのだ。

13ばんどうろ クチナシから最後の目撃情報だ

ハンサムとクチナシの話の途中で、リラが帰ってくる。いったん秘密の話は中断だ。クチナシが、最後のUBの目撃情報を伝えてくれる。今回UBが現れたのは、ポニじまだ。船上レストランで待ち合わせることになった。

クチナシ
バケモンが でたぜ
ばしょは ポニじまだ

うみのたみのむら 船上レストランへ入っていこう

「リザードン フライト」で、ポニじま うみのたみのむらへ飛ぼう。西側にある船上レストランに入ると、ハンサムとクチナシがすでに到着している。リラは、周辺の警戒に出かけたようだ。

うみのたみのむら 過去の話の続きを聞かせてもらえる

ハンサムとクチナシから、リラの秘密を聞こう。リラは、10年ほど前、アローラ地方で倒れているところを保護された。ほとんどの記憶をなくしていたが、体からはウルトラホールのエネルギーが検出されたらしい。

ハンサム
……かのじょは 10ねんほどまえ
このしまの いそに たおれていた

なぜ主人公が選ばれたのか

リラと同じ「フォール」である主人公がいれば、UBの興味を分散できて、UBに狙われるリラの負担をへらせるかもしれない。ハンサムはそう考えて、主人公を今回の任務に参加させたらしい。

うみのたみのむら なぜかクチナシにポケモン勝負を挑まれる

無意識にUBを引きつけるリラの秘密を聞いた後、クチナシは、主人公にポケモン勝負を申し込んでくる。「いいですよ」を選んで、受けて立とう。準備を整えたい場合は、「なんで?」を選び、後でもう一度話しかけよう。

いいですよ
なんで?

クチナシ
ちょっと おじさんと
しょうぶ しといて くんねえか?

しまキングの クチナシとポケモン勝負！

ちょっと おじさんと 勝負しといて くんねえか？

●クチナシの「てもち」のポケモン

ヤミラミ Lv.63
あく／ゴースト
弱点 フェアリー

アブソル Lv.63
あく
弱点 かくとう／むし／フェアリー

ドンカラス Lv.63
あく／ひこう
弱点 でんき／こおり／いわ／フェアリー

ワルビアル Lv.63
じめん／あく
弱点 みず／くさ／こおり／かくとう／むし／フェアリー

ペルシアン アローラのすがた Lv.63
あく
弱点 かくとう／むし／フェアリー

フェアリータイプのわざなら相手すべての弱点を突ける

クチナシのポケモンは、すべてあくタイプだ。弱点はそれぞれ異なるが、フェアリータイプのわざが共通の弱点となる。わざ「ムーンフォース」など、強力なフェアリータイプのわざが使えるポケモンを活躍させよう。ペルシアン アローラのすがたは、あくタイプのZワザをくり出す。とくに警戒したいポケモンだ。

うみのたみのむら　ハンサムから最後の任務の詳細を聞こう

勝負後、クチナシは去っていく。ハンサムに話しかけて、「UBじょうほうは？」を選ぼう。最後のUBのコードネームは、グラトニー。クチナシが、グラトニーをポニじま エンドケイブへ誘導しているらしい。

ハンサム：クチナシが エンドケイブの おくちに ゆうどう しているはずだ！

ポニのこどう　エンドケイブへ向かっていこう

グラトニーを捕獲するために、エンドケイブへ向かおう。「リザードン フライト」で、ポニじま ひがんのいせきへ飛ぼう。そこからポニのこどうを北へ進む。塀の奥に広がるのが、ポニのじゅりんだ（→P.472）。

デクシオとジーナに再会する

「リザードン フライト」でポニじま ポニのだいきょうこくへ飛び、そこからポニのじゅりんをめざすと、途中でデクシオとジーナに会う。ポケモンのメガシンカにかかわる重要などうぐをもらえる（→P.494）。

ハンサムに最後のUB捕獲を報告しよう

うみのたみのむら

アクジキングをつかまえた後で、船上レストランへ向かおう。ハンサムに話しかけて「UBを つかまえた」を選ぶと、すべての任務が完了する。リラから、ビッケに任務完了の報告をする、と伝えられる。

エンドケイブからもどってこよう

ポニじま エンドケイブでアクジキングをつかまえたら、うみのたみのむらへもどってこよう。エンドケイブの深部から外へ出て、「リザードン フライト」でポニじま うみのたみのむらへ飛べばいい。

B2Fのシークレットラボ B へ行こう

エーテルパラダイス

「リザードン フライト」でエーテルパラダイスへ飛び、B2Fのシークレットラボ B に入ろう。中には、ビッケとリラがいる。リラが任務完了を報告すると、ビッケは、リラと主人公に感謝の気持ちを伝える。

ハンサムがあやしげな影を発見!?

エーテルパラダイス

突然、ハンサムが駆け込んでくる。メレメレじまで黒いポケモンの影を見た、と大騒ぎだ。まだUBが残っていたのでは、とハンサムは心配するが、ビッケがUBはもういない、と保証すると、ようやく安心したようだ。

ハンサムから任務の報酬を受け取ろう

エーテルパラダイス

リラは、これから有休をとって観光をするようだ。ハンサムも、アローラ地方でグルメツアーに出かけるらしい。ハンサムは、今回の任務で本部から謝礼が出た、といい、主人公に1000000円を渡してくれる。

テンカラット ヒル
テンカラットヒルさいおうくうどうへ向かおう

「リザードン フライト」で、メレメレじま テンカラットヒルへ飛ぼう。中に入ったら、入口を通りぬけて、テンカラットヒルさいおうくうどうへ入る。ここの草むらに、ハンサムが見たという黒い影が現れる。

テンカラット ヒル
ネクロズマと遭遇する

UBを見つけるときと同じように、シルバースプレーやゴールドスプレーなどを使って、テンカラットヒルさいおうくうどうの草むらを歩き回ろう。「てもち」の先頭をLv.75より少し低いポケモンにすると、ネクロズマと出会いやすい。

ネクロズマをつかまえよう！

ネクロズマは、オーラをまとうことはない。だが、レベルが75と高く、「のうりょく」も高いので、強力な攻撃を仕掛けてくる。ここでマスターボールを使い、ネクロズマをつかまえるのも手だ。

ネクロズマ Lv.75
エスパー
とくせい●プリズムアーマー
わざ●ステルスロック
　　てっぺき
　　しぼりとる
　　プリズムレーザー

 HPを少しずつへらせるわざのタイプ　 かくとう　エスパー

2ばんどうろ
ハンサムに報告をしよう

ハンサムが見たポケモンは、実在していた。ネクロズマをつかまえたら、「リザードン フライト」でメレメレじま ハウオリれいえんへ飛び、2ばんどうろのモーテルの客室で、ハンサムに黒いポケモンの捕獲を報告しよう。

471

ポニじま
ポニのじゅりん

ポニ島 右側へと 続く たくさんの 樹木に 覆われた 自然の 道

☑ カラテおうの リュウジ

▼ ポニのこどう ▶P.415

この樹林で出会えるポケモン

ケララッパ
ノーマル ひこう

デカグース
ノーマル

ラッタ アローラのすがた
あく ノーマル

ラッキー
ノーマル

カイロス
むし

グランブル
フェアリー

リオル
かくとう

ルカリオ
かくとう はがね

この樹林で見つかる
ジガルデ・コアとジガルデ・セル
昼0個 / 昼・夜2個 / 夜0個

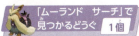

手に入るもの
- ☑ まんたんのくすり
- ☑ スペシャルアップ

「ムーランド サーチ」で
見つかるどうぐ　1個

● 草むら Ⓐ Ⓑ Ⓒ Ⓓ Ⓔ Ⓕ

ポケモン	昼	夜	仲間のポケモン		
☑ ケララッパ	○	○	ケララッパ	ー	ー
☑ グランブル	○	○	グランブル	ー	ー
☑ デカグース	○	ー	デカグース	ー	ー
☑ ラッタ アローラのすがた	ー	○	ラッタ アローラのすがた	ー	ー
☑ カイロス	△	△	カイロス	ー	ー
☑ リオル	△	△	ルカリオ	リオル	ラッキー

☑ エリートトレーナーの
　　トモヒサ

草むら Ⓔ
草むら Ⓕ

ポニのこうや ▶P.475

STEP 1　ポニのこうやへ向かおう

最後のUB、コードネーム グラトニーがいるエンドケイブは、ポニのじゅりん、ポニのこうや、ポニのはなぞのを通りぬけた先にある。まずは、ポニのじゅりんをぬけて、東側にあるポニのこうやへ向かおう（→P.474）。

**レベルの高い
ポケモンが出現する**

ポニのじゅりんは、殿堂入り後にはじめて入れるようになる場所だ。そのため、出現する野生のポケモンのレベルが高い。Lv.50以上の強力なポケモンをつかまえて、即戦力として「てもち」に加える手もある。

ポニじま
ポニのこうや

ポニ島の 上側へ 続く 広野 ポニの花園へ 続く道も ある

この広野で出会えるポケモン

 ケララッパ ノーマル／ひこう
 デカグース ノーマル
 ラッタ アローラのすがた あく／ノーマル
 ペリッパー みず／ひこう
 スリーパー エスパー
 ハリテヤマ かくとう

 オニドリル ノーマル／ひこう
 ウォーグル サン ノーマル／ひこう
 バルジーナ ムーン あく／ひこう
 オコリザル かくとう
 チュリネ ムーン くさ
 モンメン サン くさ／フェアリー

バンバドロ じめん
ケンタロス ノーマル
ミルタンク ノーマル
 エモンガ でんき／ひこう
 ストライク むし／ひこう

●草むら A I K

ポケモン	昼	夜	仲間のポケモン		
✓ ペリッパー	○	○	ペリッパー	−	−
✓ モンメン サン	○	○	モンメン	−	−
✓ チュリネ ムーン	○	○	チュリネ	−	−
✓ デカグース	○	−	デカグース	−	−
✓ ラッタ アローラのすがた	−	○	ラッタ アローラのすがた	−	−
✓ ケララッパ	△	△	ケララッパ	−	−
✓ ケンタロス	△	△	ケンタロス	ミルタンク	−
✓ ミルタンク	△	△	ミルタンク	ケンタロス	−

●草むら F J

ポケモン	昼	夜	仲間のポケモン		
✓ スリーパー	○	○	スリーパー	−	−
✓ モンメン サン	○	○	モンメン	−	−
✓ チュリネ ムーン	○	○	チュリネ	−	−
✓ デカグース	○	−	デカグース	−	−
✓ ラッタ アローラのすがた	−	○	ラッタ アローラのすがた	−	−
✓ ケララッパ	△	△	ケララッパ	−	−
✓ ケンタロス	△	△	ケンタロス	ミルタンク	−
✓ ミルタンク	△	△	ミルタンク	ケンタロス	−

●草むら B C D E G H L

ポケモン	昼	夜	仲間のポケモン		
✓ ケララッパ	○	○	ケララッパ	−	−
✓ モンメン サン	○	○	モンメン	−	−
✓ チュリネ ムーン	○	○	チュリネ	−	−
✓ デカグース	○	−	デカグース	−	−
✓ ラッタ アローラのすがた	−	○	ラッタ アローラのすがた	−	−
✓ ケンタロス	△	△	ケンタロス	ミルタンク	−
✓ ミルタンク	△	△	ミルタンク	ケンタロス	−

●草むら M N O

ポケモン	昼	夜	仲間のポケモン		
✓ バンバドロ	○	○	バンバドロ	−	−
✓ オニドリル	○	○	オニドリル	−	−
✓ モンメン サン	○	○	モンメン	−	−
✓ チュリネ ムーン	○	○	チュリネ	−	−
✓ ケララッパ	△	△	ケララッパ	−	−
✓ ケンタロス	△	△	ケンタロス	ミルタンク	−
✓ ミルタンク	△	△	ミルタンク	ケンタロス	−
✓ デカグース	○	−	デカグース	−	−
✓ ラッタ アローラのすがた	−	○	ラッタ アローラのすがた	−	−

この広野で見つかるジガルデ・コアとジガルデ・セル
- 昼1個 ☐
- 昼・夜1個 ☐
- 夜1個 ☐

- ☐ やまおとこのユウダイ
- ☐ ベテラントレーナーのレオン
- ポニのかいがん ▶P.507
- ポニのはなぞの ▶P.479
- きのみのなる木
- ポニのじゅりん ▶P.473
- ☐ エリートトレーナーのアヤナ
- ☐ エリートトレーナーのタケル

手に入るもの
- ☐ インドメタシン
- ☐ ほしのかけら
- ☐ わざマシン24「10まんボルト」
- ☐ ディフェンダー
- ☐ わざマシン60「さきおくり」

きのみのなる木で手に入るきのみ
- ☐ オッカのみ
- ☐ イトケのみ
- ☐ リンドのみ
- ☐ ソクノのみ
- ☐ シュカのみ
- ☐ ヤチェのみ
- ☐ タラプのみ（レア）

「ムーランド　サーチ」で見つかるどうぐ 1個

● ポケモンの影 A

ポケモン	昼	夜	仲間のポケモン		
☐ モンメン サン	◎	◎	モンメン	－	－
☐ チュリネ ムーン	◎	◎	チュリネ	－	－
☐ ストライク	○	○	ストライク	－	－

● ポケモンの影 B

ポケモン	昼	夜	仲間のポケモン		
☐ オコリザル	◎	◎	オコリザル	－	－
☐ エモンガ	○	○	エモンガ	－	－

● ポケモンの影 C

ポケモン	昼	夜	仲間のポケモン		
☐ オニドリル	◎	◎	オニドリル	－	－
☐ ウォーグル サン	○	○	ウォーグル	－	－
☐ バルジーナ ムーン	○	○	バルジーナ	－	－

● ポケモンの影 D

ポケモン	昼	夜	仲間のポケモン		
☐ デカグース	◎	－	デカグース	－	－
☐ ラッタ アローラのすがた	－	◎	ラッタ アローラのすがた	－	－
☐ ハリテヤマ	○	○	ハリテヤマ	－	－

ポニじま ▶ ポニのこうや

STEP 1　すご腕のエリートトレーナーとすぐには戦えない

入口の東側にいるエリートトレーナー姿の男性は、すご腕のポケモントレーナーだ。ポニのこうやにいる3人のポケモントレーナーを倒した後で、はじめてポケモン勝負を挑める。全員に勝ったら、再び話しかけよう。

STEP 2　草むらや木からポケモンが飛びだす

ポニのこうやでは、さまざまな方法で野生のポケモンが飛びだしてくる。草むらの中を動き回る影、木や植木から飛びだす影、地面に映る影などだ。これらにぶつかると、めずらしいポケモンが出現する。

ジガルデ・セルの発見のヒント

ポニのこうやに、「昼」の時間帯だけに現れるジガルデ・セルが1個存在する。「昼」の時間帯に訪れたら、影がぐるぐる回っている円形の草むらの西側を探してみよう。

STEP 3　ポニのはなぞのへ行く前にすべてを回ろう

北へ進み、分かれ道を西へ進むと、ポニのはなぞのに入れる。ポニのはなぞのをぬけると、目的地のエンドケイブだ。先へ進む前に、ポニのこうやを見て回り、どうぐを集めたり、ポケモントレーナーと戦ったりしよう。

ジガルデ・セルの発見のヒント

ポニのこうやに、「夜」の時間帯だけに現れるジガルデ・セルが1個存在する。「夜」の時間帯に訪れたら、影がぐるぐる回っている円形の草むらの北側を探索しよう。

STEP 4　きのみのなる木を調べてきのみを手に入れよう

ポニのこうやで、きのみのなる木の根元にあるきのみの山を調べると、オッカのみ、イトケのみ、リンドのみ、ソクノのみ、シュカのみ、ヤチェのみが手に入る。山が大きい場合は、タラプのみが手に入ることがある。

STEP 5　ポニのかいがんは後で訪れよう

北にある分かれ道を東へ進んだ先は、ポニのかいがんへ続いている。UBを捕獲するためにポニのこうやを訪れたときは、まだ行く必要はない。UBを捕獲する任務をすべておえてから、あらためて訪れよう。

STEP 6　すご腕のエリートトレーナーに戦いを挑もう

3人のポケモントレーナーと戦った後で、入口にもどり、すご腕のエリートトレーナーと勝負しよう。相手のヌメルゴンは、ドラゴンタイプのZワザを放つ。勝利すると、わざマシン60「さきおくり」をもらえる。

STEP 7　ポニのはなぞのへ進んでいこう

ポニのこうやをすべて見て回ったら、UB捕獲を進めよう。UBがいるエンドケイブへ向かうために、ポニのはなぞのに入っていこう。ポニのはなぞのは、ポニのこうやの北にある分かれ道から西へ進んだ先にある(→P.478)。

うみのたみのむらでポケモンを全回復だ

ポケモンを全回復したいときは、「リザードン　フライト」でポニじま　うみのたみのむらへもどろう。ポケモンセンターで全回復したら、再び「リザードン　フライト」でポニのはなぞのへ飛ぼう。入口へ到着できる。

UBイベント完了後　ポニのかいがんをめざして進もう

ハンサムとリラから依頼された任務をおえたら、今度はバトルツリーへ向かうために、ポニのこうやを訪れよう。バトルツリーは、ポニのかいがんとポニのけんろをぬけた先にある。まずは、ポニのかいがんへ進もう(→P.506)。

ポニのはなぞの

木から垂れ下がるように紫色の花が咲き誇る花園

この花園で出会えるポケモン

オドリドリ まいまいスタイル
ゴースト ひこう

アブリボン
むし フェアリー

チュリネ ムーン
くさ

モンメン サン
くさ フェアリー

コイキング
みず

ギャラドス
みず ひこう

ドジョッチ
みず じめん

ナマズン
みず じめん

ミニリュウ
ドラゴン

ハクリュー
ドラゴン

手に入るもの

- ☑ むらさきのミツ
- ☑ あまいミツ
- ☑ わざマシン50「オーバーヒート」
- ☑ パワフルハーブ

「ムーランド サーチ」で見つかるどうぐ **0個**

● 草むら Ⓐ Ⓑ Ⓒ Ⓓ

ポケモン	昼	夜	仲間のポケモン		
☑ モンメン サン	◎	◎	モンメン	-	-
☑ チュリネ ムーン	◎	◎	チュリネ	-	-
☑ アブリボン	◎	◎	アブリボン	-	-
☑ オドリドリ まいまいスタイル	◎	◎	オドリドリ まいまいスタイル	-	-

● つりスポット Ⓐ

ポケモン	昼	夜	仲間のポケモン		
☑ コイキング	◎	◎	ギャラドス	コイキング	-
☑ ドジョッチ	◎	◎	ナマズン	ドジョッチ	-
☑ ミニリュウ	▲	▲	ハクリュー	ミニリュウ	-

● つりスポット Ⓐ (レア)

ポケモン	昼	夜	仲間のポケモン		
☑ コイキング	◎	◎	コイキング	ギャラドス	-
☑ ドジョッチ	◎	◎	ドジョッチ	ナマズン	-
☑ ミニリュウ	△	△	ミニリュウ	ハクリュー	-

この花園で見つかるジガルデ・コアとジガルデ・セル
昼0個 | 昼・夜1個 | 夜0個
☑

STEP 1 撮影スポットで写真を撮ろう

水辺の西の端に、撮影スポットがある。ポケファインダーを起動して、ポケモンの写真を撮ろう。アブリボンやカイリュー、オドリドリまいまいスタイルを撮影できる。アブリボンは「昼」のみ、オドリドリは「夜」のみ出現する(→P.572)。

撮影スポット
水辺

入口から北へ進んだ先、水辺の西側にある。大きな木のそばだ。

STEP 2 エンドケイブへ進んでいこう

ポニのはなぞのには、ポケモントレーナーはいない。どうぐを集めながら、進んでいこう。段差を降りたり、木を伝ったりしながら進むと、北の突き当たりからエンドケイブへ行ける（→P.480）。

「むらさきのミツ」を手に入れよう

ポニのはなぞのでキラキラ光る場所を調べ、むらさきのミツを手に入れよう。まいまいスタイル以外のオドリドリに使うと、オドリドリ まいまいスタイルにフォルムチェンジさせることができるどうぐだ。

ポニじま
エンドケイブ

ポニ島の奥地にある　行き止まりの洞窟

■入口

ポニのはなぞの ▶P.479

☑ やまおとこの トウゴ
☑ バックパッカーの マリヤ

この洞窟で出会えるポケモン

ゴルバット　どく　ひこう

クロバット　どく　ひこう

ダグトリオ アローラのすがた　じめん　はがね

■入口・深部

どうくつ				
ポケモン	昼	夜	仲間のポケモン	
☑ ゴルバット	◎	◎	クロバット	ゴルバット	ー
☑ ダグトリオ アローラのすがた	○	○	ダグトリオ アローラのすがた	ー	ー

■深部

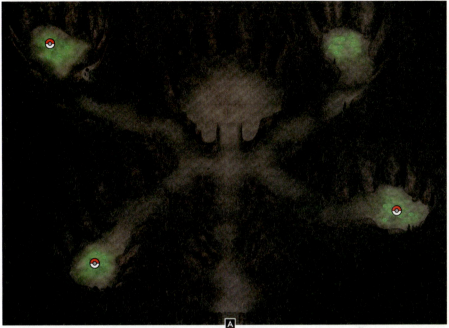

手に入るもの
☑ ピーピーエイダー
☑ わざマシン26「じしん」
☑ グランドコート
☑ いのちのたま
☑ ビビリだま
☑ でんきだま

「ムーランド　サーチ」で見つかるどうぐ　2個

◆入口で1個、深部で1個見つかります。

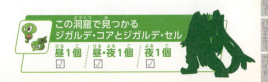

この洞窟で見つかるジガルデ・コアとジガルデ・セル
昼1個　昼・夜1個　夜1個

481

ポニじま ▶ エンドケイブ

STEP 1　すみずみまで見て回りながら奥へ進もう

入口から西へ進むと、岩でおおわれたゴツゴツの道がある。「バンバドロ ダッシュ」で通りぬけよう。南へ進み、突き当たりを東へ進んだ先は、深部へ続いている。すべてを回ったら、深部へ向かおう。

STEP 2　深部へ降りていこう

北へ進み、深部へ向かおう。深部に入ると、BGMがUB専用の曲に変わる。最後のUB、コードネーム グラトニーのアクジキングがいるのだ。クチナシが、アクジキングをこの場所へ追い込んだらしい。

STEP 3　アクジキングを1匹探しだそう

これまでのUBを捕獲したときと同じように、「てもち」の先頭をLv.70より少し低いポケモンにしよう。シルバースプレーやゴールドスプレーを使えば、他のポケモンと出会わずに、アクジキングを見つけだせる。

ジガルデ・セルの発見のヒント

エンドケイブには、「昼」の時間帯だけに現れるジガルデ・セルが1個存在する。「昼」の時間帯に訪れたら、深部へ続く入口の周辺をよく探そう。

UB05:グラトニー　アクジキングを1匹つかまえよう！

アクジキング Lv.70
あく　ドラゴン
とくせい●ビーストブースト
わざ●あばれる
　　　いえき
　　　ヘビーボンバー
　　　しぼりとる

アクジキングは、オーラの効果で「こうげき」を2段階上げる。ぶつりわざで受けるダメージが大幅に増えてしまう。威力の高いいわざで攻撃して、少ないターンで相手のHPをへらし、ウルトラボールを投げよう。

HPを少しずつへらせるわざのタイプ　ほのお　みず　くさ　でんき　ゴースト　あく

STEP 4　深部の奥を探索しよう

アクジキングを捕獲するとBGMが元にもどり、UB捕獲作戦は完了となる。ハンサムがいるうみのたみのむらへもどる前に、深部を探索しよう。深部は、アルファベットのXの形に似たどうくつだ。

ジガルデ・セルの発見のヒント

エンドケイブには、「夜」の時間帯だけに現れるジガルデ・セルが1個存在する。「夜」の時間帯に訪れたら、深部をすみずみまで探索しよう。

STEP 5　貴重などうぐを手に入れよう

Xの形のそれぞれの先端に、どうぐが落ちている。なかには、ここでしか手に入らない貴重なものもある。必ず手に入れよう。東側、北の先端には、どうぐがかくれている。「ムーランド　サーチ」で探そう。

カロス地方に似た地形がある

アルファベットのXの形のどうくつは、カロス地方にも存在している。ジガルデが息づいていた、ついのどうくつだ。エンドケイブと同じように、Xそれぞれの先端で、貴重などうぐが手に入った。

STEP 6　うみのたみのむらへもどって報告しよう

国際警察から依頼された任務は、これで完了した。アクジキングを捕獲したことを、ハンサムに報告しに行こう。エンドケイブを出たら、「リザードン　フライト」でポニじま　うみのたみのむらへ飛ぼう（→P.470）。

「あなぬけのヒモ」を活用しよう

エンドケイブの深部では、「リザードン　フライト」を使えない。使うには、いったん外へ出る必要がある。深部であなぬけのヒモを使うのがおすすめだ。そうすれば、瞬時に外へ出られる。

殿堂入り後のアローラ地方を冒険しよう

新たな出来事との出会いを求めて出かけよう

UBを捕獲する任務を完了したら、今度はアローラ地方の各地を巡る旅に出よう。アローラ地方の初代チャンピオンとなったことで、新たな出来事が起こったり、はじめての場所へ行けるようになったりするのだ。

1ばんどうろ ハウオリシティはずれ ｜ ククイはかせから「しあわせタマゴ」をもらおう

ポケモンけんきゅうじょを訪れよう。アローラ図鑑にポケモンを50種類以上登録した状態でククイはかせに話しかけると、しあわせタマゴをもらえる。ポケモンに持たせると、戦闘で得られる経験値が1.5倍になるどうぐだ。

1ばんどうろ ハウオリシティはずれ ｜ ククイはかせからわざマシンをもらおう

しあわせタマゴをもらった後、いったん建物の外へ出るか、地下へ降りるかして、マップを切り替えよう。その後で、もう一度ククイはかせに話しかけると、わざマシン90「みがわり」をもらえる。

1ばんどうろ ハウオリシティはずれ ｜ リーリエの日記を読んでみよう

ポケモンけんきゅうじょのロフトに上がると、机の上にリーリエの日記がある。以前はカギがかかっていて読めなかったが、ヤミカラスがいたずらしてカギを壊したらしい。リーリエの日記を読んでみよう。

リーリエとの出会いを思い出そう
リーリエは、エーテルパラダイスから逃げだしたことや、バーネットはかせと出会ったことなどを日記につづっている。カントー地方でリーリエは元気にしているだろうか。

トレーナーズスクールの3階を訪れよう

「リザードン フライト」でメレメレじま 1ばんどうろへ飛ぼう。到着したポケモンセンターの前から西へ進み、隣にあるトレーナーズスクールに入る。校舎に入り、3階へ上がったら、廊下を西へ進んでいこう。

カラテおうに勝って奥の部屋へ進もう

廊下の途中にある部屋の前に、カラテおうの姿をした男性が立っている。話しかけて「はい」を選ぶと、戦闘に突入だ。勝利すると、男性は残念そうにうなだれて、扉の前からどく。中へ入っていこう。

スクールの校長とポケモン勝負だ

扉の奥には、トレーナーズスクールの校長がいた。ポケモン勝負を挑んでくるので、受けて立とう。勝利すると、校長からおうじゃのしるしをもらえる。ポケモンに持たせると、10％の確率で相手をひるませるどうぐだ。

校長は経営能力の高い人だった

主人公とのポケモン勝負後、校長に話しかけると、勝っても負けても、チャンピオンを生んだスクールとしてアピールできる、とほほ笑んでいる。経営能力の高い人だ。

いくさのいせきを訪れよう

「リザードン フライト」でメレメレじま リリィタウンへ飛ぼう。北へ進み、マハロさんどうを進むと、つり橋を渡った先でどうぐを集められる。殿堂入り後にはじめて行けるようになる場所なので、必ず訪れよう（→P.150）。

リリィタウンでハラやハウに会おう

リリィタウンには、ハラやハウがいる。あいさつをしていこう。ハウは、行き場をなくしたスカル団のしたっぱ団員たちに、アローラ相撲を教える先生をしている。

ヘアサロンに新しい髪型が登場している

ハウオリシティ

殿堂入りを果たしたことで、ヘアサロンに新しいヘアアレンジが登場している。男の子は「ウェーブパーマ」、女の子は「ツインテール」だ。ヘアカラーやカラーコンタクトにも、新色が加わっている（→P.576）。

すごいオヤジに「すごいとっくん」をしてもらおう

ハウオリシティ

「リザードン フライト」でハウオリシティへ飛ぼう。ショッピングモールに、すごいオヤジがいる。すごいオヤジは、Lv.100のポケモンに「すごいとっくん」をしてくれる。ポケモンの「のうりょく」を極限まで引きだせる。

「すごいとっくん」には特別などうぐが必要だ

「すごいとっくん」をしてもらうには、ぎんのおうかんかきんのおうかんが必要だ。ぎんのおうかんを使うと、1種類の「のうりょく」が最高になる。きんのおうかんなら、6種類すべてが最高になる。

バトルバイキングがリニューアルしている

ハウオリシティ

ショッピングモールの中にあるバトルバイキングが、殿堂入り後にリニューアルする。ポケモン勝負を仕掛けてくるポケモントレーナーたちが、パワーアップしているのだ。手応えのあるポケモン勝負を楽しもう。

グズマの家でグズマに話しかけよう

2ばんどうろ

「リザードン フライト」でメレメレじま 2ばんどうろへ飛ぼう。グズマの家を訪れると、目の前にグズマがいる。話しかけると、「ハウオリシティは ビーチサイドエリアに 来やがれよ！」といって去っていく。

ハウオリシティ｜グズマからの挑戦を受けて立とう

グズマの言葉にしたがい、ハウオリシティ ビーチサイドエリアにある砂浜へ向かおう。砂浜にいるグズマに話しかけると、勝負しろ、といわれる。「いくよ」を選んで、グズマの挑戦を受けて立とう。

グズマとハラの関係が明らかになる

グズマは、もともとハラの弟子だったらしい。だが、何があったのか、ハラから破門されてしまったようだ。今回の勝負で、再びハラが師匠となって、グズマをきたえ直すことになりそうだ。

ポケモントレーナーの グズマとポケモン勝負！

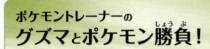

"破壊という 言葉が 人の 形を しているのが この オレさま グズマだぜ！"

いわやほのおタイプのわざを駆使しよう

グズマのポケモンは、すべてむしタイプだが、弱点は少し異なる。いわタイプのわざなら、ハッサム以外の弱点を突ける。ほのおタイプのわざなら、グソクムシャ以外の弱点を突ける。相手に応じてわざを使い分けて、的確にダメージを与えていこう。

● グズマの「てもち」のポケモン

ハウオリシティ｜グズマから「めざめいし」をもらえる

グズマに勝利すると、意外な人物が近づいてくる。しまキングのハラだった。ハラは、スカル団の罪をつぐなわせるために、グズマをあずからせてほしい、といって去っていく。グズマからは、めざめいしをもらえる。

グズマの思い出の初優勝とは？

グズマからもらえるめざめいしは、グズマが初優勝したときの記念品だという。そういえば、グズマの家の奥には、トロフィーが並んでいた。かつてはハラの指導を受けて、真面目に修行していたのかもしれない。

489

カンタイシティ｜ゲームフリークのモリモトと毎日勝負をしよう

「リザードン フライト」でアーカラじま カンタイシティへ飛び、ゲームフリークを訪れよう。モリモトに話しかけると、1日1回、ポケモン勝負を楽しめる。実力者であるモリモトから勝利をうばい取ろう。

カンタイシティ｜モリモトから「まるいおまもり」をもらおう

モリモトにはじめて勝利した後、まるいおまもりをもらえる。持っているだけで、ポケモンのタマゴが見つかりやすくなるどうぐだ。タマゴをたくさん発見して、アローラ図鑑を埋めたり、対戦用のポケモンを育てたりしよう。

ポケモンあずかりやでタマゴを見つけよう

ポケモンあずかりやに2匹のポケモンをあずけると、組み合わせによっては、タマゴを発見できる。2匹の仲の良さによって、見つかるまでの時間が変わる。まるいおまもりがあれば、タマゴが早く見つかるようになる。

ハノハノリゾート｜四天王のカヒリからわざマシンをもらえる

「リザードン フライト」でアーカラじま ハノハノリゾートへ飛び、ハノハノリゾートホテルに入ろう。ロビーに、四天王のカヒリがいる。カヒリは、ホテルオーナーの娘だ。話しかけると、わざマシン92「トリックルーム」をもらえる。

オハナタウン｜カキの父から「プロテクター」をもらおう

「リザードン フライト」でアーカラじま オハナタウンへ飛ぼう。カキの家に入ると、カキのお父さんがいる。話しかけると、プロテクターをもらえる。サイドンを進化させるのに必要などうぐだ。

ロイヤルアベニュー | イーブイつかいのカゲトラのお願いを聞こう

最後はカゲトラとポケモン勝負だ

「リザードン フライト」でアーカラじま ロイヤルアベニューへ飛ぼう。スーパー・メガやすにいるカゲトラに話しかけると、8人のポケモントレーナーと戦ってほしい、と頼まれる。ヒントを頼りに、全員を探しだして戦おう。

8人のポケモントレーナーと戦ったら、ロイヤルアベニューへもどり、カゲトラに話しかけよう。カゲトラが勝負を挑んでくる。カゲトラは、イーブイの使い手だ。イーブイを倒して勝利しよう。

●8種類のポケモンの使い手がいる場所

シャワーズつかいのエリーゼ
メレメレじま トレーナーズスクール

エリーゼは、トレーナーズスクールの3階にいる。階段を上がると、目の前に立っているマダム姿の女性だ。

ブースターつかいのクラウド
アーカラじま カンタイシティ

クラウドは、ホテルしおさいのロビーにいる。フロントの左側のせいそういん姿の男性に話しかけよう。

サンダースつかいのオロチマル
ウラウラじま マリエシティ

オロチマルは、マリエちいきセンターのテレビの前に座っている。ソファにいるマダム姿の女性に話しかけよう。

エーフィつかいのカイザー
ウラウラじま ホテリやま

カイザーは、ちねつはつでんしょの奥にいる。テレビの前に座っている、せいそういん姿の男性だ。

ブラッキーつかいのゼロック
メレメレじま ハウオリれいえん

ゼロックは、ハウオリれいえんにいる。左奥のお墓の前に立っている、ジェントルマン姿の男性だ。

グレイシアつかいのシトネ
メレメレじま リリィタウン

シトネは、入口から西へ進んだ先の突き当たりにある民家にいる。マダム姿の女性に話しかけよう。

リーフィアつかいのルネ
アーカラじま ハノハノビーチ

ルネは、北の突き当たりにいる。ビキニのおねえさん姿。見た目が若いのは、モデルだからだろうか。

ニンフィアつかいのサクヤ
ポニじま うみのたみのむら

船上レストランの東にある民家に、えんじ姿の女の子がいる。話しかけると、サクヤの代わりに戦える。

ロイヤルアベニュー
カゲトラから「イーブイZ」をもらおう

8人のポケモントレーナーに勝利し、カゲトラにも勝利すると、カゲトラからイーブイZをもらえる。わざ「とっておき」をおぼえたイーブイに使おう。特別なZワザ「ナインエボルブースト」を放てるようになる。

8ばんどうろ
アクロマからゲノセクト専用のどうぐをもらおう

「リザードン フライト」でアーカラじま 8ばんどうろへ飛ぼう。エーテルベースの近くで話しかけてくるアクロマから、ゲノセクト専用のどうぐアクアカセット、イナズマカセット、ブレイズカセット、フリーズカセットをもらえる。

グラジオの手紙を読もう
8ばんどうろのモーテルは、グラジオが長い間滞在していた場所だ。受付の女性に話しかけると、グラジオがルザミーネへあてた、おわびの手紙を残していったことを教えてくれる。

コニコシティ
マオからのプレゼントを受け取ろう

「リザードン フライト」でアーカラじま コニコシティへ飛ぼう。マオのレストランにいる女性に話しかけると、ホイップポップとにおいぶくろをもらえる。マオから、チャンピオンになった主人公へのプレゼントだ。

レストラン2階でもどうぐをもらえる
マオのレストランの2階へ上がろう。コック姿の男性に話しかけると、りゅうのキバをもらえる。フォン(スープ)の出がらしだ、というが……。ポケモンに持たせると、ドラゴンタイプのわざの威力が1.2倍になる。

いのちのいせき
アーカラの守り神カプ・テテフに会おう

「リザードン フライト」でアーカラじま いのちのいせきへ飛ぼう。「カイリキー プッシュ」で巨石を動かして深部へ進み、石像を調べよう。アーカラの守り神、カプ・テテフが姿を現す。

カプ・テテフをつかまえよう！

カプ・テテフは、とくせい「サイコメイカー」の効果でサイコフィールドを張るが、捕獲には影響しない。少しずつHPをへらして、さらに状態異常にしよう。つかまえるには、ダークボールが有効だ。

| HPを少しずつ へらせる わざのタイプ | かくとう | エスパー | | | |

カプ・テテフ Lv.60
エスパー フェアリー
とくせい●サイコメイカー
わざ●しぜんのいかり
じんつうりき
おだてる
ムーンフォース

15ばんすいどう　職員からポリゴンと「アップグレード」をもらおう

「リザードン　フライト」でウラウラじま カプのむらへ飛び、15ばんすいどうのエーテルハウスを訪れよう。右奥の部屋にいる男性の職員から、ポリゴンをもらえる。女性の職員からは、アップグレードをもらえる。

ポリゴン
ノーマル

みのりのいせき　ウラウラの守り神カプ・ブルルに会おう

「リザードン　フライト」でウラウラじま みのりのいせきへ飛び、北へ進もう。「カイリキー　プッシュ」で巨石を動かして深部へ進み、石像を調べよう。ウラウラの守り神、カプ・ブルルが姿を現す。

カプ・ブルルをつかまえよう！

とくせい「グラスメイカー」の効果で、5ターンの間、グラスフィールドになる。くさタイプのカプ・ブルルは、ターンごとに、最大HPの16分の1ずつHPを回復する。根気よくHPをへらして、状態異常にしよう。

| HPを少しずつ へらせる わざのタイプ | みず | くさ | でんき | かくとう | じめん |
| あく | | | | | |

カプ・ブルル Lv.60
くさ フェアリー
とくせい●グラスメイカー
わざ●しぜんのいかり
しねんのずつき
メガホーン
ロケットずつき

ポータウン　スカルタンクトップが販売される

「リザードン　フライト」でウラウラじま ポータウンへ飛ぼう。10円でポケモンを全回復してくれたポケモンセンターでは、回復サービスは終了している。代わりに、スカルタンクトップを10000円で販売している。

ポニのこうどう　デクシオとジーナと再会する

「リザードン　フライト」でポニじま ポニのだいきょうこくへ飛ぼう。南へ進み、十字路を東へ進むと、デクシオとジーナが話しかけてくる。メガシンカを実際に見せる、といって、デクシオが勝負を挑んでくる。

「きんのたま」をもらおう

うみのたみのむらのポケモンセンターに、かんこうきゃく姿の男性がいる。話しかけると、勝負を挑んでくる。相手のポケモンは、色違いのタマタマだ。勝利すると、きんのたまを6個もらえる。

ポケモントレーナーの デクシオとポケモン勝負！

ぼくたちは　トレーナーです
メガシンカを　説明するより
まずは　おみせしましょう！

ゴーストやあくタイプのわざで弱点を突こう

デクシオのポケモンは、すべてエスパータイプだ。ゴーストやあくタイプのわざで攻撃すれば、全員の弱点を突ける。デクシオのフーディンは、戦闘に出ると、メガフーディンにメガシンカする。「とくこう」が大幅に上がるので、わざ「サイコキネシス」や「きあいだま」が強力になる。メガフーディンには、Zワザで対抗しよう。

●デクシオの「てもち」のポケモン

エーフィ Lv.61　エスパー
弱点　むし　ゴースト　あく

ライチュウ アローラのすがた Lv.61　でんき　エスパー
弱点　じめん　むし　ゴースト　あく

ヤドキング Lv.61　みず　エスパー
弱点　くさ　でんき　むし　ゴースト　あく

メタグロス Lv.61　はがね　エスパー
弱点　ほのお　じめん　ゴースト　あく

メガフーディン Lv.61　エスパー
弱点　むし　ゴースト　あく

ポニのこどう 「キーストーン」と「フーディナイト」をもらおう

デクシオに勝利すると、デクシオからキーストーンとフーディナイトをもらえる。メガストーンを持たせたポケモンをメガシンカさせられるようになる。メガストーンは、バトルツリーでBPと交換して手に入れよう（→P.616）。

ハプウの家で全回復できる
デクシオとポケモン勝負をした後、ポケモンを全回復させたい場合は、すぐそばにあるハプウの家へ行こう。家の中にいるミルタンクに話しかけると、「てもち」のポケモンを全回復してもらえる。

ポニのあらいそ ヒデンギャルズからわざマシンをもらおう

「リザードン フライト」でポニじま ひがんのいせきへ飛ぼう。ポニのあらいそに、ヒデンギャルズがいる。話しかけて勝負をしよう。勝利後、わざマシン98「たきのぼり」とわざマシン94「なみのり」をもらえる。

ひがんのいせき ポニの守り神カプ・レヒレに会おう

ひがんのいせきに入り、深部へ進もう。奥にある石像を調べると、ポニの守り神、カプ・レヒレが姿を現し、勝負を挑んでくる。必ずつかまえて、4つの島の守り神をすべてアローラ図鑑に登録しよう。

カプ・レヒレをつかまえよう！

とくせい「ミストメイカー」の効果で、5ターンの間、ミストフィールドになる。この間、カプ・レヒレを状態異常にすることはできない。いせきの中なので、ダークボールが効果を発揮する。

HPを少しずつへらせるわざのタイプ

カプ・レヒレ Lv.60
みず フェアリー
とくせい●ミストメイカー
わざ●しぜんのいかり
だくりゅう
アクアリング
ハイドロポンプ

伝説のポケモンを連れて祭壇へ向かおう

『ポケモン サン』の場合は「夜」にソルガレオを、『ポケモン ムーン』の場合は「昼」にルナアーラを「てもち」に加えて、ポニじまポニのだいきょうこくにある祭壇へ向かおう。ゆがみを調べると、別世界へ行ける。

リザードンでウラウラじまの湖へ飛ぼう

別世界へ行ったら、『ポケモン サン』の場合はにちりんのみずうみへ、『ポケモン ムーン』の場合はがちりんのみずうみへ向かう。ウラウラじまにある廃墟だ。中に入ったら、湖に浮かぶ祭壇まで進もう。

祭壇のゆがみは入れる時間帯がある

ポニのだいきょうこくの祭壇に現れるゆがみは、入れる時間帯が決まっている。ソルガレオを「てもち」に加えた場合は「夜」、ルナアーラを「てもち」に加えた場合は「昼」の時間帯だけ、通過できる。

伝説のポケモン2匹が顔を合わせる

祭壇の中央へ進むと、「てもち」にいるのとは別の伝説のポケモンが姿を現す。2匹の伝説のポケモンが顔を合わせるのだ。2匹は、そろって鳴き声を上げ、姿を消す。そして、代わりにコスモッグが姿を現す。

現れたコスモッグを連れて帰ろう

祭壇の中央にいるコスモッグに話しかけ、「はい」を選ぶと、コスモッグが手に入る。リーリエのほしぐもちゃんを思い出す。コスモッグは、レベルアップでコスモウムに、さらにソルガレオ(ルナアーラ)に進化する。

ポニじまの祭壇から元の世界へもどれる

別世界から元の世界へもどるには、再びゆがみを通過する必要がある。「リザードン フライト」でポニじまポニのだいきょうこくにある祭壇へ飛ぼう。中央にあるゆがみを調べると、元の世界へもどれる。

ポニのこうや バトルツリーをめざして新たな場所を進もう

強豪のポケモントレーナーが集うバトルツリーは、ポニじま ポニのこうや、ポニのかいがん、ポニのけんろをぬけた先にある。「リザードン フライト」でポニのはなぞのへ飛び、ポニのかいがんへ向かおう（→P.506）。

エーテルパラダイス ヒラ社員に降格したザオボーと勝負をしよう

「リザードン フライト」でエーテルパラダイスへ飛ぼう。北へ進んで1F:エントランスに入ると、エレベータの北側にザオボーがいる。ただの社員に降格したザオボーは、再び出世することを夢見て、勝負を仕掛けてくる。

エーテル財団の ザオボーとポケモン勝負！

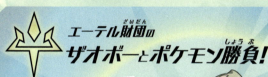

……先の 諸々を あえなく 降格処分 ただの 社員に 立ち返り 心機一転の わたし……

むしやゴースト、あくタイプのわざで大ダメージを与えよう

ザオボーのポケモンは、すべてエスパータイプだ。むし、ゴースト、あくタイプのわざが共通の弱点となっている。ザオボーのポケモンは、わざ「れいとうビーム」や「サイコキネシス」など、威力の高いわざで攻撃してくる。弱点のタイプのわざで対抗して、打ち負かそう。

●ザオボーの「てもち」のポケモン

ヤドラン Lv.61 — みず／エスパー — 弱点：くさ、でんき、むし、ゴースト、あく

ハギギシリ Lv.61 — みず／エスパー — 弱点：くさ、ゴースト、あく、むし

ライチュウ アローラのすがた Lv.61 — でんき／エスパー — 弱点：じめん、むし、ゴースト、あく

フーディン Lv.61 — エスパー — 弱点：むし、ゴースト、あく

スリーパー Lv.61 — エスパー — 弱点：むし、ゴースト、あく

ザオボーから「あやしいパッチ」をもらおう

エーテルパラダイス

ザオボーに勝利すると、あやしいパッチをもらえる。ポリゴン2をポリゴンZに進化させるのに必要などうぐだ。ザオボーいわく、これは心づけ。つまりはワイロだ。主人公に恩を売りたいらしい。

ルザミーネの家でザオボーの話を聞ける

エーテルパラダイスの1F：エントランスをぬけ、ルザミーネの家に入ろう。ザオボーがいる。話を聞くと、どうやら、グラジオが代表代理を務めているのが気に入らないらしい。よほど肩書きに執着があるようだ。

グラジオからタイプ：ヌルをもらおう

エーテルパラダイス

エレベータで2Fへ上がろう。2Fの北側に、グラジオがいる。立派にエーテル財団の代表代理を務めているようだ。グラジオから、タイプ：ヌルと、その進化形のシルヴァディのタイプを変える17種類のメモリをもらえる。

タイプ：ヌル
ノーマル

シークレットラボAで特別などうぐをもらえる

エーテルパラダイス

エレベータでB2Fへ降りよう。シークレットラボAにいる女性の職員に話しかけると、いでんしのくさび、いましめのツボ、こころのしずくをもらえる。キュレムやフーパ、ラティオス、ラティアス専用のどうぐだ。

防衛戦にチャレンジしよう

ラナキラマウンテン

「リザードン　フライト」でウラウラじま　ポケモンリーグへ飛ぼう。ポケモンリーグには、主人公に挑戦する者たちが集まってくる。四天王を倒し、チャンピオンの間にある椅子に座ると、挑戦者が姿を現すのだ。

10人の挑戦者がかわるがわる現れる

ポケモンリーグのチャンピオンの間に姿を現す挑戦者たちは、10人の中から1人が選ばれる。最初の1人目は、必ずハウがやってくる。何度も防衛戦に挑んで、10人全員と戦おう。

四天王の ハラとポケモン勝負！

> ようこそ チャンピオン！
> ポケモンリーグは 強さが すべて！
> 持てる 力を 惜しみなく ぶつけあう
> ポケモン勝負と いきますかな！

ひこうやエスパータイプなどのわざが有効だ

はじめての四天王戦と比べて、レベルは8〜9上がっているが、「てもち」のポケモンや戦術は変わっていない。ケケンカニも、1回目と同じように、Zワザを放つ。ひこうやエスパー、フェアリータイプのわざで攻撃すれば、弱点を突ける。

●ハラの「てもち」のポケモン

ポケモン	Lv	タイプ	弱点
ハリテヤマ	Lv.63	かくとう	ひこう／エスパー／フェアリー
オコリザル	Lv.63	かくとう	ひこう／エスパー／フェアリー
キテルグマ	Lv.63	ノーマル／かくとう	かくとう／ひこう／エスパー／フェアリー
ニョロボン	Lv.63	みず／かくとう	くさ／でんき／ひこう／エスパー／フェアリー
ケケンカニ	Lv.63	かくとう／こおり	ほのお／エスパー／はがね／フェアリー

四天王の ライチとポケモン勝負！

> ライチさんも 遠慮なし！
> いわタイプの ポケモンで
> ガンガン やっちゃうからね
> きみ やわな ポケモンだと
> 一撃で いっちゃう からね！

くさやじめんタイプなどのわざで弱点を突こう

はじめての四天王戦と比べて、レベルは8〜9上がっているが、「てもち」のポケモンや戦術は変わっていない。ルガルガン まよなかのすがたがZワザを放つのも同じだ。くさやかくとう、じめんタイプのわざで、弱点を突いて攻撃しよう。

●ライチの「てもち」のポケモン

ポケモン	Lv	タイプ	弱点
ジーランス	Lv.63	みず／いわ	くさ×4／でんき／かくとう／じめん
メレシー	Lv.63	いわ／フェアリー	はがね×4／みず／くさ／じめん
ゴローニャ アローラのすがた	Lv.63	いわ／でんき	じめん×4／みず／くさ／かくとう
ダイノーズ	Lv.63	いわ／はがね	かくとう×4／じめん／みず
ルガルガン まよなかのすがた	Lv.63	いわ	みず／くさ／かくとう／じめん／はがね

アセロラの間

「いくら チャンピオンでも 四天王と 戦わずに チャンピオンの間には 行けないよ！ それに 勝負 おもしろいもん！」

四天王の アセロラと ポケモン勝負！

場に出てきた相手の弱点を 突いて大ダメージを与えよう

はじめての四天王戦と比べて、レベルは8〜9上がっているが、「てもち」のポケモンや戦術は同じだ。1回目と同様に、シロデスナがZワザを放つ。ヤミラミにはフェアリータイプ、それ以外にはゴーストやあくタイプのわざが有効だ。

●アセロラの「てもち」のポケモン

ヤミラミ Lv.63	あく	ゴースト
弱点	フェアリー	
フワライド Lv.63	ゴースト	ひこう
弱点	でんき こおり いわ ゴースト あく	
ダダリン Lv.63	ゴースト	くさ
弱点	ほのお こおり ひこう ゴースト あく	
ユキメノコ Lv.63	こおり	ゴースト
弱点	ほのお いわ ゴースト あく はがね	
シロデスナ Lv.63	ゴースト	じめん
弱点	みず くさ こおり ゴースト あく	

カヒリの間

「また 来てくださいましたね！ アローラ地方で 一番の あなたと ポケモンに 勝てば 世界でも 戦えます！」

四天王の カヒリと ポケモン勝負！

でんきタイプのわざが 共通の弱点だ

はじめての四天王戦と比べて、レベルは8〜9上がっているが、「てもち」のポケモンや戦術は変わっていない。ドデカバシがZワザを放ってくる。カヒリのポケモンの共通の弱点である、でんきタイプのわざで大ダメージを与えよう。

●カヒリの「てもち」のポケモン

エアームド Lv.63	はがね	ひこう
弱点	ほのお でんき	
クロバット Lv.63	どく	ひこう
弱点	でんき こおり いわ エスパー	
オドリドリ めらめらスタイル Lv.63	ほのお	ひこう
弱点	いわ みず でんき	
バルジーナ Lv.63	あく	ひこう
弱点	でんき こおり いわ フェアリー	
ドデカバシ Lv.63	ノーマル	ひこう
弱点	でんき こおり いわ	

チャンピオンの間　防衛戦

> ふう！　四天王　全員に　勝つのは
> 大変じゃのう
> ということは
> チャンピオンに　勝つのは
> もっと　大変じゃな

挑戦者　**ハプウ**

みずやくさ、こおりタイプなどの わざで弱点を突こう

ポニの大試練で戦ったときと比べて、じめんとあくタイプのワルビアルが加わっている。みず、くさ、こおりなどのわざを使えるポケモンを「てもち」に加えよう。ポケモンを交代させながら、相手の弱点を突くといい。

●ハプウの「てもち」のポケモン

ダグトリオ アローラのすがた Lv.63
じめん　はがね
弱点　ほのお　みず　かくとう　じめん

トリトドン ひがしのうみ Lv.63
みず　じめん
弱点　×4 くさ

ワルビアル Lv.63
じめん　あく
弱点　みず　くさ　こおり　かくとう　むし　フェアリー

フライゴン Lv.63
じめん　ドラゴン
弱点　×4 こおり　ドラゴン　フェアリー

バンバドロ Lv.63
じめん
弱点　みず　くさ　こおり

チャンピオンの間　防衛戦

> オレ　リュウキ　いわゆる　スター！
> だって　パートナーは　ポケットモンスター
> 当然　オレも　スター！
> 天下　取るため　海を越えて
> はるばる　アローラに　来たのさ！

挑戦者　**リュウキ**

こおりやフェアリータイプ などのわざで対抗しよう

リュウキは、ポケモンリーグの挑戦者としてく、本作にはじめて登場するドラゴンタイプの使い手だ。こおりやフェアリータイプのわざで弱点を突こう。バクガメスには、じめんやいわタイプのわざが有効だ。

●リュウキの「てもち」のポケモン

ガブリアス Lv.61
ドラゴン　じめん
弱点　×4 こおり　ドラゴン　フェアリー

ジジーロン Lv.61
ノーマル　ドラゴン
弱点　こおり　かくとう　ドラゴン　フェアリー

バクガメス Lv.61
ほのお　ドラゴン
弱点　じめん　いわ　ドラゴン

カイリュー Lv.61
ドラゴン　ひこう
弱点　×4 こおり　いわ　ドラゴン　フェアリー

ジャラランガ Lv.61
ドラゴン　かくとう
弱点　×4 フェアリー　エスパー　こおり　ひこう　ドラゴン

チャンピオンの間　防衛戦

> 試練のあと 天文台で
> 今度は 勝負って
> いった 言葉を
> 守るために 来たよ

挑戦者　マーマネ

じめんタイプのわざで3匹に4倍のダメージを与えられる

マーマネのトゲデマルやゴローニャ アローラのすがた、ジバコイルには、じめんタイプのわざで通常の4倍のダメージを与えられる。とくせい「ふゆう」のクワガノンには、ほのおやいわタイプのわざで攻撃して、弱点を突こう。

●マーマネの「てもち」のポケモン

ポケモン	タイプ	弱点
トゲデマル Lv.61	でんき／はがね	×4 じめん／ほのお／かくとう
ジバコイル Lv.61	でんき／はがね	×4 じめん／ほのお／かくとう
エレキブル Lv.61	でんき	じめん
クワガノン Lv.61	むし／でんき	ほのお／いわ
ゴローニャ アローラのすがた Lv.61	いわ／でんき	じめん／みず／くさ／かくとう

チャンピオンの間　防衛戦

> ククイくんが なにを 造ったか
> 確かめに 来たのですが……
> ポケモンリーグ いいですね！
> アローラの すごさを
> 世界に 知らせる 場所ですよ

挑戦者　マーレイン

ほのおタイプのわざが共通の弱点だ

はがねタイプの使い手であるマーレインのポケモンは、すべてほのおタイプのわざを弱点としている。サンドパン アローラのすがたには、通常の4倍のダメージを与えられる。エアームド以外には、じめんタイプのわざも有効だ。

●マーレインの「てもち」のポケモン

ポケモン	タイプ	弱点
エアームド Lv.61	はがね／ひこう	ほのお／でんき
サンドパン アローラのすがた Lv.61	こおり／はがね	×4 ほのお／×4 かくとう／じめん
ジバコイル Lv.61	でんき／はがね	×4 じめん／ほのお／かくとう
メタグロス Lv.61	はがね／エスパー	ほのお／じめん／ゴースト／あく
ダグトリオ アローラのすがた Lv.61	じめん／はがね	ほのお／みず／かくとう／じめん

チャンピオンの間　防衛戦　挑戦者 ククイ

> 自分が 造った ポケモンリーグで チャンピオンに なるつもりは ないが 最高最強の トレーナーに 挑むのは いいだろ?

ポケモンを交代させて弱点を突こう

くり出してきた相手に応じて、弱点を突くタイプのわざを持ったポケモンに交代させよう。

● ククイの「てもち」のポケモン

最初にモクローを選んだ場合

ポケモン	弱点
ルガルガン まひるのすがた Lv.65 (いわ)	かくとう／じめん／くさ／はがね
キュウコン アローラのすがた Lv.65 (こおり／フェアリー)	どく／いわ／はがね／ほのお ×4
ウォーグル Lv.65 (ノーマル／ひこう)	いわ／こおり／でんき
ジバコイル Lv.65 (でんき／はがね)	かくとう／じめん ×4／ほのお
カビゴン Lv.65 (ノーマル)	かくとう
ガオガエン Lv.65 (ほのお／あく)	じめん／みず／かくとう

最初にニャビーを選んだ場合

ポケモン	弱点
ルガルガン まひるのすがた Lv.65 (いわ)	かくとう／じめん／くさ／はがね
キュウコン アローラのすがた Lv.65 (こおり／フェアリー)	どく／はがね／ほのお
ウォーグル Lv.65 (ノーマル／ひこう)	いわ／こおり／でんき
ジバコイル Lv.65 (でんき／はがね)	かくとう／じめん ×4／ほのお
カビゴン Lv.65 (ノーマル)	かくとう
アシレーヌ Lv.65 (みず／フェアリー)	どく／くさ／でんき

最初にアシマリを選んだ場合

ポケモン	弱点
ルガルガン まひるのすがた Lv.65 (いわ)	かくとう／じめん／くさ／はがね
キュウコン アローラのすがた Lv.65 (こおり／フェアリー)	どく／いわ／はがね／ほのお ×4
ウォーグル Lv.65 (ノーマル／ひこう)	いわ／でんき／こおり
ジバコイル Lv.65 (でんき／はがね)	かくとう／じめん／ほのお
カビゴン Lv.65 (ノーマル)	かくとう
ジュナイパー Lv.65 (くさ／ゴースト)	ひこう／あく／こおり／ゴースト

チャンピオンの間　防衛戦　挑戦者 プルメリ

> クチナシと マーレインの おっさんコンビに いいくるめられてさ ポケモントレーナーとして 一から やりなおしてんだ

エスパータイプか じめんタイプのわざで攻撃だ

プルメリは、どくタイプのポケモンをくり出してくる。いずれも、エスパーやじめんタイプなどのわざが弱点だ。エンニュートは、どくタイプのZワザを放つ。相手に応じてわざを使い分け、弱点を的確に突いて攻撃しよう。

● プルメリの「てもち」のポケモン

ポケモン	タイプ	弱点
ゲンガー Lv.61	ゴースト／どく	じめん／エスパー／ゴースト／あく
ベトベトン アローラのすがた Lv.61	どく／あく	じめん
クロバット Lv.61	どく／ひこう	でんき／こおり／エスパー／いわ
ドヒドイデ Lv.61	どく／みず	でんき／じめん／エスパー
エンニュート Lv.61	どく／ほのお	じめん ×4／みず／エスパー

チャンピオンの間　防衛戦

> アローラの みなさまが
> ひれふす 肩書き
> それこそが チャンピオン！
> 肩書き世界でも チャンピオン
> わたしに ぴったり ですよね

挑戦者　ザオボー

●ザオボーの「てもち」のポケモン

ヤドラン Lv.61
みず　エスパー
弱点　くさ　でんき　むし　ゴースト　あく

ハギギシリ Lv.61
みず　エスパー
弱点　くさ　でんき　むし　ゴースト　あく

ライチュウ アローラのすがた Lv.61
でんき　エスパー
弱点　じめん　むし　ゴースト　あく

フーディン Lv.61
エスパー
弱点　むし　ゴースト　あく

スリーパー Lv.61
エスパー
弱点　むし　ゴースト　あく

むしやゴースト、あくタイプの わざで対抗しよう

ザオボーは、毎月1日に挑戦者として登場する。1日以外には現れない。ザオボーのポケモンは、すべてエスパータイプ。むしやゴースト、あくタイプのわざが共通の弱点だ。強力なわざで攻撃して、大ダメージを与えよう。

チャンピオンの間　防衛戦

> チャンピオン！
> いまから おすすめの 技
> 教えてよ

挑戦者　たんぱんこぞうの タロウ

●タロウの「てもち」のポケモン

エモンガ Lv.59
でんき　ひこう
弱点　こおり　いわ

ブーバーン Lv.59
ほのお
弱点　みず　じめん　いわ

ナッシー アローラのすがた Lv.59
くさ　ドラゴン
弱点　こおり　どく　ひこう　むし　ドラゴン　フェアリー

サメハダー Lv.59
みず　あく
弱点　でんき　かくとう　むし　フェアリー

ケンタロス Lv.59
ノーマル
弱点　かくとう

ポケモンを交代させながら 相手の弱点を突こう

たんぱんこぞうのタロウは、物語の序盤に、ククイはかせにおすすめのわざを聞いてきた少年だ。ごくまれに、防衛戦に挑戦する。タロウのポケモンは、弱点がバラバラだ。相手の弱点を突けるポケモンに交代させながら戦おう。

505

ポニのかいがん
ポニじま

ポニ島で 最も 右側の 海岸沿い 澄み切った 海を 見渡せる 絶景スポット

この海岸で出会えるポケモン

ダグトリオ アローラのすがた
じめん／はがね

手に入るもの
- ☑ わざマシン97「あくのはどう」
- ☑ すいせいのかけら

「ムーランド サーチ」で見つかるどうぐ **1個**

● 土けむり

ポケモン	昼	夜	仲間のポケモン		
☑ ダグトリオ アローラのすがた	○	○	ダグトリオ アローラのすがた	−	−

この海岸で見つかる
ジガルデ・コアとジガルデ・セル
昼0個　昼・夜2個　夜0個
☑　☑

STEP 1　撮影スポットで写真を撮ろう

撮影スポット
高台の上

「リザードン フライト」でポニじま ポニのはなぞのへ飛び、東へ進んでポニのかいがんに入ろう。入口のそばにある高台で、ポケファインダーを起動できる。キテルグマとオニドリルの写真を撮ろう（→P.572）。

ポニのこうやからポニのかいがんに入って、目の前にある高台の上だ。

STEP 2　ポニのけんろへ進んでいこう

「ケンタロス　ラッシュ」で頑丈な岩を壊しながら進んでいこう。西側の高台にあるどうぐを集めたり、ポケモントレーナーと戦ったりできる。すべて回ったら、北へ進み、ポニのけんろへ進もう（→P.508）。

ポニじま

ポニのけんろ

バトルツリーに 続く 険しい 道 数多の 猛者トレーナーが 集う

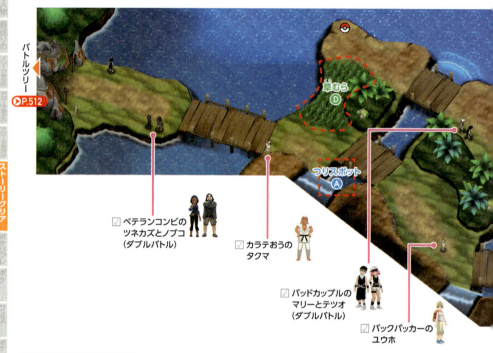

▶P.512 バトルツリー

☑ ベテランコンビの ツネカズとノブコ （ダブルバトル）

☑ カラテおうの タクマ

☑ バッドカップルの マリーとテツオ （ダブルバトル）

☑ バックパッカーの ユウホ

A つりスポット
D 草むら

このけんろで出会えるポケモン

デカグース
ノーマル

ラッタ アローラのすがた
あく ノーマル

ペリッパー
みず ひこう

ゴルダック
みず

コイキング
みず

ギャラドス
みず ひこう

ドジョッチ
みず じめん

ナマズン
みず じめん

キテルグマ
ノーマル かくとう

グランブル
フェアリー

ミニリュウ
ドラゴン

ハクリュー
ドラゴン

カイリュー
ドラゴン ひこう

この険路で見つかる
ジガルデ・コアとジガルデ・セル

昼0個	昼・夜2個	夜0個
	☑☑	

☑ ベテラントレーナーの
　　ミユキ

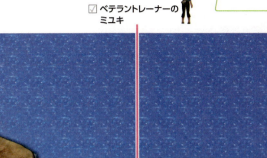

つりスポット B

草むら C　草むら B　草むら A

ポニのかいがん ▶P.507

☑ けんきゅういんの
　　ケンイチ

☑ キャプテンのマツリカ

手に入るもの
- ☑ エフェクトガード
- ☑ ミストシード
- ☑ おおきなしんじゅ
- ☑ ぎんのおうかん

「ムーランド　サーチ」で
見つかるどうぐ　1個

● 草むら A B C D

ポケモン	昼	夜	仲間のポケモン		
☑ ペリッパー	○	○	ペリッパー	−	−
☑ グランブル	○	○	グランブル	−	−
☑ デカグース	○	−	デカグース	−	−
☑ ラッタ アローラのすがた	−	○	ラッタ アローラのすがた	−	−
☑ ゴルダック	△	△	ゴルダック	−	−
☑ キテルグマ	▲	▲	キテルグマ	−	−

● つりスポット A B

ポケモン	昼	夜	仲間のポケモン		
☑ コイキング	◎	◎	ギャラドス	コイキング	−
☑ ドジョッチ	◎	◎	ナマズン	ドジョッチ	−
☑ ミニリュウ	▲	▲	カイリュー	ハクリュー	ミニリュウ

● つりスポット B (レア)

ポケモン	昼	夜	仲間のポケモン		
☑ コイキング	◎	◎	コイキング	ギャラドス	−
☑ ドジョッチ	◎	◎	ドジョッチ	ナマズン	−
☑ ミニリュウ	△	△	カイリュー	ミニリュウ	ハクリュー

509

ポニじま ▶ ポニのけんろ

STEP 1　キャプテンのマツリカとすぐには戦えない

ポニのけんろに入ってすぐの場所に、マツリカが立っている。マツリカは、すご腕のポケモントレーナーだ。ポニのけんろにいる8人のポケモントレーナーに勝った後で、はじめて勝負することができる。

STEP 2　ポケモントレーナーと戦っていこう

ポニのけんろは、いくつかの島が木の橋でつながった場所だ。ポケモントレーナーは、陸地のあちこちに散らばっている。いったん北まで進んだら、東側にある木の橋を渡ってすべてを回り、全員と戦おう。

STEP 3　「コア」と「セル」が100個集まる

これまでの島巡りで、ジガルデ・コアやジガルデ・セルをすべて見つけていれば、ポニのけんろで100個目が手に入る。ウラウラじま 16ばんどうろのエーテルベースで、パーフェクトフォルムになれるジガルデを合成できる（→P.68）。

パーフェクトフォルムにしてみよう

100個のジガルデ・コアとジガルデ・セルを集めると、とくせい「スワームチェンジ」のジガルデに合成できる。とくせい「スワームチェンジ」のジガルデは、戦闘中にHPが半分以下になると、パーフェクトフォルムになる。

STEP 4　街の人とポケモンを交換しよう

バトルツリーの入口の手前にいる男性が、キテルグマとファイアローを交換してくれる。キテルグマをつかまえよう。キテルグマは、このポニのけんろに生息している。つかまえたら、ファイアローと交換してもらおう。

STEP 5　キャプテンのマツリカに勝負を挑もう

ポニのけんろにいる8人のポケモントレーナー全員に勝つと、入口にいるマツリカと戦えるようになる。話しかけて「しょうぶ！」を選び、ポケモン勝負を挑もう。勝利すると、ぎんのおうかんをもらえる。

「ぎんのおうかん」が手に入る

ぎんのおうかんは、「すごいとっくん」をするときに、ポケモンの1種類の「のうりょく」を最高にきたえられるどうぐだ。ゲーム中で手に入れる方法は他にもいくつかあるが、入手の確率はとても低い。

キャプテンのマツリカとポケモン勝負！❷

おー ゼンリョク ゼンリョク！
では マツリカと ポケモンの
とびっきりの ゼンリョクです！

どくやはがねタイプなどのわざを駆使しよう

UBを捕獲する任務の最中に戦ったときと、レベルが同じだ。アブリボンが放つフェアリータイプのZワザは、かくとうやドラゴン、あくタイプ以外のポケモンで受けよう。マツリカのポケモンは、どくやはがねタイプのわざで弱点を突ける。クレッフィには、ほのおやじめんタイプのわざで攻撃しよう。

●マツリカの「てもち」のポケモン

- クレッフィ Lv.61　はがね フェアリー　弱点：ほのお じめん
- グランブル Lv.61　フェアリー　弱点：どく はがね
- マシェード Lv.61　くさ フェアリー　弱点：ほのお ひこう こおり はがね
- プクリン Lv.61　ノーマル フェアリー　弱点：どく はがね
- アブリボン Lv.61　むし フェアリー　弱点：ほのお どく ひこう いわ はがね

STEP 6　バトルツリーに入っていこう

マツリカとの勝負をおえたら、通ってきた道をもどり、北へ進んでいこう。木の橋を4つ越えた先に、バトルツリーがある。強豪トレーナーたちが集うバトルの殿堂だ。北へ進み、バトルツリーへ入っていこう（→P.512）。

ポニじま
バトルツリー

アローラ地方の戦いの歴史を刻む　バトルツリー

☐ ポケモントレーナーの
　　レッド

☐ ポケモントレーナーの
　　グリーン

手に入るもの
☐ リザードナイトX
☐ リザードナイトY
☐ フシギバナイト
☐ カメックスナイト

STEP 1　カントー地方から来たバトルレジェンドと出会う

バトルツリーに入ると、男性が2人近づいてくる。2人の名前は、レッドとグリーン。カントー地方でチャンピオンだった人物だ。レッドとグリーンは、バトルツリーのバトルレジェンドとして、アローラ地方に呼ばれたようだ。

『ポケモン 赤・緑』に登場する人物たちだ

レッドは、『ポケモン 赤・緑』の主人公だ。オーキドはかせの孫のグリーンと競いながら、カントー地方を冒険した。最後は、先にチャンピオンになったグリーンを倒して、真のチャンピオンになる。

STEP 2　レッドかグリーンのどちらかと戦おう

グリーンが、チャンピオン同士の出会いだから、ポケモン勝負をしよう、と提案してくる。レッドかグリーン、どちらと戦うか選ぼう。どちらか片方としか戦えない。よく考えて、戦う相手を決めよう。

ポケモントレーナーの レッドとポケモン勝負！

レッドを選んだ場合

……　……　……！

レッドのポケモンに合わせてポケモンを交代させよう

レッドは、『ポケモン 赤・緑』で冒険の最初にオーキドはかせからもらえる3匹の進化形、フシギバナ、リザードン、カメックスをくり出す。他のポケモンも、タイプがバラバラなので、弱点はそれぞれ異なっている。レッドがくり出すポケモンに合わせて、弱点を突けるタイプのわざを持ったポケモンに交代させよう。

●レッドの「てもち」のポケモン

ポニじま ▶ バトルツリー

ポケモントレーナーの
グリーンとポケモン勝負!
（グリーンを選んだ場合）

「わかってるな いくぜ！」

ポケモンを交代させて弱点を突いていこう

グリーンのポケモンは、すべてタイプが異なっているので、弱点もバラバラだ。グリーンがくり出してきた相手に合わせて、こちらのポケモンを交代させながら弱点を突こう。さすがにカントー地方からやってきただけあって、グリーンのナッシーは、アローラのすがたではない。タイプは、くさとエスパータイプだ。

●グリーンの「てもち」のポケモン

ポケモン	Lv.	タイプ	弱点
フーディン	65	エスパー	むし／ゴースト／あく
カイリキー	65	かくとう	ひこう／エスパー／フェアリー
プテラ	65	いわ／ひこう	みず／でんき／こおり／いわ／はがね
ナッシー	65	くさ／エスパー	むし×4／ほのお／こおり／どく／ひこう／ゴースト／あく
ウインディ	65	ほのお	みず／じめん／いわ
ギャラドス	65	みず／ひこう	でんき×4／いわ

STEP 3　レッドとグリーンは去っていく

レッドかグリーンに勝利すると、グリーンは「次に 戦うのは きみが バトルツリーを 勝ち抜いたとき！」といって去っていく。おしゃべりなグリーンとは対照的に、レッドは最後まで無口をつらぬいた。

> **リザードンで来られるようになる**
>
> レッドかグリーンとの勝負がおわると、「リザードンフライト」でバトルツリーへ飛んでこられるようになる。別の場所で冒険しているときでも、気軽にバトルツリーを訪れて挑戦しよう。

STEP 4　バトルツリーに挑戦しよう

バトルツリーは、たくさんのポケモントレーナーとポケモン勝負をして、連勝記録を伸ばしていく施設だ。1勝するごとにBP（バトルポイント）をもらえる。挑戦して、記録更新をめざそう（→P.615）。

STEP 5　20連勝達成で特別なメガストーンをもらえる

シングルバトルで、20戦目にレッドが現れる。勝利すると、20連勝達成だ。その後、受付の左側に現れるレッドに話しかけると、リザードナイトX、リザードナイトY、フシギバナイト、カメックスナイトをもらえる。

STEP 6　BPと交換でいろいろなどうぐを手に入れよう

バトルツリーなどで貯めたBPは、さまざまなどうぐと交換できる。バトルツリーでは、メガストーンを1個64BPで交換できる。ぜんぶで16種類ある。メガシンカさせたいポケモンのメガストーンを手に入れよう（→P.616）。

STEP 7　ジャッジの目をさまさせよう

タマゴを20個以上かえした後で、バトルツリーの受付の右側にいるエリートトレーナー姿の男性に話しかけよう。パソコンのボックスにジャッジ機能が追加され、ポケモンの「のうりょく」を見られるようになる（→P.107）。

ボックス画面でジャッジしてもらえる

パソコンのボックスを開き、「ジャッジ」ボタンをタッチしよう。上画面に、選んだポケモンの「のうりょく」が表示され、診断される。それぞれの評価や、全体的な評価を見ることができる。

STEP 8　50連勝達成でスタンプが押される

20連勝達成後に挑戦できるスーパーバトルで50連勝を達成すると、トレーナーパスに記念のスタンプが押される。シングル、ダブル、マルチの3種類が用意されている。50連勝達成をめざして、ポケモンをきたえよう。

バトルスタイルを習得できる

スーパーバトルのシングル、ダブル、マルチのいずれかで50連勝を達成すると、新しいバトルスタイルを習得できる。達成したら、ウラウラじまマリエシティはずれのみさきにいるミブリに話しかけよう（→P.670）。

Column 連動コンテンツ
サトシゲッコウガと島巡りを楽しもう

『ポケモン サン・ムーン 特別体験版』から連れてこよう

ニンテンドーeショップで配信中の『ポケモン サン・ムーン 特別体験版』では、TVアニメ「ポケットモンスターXY&Z」で活躍していたサトシゲッコウガが登場。『ポケモン サン・ムーン』へ連れていける。

とくせい「きずなへんげ」でサトシゲッコウガにフォルムチェンジする

サトシゲッコウガになれるゲッコウガは、新しいとくせい「きずなへんげ」を持っている。ゲッコウガが相手を倒すと、「きずなへんげ」の効果で、サトシゲッコウガに姿を変える。わざ「みずしゅりけん」の威力が上がる。

❶ 相手を倒す

ゲッコウガに
きずなの ちからが みなぎった！

➡ ❷ サトシゲッコウガになる

✓ ゲッコウガ（サトシゲッコウガ）

タイプ	みず	あく
とくせい	●きずなへんげ	
かくれとくせい	●	
タマゴグループ	タマゴ未発見	

のうりょく

HP 3 / こうげき 8 / ぼうぎょ 4 / とくこう 8 / とくぼう 4 / すばやさ 8

戦闘で受けるダメージ

ノーマル ×1	ひこう ×1
ほのお ×1/2	エスパー ×0
みず ×1/2	むし ×2
くさ ×2	いわ ×1
でんき ×2	ゴースト ×1/2
こおり ×1/2	ドラゴン ×1
かくとう ×1	あく ×1/2
どく ×1	はがね ×1
じめん ×1	フェアリー ×2

■ レベルアップでおぼえられるわざ

Lv.	わざ	タイプ	分類	威力	命中率	PP	範囲
−	みずしゅりけん	みず	とくしゅ	15	100	20	通常
−	つじぎり	あく	ぶつり	70	100	15	通常
−	くろいきり	こおり	へんか	−	−	30	相手・味方場
−	なりきり	エスパー	へんか	−	−	10	味方場
−	たたみがえし	かくとう	へんか	−	−	10	自分
−	はたく	ノーマル	ぶつり	40	100	35	通常
−	なきごえ	ノーマル	へんか	−	100	40	相手複数
−	あわ	みず	とくしゅ	40	100	30	相手複数
−	でんこうせっか	ノーマル	ぶつり	40	100	30	通常
5	あわ	みず	とくしゅ	40	100	30	相手複数
8	でんこうせっか	ノーマル	ぶつり	40	100	30	通常
10	したでなめる	ゴースト	ぶつり	30	100	30	通常
14	みずのはどう	みず	とくしゅ	60	100	20	通常
19	えんまく	ノーマル	へんか	−	100	20	通常
23	かげうち	ゴースト	ぶつり	40	100	30	通常
28	まきびし	じめん	へんか	−	−	20	相手複数
33	だましうち	あく	ぶつり	60	−	20	通常
42	みがわり	ノーマル	へんか	−	−	10	自分
49	じんつうりき	エスパー	とくしゅ	80	100	20	通常
56	かげぶんしん	ノーマル	へんか	−	−	15	自分
68	ハイドロポンプ	みず	とくしゅ	110	80	5	通常
70	くろいきり	こおり	へんか	−	−	30	相手・味方場
77	つじぎり	あく	ぶつり	70	100	15	通常

■ わざマシンでおぼえられるわざ

No.	わざ	タイプ	分類	威力	命中率	PP	範囲
01	ふるいたてる	ノーマル	へんか	−	−	30	自分
06	どくどく	どく	へんか	−	90	10	通常
10	めざめるパワー	ノーマル	とくしゅ	60	100	15	通常
12	ちょうはつ	あく	へんか	−	100	20	通常
13	れいとうビーム	こおり	とくしゅ	90	100	10	通常
14	ふぶき	こおり	とくしゅ	110	70	5	相手複数
15	はかいこうせん	ノーマル	とくしゅ	150	90	5	通常
17	まもる	ノーマル	へんか	−	−	10	自分
18	あまごい	みず	へんか	−	−	5	相手・味方場
21	やつあたり	ノーマル	ぶつり	−	100	20	通常
23	うちおとす	いわ	ぶつり	50	100	15	通常
27	おんがえし	ノーマル	ぶつり	−	100	20	通常
32	かげぶんしん	ノーマル	へんか	−	−	15	自分
39	がんせきふうじ	いわ	ぶつり	60	95	15	通常
40	つばめがえし	ひこう	ぶつり	60	−	20	通常
42	からげんき	ノーマル	ぶつり	70	100	20	通常
44	ねむる	エスパー	へんか	−	−	10	自分
46	どろぼう	あく	ぶつり	60	100	25	通常
49	エコーボイス	ノーマル	とくしゅ	40	100	15	通常
55	ねっとう	みず	とくしゅ	80	100	15	通常
56	なげつける	あく	ぶつり	−	100	10	通常
59	ぶんまわす	あく	ぶつり	60	100	20	相手・味方複数
62	アクロバット	ひこう	ぶつり	55	100	15	通常
68	ギガインパクト	ノーマル	ぶつり	150	90	5	通常
80	いわなだれ	いわ	ぶつり	75	90	10	相手複数
86	くさむすび	くさ	とくしゅ	−	100	20	通常
87	いばる	ノーマル	へんか	−	85	15	通常
88	ねごと	ノーマル	へんか	−	−	10	自分
89	とんぼがえり	むし	ぶつり	70	100	20	通常
90	みがわり	ノーマル	へんか	−	−	10	自分
94	いかり	みず	とくしゅ	90	100	15	相手・味方複数
97	あくのはどう	あく	とくしゅ	80	100	15	通常
98	たきのぼり	みず	ぶつり	80	100	15	通常
100	ないしょばなし	ノーマル	へんか	−	−	20	通常

■ 人から教えてもらえるわざ

わざ	タイプ	分類	威力	命中率	PP	範囲
みずのちかい	みず	とくしゅ	80	100	10	通常
ハイドロカノン	みず	とくしゅ	150	90	5	通常

ポケットモンスター サン・ムーン
公式ガイドブック 上
完全ストーリー攻略

ポケリフレ

ポケリフレでポケモンとコミュニケーションしよう

ポケリフレ❶ ポケモンをかわいがれば仲良くなれる

ポケリフレは、ポケモンをかわいがって仲良くなれる遊びだ。なでたり、ポケマメをあげたりすることで、ポケモンの「なかよし」を上げられる。「なかよし」が上がると、戦闘中にいいことが起こるようになる。ポケモンと仲良くなって島巡りを楽しく進めよう。

● ポケモンと仲良くなる主な方法

❶ なでる

ポケモンをタッチペンでなでる。そのポケモンが喜ぶ場所をなでると、「なかよし」が上がる。

❷ ポケマメをあげる

ポケマメを口元へ運ぶと、うれしそうに食べる。あげるたびに、「なかよし」が上がる。

❸ おていれをする

戦闘後に現れる「おていれ」ボタンをタッチして、汚れたポケモンをキレイにしよう。

ポケリフレ❷ 「なかよし」を上げれば島巡りを有利に進められる

ポケモンの「なかよし」が上がるほど、戦闘中にさまざまなことが起こるようになる。有利になる内容が多いので、島巡りを進めるのがグッと楽になる。「てもち」に加えたポケモンは、必ず「なかよし」を上げて活躍させよう。ただし、通信対戦では、これらの出来事は起こらない。

●「なかよし」が ♥♥（2つ）になると起こること

❶ もらえる経験値が1.2倍になる

戦闘後にもらえる経験値が1.2倍になる。「おおめに」という表示が出るのが目印だ。

❷ 戦闘に出したときに体を少し動かす

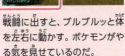

戦闘に出すと、ブルブルッと体を左右に動かす。ポケモンがやる気を見せているのだ。

❸ 指示を待っているときにポケモンの様子がわかる

戦闘に出した後、使うわざを選んでいるときに、ポケモンの様子が表示されることがある。

●「なかよし」が ♥♥♥（3つ）になると起こること

❶ HPを1残して持ちこたえることがある

「ひんし」状態から身を守ることがある。「なかよし」が上がるほど、起こる確率がアップする。

❷ 戦闘に出したときに少しはねる

戦闘に出すと、ピョンピョンとジャンプする。戦う気力に満ちているのだ。

❸ 戦闘に出すときや交代のときのセリフが親しくなる

戦闘に出すとき、「ゆけっ！」といっていたかけ声が「いっておいで！」と親しげになる。

●「なかよし」が ♥♥♥♥（4つ）になると起こること

❶ 状態異常になったときに自分で治すことがある

相手の攻撃などで状態異常になったとき、そのターンに自分で治すことがある。

❷ 指示を待っているときにやる気に満ちた様子を見せる

戦闘中、使うわざを選んでいるときに、主人公との絆を感じられる説明が出るようになる。

❸ 戦闘に出すときに主人公に顔を向ける

戦闘に出すと、主人公に少しだけ顔を向ける。アイコンタクトを取ろうとしているのだ。

●「なかよし」が ♥♥♥♥（4つ）になると起こること（つづき）

④「ねむり」状態のときに寝言を聞ける

相手の攻撃などで「ねむり」状態になったときに、「むにゃむにゃ……」という寝言を聞ける。

⑤ HPが残り少なくなると心細げな様子を見せる

HPが赤い表示になるまでへると、「ピンチで　なきそう……」と表示される。

⑥ どうぐでHPを回復するとうれしそうにする

キズぐすりなど、HPを回復するどうぐを使うと、「よろこんでいる！」と表示される。

⑦ 相手の弱点を突いたときのメッセージが追加される

戦闘で相手の弱点を突くと、「こうかはばつぐんだ！」の後に、「やったね！」と表示される。

⑧ 特別な相手と戦うときにポケモンがやる気を見せる

四天王など、特別な相手と戦うときは、戦闘に出たときに、やる気に満ちた様子を見せる。

⑨ ポケモンをつかまえたときにふり返る

野生のポケモンをつかまえた後、主人公をふり返る。まるで自慢しているかのようだ。

●「なかよし」が ♥♥♥♥♥（最高）になると起こること

① 相手がくり出してきた攻撃をよけることがある

たとえ相手が命中100のわざを放っても、主人公のかけ声に合わせて、相手のわざをよけることがある。

② 自分のわざが相手の急所に当たって通常の1.5倍のダメージを与えることがある

主人公にほめてもらおうと、わざを相手の急所に当てることがある。通常の1.5倍のダメージを与える。

ポケリフレ③ ポケリフレをはじめる方法は2種類ある

ポケリフレは、Xボタンを押すと表示される下画面のメニューから「ポケリフレ」を選んではじめるのが基本だ。また、戦闘直後にもポケリフレをはじめられる場合がある。戦闘でポケモンが汚れると、「おていれ」ボタンが出る。Yボタンを押すと、ポケリフレをはじめられる。

● メニューから開いた場合の画面

ポケマメアイコン
アイコンをタッチすると、持っているすべてのポケマメが表示される。ポケマメには、大きく分けて3種類がある。

ふつうのポケマメ	「なかよし」が普通に上がる。
がらつきポケマメ	「なかよし」がよく上がる。
にじいろポケマメ	「なかよし」が大きく上がる。

● 戦闘後に開いた場合の画面

どうぐアイコン
戦闘で汚れたポケモンをきれいにするどうぐが収められている。アイコンをタッチすると、5種類のどうぐが表示される。

- おくすり
- ブラシ
- くし
- ドライヤー
- タオル

ポケリフレ④ 入れ替えてポケモンの様子をチェックしよう

ポケモンの「なかよし」は、なでるポケモンを入れ替える画面で確認することができる。ポケモンが表示されている下画面の、右下にあるボタンをタッチしよう。なでるポケモンを選ぶ画面に切り替わる。ポケモンをタッチすると、それぞれのポケモンの様子が表示される。

● ポケモンの様子をチェックする方法

なかよし	ポケモンの「なかよし」。なでたり、おていれしたりすると上がる。下がることはない。
まんぷく	ポケマメをあげたり、マラサダをあげたりすると上がる。島巡りを続けていると下がる。
なでなで	ポケモンをなでると上がる。島巡りを続けていると下がる。

ポケリフレ⑤ ポケモンに「なかよしリボン」をつけてもらおう

「なかよし」を最高まで上げると、なかよしリボンをもらえる（→P.61）。ウラウラじま マリエシティのマリエちいきセンターにいる女の子に話しかけよう。

なかよしリボン

ポケリフレでポケモンと仲良くなる方法をおぼえよう

仲良くなる方法 ① ポケモンをなでる

ポケモンは、なでると喜ぶ。ポケモンの種類によって、なでると喜ぶ場所、いやがる場所が決まっている。喜ぶ場所を見つけだして、ポケモンと仲良くなろう。ちなみに、いやがる場所をなでると「なかよし」は上がらないが、下がることもない。

ポケモンをなでる

なでられない場合もある

●なでられる場所による反応の違い（シズクモの場合）

好き	ふつう	いや
		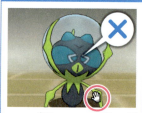
好きな場所をなでると、目をギュッとつぶったり、口が大きく開いたりする。なでる音も高くなる。	好きでもいやでもない場所は、普通に「なかよし」が上がる。気持ちよさそうな顔になる。	いやな場所をなでると、困った顔をする。なでる音も低くなる。別の場所をなでるようにしよう。

仲良くなる方法 ② 体の大きなポケモンは下画面に呼びだす

ナッシー アローラのすがたやギャラドスなど、体の大きなポケモンは、上半身が上画面に飛びでた状態で表示される。なでるときは、下画面の上部をタッチしつづけて、下画面に呼びだそう。ポケマメをあげて呼びだしてもいい。

❶ポケマメをあげる

❷下画面に移動する

仲良くなる方法 ❸ ポケモンをおていれする

ポケモンは、戦闘中に体が汚れることがある。戦闘後に「おていれ」ボタンが出たら、Yボタンを押して、ポケモンをおていれしよう。汚れには5種類あり、それぞれ、きれいにするどうぐが異なる。正しいどうぐを選んで、汚れが消えるまでポケモンをなでつづけよう。

❶ 戦闘後にガイドが現れる ❷ おていれで仲良くなる

●おていれの種類

 おくすり

ポケモンが「どく」「まひ」「やけど」「こおり」「ねむり」状態になると、戦闘終了後も残ってしまう。これらの状態異常は、おくすりで治そう。

◆治せる状態
「どく」状態、「まひ」状態、「やけど」状態、「こおり」状態、「ねむり」状態

 くし

ひこうタイプのわざなどを出したり受けたりしたときに、毛がみだれた状態になることがある。くしを使えば、みだれた毛を整えて、きれいにできる。

◆治せる状態
みだれげ（わざの効果などで毛がみだれた状態）

 タオル

わざ「どろかけ」など、ドロが関係するわざを出したり受けたりしたときに、身体にドロがつくことがある。タオルを使ってドロをぬぐい、きれいにしよう。

◆治せる状態
よごれ（わざの効果などでドロの汚れが身体についた状態）

 ブラシ

わざ「すなかけ」や天気「すなあらし」状態など、砂が関係するわざや天気にさらされると、体に砂がつくことがある。ブラシをかけて、砂を落とそう。

◆治せる状態
すなぼこり（わざや天気などの効果で砂が身体についた状態）

 ドライヤー

みずタイプのわざや天気「あめ」状態など、水が関係するわざや天気にさらされると、体がぬれてしまう。ドライヤーでかわかして、きれいにしよう。

◆治せる状態
みずぬれ（わざや天気などの効果で身体がぬれた状態）

仲良くなる方法 ④ ポケモンにポケマメをあげる

ポケモンにポケマメをあげると、「なかよし」と「まんぷく」が上がる。「まんぷく」が上がると、ポケモンはそれ以上ポケマメを食べなくなる。島巡りを続けると、「まんぷく」が下がっていく。

●ポケマメのあげかた

①アイコンをタッチする

②口にスライドする

③食べおわるのを待つ

●ポケマメの入手方法

① ポケリゾートの「のびのびリゾート」

「のびのびリゾート」では、木をゆらすと、ポケマメが落ちてくる。タッチして、ポケマメを手に入れよう。

② ポケモンセンターのカフェスペース

カフェスペースでは、1日1回、1種類のポケマメを12個もらえる。もらえる種類はランダムだ。

ゼンリョクガイド　メニューのアイコンがゆれたら「まんぷく」がゼロになった合図だ

島巡りを続けていると、下画面のメニューの「ポケリフレ」アイコンが左右にゆれることがある。前回かわいがったポケモンの「まんぷく」がゼロになった合図だ。ポケマメを与えて、「まんぷく」を上げよう。

仲良くなる方法 ⑤ ポケモンにマラサダをあげる

アローラ地方の3か所にあるマラサダショップでは、ぜんぶで5種類の味のマラサダを買える。ポケモンの「せいかく」によって、味の好みが変わる。ポケモンが好きな味のマラサダをあげよう。

●ショップで買えるマラサダとその味が好きなポケモンの「せいかく」

メレメレじま　ハウオリシティのマラサダショップ
アマサダ（200円）……おくびょう／ようき／むじゃき／せっかち

アーカラじま　ロイヤルアベニューのマラサダショップ
スッパサダ（200円）…ずぶとい／わんぱく／のんき／のうてんき
シブサダ（200円）……ひかえめ／れいせい／うっとりや／おっとり

ウラウラじま　マリエシティのマラサダショップ
カラサダ（200円）……いじっぱり／ゆうかん／やんちゃ／さみしがり
ニガサダ（200円）……おだやか／しんちょう／なまいき／おとなしい

アローラが生んだ奇跡の味！マラサダショップにようこそ！

マラサダショップの店員

ゼンリョクガイド　すべての味がふくまれた「マボサダ」を買えることがある

各地のマラサダショップでは、ごくまれに、すべての味がふくまれたマボサダが販売される。「なかよし」がたくさん上がるマボサダは、売りだし開始から7日間で売り切れになる。30日が過ぎると、再び売りだされる。

ポケットモンスター サン・ムーン
公式ガイドブック 上
完全ストーリー攻略

ポケリゾート

ポケリゾートでボックスのポケモンと遊ぼう

ポケリゾート 1　活用すれば島巡りや図鑑完成がグッと楽になる

ポケリゾートは、パソコンのボックスにあずけたポケモンたちが自由に行き来するリゾートアイランドだ。ポケリゾートは5種類の島から成り立っていて、島巡りの合間に、ポケモンたちといっしょにさまざまな遊びを楽しむことができる。

ポケモンセンターのパソコンを調べよう

パソコンのボックスにいるポケモンたちが、自由に行き来する。

●ポケリゾートへ行けるようになる条件

アーカラじま ヴェラかざんこうえんのカキの試練を達成し、「リザードン　フライト」に乗れるようになる

ポケリゾート 2　ポケマメを使えば各リゾートの効率がアップする

それぞれのリゾートにある「ポケマメいれ」にポケマメを入れると、それぞれのリゾートの遊びの効率がアップする。

●「ポケマメいれ」に入るポケマメの数

開発レベル	ポケマメ
開発LV1	20個
開発LV2	30個
開発LV3	50個

ポケリゾート 3　5種類の多彩なリゾートで楽しめる

ポケリゾートには、5種類のリゾートがある。野生のポケモンを仲間にできる「のびのびリゾート」、きのみを栽培できる「すくすくリゾート」、どうぐが手に入る「どきどきリゾート」、ポケモンたちをきたえられる「わいわいリゾート」、なつき具合を上げられる「ぽかぽかリゾート」だ。ボックスのポケモンたちと遊べる夢のリゾートばかりだ。島巡りをしながら、毎日、ポケリゾートを楽しもう。

●ポケリゾートの種類

のびのびリゾート

すくすくリゾート

どきどきリゾート

わいわいリゾート

ぽかぽかリゾート

ポケリゾート 4　それぞれのポケリゾートは3段階に開発できる

各リゾートは、開発ができる。リゾートを開発すると、LVがアップして、機能を強化できる。開発の条件は、ボックスにあずけているポケモンの数を増やすことと、管理人にポケマメを渡すことだ。

管理人のモーン

●ポケマメの種類

ふつうのポケマメ	がらつきポケマメ	にじいろポケマメ
基本のポケマメ。「のびのびリゾート」で手に入れられる。	1個で、ふつうのポケマメの3個分の価値がある。	1個で、ふつうのポケマメの7個分の価値がある。

●開発に必要なボックスのポケモンとポケマメの数

開発するポケリゾート	ポケモン	ポケマメ
のびのびリゾート LV1	—	—
のびのびリゾート LV2	15匹	30個
のびのびリゾート LV3	30匹	90個
すくすくリゾート LV1	15匹	15個
すくすくリゾート LV2	30匹	60個
すくすくリゾート LV3	45匹	135個
どきどきリゾート LV1	30匹	30個
どきどきリゾート LV2	45匹	90個
どきどきリゾート LV3	60匹	180個

開発するポケリゾート	ポケモン	ポケマメ
わいわいリゾート LV1	45匹	45個
わいわいリゾート LV2	60匹	120個
わいわいリゾート LV3	75匹	225個
ぽかぽかリゾート LV1	60匹	60個
ぽかぽかリゾート LV2	75匹	150個
ぽかぽかリゾート LV3	90匹	270個

のびのびリゾート

のびのびリゾート 1　ポケモンたちが気ままに遊ぶリゾートだ

はじめてポケリゾートを訪れたときに到着するリゾートだ。ボックスにあずけているポケモンたちがのびのびと遊んでいる。ポケマメを集めたり、遊びに来た野生のポケモンを仲間にしたりできる。

●「のびのびリゾート」のレベルアップ

のびのびリゾート LV1

上画面では、遊びに来ている野生のポケモンを見られる。

のびのびリゾート LV2

ポケマメの木が太くなり、手に入るポケマメの数も増える。

のびのびリゾート LV3

ポケマメの木がさらに成長し、画面をおおう。

のびのびリゾート 2　木をタッチするとポケマメが落ちてくる

中央にあるポケマメの木をタッチすると、ポケマメが落ちてくる。何度もゆらそう。ポケマメがなくなっても、しばらくすると、再び手に入るようになる。ボックスにあずけているポケモンの数が多いほど、待つ時間が短くなり、たくさんのポケマメが落ちてくる。

のびのびリゾート 3　ポケモンたちの様子を観察しよう

「のびのびリゾート」では、ポケモンたちが楽しそうに遊び、さまざまな行動をしている。「のびのびリゾート」でポケモンたちがよく見せる反応の中から、代表的なものを3つ紹介しよう。

●ポケモンたちのさまざまな反応

この場所を気に入る

どこからか遊びに来た野生のポケモンがこの場所を気に入る。

仲間になる

仲間になりたいポケモンが、自らモンスターボールに入る。

ポケマメを持ってくる

ポケモンが自分で発見したポケマメを持ってきてくれる。

のびのびリゾート 4 遊びに来た野生のポケモンを仲間にしよう

「のびのびリゾート」に遊びに来る野生のポケモンは、26種類いる。島巡りが進むにつれ、遊びに来る種類が増える。遊びに来たポケモンがこの場所を気に入ると、ハートマークを出す。タッチすると、仲間になる。

●「のびのびリゾート」に遊びに来る野生のポケモンと条件

ポケモン	ポケリゾート到着後	ウラウラじま到着後	ポニじま到着後	殿堂入り後
ツツケラ	たびたび遊びに来る	たびたび遊びに来る	たびたび遊びに来る	たびたび遊びに来る
キャモメ	たびたび遊びに来る	たびたび遊びに来る	たびたび遊びに来る	たびたび遊びに来る
ユングラー	たまに遊びに来る	たまに遊びに来る	たまに遊びに来る	たまに遊びに来る
コイル	よく遊びに来る	たびたび遊びに来る	たびたび遊びに来る	たびたび遊びに来る
ゴース	よく遊びに来る	たびたび遊びに来る	たびたび遊びに来る	たびたび遊びに来る
フワライド	たまに遊びに来る	たまに遊びに来る	たまに遊びに来る	たまに遊びに来る
ムウマージ	ー	ー	ー	たまに遊びに来る
ズバット	たびたび遊びに来る	たびたび遊びに来る	たびたび遊びに来る	たびたび遊びに来る
オニスズメ	たびたび遊びに来る	たびたび遊びに来る	たびたび遊びに来る	たびたび遊びに来る
ワシボン ◆1	たまに遊びに来る	たまに遊びに来る	たまに遊びに来る	たまに遊びに来る
バルチャイ ◆2	たまに遊びに来る	たまに遊びに来る	たまに遊びに来る	たまに遊びに来る
メレシー	よく遊びに来る	たびたび遊びに来る	たびたび遊びに来る	たびたび遊びに来る
シェルダー	たびたび遊びに来る	たびたび遊びに来る	たびたび遊びに来る	たびたび遊びに来る
ニョロモ	ー	よく遊びに来る	たびたび遊びに来る	たびたび遊びに来る
ヤヤコマ	ー	よく遊びに来る	たびたび遊びに来る	たびたび遊びに来る
カイロス	ー	よく遊びに来る	たびたび遊びに来る	たびたび遊びに来る
ヒトデマン	ー	よく遊びに来る	たびたび遊びに来る	たびたび遊びに来る
オーロット	ー	たまに遊びに来る	たまに遊びに来る	たまに遊びに来る
ナマコブシ	ー	よく遊びに来る	たびたび遊びに来る	たびたび遊びに来る
エアームド	ー	ー	よく遊びに来る	たびたび遊びに来る
メタング	ー	ー	たまに遊びに来る	たまに遊びに来る
クレッフィ	ー	ー	よく遊びに来る	たびたび遊びに来る
ラプラス	ー	ー	ー	よく遊びに来る
エモンガ	ー	ー	ー	よく遊びに来る
ストライク	ー	ー	ー	よく遊びに来る
ヤミカラス	たまに遊びに来る	たまに遊びに来る	たまに遊びに来る	たまに遊びに来る

◆1「ポケモン サン」のみ。◆2「ポケモン ムーン」のみ。

すくすくリゾート

すくすくリゾート 1　きのみを育てて増やせるリゾートだ

「すくすくリゾート」は、きのみの栽培ができるリゾートだ。アローラ地方できのみを増やせるのは、この場所だけ。開発すれば、効率よく、たくさんのきのみを収穫できる。

●「すくすくリゾート」のレベルアップ

すくすくリゾート LV1	すくすくリゾート LV2	すくすくリゾート LV3

はたけは1つ。一度に6個のきのみを栽培できる。	はたけが2つになり、一度に12個のきのみを栽培できる。	はたけが3つになり、一度に18個のきのみを栽培できる。

すくすくリゾート 2　きのみが成長したら収穫しよう

「すくすくリゾート」では、島巡りの途中で手に入れたきのみを増やせる。1つのはたけに、最大6個のきのみを植えることができる。リゾートを開発すると、はたけは最大3つになる。「ポケマメいれ」にポケマメを入れると、育つ時間が短くなる。

●「すくすくリゾート」のルール

1. 島巡りの途中で手に入れたきのみを増やせる
2. 「すくすくリゾート」がレベルアップすると1個のきのみから収穫できるきのみの数が増える

すくすくリゾート 3　ポケモンがはたけに遊びに来る

「すくすくリゾート」に、ポケモンが遊びに来ることがある。きのみについたむしポケモンを追い払い、きのみ栽培の手伝いをしてくれる。

すくすくリゾート 4　きのみを増やして島巡りや対戦で役に立てよう

「すくすくリゾート」を開発すると、収穫できるきのみの数が増えていく。ポケモンに持たせると戦闘中に効果を発揮するきのみは、島巡りや対戦で役に立てよう。

●「すくすくリゾート」できのみを収穫できる時間と個数

きのみ	色	育つ時間	育つ数 開発LV1	育つ数 開発LV2	育つ数 開発LV3
クラボのみ	赤	24時間	4個	8個	12個
カゴのみ	紫	24時間	4個	8個	12個
モモンのみ	桃	24時間	4個	8個	12個
チーゴのみ	緑	24時間	4個	8個	12個
ナナシのみ	黄	24時間	4個	8個	12個
ヒメリのみ	赤	24時間	4個	8個	12個
オレンのみ	青	24時間	4個	8個	12個
キーのみ	桃	24時間	4個	8個	12個
ラムのみ	緑	48時間	4個	7個	10個
オボンのみ	黄	48時間	5個	10個	15個
フィラのみ	赤	24時間	3個	6個	9個
ウイのみ	紫	24時間	3個	6個	9個
マゴのみ	桃	24時間	3個	6個	9個
バンジのみ	緑	24時間	3個	6個	9個
イアのみ	黄	24時間	3個	6個	9個
ブリーのみ	紫	24時間	4個	8個	12個
パイルのみ	黄	24時間	4個	8個	12個
ザロクのみ	赤	48時間	5個	9個	14個
ネコブのみ	青	48時間	5個	9個	14個
タポルのみ	黄	48時間	5個	9個	14個
ロメのみ	緑	48時間	5個	9個	14個
ウブのみ	黄	48時間	5個	9個	14個
マトマのみ	赤	48時間	5個	9個	14個
オッカのみ	赤	48時間	2個	4個	6個
イトケのみ	青	48時間	2個	4個	6個

きのみ	色	育つ時間	育つ数 開発LV1	育つ数 開発LV2	育つ数 開発LV3
ソクノのみ	黄	48時間	2個	4個	6個
リンドのみ	緑	48時間	2個	4個	6個
ヤチェのみ	青	48時間	2個	4個	6個
ヨプのみ	赤	48時間	2個	4個	6個
ビアーのみ	黄	48時間	2個	4個	6個
シュカのみ	黄	48時間	2個	4個	6個
バコウのみ	青	48時間	2個	4個	6個
ウタンのみ	紫	48時間	2個	4個	6個
タンガのみ	緑	48時間	2個	4個	6個
ヨロギのみ	黄	48時間	2個	4個	6個
カシブのみ	紫	48時間	2個	4個	6個
ハバンのみ	赤	48時間	2個	4個	6個
ナモのみ	黄	48時間	2個	4個	6個
リリバのみ	緑	48時間	2個	4個	6個
ホズのみ	黄	48時間	2個	4個	6個
チイラのみ	赤	72時間	2個	5個	8個
リュガのみ	紫	72時間	2個	5個	8個
カムラのみ	緑	72時間	2個	5個	8個
ヤタピのみ	桃	72時間	2個	5個	8個
ズアのみ	青	72時間	2個	5個	8個
サンのみ	赤	72時間	2個	3個	4個
スターのみ	緑	72時間	2個	3個	4個
ロゼルのみ	桃	72時間	2個	4個	6個
アッキのみ	黄	72時間	2個	5個	8個
タラプのみ	青	72時間	2個	5個	8個

どきどきリゾート

どきどきリゾート 1　洞窟を探検したポケモンたちがどうぐを見つける

ポケモンたちが洞窟を探検するリゾートだ。洞窟から帰ってきたポケモンたちは、探検中に見つけたどうぐを持っている。ポケモンを進化させるいしをはじめ、貴重などうぐが見つかることもある。

●「どきどきリゾート」のレベルアップ

どきどきリゾート LV1	どきどきリゾート LV2	どきどきリゾート LV3

ポケモンたちが探検に行けるルートは、1つだけだ。	ポケモンたちが探検に行けるルートが、3つに増える。	「きちょうなおたから はっけんルート！」が加わる。

どきどきリゾート 2　ルートによって見つかるどうぐが異なる

ポケモンたちを洞窟探検に行かせる前に、ルートを選ぶことができる。ルートによって、発見されるどうぐが異なる。次のページのリストを参考に、めあてのどうぐが発見できるルートを選ぼう。ポケモンの生まれながらの「のうりょく」を極限まで引き出す「すごいとっくん」に必要なきんのおうかんも発見される可能性がある（→P.95）。しかし、発見の確率はかなり低い。

●4つのルートと発見されるどうぐの種類

あやしいかけら　はっけんルート！	かがやくほうせき　はっけんルート！
いろのかけらは、同じ種類を30個集めると、殿堂入り後にフェスサークルでぎんのおうかんと交換できる（→P.552）。	ポケモンを進化させるいしを発見できる可能性がある。アローラ図鑑の完成に役立てよう。
きちょうなおたから　はっけんルート！	きになるどうぐ　はっけんルート！
おおきなしんじゅやきんのたまなど、フレンドリィショップに、高値で買い取ってもらえるどうぐを発見できる。	LV3では、洞窟にかくされたすべてのどうぐを発見できる。きんのおうかんの発見を狙うのもいいだろう。

どきどきリゾート 3　どうぐはポケモンの進化や育成に活用しよう

「どきどきリゾート」の活用方法は、まずはポケモンを進化させるいしの入手だろう。ポケモンを進化させて、アローラ図鑑の完成度を高めよう。不要などうぐは、フレンドリィショップで売って、おこづかいにしよう。

リーフのいし

こおりのいし

●「どきどきリゾート」で発見できるどうぐと発見しやすさ

あやしいかけら　はっけんルート！

どうぐ	発見しやすさ
かたいいし	ふつうに発見される
あかいかけら	たびたび発見される
あおいかけら	たびたび発見される
きいろいかけら	たびたび発見される
みどりのかけら	たびたび発見される
げんきのかけら	まれに発見される
ほしのかけら	まれに発見される

かがやくほうせき　はっけんルート！

どうぐ	発見しやすさ
かたいいし	たびたび発見される
かわらずのいし	たびたび発見される
かるいし	たびたび発見される
ほのおのいし	ふつうに発見される
かみなりのいし	ふつうに発見される
みずのいし	ふつうに発見される
リーフのいし	ふつうに発見される
こおりのいし	ふつうに発見される
ひかりのいし	発見は難しい
やみのいし	発見は難しい
めざめいし	発見は難しい
たいようのいし	まれに発見される
つきのいし	まれに発見される
まんまるいし	まれに発見される
ひかりのねんど	発見は難しい

きになるどうぐ　はっけんルート！

どうぐ	発見しやすさ
かたいいし	ふつうに発見される
あかいかけら	たびたび発見される
あおいかけら	たびたび発見される
きいろいかけら	たびたび発見される
みどりのかけら	たびたび発見される
げんきのかけら	まれに発見される
ほしのかけら	まれに発見される
かわらずのいし	たびたび発見される
かるいし	たびたび発見される
ほのおのいし	ふつうに発見される
かみなりのいし	ふつうに発見される
みずのいし	ふつうに発見される
リーフのいし	ふつうに発見される
こおりのいし	ふつうに発見される
ひかりのいし	発見は難しい
やみのいし	発見は難しい
めざめいし	発見は難しい
たいようのいし	まれに発見される
つきのいし	まれに発見される
まんまるいし	まれに発見される
ひかりのねんど	発見は難しい

きちょうなおたから　はっけんルート！

どうぐ	発見しやすさ
かたいいし	よく発見される
しんじゅ	たびたび発見される
おおきなしんじゅ	ふつうに発見される
きんのたま	ふつうに発見される
きちょうなホネ	ふつうに発見される
おだんごしんじゅ	まれに発見される
でかいきんのたま	発見は難しい
すいせいのかけら	発見は難しい
きんのおうかん	発見はかなり難しい

きになるどうぐ　はっけんルート！ LV3◆

どうぐ	発見しやすさ
あかいかけら	たびたび発見される
あおいかけら	たびたび発見される
きいろいかけら	たびたび発見される
みどりのかけら	たびたび発見される
げんきのかけら	まれに発見される
ほしのかけら	まれに発見される
かわらずのいし	たびたび発見される
かるいし	たびたび発見される
ほのおのいし	ふつうに発見される
かみなりのいし	ふつうに発見される
みずのいし	ふつうに発見される
リーフのいし	ふつうに発見される
こおりのいし	ふつうに発見される
ひかりのいし	発見は難しい
やみのいし	発見は難しい
めざめいし	発見は難しい
たいようのいし	まれに発見される
つきのいし	まれに発見される
まんまるいし	まれに発見される
ひかりのねんど	発見は難しい
かたいいし	よく発見される
しんじゅ	たびたび発見される
おおきなしんじゅ	ふつうに発見される
きんのたま	ふつうに発見される
きちょうなホネ	ふつうに発見される
おだんごしんじゅ	まれに発見される
でかいきんのたま	発見は難しい
すいせいのかけら	発見は難しい
きんのおうかん	発見はかなり難しい

◆「どきどきリゾート」の開発レベルがLV3になると、「きになるどうぐ　はっけんルート！」で手に入るどうぐが変わります。

わいわいリゾート

わいわいリゾート 1　ポケモンたちを手軽に育成できる

「わいわいリゾート」では、ポケモンをアスレチックで遊ばせながら、レベルやきそポイントを上げることができる。アローラ図鑑の完成や対戦用のポケモンの育成など、多彩な使いかたができる。

●「わいわいリゾート」のレベルアップ

わいわいリゾート LV1	わいわいリゾート LV2	わいわいリゾート LV3

器具が1つ。同時に6匹のポケモンを成長させられる。	器具が2つになり、同時に12匹のポケモンを成長させられる。	3つの器具で、同時に18匹のポケモンを成長させられる。

わいわいリゾート 2　目的に応じたドリンクを選ぼう

ポケモンを遊ばせる前に、ドリンクを1つ選んで飲ませる。ドリンクの種類によって、ポケモンを成長させる要素が変わる。

●「わいわいリゾート」のドリンクで伸ばせる要素

レベルアップドリンク	たいりょくアップドリンク	こうげきアップドリンク	ぼうぎょアップドリンク
ポケモンに経験値が貯まる効果がある。	HPのきそポイントを上げる。	「こうげき」のきそポイントを上げる。	「ぼうぎょ」のきそポイントを上げる。

とくこうアップドリンク	とくぼうアップドリンク	すばやさアップドリンク
「とくこう」のきそポイントを上げる。	「とくぼう」のきそポイントを上げる。	「すばやさ」のきそポイントを上げる。

ぽかぽかリゾート

ぽかぽかリゾート 1　ポケモンたちのなつき具合を上げられる

「ぽかぽかリゾート」では、温泉でポケモンたちがリラックスできる。温泉の温かさで、ポケモンたちのなつき具合が上がったり、ポケモンのタマゴがかえったりする。

●「ぽかぽかリゾート」のレベルアップ

ぽかぽかリゾート LV1

温泉に一度に入れるポケモンは、最大6匹だ。

ぽかぽかリゾート LV2

温泉に入れるポケモンの数が増える。最大12匹だ。

ぽかぽかリゾート LV3

温泉に入れるポケモンの数が、最大18匹に増える。

ぽかぽかリゾート 2　ポケモンたちの様子を観察しよう

温泉にはポケモンのなつき具合を上げる効果があるので、なつき具合が進化の条件となるポケモンを育てるのに役立つ。逆に、温泉に入れすぎてのぼせさせると、なつき具合が下がってしまう。

●ポケモンたちのさまざまな反応

ポケモンがリラックスする

温泉に入ると、ポケモンのなつき具合が上がる。

ポケモンがのぼせる

のぼせると、ポケモンのなつき具合が下がる。

タマゴが温まる

ポケモンのタマゴを温めることもできる。

ぽかぽかリゾート 3　タマゴは温泉から出した直後にかえる

温泉にポケモンのタマゴを入れると、お湯の温かさでタマゴをかえすことができる。十分に温まったタマゴは、温泉から引きあげると同時に、ポケモンが生まれる。アローラ図鑑の完成度を上げたり、対戦用のポケモンを育成するのに役立てよう。

タマゴの様子をチェックする

温まったタマゴがかえる

いかだハウス

いかだハウス 1 リゾートの開発をしよう

ポケリゾートの下画面にある船のアイコンをタッチすると、いかだハウスへ行ける。管理人のモーンがポケリゾートのサポートをしている。モーンの最大の役目は、ポケリゾートの開発だ。527ページを見よう。

今なら わいわいリゾートを 開発できるぞ！

管理人のモーン

いかだハウス 2 ポケマメの交換をしよう

ポケリゾートで手に入れたがらつきポケマメとにじいろポケマメを、ふつうのポケマメに交換してもらえる。交換してもらったポケマメは、リゾートの開発に役立てよう。

交換する ポケマメの数を 決めてくれ！

管理人のモーン

●ポケマメの交換レート

「がらつきポケマメ」1個　交換　「ふつうのポケマメ」3個と交換できる

「にじいろポケマメ」1個　交換　「ふつうのポケマメ」7個と交換できる

いかだハウス 3 マメビンを流してポケマメを増やそう

ふつうのポケマメをマメビンに入れて海へ流すと、ポケリゾートのどこかに、マメビンが流れ着く。複数のマメビンが流れ着く場合もあるので、マメビンを流してポケマメを増やそう。

ふつうのポケマメを 7個 マメビンに 入れて 流すぞ

管理人のモーン

●マメビンのルール

1 マメビンに「ふつうのポケマメ」を7個入れると海に流すことができる

2 流してからしばらくすると、リゾートに複数のマメビンが流れ着く

3 流れ着いたマメビンから、1つのマメビンにつき、「ふつうのポケマメ」が7個手に入る

ゼンリョクガイド　ポケリゾートは毎日遊ぼう

ポケリゾートは、便利な施設だ。島巡りの途中でも、1日1回は立ち寄って利用しよう。島巡りをしながら、毎日10分以上はポケリフレとポケリゾートを利用する。これが編集部おすすめのプレイスタイルだ。

ポケットモンスター サン・ムーン
公式ガイドブック 上
完全ストーリー攻略

フェスサークル

フェスサークルで世界中の人と交流しよう

フェスサークル ① ポケモントレーナーが交流するお祭りだ

フェスサークルでは、通信でやってきた世界中のポケモントレーナーと交流を楽しめる。1ばんどうろハウオリシティはずれのポケモンセンターへはじめて訪れた後で、利用できるようになる。

● フェスサークルで楽しめること

1 通信で遊びに来た人をおもてなしする
2 FC（フェスコイン）を使って買い物をする
3 さまざまなアトラクションで遊ぶ
4 通信でポケモン交換や対戦をする

フェスサークル 2 ランクを上げればごほうびがもらえる

フェスサークルでもらえるFC（フェスコイン）が貯まると、フェスサークルのランクが上がる。特定のランクに上がると、管理人のマーマネから特別なごほうびをもらえる。もらったごほうびが増えれば、フェスサークルでできることも増えていく。フェスサークルを発展させよう。

●ランクを上げるのに必要なFC（累計）

ランク	次のランクへ上げるのに必要なFC（フェスコイン）	ランク	次のランクへ上げるのに必要なFC（フェスコイン）
ランク1	6FC（フェスコイン）	ランク10	90FC（フェスコイン）
ランク2	10FC（フェスコイン）	ランク11～20	100FC（フェスコイン）
ランク3	15FC（フェスコイン）	ランク21～30	120FC（フェスコイン）
ランク4	30FC（フェスコイン）	ランク31～40	150FC（フェスコイン）
ランク5	40FC（フェスコイン）	ランク41～50	180FC（フェスコイン）
ランク6	50FC（フェスコイン）	ランク51～60	210FC（フェスコイン）
ランク7	60FC（フェスコイン）	ランク61～70	240FC（フェスコイン）
ランク8	70FC（フェスコイン）	ランク71～100	270FC（フェスコイン）
ランク9	80FC（フェスコイン）	ランク101以上	300FC（フェスコイン）

このお祭りを盛りあげることを手伝って！

マーマネ

●ランクを上げるともらえるごほうび

ランク	ごほうび
ランク2	空き地に新しいお店ができる／下画面のメニューが使えるようになる
ランク4	お城の前のスタッフに話しかけると、アトラクションで遊べる
ランク8	通信でやってきたゲストに「いいみせない？」と聞けるようになり、ゲストのフェスサークルにあるお店を呼べる
ランク10	通信でやってきた同性のゲストに「そのふくステキ！」と聞けるようになり、ゲストが着ている服をお取り寄せできる
ランク20	MYプロフィールから、フェスサークルの名前を変更できる
ランク30（殿堂入り後）	プレミアムサービスが追加され、お店の商品やメニューが増える
ランク40（殿堂入り後）	模様替え受付で、フェスサークルの音楽を9種類の中から変更できる
ランク50	模様替え受付で、お城のお色直しテーマ「ゴージャス」を選べる
ランク60	模様替え受付で、お城のお色直しテーマ「メルヘン」を選べる
ランク70	模様替え受付で、お城のお色直しテーマ「モノトーン」を選べる
ランク100	MYプロフィールで使えるあいさつに「フェスサークル　ランク　100！」が追加される
上記以外のランク	マーマネが紹介してくれるお店を呼ぶ

フェスサークル 3 ランクを上げてお店を呼ぼう

ランクが上がったときにもらえる、特別なごほうびがない場合は、マーマネがフェスサークルにお店を呼んでくれる。お店は7タイプ、合計32種類あり、どのお店を呼んでもらえるかは運次第だ。フェスサークルのランクが上がるほど、★の数が多い、高いランクのお店がやってくる。

●新しいお店を呼ぶ流れ

1 お城でマーマネに会う

フェスサークルのランクが上がったら、お城の中に現れるマーマネに会いに行こう。

2 入れ替えるお店を選ぶ

フェスサークルに現在あるお店の中から、新しいお店と入れ替えるお店を1つ選ぼう。

3 新しいお店がやってくる

入れ替えたお店があった場所に、新しいお店がやってくる。さっそく訪れて利用しよう。

フェスサークル 4 おもてなしをしてFCを貯めよう

フェスサークルには、ローカル通信やインターネットでやってきた他のプレイヤー（ゲスト）が、ポケモントレーナーの姿で現れる。ゲストに話しかけ、相手のお願いや質問を聞いて、おもてなしをしよう。おもてなしを気に入ってくれると、FCをもらえる。

●おもてなしでFCをもらう流れ

1 ゲストに話しかける

お願いや質問があるゲストに近づくと、名前が赤く表示される。話しかけて、相手の要望を聞いてあげよう。

2 ゲストのお願いに応える

ゲストがお店に行きたがっていたら、喜んでもらえるお店を案内しよう。質問をされたら、親切に答えよう。

3 FCをもらう

ゲストが希望するお店を紹介してあげたり、ゲストに気に入ってもらえる回答をしたりすれば、FCをもらえる。

フェスサークル 5 アトラクションでFCを貯めよう

フェスサークルがランク4になると、アトラクションで遊べるようになる。さまざまなミニゲームを楽しみながら、FCを貯めよう。アトラクションは1人でプレイすることもできるが、通信で他のプレイヤーに参加してもらい、高いスコアを獲得したほうがFCを多く貯められる。

●アトラクションでFCをもらう流れ

1 受付に話しかける

アトラクションは、お城に通じる橋の近くにいる女性に話しかけると開催できる。好みのアトラクションを選ぼう。

2 アトラクションで遊ぶ

アトラクションの内容やルールはさまざまだ。制限時間内に、決められた課題を多く達成して、高いスコアを獲得しよう。

3 FCをもらう

アトラクションが終了した後、獲得したスコアに応じて、FCをもらえる。受付の女性から受け取ろう。

フェスサークル 6 通信をしないときはフェスファンがやってくる

フェスファンは、ニンテンドー3DSの無線通信機能をオフにしていると現れる。おもてなしをしたときにもらえるFCは、通信でやってくるゲストよりも少なめだ。

フェスサークル ① 最大100人やってくるゲストをもてなそう

遊びに来たゲストをもてなそう。ゲストは50人までリストに表示される。50人を超えると、上書きされる。上書きされたくない場合は、VIPにしよう。VIPは最大50人まで登録できる。

●ゲストに話しかけるとできること

1 さいきんどう？
ゲストが、自分のゲームの中で最近行った行動や、島巡りの状況を話してくれる。

2 そのふくステキ！
同性のゲストのお気に入りのファッションアイテムを、FCを使ってお取り寄せできる。

3 ようすをみる
ゲストがゲーム中に行ったさまざまな記録や、フェスサークルで答えたアンケートを見られる。

4 VIPにする
好きなゲストをプレイヤーリストのVIPに登録して、新しいゲストで上書きされないようにする。

5 いいみせない？
ゲストのフェスサークルにある橋の右側のお店を、FCを使って呼ぶことができる。

ファッションは574ページを見よう。

●「ようすをみる」で見られるゲストランキング

たいせんランキング	通信対戦、バトルスポット、バトルツリーで戦った回数などの記録。	こうかんランキング	ポケモンの通信交換やミラクル交換、GTSで交換した回数などの記録。
ぶつよくランキング	集めたポケマメ、収穫したきのみの数、使ったお金やBP（バトルポイント）、集めた服の記録。	あいじょうランキング	つかまえたポケモンやふかさせたタマゴの数、ポケモンをなでた回数などの記録。
デイリーランキング	1日に集めた経験値や、つかまえたポケモンの数、進化させたポケモンの数などの記録。	サークルランキング	現在のランクや、参加したアトラクションの回数など、フェスサークルでの活動の記録。
バラエティランキング	色違いのポケモンに出会ったり、IDくじに当たったりした回数などの記録。		

フェスサークル ② フェスサークルのメニューを使いこなそう

通信対戦やポケモン交換を行ったり、通信の方式を切り替えたりする場合は、下画面のメニューで行おう。フェスサークルのすべての機能を利用できる。

●メニューの画面

通信の状況
現在の通信がローカル通信か、インターネットかがわかる。

たいせん
他のプレイヤーと、通信対戦やバトルスポットなどを楽しめる。

もどる
フェスサークルを終了して、フィールドへもどる。

プレイヤーリスト
フェスサークルにやってきたプレイヤーを確認できる。

こうかん
ポケモンの通信交換やGTS、ミラクル交換を楽しめる。

インターネット
ローカル通信とインターネットを切り替えられる。

バッグ

ポケモン

MYプロフィール
自分の記録の確認や、あいさつなどの設定ができる。

フェスサークルのお店で買い物を楽しもう

やたい

またの ご利用 お待ちしています

フェスサークル 9 ポケモンのレベルや、なつき具合が上がる

やたいでポケモンに食事をさせると、注文したメニューに応じて、ポケモンのレベルやなつき具合、「のうりょく」を上げられる。プレミアムサービス追加後に加わる「うらメニュー」は、貯めたきそポイントをなくすメニューだ。注文できるメニューは、やたいの種類によって異なる。めあてのメニューがあるやたいを利用しよう。

●メニューのFCと効果

メニュー	FC	効果
ふしぎモーニング	4FC	Lv.30未満のポケモンが食べると、レベルが1上がる
ふしぎランチ	10FC	Lv.40未満のポケモンが食べると、レベルが1上がる
ふしぎブランチ	20FC	Lv.50未満のポケモンが食べると、レベルが1上がる
ふしぎデザート	30FC	Lv.60未満のポケモンが食べると、レベルが1上がる
ふしぎオードブル	40FC	Lv.70未満のポケモンが食べると、レベルが1上がる
ふしぎディナー	100FC	Lv.80未満のポケモンが食べると、レベルが7上がる(プレミアムサービス追加後)
ふしぎバイキング	300FC	Lv.90未満のポケモンが食べると、レベルが9上がる(プレミアムサービス追加後)
なつきドリンク	2FC	食べたポケモンがちょっぴりなつく
なつきランチ	10FC	食べたポケモンがなつく
なつきコンボ	20FC	食べたポケモンがかなりなつく
スイーツAセット	30FC	食べたポケモンがかなりなつくが、HPのきそポイントがかなり下がる
スイーツBセット	30FC	食べたポケモンがかなりなつくが、「こうげき」のきそポイントがかなり下がる
スイーツCセット	30FC	食べたポケモンがかなりなつくが、「ぼうぎょ」のきそポイントがかなり下がる
スイーツDセット	30FC	食べたポケモンがかなりなつくが、「とくこう」のきそポイントがかなり下がる
スイーツEセット	30FC	食べたポケモンがかなりなつくが、「とくぼう」のきそポイントがかなり下がる
スイーツFセット	30FC	食べたポケモンがかなりなつくが、「すばやさ」のきそポイントがかなり下がる
HPランチ	20FC	HPのきそポイントが上がる
こうげきランチ	20FC	「こうげき」のきそポイントが上がる
ぼうぎょランチ	20FC	「ぼうぎょ」のきそポイントが上がる
とくこうランチ	20FC	「とくこう」のきそポイントが上がる
とくぼうランチ	20FC	「とくぼう」のきそポイントが上がる
すばやさランチ	20FC	「すばやさ」のきそポイントが上がる
レベルランチ3	100FC	Lv.70未満のポケモンが食べると、レベルが3上がる(プレミアムサービス追加後)
レベルランチ5	200FC	Lv.80未満のポケモンが食べると、レベルが5上がる(プレミアムサービス追加後)
うらメニューA	200FC	食べたポケモンがかなりなつくが、HPのきそポイントがなくなる(プレミアムサービス追加後)
うらメニューB	200FC	食べたポケモンがかなりなつくが、「こうげき」のきそポイントがなくなる(プレミアムサービス追加後)
うらメニューC	200FC	食べたポケモンがかなりなつくが、「ぼうぎょ」のきそポイントがなくなる(プレミアムサービス追加後)
うらメニューD	200FC	食べたポケモンがかなりなつくが、「とくこう」のきそポイントがなくなる(プレミアムサービス追加後)
うらメニューE	200FC	食べたポケモンがかなりなつくが、「とくぼう」のきそポイントがなくなる(プレミアムサービス追加後)
うらメニューF	200FC	食べたポケモンがかなりなつくが、「すばやさ」のきそポイントがなくなる(プレミアムサービス追加後)

●やたいの種類とメニュー

「ふしぎキッチン★1」
ふしぎディナー
ふしぎモーニング×3

「ふしぎキッチン★2」
『ポケモン ムーン』のみ
ふしぎディナー
ふしぎランチ×3
ふしぎモーニング×2

「ふしぎキッチン★3」
『ポケモン サン』のみ
ふしぎディナー
ふしぎブランチ×3
ふしぎランチ×2
ふしぎモーニング×2

「ふしぎキッチン★4」
『ポケモン ムーン』のみ
ふしぎディナー
ふしぎデザート×3
ふしぎブランチ×2
ふしぎランチ×2
ふしぎモーニング×2

「ふしぎキッチン★5」
『ポケモン サン』のみ
ふしぎバイキング
ふしぎディナー
ふしぎオードブル×3
ふしぎデザート×2
ふしぎブランチ×2
ふしぎランチ×2
ふしぎモーニング×2

「バトルテーブル★1」
レベルランチ3
HPランチ
こうげきランチ
ぼうぎょランチ
とくこうランチ
とくぼうランチ
すばやさランチ

「バトルテーブル★3」
『ポケモン サン』のみ
レベルランチ3
HPランチ×2
こうげきランチ×2
ぼうぎょランチ×2
とくこうランチ×2
とくぼうランチ×2
すばやさランチ×2

「バトルテーブル★5」
『ポケモン サン』のみ
レベルランチ5
レベルランチ3
HPランチ×3
こうげきランチ×3
ぼうぎょランチ×3
とくこうランチ×3
とくぼうランチ×3
すばやさランチ×2

「なつきカフェ★1」
うらメニューD
スイーツDセット
なつきドリンク
なつきランチ
なつきコンボ

「なつきカフェ★2」
『ポケモン ムーン』のみ
うらメニューD
スイーツDセット
スイーツEセット
スイーツFセット
なつきドリンク
なつきランチ
なつきコンボ

「なつきカフェ★3」
『ポケモン ムーン』のみ
うらメニューD
うらメニューE
スイーツAセット
スイーツDセット
スイーツEセット
スイーツFセット
なつきドリンク
なつきランチ
なつきコンボ

「なつきカフェ★4」
『ポケモン ムーン』のみ
うらメニューD
うらメニューE
スイーツAセット
スイーツBセット
スイーツDセット
スイーツEセット
スイーツFセット
なつきドリンク
なつきランチ
なつきコンボ

「なつきカフェ★5」
『ポケモン ムーン』のみ
うらメニューD
うらメニューE
うらメニューF
スイーツAセット
スイーツBセット
スイーツCセット
スイーツDセット
スイーツEセット
スイーツFセット
なつきドリンク
なつきランチ
なつきコンボ

「なつきパーラー★1」
うらメニューA
スイーツAセット
なつきドリンク
なつきランチ
なつきコンボ

「なつきパーラー★2」
『ポケモン サン』のみ
うらメニューA
スイーツAセット
スイーツBセット
スイーツCセット
なつきドリンク
なつきランチ
なつきコンボ

「なつきパーラー★3」
『ポケモン サン』のみ
うらメニューA
うらメニューB
スイーツAセット
スイーツBセット
スイーツCセット
スイーツDセット
なつきドリンク
なつきランチ
なつきコンボ

「なつきパーラー★4」
『ポケモン サン』のみ
うらメニューA
うらメニューB
スイーツAセット
スイーツBセット
スイーツCセット
スイーツDセット
スイーツEセット
なつきドリンク
なつきランチ
なつきコンボ

「なつきパーラー★5」
『ポケモン サン』のみ
うらメニューA
うらメニューB
うらメニューC
スイーツAセット
スイーツBセット
スイーツCセット
スイーツDセット
スイーツEセット
スイーツFセット
なつきドリンク
なつきランチ
なつきコンボ

◆赤色の文字のメニューは、プレミアムサービス追加後に加わります。

重要 プレミアムサービス追加で品ぞろえが充実する

プレミアムサービスは、やたいやギフトショップの品ぞろえ、バルーンアスレチックのコースが増えるサービスだ。殿堂入り後に、フェスサークルのランクが30以上になると追加してもらえる。

マーマネ
チャンピオンの きみにむけて プレミアムサービスを ついか したよ♥

バルーンアスレチック

フェスサークル ⑩ ポケモンのきそポイントが上がる

バルーンアスレチックでポケモンを遊ばせると、ポケモンのきそポイントを上げられる。上がるきそポイントの種類は、コースごとに決まっている。選べるコースは、バルーンアスレチックの種類とランクによって異なる。コースのランクが高いほど、きそポイントがたくさん上がるが、FCも高い。

●コースの種類と効果

コース	効果
Aコース	HPのきそポイントが上がる
Bコース	「こうげき」のきそポイントが上がる
Cコース	「ぼうぎょ」のきそポイントが上がる
Dコース	「とくこう」のきそポイントが上がる
Eコース	「とくぼう」のきそポイントが上がる
Fコース	「すばやさ」のきそポイントが上がる

●ランクときそポイントの上がりかた

ランク	FC	きそポイントの上がりかた
★1	5FC	ちょっぴり上がる
★2	10FC	↕
★3	15FC	
★4	30FC	
★5	50FC	
★6	100FC	
★7	200FC	いっぱいまで上がる

●バルーンアスレチックの種類と選べるコース

「パシパシパーク★1」	
Bコース★6	Dコース★6
Bコース★1	Dコース★1

「カチカチランド★1」	
Cコース★6	Eコース★6
Cコース★1	Eコース★1

「ドタドタハウス★1」	
Aコース★6	Fコース★6
Aコース★1	Fコース★1

「パシパシパーク★2」 『ポケモン ムーン』のみ	
Bコース★6	Dコース★6
Bコース★2	Dコース★2
Bコース★1	Dコース★1

「カチカチランド★2」 『ポケモン サン』のみ	
Cコース★6	Eコース★6
Cコース★2	Eコース★2
Cコース★1	Eコース★1

「ドタドタハウス★2」 『ポケモン サン』のみ	
Aコース★6	Fコース★6
Aコース★2	Fコース★2
Aコース★1	Fコース★1

「パシパシパーク★3」 『ポケモン ムーン』のみ	
Bコース★6	Dコース★6
Bコース★3	Dコース★3
Bコース★2	Dコース★2
Bコース★1	Dコース★1

「カチカチランド★3」 『ポケモン サン』のみ	
Cコース★6	Eコース★6
Cコース★3	Eコース★3
Cコース★2	Eコース★2
Cコース★1	Eコース★1

「ドタドタハウス★3」 『ポケモン ムーン』のみ	
Aコース★6	Fコース★6
Aコース★3	Fコース★3
Aコース★2	Fコース★2
Aコース★1	Fコース★1

「パシパシパーク★4」 『ポケモン ムーン』のみ	
Bコース★6	Dコース★6
Bコース★4	Dコース★4
Bコース★3	Dコース★3
Bコース★2	Dコース★2
Bコース★1	Dコース★1

「カチカチランド★4」 『ポケモン サン』のみ	
Cコース★6	Eコース★6
Cコース★4	Eコース★4
Cコース★3	Eコース★3
Cコース★2	Eコース★2
Cコース★1	Eコース★1

「ドタドタハウス★4」 『ポケモン サン』のみ	
Aコース★6	Fコース★6
Aコース★4	Fコース★4
Aコース★3	Fコース★3
Aコース★2	Fコース★2
Aコース★1	Fコース★1

「パシパシパーク★5」 『ポケモン ムーン』のみ	
Bコース★7	Dコース★7
Bコース★6	Dコース★6
Bコース★5	Dコース★5
Bコース★4	Dコース★4
Bコース★3	Dコース★3
Bコース★2	Dコース★2

「カチカチランド★5」 『ポケモン サン』のみ	
Cコース★7	Eコース★7
Cコース★6	Eコース★6
Cコース★5	Eコース★5
Cコース★4	Eコース★4
Cコース★3	Eコース★3
Cコース★2	Eコース★2
Cコース★1	Eコース★1

「ドタドタハウス★5」 『ポケモン ムーン』のみ	
Aコース★7	Fコース★7
Aコース★6	Fコース★6
Aコース★5	Fコース★5
Aコース★4	Fコース★4
Aコース★3	Fコース★3
Aコース★2	Fコース★2
Aコース★1	Fコース★1

◆赤色の文字のコースは、プレミアムサービス追加後に加わります。

そめものや

フェスサークル 11 白いアイテムを染められる

100FCを支払って、白いファッションアイテムを別の色に染められる。10FCで白にもどすこともできる。特定のきのみ3種類を必要な数だけ集めて10FCを支払うと、きのみを使って染めてもらえる。

●そめものやの種類と染められる色

【あかぐみ★1】『ポケモンサン』のみ	【だいだいぐみ★1】『ポケモンサン』のみ	【きいろぐみ★1】『ポケモンムーン』のみ	【こんいろぐみ★1】『ポケモンムーン』のみ
パステルレッド	パステルオレンジ	パステルイエロー	パステルネイビー

【あかぐみ★3】『ポケモンサン』のみ	【だいだいぐみ★3】『ポケモンサン』のみ	【きいろぐみ★3】『ポケモンムーン』のみ	【こんいろぐみ★3】『ポケモンムーン』のみ
パステルレッド ダークレッド	パステルオレンジ ダークオレンジ	パステルイエロー ダークイエロー	パステルネイビー ダークネイビー

【あかぐみ★5】『ポケモンサン』のみ	【だいだいぐみ★5】『ポケモンサン』のみ	【きいろぐみ★5】『ポケモンムーン』のみ	【こんいろぐみ★5】『ポケモンムーン』のみ
パステルレッド ダークレッド ビビッドレッド	パステルオレンジ ダークオレンジ ビビッドオレンジ	パステルイエロー ダークイエロー ビビッドイエロー	パステルネイビー ダークネイビー ビビッドネイビー

【みどりぐみ★1】『ポケモンサン』のみ	【むらさきぐみ★1】『ポケモンサン』のみ	【あおぐみ★1】『ポケモンムーン』のみ	【ももいろぐみ★1】『ポケモンムーン』のみ
パステルグリーン	パステルパープル	パステルブルー	パステルピンク

【みどりぐみ★3】『ポケモンサン』のみ	【むらさきぐみ★3】『ポケモンサン』のみ	【あおぐみ★3】『ポケモンムーン』のみ	【ももいろぐみ★3】『ポケモンムーン』のみ
パステルグリーン ダークグリーン	パステルパープル ダークパープル	パステルブルー ダークブルー	パステルピンク ダークピンク

【みどりぐみ★5】『ポケモンサン』のみ	【むらさきぐみ★5】『ポケモンサン』のみ	【あおぐみ★5】『ポケモンムーン』のみ	【ももいろぐみ★5】『ポケモンムーン』のみ
パステルグリーン ダークグリーン ビビッドグリーン	パステルパープル ダークパープル ビビッドパープル	パステルブルー ダークブルー ビビッドブルー	パステルピンク ダークピンク ビビッドピンク

●きのみで染められる色と必要なきのみ

染められる色	お店のランク ★1	お店のランク ★3	お店のランク ★5	必要なきのみと個数
パステルレッド	●	—	●	ザロクのみ (15個)、マトマのみ (15個)、クラボのみ (15個)
ダークレッド	—	●	●	オッカのみ (30個)、フィラのみ (30個)、チーラのみ (30個)
パステルイエロー	●	—	●	オボンのみ (15個)、タポルのみ (15個)、ウブのみ (15個)
ダークイエロー	—	●	●	ナナシのみ (30個)、イアのみ (30個)、ソクノのみ (30個)
パステルグリーン	●	—	●	ロメのみ (15個)、チーゴのみ (15個)、ラムのみ (15個)
ダークグリーン	—	●	●	パンジのみ (30個)、カムラのみ (30個)、リンドのみ (30個)
パステルブルー	●	—	●	ネコブのみ (15個)、オレンのみ (15個)、タラプのみ (15個)
ダークブルー	—	●	●	イトケのみ (30個)、ヤチェのみ (30個)、バコウのみ (30個)
パステルオレンジ	●	—	●	ヒメリのみ (15個)、アッキのみ (15個)、オボンのみ (15個)
ダークオレンジ	—	●	●	ヨプのみ (30個)、ヨロギのみ (30個)、シュカのみ (30個)
パステルネイビー	●	—	●	ズアのみ (15個)、ネコブのみ (15個)、カゴのみ (15個)
ダークネイビー	—	●	●	イトケのみ (30個)、バコウのみ (30個)、ウタンのみ (30個)
パステルパープル	●	—	●	カゴのみ (15個)、ウイのみ (15個)、リュガのみ (15個)
ダークパープル	—	●	●	カシブのみ (30個)、ナモのみ (30個)、ウタンのみ (30個)
パステルピンク	●	—	●	モモンのみ (15個)、キーのみ (15個)、マゴのみ (15個)
ダークピンク	—	●	●	マゴのみ (30個)、ヤタピのみ (30個)、ロゼルのみ (30個)

染められるアイテムは579〜605ページを見よう。

ホラーハウス

フェスサークル ⑫ ポケモンがさまざまなどうぐを持ってくる

10FCを支払ってポケモンを冒険に挑戦させると、どうぐを持ってもどってくる。運がいいと、複数のどうぐを持ってくることもある。ホラーハウスの種類によってどうぐの種類が異なるので、めあてのどうぐが手に入るお店を利用しよう。お店のランクが高いほど、めずらしいどうぐが手に入りやすくなる。

●ホラーハウスに挑戦する流れ

1 挑戦するポケモンを選ぶ	2 ホラーハウスに挑戦する	3 どうぐを持ってくる

●ホラーハウスの種類と持ってくるどうぐ

「ゴーストのあな」	「トリックルーム」	「あやしいひかり」
せいなるはい	せいなるはい	せいなるはい
ぎんのおうかん	ぎんのおうかん	ぎんのおうかん
ポイントアップ	げんきのかたまり	ピーピーマックス
ハートのウロコ	ハートのウロコ	ハートのウロコ
がらつきポケマメ	がらつきポケマメ	がらつきポケマメ
フェスチケット	フェスチケット	フェスチケット
マックスアップ	ブロムヘキシン	リゾチウム
タウリン	インドメタシン	キトサン
なんでもなおし	すごいキズぐすり	ハイパーボール
かたいいし	かたいいし	かたいいし

ひろいやすさ
↑ ひろいにくい
↓ ひろいやすい

ギフトショップ

フェスサークル ⑬ ボールやポケモンに使うどうぐを買える

ボールや、ポケモンに使えるどうぐをセットで購入できる。品ぞろえはギフトショップの種類によって異なるので、めあての商品を扱っているお店を利用しよう。プレミアムサービスが追加されると、フレンドリィショップでは売っていないげんきのかたまり、ピーピーエイド、ポイントアップなど、貴重などうぐも売りだされる。

●ギフトショップの商品

商品	FC	内容
ボールAセット	12FC	モンスターボール×12個
ボールBセット	24FC	スーパーボール×12個
ボールCセット	48FC	ハイパーボール×12個
ボールDセット	24FC	ダイブボール×12個
ボールEセット	24FC	ネストボール×12個
ボールFセット	24FC	リピートボール×12個
ボールGセット	24FC	タイマーボール×12個
ボールHセット	24FC	ダークボール×12個
ボールIセット	24FC	ヒールボール×12個
ボールJセット	24FC	クイックボール×12個
ボールKセット	24FC	プレミアボール×12個
おおきなねっこ	10FC	おおきなしんじゅ×1個
オレセット	24FC	ミックスオレ×12個
ミツのつめあわせ	10FC	あまいミツ×4個
じゃらしセット	10FC	ポケじゃらし×4個
おみずセット	12FC	おいしいみず×12個
ミルクセット	30FC	モーモーミルク×24個
シンオウみやげ	10FC	もりのヨウカン×4個
ジョウトみやげ	10FC	いかりまんじゅう×4個
ホウエンみやげ	10FC	フエンせんべい×4個
イッシュみやげ	10FC	ヒウンアイス×4個
カロスみやげ	10FC	シャラサブレ×4個

商品	FC	内容
レアないっぴん	200FC	ポイントアップ×1個
ソーダセット	18FC	サイコソーダ×12個
スプレーセット	24FC	ゴールドスプレー×12個
バトルセットA	10FC	エフェクトガード×4個
バトルセットB	10FC	クリティカット×4個
バトルセットC	10FC	ヨクアタール×4個
バトルセットD	10FC	プラスパワー×4個
バトルセットE	10FC	ディフェンダー×4個
バトルセットF	10FC	スペシャルアップ×4個
バトルセットG	10FC	スペシャルガード×4個
バトルセットH	10FC	スピーダー×4個
たいりょくセット	60FC	マックスアップ×4個
こうげきセット	60FC	タウリン×4個
ぼうぎょセット	60FC	ブロムヘキシン×4個
すばやさセット	60FC	インドメタシン×4個
とっこうセット	60FC	リゾチウム×4個
とくぼうセット	60FC	キトサン×4個
くすりセット	16FC	すごいキズぐすり×4個
なんでもセット	16FC	なんでもなおし×4個
かけらセット	25FC	げんきのかけら×4個
レアなくすりA	100FC	げんきのかたまり×1個
レアなくすりB	50FC	ピーピーエイド×1個

●ギフトショップの種類と商品

「ボールや ★1」
ボールEセット
ボールDセット
ボールAセット×2

「ボールや ★2」『ポケモン ムーン』のみ
ボールGセット
ボールFセット
ボールEセット
ボールDセット
ボールBセット×2
ボールAセット×2

「ボールや ★3」『ポケモン ムーン』のみ
ボールKセット
ボールJセット
ボールIセット
ボールHセット
ボールGセット
ボールFセット
ボールEセット
ボールDセット
ボールCセット×2
ボールBセット×2
ボールAセット×2

「ドリンクや ★1」
ミルクセット
おみずセット
ソーダセット
オレセット

「ドリンクや ★2」『ポケモン サン』のみ
ミルクセット×2
おみずセット×2
ソーダセット×2
オレセット×2

「ドリンクや ★3」『ポケモン サン』のみ
ミルクセット×3
おみずセット×3
ソーダセット×3
オレセット×3

「よろずデパート ★1」
おねうちもの
ジョウトみやげ
ミツのつめあわせ
おみずセット
ボールAセット

「よろずデパート ★2」『ポケモン サン』のみ
おねうちもの
ホウエンみやげ
ジョウトみやげ
ミツのつめあわせ
おみずセット
ボールAセット

「よろずデパート ★3」『ポケモン ムーン』のみ
おねうちもの
シンオウみやげ
ホウエンみやげ
ジョウトみやげ
ミツのつめあわせ
ソーダセット
ボールBセット

「よろずデパート ★4」『ポケモン サン』のみ
おねうちもの
イッシュみやげ
ホウエンみやげ
ジョウトみやげ
ミツのつめあわせ
ソーダセット
ボールBセット

「よろずデパート ★5」『ポケモン ムーン』のみ
レアないっぴん
おねうちもの
カロスみやげ
イッシュみやげ
シンオウみやげ
ホウエンみやげ
ジョウトみやげ
ミツのつめあわせ
オレセット
ボールCセット

「バトルストア ★1」
スプレーセット
バトルセットD
バトルセットE
バトルセットH
ミツのつめあわせ
じゃらしセット

「バトルストア ★2」『ポケモン ムーン』のみ
スプレーセット×2
バトルセットD
バトルセットE
バトルセットF
バトルセットG
バトルセットH
ミツのつめあわせ
じゃらしセット

「バトルストア ★3」『ポケモン ムーン』のみ
スプレーセット×3
バトルセットA
バトルセットB
バトルセットC
バトルセットD
バトルセットE
バトルセットF
バトルセットG
バトルセットH
ミツのつめあわせ
じゃらしセット

「くすりや ★1」
レアなくすりB
くすりセット
なんでもセット

「くすりや ★2」『ポケモン サン』のみ
レアなくすりB
くすりセット×3
なんでもセット×3

「くすりや ★3」『ポケモン サン』のみ
レアなくすりA
レアなくすりB
くすりセット×3
なんでもセット×3
かけらセット×3
たいりょくセット
こうげきセット
ぼうぎょセット
すばやさセット
とっこうセット
とくぼうセット

◆赤色の文字の商品は、プレミアムサービス追加後に加わります。

うらないや

フェスサークル 14　運気が上がり、あいさつで使えるセリフも増える

10FCを支払ってうらないをお願いすると、フェスサークルでもらえるFCが増えたり、くじやでくじを多く引けたり、ホラーハウスでポケモンが持ってくるどうぐが増えたりすることがある。さらに、MYプロフィールのあいさつで使えるキーワードも教えてもらえる。『ポケットモンスター』シリーズの名ゼリフばかりだ。

●うらないやの種類と教えてもらえるキーワード

『カントーのやかた★1』 『ポケモン ムーン』のみ
「タチサレ……　タチサレ……」
「みゅう！」
「ぐ　ぐーッ！　そんな　ばかなーッ！」
「っだと　こらぁ！」
「こんちわ！　ぼく　ポケモン……」

『ホウエンのやかた★1』 『ポケモン ムーン』のみ
「しゅわ～ん！」
「ひゅあああ～ん！」
「マボロシじま　みえんのう……」
「たすけて　おくれ～っ！」
「ぶつかった　かいすう　5かい！」

『イッシュのやかた★1』 『ポケモン ムーン』のみ
「ヒュラララ！」
「プラズマズイ！」
「バビバリバリッシュ！」
「けいさんずみ　ですとも！」
「ワタクシを　とめることは　できない！」

『カントーのやかた★3』 『ポケモン ムーン』のみ
「おーい！　まて－！　まつんじゃあ！」
「10000こうねん　はやいんだね！」
「マサラは　まっしろ　はじまりのいろ」
「ヤドランは　そっぽを　むいた！」
「ポケモンは　たたかわせるものさ」

『ホウエンのやかた★3』 『ポケモン ムーン』のみ
「…できる！」
「はいが　はいに　はいった……」
「はじけろ！　ポケモン　トレーナー！」
「ここで　ゆっくり　して　おいき！」
「ぬいぐるみ　なんか　かってないよ」

『イッシュのやかた★3』 『ポケモン ムーン』のみ
「ンバーニンガガッ！」
「おもうぞんぶん　きをつーぜ！」
「トレーナーさんも　がんばれよ！」
「ひとよんで　メダルおやじ！」
「ストップ！」

『カントーのやかた★5』 『ポケモン ムーン』のみ
「ウー！　ハーッ！」
「やけどなおしの　よういは　いいか！」
「ばか　はずれです……」
「バイビー！」
「ボンジュール！」
「……ぼくも　もう　いかなきゃ！」

『ホウエンのやかた★5』 『ポケモン ムーン』のみ
「なに　いってんだろ……　てへへ……」
「おまえさんには　しびれた　わい」
「キミは　ビッグウェーブ！」
「そうぞうりょくが　たりないよ！」
「にくらしいほど　エレガント！」
「いちばん　つよくて　すごいんだよね」

『イッシュのやかた★5』 『ポケモン ムーン』のみ
「キミ　むしポケモン　つかいなよ」
「ライモンで　ポケモン　つよいもん」
「オレは　いまから　いかるぜッ！」
「ボクは　チャンピオンを　こえる」
「ブラボー！　スーパー　ブラボー！」
「やめたげてよぉ！」

『ジョウトのやかた★1』 『ポケモン サン』のみ
「だいいっぽを　ふみだした！」
「ギャーアアス！！」
「ショオーッ！！」
「ヤドンのシッポを　うるなんて……」
「われわれ　ついに　やりましたよー！」

『シンオウのやかた★1』 『ポケモン サン』のみ
「……わたしが　まけるかも　だと！？」
「そう　コードネームは　ハンサム！」
「オレの　おおごえの　ひとりごとを」
「リングは　おれの　うみ～♪」
「あたしのポケモンに　なにすんのさ！」

『カロスのやかた★1』 『ポケモン サン』のみ
「イガレッカ！！」
「つまり　グッド　ポイント　なわけ！」
「この　しれもの　が！」
「にくすぎて　むしろ　すきよ」
「ざんねん　ですが　さようなら」

『ジョウトのやかた★3』 『ポケモン サン』のみ
「かんどうが　よみがえるよ！」
「スイクンを　おいかけて　10ねん」
「でんげきで　いちころ……」
「あたいが　ホンモノ！」
「きょうから　24じかん　とっくんだ！」

『シンオウのやかた★3』 『ポケモン サン』のみ
「きみたちから　はどうを　かんじる！」
「ぜったいに　おねがいだからね」
「ながれる　じかんは　とめられない！」
「オレ　つよくなる……」
「ぱっきん　100まんえん　な！」

『カロスのやかた★3』 『ポケモン サン』のみ
「イクシャア！！」
「おまちなさいな！」
「ぜんりょくでいけー！　ってことよ！」
「あれだよ　あれ　おみごとだよ！」
「いいんじゃない　いいんじゃないの！」

『ジョウトのやかた★5』 『ポケモン サン』のみ
「みんな　ポケモン　やってるやん」
「なんのことだか　わかんない」
「ひとのこと　じろじろ　みてんなよ」
「ぬいぐるみ　かっておいたわよ」
「どっちか　あそんでくれないか？」
「カイリュー　はかいこうせん」

『シンオウのやかた★5』 『ポケモン サン』のみ
「グギュグバァッ！！！」
「ぱるぱるぅ！！！」
「ワーオ！　ぶんせきどーり！」
「ひとりじめとか　そういうの　ダメよ！」
「こいつが！　おれの　きりふだ！」
「あつい　きもち　つたわってくる！」

『カロスのやかた★5』 『ポケモン サン』のみ
「いのち　ばくはつッ！！」
「スマートに　くずれおちるぜ」
「トレーナーとは　なにか　しりたい」
「このひとたち　ムチャクチャです……」
「じゃあ　みんな　またねえ！」
「おともだちに　なっちゃお♪」

●うらないやの種類と教えてもらえるキーワード (つづき)

「ポケモンのやかた★1」
おお！ あんたか！
みんな げんきに なりましたよ！
とっても しあわせそう！
なんでも ないです
いあいぎりで きりますか？
レポートを かきこんでいます

「ポケモンのやかた★3」 『ポケモン ムーン』のみ
おじさんの きんのたま だからね！
かがくの ちからって すげー
1 2の …… ポカン！
おーす みらいの チャンピオン！
おお！ あんたか！
みんな げんきに なりましたよ！
とっても しあわせそう！
なんでも ないです
いあいぎりで きりますか？
レポートを かきこんでいます

「ポケモンのやかた★5」 『ポケモン ムーン』のみ
おじさんの きんのたま だからね！
かがくの ちからって すげー
1 2の …… ポカン！
おーす みらいの チャンピオン！
おお！ あんたか！
みんな げんきに なりましたよ！
とっても しあわせそう！
なんでも ないです
いあいぎりで きりますか？
レポートを かきこんでいます

◆「ポケモンのやかた★3」と「ポケモンのやかた★5」は、セリフの出やすさが異なります。

フェスサークル⑮ あいさつをMYプロフィールで変更しよう

うらないやで教えてもらったキーワードは、MYプロフィールのあいさつに設定することができる。設定するあいさつの種類を選んだ後、「セリフ」の中にあるキーワードを選ぼう。

●MYプロフィールであいさつを変更する流れ

1 あいさつの種類を選ぶ

2 「セリフ」を選ぶ

3 使用するセリフを選ぶ

くじや

フェスサークル⑯ 手に入りにくい貴重などうぐが当たる

さまざまな景品が当たるくじを、1日1回、無料で引ける。運がいいと、もう1回引けることもある。1等と2等の景品はくじやの種類によって異なり、フレンドリィショップでは売っていない貴重などうぐだ。くじやのランクが高いほど、いい景品が当たりやすい。マスターボールやきんのおうかんも、運がよければ手に入る。

●くじやの種類と当たる景品

等級	「ビッグドリーム」	「ゴールドラッシュ」	「トレジャーハント」
1等	マスターボール	でかいきんのたま	きんのおうかん
2等	ふしぎなアメ	きんのたま	ぎんのおうかん
3等	ポイントマックス	ポイントマックス	ポイントアップ
4等	ポイントアップ	ポイントアップ	ポイントアップ
5等	げんきのかたまり	げんきのかたまり	げんきのかたまり
6等	ピーピーマックス	ピーピーマックス	ピーピーマックス
7等	ピーピーリカバー	ピーピーリカバー	ピーピーリカバー
8等	ハイパーボール	ハイパーボール	ハイパーボール
9等	なんでもなおし	なんでもなおし	なんでもなおし
10等	きのみジュース	きのみジュース	きのみジュース

アトラクションを楽しもう

アトラクションへようこそ！

アトラクション受付

🎪 フェスサークル ⑰ フェスサークルのプレイヤー同士で遊ぼう

アトラクションは、フェスサークルにいるプレイヤー同士で楽しむ遊びだ。アトラクションには、551ページのリストのようなさまざまな種類がある。この中からランダムで表示されるアトラクションのうち、1つを選んで開催しよう。他のプレイヤーが開催するアトラクションに参加することもできる。アトラクション終了後は、獲得したスコアに応じたFCをもらえる。

●アトラクションの基本

1	フェスサークルがランク4になると遊べるようになる
2	自分でアトラクションを開催するか、他のプレイヤーが開催するアトラクションに参加して遊ぶ
3	「フェスチケット」を1個使って自分でアトラクションを開催できる
4	「フェスチケット」は1日1回、3個もらえる

●自分で開催するアトラクションに他のプレイヤーが参加する流れ

1 アトラクションをはじめる

下画面に表示されたアトラクションの中から、開催したいアトラクションを選ぼう。

2 告知が表示される

フェスサークルで遊んでいる他のプレイヤーの画面に、アトラクション開催の告知が流れる。

3 アトラクションに参加できる

他のプレイヤーが下画面をタッチすると、自分が開催したアトラクションに参加できる。

🎪 フェスサークル ⑱ スコアが高いほどFCを多くもらえる

アトラクションで獲得した個人スコアが、クリア目標スコアを超えると、FCをもらえる。さらに、個人スコアや、トータルスコア（アトラクションに参加した全員の合計スコア）が高いほど、もらえるFCが多くなる。大勢のプレイヤーといっしょに楽しむのが、FCをたくさん獲得するコツだ。

●アトラクションでFCをもらえる条件

1	個人スコアがクリア目標スコアを超えるとFCをもらえる
2	基本FC×（獲得した個人スコアの★の数＋トータルスコアの★の数）のFCをもらえる

●アトラクションの種類と内容

アトラクション	内容	ルール	開催できる条件
ベテランに あいさつ!	ポケモンを5年以上遊んでいる人を探して、ていねいにあいさつする	A	アトラクションに20回参加する
しんじんに ひとこと!	ポケモンを遊んでいる期間が5年未満の人を探してひとこと贈る	A	
ラブラブな ひとを みつけろ!	今、好きな人がいる人を探して話しかける	A	
ひとりぼっちを みつけろ!	今、好きな人がいない人を探して話しかける	A	
おとこともだち ちょうさ!	男友だちが多い人を探して熱く語りあう	A	
おんなともだち ちょうさ!	女友だちが多い人を探して熱く語りあう	A	
あにき あねきを さがせ!	きょうだいでいちばん上のおにいさん、おねえさんを探して話しかける	A	
まんなかっこを さがせ!	兄、姉、弟、妹の間にはさまれた人を探して話しかける	A	
すえっこを さがせ!	甘えん坊の末っ子を探して話しかける	A	
ひとりっこを さがせ!	ひとりっ子を探して話しかける	A	
なかみが いちばん!	相手に求めるものが外見よりも中身の人を見つける	A	
がいけんが いちばん!	相手に求めるものが中身よりも外見の人を見つける	A	
ひみつは まもるもの!	秘密は必ず守る! そんな口の固い人を見つける	A	
ひみつは もらすもの!	秘密はどうしても言っちゃう! そんな口の軽い人を見つける	A	
きゅうじつは まったり?	休日はインドアの人がどれだけいるか調査する	A	
きゅうじつは アクティブ!	休日は外に出かける人がどれだけいるか調査する	A	
ファンを さがせ!	主人公と完全に同じ姿でフェスサークルにまぎれている人を探す	B	アトラクションに10回参加する
だいかそうたいかい!	主人公と少しだけ違う姿でフェスサークルにまぎれている人を探す	B	
○○へ ごあんない!	遊びに来た人を○○で指定されたお店に案内する◆1	C	最初から遊べる
○○ レッスン	○○で指定された言語で遊んでいる人に話しかける◆2	D	最初から遊べる
いぶんか こうりゅう!	自分と違う言語で遊んでいる人に話しかける	E	アトラクションに10回参加する
へんそうを みやぶれ!	帽子とメガネをつけて変装している人に話しかける	B	
すがおが いちばん	帽子やメガネをつけていない人に話しかける	B	
ムキムキを みせつけろ!	自分とカイリキーの姿を、遊びに来た人に評価してもらう	F	殿堂入り後
ラッシュで いわを こわせ!	ケンタロスに乗り、制限時間内に多くの岩を壊す	G	
○○リサーチ	すべての服を、○○で指定された色で染めている人を見つける◆3	H	アトラクションに20回参加する
タイプあいしょう しんだん!	遊びに来た人が出題するタイプに「こうかばつぐん」のタイプをいう	I	最初から遊べる
さかさ あいしょう しんだん!	遊びに来た人が出題するタイプに「さかさルール」で「こうかばつぐん」のタイプをいう	J	殿堂入り後
○○タイプすきを さがせ1!	○○で指定されたタイプの、アローラで見かけるポケモンが好きな人に話しかける◆4	K	最初から遊べる
○○タイプすきを さがせ2!	○○で指定されたタイプの、アローラにはいないポケモンが好きな人に話しかける◆4	L	殿堂入り後

◆1 お店の種類 …… くじや、バルーンアスレチック、ホラーハウス、やたい、ギフトショップ、うらないや、そめものや
◆2 言語の種類 …… 日本語、英語、フランス語、イタリア語、ドイツ語、スペイン語、韓国語、繁体字・簡体字
　　「スペイン語 レッスン」のみ、制限時間が120秒です。
◆3 色の種類 ……… レッド、イエロー、グリーン、ブルー、オレンジ、ネイビー、パープル、ピンク
◆4 タイプの種類 … ノーマル、ほのお、みず、くさ、でんき、こおり、かくとう、どく、じめん、ひこう、エスパー、むし、いわ、ゴースト、ドラゴン、あく、はがね、フェアリー

●アトラクションのルール

ルール	制限時間	クリア目標スコア	基本FC	個人スコア ★1	★2	★3	★4	★5	トータルスコア ★1	★2	★3	★4	★5
A	120秒	4	5FC	4	5	6	7	8	15	45	75	110	165
B	120秒	6	4FC	6	7	8	9	10	25	60	100	140	210
C	150秒	4	4FC	4	5	6	8	10	15	45	75	125	210
D	180秒	5	3FC	5	7	10	13	15	20	60	125	205	315
E	180秒	4	4FC	4	5	8	10	12	15	45	100	160	250
F	120秒	4	6FC	4	5	6	8	10	15	45	75	125	210
G	90秒	50	3FC	50	60	72	85	92	235	540	915	1360	1930
H	120秒	6	5FC	6	7	8	9	10	25	60	100	140	210
I	180秒	5	5FC	5	8	10	13	16	20	70	125	205	335
J	180秒	5	6FC	5	8	10	13	16	20	70	125	205	335
K	180秒	3	3FC	3	4	5	6	7	10	35	60	95	145
L	180秒	4	5FC	4	5	6	7	8	15	45	75	110	165

お城の中の施設を利用しよう

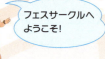
フェスサークルへようこそ！
案内受付

案内受付

フェスサークル⑲ フェスサークルの疑問を教えてもらえる

フェスサークルの遊びかたをくわしく説明してもらえる。「つうしんに ついて」「フェスサークルとは？」「なにを すればいいの？」「フェスコインについて」「つうしんせっていに ついて」「ヘルプじょうほうに ついて」の中から、知りたい情報を選ぼう。

トレーナー呼び出し受付

フェスサークル⑳ ゲストやVIPを指名して呼べる

自分のフェスサークルに遊びに来ているゲストやVIPの中から、特定の人物を指名してお城の中へ呼ぶことができる。ゲストやVIPがお城の中に現れたら、近づいて話しかけよう。気に入ったゲストを呼びだしてVIPにしておけば、自分のフェスサークルにひんぱんに来てくれるようになる。

●ゲストやVIPを呼びだすまでの流れ

1 呼びたい人を選ぶ	2 呼んだ人が現れる	3 呼んだ人に話しかける

ゼンリョクガイド いろのかけらを集めて「ぎんのおうかん」と交換しよう

殿堂入り後、お城の中に現れる男性に同じいろのかけらを30個渡すと、ぎんのおうかんをもらえる。いろのかけらは、ポケリゾートの「どきどきリゾート」で、ポケモンを探検させると発見できる（→P.532）。ぎんのおうかんを、メレメレじま ハウオリシティのショッピングモールにいるすごいオヤジに渡せば、ポケモンの1種類の「のうりょく」を最高まで上げる「すごいとっくん」を受けられる。

模様替え受付

フェスサークル 21 お店の入れ替えができる

フェスサークルに建っている、お店の位置を入れ替えられる。よく使うお店をお店の入り口の近くに配置したり、同じ種類のお店を1か所にまとめたりしたいときに利用しよう。

フェスサークル 22 お城のお色直しができる

ランクが50以上になると、お城をお色直しできる。選べるテーマは、ランク50、60、70に達したときに1種類ずつ追加される。最初の状態にもどしたいときは「ベーシック」を選ぼう。

●「お色直し」で選べるテーマ

ベーシック	ゴージャス	メルヘン	モノトーン

フェスサークル 23 フェスサークルのBGMを選べる

殿堂入り後にランクが40以上になると、フェスサークルで流れるBGMを下の9曲の中から選べる。音楽2～9は、アローラ地方の各地にある街で流れているBGMだ。

●「音楽をかける」で選べるBGM

音楽1 フェスサークル	音楽2 ハウオリシティ	音楽3 カンタイシティ
マーチのようなリズミカルな曲。	昼は南の島ムード、夜はジャズを楽しめる。	さわやかで軽快なボサノバ風の曲。

音楽4 コニコシティ	音楽5 マリエシティ	音楽6 リリィタウン
異国情緒がただよう、中華風なメロディ。	笛や箏の調べに品格がある、和風な曲。	ウクレレが奏でるメロディが印象的。

音楽7 オハナタウン	音楽8 ポータウン	音楽9 海の民の村
荒野を思わせるウェスタン調の曲。	荒廃した街のような、不安をあおる曲。	ゆったりした雰囲気の落ち着いた曲。

グローバルアトラクション受付

フェスサークル 24 世界中のプレイヤーと協力して記録を達成しよう

インターネットで公式に開催されるアトラクションで楽しめる。『ポケモンサン・ムーン』を遊んでいるすべてのプレイヤーが参加できる、大規模なアトラクションだ。開催期間の終了後に参加者のスコアが集計され、参加者全員が結果に応じたFCをもらえる（→P.629）。

通信専用パソコン

フェスサークル25 「バトルビデオ」でポケモン勝負を公開できる

バトルロイヤルやバトルツリー、通信対戦で遊ぶと、その対戦をバトルビデオに記録できる。フェスサークルでは、記録されたバトルビデオをインターネットで公開したり、他のプレイヤーが公開しているバトルビデオをダウンロードしたりすることができる。

●バトルビデオを公開する方法

1 バトルビデオを選ぶ

インターネットで公開するバトルビデオを選ぼう。バトルの種類や対戦相手、戦闘に出したポケモンは上画面で確認できる。

2 選んだバトルビデオを公開する

アップロードボタンを押して、バトルビデオを公開すると、バトルビデオコードが発行される。友だちに教えてあげよう。

●バトルビデオを入手する方法

1 バトルビデオコードを入力する

友だちから教えてもらったバトルビデオコードを入力すると、友だちのバトルビデオをダウンロードできる。

2 ダウンロードして再生する

ダウンロードしたバトルビデオの再生や、バトルビデオに登場するプレイヤーとの模擬戦を楽しもう。

フェスサークル26 「ゲームシンク」でソフトとPGLを連動できる

ゲームシンクは、『ポケモン サン・ムーン』とWebサイト「ポケモングローバルリンク」（PGL）を連動させて楽しめる遊びだ。PGLにゲームシンクIDコードを登録すると、セーブデータをアップロードして、PGL上で冒険の記録を確認できるようになる。バトルスポットのレーティングバトル、インターネット大会、仲間大会にも参加できる。

●ポケモングローバルリンク（PGL）にソフトを登録する流れ

1 ゲームシンクIDコードをつくる

お城の中の通信専用パソコンで、ゲームシンクIDコードをつくろう。16ケタのコードが表示される。

2 PGLのアカウントを取得する

パソコンかスマートフォン、タブレットでPGLにアクセスして、新規アカウントを登録しよう。

3 ゲームシンクIDコードを登録

ゲームシンクIDコードをPGLに入力すれば、ソフトとPGLが連動する。

◆ 2 3 は「ポケモングローバルリンク」（PGL）の画面です（内容は2016年9月中旬のものです）。最新のサービスやコンテンツは「ポケモングローバルリンク」（PGL）へアクセスしてお確かめください。

「ポケモングローバルリンク」（PGL）についてくわしくは626ページを見よう。

気軽にポケモンの通信交換を楽しもう

フェスサークル 27 おたがいにポケモンを1匹ずつ出しあって交換できる

フェスサークルを利用した交換は、かんたんにはじめられる。フェスサークルのメニューを「こうかん」から「つうしんこうかん」の順にタッチした後、他のプレイヤーとポケモン交換をはじめよう。

●ポケモンを通信交換する方法

1 交換する相手を選ぶ

ポケモンを交換したい相手を選ぼう。下画面の上部にある矢印をタッチするか、スライドパッドの左右で「ゲスト」か「VIP」に切り替えられる。

ポイント 相手に応じて通信の方式を切り替えよう
近くにいる相手と交換するときはローカル通信、遠くにいる相手と交換するときはインターネットに切り替えておこう。

2 交換に出すポケモンを選ぶ

「てもち」かパソコンのボックスにいるポケモンの中から、交換に出す1匹を選ぼう。選んだポケモンが相手に送られる。

ポイント ポケモンを交換するとZクリスタルははずれる
どうぐを持っているポケモンは、どうぐを持たせたまま相手に送ることができる。ただし、Zクリスタルは、ポケモンを交換するとはずれてしまう。

■ポケモン交換のルール
1 どうぐを持たせたまま交換できる
2 ポケモンに使ったZクリスタルははずれる

3 相手のポケモンを確認する

相手が交換に出すポケモンは、上画面で確認できる。ポケモン交換を行う場合は、「こうかんする」を選ぼう。

4 交換開始!

フェスサークル 28 ミラクル交換で手軽にポケモン交換を楽しめる

ミラクル交換は、どんなポケモンが自分のソフトにやってくるのかがまったくわからない、まさにミラクルなポケモン交換だ。自分のソフトから交換に出すポケモンを選んだ後、少し待つと、世界中のプレイヤーが交換に出したポケモンの中から1匹がやってくる。

●ミラクル交換の流れ

交換に出す

ポケモンがやってくる

GTSで世界中のプレイヤーと通信交換を楽しもう

フェスサークル 29 2種類の方法で世界中の人とポケモン交換ができる

GTS(グローバルトレードステーション)は、世界中のプレイヤーとポケモンを交換できるシステムだ。フェスサークルのメニューを「こうかん」から「GTS」の順にタッチすると、GTSを利用できる。GTSでは、2種類の方法でポケモンを交換できる。目的に合った方法を選ぼう。

●GTSでポケモンを交換する方法

交換方法 1 「ポケモンをさがす」を利用する

1 ほしいポケモンを選ぶ

ポケモン名の最初の1文字から検索できる。アローラ図鑑に名前が登録されていないポケモンは、自分で名前を入力しよう。

2 交換する相手を決める

自分のほしいポケモンを交換に出している相手が、最大100人まで表示される。自分の条件に合う相手を見つけだそう。

3 交換するポケモンを選ぶ

相手がほしがっているポケモンを選ぼう。相手の条件に合ったポケモンは色つきで、それ以外のポケモンはシルエットで表示される。

4 交換開始!

交換方法 2 「ポケモンをあずける」を利用する

1 あずけるポケモンを選ぶ

「てもち」かパソコンのボックスにいるポケモンの中から、交換に出す1匹を選ぼう。選んだポケモンがGTSに送られる。

2 ほしいポケモンを選ぶ

ポケモン名の最初の1文字から検索できる。アローラ図鑑に名前が登録されていないポケモンは、自分で名前を入力しよう。

3 交換されるのを待つ

条件を決めてポケモンをあずけた後、しばらく時間をあけてからGTSにアクセスしよう。交換が成立すると、ポケモンがやってくる。

4 交換成立!

◆『ポケモンバンク』を使って過去作から連れてきた幻のポケモンや、『ポケモン X・Y・オメガルビー・アルファサファイア・サン・ムーン』で入手した特別なリボンがついているポケモンは、交換できません。

フェスサークル 30 ほしいポケモンの条件を細かく指定できる

GTSでは、2種類の交換方法のどちらでも、ほしいポケモンの条件を細かく指定できる。性別やレベルにこだわりがあるときは、条件を決めよう。とくに条件がないときは、「きにしない」を選ぼう。

●「ポケモンをさがす」と「ポケモンをあずける」で指定できる条件

「ポケモンをさがす」場合

ほしいポケモンの種類や性別、レベルを設定できる。さらに、「オプション」でポケモンを交換する相手の条件も設定できる。

「ポケモンをあずける」場合

交換相手に対して、メッセージを送れるのが特徴だ。かんたんなあいさつや、希望するポケモンの条件を伝えることができる。

1 ほしいポケモン
①自分のポケモン図鑑に名前が登録されているポケモンの場合は、50音順に並んだリストから選べる。

②ポケモン図鑑に登録されていないポケモンの場合は、「にゅうりょく」を選んで、ポケモン名を入力すると、「ほしいポケモン」に指定できる。

2 せいべつ
①ほしいポケモンの性別を、「♂」「♀」「きにしない」の中から選べる。

②ほしいポケモンの名前を入力して指定している場合は、性別を選べない。

3 レベル
①ほしいポケモンのレベルを、「きにしない」「1から10」「11から20」「21から30」「31から40」「41から50」「51から60」「61から70」「71から80」「81から90」「91いじょう」の中から選べる。

4 オプション
①幻や伝説などの特別なポケモンをほしがっている人を、交換相手にふくめるかどうかを選べる(→P.560)。

②「さがす」を選ぶと、特別なポケモンをほしがっている人が交換相手にふくまれる。「さがさない」を選ぶと、交換相手から除かれる。

5 メッセージ
①11種類のメッセージの中から、1種類を選択できる。メッセージは、自分があずけたポケモンが相手の画面に表示されたときに、いっしょに表示される。

フェスサークル 31 最大100人の交換相手からしぼりこみができる

「ポケモンをさがす」を利用した場合、交換相手の候補が100人まで表示される。その中から、自分が持っているポケモンで交換できる相手を見つけるには、条件でしぼりこむのがおすすめだ。相手の地域でしぼりこむこともできる。

●交換相手をしぼりこめる条件
1 自分が持っているポケモンで交換ができる
2 ポケモンをあずけた人が自分と同じ地域にいる
3 ポケモンをあずけた人とは違う地域にいる

ゼンリョクガイド 片方のバージョンにしか出ないポケモンをGTSで交換しよう

片方のバージョンにしか出ないポケモンは、交換が成立しやすい。たとえば、ナゲツケサル(『ポケモン サン』)とヤレユータン(『ポケモン ムーン』)の交換などを試そう。

世界中の人たちと対戦で競いあおう

フェスサークル 32 対戦形式を選んで対戦できる

フェスサークルで遊べる通信対戦は、世界中の人と楽しめるのが特徴だ。対戦相手に応じて通信の方式を切り替えた後、フェスサークルのメニューから「たいせん」を選び、対戦形式や、参加させるポケモンを決めれば対戦を楽しめる。

●通信対戦の遊びかた

1 通信の方式を選ぶ
近くにいる相手と対戦するときはローカル通信、遠くにいる相手と対戦するときはインターネットに切り替える。

2 対戦形式を選ぶ
「シングルバトル」「ダブルバトル」「マルチバトル」「バトルロイヤル」の4種類の中から、遊びたい対戦形式を選ぶ。

3 対戦相手を選ぶ
対戦したい相手を選ぼう。下画面の上部にある矢印をタッチするか、スライドパッドの左右で「ゲスト」か「VIP」を切り替えられる。

4 対戦ルールを決める
対戦ルールを決める人を選んだ後、下画面に表示される対戦ルールのいずれかを選ぼう。ルールの詳細は、上画面に表示される。

5 参加させるポケモンを選ぶ
対戦に参加するバトルチームを選択し、参加させるポケモンを選ぼう。参加できるポケモンの数は、対戦ルールによって異なる。

6 対戦開始
すべての設定が完了すると、対戦開始だ。ポケモンのわざやとくせいの効果を駆使して戦い、勝利しよう。

ゼンリョクガイド 通信対戦で利用できるルールをダウンロードしよう

インターネットで公式に配信されるルールをダウンロードすると、通信対戦で利用することができる。ダウンロードしたルールは、ニンテンドー3DSのSDカードに最大12件まで保存できる。

558

フェスサークル 33 通信対戦のルールをおぼえよう

フェスサークルの対戦では、対戦ごとにルールを設定できる。3種類のルールの特徴をおぼえよう。ちなみに、通信対戦には制限時間がある。ターンごとの行動選択も99秒以内に行おう。

●対戦の制限時間

ポケモン選択	99秒
対戦時間	60分
行動入力時間	99秒

●通信対戦のルール

ルール	ルールの特徴
ノーマルルール	●参加するポケモンの数は1〜6匹（ダブルバトルは2〜6匹） ●参加するポケモンのレベルが自動的にLv.50になる（元のレベルがLv.50より低くてもLv.50になる） ●特別なポケモンでも参加できる（→P.560） ●同じ種類のポケモンを2匹以上参加させられる ●参加するポケモンに同じどうぐを持たせられる
フラットルール	●参加するポケモンの数は3匹（ダブルバトルは4匹） ●参加するポケモンのレベルがLv.50より高い場合はLv.50になる（元のレベルがLv.50より低い場合は変わらない） ●特別なポケモンは参加できない（→P.560） ●同じ種類のポケモンを2匹以上参加させられない ●参加するポケモンに同じどうぐを持たせられない
制限なし	●参加するポケモンの数は1〜6匹（ダブルバトルは2〜6匹） ●参加するポケモンのレベルは変わらない ●特別なポケモンでも参加できる（→P.560） ●同じ種類のポケモンを2匹以上参加させられる ●参加するポケモンに同じどうぐを持たせられる

フェスサークル 34 選べる戦闘曲は条件を満たすと増える

ローカル通信の場合、対戦ルールを決める人が通信対戦中の戦闘曲を決められる。インターネットの場合は、参加者それぞれが好きな曲を選ぼう。戦闘曲は19曲用意されている。最初から選べるのは3曲だけだが、条件を満たすと、選べる曲の種類が増えていく。

●通信対戦で選べる戦闘曲

表示される曲名	CDのタイトル	選べるようになる条件
♪トレーナー	戦闘！トレーナー	最初から選べる
♪やせいポケモン	戦闘！野生ポケモン	
♪ぬしポケモン	戦闘！ぬしポケモン	
♪しまキング	戦闘！しまキング・しまクイーン	殿堂入り後に選べる
♪ハウ	戦闘！ハウ	
♪グラジオ	戦闘！グラジオ	
♪スカルだん	戦闘！スカル団	
♪スカルだんかんぶ	戦闘！スカル団幹部	
♪スカルだんボス	戦闘！スカル団ボス	
♪エーテルざいだん	戦闘！エーテル財団トレーナー	
♪ルザミーネ1	戦闘！ルザミーネ	
♪ルザミーネ2	対決！ルザミーネ	
♪ウルトラビースト	戦闘！ウルトラビースト	
♪してんのう	戦闘！四天王	
♪リーグぼうえいせん	頂上決戦！	
♪でんせつポケモン	戦闘！ソルガレオ・ルナアーラ	
♪バトルロイヤルせん	戦闘！バトルロイヤル	最初から選べる
♪しまのまもりがみ	戦闘！カプ	殿堂入り後に選べる
♪バトルツリーボス	戦闘！バトルツリーボス	バトルツリーのスーパーバトルで50連勝し、レッドかグリーンに勝利した後に選べる

◆「CDのタイトル」は、2016年11月30日発売の『ニンテンドー3DS ポケモン サン・ムーン スーパーミュージック・コンプリート』収録曲のタイトルに対応しています。

バトルスポットで
バトルマスターをめざそう

フェスサークル 35　遠くにいる見知らぬ相手と真剣勝負を楽しめる

バトルスポットでは、インターネット上にいる相手と対戦を楽しめる。下の4種類のモードの中から、遊びたいモードを選択しよう。フリーバトル以外のモードで遊ぶには、「ポケモングローバルリンク」(PGL) へのゲームシンクIDコードの登録が必要だ (→P.626)。

● バトルスポットで楽しめる4種類の通信対戦

1 フリーバトル
インターネットにつなげば、誰でも参加できる。以下の中から、同じ対戦形式や、特別なポケモンの参加「あり／なし」を選んだプレイヤー同士で勝負を行う。

対戦形式	特別なポケモン
●シングルバトル ●ダブルバトル ●バトルロイヤル	●あり ●なし

2 レーティングバトル
勝敗に応じて上下するレーティングを競う。はじめて参加するときに、ニンテンドー3DS本体の情報が登録される。本体を変更すると、成績がリセットされる。

対戦形式	特別なポケモン
●シングルバトル ●ダブルバトル ●スペシャルバトル ●WCSバトル	・開催期間ごとに異なる

3 インターネット大会
特定の期間に開催されるインターネット大会で、レーティングを競う。大会のくわしい情報は「ポケモングローバルリンク」で確認しよう。

4 仲間大会
プレイヤー自身が「ポケモングローバルリンク」でルールを設定して開催する大会。インターネット方式とライブ方式のどちらかを選べる。

フェスサークル 36　特別なポケモンは一部のバトルに参加できない

バトルスポットのフリーバトルで、特別なポケモンを「なし」に設定した場合、下で紹介している幻のポケモンや、伝説のポケモンを参加させることはできない。

● 特別なポケモン

ミュウツー	ミュウ	ルギア	ホウオウ	セレビィ	カイオーガ	グラードン	レックウザ
ジラーチ	デオキシス	ディアルガ	パルキア	ギラティナ	フィオネ	マナフィ	ダークライ
シェイミ	アルセウス	ビクティニ	レシラム	ゼクロム	キュレム	ケルディオ	メロエッタ
ゲノセクト	ゼルネアス	イベルタル	ジガルデ	ディアンシー	フーパ	ボルケニオン	コスモッグ
コスモウム	ソルガレオ	ルナアーラ	ネクロズマ	マギアナ			

ゼンリョクガイド　対戦中に通信が切れると「負け」になってしまう

通信対戦中に通信が切断されると、理由や状況を問わず、通信状態を離脱したプレイヤーのほうが「負け」になってしまう。レーティングバトルにおいては、レーティングが下がってしまう。

ポケットモンスター サン・ムーン
公式ガイドブック 上
完全ストーリー攻略

ポケファインダー

ポケファインダーで ポケモンの写真を撮ろう

撮影スポットでポケモンの写真を撮影できる

メレメレじま ハウオリシティのアローラかんこうあんないじょで もらうロトム図鑑の拡張パーツ、ポケファインダーを使うと、ポケモンの写真を撮影できる。撮影スポットは、アローラ地方に20か所ある。ポケモンの活き活きとした姿を撮ろう。

ポケファインダーで 撮影した 写真は 自慢すると いいですよ

アローラかんこうあんないじょの店員

● ポケファインダーを使った撮影の流れ

① 撮影スポットへ行く

撮影スポットへ行くと、下画面のマップにポケファインダーのアイコンが表示される。

② ポケモンの写真を撮る

Rボタンを押すか、下画面をタッチしてポケファインダーを起動し、ポケモンの写真を撮ろう。

③ 写真を評価してもらう

撮影した 最大6枚の写真の中から1枚を選んで、仮想のSNSで評価してもらおう。

ポケファインダーを使いこなして貴重な一瞬をとらえよう

ポケファインダーを起動すると、上画面にファインダー、下画面に操作パネルが現れる。ニンテンドー3DS本体を動かすか、スライドパッドを操作して構図を決め、シャッターを切ってポケモンを撮影しよう。ポケファインダーを起動するたびに、6回まで撮影できる。

●ポケファインダーの画面の見かた

フィルムの残り枚数

ズームレバー
十字ボタンの上を押すとズームイン(拡大)、下を押すとズームアウト(縮小)できる。

ポケファインダーのバージョン

ジャイロセンサー
ONにすると、ニンテンドー3DS本体を動かしてポケファインダーの向きを変えられる。

もどる
タッチすると撮影を中止して、ポケファインダーを終了する。Bボタンでも終了できる。

ファインダー
ファインダーの中心を表す「+」は、XボタンやLボタンで表示を切り替えられる。

操作説明

シャッター
下画面のシャッターボタンか、AまたはRボタンを押すと、写真を1枚撮影できる。

ポケモンを呼ぶ
押すと、歩いているポケモンや止まっているポケモンが正面を向いてくれることがある。

写真の選択
写真を1枚以上撮影すると表示される。撮影を終了して、評価してもらう写真を選べる。

「きろく」を伸ばしてポケファインダーのバージョンを上げよう

撮った写真を評価してもらうと、気に入ってくれた人の数に応じた「きろく」をもらえる。合計記録を伸ばすと、ポケファインダーのバージョンが上がり、新たな機能が追加される。

●ポケファインダーのバージョンアップ

Ver.1 基本機能のみ
合計記録 1500未満
ポケファインダーをもらった直後は、ズーム機能を使うことはできない。

Ver.2 ズーム機能を使える
合計記録 1500以上
ズーム機能が追加され、ポケモンを少しアップで写せるようになる。

Ver.3 ズーム機能が強化される
合計記録 10000以上
ズーム機能の性能が上がり、Ver.2よりもポケモンをアップで写せる。

Ver.4 ズーム機能が最高になる
合計記録 100000以上
ズーム機能の性能が最大まで上がり、遠くにいるポケモンもアップで写せる。

Ver.5 ポケモンを呼ぶ
合計記録 1500000以上
ポケモンの気を引く音を鳴らせる。正面を向いてくれることがある。

ブラボー!!

ゼンリョクガイド 「ポケファインダーマスターにんてい」をもらおう

ポケファインダーのバージョンがVer.5になると、トレーナーパスに「ポケファインダーマスターにんてい」のスタンプを押してもらえる。必ず獲得して、友だちに自慢しよう。

撮影テクニックを駆使して高い「きろく」をもらおう

テクニック 1 　アングルやポーズにこだわろう

撮った写真の質が高いほど、多くの人に気に入ってもらえるので「きろく」を伸ばしやすい。高い「きろく」をもらえる評価基準をおぼえておくことが大切だ。ズーム機能を駆使して細かくアングルを決めたり、ポケモンの種類やポーズにこだわったりしよう。

●高い「きろく」をもらうための基本的な撮影方法

画面の中央に写す

ポケモンの姿が中央に写っている写真は、高い「きろく」をもらえる。止まっているポケモンや動きの遅いポケモンで、中央に写す練習をしよう。

正面の姿を写す

動いているポケモンを撮影するときは、ポケモンが正面を向いた瞬間にシャッターを切ろう。横向きよりも、正面を向いている姿のほうが「きろく」が高い。

大きく写す

ズーム機能を使って、ポケモンをできる限りアップで撮影しよう。ズーム機能の性能が低いうちは、ポケモンとの距離が近い撮影スポットへ行こう。

はみ出さないように写す

ポケモンの体の一部が画面からはみ出た写真は、高い「きろく」をもらえない。ポケモンが2匹同時に現れたときは、2匹とも画面の中に収まるように写そう。

めずらしいポーズを写す

動いているポケモンを観察すると、ときどき変わったポーズをする。その瞬間がシャッターチャンスだ。撮影できれば、高い「きろく」をもらえる。

めずらしいポケモンを写す

特定の撮影スポットには、ごくまれにめずらしいポケモンが現れることがある。画面の中央に大きく写せば、10000を超える高い「きろく」をめざせる。

ゼンリョクガイド 　「姿を見かけたポケモン」として図鑑に登録されることがある

まだアローラ図鑑に登録していないポケモンをポケファインダーで撮影すると、「姿を見かけた」として名前が登録されることがある。写したポケモンの姿が小さいと、登録されにくい。ズーム機能を使って大きく写そう。

テクニック 2　ズーム機能は最大までパワーアップさせよう

ポケファインダーのズーム機能には、バージョンによって3段階の性能がある。ズームの性能を3段階目まで上げることも、高い「きろく」をもらうコツだ。同じ場所で撮影したニョロモの写真を見比べて、性能の違いを実感しよう。

●ズーム機能の段階と撮れる大きさ

Ver.1 ズームなし

Ver.2 ズーム1段階目

おみごロ!!

Ver.3 ズーム2段階目

Ver.4 ズーム3段階目

テクニック 3　ロトムのテンションを参考にして写真を選ぼう

評価してもらう写真を選ぶときは、シャッターを切った瞬間のロトムのテンションを参考にしよう。ロトムのテンションが高い写真ほど、高い「きろく」をもらえる。

●ロトムのセリフの例

セリフ	
「あっぱレ!!」「すばらシ!!」など	テンションが高い
「いいネ!」「さえてル!」など	
「ふムふム」「なるほロ」など	テンションが低い

上手に撮れた写真はSDカードに保存しよう

高い「きろく」をもらった写真や、ポケモンを上手に撮れた写真は、記念としてSDカードに保存しておこう。保存した写真は、ニンテンドー3DSのHOMEメニューから『ニンテンドー3DSカメラ』を起動すると見られる。撮影日ごとに整理されるので、見たい写真を探すのもかんたんだ。

●撮った写真を保存して見る方法

1 SDカードに保存する

撮影後に「きろく」をもらった後、「SDカードに　ほぞんする」を選んで写真を保存する。

2 3DSカメラを起動する

『ポケモン サン・ムーン』を終了して、『ニンテンドー3DSカメラ』を起動する。

3 見たい写真を選ぶ

「写真／ムービーを見る」をタッチした後、下画面のリストから見たい写真を選ぶ。

◆ 2はニンテンドー3DSのHOMEメニュー、3は「ニンテンドー3DSカメラ」の画面です。

4つの島の撮影スポットで ナイスな写真を撮ろう

ぜんぶで20か所ある撮影スポットと作品例を大紹介だ

ポケファインダーの撮影スポットは、アローラ地方に20か所ある。場所や時間帯によって、現れるポケモンの種類が決まっている。ここでは、各撮影スポットへ「リザードン フライト」で行く方法と、出現するポケモンの種類を紹介。公式ガイドブック編集部で激写したベストショットも掲載する。

ポケファインダーで撮影した ポケモン……ほんとに キュートなんですよ

アローラかんこうあんないじょの店員

●全撮影スポットと公式ガイドブック編集部が撮影したベストショット

撮影スポット 1 　メレメレじま　ハウオリシティ ショッピングエリア　159ページ

メレメレじま ハウオリシティ ショッピングエリアへ飛んだ後、東へ進む。アローラかんこうあんないじょの隣にある、壁の欠けた場所で撮影できる。

■現れるポケモン

ピカチュウ

ガーディ

ニャース アローラのすがた（「夜」のみ）

イワンコ（「昼」のみ）

撮影スポットの場所

撮影スポット 2 　メレメレじま　ハウオリシティ ビーチサイドエリア　159ページ

メレメレじま ハウオリシティ ショッピングエリアへ飛んだ後、東へ進む。ビーチサイドエリアの砂浜へ下り、砂の色が濃くなっている場所で撮影できる。

■現れるポケモン

キャモメ　　フワンテ（「昼」のみ）　　ペリッパー

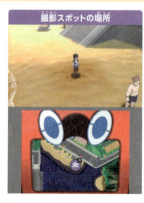
撮影スポットの場所

撮影スポット 3　メレメレじま　ハウオリれいえん　178ページ

メレメレじま ハウオリれいえんへ飛んだ後、東へ進む。ハウオリれいえんのいちばん奥の、東の端のお墓で撮影できる。

■ 現れるポケモン

ゴース（「夜」のみ）　ツツケラ（「昼」のみ）　ズバット（「夜」のみ）

撮影スポットの場所

撮影スポット 4　メレメレじま　メレメレのはなぞの　192ページ

メレメレじま メレメレのはなぞのへ飛んだ後、西へ進む。花園を通りぬけて高台へ上がると、高台の南の端で撮影できる。

■ 現れるポケモン

オドリドリ
ぱちぱちスタイル　アブリー

撮影スポットの場所

撮影スポット 5　メレメレじま　カーラエわん　199ページ

メレメレじま メレメレのはなぞのへ飛んだ後、西へ進む。花園をぬけてカーラエわんに入り、「ラプラス スイム」で水上の東の端へ進むと撮影できる。

■ 現れるポケモン

サニーゴ　ヤドン
ダグトリオ
アローラのすがた

撮影スポットの場所

撮影スポット 6　アーカラじま　オハナぼくじょう　227ページ

アーカラじま オハナぼくじょうへ飛んだ後、北へ進む。ポケモンあずかりやの北にある柵の近くで撮影できる。

■現れるポケモン

ヨーテリー　イーブイ
エーフィ（「昼」のみ）　ブラッキー（「夜」のみ）

撮影スポットの場所

撮影スポット 7　アーカラじま　せせらぎのおか　236ページ

アーカラじま せせらぎのおかへ飛んだ後、西へ進んで内部へ向かう。「ラプラス　スイム」で水上を進み、西側にある陸地の柵のそばで撮影できる。

■現れるポケモン

ニョロモ　ニョロトノ
シズクモ（「昼」のみ）　アメタマ（「夜」のみ）

撮影スポットの場所

撮影スポット 8　アーカラじま　ロイヤルアベニュー　246ページ

アーカラじま ロイヤルアベニューへ飛んだ後、東へ進んで広場に入る。円形の花壇の南側で撮影できる。

■現れるポケモン

バタフリー（「昼」のみ）

オドリドリ
ふらふらスタイル
（「夜」のみ）

撮影スポットの場所

撮影スポット 9　アーカラじま　ヴェラかざんこうえん　255ページ

アーカラじま ヴェラかざんこうえんへ飛んだ後、西へ進み、トンネルに入る。ぬしの間の前の段差を下りてトンネルをぬけると、東側の崖で撮影できる。

■現れるポケモン

カラカラ　ヤトウモリ
ヤヤコマ（「昼」のみ）　ファイアロー（「昼」のみ）

撮影スポットの場所

撮影スポット 10　アーカラじま　8ばんどうろ　261ページ

アーカラじま 8ばんどうろへ飛び、東へ道なりに進む。エーテルベースの窓の近くで撮影できる。

■現れるポケモン

マケンカニ
ヤングース（「昼」のみ）　コラッタ アローラのすがた（「夜」のみ）

撮影スポットの場所

撮影スポット 11　アーカラじま　シェードジャングル　264ページ

アーカラじま シェードジャングルへ飛んだ後、北へ道なりに進み、西側に入る。さらに道なりに進んだ先の曲がり角で撮影できる。

■現れるポケモン

キュワワー　パラス（「昼」のみ）　アマカジ（「昼」のみ）
ヌメルゴン　カリキリ（「夜」のみ）　ネマシュ（「夜」のみ）

撮影スポットの場所

撮影スポット 12　ウラウラじま　ホクラニだけ　336ページ

ウラウラじま ホクラニだけへ飛び、南へ道なりに進む。ヘアピンカーブの先端にあるガードレールの切れ目から路肩に下りると、北側の崖で撮影できる。

■現れるポケモン

ダンバル

メタング

ピッピ（「夜」のみ）　ピクシー（「夜」のみ）　ジバコイル（「夜」のみ）

撮影スポットの場所

撮影スポット 13　ウラウラじま　ホテリやま　350ページ

ウラウラじま ホテリやまへ飛び、西へ道なりに進む。ちねつはつでんしょの西側にある金網の前で撮影できる。

■現れるポケモン

トゲデマル

ポリゴンZ

エレキッド　レアコイル

撮影スポットの場所

撮影スポット 14　ウラウラじま　13ばんどうろ　355ページ

ウラウラじま カプのむらへ飛んだ後、東へ進んで13ばんどうろに入る。13ばんどうろにいるダイノーズを連れたおじいさんの東側に撮影スポットがある。

■現れるポケモン

メグロコ

フカマル

フライゴン

撮影スポットの場所

撮影スポット 15　ウラウラじま　スーパー・メガやす あとち　372ページ

ウラウラじま カプのむらへ飛び、南へ進んで14ばんどうろのスーパー・メガやす あとちへ向かう。建物に入り、突き当たりを西へ進むと撮影スポットがある。

■現れるポケモン

ゴース　　ゲンガー
　　ゴースト　ミミッキュ

撮影スポットの場所

撮影スポット 16　ウラウラじま　ウラウラのはなぞの　386ページ

ウラウラじま 16ばんどうろへ飛び、北へ進んでウラウラのはなぞのに入る。さらに北へ進み、木道が右にカーブしている場所で撮影できる。

■現れるポケモン

　　　オドリドリ
　　　めらめらスタイル
レディアン(「昼」のみ)　アリアドス(「夜」のみ)

撮影スポットの場所

撮影スポット 17　ウラウラじま　ラナキラマウンテン　445ページ

ウラウラじま ラナキラマウンテンへ飛んだ後、ポケモンリーグへ通じる道を北へ進む。道の途中にある、右側のくぼみで撮影できる。

■現れるポケモン

バニプッチ　バニリッチ　アブソル(「昼」のみ)
ニューラ(「夜」のみ)　ユキメノコ(「夜」のみ)

撮影スポットの場所

571

撮影スポット 18　ポニじま　ポニのだいきょうこく　428ページ

ポニじま ポニのだいきょうこくへ飛び、北へ進む。洞窟内部①、洞窟外①、洞窟内部②の順に進んで西の出口を出ると、つり橋の上で撮影できる。

■現れるポケモン

ジャラコ　ジャランゴ
ギガイアス　ルカリオ

撮影スポットの場所

撮影スポット 19　ポニじま　ポニのはなぞの　479ページ

ポニじま ポニのはなぞのへ飛び、北へ進む。入口からさらに北へ進み、突き当たりの氷辺の左端で撮影できる。

■現れるポケモン

アブリボン（「昼」のみ）
カイリュー
オドリドリ まいまいスタイル（「夜」のみ）

撮影スポットの場所

撮影スポット 20　ポニじま　ポニのかいがん　507ページ

ポニじま ポニのはなぞのへ飛び、東へ道なりに進んでポニのかいがんに入る。入ってすぐ目の前にある、高台の上で撮影できる。

■現れるポケモン

キテルグマ
オニドリル

撮影スポットの場所

ポケットモンスター サン・ムーン
公式ガイドブック 上
完全ストーリー攻略

ファッション

自由なアレンジでファッションを楽しもう

ブティックやヘアサロンでオシャレができる

アローラ地方では、服を着替えたり、髪型を変えたり、瞳の色を変えたりして、自分の見た目をアレンジできる。見た目を変えると、アローラ地方の島巡り中だけでなく、通信を使った遊びをするときも、アレンジした姿で登場する。交換相手や対戦相手に、自分の個性をアピールしよう。

変えることができるポイントをおぼえよう

ブティックなどでは、ぼうしやトップスなど、ぜんぶで7種類のアイテムを購入できる(主人公が女の子の場合は8種類)。また、髪型や髪の色、瞳の色を変えられる(主人公が女の子の場合は、リップの色も変えられる)。オシャレを楽しんで、自分の個性を輝かせよう。

●アレンジできるアイテムとパーツ

♠男の子♠

- ぼうし
- アイウェア
- 髪型
- 髪の色
- 瞳の色
- かばん
- トップス
- ボトムス
- くつした
- くつ

♥女の子♥

- ぼうし
- アイウェア
- かみかざり
- 髪型
- 髪の色
- 瞳の色
- リップの色
- かばん
- トップス
- ボトムス
- くつした
- くつ

★かみかざりとリップの色は、女の子だけのアイテム・パーツです。

ブティックでアイテムを手に入れよう

アローラ地方には、アイテムを買える店がぜんぶで7軒ある。店ごとに、売られる商品はすべて異なる。主人公の性別や、遊んでいるソフトのバージョンによっても、商品は変わる。

いらっしゃいませ！

ブティックの店員

●アイテムを買えるショップ

メレメレじま ハウオリシティ

ブティック

グラシデア

ウラウラじま マリエシティ

ブティック

ほりだしものいち

アーカラじま カンタイシティ・コニコシティ

ブティック

ブティック

ライチのジュエリーショップ

◆主人公が女の子の場合、アーカラじま コニコシティのライチのジュエリーショップでかみかざりを買えます。

フィッティングルームで着替えてみよう

ブティックにあるフィッティングルームに入れば、それまでに買ったアイテムで、いつでも着替えを楽しめる。フィッティングルームに入り、「きがえ」を選ぼう。持っているアイテムが下画面に表示される。アイテムの中から着たいものを選び、Aボタンで決定すれば、着替えられる。Yボタンを押すと、ズームして確認できる。

●フィッティングルームで着替える流れ

❶ アイテムを選ぶ

❷ 確認する

❸ 着替えが完了する

フィッティングルームで瞳の色を変えてみよう

メレメレじま ハウオリシティまで島巡りを進めると、リーリエからレンズケースをもらえる。レンズケースを持っていれば、いつでも瞳の色を変えられるようになる。フィッティングルームに入り、「カラーコンタクト」を選ぼう。下に紹介する9色の中から、自分の好みのカラーを選べる。

●「レンズケース」を手に入れる方法

メレメレじま ハウオリシティでリーリエからもらう

カラーコンタクトのバリエーション　－男の子・女の子共通－

◆レッドとパープルは、殿堂入り後に追加されます。

フィッティングルームでリップの色を変えてみよう ♥女の子限定♥

主人公が女の子の場合、メレメレじま ハウオリシティでリーリエからレンズケースをもらうときに、同時にコスメポーチももらえる。これを持っていれば、リップの色を変えられるようになる。フィッティングルームに入ったら、「リップ」を選ぼう。下に紹介する中から、好きなカラーを選べる。「リップオフ」を選ぶと、つけていない状態にもどる。

●「コスメポーチ」を手に入れる方法

メレメレじま ハウオリシティでリーリエからもらう（「レンズケース」と同時にもらう）

リップのバリエーション ♥女の子♥

ヘアサロンで髪型や髪の色を変えてみよう

ヘアサロンは、アローラ地方に3軒ある。どの店でも、髪型や髪の色を変えられる。ヘアアレンジには4000円、カラーには2000円かかる。両方を同時に行うと、割引価格の5000円になる。

ヘアサロンの店員

●ヘアサロンがある場所

メレメレじま	アーカラじま	ウラウラじま
ハウオリシティ	コニコシティ	マリエシティ

ヘアカラーのバリエーション　－男の子・女の子共通－

ブラック	ゴールド	ダークブラウン	アッシュブラウン	ライトベージュ

プラチナブロンド	ピンクブラウン	レッド	ホワイト

◆レッドとホワイトは、殿堂入り後に追加されます。

ヘアアレンジのバリエーション　♦男の子♦

ミディアム	ミディアムストレート	ベリーショート

ソフトリーゼント	ブレイズ	ウェーブパーマ

◆ウェーブパーマは、殿堂入り後に追加されます。

ヘアアレンジのバリエーション ♥女の子♥

ボブ

ショート

ストレートロング

ミディアムパーマ

ギブソンタック

ウェーブロング

ブレイズ

ツインテール

◆ツインテールは、殿堂入り後に追加されます。

アイテムカタログ ◆男の子◆

男の子用のアイテムの全カタログだ。フェスサークルをランク10に上げた後、同性のゲストの服をお取り寄せするときに必要なFC（フェスコイン）も掲載している（→P.541）。

男の子のオススメコーデは606ページを見よう。

ぼうし

ベースボールキャップ
買える場所：最初から持っている
値段 — (—)

トリルビーハット ホワイト
買える場所：ハウオリシティ ブティック
値段 7900円 (—)
染色 ○

トリルビーハット ブラック
買える場所：ハウオリシティ ブティック
値段 7900円 (79FC)

スポーツキャップ ヘドロパターン
買える場所：カンタイシティ ブティック
値段 5800円 (58FC)

ぼうし

スポーツふうキャップ ベージュ
買える場所：コニコシティ ブティック
値段 3200円 (32FC)

スポーツふうキャップ ピンク
買える場所：コニコシティ ブティック（『ポケモン サン』のみ）
値段 3200円 (32FC)

スポーツふうキャップ グリーン
買える場所：コニコシティ ブティック（『ポケモン ムーン』のみ）
値段 3200円 (32FC)

スポーツキャップ でんせつパターン
買える場所：コニコシティ ブティック
値段 3580円 (35FC)

ぼうし

スポーツキャップ たねパターン
買える場所：コニコシティ ブティック
値段 3580円 (35FC)

スポーツキャップ どくばちパターン
買える場所：コニコシティ ブティック（『ポケモン サン』のみ）
値段 3580円 (35FC)

ストリートキャップ ちつじょがら
買える場所：マリエシティ ブティック
値段 5400円 (54FC)

ストリートキャップ らいでんがら
買える場所：マリエシティ ブティック
値段 5400円 (54FC)

ぼうし

ストリートキャップ うろこがら
買える場所：マリエシティ ブティック
値段 5400円 (54FC)

ストリートキャップ くびなががら
買える場所：マリエシティ ブティック（『ポケモン サン』のみ）
値段 5400円 (54FC)

ストリートキャップ れいこくがら
買える場所：マリエシティ ブティック（『ポケモン ムーン』のみ）
値段 5400円 (54FC)

トリルビーハット レッド
買える場所：マリエシティ ブティック（『ポケモン ムーン』のみ）
値段 7900円 (79FC)

ぼうし

トリルビーハット イエロー
買える場所：マリエシティ ブティック（『ポケモン サン』のみ）
値段 7900円 (79FC)

トリルビーハット オレンジ
買える場所：マリエシティ ブティック（『ポケモン サン』のみ）
値段 7900円 (79FC)

トリルビーハット ピンク
買える場所：マリエシティ ブティック（『ポケモン サン』のみ）
値段 7900円 (79FC)

トリルビーハット ベージュ
買える場所：マリエシティ ブティック（『ポケモン サン』のみ）
値段 7900円 (79FC)

ぼうし

トリルビーハット グリーン
買える場所：マリエシティ ブティック（『ポケモン ムーン』のみ）
値段 7900円 (79FC)

トリルビーハット ブルー
買える場所：マリエシティ ブティック（『ポケモン ムーン』のみ）
値段 7900円 (79FC)

トリルビーハット ネイビー
買える場所：マリエシティ ブティック（『ポケモン ムーン』のみ）
値段 7900円 (79FC)

トリルビーハット パープル
買える場所：マリエシティ ブティック（『ポケモン ムーン』のみ）
値段 7900円 (79FC)

ぼうし

トリルビーハット グレー
買える場所：マリエシティ ブティック（『ポケモン ムーン』のみ）
値段 7900円 (79FC)

スポーツキャップ フルーツパターン
買える場所：マリエシティ ブティック
値段 3580円 (35FC)

スポーツキャップ なまこパターン
買える場所：マリエシティ ブティック
値段 3580円 (35FC)

スポーツキャップ くらげパターン
買える場所：マリエシティ ブティック
値段 3580円 (35FC)

トップス

ポロシャツ ブラック

買える場所: ハウオリシティブティック
値段: 1120円 (11FC)

ポロシャツ レッド

買える場所: ハウオリシティブティック(『ポケモン サン』のみ)
値段: 1120円 (11FC)

ポロシャツ イエロー

買える場所: ハウオリシティブティック(『ポケモン サン』のみ)
値段: 1120円 (11FC)

ポロシャツ オレンジ
買える場所: ハウオリシティブティック(『ポケモン サン』のみ)
値段: 1120円 (11FC)

トップス

ポロシャツ ピンク

買える場所: ハウオリシティブティック(『ポケモン サン』のみ)
値段: 1120円 (11FC)

ポロシャツ ベージュ

買える場所: ハウオリシティブティック(『ポケモン サン』のみ)
値段: 1120円 (11FC)

ポロシャツ グリーン

買える場所: ハウオリシティブティック(『ポケモン ムーン』のみ)
値段: 1120円 (11FC)

ポロシャツ ブルー
買える場所: ハウオリシティブティック(『ポケモン ムーン』のみ)
値段: 1120円 (11FC)

トップス

ポロシャツ ネイビー

買える場所: ハウオリシティブティック(『ポケモン ムーン』のみ)
値段: 1120円 (11FC)

ポロシャツ パープル

買える場所: ハウオリシティブティック(『ポケモン ムーン』のみ)
値段: 1120円 (11FC)

ポロシャツ グレー

買える場所: ハウオリシティブティック
値段: 1120円 (11FC)

なみのりタンクトップ
買える場所: ハウオリシティブティック
値段: 980円 (9FC)

トップス

カレッジタンクトップ

買える場所: ハウオリシティブティック
値段: 980円 (9FC)

はながらTシャツ

買える場所: ハウオリシティブティック(『ポケモン サン』のみ)
値段: 980円 (9FC)

アローラかいタンクトップ

買える場所: ハウオリシティブティック
値段: 980円 (9FC)

カジュアルボーダーTシャツ ブラック
買える場所: ハウオリシティブティック
値段: 980円 (9FC)

トップス

カジュアルボーダーTシャツ レッド

買える場所: ハウオリシティブティック(『ポケモン サン』のみ)
値段: 980円 (9FC)

カジュアルボーダーTシャツ イエロー

買える場所: ハウオリシティブティック(『ポケモン サン』のみ)
値段: 980円 (9FC)

カジュアルボーダーTシャツ オレンジ

買える場所: ハウオリシティブティック(『ポケモン サン』のみ)
値段: 980円 (9FC)

カジュアルボーダーTシャツ ピンク

買える場所: ハウオリシティブティック(『ポケモン サン』のみ)
値段: 980円 (9FC)

トップス

カジュアルボーダーTシャツ ベージュ

買える場所: ハウオリシティブティック(『ポケモン サン』のみ)
値段: 980円 (9FC)

カジュアルボーダーTシャツ グリーン

買える場所: ハウオリシティブティック(『ポケモン ムーン』のみ)
値段: 980円 (9FC)

カジュアルボーダーTシャツ ブルー

買える場所: ハウオリシティブティック(『ポケモン ムーン』のみ)
値段: 980円 (9FC)

カジュアルボーダーTシャツ ネイビー
買える場所: ハウオリシティブティック(『ポケモン ムーン』のみ)
値段: 980円 (9FC)

トップス

カジュアルボーダーTシャツ パープル

買える場所: ハウオリシティブティック(『ポケモン ムーン』のみ)
値段: 980円 (9FC)

カジュアルボーダーTシャツ グレー

買える場所: ハウオリシティブティック
値段: 980円 (9FC)

グレートマンタンクトップ

買える場所: カンタイシティブティック
値段: 6800円 (68FC)

ウルフタンクトップ

買える場所: カンタイシティブティック(『ポケモン サン』のみ)
値段: 6800円 (68FC)

トップス

ダークタンクトップ

買える場所: カンタイシティブティック(『ポケモン サン』のみ)
値段: 6800円 (68FC)

ホネズキタンクトップ

買える場所: カンタイシティブティック(『ポケモン ムーン』のみ)
値段: 6800円 (68FC)

ソウコウタンクトップ

買える場所: カンタイシティブティック(『ポケモン ムーン』のみ)
値段: 6800円 (68FC)

スポーツタンクトップ ヘドロパターン

買える場所: カンタイシティブティック
値段: 12500円 (125FC)

トップス

スターパターンポロシャツ
ホワイト
買える場所: カンタイシティ ブティック
値段 5800円(一) 染色○

スターパターンポロシャツ
ブラック
買える場所: カンタイシティ ブティック
値段 5800円(58FC)

スターパターンポロシャツ
レッド
買える場所: カンタイシティ ブティック
値段 5800円(58FC)

スターパターンポロシャツ
イエロー
買える場所: カンタイシティ ブティック
値段 5800円(58FC)

トップス

スターパターンポロシャツ
オレンジ
買える場所: カンタイシティ ブティック(『ポケモン サン』のみ)
値段 5800円(58FC)

スターパターンポロシャツ
ピンク
買える場所: カンタイシティ ブティック(『ポケモン サン』のみ)
値段 5800円(58FC)

スターパターンポロシャツ
ベージュ
買える場所: カンタイシティ ブティック(『ポケモン サン』のみ)
値段 5800円(58FC)

スターパターンポロシャツ
グリーン
買える場所: カンタイシティ ブティック(『ポケモン ムーン』のみ)
値段 5800円(58FC)

トップス

スターパターンポロシャツ
ブルー
買える場所: カンタイシティ ブティック(『ポケモン ムーン』のみ)
値段 5800円(58FC)

スターパターンポロシャツ
ネイビー
買える場所: カンタイシティ ブティック(『ポケモン ムーン』のみ)
値段 5800円(58FC)

スターパターンポロシャツ
パープル
買える場所: カンタイシティ ブティック(『ポケモン ムーン』のみ)
値段 5800円(58FC)

スターパターンポロシャツ
グレー
買える場所: カンタイシティ ブティック(『ポケモン ムーン』のみ)
値段 5800円(58FC)

トップス

スポーツふうタンクトップ
ベージュ
買える場所: コニコシティ ブティック
値段 4000円(40FC)

スポーツふうタンクトップ
ピンク
買える場所: コニコシティ ブティック(『ポケモン サン』のみ)
値段 4000円(40FC)

スポーツふうタンクトップ
グリーン
買える場所: コニコシティ ブティック(『ポケモン ムーン』のみ)
値段 4000円(40FC)

スナバァタンクトップ
買える場所: コニコシティ ブティック
値段 2900円(29FC)

トップス

ラブカスタンクトップ
買える場所: コニコシティ ブティック(『ポケモン ムーン』のみ)
値段 2900円(29FC)

ヒメリTシャツ
買える場所: コニコシティ ブティック
値段 4980円(49FC)

ネクタイTシャツ
買える場所: コニコシティ ブティック(『ポケモン サン』のみ)
値段 4980円(49FC)

チェリムTシャツ
買える場所: コニコシティ ブティック
値段 4980円(49FC)

トップス

ベラップTシャツ
買える場所: コニコシティ ブティック(『ポケモン ムーン』のみ)
値段 4980円(49FC)

アーガイルTシャツ
買える場所: コニコシティ ブティック(『ポケモン ムーン』のみ)
値段 4980円(49FC)

スポーツタンクトップ
でんせつパターン
買える場所: コニコシティ ブティック
値段 6280円(62FC)

スポーツタンクトップ
たねパターン
買える場所: コニコシティ ブティック
値段 6280円(62FC)

トップス

スポーツタンクトップ
どくばちパターン
買える場所: コニコシティ ブティック(『ポケモン サン』のみ)
値段 6280円(62FC)

スポーツタンクトップ
フルーツパターン
買える場所: マリエシティ ブティック
値段 6280円(62FC)

スポーツタンクトップ
なまこパターン
買える場所: マリエシティ ブティック(『ポケモン サン』のみ)
値段 6280円(62FC)

スポーツタンクトップ
くらげパターン
買える場所: マリエシティ ブティック(『ポケモン ムーン』のみ)
値段 6280円(62FC)

トップス

スポーツタンクトップ
けがにパターン
買える場所: マリエシティ ブティック(『ポケモン ムーン』のみ)
値段 6280円(62FC)

ボタンシャツ
ホワイト
買える場所: ハウオリシティ グラジデア
値段 49500円(一) 染色○

ボタンシャツ
ブラック
買える場所: ハウオリシティ グラジデア
値段 49500円(495FC)

ボタンシャツ
レッド
買える場所: ハウオリシティ グラジデア(『ポケモン サン』のみ)
値段 49500円(495FC)

トップス

ボタンシャツ イエロー	ボタンシャツ オレンジ	ボタンシャツ ピンク	ボタンシャツ ベージュ
買える場所: ハウオリシティ グラシデア (『ポケモン サン』のみ)	買える場所: ハウオリシティ グラシデア (『ポケモン サン』のみ)	買える場所: ハウオリシティ グラシデア (『ポケモン サン』のみ)	買える場所: ハウオリシティ グラシデア (『ポケモン サン』のみ)
値段 49500円(495FC)	値段 49500円(495FC)	値段 49500円(495FC)	値段 49500円(495FC)

トップス

ボタンシャツ グリーン	ボタンシャツ ブルー	ボタンシャツ ネイビー	ボタンシャツ パープル
買える場所: ハウオリシティ グラシデア (『ポケモン ムーン』のみ)	買える場所: ハウオリシティ グラシデア (『ポケモン ムーン』のみ)	買える場所: ハウオリシティ グラシデア (『ポケモン ムーン』のみ)	買える場所: ハウオリシティ グラシデア (『ポケモン ムーン』のみ)
値段 49500円(495FC)	値段 49500円(495FC)	値段 49500円(495FC)	値段 49500円(495FC)

トップス

ボタンシャツ グレー	ストライプボタンシャツ ホワイト	ストライプボタンシャツ ブラック	ストライプボタンシャツ レッド
買える場所: ハウオリシティ グラシデア (『ポケモン ムーン』のみ)	買える場所: ハウオリシティ グラシデア	買える場所: ハウオリシティ グラシデア	買える場所: ハウオリシティ グラシデア (『ポケモン サン』のみ)
値段 49500円(495FC)	値段 49500円(ー) 染色〇	値段 49500円(495FC)	値段 49500円(495FC)

トップス

ストライプボタンシャツ イエロー	ストライプボタンシャツ オレンジ	ストライプボタンシャツ ピンク	ストライプボタンシャツ ベージュ
買える場所: ハウオリシティ グラシデア (『ポケモン サン』のみ)	買える場所: ハウオリシティ グラシデア (『ポケモン サン』のみ)	買える場所: ハウオリシティ グラシデア (『ポケモン サン』のみ)	買える場所: ハウオリシティ グラシデア (『ポケモン サン』のみ)
値段 49500円(495FC)	値段 49500円(495FC)	値段 49500円(495FC)	値段 49500円(495FC)

トップス

ストライプボタンシャツ グリーン	ストライプボタンシャツ ブルー	ストライプボタンシャツ ネイビー	ストライプボタンシャツ パープル
買える場所: ハウオリシティ グラシデア (『ポケモン ムーン』のみ)	買える場所: ハウオリシティ グラシデア (『ポケモン ムーン』のみ)	買える場所: ハウオリシティ グラシデア (『ポケモン ムーン』のみ)	買える場所: ハウオリシティ グラシデア (『ポケモン ムーン』のみ)
値段 49500円(495FC)	値段 49500円(495FC)	値段 49500円(495FC)	値段 49500円(495FC)

トップス / ボトムス

ストライプボタンシャツ グレー	スカルタンクトップ	クロップドパンツ ホワイト	クロップドパンツ ブラック
買える場所: ハウオリシティ グラシデア (『ポケモン ムーン』のみ)	買える場所: ポータウン ポケモンセンター (殿堂入り後)	買える場所: ハウオリシティ ブティック	買える場所: ハウオリシティ ブティック
値段 49500円(495FC)	値段 10000円(150FC)	値段 1120円(ー) 染色〇	値段 1120円(11FC)

ボトムス

クロップドパンツ レッド	クロップドパンツ イエロー	クロップドパンツ オレンジ	クロップドパンツ ピンク
買える場所: ハウオリシティ ブティック (『ポケモン サン』のみ)	買える場所: ハウオリシティ ブティック (『ポケモン サン』のみ)	買える場所: ハウオリシティ ブティック (『ポケモン サン』のみ)	買える場所: ハウオリシティ ブティック (『ポケモン サン』のみ)
値段 1120円(11FC)	値段 1120円(11FC)	値段 1120円(11FC)	値段 1120円(11FC)

ボトムス

クロップドパンツ ベージュ	クロップドパンツ グリーン	クロップドパンツ ブルー	クロップドパンツ ネイビー
買える場所: ハウオリシティ ブティック (『ポケモン サン』のみ)	買える場所: ハウオリシティ ブティック (『ポケモン ムーン』のみ)	買える場所: ハウオリシティ ブティック (『ポケモン ムーン』のみ)	買える場所: ハウオリシティ ブティック (『ポケモン ムーン』のみ)
値段 1120円(11FC)	値段 1120円(11FC)	値段 1120円(11FC)	値段 1120円(11FC)

583

ボトムス

リブつき7ぶたけパンツ ブラック

買える場所：マリエシティ ブティック
値段 5250円（52FC）

リブつき7ぶたけパンツ レッド

買える場所：マリエシティ ブティック（『ポケモン サン』のみ）
値段 5250円（52FC）

リブつき7ぶたけパンツ イエロー

買える場所：マリエシティ ブティック（『ポケモン サン』のみ）
値段 5250円（52FC）

リブつき7ぶたけパンツ オレンジ

買える場所：マリエシティ ブティック（『ポケモン サン』のみ）
値段 5250円（52FC）

リブつき7ぶたけパンツ ピンク

買える場所：マリエシティ ブティック（『ポケモン サン』のみ）
値段 5250円（52FC）

リブつき7ぶたけパンツ ベージュ

買える場所：マリエシティ ブティック（『ポケモン サン』のみ）
値段 5250円（52FC）

リブつき7ぶたけパンツ グリーン

買える場所：マリエシティ ブティック（『ポケモン ムーン』のみ）
値段 5250円（52FC）

リブつき7ぶたけパンツ ブルー

買える場所：マリエシティ ブティック（『ポケモン ムーン』のみ）
値段 5250円（52FC）

リブつき7ぶたけパンツ ネイビー

買える場所：マリエシティ ブティック（『ポケモン ムーン』のみ）
値段 5250円（52FC）

リブつき7ぶたけパンツ パープル

買える場所：マリエシティ ブティック（『ポケモン ムーン』のみ）
値段 5250円（52FC）

リブつき7ぶたけパンツ グレー
買える場所：マリエシティ ブティック（『ポケモン ムーン』のみ）
値段 5250円（52FC）

スポーティハーフパンツ フルーツパターン
買える場所：マリエシティ ブティック
値段 3980円（39FC）

ボトムス

スポーティハーフパンツ なまこパターン

買える場所：マリエシティ ブティック（『ポケモン サン』のみ）
値段 3980円（39FC）

スポーティハーフパンツ くらげパターン
買える場所：マリエシティ ブティック（『ポケモン ムーン』のみ）
値段 3980円（39FC）

スポーティハーフパンツ けがにパターン

買える場所：マリエシティ ブティック
値段 3980円（39FC）

クルーソックス ホワイト

買える場所：ハウオリシティ ブティック
値段 300円（—） 染色

くつした

クルーソックス ブラック
買える場所：ハウオリシティ ブティック
値段 300円（3FC）

クルーソックス レッド
買える場所：ハウオリシティ ブティック（『ポケモン サン』のみ）
値段 300円（3FC）

クルーソックス イエロー
買える場所：ハウオリシティ ブティック（『ポケモン サン』のみ）
値段 300円（3FC）

クルーソックス オレンジ
買える場所：ハウオリシティ ブティック（『ポケモン サン』のみ）
値段 300円（3FC）

くつした

クルーソックス ピンク
買える場所：ハウオリシティ ブティック（『ポケモン サン』のみ）
値段 300円（3FC）

クルーソックス ベージュ

買える場所：ハウオリシティ ブティック（『ポケモン サン』のみ）
値段 300円（3FC）

クルーソックス グリーン

買える場所：ハウオリシティ ブティック（『ポケモン ムーン』のみ）
値段 300円（3FC）

クルーソックス ブルー
買える場所：ハウオリシティ ブティック（『ポケモン ムーン』のみ）
値段 300円（3FC）

くつした

クルーソックス ネイビー
買える場所：ハウオリシティ ブティック（『ポケモン ムーン』のみ）
値段 300円（3FC）

クルーソックス パープル
買える場所：ハウオリシティ ブティック（『ポケモン ムーン』のみ）
値段 300円（3FC）

クルーソックス グレー
買える場所：ハウオリシティ ブティック
値段 300円（3FC）

マリンスニーカー
買える場所：最初から持っている
値段 —（78FC）

くつ

コインローファー ちじょがら

買える場所：カンタイシティ ブティック
値段 14500円（145FC）

コインローファー らいでんがら

買える場所：カンタイシティ ブティック
値段 14500円（145FC）

コインローファー うろこがら
買える場所：カンタイシティ ブティック
値段 14500円（145FC）

コインローファー くびなががら

買える場所：カンタイシティ ブティック（『ポケモン サン』のみ）
値段 14500円（145FC）

くつ

コインローファー れいこくがら 値段 14500円 (145FC)	ローカットスニーカー ホワイト 買える場所 コニコシティ ブティック (『ポケモン サン』のみ) 値段 4980円 (49FC)	ローカットスニーカー ブラック 買える場所 コニコシティ ブティック (『ポケモン ムーン』のみ) 値段 4980円 (49FC)	スポーツスニーカー ホワイト 買える場所 コニコシティ ブティック 値段 5150円 (―) 染色
スポーツスニーカー ブラック 買える場所 コニコシティ ブティック 値段 5150円 (51FC)	スポーツスニーカー レッド 買える場所 コニコシティ ブティック (『ポケモン サン』のみ) 値段 5150円 (51FC)	スポーツスニーカー イエロー 買える場所 コニコシティ ブティック (『ポケモン サン』のみ) 値段 5150円 (51FC)	スポーツスニーカー オレンジ 買える場所 コニコシティ ブティック (『ポケモン サン』のみ) 値段 5150円 (51FC)
スポーツスニーカー ピンク 買える場所 コニコシティ ブティック (『ポケモン サン』のみ) 値段 5150円 (51FC)	スポーツスニーカー ベージュ 買える場所 コニコシティ ブティック (『ポケモン サン』のみ) 値段 5150円 (51FC)	スポーツスニーカー グリーン 買える場所 コニコシティ ブティック (『ポケモン ムーン』のみ) 値段 5150円 (51FC)	スポーツスニーカー ブルー 買える場所 コニコシティ ブティック (『ポケモン ムーン』のみ) 値段 5150円 (51FC)
スポーツスニーカー ネイビー 買える場所 コニコシティ ブティック (『ポケモン ムーン』のみ) 値段 5150円 (51FC)	スポーツスニーカー パープル 買える場所 コニコシティ ブティック (『ポケモン ムーン』のみ) 値段 5150円 (51FC)	スポーツスニーカー グレー 買える場所 コニコシティ ブティック (『ポケモン ムーン』のみ) 値段 5150円 (51FC)	スポーツスニーカー マルチレッド 買える場所 マリエシティ ブティック (『ポケモン サン』のみ) 値段 6550円 (65FC)
スポーツスニーカー マルチイエロー 買える場所 マリエシティ ブティック (『ポケモン サン』のみ) 値段 6550円 (65FC)	スポーツスニーカー マルチオレンジ 買える場所 マリエシティ ブティック (『ポケモン サン』のみ) 値段 6550円 (65FC)	スポーツスニーカー マルチピンク 買える場所 マリエシティ ブティック (『ポケモン サン』のみ) 値段 6550円 (65FC)	スポーツスニーカー マルチベージュ 買える場所 マリエシティ ブティック (『ポケモン サン』のみ) 値段 6550円 (65FC)
スポーツスニーカー マルチグリーン 買える場所 マリエシティ ブティック (『ポケモン ムーン』のみ) 値段 6550円 (65FC)	スポーツスニーカー マルチブルー 買える場所 マリエシティ ブティック (『ポケモン ムーン』のみ) 値段 6550円 (65FC)	スポーツスニーカー マルチネイビー 買える場所 マリエシティ ブティック (『ポケモン ムーン』のみ) 値段 6550円 (65FC)	スポーツスニーカー マルチパープル 買える場所 マリエシティ ブティック (『ポケモン ムーン』のみ) 値段 6550円 (65FC)
スポーツスニーカー マルチグレー 買える場所 マリエシティ ブティック (『ポケモン ムーン』のみ) 値段 6550円 (65FC)	コインローファー レアちつじょから 買える場所 マリエシティ ほりだしものいち (『ポケモン ムーン』のみ) 値段 50000円 (500FC)	コインローファー レアくびなががら 買える場所 マリエシティ ほりだしものいち (『ポケモン ムーン』のみ) 値段 50000円 (500FC)	コインローファー レアれいこくがら 買える場所 マリエシティ ほりだしものいち (『ポケモン ムーン』のみ) 値段 50000円 (500FC)
コインローファー レアらいでんがら 買える場所 マリエシティ ほりだしものいち (『ポケモン ムーン』のみ) 値段 50000円 (500FC)	コインローファー レアうろこがら 買える場所 マリエシティ ほりだしものいち (『ポケモン ムーン』のみ) 値段 50000円 (500FC)	ローファーシューズ ホワイト 買える場所 ハウオリシティ グラシデア 値段 55800円 (―) 染色	ローファーシューズ ブラック 買える場所 ハウオリシティ グラシデア 値段 55800円 (558FC)

くつ

ローファーシューズ レッド
買える場所: ハウオリシティ グラシアア (『ポケモン サン』のみ)
値段: 55800円(558FC)

ローファーシューズ イエロー
買える場所: ハウオリシティ グラシアア (『ポケモン サン』のみ)
値段: 55800円(558FC)

ローファーシューズ オレンジ
買える場所: ハウオリシティ グラシアア (『ポケモン サン』のみ)
値段: 55800円(558FC)

ローファーシューズ ピンク
買える場所: ハウオリシティ グラシアア (『ポケモン サン』のみ)
値段: 55800円(558FC)

ローファーシューズ ベージュ
買える場所: ハウオリシティ グラシアア (『ポケモン サン』のみ)
値段: 55800円(558FC)

ローファーシューズ グリーン
買える場所: ハウオリシティ グラシアア (『ポケモン ムーン』のみ)
値段: 55800円(558FC)

ローファーシューズ ブルー
買える場所: ハウオリシティ グラシアア (『ポケモン ムーン』のみ)
値段: 55800円(558FC)

ローファーシューズ ネイビー
買える場所: ハウオリシティ グラシアア (『ポケモン ムーン』のみ)
値段: 55800円(558FC)

くつ

ローファーシューズ パープル
買える場所: ハウオリシティ グラシアア (『ポケモン ムーン』のみ)
値段: 55800円(558FC)

ローファーシューズ グレー
買える場所: ハウオリシティ グラシアア (『ポケモン ムーン』のみ)
値段: 55800円(558FC)

かばん

ナイロンリュック
買える場所: 最初から持っている
値段: —(82FC)

ベルトレザーリュック ホワイト
買える場所: コニコシティ ブティック
値段: 6500円(—)

かばん

ベルトレザーリュック ブラック
買える場所: コニコシティ ブティック
値段: 6500円(65FC)

ベルトレザーリュック レッド
買える場所: コニコシティ ブティック (『ポケモン サン』のみ)
値段: 6500円(65FC)

ベルトレザーリュック イエロー
買える場所: コニコシティ ブティック (『ポケモン サン』のみ)
値段: 6500円(65FC)

ベルトレザーリュック オレンジ
買える場所: コニコシティ ブティック (『ポケモン サン』のみ)
値段: 6500円(65FC)

かばん

ベルトレザーリュック ピンク
買える場所: コニコシティ ブティック (『ポケモン サン』のみ)
値段: 6500円(65FC)

ベルトレザーリュック ベージュ
買える場所: コニコシティ ブティック (『ポケモン サン』のみ)
値段: 6500円(65FC)

ベルトレザーリュック グリーン
買える場所: コニコシティ ブティック (『ポケモン ムーン』のみ)
値段: 6500円(65FC)

ベルトレザーリュック ブルー
買える場所: コニコシティ ブティック (『ポケモン ムーン』のみ)
値段: 6500円(65FC)

かばん

ベルトレザーリュック ネイビー
買える場所: コニコシティ ブティック (『ポケモン ムーン』のみ)
値段: 6500円(65FC)

ベルトレザーリュック パープル
買える場所: コニコシティ ブティック (『ポケモン ムーン』のみ)
値段: 6500円(65FC)

ベルトレザーリュック グレー
買える場所: コニコシティ ブティック (『ポケモン ムーン』のみ)
値段: 6500円(65FC)

スポーティリュック ホワイト
買える場所: マリエシティ ブティック
値段: 12000円(—)

かばん

スポーティリュック ブラック
買える場所: マリエシティ ブティック
値段: 12000円(120FC)

スポーティリュック レッド
買える場所: マリエシティ ブティック (『ポケモン サン』のみ)
値段: 12000円(120FC)

スポーティリュック イエロー
買える場所: マリエシティ ブティック (『ポケモン サン』のみ)
値段: 12000円(120FC)

スポーティリュック オレンジ
買える場所: マリエシティ ブティック (『ポケモン サン』のみ)
値段: 12000円(120FC)

かばん

スポーティリュック ピンク
買える場所: マリエシティ ブティック (『ポケモン サン』のみ)
値段: 12000円(120FC)

スポーティリュック ベージュ
買える場所: マリエシティ ブティック (『ポケモン ムーン』のみ)
値段: 12000円(120FC)

スポーティリュック グリーン
買える場所: マリエシティ ブティック (『ポケモン ムーン』のみ)
値段: 12000円(120FC)

スポーティリュック ブルー
買える場所: マリエシティ ブティック (『ポケモン ムーン』のみ)
値段: 12000円(120FC)

かばん

スポーティリュック ネイビー	スポーティリュック パープル	スポーティリュック グレー	レザーリュック ホワイト
買える場所：マリエシティ ブティック（『ポケモン ムーン』のみ）	買える場所：マリエシティ ブティック（『ポケモン ムーン』のみ）	買える場所：マリエシティ ブティック（『ポケモン ムーン』のみ）	買える場所：ハウオリシティ グラシデア
値段 12000円（120FC）	値段 12000円（120FC）	値段 12000円（120FC）	値段 378000円（—）　染色○

レザーリュック ブラック	レザーリュック レッド	レザーリュック イエロー	レザーリュック オレンジ
ハウオリシティ グラシデア	ハウオリシティ グラシデア（『ポケモン サン』のみ）	ハウオリシティ グラシデア（『ポケモン サン』のみ）	ハウオリシティ グラシデア（『ポケモン サン』のみ）
378000円（1890FC）	378000円（1890FC）	378000円（1890FC）	378000円（1890FC）

レザーリュック ピンク	レザーリュック ベージュ	レザーリュック グリーン	レザーリュック ブルー
ハウオリシティ グラシデア（『ポケモン サン』のみ）	ハウオリシティ グラシデア（『ポケモン サン』のみ）	ハウオリシティ グラシデア（『ポケモン ムーン』のみ）	ハウオリシティ グラシデア（『ポケモン ムーン』のみ）
378000円（1890FC）	378000円（1890FC）	378000円（1890FC）	378000円（1890FC）

レザーリュック ネイビー	レザーリュック パープル	レザーリュック グレー	ウェリントングラス ホワイト
ハウオリシティ グラシデア（『ポケモン ムーン』のみ）	ハウオリシティ グラシデア（『ポケモン ムーン』のみ）	ハウオリシティ グラシデア（『ポケモン ムーン』のみ）	カンタイシティ ブティック
378000円（1890FC）	378000円（1890FC）	378000円（1890FC）	4900円（49FC）

アイウェア

ウェリントングラス ブラック	ウェリントングラス レッド	ウェリントングラス イエロー	ウェリントングラス オレンジ
カンタイシティ ブティック	カンタイシティ ブティック（『ポケモン サン』のみ）	カンタイシティ ブティック（『ポケモン サン』のみ）	カンタイシティ ブティック（『ポケモン サン』のみ）
4900円（49FC）	4900円（49FC）	4900円（49FC）	4900円（49FC）

ウェリントングラス ピンク	ウェリントングラス グリーン	ウェリントングラス ブルー	ウェリントングラス ネイビー
カンタイシティ ブティック（『ポケモン サン』のみ）	カンタイシティ ブティック（『ポケモン サン』のみ）	カンタイシティ ブティック（『ポケモン ムーン』のみ）	カンタイシティ ブティック（『ポケモン ムーン』のみ）
4900円（49FC）	4900円（49FC）	4900円（49FC）	4900円（49FC）

ウェリントングラス パープル	ミラーサングラス ホワイト	ミラーサングラス イエロー	ミラーサングラス レッド
カンタイシティ ブティック（『ポケモン ムーン』のみ）	マリエシティ ブティック	マリエシティ ブティック（『ポケモン サン』のみ）	マリエシティ ブティック（『ポケモン サン』のみ）
4900円（49FC）	15800円（158FC）	15800円（158FC）	15800円（158FC）

ミラーサングラス ブルー	ミラーサングラス グリーン	メタルフレームサングラス グレー	メタルフレームサングラス ブラウン
マリエシティ ブティック（『ポケモン ムーン』のみ）	マリエシティ ブティック（『ポケモン ムーン』のみ）	ハウオリシティ グラシデア	ハウオリシティ グラシデア（『ポケモン サン』のみ）
15800円（158FC）	15800円（158FC）	39800円（398FC）	39800円（398FC）

アイウェア

メタルフレームサングラス ピンク

買える場所: ハウオリシティ グラシデア（『ポケモン サン』のみ）
値段 39800円（398FC）

メタルフレームサングラス ブルー
買える場所: ハウオリシティ グラシデア（『ポケモン ムーン』のみ）
値段 39800円（398FC）

メタルフレームサングラス パープル

買える場所: ハウオリシティ グラシデア（『ポケモン ムーン』のみ）
値段 39800円（398FC）

アイテムカタログ ♥女の子♥

女の子用のアイテムの全カタログだ。フェスサークルをランク10に上げた後、同性のゲストの服をお取り寄せするときに必要なFC（フェスコイン）も掲載している（→P.541）。

女の子のオススメコーデは608ページを見よう。

ぼうし

ニットキャップ

買える場所: 最初から持っている
値段 —（—）

トリルビーハット ホワイト

買える場所: ハウオリシティ ブティック
値段 7900円（—） 染色

トリルビーハット ブラック

買える場所: ハウオリシティ ブティック
値段 7900円（79FC）

スポーツキャップ ヘドロパターン

買える場所: カンタイシティ ブティック
値段 5800円（58FC）

ぼうし

スポーツふうキャップ ベージュ

買える場所: コニコシティ ブティック
値段 3200円（35FC）

スポーツふうキャップ ピンク

買える場所: コニコシティ ブティック（『ポケモン サン』のみ）
値段 3200円（32FC）

スポーツふうキャップ グリーン

買える場所: コニコシティ ブティック（『ポケモン ムーン』のみ）
値段 3200円（32FC）

スポーツキャップ でんせつパターン

買える場所: コニコシティ ブティック
値段 3580円（35FC）

ぼうし

スポーツキャップ たねパターン

買える場所: コニコシティ ブティック
値段 3580円（35FC）

スポーツキャップ どくばちパターン

買える場所: コニコシティ ブティック（『ポケモン サン』のみ）
値段 3580円（35FC）

トリルビーハット レッド

買える場所: マリエシティ ブティック（『ポケモン サン』のみ）
値段 7900円（79FC）

トリルビーハット イエロー

買える場所: マリエシティ ブティック（『ポケモン サン』のみ）
値段 7900円（79FC）

ぼうし

トリルビーハット オレンジ

買える場所: マリエシティ ブティック（『ポケモン サン』のみ）
値段 7900円（79FC）

トリルビーハット ピンク

買える場所: マリエシティ ブティック（『ポケモン サン』のみ）
値段 7900円（79FC）

トリルビーハット ベージュ

買える場所: マリエシティ ブティック（『ポケモン ムーン』のみ）
値段 7900円（79FC）

トリルビーハット グリーン

買える場所: マリエシティ ブティック（『ポケモン ムーン』のみ）
値段 7900円（79FC）

ぼうし

トリルビーハット ブルー
買える場所: マリエシティ ブティック（『ポケモン ムーン』のみ）
値段 7900円（79FC）

トリルビーハット ネイビー

買える場所: マリエシティ ブティック
値段 7900円（79FC）

トリルビーハット パープル

買える場所: マリエシティ ブティック
値段 7900円（79FC）

トリルビーハット グレー

買える場所: マリエシティ ブティック
値段 7900円（79FC）

ぼうし

ストリートキャップ ちつじょから

買える場所: マリエシティ ブティック
値段 5400円（54FC）

ストリートキャップ らいでんから

買える場所: マリエシティ ブティック
値段 5400円（54FC）

ストリートキャップ うろこから

買える場所: マリエシティ ブティック
値段 5400円（54FC）

ストリートキャップ くびながから

買える場所: マリエシティ ブティック（『ポケモン サン』のみ）
値段 5400円（54FC）

💬 ぼうし			
ストリートキャップ れいこくがら 買える場所：マリエシティ ブティック（『ポケモン ムーン』のみ） 値段 5400円(54FC)	スポーツキャップ フルーツパターン 買える場所：マリエシティ ブティック 値段 3580円(35FC)	スポーツキャップ なまこパターン 買える場所：マリエシティ ブティック（『ポケモン サン』のみ） 値段 3580円(35FC)	スポーツキャップ くらげパターン 買える場所：マリエシティ ブティック（『ポケモン ムーン』のみ） 値段 3580円(35FC)
💬 ぼうし			
スポーツキャップ けがにパターン 買える場所：マリエシティ ブティック（『ポケモン ムーン』のみ） 値段 3580円(35FC)	ストリートキャップ レアちつじょがら 買える場所：マリエシティ ほりだしものいち（『ポケモン サン』のみ） 値段 25000円(250FC)	ストリートキャップ レアくびながから 買える場所：マリエシティ ほりだしものいち（『ポケモン サン』のみ） 値段 25000円(250FC)	ストリートキャップ レアれいこくがら 買える場所：マリエシティ ほりだしものいち 値段 25000円(250FC)
💬 ぼうし			
ストリートキャップ レアらいでんから 買える場所：マリエシティ ほりだしものいち（『ポケモン サン』のみ） 値段 25000円(250FC)	ストリートキャップ レアうろこがら 買える場所：マリエシティ ほりだしものいち 値段 25000円(250FC)	リゾートハット ホワイト 買える場所：ハウオリシティ グラシアデア 値段 158000円(—) 染色○	リゾートハット ブラック 買える場所：ハウオリシティ グラシアデア 値段 158000円(790FC)
💬 ぼうし			
リゾートハット レッド 買える場所：ハウオリシティ グラシアデア（『ポケモン サン』のみ） 値段 158000円(790FC)	リゾートハット イエロー 買える場所：ハウオリシティ グラシアデア（『ポケモン サン』のみ） 値段 158000円(790FC)	リゾートハット オレンジ 買える場所：ハウオリシティ グラシアデア（『ポケモン サン』のみ） 値段 158000円(790FC)	リゾートハット ピンク 買える場所：ハウオリシティ グラシアデア（『ポケモン サン』のみ） 値段 158000円(790FC)
💬 ぼうし			
リゾートハット ベージュ 買える場所：ハウオリシティ グラシアデア（『ポケモン サン』のみ） 値段 158000円(790FC)	リゾートハット グリーン 買える場所：ハウオリシティ グラシアデア（『ポケモン ムーン』のみ） 値段 158000円(790FC)	リゾートハット ブルー 買える場所：ハウオリシティ グラシアデア（『ポケモン ムーン』のみ） 値段 158000円(790FC)	リゾートハット ネイビー 買える場所：ハウオリシティ グラシアデア（『ポケモン ムーン』のみ） 値段 158000円(790FC)
💬 ぼうし		👕 トップス	
リゾートハット パープル 買える場所：ハウオリシティ グラシアデア（『ポケモン ムーン』のみ） 値段 158000円(790FC)	リゾートハット グレー 買える場所：ハウオリシティ グラシアデア 値段 158000円(790FC)	なんこくタンクトップ 最初から持っている 値段 —(9FC)	VネックTシャツ ホワイト 買える場所：ハウオリシティ ブティック 値段 980円(—) 染色○
👕 トップス			
VネックTシャツ ブラック 買える場所：ハウオリシティ ブティック 値段 980円(9FC)	VネックTシャツ レッド 買える場所：ハウオリシティ ブティック（『ポケモン サン』のみ） 値段 980円(9FC)	VネックTシャツ イエロー 買える場所：ハウオリシティ ブティック（『ポケモン サン』のみ） 値段 980円(9FC)	VネックTシャツ オレンジ 買える場所：ハウオリシティ ブティック（『ポケモン サン』のみ） 値段 980円(9FC)
👕 トップス			
VネックTシャツ ピンク 買える場所：ハウオリシティ ブティック（『ポケモン サン』のみ） 値段 980円(9FC)	VネックTシャツ ベージュ 買える場所：ハウオリシティ ブティック（『ポケモン サン』のみ） 値段 980円(9FC)	VネックTシャツ グリーン 買える場所：ハウオリシティ ブティック（『ポケモン ムーン』のみ） 値段 980円(9FC)	VネックTシャツ ブルー 買える場所：ハウオリシティ ブティック（『ポケモン ムーン』のみ） 値段 980円(9FC)

トップス

VネックTシャツ
ネイビー
買える場所
ハウオリシティ
ブティック
(「ポケモン ムーン」のみ)
値段 980円(9FC)

VネックTシャツ
パープル
買える場所
ハウオリシティ
ブティック
(「ポケモン ムーン」のみ)
値段 980円(9FC)

VネックTシャツ
グレー
買える場所
ハウオリシティ
ブティック
(「ポケモン ムーン」のみ)
値段 980円(9FC)

タンクトップ
ホワイト
買える場所
ハウオリシティ
ブティック
値段 980円(—)
染色 ○

トップス

タンクトップ
ブラック
買える場所
ハウオリシティ
ブティック
値段 980円(9FC)

タンクトップ
レッド
買える場所
ハウオリシティ
ブティック
(「ポケモン サン」のみ)
値段 980円(9FC)

タンクトップ
イエロー
買える場所
ハウオリシティ
ブティック
(「ポケモン サン」のみ)
値段 980円(9FC)

タンクトップ
オレンジ
買える場所
ハウオリシティ
ブティック
(「ポケモン サン」のみ)
値段 980円(9FC)

トップス

タンクトップ
ピンク
買える場所
ハウオリシティ
ブティック
(「ポケモン サン」のみ)
値段 980円(9FC)

タンクトップ
ベージュ
買える場所
ハウオリシティ
ブティック
(「ポケモン サン」のみ)
値段 980円(9FC)

タンクトップ
グリーン
買える場所
ハウオリシティ
ブティック
(「ポケモン ムーン」のみ)
値段 980円(9FC)

タンクトップ
ブルー
買える場所
ハウオリシティ
ブティック
(「ポケモン ムーン」のみ)
値段 980円(9FC)

トップス

タンクトップ
ネイビー
買える場所
ハウオリシティ
ブティック
(「ポケモン ムーン」のみ)
値段 980円(9FC)

タンクトップ
パープル
買える場所
ハウオリシティ
ブティック
(「ポケモン ムーン」のみ)
値段 980円(9FC)

タンクトップ
グレー
買える場所
ハウオリシティ
ブティック
(「ポケモン ムーン」のみ)
値段 980円(9FC)

なみのりタンクトップ
買える場所
ハウオリシティ
ブティック
値段 980円(9FC)

トップス

カレッジタンクトップ
買える場所
ハウオリシティ
ブティック
値段 980円(9FC)

はながらタンクトップ
買える場所
ハウオリシティ
ブティック
(「ポケモン サン」のみ)
値段 980円(9FC)

アローラかいタンクトップ
買える場所
ハウオリシティ
ブティック
(「ポケモン ムーン」のみ)
値段 980円(9FC)

グレートマンタンクトップ
買える場所
カンタイシティ
ブティック
値段 6800円(68FC)

トップス

ドックトゥースタンクトップ
買える場所
カンタイシティ
ブティック
(「ポケモン サン」のみ)
値段 6800円(68FC)

コブラポケモンタンクトップ
買える場所
カンタイシティ
ブティック
(「ポケモン ムーン」のみ)
値段 6800円(68FC)

スポーツタンクトップ
ヘドロパターン
買える場所
カンタイシティ
ブティック
値段 12500円(125FC)

フリルドットタンクトップ
ホワイト
買える場所
カンタイシティ
ブティック
値段 3580円(—)
染色 ○

トップス

フリルドットタンクトップ
ブラック
買える場所
カンタイシティ
ブティック
値段 3580円(35FC)

フリルドットタンクトップ
レッド
買える場所
カンタイシティ
ブティック
(「ポケモン サン」のみ)
値段 3580円(35FC)

フリルドットタンクトップ
イエロー
買える場所
カンタイシティ
ブティック
(「ポケモン サン」のみ)
値段 3580円(35FC)

フリルドットタンクトップ
オレンジ
買える場所
カンタイシティ
ブティック
(「ポケモン サン」のみ)
値段 3580円(35FC)

トップス

フリルドットタンクトップ
ピンク
買える場所
カンタイシティ
ブティック
(「ポケモン サン」のみ)
値段 3580円(35FC)

フリルドットタンクトップ
ベージュ
買える場所
カンタイシティ
ブティック
(「ポケモン サン」のみ)
値段 3580円(35FC)

フリルドットタンクトップ
グリーン
買える場所
カンタイシティ
ブティック
(「ポケモン ムーン」のみ)
値段 3580円(35FC)

フリルドットタンクトップ
ブルー
買える場所
カンタイシティ
ブティック
(「ポケモン ムーン」のみ)
値段 3580円(35FC)

トップス

フリルブラウス イエロー
買える場所: コニコシティ ブティック (『ポケモン サン』のみ)
値段: 4980円 (49FC)

フリルブラウス オレンジ
買える場所: コニコシティ ブティック (『ポケモン サン』のみ)
値段: 4980円 (49FC)

フリルブラウス ピンク
買える場所: コニコシティ ブティック (『ポケモン サン』のみ)
値段: 4980円 (49FC)

フリルブラウス ベージュ
買える場所: コニコシティ ブティック (『ポケモン サン』のみ)
値段: 4980円 (49FC)

フリルブラウス グリーン
買える場所: コニコシティ ブティック (『ポケモン ムーン』のみ)
値段: 4980円 (49FC)

フリルブラウス ブルー
買える場所: コニコシティ ブティック (『ポケモン ムーン』のみ)
値段: 4980円 (49FC)

フリルブラウス ネイビー
買える場所: コニコシティ ブティック (『ポケモン ムーン』のみ)
値段: 4980円 (49FC)

フリルブラウス パープル
買える場所: コニコシティ ブティック (『ポケモン ムーン』のみ)
値段: 4980円 (49FC)

トップス

フリルブラウス グレー
買える場所: コニコシティ ブティック (『ポケモン ムーン』のみ)
値段: 4980円 (49FC)

ストライプフリルブラウス ホワイト
買える場所: コニコシティ ブティック
値段: 4980円 (―)
染色: ○

ストライプフリルブラウス ブラック
買える場所: コニコシティ ブティック
値段: 4980円 (49FC)

ストライプフリルブラウス レッド
買える場所: コニコシティ ブティック
値段: 4980円 (49FC)

ストライプフリルブラウス イエロー
買える場所: コニコシティ ブティック (『ポケモン サン』のみ)
値段: 4980円 (49FC)

ストライプフリルブラウス オレンジ
買える場所: コニコシティ ブティック (『ポケモン サン』のみ)
値段: 4980円 (49FC)

ストライプフリルブラウス ピンク
買える場所: コニコシティ ブティック (『ポケモン サン』のみ)
値段: 4980円 (49FC)

ストライプフリルブラウス ベージュ
買える場所: コニコシティ ブティック (『ポケモン サン』のみ)
値段: 4980円 (49FC)

トップス

ストライプフリルブラウス グリーン
買える場所: コニコシティ ブティック (『ポケモン ムーン』のみ)
値段: 4980円 (49FC)

ストライプフリルブラウス ブルー
買える場所: コニコシティ ブティック (『ポケモン ムーン』のみ)
値段: 4980円 (49FC)

ストライプフリルブラウス ネイビー
買える場所: コニコシティ ブティック (『ポケモン ムーン』のみ)
値段: 4980円 (49FC)

ストライプフリルブラウス パープル
買える場所: コニコシティ ブティック (『ポケモン ムーン』のみ)
値段: 4980円 (49FC)

トップス

ストライプフリルブラウス グレー
買える場所: コニコシティ ブティック (『ポケモン ムーン』のみ)
値段: 4980円 (49FC)

スポーツふうタンクトップ ベージュ
買える場所: コニコシティ ブティック
値段: 4000円 (40FC)

スポーツふうタンクトップ ピンク
買える場所: コニコシティ ブティック
値段: 4000円 (40FC)

スポーツふうタンクトップ グリーン
買える場所: コニコシティ ブティック (『ポケモン ムーン』のみ)
値段: 4000円 (40FC)

トップス

スポーツタンクトップ でんせつパターン
買える場所: コニコシティ ブティック
値段: 6280円 (62FC)

スポーツタンクトップ たねパターン
買える場所: コニコシティ ブティック
値段: 6280円 (62FC)

スポーツタンクトップ どくばちパターン
買える場所: コニコシティ ブティック (『ポケモン サン』のみ)
値段: 6280円 (62FC)

レイヤードホルターネック ホワイト
買える場所: マリエシティ ブティック
値段: 5800円 (―)
染色: ○

トップス

レイヤードホルターネック ブラック
買える場所: マリエシティ ブティック
値段: 5800円 (58FC)

レイヤードホルターネック レッド
買える場所: マリエシティ ブティック
値段: 5800円 (58FC)

レイヤードホルターネック イエロー
買える場所: マリエシティ ブティック (『ポケモン サン』のみ)
値段: 5800円 (58FC)

レイヤードホルターネック オレンジ
買える場所: マリエシティ ブティック (『ポケモン サン』のみ)
値段: 5800円 (58FC)

トップス

スポーツタンクトップ なまこパターン
買える場所: マリエシティ ブティック（『ポケモン ムーン』のみ）
値段: 6280円（62FC）

スポーツタンクトップ くらげパターン
買える場所: マリエシティ ブティック（『ポケモン ムーン』のみ）
値段: 6280円（62FC）

スポーツタンクトップ けがにパターン
買える場所: マリエシティ ブティック（『ポケモン ムーン』のみ）
値段: 6280円（62FC）

デザインカットソー ホワイト
買える場所: ハウオリシティ グラシデア
値段: 49500円（—）
染色: ○

トップス

デザインカットソー ブラック
買える場所: ハウオリシティ グラシデア
値段: 49500円（495FC）

デザインカットソー レッド
買える場所: ハウオリシティ グラシデア（『ポケモン サン』のみ）
値段: 49500円（495FC）

デザインカットソー イエロー
買える場所: ハウオリシティ グラシデア（『ポケモン サン』のみ）
値段: 49500円（495FC）

デザインカットソー オレンジ
買える場所: ハウオリシティ グラシデア（『ポケモン サン』のみ）
値段: 49500円（495FC）

トップス

デザインカットソー ピンク
買える場所: ハウオリシティ グラシデア（『ポケモン サン』のみ）
値段: 49500円（495FC）

デザインカットソー ベージュ
買える場所: ハウオリシティ グラシデア（『ポケモン サン』のみ）
値段: 49500円（495FC）

デザインカットソー グリーン
買える場所: ハウオリシティ グラシデア（『ポケモン ムーン』のみ）
値段: 49500円（495FC）

デザインカットソー ブルー
買える場所: ハウオリシティ グラシデア（『ポケモン ムーン』のみ）
値段: 49500円（495FC）

トップス

デザインカットソー ネイビー
買える場所: ハウオリシティ グラシデア（『ポケモン ムーン』のみ）
値段: 49500円（495FC）

デザインカットソー パープル
買える場所: ハウオリシティ グラシデア（『ポケモン ムーン』のみ）
値段: 49500円（495FC）

デザインカットソー グレー
買える場所: ハウオリシティ グラシデア（『ポケモン ムーン』のみ）
値段: 49500円（495FC）

スカルタンクトップ
買える場所: ポータウン ポケモンセンター（殿堂入り後）
値段: 10000円（150FC）

ボトムス

ホットパンツ ホワイト
買える場所: ハウオリシティ ブティック
値段: 980円（—）
染色: ○

ホットパンツ ブラック
買える場所: ハウオリシティ ブティック
値段: 980円（9FC）

ホットパンツ レッド
買える場所: ハウオリシティ ブティック
値段: 980円（9FC）

ホットパンツ イエロー
買える場所: ハウオリシティ ブティック
値段: 980円（9FC）

ボトムス

ホットパンツ オレンジ
買える場所: ハウオリシティ ブティック（『ポケモン サン』のみ）
値段: 980円（9FC）

ホットパンツ ピンク
買える場所: ハウオリシティ ブティック（『ポケモン サン』のみ）
値段: 980円（9FC）

ホットパンツ ベージュ
買える場所: ハウオリシティ ブティック（『ポケモン サン』のみ）
値段: 980円（9FC）

ホットパンツ グリーン
買える場所: ハウオリシティ ブティック（『ポケモン ムーン』のみ）
値段: 980円（9FC）

ボトムス

ホットパンツ ブルー
買える場所: ハウオリシティ ブティック（『ポケモン ムーン』のみ）
値段: 980円（9FC）

ホットパンツ ネイビー
買える場所: ハウオリシティ ブティック
値段: 980円（9FC）

ホットパンツ パープル
買える場所: ハウオリシティ ブティック
値段: 980円（9FC）

ホットパンツ グレー
買える場所: ハウオリシティ ブティック
値段: 980円（9FC）

ボトムス

カジュアルホットパンツ ホワイト
買える場所: ハウオリシティ ブティック
値段: 1120円（—）
染色: ○

カジュアルホットパンツ ブラック
買える場所: ハウオリシティ ブティック
値段: 1120円（11FC）

カジュアルホットパンツ レッド
買える場所: ハウオリシティ ブティック（『ポケモン サン』のみ）
値段: 1120円（11FC）

カジュアルホットパンツ イエロー
買える場所: ハウオリシティ ブティック（『ポケモン サン』のみ）
値段: 1120円（11FC）

ボトムス

クロップドパンツ グレー
コニコシティ ブティック (『ポケモン ムーン』のみ)
値段 1120円 (11FC)

プリーツミニスカート ホワイト
コニコシティ ブティック
値段 5600円 (―)
染色 ○

プリーツミニスカート ブラック
コニコシティ ブティック
値段 5600円 (56FC)

プリーツミニスカート レッド
コニコシティ ブティック (『ポケモン サン』のみ)
値段 5600円 (56FC)

プリーツミニスカート イエロー
コニコシティ ブティック (『ポケモン サン』のみ)
値段 5600円 (56FC)

プリーツミニスカート オレンジ
コニコシティ ブティック (『ポケモン サン』のみ)
値段 5600円 (56FC)

プリーツミニスカート ピンク
コニコシティ ブティック (『ポケモン サン』のみ)
値段 5600円 (56FC)

プリーツミニスカート ベージュ
コニコシティ ブティック (『ポケモン サン』のみ)
値段 5600円 (56FC)

プリーツミニスカート グリーン
コニコシティ ブティック (『ポケモン ムーン』のみ)
値段 5600円 (56FC)

プリーツミニスカート ブルー
コニコシティ ブティック (『ポケモン ムーン』のみ)
値段 5600円 (56FC)

プリーツミニスカート ネイビー
コニコシティ ブティック (『ポケモン ムーン』のみ)
値段 5600円 (56FC)

プリーツミニスカート パープル
コニコシティ ブティック (『ポケモン ムーン』のみ)
値段 5600円 (56FC)

プリーツミニスカート グレー
コニコシティ ブティック (『ポケモン ムーン』のみ)
値段 5600円 (56FC)

ラインフレアスカート ホワイト
コニコシティ ブティック
値段 6800円 (―)
染色 ○

ラインフレアスカート ブラック
コニコシティ ブティック
値段 6800円 (68FC)

ラインフレアスカート レッド
コニコシティ ブティック (『ポケモン サン』のみ)
値段 6800円 (68FC)

ラインフレアスカート イエロー
コニコシティ ブティック (『ポケモン サン』のみ)
値段 6800円 (68FC)

ラインフレアスカート オレンジ
コニコシティ ブティック (『ポケモン サン』のみ)
値段 6800円 (68FC)

ラインフレアスカート ピンク
コニコシティ ブティック (『ポケモン サン』のみ)
値段 6800円 (68FC)

ラインフレアスカート ベージュ
コニコシティ ブティック (『ポケモン サン』のみ)
値段 6800円 (68FC)

ラインフレアスカート グリーン
コニコシティ ブティック (『ポケモン ムーン』のみ)
値段 6800円 (68FC)

ラインフレアスカート ブルー
コニコシティ ブティック (『ポケモン ムーン』のみ)
値段 6800円 (68FC)

ラインフレアスカート ネイビー
コニコシティ ブティック (『ポケモン ムーン』のみ)
値段 6800円 (68FC)

ラインフレアスカート パープル
コニコシティ ブティック (『ポケモン ムーン』のみ)
値段 6800円 (68FC)

ラインフレアスカート グレー
コニコシティ ブティック (『ポケモン ムーン』のみ)
値段 6800円 (68FC)

スポーツふうホットパンツ ベージュ
コニコシティ ブティック
値段 3400円 (34FC)

スポーツふうホットパンツ ピンク
コニコシティ ブティック (『ポケモン サン』のみ)
値段 3400円 (34FC)

スポーツふうホットパンツ グリーン
コニコシティ ブティック (『ポケモン ムーン』のみ)
値段 3400円 (34FC)

スポーティホットパンツ でんせつパターン
コニコシティ ブティック
値段 3980円 (39FC)

スポーティホットパンツ たねパターン
コニコシティ ブティック
値段 3980円 (39FC)

スポーティホットパンツ どくばちパターン
コニコシティ ブティック
値段 3980円 (39FC)

ダメージデニムホットパンツ ライトブルー
マリエシティ ブティック
値段 11000円 (110FC)

ボトムス

ダメージデニムホットパンツ ブルー	ダメージデニムホットパンツ ネイビー	ダメージデニムホットパンツ ブラック	ダメージデニムホットパンツ ライトブラック
買える場所: マリエシティ ブティック（「ポケモン サン」のみ） 値段: 11000円（110FC）	買える場所: マリエシティ ブティック（「ポケモン サン」のみ） 値段: 11000円（110FC）	買える場所: マリエシティ ブティック（「ポケモン ムーン」のみ） 値段: 11000円（110FC）	買える場所: マリエシティ ブティック（「ポケモン ムーン」のみ） 値段: 11000円（110FC）

ダメージデニムスキニー ライトブルー	ダメージデニムスキニー ブルー	ダメージデニムスキニー ネイビー	ダメージデニムスキニー ブラック
買える場所: マリエシティ ブティック 値段: 15800円（158FC）	買える場所: マリエシティ ブティック（「ポケモン サン」のみ） 値段: 15800円（158FC）	買える場所: マリエシティ ブティック 値段: 15800円（158FC）	買える場所: マリエシティ ブティック 値段: 15800円（158FC）

ダメージデニムスキニー ライトブラック	チェックミニスカート ホワイト	チェックミニスカート ブラック	チェックミニスカート レッド
買える場所: マリエシティ ブティック（「ポケモン ムーン」のみ） 値段: 15800円（158FC）	買える場所: マリエシティ ブティック 値段: 8100円（—）染色	買える場所: マリエシティ ブティック 値段: 8100円（81FC）	買える場所: マリエシティ ブティック 値段: 8100円（81FC）

ボトムス

チェックミニスカート イエロー	チェックミニスカート オレンジ	チェックミニスカート ピンク	チェックミニスカート ベージュ
買える場所: マリエシティ ブティック（「ポケモン サン」のみ） 値段: 8100円（81FC）	買える場所: マリエシティ ブティック（「ポケモン サン」のみ） 値段: 8100円（81FC）	買える場所: マリエシティ ブティック（「ポケモン サン」のみ） 値段: 8100円（81FC）	買える場所: マリエシティ ブティック（「ポケモン サン」のみ） 値段: 8100円（81FC）

ボトムス

チェックミニスカート グリーン	チェックミニスカート ブルー	チェックミニスカート ネイビー	チェックミニスカート パープル
買える場所: マリエシティ ブティック（「ポケモン ムーン」のみ） 値段: 8100円（81FC）	買える場所: マリエシティ ブティック（「ポケモン ムーン」のみ） 値段: 8100円（81FC）	買える場所: マリエシティ ブティック（「ポケモン ムーン」のみ） 値段: 8100円（81FC）	買える場所: マリエシティ ブティック（「ポケモン ムーン」のみ） 値段: 8100円（81FC）

ボトムス

チェックミニスカート グレー	スポーティホットパンツ フルーツパターン	スポーティホットパンツ なまこパターン	スポーティホットパンツ くらげパターン
買える場所: マリエシティ ブティック 値段: 8100円（81FC）	買える場所: マリエシティ ブティック 値段: 3980円（39FC）	買える場所: マリエシティ ブティック（「ポケモン サン」のみ） 値段: 3980円（39FC）	買える場所: マリエシティ ブティック（「ポケモン ムーン」のみ） 値段: 3980円（39FC）

ボトムス ／ くつした

スポーティホットパンツ けがにパターン	ニーハイソックス ホワイト	ニーハイソックス ブラック	ニーハイソックス レッド
買える場所: マリエシティ ブティック（「ポケモン ムーン」のみ） 値段: 3980円（39FC）	買える場所: ハウオリシティ ブティック 値段: 920円（—）染色	買える場所: ハウオリシティ ブティック 値段: 920円（9FC）	買える場所: ハウオリシティ ブティック（「ポケモン サン」のみ） 値段: 920円（9FC）

くつした

ニーハイソックス イエロー	ニーハイソックス オレンジ	ニーハイソックス ピンク	ニーハイソックス ベージュ
買える場所: ハウオリシティ ブティック（「ポケモン サン」のみ） 値段: 920円（9FC）	買える場所: ハウオリシティ ブティック（「ポケモン サン」のみ） 値段: 920円（9FC）	買える場所: ハウオリシティ ブティック（「ポケモン サン」のみ） 値段: 920円（9FC）	買える場所: ハウオリシティ ブティック（「ポケモン サン」のみ） 値段: 920円（9FC）

くつ

オペラシューズ ホワイト
買える場所: コニコシティ ブティック
値段: 5500円(―)
染色: ○

オペラシューズ ブラック
買える場所: コニコシティ ブティック
値段: 5500円(55FC)

オペラシューズ レッド
買える場所: コニコシティ ブティック(「ポケモン サン」のみ)
値段: 5500円(55FC)

オペラシューズ イエロー
買える場所: コニコシティ ブティック(「ポケモン サン」のみ)
値段: 5500円(55FC)

オペラシューズ オレンジ
買える場所: コニコシティ ブティック(「ポケモン サン」のみ)
値段: 5500円(55FC)

オペラシューズ ピンク
買える場所: コニコシティ ブティック(「ポケモン サン」のみ)
値段: 5500円(55FC)

オペラシューズ ベージュ
買える場所: コニコシティ ブティック(「ポケモン サン」のみ)
値段: 5500円(55FC)

オペラシューズ グリーン
買える場所: コニコシティ ブティック(「ポケモン ムーン」のみ)
値段: 5500円(55FC)

オペラシューズ ブルー
買える場所: コニコシティ ブティック(「ポケモン ムーン」のみ)
値段: 5500円(55FC)

オペラシューズ ネイビー
買える場所: コニコシティ ブティック(「ポケモン ムーン」のみ)
値段: 5500円(55FC)

オペラシューズ パープル
買える場所: コニコシティ ブティック(「ポケモン ムーン」のみ)
値段: 5500円(55FC)

オペラシューズ グレー
買える場所: コニコシティ ブティック(「ポケモン ムーン」のみ)
値段: 5500円(55FC)

ローカットスニーカー ホワイト
買える場所: コニコシティ ブティック(「ポケモン サン」のみ)
値段: 4980円(49FC)

ローカットスニーカー ブラック
買える場所: コニコシティ ブティック(「ポケモン ムーン」のみ)
値段: 4980円(49FC)

スポーツスニーカー ホワイト
買える場所: コニコシティ ブティック
値段: 5150円(―)
染色: ○

スポーツスニーカー ブラック
買える場所: コニコシティ ブティック
値段: 5150円(51FC)

スポーツスニーカー レッド
買える場所: コニコシティ ブティック(「ポケモン サン」のみ)
値段: 5150円(51FC)

スポーツスニーカー イエロー
買える場所: コニコシティ ブティック(「ポケモン サン」のみ)
値段: 5150円(51FC)

スポーツスニーカー オレンジ
買える場所: コニコシティ ブティック(「ポケモン サン」のみ)
値段: 5150円(51FC)

スポーツスニーカー ピンク
買える場所: コニコシティ ブティック(「ポケモン サン」のみ)
値段: 5150円(51FC)

スポーツスニーカー ベージュ
買える場所: コニコシティ ブティック(「ポケモン サン」のみ)
値段: 5150円(51FC)

スポーツスニーカー グリーン
買える場所: コニコシティ ブティック(「ポケモン サン」のみ)
値段: 5150円(51FC)

スポーツスニーカー ブルー
買える場所: コニコシティ ブティック(「ポケモン ムーン」のみ)
値段: 5150円(51FC)

スポーツスニーカー ネイビー
買える場所: コニコシティ ブティック(「ポケモン ムーン」のみ)
値段: 5150円(51FC)

スポーツスニーカー パープル
買える場所: コニコシティ ブティック(「ポケモン ムーン」のみ)
値段: 5150円(51FC)

スポーツスニーカー グレー
買える場所: コニコシティ ブティック(「ポケモン ムーン」のみ)
値段: 5150円(51FC)

スポーツスニーカー マルチレッド
買える場所: マリエシティ ブティック(「ポケモン サン」のみ)
値段: 6550円(65FC)

スポーツスニーカー マルチイエロー
買える場所: マリエシティ ブティック(「ポケモン サン」のみ)
値段: 6550円(65FC)

スポーツスニーカー マルチオレンジ
買える場所: マリエシティ ブティック(「ポケモン サン」のみ)
値段: 6550円(65FC)

スポーツスニーカー マルチピンク
買える場所: マリエシティ ブティック(「ポケモン サン」のみ)
値段: 6550円(65FC)

スポーツスニーカー マルチベージュ
買える場所: マリエシティ ブティック(「ポケモン サン」のみ)
値段: 6550円(65FC)

スポーツスニーカー マルチグリーン
買える場所: マリエシティ ブティック(「ポケモン ムーン」のみ)
値段: 6550円(65FC)

スポーツスニーカー マルチブルー	スポーツスニーカー マルチネイビー	スポーツスニーカー マルチパープル	スポーツスニーカー マルチグレー
買える場所: マリエシティ ブティック（『ポケモン ムーン』のみ） 値段: 6550円（65FC）	買える場所: マリエシティ ブティック（『ポケモン ムーン』のみ） 値段: 6550円（65FC）	買える場所: マリエシティ ブティック（『ポケモン ムーン』のみ） 値段: 6550円（65FC）	買える場所: マリエシティ ブティック（『ポケモン ムーン』のみ） 値段: 6550円（65FC）
オペラシューズ レアちつじょから	オペラシューズ レアくびながから	オペラシューズ レアれいこくから	オペラシューズ レアらいでんから
買える場所: マリエシティ ほりだしものいち（『ポケモン ムーン』のみ） 値段: 50000円（500FC）	買える場所: マリエシティ ほりだしものいち（『ポケモン ムーン』のみ） 値段: 50000円（500FC）	買える場所: マリエシティ ほりだしものいち（『ポケモン ムーン』のみ） 値段: 50000円（500FC）	買える場所: マリエシティ ほりだしものいち（『ポケモン ムーン』のみ） 値段: 50000円（500FC）
オペラシューズ レアうろこから	ストラップサンダル ホワイト	ストラップサンダル ブラック	ストラップサンダル レッド
買える場所: マリエシティ ほりだしものいち（『ポケモン ムーン』のみ） 値段: 50000円（500FC）	買える場所: ハウオリシティ グラシデア 値段: 55800円（—）染色○	買える場所: ハウオリシティ グラシデア 値段: 55800円（558FC）	買える場所: ハウオリシティ グラシデア（『ポケモン サン』のみ） 値段: 55800円（558FC）
ストラップサンダル イエロー	ストラップサンダル オレンジ	ストラップサンダル ピンク	ストラップサンダル ベージュ
買える場所: ハウオリシティ グラシデア（『ポケモン サン』のみ） 値段: 55800円（558FC）	買える場所: ハウオリシティ グラシデア（『ポケモン サン』のみ） 値段: 55800円（558FC）	買える場所: ハウオリシティ グラシデア（『ポケモン サン』のみ） 値段: 55800円（558FC）	買える場所: ハウオリシティ グラシデア（『ポケモン サン』のみ） 値段: 55800円（558FC）
ストラップサンダル グリーン	ストラップサンダル ブルー	ストラップサンダル ネイビー	ストラップサンダル パープル
買える場所: ハウオリシティ グラシデア（『ポケモン ムーン』のみ） 値段: 55800円（558FC）	買える場所: ハウオリシティ グラシデア（『ポケモン ムーン』のみ） 値段: 55800円（558FC）	買える場所: ハウオリシティ グラシデア（『ポケモン ムーン』のみ） 値段: 55800円（558FC）	買える場所: ハウオリシティ グラシデア（『ポケモン ムーン』のみ） 値段: 55800円（558FC）
ストラップサンダル グレー	ナイロンショルダー	キャンバスショルダーバッグ ホワイト	キャンバスショルダーバッグ ブラック
買える場所: ハウオリシティ グラシデア 値段: 55800円（558FC）	買える場所: 最初から持っている 値段: —（54FC）	買える場所: コニコシティ ブティック 値段: 3520円（—）染色○	買える場所: コニコシティ ブティック 値段: 3520円（35FC）
キャンバスショルダーバッグ レッド	キャンバスショルダーバッグ イエロー	キャンバスショルダーバッグ オレンジ	キャンバスショルダーバッグ ピンク
買える場所: コニコシティ ブティック（『ポケモン サン』のみ） 値段: 3520円（35FC）	買える場所: コニコシティ ブティック（『ポケモン サン』のみ） 値段: 3520円（35FC）	買える場所: コニコシティ ブティック（『ポケモン サン』のみ） 値段: 3520円（35FC）	買える場所: コニコシティ ブティック（『ポケモン サン』のみ） 値段: 3520円（35FC）
キャンバスショルダーバッグ ベージュ	キャンバスショルダーバッグ グリーン	キャンバスショルダーバッグ ブルー	キャンバスショルダーバッグ ネイビー
買える場所: コニコシティ ブティック（『ポケモン サン』のみ） 値段: 3520円（35FC）	買える場所: コニコシティ ブティック（『ポケモン ムーン』のみ） 値段: 3520円（35FC）	買える場所: コニコシティ ブティック（『ポケモン ムーン』のみ） 値段: 3520円（35FC）	買える場所: コニコシティ ブティック（『ポケモン ムーン』のみ） 値段: 3520円（35FC）

かばん

キャンバスショルダーバッグ パープル	キャンバスショルダーバッグ グレー	フリルショルダーバッグ ホワイト	フリルショルダーバッグ ブラック
買える場所：コニコシティ ブティック（『ポケモン ムーン』のみ）	買える場所：コニコシティ ブティック（『ポケモン ムーン』のみ）	買える場所：コニコシティ ブティック 染色	買える場所：コニコシティ ブティック
値段 3520円（35FC）	値段 3520円（35FC）	値段 8800円（—）	値段 8800円（88FC）

かばん

フリルショルダーバッグ レッド	フリルショルダーバッグ イエロー	フリルショルダーバッグ オレンジ	フリルショルダーバッグ ピンク
買える場所：コニコシティ ブティック（『ポケモン サン』のみ）	買える場所：コニコシティ ブティック（『ポケモン サン』のみ）	買える場所：コニコシティ ブティック（『ポケモン サン』のみ）	買える場所：コニコシティ ブティック（『ポケモン サン』のみ）
値段 8800円（88FC）	値段 8800円（88FC）	値段 8800円（88FC）	値段 8800円（88FC）

かばん

フリルショルダーバッグ ベージュ	フリルショルダーバッグ グリーン	フリルショルダーバッグ ブルー	フリルショルダーバッグ ネイビー
買える場所：コニコシティ ブティック（『ポケモン サン』のみ）	買える場所：コニコシティ ブティック（『ポケモン ムーン』のみ）	買える場所：コニコシティ ブティック（『ポケモン ムーン』のみ）	買える場所：コニコシティ ブティック（『ポケモン ムーン』のみ）
値段 8800円（88FC）	値段 8800円（88FC）	値段 8800円（88FC）	値段 8800円（88FC）

かばん

フリルショルダーバッグ パープル	フリルショルダーバッグ グレー	スポーティバッグ ホワイト	スポーティバッグ ブラック
買える場所：コニコシティ ブティック（『ポケモン ムーン』のみ）	買える場所：コニコシティ ブティック（『ポケモン ムーン』のみ）	買える場所：マリエシティ ブティック 染色	買える場所：マリエシティ ブティック
値段 8800円（88FC）	値段 8800円（88FC）	値段 12000円（—）	値段 12000円（120FC）

かばん

スポーティバッグ レッド	スポーティバッグ イエロー	スポーティバッグ オレンジ	スポーティバッグ ピンク
買える場所：マリエシティ ブティック（『ポケモン サン』のみ）	買える場所：マリエシティ ブティック（『ポケモン サン』のみ）	買える場所：マリエシティ ブティック（『ポケモン サン』のみ）	買える場所：マリエシティ ブティック（『ポケモン サン』のみ）
値段 12000円（120FC）	値段 12000円（120FC）	値段 12000円（120FC）	値段 12000円（120FC）

かばん

スポーティバッグ ベージュ	スポーティバッグ グリーン	スポーティバッグ ブルー	スポーティバッグ ネイビー
買える場所：マリエシティ ブティック（『ポケモン サン』のみ）	買える場所：マリエシティ ブティック（『ポケモン ムーン』のみ）	買える場所：マリエシティ ブティック（『ポケモン ムーン』のみ）	買える場所：マリエシティ ブティック（『ポケモン ムーン』のみ）
値段 12000円（120FC）	値段 12000円（120FC）	値段 12000円（120FC）	値段 12000円（120FC）

かばん

スポーティバッグ パープル	スポーティバッグ グレー	2WAYレザーバッグ ホワイト	2WAYレザーバッグ ブラック
買える場所：マリエシティ ブティック（『ポケモン ムーン』のみ）	買える場所：マリエシティ ブティック（『ポケモン ムーン』のみ）	買える場所：ハウオリシティ グラシデア 染色	買える場所：ハウオリシティ グラシデア
値段 12000円（120FC）	値段 12000円（120FC）	値段 378000円（—）	値段 378000円（1890FC）

かばん

2WAYレザーバッグ レッド	2WAYレザーバッグ イエロー	2WAYレザーバッグ オレンジ	2WAYレザーバッグ ピンク
買える場所：ハウオリシティ グラシデア（『ポケモン サン』のみ）	買える場所：ハウオリシティ グラシデア（『ポケモン サン』のみ）	買える場所：ハウオリシティ グラシデア（『ポケモン サン』のみ）	買える場所：ハウオリシティ グラシデア（『ポケモン サン』のみ）
値段 378000円（1890FC）	値段 378000円（1890FC）	値段 378000円（1890FC）	値段 378000円（1890FC）

かばん

2WAYレザーバッグ ベージュ

買える場所：ハウオリシティ グラシデア（『ポケモン サン』のみ）
値段 378000円（1890FC）

2WAYレザーバッグ グリーン

買える場所：ハウオリシティ グラシデア（『ポケモン ムーン』のみ）
値段 378000円（1890FC）

2WAYレザーバッグ ブルー
買える場所：ハウオリシティ グラシデア（『ポケモン ムーン』のみ）
値段 378000円（1890FC）

2WAYレザーバッグ ネイビー
買える場所：ハウオリシティ グラシデア（『ポケモン ムーン』のみ）
値段 378000円（1890FC）

2WAYレザーバッグ パープル
買える場所：ハウオリシティ グラシデア（『ポケモン ムーン』のみ）
値段 378000円（1890FC）

2WAYレザーバッグ グレー
買える場所：ハウオリシティ グラシデア（『ポケモン ムーン』のみ）
値段 378000円（1890FC）

アイウェア

ウェリントングラス ホワイト

買える場所：カンタイシティ ブティック
値段 4900円（49FC）

ウェリントングラス ブラック

買える場所：カンタイシティ ブティック
値段 4900円（49FC）

ウェリントングラス レッド

買える場所：カンタイシティ ブティック（『ポケモン サン』のみ）
値段 4900円（49FC）

ウェリントングラス イエロー

買える場所：カンタイシティ ブティック（『ポケモン サン』のみ）
値段 4900円（49FC）

ウェリントングラス オレンジ

買える場所：カンタイシティ ブティック（『ポケモン サン』のみ）
値段 4900円（49FC）

ウェリントングラス ピンク

買える場所：カンタイシティ ブティック（『ポケモン サン』のみ）
値段 4900円（49FC）

ウェリントングラス グリーン

買える場所：カンタイシティ ブティック（『ポケモン ムーン』のみ）
値段 4900円（49FC）

ウェリントングラス ブルー

買える場所：カンタイシティ ブティック（『ポケモン ムーン』のみ）
値段 4900円（49FC）

ウェリントングラス ネイビー

買える場所：カンタイシティ ブティック（『ポケモン ムーン』のみ）
値段 4900円（49FC）

ウェリントングラス パープル

買える場所：カンタイシティ ブティック（『ポケモン ムーン』のみ）
値段 4900円（49FC）

ミラーサングラス ホワイト

買える場所：マリエシティ ブティック
値段 15800円（158FC）

ミラーサングラス レッド

買える場所：マリエシティ ブティック（『ポケモン サン』のみ）
値段 15800円（158FC）

ミラーサングラス イエロー

買える場所：マリエシティ ブティック（『ポケモン サン』のみ）
値段 15800円（158FC）

ミラーサングラス グリーン

買える場所：マリエシティ ブティック（『ポケモン サン』のみ）
値段 15800円（158FC）

ミラーサングラス ブルー

買える場所：マリエシティ ブティック（『ポケモン ムーン』のみ）
値段 15800円（158FC）

バタフライサングラス グレー

買える場所：ハウオリシティ グラシデア
値段 39800円（398FC）

バタフライサングラス ブラウン

買える場所：ハウオリシティ グラシデア
値段 39800円（398FC）

バタフライサングラス ピンク

買える場所：ハウオリシティ グラシデア（『ポケモン サン』のみ）
値段 39800円（398FC）

バタフライサングラス ブルー

買える場所：マリエシティ ブティック（『ポケモン ムーン』のみ）
値段 15800円（158FC）

バタフライサングラス パープル

買える場所：ハウオリシティ グラシデア（『ポケモン ムーン』のみ）
値段 39800円（398FC）

かみかざり

フラワーヘアピン ホワイト

買える場所：コニコシティ ライチのジュエリーショップ
値段 1700円（17FC）

フラワーヘアピン ブラック

買える場所：コニコシティ ライチのジュエリーショップ
値段 1700円（17FC）

フラワーヘアピン レッド

買える場所：コニコシティ ライチのジュエリーショップ（『ポケモン サン』のみ）
値段 1700円（17FC）

フラワーヘアピン イエロー

買える場所：コニコシティ ライチのジュエリーショップ（『ポケモン サン』のみ）
値段 1700円（17FC）

フラワーヘアピン オレンジ

買える場所：コニコシティ ライチのジュエリーショップ（『ポケモン サン』のみ）
値段 1700円（17FC）

フラワーヘアピン ピンク

買える場所：コニコシティ ライチのジュエリーショップ（『ポケモン サン』のみ）
値段 1700円（17FC）

かみかざり

フラワーヘアピン グリーン 買える場所：コニコシティ ライチのジュエリーショップ（『ポケモン ムーン』のみ） 値段：1700円（17FC）	フラワーヘアピン ブルー 買える場所：コニコシティ ライチのジュエリーショップ（『ポケモン ムーン』のみ） 値段：1700円（17FC）	フラワーヘアピン ネイビー 買える場所：コニコシティ ライチのジュエリーショップ（『ポケモン ムーン』のみ） 値段：1700円（17FC）	フラワーヘアピン パープル 買える場所：コニコシティ ライチのジュエリーショップ（『ポケモン ムーン』のみ） 値段：1700円（17FC）
サテンリボンカチューシャ ホワイト 買える場所：コニコシティ ライチのジュエリーショップ 値段：4580円（45FC）	サテンリボンカチューシャ ブラック 買える場所：コニコシティ ライチのジュエリーショップ 値段：4580円（45FC）	サテンリボンカチューシャ レッド 買える場所：コニコシティ ライチのジュエリーショップ（『ポケモン サン』のみ） 値段：4580円（45FC）	サテンリボンカチューシャ イエロー 買える場所：コニコシティ ライチのジュエリーショップ（『ポケモン サン』のみ） 値段：4580円（45FC）

かみかざり

サテンリボンカチューシャ オレンジ 買える場所：コニコシティ ライチのジュエリーショップ（『ポケモン サン』のみ） 値段：4580円（45FC）	サテンリボンカチューシャ ピンク 買える場所：コニコシティ ライチのジュエリーショップ（『ポケモン サン』のみ） 値段：4580円（45FC）	サテンリボンカチューシャ グリーン 買える場所：コニコシティ ライチのジュエリーショップ（『ポケモン サン』のみ） 値段：4580円（45FC）	サテンリボンカチューシャ ブルー 買える場所：コニコシティ ライチのジュエリーショップ（『ポケモン ムーン』のみ） 値段：4580円（45FC）

かみかざり

サテンリボンカチューシャ ネイビー 買える場所：コニコシティ ライチのジュエリーショップ（『ポケモン ムーン』のみ） 値段：4580円（45FC）	サテンリボンカチューシャ パープル 買える場所：コニコシティ ライチのジュエリーショップ（『ポケモン ムーン』のみ） 値段：4580円（45FC）	マリンカチューシャ ホワイト 買える場所：コニコシティ ライチのジュエリーショップ 値段：1800円（18FC）	マリンカチューシャ ブラック 買える場所：コニコシティ ライチのジュエリーショップ 値段：1800円（18FC）

かみかざり

マリンカチューシャ レッド 買える場所：コニコシティ ライチのジュエリーショップ（『ポケモン サン』のみ） 値段：1800円（18FC）	マリンカチューシャ イエロー 買える場所：コニコシティ ライチのジュエリーショップ（『ポケモン サン』のみ） 値段：1800円（18FC）	マリンカチューシャ オレンジ 買える場所：コニコシティ ライチのジュエリーショップ（『ポケモン サン』のみ） 値段：1800円（18FC）	マリンカチューシャ ピンク 買える場所：コニコシティ ライチのジュエリーショップ（『ポケモン サン』のみ） 値段：1800円（18FC）

かみかざり

マリンカチューシャ ベージュ 買える場所：コニコシティ ライチのジュエリーショップ（『ポケモン サン』のみ） 値段：1800円（18FC）	マリンカチューシャ グリーン 買える場所：コニコシティ ライチのジュエリーショップ（『ポケモン ムーン』のみ） 値段：1800円（18FC）	マリンカチューシャ ブルー 買える場所：コニコシティ ライチのジュエリーショップ（『ポケモン ムーン』のみ） 値段：1800円（18FC）	マリンカチューシャ ネイビー 買える場所：コニコシティ ライチのジュエリーショップ（『ポケモン ムーン』のみ） 値段：1800円（18FC）

かみかざり

マリンカチューシャ パープル 買える場所：コニコシティ ライチのジュエリーショップ（『ポケモン ムーン』のみ） 値段：1800円（18FC）	マリンカチューシャ グレー 買える場所：コニコシティ ライチのジュエリーショップ（『ポケモン ムーン』のみ） 値段：1800円（18FC）	ジュエリーヘアピン ホワイト 買える場所：ハウオリシティ グラシデア 値段：110000円（550FC）	ジュエリーヘアピン ピンク 買える場所：ハウオリシティ グラシデア（『ポケモン サン』のみ） 値段：110000円（550FC）

かみかざり

ジュエリーヘアピン ブルー 買える場所：ハウオリシティ グラシデア（『ポケモン ムーン』のみ） 値段：110000円（550FC）			

605

Fashion Coordinates

公式ガイドブック編集部のオススメコーデ ♠男の子編♠

Chic Style
シック・スタイル

大人っぽい雰囲気を出すアーガイル模様のTシャツに、黒いパンツをコーディネート。バッグやくつは、Tシャツに合わせてシックな色をチョイスしてみた。

One Point

Tシャツのアーガイル模様は、欧州の古典的な柄だ。

アーガイルTシャツ（4980円）
クロップドパンツ　ブラック（1120円）
クルーソックス　ホワイト（300円）
コインローファー　うろこがら（14500円）
ベルトレザーリュック　ブラック（6500円）

総額 27,400円

Safari Style
サファリ・スタイル

このまま大草原へ行き、自然観察を楽しめるようなアウトドアスタイル。ぼうしとくつは、同じくびながら柄でそろえて、サファリっぽさを演出している。

ストリートキャップ　くびながら（5400円）
ポロシャツ　オレンジ（1120円）
カーゴハーフパンツ　ベージュ（4500円）
クルーソックス　ブラック（300円）
コインローファー　くびながら（14500円）
スポーティリュック　ホワイト（12000円）

総額 37,820円

One Point

キリン模様で、サファリの雰囲気を強調している。

Vacances Style
ヴァカンス・スタイル

アローラ地方は、ヴァカンスにもってこいの土地柄だ。海あり、山ありで、どこでも開放的な気分を味わえる。そんな気分を、トップスやアイウェアで表してみた。

One Point

南の島の花が散ったTシャツは、まさに夏の雰囲気だ。

トリルビーハット　レッド（7900円）
メタルフレームサングラス　ピンク（39800円）
はながらTシャツ（980円）
クロップドパンツ　ピンク（1120円）
クルーソックス　ホワイト（300円）
スポーツスニーカー　レッド（5150円）
ベルトレザーリュック　ベージュ（6500円）

総額 61,750円

Sports Style
スポーツ・スタイル

同じ柄のトップスとボトムスを組み合わせるだけで、スポーティなファッションのでき上がり。いますぐにもバスケットボールで大活躍しそうな雰囲気だ。

One Point

なまこパターンは、バスケのユニフォームにそっくりだ。

スポーツタンクトップ　なまこパターン（6280円）
スポーティハーフパンツ　なまこパターン（3980円）
クルーソックス　ピンク（300円）
スポーツスニーカー　ブラック（5150円）
ベルトレザーリュック　ピンク（6500円）

総額 22,210円

Boys' Collection

8種類のテーマを設けて、主人公をコーディネートしてみた。参考にして、好みに応じたアレンジをしよう。

School Style
スクール・スタイル

白いシャツに黒いズボン、そして黒縁のメガネ。これだけで、学校の制服のような雰囲気を出せる。ぼうしをかぶれば、元気に登校する姿を演出できる。

One Point

黒縁メガネが、勤勉な学生という雰囲気を強調する。

- ベースボールキャップ（最初から持っている）
- ウェリントングラス　ブラック（4900円）
- ボタンシャツ　ホワイト（49500円）
- カーゴハーフパンツ　ブラック（4500円）
- クルーソックス　ホワイト（300円）
- ローファーシューズ　ブラック（55800円）
- ベルトレザーリュック　ブラック（6500円）

総額 **121,500円**

Military Style
ミリタリー・スタイル

迷彩模様のパンツをはくだけで、雰囲気はミリタリーに早変わりする。ストイックなタンクトップとメタルフレームサングラスで、男の世界を表現してみた。

One Point

グリーンの迷彩柄が、ミリタリー色を強めている。

- メタルフレームサングラス　グレー（39800円）
- タンクトップ　グリーン（980円）
- めいさいカーゴハーフパンツ　グリーン（5800円）
- クルーソックス　パープル（300円）
- スポーツスニーカー　グリーン（5150円）
- スポーティリュック　ブラック（12000円）

総額 **64,030円**

Casual Style
カジュアル・スタイル

街に買い物へ、または、友だちと地元で集まる。そんなカジュアルなシチュエーションにぴったりなスタイル。ぼうしとポロシャツでオシャレ感もアップだ。

One Point

ぼうしがキマれば、普段着でもオシャレに見える。

- トリルビーハット　パープル（7900円）
- スターパターンポロシャツ　グレー（5800円）
- リブつき7ぶたけパンツ　パープル（5250円）
- クルーソックス　グレー（300円）
- スポーツスニーカー　マルチパープル（6550円）
- ベルトレザーリュック　パープル（6500円）

総額 **32,300円**

Luxury Style
ラグジュアリー・スタイル

とにかく高級なアイテムで身を包んだスタイルだ。ミラーサングラスとボタンシャツ、ローファーシューズは色をそろえて、統一感を出している。

One Point

すべて革でできたリュックは、もっとも高価な一品だ。

- ミラーサングラス　レッド（15800円）
- ストライプボタンシャツ　レッド（49500円）
- 7ぶたけデニムジーンズ　ネイビー（15800円）
- クルーソックス　ベージュ（300円）
- ローファーシューズ　レッド（55800円）
- レザーリュック　ブラック（378000円）

総額 **515,200円**

Fashion Coordinates

公式ガイドブック編集部のオススメコーデ　♥女の子編♥

Chic Style
シック・スタイル

風にふわりと舞うスカートやドレープのついたトップスで、大人っぽさを演出している。黒いサンダルがアクセントだ。髪型も、雰囲気に合わせて、まとめ髪にしてみた。

One Point
トップスは、腰に巻かれたオレンジの帯がポイントだ。

フラワーヘアピン　ホワイト(1700円)
デザインカットソー　オレンジ(49500円)
ラインフレアスカート　オレンジ(6800円)
ローヒールサンダル　ブラック(34200円)
キャンパスショルダーバッグ　ホワイト(3520円)

総額 **95,720円**

Vacances Style
ヴァカンス・スタイル

夏の海をイメージしたスタイル。つばの幅が広いぼうしは、照りつける暑い日差しをよけるのに最適だ。タンクトップやホットパンツで、夏の雰囲気を強調できる。

One Point
ぼうしの花飾りは、タンクトップと色をそろえた。

リゾートハット　レッド(158000円)
バタフライサングラス　グレー(39800円)
フリルタンクトップ　レッド(3580円)
カジュアルホットパンツ　ホワイト(1120円)
ローヒールサンダル　ホワイト(34200円)
フリルショルダーバッグ　ホワイト(8800円)

総額 **245,500円**

Cheer Style
チア・スタイル

スポーティなアイテムに身を包めば、チアガールに早変わり。いまにもポンポンを持って踊りだしそうだ。元気なイメージを、ツインテールで表現してみた。

One Point
ウェアの柄をそろえると、統一感が出る。

サテンリボンカチューシャ　オレンジ(4580円)
スポーツタンクトップ　どくばちパターン(6280円)
スポーティホットパンツ　どくばちパターン(3980円)
スポーティハイソックス　ホワイト(980円)
スポーツスニーカー　イエロー(5150円)
スポーティバッグ　オレンジ(12000円)

総額 **32,970円**

Boyish Style
ボーイッシュ・スタイル

キャップにタンクトップ、クルーソックスにスニーカー。元気に走り回るボーイッシュな女の子を演出するアイテムだ。髪型もショートにして、イメージをそろえた。

スポーツキャップ　でんせつパターン(3580円)
カレッジタンクトップ(980円)
ダメージデニムホットパンツ　ライトブルー(11000円)
クルーソックス　ホワイト(300円)
ローカットスニーカー　ブラック(4980円)
スポーティバッグ　ブラック(12000円)

総額 **32,840円**

One Point
稲妻模様が走るスニーカーは、ぼうしとおそろいの色だ。

Girls' Collection

8種類のテーマに合わせて、アイテムをコーディネート。バリエーションの豊かさは、女の子ならではだ。

School Style
スクール・スタイル

紺のチェックスカートに白いトップスを着るだけで、学校の制服のような雰囲気を出せる。落ち着いた色のカチューシャと白いハイソックスが、清楚なイメージを強調する。

One Point
ネイビーのスカートは、制服のイメージが強い。

- マリンカチューシャ　ネイビー (1800円)
- フリルブラウス　ホワイト (4980円)
- チェックミニスカート　ネイビー (8100円)
- ハイソックス　ホワイト (420円)
- オペラシューズ　ブラック (5500円)
- キャンパスショルダーバッグ　ブラック (3520円)

総額 24,320円

Casual Style
カジュアル・スタイル

ちょっとした外出でも、色をコーディネートするだけでオシャレができる。Tシャツのストライプ、バッグ、ソックスの色をそろえて、統一感を出してみた。

One Point
キャンパスショルダーバッグは、カジュアル感満点だ。

- スポーツふうキャップ　グリーン (3200円)
- VネックボーダーTシャツ　グリーン (980円)
- ダメージデニムスキニー　ブラック (15800円)
- クルーソックス　グリーン (300円)
- オペラシューズ　ホワイト (5500円)
- キャンパスショルダーバッグ　グリーン (3520円)

総額 29,300円

Tourist Style
ツーリスト・スタイル

アローラ地方は、世界中から観光客が集まるリゾート地。各島の観光名所を見て回るには、動きやすい格好がいちばんだ。そんなイメージでコーディネートしてみた。

One Point
ニーハイソックスで、女の子らしさを演出できる。

- トリルビーハット　パープル (7900円)
- ウェリントングラス　パープル (4900円)
- ボーダーホルターネック　ホワイト (6200円)
- ホットパンツ　パープル (980円)
- ニーハイソックス　ブラック (920円)
- スポーツスニーカー　マルチパープル (6550円)
- スポーティバッグ　グレー (12000円)

総額 39,450円

Luxury Style
ラグジュアリー・スタイル

高級なアイテムばかりでコーディネートしてみた。髪にはジュエリーを飾り、バッグやくつも一級品。高級リゾート地でくつろぐマダムのような雰囲気だ。

One Point
かみかざりとアイウェアは、色をピンクにそろえた。

- ジュエリーヘアピン　ピンク (110000円)
- バタフライサングラス　ピンク (39800円)
- デザインカットソー　ブラック (49500円)
- こはながらフレアスカート　ブラック (6800円)
- ストラップサンダル　ホワイト (55800円)
- 2WAYレザーバッグ　ブラック (378000円)

総額 639,900円

白いアイテムをフェスサークルで染めてもらおう

ブティックでは買えない色の服が手に入る

フェスサークルには、そめものやがある。手に入れた白いアイテムを、別の色に染めてくれるお店だ。579〜605ページのカタログで、「染色〇」と書かれているのが、染められるアイテムだ。

●フェスサークルのそめものやでアイテムを染めてもらう手順

① 白いアイテムを買う

② そめものやへ行く

③ FCと交換で染めてもらう

●そめものやとランクアップで追加される色

そめものや「あかぐみ」 『ポケモン サン』のみ
ランク★1 パステルレッド / ランク★3 ダークレッド / ランク★5 ビビッドレッド

そめものや「きいろぐみ」 『ポケモン ムーン』のみ
ランク★1 パステルイエロー / ランク★3 ダークイエロー / ランク★5 ビビッドイエロー

そめものや「みどりぐみ」 『ポケモン サン』のみ
ランク★1 パステルグリーン / ランク★3 ダークグリーン / ランク★5 ビビッドグリーン

そめものや「あおぐみ」 『ポケモン ムーン』のみ
ランク★1 パステルブルー / ランク★3 ダークブルー / ランク★5 ビビッドブルー

そめものや「だいだいぐみ」 『ポケモン サン』のみ
ランク★1 パステルオレンジ / ランク★3 ダークオレンジ / ランク★5 ビビッドオレンジ

そめものや「こんいろぐみ」 『ポケモン ムーン』のみ
ランク★1 パステルネイビー / ランク★3 ダークネイビー / ランク★5 ビビッドネイビー

そめものや「むらさきぐみ」 『ポケモン サン』のみ
ランク★1 パステルパープル / ランク★3 ダークパープル / ランク★5 ビビッドパープル

そめものや「ももいろぐみ」 『ポケモン ムーン』のみ
ランク★1 パステルピンク / ランク★3 ダークピンク / ランク★5 ビビッドピンク

ゼンリョクガイド きのみを渡して染めてもらうこともできる

特定のきのみ3種類を15個ずつ渡すとパステルカラーに、30個ずつ渡すとダークカラーに染めてもらえる。ビビッドカラーは、きのみでは染められない。

フェスサークルのそめものやについてくわしくは545ページを見よう。

ポケットモンスター サン・ムーン
公式ガイドブック 上
完全ストーリー攻略

バトル施設

バトル施設でポケモンバトルを楽しもう

バトル施設 ① さまざまな強豪トレーナーと対戦を楽しめる施設だ

アローラ地方には、対戦を存分に楽しめる施設が用意されている。それぞれの施設には独自のルールがあり、さまざまなポケモントレーナーたちと腕前を競いあえる。また、対戦に勝って得られるBP（バトルポイント）を使うことで、他では手に入れることが難しいどうぐや、メガストーンを入手することもできる。

バトル施設 ② アローラ地方には2種類のバトル施設がある

アローラ地方には、ロイヤルドームとバトルツリーの2種類のバトル施設がある。ロイヤルドームは、4人のポケモントレーナーが同時に戦えるバトルロイヤルを楽しめる施設だ。バトルツリーは、数多くのポケモントレーナーと戦って連勝記録を伸ばしていくことに挑戦する施設だ。

●アローラ地方にあるバトル施設

ロイヤルドーム	バトルツリー

バトルロイヤルは、アーカラじま ロイヤルアベニューにあるロイヤルドームで楽しめる。	バトルツリーは、ポニじまの奥地にある。殿堂入りを果たした後で行けるようになる。

バトルロイヤル

バトルロイヤル ① 4人のトレーナーが同時に戦う新しいポケモン勝負だ

ロイヤルドームでは、4人のトレーナーがおたがいにポケモンを1匹ずつ出しあって同時に戦う、新しい形式の対戦、バトルロイヤルを楽しめる。倒したポケモンの数が順位に影響するので、ひたすら守りを固めるだけでは、1位を取るのは難しい。場にいるポケモン同士の相性やそれぞれの残りHPを見極めながら、HPのへったポケモンを「ひんし」状態にして、1位をめざそう。

●バトルロイヤルのルール

1	参加レベル	・レベルがいくつでも参加できる。Lv.50以上のポケモンはLv.50になる（バトルがおわると元にもどる）
2	戦闘の方式	・「バッグ」のどうぐは使えない
3	参加できるポケモンの組み合わせ	・参加するポケモンはすべて違う種類でなくてはならない ・同じどうぐは持たせられない
4	参加できないポケモン	ミュウツー　ミュウ　ルギア　ホウオウ　セレビィ　カイオーガ グラードン　レックウザ　ジラーチ　デオキシス　ディアルガ　パルキア ギラティナ　フィオネ　マナフィ　ダークライ　シェイミ　アルセウス　ビクティニ　レシラム　ゼクロム キュレム　ケルディオ　メロエッタ　ゲノセクト　ゼルネアス　イベルタル　ジガルデ　ディアンシー　フーパ ボルケニオン　コスモッグ　コスモウム　ソルガレオ　ルナアーラ　ネクロズマ　マギアナ

●バトルロイヤルの試合形式

1	「てもち」かバトルボックスから3匹のポケモンを選んで参加できる
2	1対1対1対1のシングルバトル形式となる
3	いずれかの対戦相手の「てもち」のポケモンがすべて「ひんし」状態になると終了となる
4	倒した相手のポケモンの数と、自分の残りのポケモンの数の合計が多いプレイヤーが勝者となる（同点の場合は倒した数が多いほう、これも同点の場合は残りHPが多いほうが勝者となる）

バトルロイヤル ② 1位で勝利すると、さらに上のランクに挑める

バトルロイヤルで1位を獲得すれば、さらに上位のランクの対戦に参加できるようになる。バトルロイヤルのランクは、ぜんぶで4段階ある。上位のランクになるほど、より手強いポケモントレーナーたちとの対戦を楽しむことができる。

●バトルロイヤルのランク

ランク	挑戦できる条件
ノーマルランク	最初から挑戦できる
スーパーランク	ノーマルランクで1位になる
ハイパーランク	スーパーランクで1位になる
マスターランク	ハイパーランクで1位になる

バトルロイヤル ③ 勝負に勝つとBP(バトルポイント)が手に入る

バトルロイヤルで試合がおわると、BP(バトルポイント)をもらえる。もらえるBPは順位によって異なり、順位が高いほど多くのBPをもらえる。また、手強いポケモントレーナーたちが待ちかまえる上位のランクほど、たくさんのBPを手に入れることができる。多くのBPをかせぐため、上位のランクに挑戦していこう。

●得られるBP

ランク	1位	2位	3位	4位
ノーマルランク	2BP	1BP	1BP	1BP
スーパーランク	3BP	2BP	2BP	1BP
ハイパーランク	4BP	3BP	2BP	1BP
マスターランク	5BP	3BP	2BP	1BP

◆通信対戦の場合、得られるBPはすべて2倍になります。

強い 相手に 勝てる
チャンスも あって
いいだろ?

ロイヤルマスク

バトルロイヤル ④ 貯めたBPはどうぐと交換できる

貯めたBPは、受付でどうぐと交換することができる。ポケモンをきたえるためのどうぐや、戦闘を有利に進められるどうぐなど、さまざまな種類が用意されている。他では入手が難しいどうぐも多い。BPと交換すれば確実に手に入れられるので、何度も挑戦してBPを貯めていこう。

●左端の受付のどうぐ

どうぐ	必要なBP
マックスアップ	2BP
タウリン	2BP
ブロムヘキシン	2BP
リゾチウム	2BP
キトサン	2BP
インドメタシン	2BP
ふしぎなアメ	48BP
とくせいカプセル	100BP

●中央左の受付のどうぐ

どうぐ	必要なBP
パワーリスト	16BP
パワーベルト	16BP
パワーレンズ	16BP
パワーバンド	16BP
パワーアンクル	16BP
パワーウエイト	16BP
かわらずのいし	16BP

●右端の受付のどうぐ

どうぐ	必要なBP
ひかりのこな	48BP
せんせいのツメ	48BP
やすらぎのすず	48BP
ピントレンズ	48BP
たべのこし	48BP
かいがらのすず	48BP
ちからのハチマキ	48BP
ものしりメガネ	48BP
たつじんのおび	48BP
フォーカスレンズ	48BP
メトロノーム	48BP
あかいいと	48BP
つめたいいわ	48BP
さらさらいわ	48BP
あついいわ	48BP
しめったいわ	48BP
かるいし	48BP
しめつけバンド	48BP

バトルポイントを
景品に 交換 しますか?

ロイヤルドームの受付

バトルツリー

バトルツリー① 連勝記録を伸ばしていく施設だ

バトルツリーでは、次々に現れるポケモントレーナーたちとの対戦に勝利しつづけて、連勝数を伸ばしていくことが目的となる。途中で勝負に負けると連勝記録はそこでストップしてしまい、最初から挑戦しなおすことになる。一度も負けることなく、安定して勝ち進むために、きたえ上げたポケモンをそろえてバトルツリーに挑もう。まずは20連勝をめざすことが目標だ。

●バトルツリーの共通ルール

1	参加レベル	・レベルがいくつでも参加できる。Lv.50以上のポケモンはLv.50になる（バトルがおわると元にもどる）
2	戦闘の方式	・1回の勝負がおわるたびに、一時中断することができる ・負けると連勝数はストップし、最初からの挑戦になる ・「バッグ」のどうぐは使えない
3	参加できるポケモンの組み合わせ	・参加するポケモンはすべて違う種類でなくてはならない ・同じどうぐは持たせられない
4	参加できないポケモン	ミュウツー ミュウ ルギア ホウオウ セレビィ カイオーガ グラードン レックウザ ジラーチ デオキシス ディアルガ パルキア ギラティナ フィオネ マナフィ ダークライ シェイミ アルセウス ビクティニ レシラム ゼクロム キュレム ケルディオ メロエッタ ゲノセクト ゼルネアス イベルタル ジガルデ ディアンシー フーパ ボルケニオン コスモッグ コスモウム ソルガレオ ルナアーラ ネクロズマ マギアナ

バトルツリー② 3種類の対戦形式に挑戦できる

バトルツリーには、3種類の対戦形式が用意されている。また、それぞれの対戦形式で20連勝することで、さらに手強いポケモントレーナーたちと戦えるスーパーバトルに挑むことができるようになる。それぞれの対戦形式で記録更新をめざして、勝ち進んでいこう。

シングルバトル／スーパーシングルバトル

ポケモンを1対1で戦わせるシングルバトル形式だ。

ダブルバトル／スーパーダブルバトル

ポケモンを2対2で戦わせるダブルバトル形式だ。

マルチバトル／スーパーマルチバトル

仲間のトレーナーと2人で戦うマルチバトル形式だ。

バトルツリー ❸ 勝負に勝つとBP（バトルポイント）が手に入る

バトルツリーでは、対戦に勝つたびにBP（バトルポイント）を得られる。手に入るBPは、連勝数に応じて段階的に増えていくので、勝ち進むほどに一戦でたくさんのBPを貯めることができる。また20戦目（スーパーバトルでは50戦目）に登場するバトルレジェンドのレッドかグリーンに勝てば、20BP（スーパーバトルでは50BP）を得られる。

●得られるBP

対戦形式	10連勝以下	20連勝以下	30連勝以下	40連勝以下	50連勝以下	51連勝以上	レッドかグリーンに勝利
シングルバトル	1BP	2BP	—	—	—	—	20BP
スーパーシングルバトル	2BP	3BP	4BP	5BP	6BP	7BP	50BP
ダブルバトル	1BP	2BP	—	—	—	—	20BP
スーパーダブルバトル	2BP	3BP	4BP	5BP	6BP	7BP	50BP
マルチバトル	1BP	2BP	—	—	—	—	20BP
スーパーマルチバトル	2BP	3BP	4BP	5BP	6BP	7BP	50BP

バトルツリー ❹ 貯めたBPはどうぐやメガストーンと交換できる

貯めたBPは、施設の奥にある受付で、どうぐと交換することができる。左の受付と中央の受付では、戦闘を有利にできるどうぐと交換できる。また、右側の受付では、ポケモンをメガシンカさせられるメガストーンとの交換が可能だ。どれもたくさんのBPが必要になるので、何度も挑んでBPを集めよう。

●左の受付のどうぐ

どうぐ	必要なBP
おうじゃのしるし	32BP
しんかいのキバ	32BP
しんかいのウロコ	32BP
りゅうのウロコ	32BP
アップグレード	32BP
あやしいパッチ	32BP
プロテクター	32BP
エレキブースター	32BP
マグマブースター	32BP
れいかいのぬの	32BP
ホイップポップ	32BP
においぶくろ	32BP

●中央の受付のどうぐ

どうぐ	必要なBP
どくどくだま	16BP
かえんだま	16BP
くろいてっきゅう	16BP
ねらいのまと	16BP
しろいハーブ	24BP
メンタルハーブ	24BP
パワフルハーブ	24BP
きあいのタスキ	32BP
ふうせん	32BP
レッドカード	32BP
だっしゅつボタン	32BP
じゃくてんほけん	32BP
こだわりハチマキ	48BP
こだわりメガネ	48BP
こだわりスカーフ	48BP
いのちのたま	48BP
ゴツゴツメット	48BP
とつげきチョッキ	48BP
ぼうじんゴーグル	48BP
グランドコート	48BP
ぼうごパッド	48BP

●右の受付のメガストーン

メガストーン	必要なBP
ゲンガナイト	64BP
ハッサムナイト	64BP
カイロスナイト	64BP
プテラナイト	64BP
ルカリオナイト	64BP
ガルーラナイト	64BP
ギャラドスナイト	64BP
アブソルナイト	64BP
フーディナイト	64BP
ガブリアスナイト	64BP
ヤミラミナイト	64BP
メタグロスナイト	64BP
サメハダナイト	64BP
ヤドランナイト	64BP
オニゴーリナイト	64BP
ボーマンダナイト	64BP

バトルツリーの受付

バトルツリー ⑤ BPを使って、勝負に勝った相手をスカウトできる

シングル／スーパーシングルバトルと、ダブル／スーパーダブルバトルでは、勝負後に10BPを使って、相手をスカウトできる。スカウトしたポケモントレーナーは、マルチバトルの開始前に呼びだすと、いっしょに戦ってくれる。

① BPを使ってスカウト

② マルチバトルで選べる

バトルツリー ⑥ スーパーバトルでは特別なトレーナーとも戦える

スーパーシングルバトルとスーパーダブルバトルでは、10戦目ごとに特別なポケモントレーナーが登場する。なお、登場するトレーナーは『ポケモン サン』と『ポケモン ムーン』で異なる。勝利すれば、通常のポケモントレーナーと同様に、10BPを使ってスカウトできる。

● 登場する特別なポケモントレーナーたち

『ポケットモンスター サン』の場合
ブルメリ／ジーナ／カキ／ギーマ／ミツル／アクロマ／シロナ／リラ

『ポケットモンスター ムーン』の場合
グズマ／デクシオ／マオ／ギーマ／ミツル／アクロマ／シロナ／リラ

バトルツリー ⑦ スーパーバトルで50連勝するとスタンプをもらえる

スーパーバトルで50連勝を達成すると、達成の証として、トレーナーパスに記念のスタンプを押してもらえる。スタンプはスーパーシングルバトル、スーパーダブルバトル、スーパーマルチバトルの3種類が用意されている。それぞれのスーパーバトルで、50連勝をめざして勝ちあがっていこう。

● スーパーバトルで50連勝するともらえるスタンプ

50れんしょうシングルたっせい
スーパーシングルバトルで50連勝を達成したスタンプ。

50れんしょうダブルたっせい
スーパーダブルバトルで50連勝を達成したスタンプ。

50れんしょうマルチたっせい
スーパーマルチバトルで50連勝を達成したスタンプ。

617

バトルツリー ⑧ シングル／スーパーシングルバトルで勝ちぬこう

シングル／スーパーシングルバトルでは、はじめに3匹のポケモンを選んで、1対1のシングルバトル形式で勝ちぬいていく。途中で負けると連勝記録はそこでストップしてしまい、最初から挑戦しなおすことになる。きたえ上げたポケモンをそろえて勝負に挑もう。

●シングルバトル／スーパーシングルバトルの試合形式

1 「てもち」かバトルボックスの中から3匹のポケモンを選んで参加できる

2 1対1のシングルバトル形式となる

バトルレジェンドのレッドと対決！

「……　……　……！」

攻守のバランスに長けた手堅い戦いを仕掛けてくる

レッドの「てもち」のポケモンは、共通の弱点を持たないバランスの取れた編成だ。どのポケモンをくり出されても対応できるように、ポケモンを厳選して挑もう。リザードンがメガシンカしてメガリザードンXになった場合は、弱点が変化してしまう。どちらの場合でも弱点を突ける、いわタイプのわざで攻めよう。

●レッドの「てもち」のポケモン（「てもち」から3匹が選ばれる）
- フシギバナ Lv.50　くさ／どく　弱点：ほのお・こおり・ひこう・エスパー
- リザードン Lv.50　ほのお／ひこう　弱点：いわ・みず・でんき
- カメックス Lv.50　みず　弱点：くさ・でんき
- ラプラス Lv.50　みず／こおり　弱点：くさ・でんき・かくとう・いわ
- カビゴン Lv.50　ノーマル　弱点：かくとう

◆レッドの「てもち」のポケモンは、メガシンカをすることがあります。また、Zワザを使ってくることもあります。

レッドに勝つと特別なメガストーンをもらえる

シングルバトルでレッドに勝って20連勝を達成すると、受付の左側にレッドが現れる。話しかけると、フシギバナ、リザードン、カメックスをメガシンカさせられる4種類のメガストーンをもらえる。

 リザードナイトX　 リザードナイトY
 フシギバナイト　 カメックスナイト

バトルツリー ⑨ ダブル／スーパーダブルバトルで勝ちぬこう

ダブル／スーパーダブルバトルでは、はじめに4匹のポケモンを選んで、ダブルバトル形式で勝ちぬいていく。2匹のポケモンのわざやとくせいを組み合わせたコンボを使って勝ち進もう。

●ダブルバトル／スーパーダブルバトルの試合形式

1. 「てもち」かバトルボックスの中から4匹のポケモンを選んで参加できる
2. 2対2のダブルバトル形式となる

バトルレジェンドの グリーンと対決！

「お手並み 拝見と いくぜ！ アローラ初代 チャンピオン！」

Zワザなど威力の高いわざを積極的にくり出してくる

グリーンのポケモンは、9匹の中から選ばれる。こおりタイプといわタイプのわざを弱点とするポケモンが、9匹の中にそれぞれ4匹ずついる。これらのわざを持つポケモンを選んでおくと、有利に戦える可能性が高くなる。Zワザを放つことがあるポケモンの数はレッドよりも多く、勝負が長引くと大ダメージを受けてしまいやすい。相手が攻撃するチャンスをへらすためにも、攻撃を集中させて、1匹ずつ確実に「ひんし」状態にしていこう。

●グリーンの「てもち」のポケモン
（「てもち」から4匹が選ばれる）

- ピジョット Lv.50 ノーマル ひこう 弱点：でんき こおり いわ
- フーディン Lv.50 エスパー 弱点：むし ゴースト あく
- カイリキー Lv.50 かくとう 弱点：ひこう エスパー フェアリー
- プテラ Lv.50 いわ ひこう 弱点：みず でんき こおり いわ はがね
- ナッシー Lv.50 くさ エスパー 弱点：×4 むし ほのお こおり どく ひこう ゴースト あく
- ドサイドン Lv.50 じめん いわ 弱点：×4 みず ×4 くさ こおり かくとう じめん はがね
- ギャラドス Lv.50 みず ひこう 弱点：×4 でんき いわ
- ウインディ Lv.50 ほのお 弱点：みず じめん いわ
- バンギラス Lv.50 いわ あく 弱点：×4 かくとう みず くさ じめん むし はがね フェアリー

◆グリーンの「てもち」のポケモンは、メガシンカをすることがあります。また、Zワザを使ってくることもあります。

バトルツリーでもらえる賞品 — 連勝すると「サンのみ」や「スターのみ」などが手に入る

スーパーバトルのいずれかで100連勝するとサンのみを、200連勝するとスターのみを受付でもらえる（達成の翌日以降）。また連勝数に応じてぎんのおうかんやとくせいカプセルなどをもらえる。

 サンのみ
 スターのみ

バトルツリー ⑩ マルチ／スーパーマルチバトルで勝ちぬこう

味方のポケモントレーナーと1匹ずつポケモンを出しあい、協力して対戦を行うマルチバトル形式で勝ちぬいていく。シングルバトルやダブルバトルでスカウトしたポケモントレーナーたちの中から1人を選んで、いっしょに戦える。また、通信で他のプレイヤーと協力して戦うこともできる。

●マルチバトル／スーパーマルチバトルの試合形式

1. 「てもち」かバトルボックスの中から2匹のポケモンを選んで参加できる
2. 2対2のマルチバトル形式となる
3. スカウトしたトレーナー（またはローカル通信で参加するプレイヤー）を加えて戦う

バトルレジェンドの レッドとグリーンを相手にマルチバトル！

個性的な2人が力を合わせて挑んでくる

レッドとグリーンのポケモンは、それぞれシングルバトル／ダブルバトルのときと同じ。2人合わせて合計14匹の中から4匹をくり出してくる。登場したポケモンの弱点を突けるよう、ポケモンを交代させながら戦おう。味方のポケモンがどう戦うかも予想して、的確なわざを選んでいこう。

●レッドの「てもち」のポケモン
（「てもち」から2匹が選ばれる）

●グリーンの「てもち」のポケモン
（「てもち」から2匹が選ばれる）

◆レッドとグリーンの「てもち」のポケモンは、メガシンカをすることがあります。また、Zワザを使ってくることもあります。

ポケットモンスター サン・ムーン
公式ガイドブック 上
完全ストーリー攻略

QRスキャン

QRコードをスキャンして
ポケモンの発見・捕獲をしよう

QRスキャン 1　QRスキャンでたくさんのポケモンの情報を得よう

QRスキャンは、メレメレじま 1ばんどうろハウオリシティはずれのポケモンセンターへ行くと、使えるようになる。QRコードを読み込むと、さまざまなポケモンの情報を得られる。アローラ図鑑のポケモンの場合は、「姿を見かけた」状態で図鑑に登録できる。

タッチすれば すぐにスキャンできる

下画面のメニューの「QRスキャン」をタッチすると、QRコードを読み込める。

●QRスキャンでQRコードを読み込むまでの流れ

1 QRコードを上画面に映す

一般的なQRコードなら、すべて読み込める。「QRスキャン」をタッチだ。

2 Rボタンを押して読み込む

上画面のカメラでQRコードを写したら、Rボタンかタッチでスキャンしよう。

3 ポケモンの情報を得られる

ポケモンの姿と情報を見られる。たとえば、イッシュ地方に生息するデンチュラなどだ。

◆画面は加工しています。

QRスキャン 2 QRコードの特徴をおぼえよう

QRスキャンでQRコードを読み込める回数には、制限がある。読み込み可能な回数は、連続で最大10回。2時間ごとに1回分が回復する。また、QRスキャンをするたびに、ポイントが貯まる。

●3種類あるQRコードの特徴

アローラずかんQRコード	ミラクルQRコード	スペシャルQRコード
貯まるポイント 10P	貯まるポイント 10P	貯まるポイント 20P
ポケモンをアローラ図鑑に登録すると、そのポケモンの情報をQRコードで表示できる。家族や友だちと読みあいをしよう。	一般的な商品に印刷されたQRコードのこと。アローラ図鑑にはふくまれないポケモンが表示され、情報を見ることができる。	「ポケモンガオーレ」や「モンコレGET」など、連動用に用意されたQRコード。それぞれ、ポケモンの情報を見られる。

●QRスキャンの仕組み

1. QRコードを読み込める回数は連続で最大10回まで（2時間たつと1回分が回復する）
2. QRコードを読み込める種類に応じたポイントを貯められる
3. 100P貯めると別の地方のポケモンをつかまえられる「しまスキャン」が1回できる

QRスキャン 3 アローラ図鑑のQRコードをシェアしよう

「アローラずかんQRコード」は、アローラ図鑑の上画面にポケモンが映しだされているときに、Xボタンを押すと表示される。別のソフトで読み込むと、「姿を見かけた」として登録され、生息地もわかる。色違いのポケモンや姿違いのポケモンのQRコードも表示できる。

◆画面は加工しています。

QRスキャン 4 しまスキャンで貴重なポケモンが手に入る

QRスキャンを使ってポイントを100P貯めると、しまスキャンを1回使えるようになる。しまスキャンを行うと、アローラ地方には生息していないポケモンを発見し、つかまえられる。

●しまスキャンでめずらしいポケモンをつかまえるまでの流れ

1 Rボタンを押す

しまスキャンを実行すると、主人公がいる島全体がスキャンされる。

2 気配をキャッチする

アローラ図鑑には登録されないポケモンの存在が確認され、居場所が示される。

3 ポケモンをつかまえる

その場所へ行くと、野生のポケモンとして遭遇し、ボールを投げてつかまえられる。

QRスキャン 5 しまスキャンで毎日ポケモンをつかまえよう

100Pを貯めて、しまスキャンを行うと、通常、野生では出現しないポケモンを発見し、つかまえることができる。ポケモンの種類は、曜日によって異なり、カントー地方、ジョウト地方、ホウエン地方、シンオウ地方、イッシュ地方、カロス地方のポケモンたちが出現する。「てもち」に加えて、いっしょに島巡りをするのもいいだろう。

●しまスキャンで出現するめずらしいポケモン

月曜日

 ワニノコ
●出現場所
メレメレじま
うみつなぎのどうけつ

 タマザラシ
●出現場所
アーカラじま
7ばんどうろ

 ウリムー
●出現場所
ウラウラじま
カプのむら

 ロープシン
●出現場所
ポニじま
ポニのこうや

火曜日

 モノズ
●出現場所
メレメレじま
テンカラットヒル

 ルクシオ
●出現場所
アーカラじま
8ばんどうろ

 ダブラン
●出現場所
ウラウラじま
16ばんどうろ

 トゲキッス
●出現場所
ポニじま
ポニのけんろ

水曜日

 タッツー
●出現場所
メレメレじま
カーラエわん

 ヒトツキ
●出現場所
アーカラじま
アーカラじまはずれ

 ロゼリア
●出現場所
ウラウラじま
ウラウラのはなぞの

 ハハコモリ
●出現場所
ポニじま
ポニのはなぞの

木曜日

 ギアル
●出現場所
メレメレじま
ハウオリシティ

 フシデ
●出現場所
アーカラじま
4ばんどうろ

 ムクバード
●出現場所
ウラウラじま
10ばんどうろ

 ジャローダ
●出現場所
ポニじま
ナッシー・アイランド

金曜日

 チコリータ
●出現場所
メレメレじま
2ばんどうろ

 マダツボミ
●出現場所
アーカラじま
5ばんどうろ

 ヤルキモノ
●出現場所
ウラウラじま
11ばんどうろ

 ダイケンキ
●出現場所
ポニじま
ポニのげんや

土曜日

 ヒトモシ
●出現場所
メレメレじま
ハウオリれいえん

 マリル
●出現場所
アーカラじま
せせらぎのおか

 キバゴ
●出現場所
ウラウラじま
ホクラニだけ

 エンブオー
●出現場所
ポニじま
ポニのこどう

日曜日

 ヒノアラシ
●出現場所
メレメレじま
3ばんどうろ

 ゴチム
●出現場所
アーカラじま
6ばんどうろ

 サイホーン
●出現場所
ウラウラじま
ホテリやま

 シビルドン
●出現場所
ポニじま
ポニのじゅりん

ポケットモンスター サン・ムーン
公式（こうしき）ガイドブック 上（じょう）
完全（かんぜん）ストーリー攻略（こうりゃく）

PGL

ゲームと連動したWebサイト「ポケモングローバルリンク」を楽しもう

PGL❶ 『ポケモン サン・ムーン』のプレイ内容と連動する

「ポケモングローバルリンク」(PGL)は、『ポケモン サン・ムーン』のゲームのプレイデータを利用して、世界中のポケモンファンとつながる連動Webサイトだ。『ポケモン サン・ムーン』発売日の2016年11月18日(金)からリニューアルオープンしている。世界中のプレイヤーの情報を見たり、インターネット上で開催されるバトル大会に参加したりしよう。

●「ポケモングローバルリンク」のトップ画面

各コンテンツへ

サポート
マニュアルを見られる。わからないことはここで調べよう。

グローバルレポート
グローバルアトラクションの結果などが表示される。

募集中の仲間大会

よく使われているQRレンタルチーム

プレイヤーのログイン情報
自分のソフトや顔写真、名前、最終ログイン日などがわかる。

イベントカレンダー
大会やプレゼントなど、『ポケモン サン・ムーン』に関するイベントの日程を確認できる。

インフォメーション
『ポケモン サン・ムーン』やPGLに関するニュースが新着順に表示される。

レーティングバトルランキング
バトルスポットのレーティングバトルで上位10人に入っているプレイヤーが紹介される。

www.pokemon-gl.com

●PGLを利用するまでの流れ

1. 『ポケモン サン・ムーン』のフェスサークルのお城でゲームシンクIDコードを発行する
2. 「ポケモングローバルリンク」に新規会員登録をする◆
3. 「ポケモングローバルリンク」にゲームシンクIDコードを登録する
4. フェスサークルでインターネット接続するたびに、自動でゲームシンクが行われる
5. 『ポケモン サン・ムーン』のプレイ内容が「ポケモングローバルリンク」に反映される

◆『ポケモン X・Y・オメガルビー・アルファサファイア』版PGLの会員アカウントをそのまま使用することができます。

この章の「ポケモングローバルリンク」(PGL)の情報は、開発中のものです。最新情報は「ポケモングローバルリンク」(PGL)上でお確かめください。

PGL ② 『ポケモン サン・ムーン』がさらに楽しくなるサービスを利用しよう

「ポケモングローバルリンク」では、『ポケモン サン・ムーン』のプレイ状況を確認できたり、インターネット大会に参加したりなど、さまざまなサービスを受けられる。ちなみに、フェスサークルのバトルスポットでレーティングバトルやインターネット大会で遊ぶには、PGLへの登録が必要だ。

●「ポケモングローバルリンク」(PGL)の主なコンテンツ

インターネット大会
開催中のインターネット大会にエントリーしたり、過去に開催されたインターネット大会のランキング情報を確認したりできる。

グローバルレポート
世界中のプレイヤーのプレイデータが集計された結果を見られる。GTSで交換されたポケモンの総数や、グローバルアトラクションの結果などが表示される。

レーティングバトル トレーナーランキング
期間で区切られたシーズンごとのトレーナーランキングを見られる。トレーナー名をクリックすると、各トレーナーの対戦成績も確認できる。

レーティングバトル ポケモンランキング
期間で区切られたシーズンごとのポケモンランキングを見られる。ポケモンをクリックすると、使われたわざやとくせいなども確認できる。

仲間大会 インターネット方式
自分でレギュレーション(対戦ルール)を決めてバトル大会を主催できる。インターネット上で他の参加者と戦いながら、レーティングを競う。

仲間大会 ライブ方式
友だちなどと楽しめる仲間大会だ。主催者は、レギュレーションが登録されたQRコードを発行する。他のプレイヤーは、読み込むことで参加できる。

QRレンタルチーム
自分のバトルチームを他のプレイヤーに公開できる仕組みだ。公開されているチームを、QRコードを読み込んでレンタルすることもできる。

配信レギュレーション
PGLで公開されている公式の対戦ルールを、自分のニンテンドー3DSにダウンロードして利用できる。最大12件まで保存することができる。

ゼンリョクガイド 「ポケモングローバルリンク」(PGL)はスマホやタブレットからも利用できる

『ポケモン サン・ムーン』と連動した「ポケモングローバルリンク」は、PCはもちろん、スマートフォンやタブレットからも見られる。外出したときや、友だちと集まったときなど、好きなときに好きな場所からアクセスしよう。

インターネット大会

PGL ❸ インターネット上で行うポケモンバトルの大会だ

インターネット大会とは、特定の期間に開催されるポケモンバトル大会だ。「ポケモングローバルリンク」で事前にエントリーしたプレイヤー同士で、フェスサークルのバトルスポットのインターネット大会で対戦を行い、レーティングを競うゲームだ（→P.554）。大会によって、レギュレーションや参加できるポケモンが決まっている。きたえたポケモンを参加させて、手に汗握る対戦をくり広げよう。

●インターネット大会の画面

■受付中の大会

■重要事項／レギュレーション

■使用可能ポケモンリスト

PGL ❹ 過去に開催されたインターネット大会を参考にしよう

インターネット大会のページには、これまでに開催された大会のバナーが並んでいる。バナーをクリックすると、開催期間や対戦ルールなど、くわしい情報を見られる。自分が参加した大会ならば、「自分の順位を見る」ボタンをクリックして、自分の順位をすぐに確認できる。ポケモンランキングでは、上位のトレーナーが使用していたポケモンがランキングで紹介されている。

●過去のインターネット大会の画面

■大会一覧

■ポケモンランキング

グローバルレポート（アトラクション）

PGL ⑤ トップページに表示されるさまざまな情報をチェックしよう

グローバルレポートは、トップページの左側に表示される情報だ。たとえば、『ポケモン サン・ムーン』のGTSで交換されたポケモンの総数や、ポケリフレでいちばんかわいがられているポケモンの種類、グローバルアトラクションの結果などが表示される。世界中のプレイヤーのデータが集計される。

●グローバルレポートで集計される内容

1 GTSで交換されている回数

2 いちばんかわいがられているポケモン

3 グローバルアトラクションの結果

グローバルアトラクションに参加しよう

グローバルアトラクションとは、フェスサークルと連動して世界中のプレイヤーが共通のミッションに挑むイベントだ（→P.553）。ミッション達成の目標は、PGLで直前に告知される。終了後には、参加者全員にごほうびが与えられる。定期的に開催されるグローバルアトラクションにふるって参加しよう。

レーティングバトル トレーナーランキング

PGL ⑥ レーティングバトルの順位がわかる

レーティングバトルは、フェスサークルのバトルスポットで挑戦できる対戦だ。勝敗の結果に応じて、レーティングが上下する。勝ちつづけると、ポイントが加算されていくシステムだ。トレーナーランキングでは、世界中のプレイヤーがレーティングバトルに挑戦して得たポイントがランキングで表示される。名前をクリックすると、そのプレイヤーのくわしい対戦結果を確認できる。

●レーティングバトル トレーナーランキングの画面

■ルール別ランキング

ランキングや対戦結果は、「シングル」「ダブル」「スペシャル」「WCS」のルールごとに集計されている。「全ての対戦」をクリックすると、そのプレイヤーの総合結果を確認できる。

レーティングバトル ポケモンランキング

PGL ① レーティングバトルで人気のポケモンがわかる

レーティングバトルのポケモンランキングでは、レーティングバトルに登場する回数が多いポケモンが上位30匹まで表示される。ポケモンをクリックすると、そのポケモンのさらにくわしい情報を見られる。たとえば、使われることが多いわざ、とくせい、せいかく、もちものなどだ。そのポケモンといっしょに「てもち」にいることが多いポケモンも、上位10匹まで紹介されている。

● レーティングバトル ポケモンランキングの画面

■ ルール別ランキング

ポケモンランキングは、「シングル」「ダブル」「スペシャル」「WCS」のルールごとに集計されている。「全ての対戦」をクリックすると、全対戦でもっとも人気のあるポケモンがわかる。

仲間大会 インターネット方式

PGL⑧ 仲間を集めた自主大会を開催できる

仲間大会とは、自分で対戦ルールを設定して大会を主催するポケモンバトルだ。仲間大会には、インターネット方式とライブ方式の2つの形式がある。インターネット方式では、インターネット上で他の参加者とマッチングされて対戦し、レーティングを競いあう。世界中のプレイヤーに参加を呼びかけることも、事前に指定したプレイヤーだけが参加できるように設定することもできる。

●仲間大会 インターネット方式の画面

■仲間大会 インターネット大会の作成

■仲間大会(受付中)

仲間大会 ライブ方式

PGL ⑨ レギュレーションが記録されたQRコードで対戦できる

仲間大会 ライブ方式は、「ポケモングローバルリンク」に登録していないプレイヤーでも参加できるライブ大会だ。自分で対戦ルールを設定して仲間大会を開催すると、レギュレーションの入った選手証がQRコードの形で発行される。参加したいプレイヤーは、そのQRコードを読み込むだけで、友だちが開催したライブ大会に参加し、赤外線通信を使った対戦を楽しめる。

●仲間大会 ライブ方式の画面

■仲間大会 ライブ方式の作成

QRレンタルチーム

PGL⑩ 他のプレイヤーがつくったバトルチームを使って対戦できる

QRレンタルチームとは、他のプレイヤーが公開しているバトルチームをレンタルして、実際に対戦で活躍させられる仕組みだ。自分のバトルチームを公開して、他のプレイヤーに使ってもらうこともできる。公開されたバトルチームは、「ポケモングローバルリンク」からQRコードを読み込むことで利用できるようになる。バトルチームをレンタルして、対戦してみよう。

●QRレンタルチームの画面

■QRレンタルチーム詳細

QRレンタルチーム（検索）

PGL⑪ 他のプレイヤーがつくったバトルチームを検索できる

他のプレイヤーが公開しているQRレンタルチームは、さまざまな方法で検索することができる。「QRレンタルチーム検索」ボタンをクリックして、希望のチームを見つけだそう。人気のあるQRレンタルチームは、「よく使われているQRレンタルチーム」にリストアップされる。また、チームに登録されているポケモンで検索したり、使いたいわざで探しだしたりすることもできる。

● QRレンタルチームの画面

■ よく使われているQRレンタルチーム

■ ポケモンで検索　　■ わざで検索

配信レギュレーション

PGL⑫ 配信されるレギュレーションで対戦を楽しめる

「ポケモングローバルリンク」では、公式の対戦ルールを配信している。ダウンロードすれば、友だちとの対戦で公式ルールを適用した対戦を楽しめる。フェスサークルに入り、下画面の「たいせん」をタッチした後で、「ルールをダウンロードする」を選ぼう。自分のニンテンドー3DSのSDカードに、最大12件までダウンロードすることができる。

●配信レギュレーションの画面

■配信レギュレーションの例（WCS2017）

ポケットモンスター サン・ムーン
公式ガイドブック 上
完全ストーリー攻略

ポケモンバンク

『ポケモンバンク』でポケモンたちをインターネット上のボックスにあずけよう

Pokémon Bank　自分専用のボックスにたくさんのポケモンをあずけられる

ニンテンドー3DSダウンロードソフト『ポケモンバンク』は、インターネット上のボックスに大量のポケモンをあずけられるサービスだ。操作はかんたん。快適に、ポケモンをあずけたり引きだしたりできる。『ポケモン サン・ムーン』でつかまえた、たくさんのポケモンをあずけてみよう。

●『ポケモンバンク』の画面

上画面は『ポケモンバンク』のボックス

下画面は遊んでいるゲームのボックス

ゲームソフトのタイトル名

Pokémon Bank　『ポケモンバンク』のサービス利用料は1年間500円

『ポケモンバンク』は、1年に1回、500円の利用料を支払って使う有料サービス。ニンテンドーeショップで販売中だ。インターネット上に自分のボックスを設置するので、ダウンロードするときはもちろん、『ポケモンバンク』を利用するときにも、Wi-Fi接続ができる環境が必要だ。

ニンテンドー3DSダウンロードソフト『ポケモンバンク』	
タイトル	『ポケモンバンク』
発売	株式会社ポケモン
販売	任天堂株式会社
制作	株式会社ゲームフリーク
対応機種	ニンテンドー3DS
ジャンル	ユーティリティ
プレイ人数	1人
通信機能	インターネット対応
関連ソフト	『ポケムーバー』 　　　　追加ダウンロード可能
年間利用料	500円（税込）

この章の『ポケモンバンク』の情報は、2016年10月上旬のものです。最新情報は「ポケットモンスターオフィシャルサイト」でお確かめください。

Pokémon Bank | 大切なポケモンをインターネット上のボックスにあずけよう

『ポケモンバンク』を利用すると、自分のニンテンドー3DSがインターネット上の自分専用のボックスとつながる。このインターネット上のボックスには、ゲームの中のパソコンのボックスと同じように、ポケモンをあずけられる。好きなときにポケモンを引きだして、ゲームのボックスにもどすこともできる。万が一、『ポケモン サン・ムーン』のニンテンドー3DSカードをなくしてしまった場合、ゲームの中のボックスにいるポケモンは失われてしまう。だが、インターネット上のボックスにあずけたポケモンは、ソフトとは独立して保存されているので、失われない。『ポケモンバンク』を使ってインターネット上にポケモンをあずけていれば、あずけたポケモンを新しく手に入れたソフトに連れていくことができるのだ。

Pokémon Bank | あずけられるポケモンの上限は3000匹だ

『ポケモンバンク』の自分専用のボックスは、ぜんぶで100個用意されている。1つのボックスに30匹のポケモンをあずけられるので、最大で3000匹ものポケモンをあずけられるのだ。とにかくたくさんのポケモンをつかまえたい人や、対戦や大会にそなえて強いポケモンを育てたい人は、『ポケモンバンク』を活用しよう。あずけられるポケモンの数を気にせずに、安心してポケモンをコレクションできるはずだ。

Pokémon Bank | 複数のソフトからポケモンをあずけられる

『ポケモンバンク』は、複数のソフトからポケモンをあずけられる。たとえば、『ポケモン サン』と『ポケモン ムーン』の両方を遊んでいるプレイヤーの場合は、それぞれから『ポケモンバンク』にアクセスできるのだ。片方のソフトだけに出現するポケモンをあずけて、別のソフトで引きだせば、通信交換せずに図鑑に登録できる。

◆『ポケモン サン・ムーン』のパッケージ版、ダウンロード版どちらにも対応します。

◆『ポケモンバンク』にどうぐをあずけることはできません。どうぐを持たせたポケモンをあずけた場合、どうぐはゲームの「バッグ」の中にもどります。「バッグ」がいっぱいのときは、どうぐが消えてしまいます。

すべてのポケモンが『ポケモン サン・ムーン』に集まる

Pokémon Bank　バージョンアップで全ポケモンがあずけられるようになった

『ポケモンバンク』は、2017年1月にバージョンアップして、『ポケモン サン・ムーン』に対応する予定だ。バージョンアップすれば、『ポケモン オメガルビー・アルファサファイア』や『ポケモン X・Y』のポケモンを、『ポケモン サン・ムーン』へ連れていくことができるようになる。また、『ポケムーバー』を利用して、『ポケモンバンク』の中に、これまでに登場したすべてのポケモンを集められるようになる。ポケモン図鑑の完成を実現してみよう。

●『ポケモンバンク』の仕組み

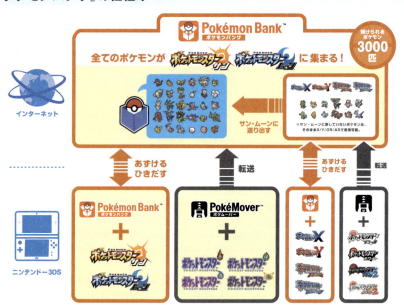

Pokémon Bank　『ポケムーバー』も使いこなそう

『ポケムーバー』は、『ポケモンバンク』の利用期間中に無料で追加ダウンロードできるソフトだ。利用すれば、バーチャルコンソール用ソフト『ポケモン 赤・緑・青・ピカチュウ』や過去作から、『ポケモン サン・ムーン』へポケモンを連れていけるようになる。

●『ポケモンバンク』と『ポケムーバー』の役割

ポケモンバンク
ポケモンを保管するボックス。インターネットで接続すれば、ポケモンを自由に出し入れできる。

ポケムーバー
過去作からポケモンをボックスへ移動させる。いったん移動させると、もどせない。

Pokémon Bank 『ポケモン X・Y』と『ポケモン ΩR・αS』から連れてこられる

『ポケモンバンク』にあずけた『ポケモン オメガルビー・アルファサファイア』や『ポケモン X・Y』のポケモンは、いつでも気軽に『ポケモン サン・ムーン』へ連れていけるようになる。大切に育てたポケモンをアローラ地方で活躍させよう。ただし、いったん『ポケモン サン・ムーン』へ移動させたポケモンを、元のソフトへもどすことはできないので、注意しよう。

Pokémon Bank VC版『ポケモン 赤・緑・青・ピカチュウ』にも対応

『ポケムーバー』を利用すれば、バーチャルコンソール用ソフト『ポケモン 赤・緑・青・ピカチュウ』のポケモンを『ポケモンバンク』にあずけられる。その後で、『ポケモン サン・ムーン』へ連れていこう。2Dドット絵だったポケモンたちが、3DCGで活躍する姿に注目だ。

Pokémon Bank ポケモン図鑑機能が新たに追加される

『ポケモンバンク』のバージョンアップで、新しくポケモン図鑑機能が追加される。『ポケモンバンク』に対応している各タイトルで、あずけたポケモンの情報をまとめて確認できるようになるのだ。『ポケモン サン・ムーン』のアローラ地方に登場しないポケモンたちの情報も、この機能を使って見てみよう。

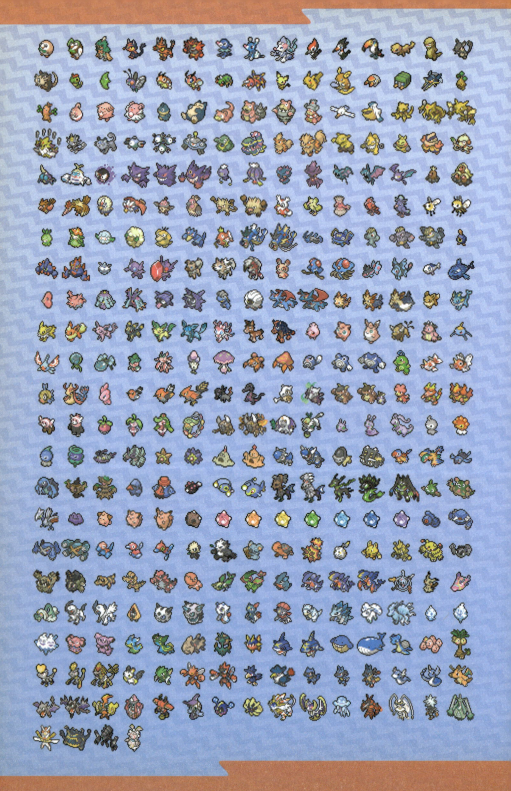

ポケットモンスター サン・ムーン
公式ガイドブック 上
完全ストーリー攻略

インタビュー

ポケットモンスター サン・ムーン
公式クリエイターインタビュー
CREATORS' INTERVIEW

ポケットモンスター サン・ムーン
プロデューサー
増田順一氏
株式会社ゲームフリーク 取締役 開発本部長

ポケットモンスター サン・ムーン
ディレクター
大森滋氏
株式会社ゲームフリーク 開発本部 開発二部長

アーカラじま カンタイシティには、『ポケットモンスター サン・ムーン』の開発会社ゲームフリークがある。上の写真は実際のゲームフリーク本社。右の画面写真は、ゲームの中のゲームフリーク。そっくりに再現されたエントランスからも、同社ならではの遊び心が感じられる。

取材・文／元宮秀介（ワンナップ）

CREATORS' INTERVIEW

「ポケモン20周年」で決めたディレクターの世代交代

──『ポケットモンスター サン・ムーン』のディレクターは、大森滋さんです。大森さんは、『ポケットモンスター オメガルビー・アルファサファイア』（2014年）でもディレクターを務められていましたが、『ポケットモンスター』シリーズ完全新作のディレクターを担当されるのは、今作がはじめてですよね。

増田 これまで完全新作のディレクターは、自分が担当していました。最近の作品でいえば『ポケットモンスターブラック・ホワイト』（2010年）や『ポケットモンスター X・Y』（2013年）です。自分は、完全新作のディレクターを20年近く担当してきましたが、2016年＝「ポケモン20周年」というタイミングをひとつの区切りとして、「ポケモン」の未来を見据えたとき、『ポケットモンスター』シリーズ完全新作のディレクターは、大森に任せようと決断しました。『ポケットモンスター オメガルビー・アルファサファイア』も大森の作品でしたが、しっかりと良い作品に仕上げてくれたので、その実績を高く評価してのことです。

開発テーマは「超越」

──大森さんに、『ポケットモンスター』シリーズ完全新作のディレクターを担当することになった際の意気込みを、ぜひお聞きしたいです。

大森 増田から『ポケットモンスター オメガルビー・アルファサファイア』に続いて、『ポケットモンスター サン・ムーン』のディレクターを担当してほしいと告げられたとき、正直に言えば不安が大きかったです。完全新作は、元となる作品があった『ポケットモンスター オメガルビー・アルファサファイア』をつくるのとは勝手が違います。しかし、ディレクターが増田から自分に変わったということは、「ポケモン」というゲームに大きな変化を付けるべきだな、と気持ちを切り替えました。「超越」をテーマに掲げ、「ポケモン」を再構築することに挑むため、「ポケモンとは何か」をイチから考えました。代表的なところで言えば、ポケモンジムは本当に必要なのだろうか？ など、「ポケモン」という遊びの根本的な部分から見直しました。自分の手で「ポケモン」を再構築しようとしたのですが、自分の思う「ポケモン」を形にしたとき、どういう作品に仕上がるのか、すべては想像できませんでした。この再構築という作業には、やはり生みの苦しみがありましたね。世界観からゲーム性まで、本当にイチから考えてつくりましたので、結果として『ポケットモンスター サン・ムーン』は、非常に大きなプロジェクトになりました。

増田 完全新作は、決めることがとても多いのです。ドリンクに例えるなら、コップさえ無いのが完全新作で、まずコップのサイズや柄を決めて、次に中に注ぐのはオレンジジュースかアップルジュースか、コーヒーかを決めていきます。例えば、『ポケットモンスター プラチナ』のような続編的な位置付けの作品は、すでにコップは決まっているので、コーヒーを今度はオレンジジュースにしよう、と決めるだけ。作業は限定的なのです。実は2013年の秋に『ポケットモンスター X・Y』が完成してから、特定のメンバーで『ポケットモンスター サン・ムーン』の開発を始めていました。

──途中まで進んでいた作品に、大森さんがディレクターとして加わることで、内容や遊びが大きく変わったのでしょうか。

大森 僕が『ポケットモンスター サン・ムーン』のプロジェクトに参加したときは、すでに進行していた構想がありました。それを考慮しながら、どうやったら新しい「ポケモン」を

645

つくり上げられるだろう、と熟考しました。他のメンバーが構想していた素材がある中で、それをもう一度練り込んで、新しいものへと昇華させる。その作業があったからこそ、『ポケットモンスター サン・ムーン』は深い作品に仕上がったのではないか、と思っています。

── 『ポケットモンスター』シリーズの根幹をなす要素を再構築したい、という大森さんの想いを聞いたとき、増田さんはどのように思われましたか。

増田 大森が話したポケモンジムの存在意義について言えば、自分も完全新作をつくるたびに、どう変えるべきかを常に検討していました。ジムを無くしても、プレイヤーが目指す目標は必要です。本質的に変わらないのであれば、従来のほうが面白みを表現できるだろう、という結論に達していました。しかし、『ポケットモンスター サン・ムーン』は、ポケモントレーナーと戦うのではなく、ぬしポケモンと戦うアイデアがあったので、それなら面白くなりそうだと、ジムを無くすことにもOKを出しました。

── 再構築の要素は、他にもたくさんありますが、その中でも特に力を入れてつくった部分を教えてください。

大森 まずはポケモン図鑑ですね。ポケモンの数が増えたために、図鑑を完成させる遊びのハードルが高くなりすぎました。最初の『ポケットモンスター 赤・緑』（1996年）のときのように、ポケモンを集めて、自分の手で図鑑を埋める遊びを、もう一度きちんとつくり上げたい、という想いが強かったのです。その想いを開発スタッフに伝え、例えばポケモンを手に入れたときの演出を強化しました。これまではポケモンを進化させたときは、図鑑に登録されたことを伝えるメッセージはありませんでしたが、今作ではポケモンを進化させたときも、「とうろくかんりょう！」と表示されるようにしました。

── 通信交換で受け取ったゴーストがゲンガーに進化すると、ゴーストとゲンガーの両方が図鑑に登録される演出も加わりました。はじめて見たときは感激しました。

大森 プレイヤーの行動に対して、評価をする仕組みを丁寧につくることで、ポケモンを集める面白さを再び味わってほしいと思い、あのような演出にしました。

── 試練は、斬新な遊びで驚きました。

大森 試練もまさに再構築のひとつです。

> 未来を見据えて『ポケットモンスター』シリーズ完全新作のディレクターは、大森に任せようと決断しました。── 増田氏

CREATORS' INTERVIEW

試練は、ポケモンそのものが脅威であることを表現できないだろうか、と考えてつくりました。今作のアローラ地方は自然豊かな場所ということもあり、もしかしたら森や山の奥に、強力なポケモンが棲みついているかもしれない、と想像し、それらを戦闘で倒すことも、プレイヤーの目標になり得ると着想しました。ぬしと呼ばれる強力なポケモンを倒す試練を、ジム戦とは違う形で、プレイヤーの新しい目標としてうまく採り入れることができた、と考えています。

自分がアローラ地方にいるような「空気感」を演出する

──『ポケットモンスター サン・ムーン』のキーワードを改めて教えてください。

大森 「表現力」や「空気感」です。主人公の等身を上げて現実に近づけることにより、ゲーム中の主人公が自分の分身であるかのように、親しみを感じてもらいたかったのです。そして、プレイヤーとポケモンの距離をグッと縮めたかったのです。ポケモンが一緒に島巡りをする仲間として、活き活きと反応してくれる。これらを通じて、自分が実際にアローラ地方へ行ったように錯覚できる。そういう「空気感」を感じてもらうことが、『ポケットモンスター サン・ムーン』のいちばん大きな目標でした。

──タイトルの『サン・ムーン』には、どんな意味が込められているのでしょうか。

大森 地球は太陽を中心に回転し、月は地球を中心に回転しており、地球から見た際には、それぞれ同じような軌道で空を回っています。しかし、見方を変えると、回転の仕方が異なることがわかります。地球と太陽と月、それぞれが互いに引き合い、影響し合いながら生命を育んでいるのです。それと同じように、人間も、それぞれさまざまな人と関わっていますよね。自分が誰かに影響を

与え、誰かから影響を受け、奇跡ともいえるバランスの上で、自分が「今、ここ」にいられるのです。今作ではお互いに影響を与え合う「人間とポケモンの関係性」や「生命の輝き」を表現したいと考え、地球という星に大きな影響を与えた「太陽」と「月」を、今作のタイトルとして選びました。

──『ポケットモンスター サン』と『ポケットモンスター ムーン』で、時間が12時間ずれている仕掛けも、「太陽」と「月」の関係を彷彿とさせます。

大森 そうです。『ポケットモンスター サン』は昼、『ポケットモンスター ムーン』は夜のイメージも兼ねています。この発想の源は、増田と一緒に海外へ行ったときに経験した「時差」です。ソフトのバージョンごとに時差を付けたら面白そうだ、と温めていたアイデアです。『ポケットモンスター サン・ムーン』の舞台のモチーフがハワイ諸島に決まったときに、このアイデアを使おうと思いました。それを『ポケットモンスター サン・ムーン』

647

に当てはめてみると、昼にはヤングースが、夜にはコラッタ アローラのすがたが活動します。同じ場所なのに、プレイヤーごとに異なるポケモンと出会う。それが体験として面白いですし、その差を埋めようとする行動が遊びになる。そう考えて、『ポケットモンスター サン・ムーン』では、時差を採り入れました。

――今作の舞台のモチーフに、ハワイ諸島を選んだ理由を教えてください。

大森 『ポケットモンスター サン・ムーン』で実現したかったことはたくさんあって、そのひとつが、生命自体の輝きや躍動感の表現でした。ハワイ諸島は美しい海が印象的ですが、火山があったり、寒冷地があったりと、多種多様な面を持った環境です。「諸島」であることも大きな決め手で、島から島へ渡り歩く興奮や、島ごとの出会いなど、島によって違った冒険を楽しめる仕掛けは、過去作の舞台となった各地方にはなかったので、まったく新しい面白さを演出できるのでは、と考えました。

増田 自分はヘリコプターに乗って、ハワイ島を一周した体験があります。ヘリの窓から見える風景は、緑ばかりではなく、岩場も多く、滝もたくさんありました。ハワイ諸島の海や大地、生き物たちが持っているエネルギーは、「ポケモン」が大切にしている「生命感」との相性がいいと思い、舞台のモチーフとしてハワイ諸島を承認しました。

――「エネルギーの強い土地」と聞くと、『ポケットモンスター ルビー・サファイア』（2002年）などの舞台になったホウエン地方を思い出します。ホウエン地方とアローラ地方それぞれの特徴を教えてください。

増田 自分の思うホウエン地方は、人の豊かさや縁が感じられる場所です。アローラ地方は、島自体が放つエネルギーが強い、というイメージを持っています。

――『ポケットモンスター サン・ムーン』の戦闘画面では、主人公の横にポケモンがいます。まさにポケモンと一緒に戦っている感覚を味わえます。この演出には感激しました。

増田 主人公とポケモンが一緒に戦う画面をつくり出すまでには、長い道のりがありました。その発端が、『ポケットモンスター X・Y』です。『ポケットモンスター X・Y』では、当時700種類以上いたポケモンをすべて3Dモデルにする、という壮大なプロジェクトに

CREATORS' INTERVIEW

> 視点を変えながら物事を見つめてください、という想いも込めて、『サン・ムーン』というタイトルに決めました。——————大森氏

取り組みました。この成功なくして、『ポケットモンスター サン・ムーン』の戦闘画面は生み出せなかったでしょうね。次に『ポケットモンスター オメガルビー・アルファサファイア』で3Dのポケモンを描画し、動かす技術がさらに蓄積されました。それでも、今作の主人公とポケモンが一緒に戦う戦闘画面の実現は、大変でした。『ポケットモンスター X・Y』のときに使っていた、戦闘の描画システムをすべてつくり替えましたから。『ポケットモンスター サン・ムーン』が、同じニンテンドー3DSソフトなのに、『ポケットモンスター X・Y』や『ポケットモンスター オメガルビー・アルファサファイア』と通信の互換性がないのは、そのためなのです。

——ニンテンドー3DSの性能を極限まで引き出した、究極のソフトといえそうですね。

増田 通信の互換性を保って、過去の作品と同じクオリティの映像にするか。互換性を切り捨てて、クオリティの高い映像を実現するのか。そこには葛藤がありました。しかし、ポケモンを連れていくことは、ニンテンドー3DS用ダウンロードソフト『ポケモンバンク』で対応できるようにしましたので、今作では新しい映像表現にチャレンジすることを承認しました。

——初めてリージョンフォームのポケモンを見たときはビックリしました。どのような発想で生み出されたのでしょうか。

大森 イメージは、ガラパゴス諸島です。大陸から隔絶されたポケモンは長い年月を経て、異なる姿に変化していきました。しかし、アローラ地方の人にとってはコラッタアローラのすがたが普通で、他の地方のコラッタの姿は見たことすらない。先ほど土地のエネルギーという話がありましたが、これも同じです。その土地の力で、ポケモンが他の地方と異なる姿になる。この不思議さを、プレイヤーの皆さんに伝えたかったのです。

——アローラ地方独自の姿を持つポケモンは、どのような基準で選んだのですか。

大森 グラフィックデザイナーが最初に創造したのが、ナッシー アローラのすがたでした。リージョンフォームのポケモンがとてもうまくデザインされたなあ、と感じました。これを基本として、多くの方々に愛されている『ポケットモンスター 赤・緑』のポケモンに、アローラ地方の環境に合わせたデザインを施していきました。

リーリエの成長物語に込められた「太陽」と「月」への想い

——リーリエの成長物語に、とても感銘を受けました。大森さんがリーリエに託したものは何でしょうか。

大森 『ポケットモンスター サン・ムーン』の物語で自分が表現したかったことは、いろいろな出会いが人を成長させていく、ということ。そして、自分が笑顔なら周りのみんなも笑顔にできる、ということ。この２つのメッセージが、物語の根底にあります。リーリエは物語の序盤では、寡黙で何を考えているかわからない人物として描かれています。しかし、島巡りについていくうちに、主人公の影響を受けて、がんばる意志が芽生え、彼女自身が輝いていきます。主人公の笑顔がリーリエを笑顔にするし、リーリエの笑顔も

649

主人公を笑顔にする。太陽が光ると、月も光る。登場人物がみんな光って輝く喜びを描きたかったのです。

——リーリエの成長物語に関しても、「太陽」と「月」の要素が込められていたのですね！

大森 物語の序盤では、リーリエは月の象徴で、ハウが太陽のイメージです。ところが物語が進んでいくと、この関係は少しだけ変わります。リーリエが月ではなく、光り輝く太陽になっていくのです。

——大森さんはこれまでの『ポケットモンスター』シリーズでも、マップの設計をされてきました。「アローラ地方」という土地に対する想いをお聞かせください。

大森 自分は『ポケットモンスター ルビー・サファイア』をはじめとして、ずっとマップの設計を担当してきましたから、ゲームにおけるマップの重要性を深く理解しています。今作で主人公の等身を上げたことで、リアルな表現ができるようになりました。ただし、写実的になったらいいかというと、そうではありません。『ポケットモンスター』シリーズは「フィールド上の遊び」というものを、とても大切にしてきました。『ポケットモンスター サン・ムーン』も、過去作と同じように、記号の集合体であることに変わりはありません。主人公が道路を進めば、戦うべきポケモントレーナーが見えてきますし、目的地への道中にはどうぐが落ちていて、進むべき道を示しています。マップづくりにおいても、『ポケットモンスター』シリーズの根幹といえるゲーム性を損なわずに、どのようにしたら新しい表現を組み込んでいけるのか、本当にひとつずつ検証していきました。その結果、4つの島と1つの人工島のマップづくりには、ものすごい時間がかかりました。とにかく大変でしたね（笑）。

どのポケモンも活躍させたいから編み出したZワザ

——Zワザで表現したかったことは？

大森 ポケモンはどの種類でも独自の魅力がありますから、一緒に戦ってみたいと思える要素を与えることが重要だ、と考えました。どんな種類のポケモンでも、戦略次第では大活躍できるような仕組みをつくりたい、そんな想いからZワザを考案しました。

CREATORS' INTERVIEW

——ウルトラビーストの登場は、ショッキングでした。あの姿は、どういう発想から生まれたのでしょう。

大森 発想の原点は、ハワイ諸島でも増えつつある「外来種」です。外来種によって、もともと生息していた動物たちが減ってしまう状況にある。資料を読んでいくうちに、ポケモンの世界でも外来種を表現できないだろうか、と思い立ち、発想したのがウルトラビーストです。ウルトラビーストも実はポケモンなんです（笑）。今作では異世界を描いていますが、異世界のポケモンとはどんな存在なのだろうと考えて、生み出しました。新たなポケモンを創造するとき、「ポケモンらしさ」の明確な基準があるのですが、今回はグラフィックデザイナーと一緒に「ポケモンの枠を超えたい」という意思のもと、大胆なチャレンジをしてみました。

——プロデューサーとして、増田さんが『ポケットモンスター サン・ムーン』の「ここはこうしてほしい」と要望を出されたのは、どの要素でしょうか。

増田 ロトム図鑑です。アイデアはあったのですが、なかなか実現できていなくて。でも自分には面白くなる確信がありました。ニンテンドー3DSの下画面をタッチすると、ロトム図鑑が反応しますよね。かわいい動きを見せてくれると、一緒にいる喜びを味わえるし、ポケモンと共に冒険している感覚がさらに増しますから。

——増田さんはゲーム全体の調整にも深く関わられたそうですね。特にこだわって調整した箇所はどこでしょうか。

増田 遊びのテンポです。時間のかかる箇所があったらプログラマーと相談して、1フレーム、2フレームと細かく削っていきました。解決が難しい場合は、とことん話し合いました。

——以前、増田さんは「自分は時間に対する感覚が厳しい」とお話しされていました。

増田 「ポケモン」は、長い時間遊ぶゲームです。たった0.1秒でも、それが積もれば1時間を超えるじゃないですか。そうすると、プレイヤーの皆さんの貴重な1時間を奪うことになるので、非常に気になります。場面移動のフェードインやフェードアウト、家に入ったり出たりするタイミングも、自分が調整しました。スタッフのみんなに「ごめん、ここは任せて」と言いながら（笑）。

——増田さんのプレイ感覚に対するこだわりもすごいですが、今作は操作方法、いわゆるユーザーインターフェース（UI）も一新されましたね。とにかく遊びやすいです。

大森 UIの見直しは、開発当初から考えていたことでした。ボタンの配置はニンテンドーDS時代から継承してきましたが、今や誰もがスマホやタブレットの便利なUIを扱う時代なので、それらに負けないようなUIを目指しました。代表的なものは、Yボタンを連打するだけでボールを投げられる仕組みです。

> 0.1秒でも、積もれば1時間。皆さんの貴重な1時間を奪うことになるので、ゲームのテンポには徹底的にこだわります。——増田氏

> 今や誰もがスマホやタブレットの便利なUIを扱う時代。それらに負けないような快適なUIを目指しました。——大森氏

CREATORS' INTERVIEW

次世代の「ポケモン」の基礎となる作品へ

――『ポケットモンスター サン・ムーン』は、過去、そして未来の『ポケットモンスター』シリーズを俯瞰したとき、どのような位置付けの作品になるとお考えですか。

大森 新しい試みが数多くあるので、かなり特殊な作品なのではないかと思います。新しい試みの中には、今後の作品につながるものもありますし、プレイヤーの反応次第で変わるものもあるでしょうね。逆に、次世代の『ポケットモンスター』シリーズの基礎となる可能性もあります。今作のさまざまなチャレンジが、プレイヤーにどのように受け入れられるかが、今後の作品に影響しますので、とても重要な作品だと言えます。

増田 『ポケットモンスター』シリーズの中でも、ドラマ性が高いゲームだと思いました。大森も言っているように、「ポケモン」を再構築したゲームなので、イチからつくったスタッフは非常に苦労したと思います。みんな、よくがんばったね、とねぎらいたいです。

――『ポケモンバンク』のリニューアルで、これまでの『ポケットモンスター』シリーズが、すべてつながります。『ポケットモンスター 赤・緑』の開発メンバーである増田さんにとって、とても感慨深い出来事ではないのでしょうか。

増田 2016年の初頭にバーチャルコンソールで『ポケットモンスター 赤・緑・青・ピカチュウ』が発売されました。これを発案したのは、自分です。なぜバーチャルコンソールでリリースしたかったのかといえば、『ポケモンバンク』があるので、『ポケットモンスター 赤・緑・青・ピカチュウ』のポケモンを、『ポケットモンスター サン・ムーン』に連れてくることができるからです。『ポケットモンスター』シリーズは、ポケモンを次の世代の作品へ連れていけることを大切にしてきましたが、ゲームボーイソフトからはポケモンを連れていくことができていなかったので、何としても実現したいと考えていました。バーチャルコンソール『ポケットモンスター 赤・緑・青・ピカチュウ』と、最新作『ポケットモンスター サン・ムーン』の両方を楽しんでもらえたら、こんなにうれしいことはありません。

ポケットモンスター サン・ムーン
公式ガイドブック 上
完全ストーリー攻略

バラエティ

散りばめられた過去作とのつながり
ストーリーの豆知識を大公開！

『ポケットモンスター』シリーズの人物や出来事をふり返ろう

『ポケットモンスター サン・ムーン』には、これまでの『ポケットモンスター』シリーズに登場した人物や出来事がたくさん登場する。ここでは、それらをすべて取りあげて、20年の歴史をふり返ってみる。今作ではじめて『ポケットモンスター』シリーズを遊ぶ人は、過去作をプレイするきっかけにしてほしい。すでにプレイしている人は、昔を思い出して楽しもう。

● 過去の作品とつながりのある人物や出来事

CHECK 1 ポスターの裏のボタンを押したら何が起こる？

場所　メレメレじま ハウオリシティ

『ポケモン 赤・緑』では、タマムシシティのゲームコーナーに貼られたポスターの裏のボタンを押すと、ロケット団のアジトへ行くことができた。

CHECK 2 観光している男女が重要な情報をもたらしてくれる

場所　アーカラじま カンタイシティ

デクシオとジーナは、『ポケモン X・Y』に登場した人物だ。プラターヌはかせの助手として、カロス地方を冒険する主人公を手助けしてくれた。

CHECK 3 デクシオとジーナが語る「あの5人組」とは？

場所　アーカラじま カンタイシティ

デクシオとジーナが、会話の中で「あの5人組」という。『ポケモン X・Y』の主人公、ライバル、サナ、ティエルノ、トロバの5人のことだ。

CHECK 4 ゲームフリークで楽しめるアンケートの「色」に注目だ

場所　アーカラじま カンタイシティ

ゲームフリークにいる男性に話しかけると、どの色を遊びたい？と問われる。それぞれ、『ポケモン 赤・緑・青・ピカチュウ』を表しているのだ。

CHECK 5 バーネットはかせは「夢のはざま」を研究している

場所 アーカラじま カンタイシティ

バーネットはかせは、ニンテンドー3DSダウンロードソフト『ポケモンARサーチャー』に登場した。このソフトの舞台が、夢のはざまなのだ。

CHECK 6 道をふさぐウソッキーはなぜ「おかしな木」なのか？

場所 アーカラじま オハナぼくじょう

ウソッキーが、道をふさぐ「おかしな木」としてはじめて登場したのは、『ポケモン 金・銀』。「ゼニガメじょうろ」で水をかけると、襲いかかってきた。

CHECK 7 ポケモンとの絆を探求するアクロマと出会う

場所 アーカラじま 8ばんどうろ

アクロマは、『ポケモンブラック2・ホワイト2』に登場した人物だ。プラズマ団の新たなリーダーとして、主人公の前に立ちふさがった。

CHECK 8 ロイヤルマスクとマキシマムかめんどっちが強い？

場所 アーカラじま 8ばんどうろ

マキシマムかめんは、『ポケモン ダイヤモンド・パール』に登場したジムリーダー。ロイヤルマスクと同じように、マスクをかぶったレスラーだ。

CHECK 9 カントー地方のオーキドはかせのいとこが登場する

場所 ウラウラじま マリエシティ

アローラ地方で会うナリヤ・オーキドは、カントー地方のポケモンはかせ、オーキド・ユキナリのいとこ。南の島の人らしく日焼けしているが、顔はそっくりだ。

CHECK 10 ロトム図鑑の開発に協力した「カロスの発明少年」とは？

場所 ウラウラじま マリエシティ

ロトム図鑑の開発にかかわった発明少年とは、シトロンのことだろうか。『ポケモン X・Y』のカロス地方で、ミアレシティのジムリーダーをしていた。

CHECK 11 ぼんぐりからつくるジョウト地方のボールが手に入る

場所 ウラウラじま マリエシティ など

『ポケモン 金・銀』のジョウト地方では、ぼんぐりからボールをつくってもらえた。これらのボールが、アローラ地方で1個ずつ手に入る。

■ 手に入る懐かしいボール

 スピードボール 「すばやさ」の高いポケモンがつかまえやすくなるボール。

 レベルボール 自分のポケモンよりレベルが低いほどつかまえやすくなるボール。

 ルアーボール つりざおで釣ったポケモンがつかまえやすくなるボール。

 ヘビーボール 重さが重いポケモンがつかまえやすくなるボール。

 ラブラブボール 相手と自分が同じ種類のポケモンで、性別が違うとつかまえやすいボール。

 フレンドボール つかまえたポケモンが、すぐになつくボール。

 ムーンボール つきのいしで進化するポケモンがつかまえやすくなるボール。

CHECK 12 ゴールデンボールブリッジを突破しよう

場所 ウラウラじま マリエていえん

『ポケモン 赤・緑』に登場した橋。5人のポケモントレーナーに勝ちぬくと、最後にロケット団に勧誘される。セリフの一言一句まで再現されている。

CHECK 13 極上の「モーモーミルク」はジョウト地方からやってくる

場所 ウラウラじま カプのむら

極上のモーモーミルクは、『ポケモン 金・銀』のジョウト地方の名物。コガネシティのジムリーダー、アカネのミルタンクが出しているらしい。

モーモーミルク

CHECK 14 孤高のギャンブラー、ギーマが手助けをしてくれる

場所 ウラウラじま 15ばんすいどう

ギーマは、『ポケモンブラック・ホワイト・ブラック2・ホワイト2』に登場した。イッシュ地方の四天王の1人で、あくタイプの使い手だ。

CHECK 15 デクシオとジーナをアローラに送ったはかせとは？

場所 ウラウラじま 16ばんどうろ

デクシオとジーナは、プラターヌはかせの依頼でアローラ地方にやってきた。プラターヌはかせは、カロス地方でメガシンカの研究をしている。

CHECK 16 オダマキはかせの研究には研究員もあこがれる

場所 ポニじま ポニのだいきょうこく

オダマキはかせは、『ポケモン ルビー・サファイア』のホウエン地方のはかせだ。ポケモンの分布を研究するため、フィールドワークを続けている。

CHECK 17 マントのドラゴン使いの姿はククイはかせの脳裏に焼きついた

場所 ウラウラじま ラナキラマウンテン

ククイはかせはかつて、カントー地方のポケモンリーグで、マントのドラゴン使いに負けたようだ。このドラゴン使いとは、ワタルのことだろうか？

CHECK 18 毎度おなじみの国際警察ハンサムが登場する

場所 アーカラじま 8ばんどうろ（殿堂入り後）

国際警察のハンサムは、『ポケモン プラチナ』から『ポケットモンスター』シリーズに登場しつづけている。本作では、UB捕獲任務を依頼してくる。

CHECK 19 ハンサムの上司、リラの過去には何がかくされている？

場所 アーカラじま 8ばんどうろ（殿堂入り後）

ハンサムの上司、リラは、『ポケモン エメラルド』のバトルフロンティアで、フロンティアブレーンを務めていた。複雑な経緯でアローラ地方へやってくる。

CHECK 20 バトルツリーでの戦いで懐かしい顔ぶれが登場する

場所 ポニじま バトルツリー

バトルツリーで挑戦できるスーパーバトルでは、ホウエン地方のミツルや、シンオウ地方のシロナなど、さまざまな人物が対戦相手として登場する。

CHECK 21 伝説のレッドとグリーンがバトルレジェンドとして登場する

場所 ポニじま バトルツリー

バトルツリーのバトルレジェンドは、『ポケモン 赤・緑』の主人公レッドと、ライバルのグリーンが務める。成長した彼らの姿に注目しよう。

アローラ地方で戦える ポケモントレーナーたち

ポケモントレーナーたちの顔ぶれと戦いかたを一挙に紹介だ

アローラ地方で戦えるポケモントレーナーたちには、さまざまな肩書きがある。その数は、57種類。ここでは、肩書きを持つすべてのポケモントレーナーたちの姿を紹介する。彼らは、豊かに感情を表現する。とくに、勝負に負けたときの表情に注目だ。くやしそうにゆがめられた顔や、さわやかな笑顔、あきらめたような顔など、実にさまざまな表情を見せてくれる。

● ポケモントレーナーの姿と戦闘スタイル（50音順）

エーテルざいだんのしょくいん（男性）

エーテルざいだんのしょくいん（女性）

エーテルざいだんのしょくいん

エリートコンビ

エリートトレーナー(男性)

勝負開始の姿
エリートトレーナーの タクヤが
しょうぶを しかけてきた！

負けたときの姿
ダイヤよりも かたい ぼくの
プライドを きずつけるとは！

エリートトレーナー(女性)

勝負開始の姿
エリートトレーナーの アイリが
しょうぶを しかけてきた！

負けたときの姿
たかまっていた きもち、
ドンゾコまで おちちゃいました！

えんじ(男の子)

勝負開始の姿
えんじの ミノルが
しょうぶを しかけてきた！

負けたときの姿
つよいなら いってください！

えんじ(女の子)

勝負開始の姿
えんじの ユウコが
しょうぶを しかけてきた！

負けたときの姿
ああ！ ウソハチとの
こころの きょりが はなれていく……

OL

勝負開始の姿
OLの ミツキが
しょうぶを しかけてきた！

負けたときの姿
ハラホロヒレハレ

おとなのおねえさん

勝負開始の姿
おとなのおねえさんの カナミが
しょうぶを しかけてきた！

負けたときの姿
すごい……！ あなた
どんな しれんも こなすのね！

659

おまわりさん	かいパンやろう

カラテおう	カラテおやこ

かんこうきゃく(男性)	かんこうきゃく(女性)

けんきゅういん

コック

ゴルファー（男性）

ゴルファー（女性）

ゴルファーズ

さぎょういん

661

ジェントルマン

しれんサポーター(男性)

しれんサポーター(女性)

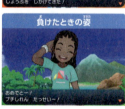

スカル団のしたっぱ(男性)

スカル団のしたっぱ(女性)

スポーツきょうだい

スポーツしょうじょ	せいそういん

ダンサー	たんぱんこぞう

つりびと	バックパッカー

663

バッドガイ

バッドガール

バッドカップル

ハネムーン

ビキニのおねえさん（黒ビキニ）

ビキニのおねえさん（黄色ビキニ）

ビジネスマン

勝負開始の姿
ビジネスマンの ヨシオが
しょうぶを しかけてきた！

負けたときの姿
ヨシオ……
なみだ がまん します

ファイヤーマン

勝負開始の姿
ファイヤーマンの アツシが
しょうぶを しかけてきた！

負けたときの姿
まけて ちんか……！

ふたごちゃん

勝負開始の姿
ふたごちゃんの チヒロと
ミヒロが しょうぶを しかけてきた！

負けたときの姿
わたしに さんすうは はやかった

負けたときの姿
まけた まけで
ダブルまけ よね

ベテランコンビ

勝負開始の姿
ベテランコンビの ツネカズと
ノブコが しょうぶを しかけてきた！

負けたときの姿
まけた くやしさが
わたしを わかがえらせるの！

負けたときの姿
すまぬ！ ポケモンたち
わしの せいで よく まけるのぅ

ベテラントレーナー（男性）

勝負開始の姿
ベテラントレーナーの アキラが
しょうぶを しかけてきた！

負けたときの姿
かんじょうの なみが うねる……
まけて くやしくて さけびたい……！

ベテラントレーナー（女性）

勝負開始の姿
ベテラントレーナーの ヤヨイが
しょうぶを しかけてきた！

負けたときの姿
まけたわ！ だが まけた
ポケモンも いとおしいの！

ベルボーイ

ホープコンビ

ホープトレーナー（男性）

ホープトレーナー（女性）

ポケモンコレクター

ポケモンブリーダー（男性）

多彩なバトルスタイルを習得しよう

ミブリのおレッスンを受けると習得できる

ウラウラじま マリエシティはずれのみさきにいるミブリは、多彩なバトルスタイルを教えてくれる。バトルスタイルとは、ポケモンをくり出すときのアクションや、通信対戦を行うときのキメポーズのことだ。全8種類の中から、好みのものを習得しよう。

ミブリ

さあ！ おレッスン スタートよ！ ワシの 動きを マネて！

●8種類のバトルスタイル

ふつうなスタイル

■おレッスンを受けられる条件
最初からおぼえている。

♦キメポーズ♦
両腕を垂らし、軽く左右に広げる。

ボールを投げるアクション　ふりかぶって投げる

ボールを上からふりかぶって投げる、一般的なスタイルだ。

かれいなスタイル

■おレッスンを受けられる条件
ウラウラじま マリエシティはずれのみさきで、はじめてミブリに話しかける。

♦キメポーズ♦
右手を軽く広げ、前方を指さす。

ボールを投げるアクション　横からふり出して投げる

ボールを持った右手を、横からふり出して華麗に投げる。

おとめなスタイル

■おレッスンを受けられる条件
アーカラじま コニコシティのスイレンの家を訪れて、スイレンに勝利する(アーカラの大試練達成後)。

♥ キメポーズ ♥

両手をにぎり、あごの前に寄せる。

ボールを投げるアクション　片手で下から投げる

右手でボールを持ち、下からすくい上げるようにして投げる。

いのりなスタイル

■おレッスンを受けられる条件
- サン：アーカラじま オハナタウンのカキの家を訪れて、カキに勝利する(アーカラの大試練達成後／「夜」)。
- ムーン：アーカラじま コニコシティのレストランを訪れて、マオに勝利する(アーカラの大試練達成後／「昼」)。

♥ キメポーズ ♥

目を閉じて、右手で左腕をにぎる。

ボールを投げるアクション　両手で下から投げる

両手でボールを持ち、下からすくい上げるようにして投げる。

キザなスタイル

■おレッスンを受けられる条件
ウラウラじま ラナキラマウンテンの入口で、グラジオに勝利する。

♠ キメポーズ ♠

右手を肩へ、左手を腰の近くでかまえる。

ボールを投げるアクション　バックハンドで投げる

ボールを持った右手を左肩へ寄せて、バックハンドで投げる。

ひだりなスタイル

■おレッスンを受けられる条件
メレメレじま ハウオリシティのイリマの家を訪れて、イリマに勝利する(メレメレの大試練達成後)。

♥ キメポーズ ♥
左手をにぎり、ガッツポーズをする。

ボールを投げるアクション　左手でふりかぶって投げる

左手でボールを持ち、いきおいよく上からふりかぶって投げる。

もえてるスタイル

■おレッスンを受けられる条件
ポニじま バトルツリーのスーパーシングル、スーパーダブル、スーパーマルチのいずれかのバトルで50連勝する(殿堂入り後)。

♠ キメポーズ ♠
両手をにぎり、ガッツポーズをする。

ボールを投げるアクション　いきおいをつけて投げる

いきおいをつけながら、ボールをアンダースローで投げる。

アイドルスタイル

■おレッスンを受けられる条件
アーカラじま ロイヤルアベニューのロイヤルドームでバトルロイヤルに挑戦し、マスターランクで1位になる。

♥ キメポーズ ♥
右手でVサインをつくり、顔に寄せる。

ボールを投げるアクション　体を1回転させて投げる

バックハンドのかまえをした後、体を1回転させてから投げる。

ゼンリョクポーズと
Ｚワザの戦闘アニメを堪能しよう

すべてのゼンリョクポーズをじっくり鑑賞しよう

ポケモンがＺワザを放つとき、主人公はＺクリスタルの種類に対応したゼンリョクポーズを決める。ここでは、Ｚクリスタルに対応したゼンリョクポーズのすべてを、連続写真で大紹介！　じっくり鑑賞して、真似をして、ゼンリョクポーズをマスターしよう。

●ゼンリョクポーズの開始アクションと19種類のゼンリョクポーズ

ゼンリョクポーズの開始アクション

STEP 1
左右の手で拳をつくり、両腕を顔の前で交差させる。Ｚリングをはめた左腕が、前面になるようにする。

STEP 2
Ｚリングから、青白くてまばゆい光が放たれる。そのまま一瞬静止して、光の放出がおわるのを待とう。

STEP 3
光が止んだら、顔の前で交差した腕を解く。両腕を左右に大きく広げながら、腰の位置まで下ろそう。

STEP 4
両腕を胸の高さまで持ちあげて、前方へまっすぐ伸ばす。Ｚリングをはめた左腕が、上側になるようにする。

「ノーマルＺ」「イーブイＺ」「カビゴンＺ」のゼンリョクポーズ

STEP 1
上体を右へひねりながら、両腕を伸ばしたまま右斜め下へ下ろす。その後、指先をまっすぐに伸ばす。

STEP 2
左斜め上を見つめながら、左手を左上へふり上げる。上体は、左腕の動きに合わせて正面へ向ける。

STEP 3
顔を正面に向けて、右腕のひじを曲げる。右手をにぎりしめた状態で、胸の高さで「一」の字をつくる。

STEP 4
左腕のひじを曲げ、額の高さで「一」の字をつくる。左右の両腕の形が、美しい「Ｚ」形を描くようにする。

「ホノオZ」のゼンリョクポーズ

STEP 1
両腕を下ろし、ひじを曲げて左右に広げる。手のひらは上に向けて、次の動作にそなえておこう。

STEP 2
炎が燃えあがるイメージで、手を体に近づけたり、離したりする。この動作を2回くり返しながら、腕を上げる。

STEP 3
体を左へひねり、左腕のひじを曲げて、手で顔をかくすようにする。右手は上へ向けて、まっすぐ伸ばす。

STEP 4
顔を正面へ向けながら、右手を前方へ突きだす。左腕のひじは肩の高さを保ち、左手は右腕の上腕にそえる。

「ミズZ」「アシレーヌZ」のゼンリョクポーズ

STEP 1
上体を左へひねり、右手を左へ移動。左手は顔の高さ、右手は胸の高さに上げ、手のひらは下に向ける。

STEP 2
フラダンスを踊るように、両手をなめらかに上下に動かす。同時に、体を右へ向けてひねっていく。

STEP 3
両手を2回上下させた後、すばやく右へ体をひねる。左足を斜めに伸ばして、重心を右足にかける。

STEP 4
両手を顔の右側まで持ちあげ、右手は頭の高さ、左手はあごの高さを保つ。このポーズのまま静止する。

「クサZ」のゼンリョクポーズ

STEP 1
左右の手を、顔の前でそろえる。手のひらは軽くすぼめて、やさしく包みこむような形にしておこう。

STEP 2
すばやく両足をそろえてしゃがむ。しゃがみながら手のひらを合わせ、願いごとをするようなポーズをとる。

STEP 3
胸の前で手を合わせたまま、すばやく立ちあがる。植物が、大きく成長するようなイメージで体を伸ばす。

STEP 4
立ちあがった後、両手を左右に大きく広げる。成長した植物が、花を咲かせる様子を思い描こう。

「デンキZ」「アロライZ」のゼンリョクポーズ

STEP 1
左腕を肩の高さよより上げ、右腕は脇腹のあたりへ下げる。その直後、両腕を肩の高さで水平に広げる。

STEP 2
上体を右へひねる。左腕はひじを90度に曲げて、顔の前に拳を持ちあげ、右腕は体の後方へまっすぐ伸ばす。

STEP 3
右腕を左脇腹に近づけるようにしながら、上体を左へひねる。右腕が下方へ、左腕が上方へ向くようにする。

STEP 4
肩をすぼめるようにして、左腕を体の右側へ移動する。その後、右手の先を下方へ、左手の先を上方へ向ける。

「コオリZ」のゼンリョクポーズ

STEP 1
顔の前で、左腕が手前になるように両腕を交差させる。その直後、左腕を左下へ引きぬくように動かす。

STEP 2
引きぬいた左腕を、右腕の前に移動して、再び交差させる。この動作を、左腕、右腕、左腕の順にくり返す。

STEP 3
腕を、肩の高さで左右いっぱいに広げる。体全体を使って、漢字の「大」の字を描くようなポーズをとる。

STEP 4
腕を、肩の高さに保ったまま前方へ動かす。指先も前方へ向けて、左右の手のひらを合わせる。

「カクトウZ」のゼンリョクポーズ

STEP 1
左腕を前方へ伸ばしたまま、右腕を脇腹に引きよせる。両手は親指をにぎるようにして、拳をつくる。

STEP 2
続いて、右腕を前方へ伸ばし、左腕を脇腹に引きよせる。この動作をくり返し、左右交互に拳を突きだす。

STEP 3
3回目に右手の拳を突きだした後、上体を右へひねり、左腕を突きだす。左足を上げて、右足に重心をかける。

STEP 4
上体を前方へ傾けながら、左足を前に出して地面をふみしめる。同時に、右手で渾身のパンチをくり出す。

673

「ドクZ」のゼンリョクポーズ

STEP 1 両手を体に引きよせる。右手は下方から上方へ持ちあげるように引きよせ、左手は右脇腹に近づける。

STEP 2 両手をさらに引きよせながら、体を右へひねる。右手は右目の近くまで引きよせて、指を前方へ向ける。

STEP 3 右手を十分引きよせたら、右腕をすばやく首の前に回し、左腕と平行にする。このとき、左足を軽く上げる。

STEP 4 体を左へひねり、両腕を左右に広げる。同時に、左足を左斜め前へ伸ばし、右ひざを曲げて前傾姿勢になる。

「ジメンZ」のゼンリョクポーズ

STEP 1 顔を前方へ向けたまま、上体を左へひねる。右腕は胸の前に、左腕は左脇腹の高さで後ろに伸ばす。

STEP 2 右足を軸にして、全身を左右に回転させる。上体をいきおいよく右へひねり、弾みをつけて回ろう。

STEP 3 1周したら、軽くジャンプして回転を止める。回転中に、胸の前で交差させた腕も解き、次の動作にそなえる。

STEP 4 ひざを曲げて前かがみになり、姿勢を低くする。右腕は地面に向けて、左腕は空に向けて、まっすぐ伸ばす。

「ヒコウZ」のゼンリョクポーズ

STEP 1 両腕をふり上げるようにして、上へ伸ばす。手のひらは外側に向け、指先は天空に向かって垂直に立てる。

STEP 2 とりポケモンがはばたくように、両腕を下ろす。このとき、上体を前方へ倒して、姿勢を少しずつ低くしていく。

STEP 3 小さくジャンプして両足をそろえ、ひざを曲げてしゃがむ。両腕で、軽くひざを抱えるようなポーズをとる。

STEP 4 すばやく立ちあがって、両手で拳をつくり、左腕を上方へ突きだす。右腕はひじを曲げ、右脇腹に引きよせる。

「エスパーZ」のゼンリョクポーズ

STEP 1
左右の腕を体の側面にまっすぐ伸ばし、軽く拳をにぎる。拳の高さは、肩の高さよりも低い位置にする。

STEP 2
大きく扇型を描くように、拳をふり上げる。頭の高さまで上げたら、ひじを曲げて、人差し指を伸ばす。

STEP 3
両手の人差し指をピンと伸ばし、ひじを90度に曲げる。人差し指の先端を、左右の側頭部に当てる。

STEP 4
右手の人差し指を側頭部に当てたまま、左手を広げて前方へ突きだす。左足を軽く引いて、直立姿勢をとる。

「ムシZ」のゼンリョクポーズ

STEP 1
上体を右へひねって、両手を右斜め下へ伸ばす。その後、円を描くようなイメージで、手を持ちあげる。

STEP 2
上体を右へひねったまま、顔だけを正面に向ける。両腕のひじと手首を曲げて、指先を前方へ向ける。

STEP 3
上体を左へひねりながら、右手を下から上へすくい上げるように動かして、体の左側に移動させる。

STEP 4
左腕を体の斜め後ろに伸ばし、右腕はひじを曲げて左耳のそばに近づける。右の手のひらは内側に向ける。

「イワZ」のゼンリョクポーズ

STEP 1
前方へ伸ばした腕を、胸の前に引きよせて、腕を交差させる。同時に、体を丸めてすばやくしゃがむ。

STEP 2
体を伸ばして、いきおいよく立ちあがる。両腕は、にぎり拳をつくった状態で、上へ思いきり突きあげる。

STEP 3
ひじを90度に曲げながら、体の側面にそって、肩の高さまで下ろす。力こぶをつくるようなポーズをとる。

STEP 4
ジャンプしながら右を向き、着地と同時にひざを曲げて上体の位置を下げる。両腕は力こぶをつくるポーズ。

675

「ゴーストZ」「ジュナイパーZ」のゼンリョクポーズ

STEP 1　前かがみになりながら、両手を肩の近くへ引きよせる。手首の力はぬき、手のひらをだらりとぶら下げる。

STEP 2　体をくねらせて、右肩、左肩の順に上体を起こす。左右の手のひらは、顔に近づけていく。

STEP 3　完全に立ちあがったときに、手のひらで顔がかくれるようにする。このときも、手首の力はぬいておく。

STEP 4　「いないいないばあ」で相手を驚かすようなイメージで、両腕を左右へ広げる。同時に、上体を前方へ傾ける。

「ドラゴンZ」のゼンリョクポーズ

STEP 1　体を右へひねりながら、両手を顔の右側に引きよせる。両手はぴったり合わせずに、隙間を開けておく。

STEP 2　両手をひねり、右手を上側、左手を下側にする。同時に、指を曲げて、キバの生えた口のような形にする。

STEP 3　左右の手の形をキープしたまま、両腕をすばやく前方へ伸ばす。手の位置は、胸と同じ高さにする。

STEP 4　ドラゴンが口を開けるように、両腕をゆっくりと広げていく。右手を上方へ、左手を下方へ動かそう。

「アクZ」「ガオガエンZ」のゼンリョクポーズ

STEP 1　両腕のひじを90度に曲げて、力こぶをつくるようなポーズをとる。手は軽くにぎり、拳をつくる。

STEP 2　上体をすばやく前方へ90度倒し、前屈のような姿勢をつくる。両腕の力はぬいて、だらりとぶら下げる。

STEP 3　左肩、右肩の順に、持ちあげるようにしながら上体を起こした後、そのまま後方へ軽くそり返る。

STEP 4　両手を大きく開き、指の関節を折り曲げて指先を前方へ向ける。獲物に襲いかかるようなポーズをつくる。

「ハガネZ」のゼンリョクポーズ

STEP 1 ひじを曲げ、拳をつくった状態で、両腕を左右に広げる。拳とひじの位置は、肩と同じ高さにそろえる。

STEP 2 両手の拳を、胸の前で軽くぶつけるようにして、すぐに左右へ引き離す。この動作を2回くり返す。

STEP 3 両腕のひじを後方へ引き、拳を肩のそばまで近づける。上体をそらして、胸を張るようなポーズをとろう。

STEP 4 両手の拳に力をこめて、腕をいきおいよく前方へ伸ばす。パンチをくり出すイメージで、前傾姿勢になろう。

 ## 「フェアリーZ」「カプZ」のゼンリョクポーズ

STEP 1 両腕を、胸の高さで前方へ伸ばす。親指が上になるように両手を合わせて、ハートマークを形づくる。

STEP 2 両手を胸の近くに引きよせて、小さく交差させる。指先を伸ばし、左手を内側、右手を外側にして重ねる。

STEP 3 両手を左右斜め下へ伸ばした後、斜め上まで持ちあげる。左足はかかとを上げ、つま先で立つ形にする。

STEP 4 両腕のひじと手首を軽く曲げ、肩の高さまで下ろす。左足は持ちあげて、おどけたようなポーズをとる。

 ## 「ピカチュウZ」のゼンリョクポーズ

STEP 1 頭上で両手を合わせ、ジグザグ模様を描くように左右に動かしながら、腰の高さまで下ろしていく。

STEP 2 左手、右手の順で、腰から頭まで円を描くように手を持ちあげ、ピカチュウの耳の形のまねをする。

STEP 3 両手の親指と人差し指で輪をつくり、頬に当てる。ピカチュウの、頬のでんきぶくろをイメージしよう。

STEP 4 軽くジャンプして右足を広げる。両手を左右に広げた後、側頭部まで持ちあげて、耳の形をつくる。

Zワザの迫力ある戦闘アニメに衝撃を受けよう

ポケモンが放つZワザは、大迫力の戦闘アニメとともに相手へ大ダメージを与える。ここで紹介する戦闘アニメのエフェクトに衝撃を受けたら、実際に島巡りの戦闘で使ってみよう。

●26種類のZワザの戦闘アニメ

ウルトラダッシュアタック

わざのタイプ ノーマル

ノーマルZ
＋
ノーマルタイプのぶつり・とくしゅわざ

砂煙を上げながら、相手に向かって猛烈なスピードで突進。渾身の力で体当たりをする。

①
②
③
④
⑤

ダイナミックフルフレイム

わざのタイプ ほのお

ホノオZ
＋
ほのおタイプのぶつり・とくしゅわざ

巨大な炎を全身にまとって相手に体当たりし、大爆発を起こす。その爆風は広範囲におよぶ。

①
②
③
④
⑤

スーパーアクアトルネード

わざのタイプ みず

ミズZ
＋
みずタイプのぶつり・とくしゅわざ

相手を水中へ引きずり込んで体当たりした後、巨大な渦巻きを生みだして攻撃する。

①
②
③
④
⑤

678

ブルームシャインエクストラ

わざのタイプ 〔くさ〕

クサZ
＋
くさタイプのぶつり・とくしゅわざ

美しい花畑をつくり出して相手を油断させ、上空からまばゆい光で攻撃して大ダメージを与える。

①

②

③

④

⑤

⑥

スパーキングギガボルト

わざのタイプ 〔でんき〕

デンキZ
＋
でんきタイプのぶつり・とくしゅわざ

相手に向かって、激しく巨大な稲妻を発射。強烈なショックを与え、電気で相手を包み込む。

①

②

③

④

⑤

⑥

レイジングジオフリーズ

わざのタイプ 〔こおり〕

コオリZ
＋
こおりタイプのぶつり・とくしゅわざ

地面からせり上がる巨大な氷柱の上で、いきおいよく冷気を放ち、相手を氷漬けにしてしまう。

①

②

③

④

⑤

⑥

ぜんりょくむそうげきれつけん

わざのタイプ かくとう

カクトウZ
＋
かくとうタイプのぶつり・とくしゅわざ

相手に向かって大量のパンチやキックを放った後、とどめの攻撃で大ダメージを与える。

①
②
③
④
⑤
⑥

アシッドポイズンデリート

わざのタイプ どく

ドクZ
＋
どくタイプのぶつり・とくしゅわざ

フィールドを毒で埋めつくし、さらに毒の雨を降らせて、相手を毒まみれにしてしまう。

①
②
③
④
⑤
⑥

ライジングランドオーバー

わざのタイプ じめん

ジメンZ
＋
じめんタイプのぶつり・とくしゅわざ

地割れを起こして相手を地中へ落とし、さらに激しく体当たりをして大爆発をくらわせる。

①
②
③
④
⑤
⑥

ファイナルダイブクラッシュ

わざのタイプ　ひこう

ヒコウZ
＋
ひこうタイプのぶつり・とくしゅわざ

はるか上空まで猛スピードで飛び立った後、急降下して相手に強力な体当たりをする。

①
②
③
④
⑤
⑥

マキシマムサイブレイカー

わざのタイプ　エスパー

エスパーZ
＋
エスパータイプのぶつり・とくしゅわざ

超能力で相手を弾き飛ばし、空中に発生する光の壁にくり返し衝突させて大ダメージを与える。

①
②
③
④
⑤
⑥

ぜったいほしょくかいてんざん

わざのタイプ　むし

ムシZ
＋
むしタイプのぶつり・とくしゅわざ

糸を放って相手をまゆの中に閉じ込め、地面にたたきつけた後、空中に投げ飛ばして激しく切り裂く。

①
②
③
④
⑤
⑥

ワールズエンドフォール

わざのタイプ いわ

イワZ
＋
いわタイプのぶつり・とくしゅわざ

上空へ飛びあがって無数の岩を吸いあげ、超巨大な岩石を生みだして相手を押しつぶす。

①
②
③
④
⑤
⑥

むげんあんやへのいざない

わざのタイプ ゴースト

ゴーストZ
＋
ゴーストタイプのぶつり・とくしゅわざ

真っ暗なフィールドから生える無数の手が相手を包み込んで、大爆発を起こす。

①
②
③
④
⑤
⑥

アルティメットドラゴンバーン

わざのタイプ ドラゴン

ドラゴンZ
＋
ドラゴンタイプのぶつり・とくしゅわざ

紫色をした究極のドラゴンを放つ。ドラゴンは相手に体当たりをした後に、大爆発する。

①
②
③
④
⑤
⑥

ブラックホールイクリプス

わざのタイプ あく

アクZ
＋
あくタイプのぶつり・とくしゅわざ

天空に巨大なブラックホールをつくり、相手を吸い込んで大ダメージを与える。

①

②

③

④

⑤

⑥

ちょうぜつらせんれんげき

わざのタイプ はがね

ハガネZ
＋
はがねタイプのぶつり・とくしゅわざ

巨大なドリルのようなものを高速回転させながら攻撃しつづけ、最後に上空からとどめを刺す。

①

②

③

④

⑤

⑥

ラブリースターインパクト

わざのタイプ フェアリー

フェアリーZ
＋
フェアリータイプのぶつり・とくしゅわざ

相手に接近した後、星をぶつけて衝撃を与え、はるかかなたへ突き飛ばして攻撃する。

①

②

③

④

⑤

⑥

ひっさつのピカチュート

わざのタイプ でんき

 ピカチュウZ
＋
ピカチュウ
わざ「ボルテッカー」

ピカチュウが空中で電気をまとった球になり、猛烈ないきおいで相手に体当たりする。

①
②
③
④
⑤
⑥

シャドーアローズストライク

わざのタイプ ゴースト

 ジュナイパーZ
＋
ジュナイパー
わざ「かげぬい」

羽を広げたジュナイパーの周囲に大量の矢が発生し、ジュナイパーとともに相手を攻撃する。

①
②
③
④
⑤
⑥

ハイパーダーククラッシャー

わざのタイプ あく

 ガオガエンZ
＋
ガオガエン
わざ「DDラリアット」

リングのコーナーポストに飛び乗った後、上空へ大きくジャンプして相手を押しつぶす。

①
②
③
④
⑤
⑥

わだつみのシンフォニア

わざのタイプ　みず

 アシレーヌZ
＋
 アシレーヌ
わざ「うたかたのアリア」

巨大な水の球を生みだして相手を包み込んだ後、激しく破裂させて大ダメージを与える。

①
②
③
④
⑤
⑥

ライトニングサーフライド

わざのタイプ　でんき

 アロライZ
＋
 ライチュウ アローラのすがた
わざ「10まんボルト」

サーフボードのような尻尾を乗りこなしながら、電気を放って突進。相手を激しい電気で包む。

①
②
③
④
⑤
⑥

ガーディアン・デ・アローラ

わざのタイプ　フェアリー

カプZ
＋
 カプ・コケコ／カプ・テテフ
カプ・ブルル／カプ・レヒレ
わざ「しぜんのいかり」

地面から巨人のような体が現れて島の守り神と合体し、巨大な拳で相手を叩きつぶす。

①
②
③
④
⑤
⑥

ナインエボルブースト	ほんきをだす こうげき
わざのタイプ ノーマル	わざのタイプ ノーマル
イーブイZ	カビゴンZ
＋	＋
イーブイ わざ「とっておき」	カビゴン わざ「ギガインパクト」
イーブイの進化形のポケモン8種類が現れて、イーブイへ色とりどりの光を集める。	カビゴンが目を赤く光らせてめざめた後、相手に向かって突進。大きくジャンプして相手を押しつぶす。

①

①

②

②

③

③

④

④

⑤

⑤

⑥

⑥

腕試しさせてよー！
大試練で認められて
おれも Zリング
手に入れたしさー！

ハウ

アローラ地方で横になれる ベッドの寝心地くらべ

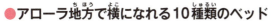

島巡りの合間のちょっとしたお楽しみだ

アローラ地方の各地にある家におじゃまして、ベッドの寝心地を比べてみた。ベッドから伝わる、アローラの人たちの暮らしぶりを感じてほしい。

●アローラ地方で横になれる10種類のベッド

メレメレじま 1ばんどうろ ハウオリシティはずれ 主人公の家

主人公が使っている自分の部屋のベッドに横になると、心やすらぐ香りがする。ママとの思い出もつまった、安心して休めるベッドだ。

メレメレじま 1ばんどうろ ハウオリシティはずれ ポケモンけんきゅうじょ

ポケモンけんきゅうじょのロフトで、リーリエが使っているソファベッド。殿堂入り後にリーリエが旅立つと、メッセージが少し変わる。

メレメレじま ハウオリシティ イリマの家

アーカラじまのキャプテン、イリマが使っているベッドは、ほどよい硬さと、真っ白なシーツが心地よい。つねに清潔に保たれているようだ。

メレメレじま 2ばんどうろ グズマの家

2ばんどうろにある民家は、スカル団ボスのグズマが子どものころに過ごした家だ。ベッドからは、誰も使っていない、さびれた香りがただよう。

アーカラじま オハナタウン カキの家

アーカラじまのキャプテン、カキの家のベッドは、きれいに洗われているが、うっすら湿っている。激しいダンスの練習でほとばしる汗のせい？

アーカラじま コニコシティ マオのレストラン

2階の部屋のベッドからは、なんとなくスパイスやソースの香りがしてきたような……。1階の厨房から立ちのぼる匂いが、染みついているようだ。

アーカラじま コニコシティ ライチのジュエリーショップ

アーカラじまのしまクイーン、ライチが使っているベッドには、わりと硬めのマットレスが敷いてある。体の負担が少なくて、寝やすい。

アーカラじま コニコシティ スイレンの家

アーカラじまのキャプテン、スイレンのベッドに横になると、どこか潮風に包まれた心地がする。海からほど近い、せせらぎのおかの香りだ。

ウラウラじま ポータウン いかがわしきやしき 1・2階

1階のベッドにはポケモンの毛が付着している。2階の小ぎれいなベッドには、ポケモンのぬいぐるみが置かれている。どちらも、横にはなれない。

ポニじま ポニのこどう ハプウの家

ポニじまのしまクイーン、ハプウの家のベッドは、窓から差し込む陽射しを浴びて、お日様の暖かさを感じられる。安心して眠れそうだ。

ダジャレ好き集まれ！
島巡りの途中で聞ける傑作選

アローラ地方にはダジャレ好きが多い!?

アローラ地方では、ダジャレが大人気。子どもからお年寄りまで、あらゆる世代の人が楽しいダジャレを披露してくれる。ここでは、アローラ地方で聞けるダジャレの中でも、とくに秀逸な傑作ダジャレを紹介しよう。島巡りの途中で聞けるダジャレが、戦いの疲れをいやしてくれる。

●公式ガイドブック編集部が選んだ傑作ダジャレ

ポケットモンスター サン・ムーン
公式ガイドブック 上
完全ストーリー攻略

アローラ地方の
スポットガイド

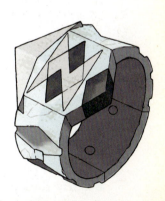

Alola Spot Guide
アローラ地方のスポットガイド

アローラ地方には、毎日どうぐが手に入ったり、勝負を楽しめたりする場所がある。ポケモンの世話をしてくれる人々もたくさんいる。このガイドを参考にして、アローラ地方の生活を満喫しよう。

  すべての島のポケモンセンター

① 飲み物を注文すると他の地方の名産品をもらえる　毎日

場所: 各地のポケモンセンター カフェスペース

各地のポケモンセンターにあるカフェスペースでは、飲み物を注文すると、1日1回、おかしをもらえる。もらえるおかしは、各地方の名産品だ。曜日によって、もらえる種類が異なる。

108ページ

② 飲み物を注文するとポケマメを12個もらえる　毎日

場所: 各地のポケモンセンター カフェスペース

各地のポケモンセンターにあるカフェスペースでは、飲み物を注文すると、1日1回、ポケマメをもらえる。ポケマメは、ポケリフレでポケモンにあげると「なかよし」が上がる食べ物だ。一度に12個もらえる。

108ページ

690

アローラ！
アローラ地方へようこそ！

ウラウラじま

4 ステキな賞品が当たる IDくじを引ける　毎日

場所 メレメレじま ハウオリシティ
アローラかんこうあんないじょ

1日1回、IDくじを引ける。「てもち」やボックスにいるポケモンのIDと、くじのナンバーが一致したケタ数に応じて、豪華な賞品が当たる。特等に当たれば、マスターボールが手に入る。

160ページ

5 ポケモンがおぼえているわざを 忘れさせてくれる

場所 メレメレじま ハウオリシティ
ポケモンセンター

わすれジイさんに話しかけると、ポケモンがおぼえているわざを忘れさせることができる。使うわざマシンを間違ってしまった場合など、ポケモンのわざを忘れさせたいときにお願いしよう。

162ページ

3 「おおきいマラサダ」を 1個ずつ買える　毎日

場所 各地のマラサダショップ

メレメレじま、アーカラじま、ウラウラじまに1軒ずつあるマラサダショップでは、1日1回、おおきいマラサダを買える。1軒につき1個買えるので、毎日3個まで手に入れられる。

164ページ

6 バトルバイキングで ポケモン勝負を楽しめる　毎日

場所 メレメレじま ハウオリシティ
ショッピングモール（メレメレの大試練達成後）

1日1回、バトルバイキングに挑戦できる。10ターンの間、ポケモントレーナーたちとポケモン勝負を楽しみながら、料理を獲得していく。終了後、食事の満足度に応じてどうぐをもらえる。

168ページ

691

Alola Spot Guide

7 3種類の究極のわざを教えてもらえる

場所 メレメレじま ハウオリシティ ショッピングモール（メレメレの大試練達成後）

ジュナイパー、ガオガエン、アシレーヌに、究極のわざ「ハードプラント」「ブラストバーン」「ハイドロカノン」を教えてもらえる。ポケモンがなついていることが条件だ。

167ページ

8 3種類の合体わざを教えてもらえる

場所 メレメレじま ハウオリシティ ショッピングモール（メレメレの大試練達成後）

最初に1匹もらえるモクロー、ニャビー、アシマリと、その進化形がなついていると、合体わざ「くさのちかい」「ほのおのちかい」「みずのちかい」を教えてもらえる。

167ページ

9 すごいオヤジに「すごいとっくん」をしてもらえる

場所 メレメレじま ハウオリシティ ショッピングモール（殿堂入り後）

すごいオヤジに話しかけると、ポケモンに「すごいとっくん」をして、「のうりょく」を最高にきたえてもらえる。Lv.100のポケモンと、ぎんのおうかんかきんのおうかんが必要だ。

488ページ

10 きのみのなる木からきのみを手に入れる

毎日

場所 メレメレじま 2ばんどうろ きのみばたけ

2ばんどうろのきのみばたけにあるきのみのなる木では、1日1回、キーのみかオレンのみが手に入る。木の根元にあるきのみの山を調べよう。この場所では、レアなきのみは出現しない。

175ページ

11 きのみのなる木から きのみを手に入れる 毎日

場所 メレメレじま 2ばんどうろ

2ばんどうろのきのみのなる木では、カゴのみ、オレンのみ、キーのみ、ヒメリのみの中からランダムで3〜5個手に入る。きのみの山が大きいときは、オボンのみが手に入ることがある。

176ページ

12 きのみのなる木から きのみを手に入れる 毎日

場所 メレメレじま 3ばんどうろ

3ばんどうろのきのみのなる木では、カゴのみ、モモンのみ、クラボのみ、オボンのみ、ヒメリのみの中からランダムで3〜5個手に入る。きのみの山が大きいときは、オボンのみが手に入りやすい。

190ページ

13 自分でつかまえたポケモンの ニックネームを変える

場所 アーカラじま カンタイシティ
アローラかんこうあんないじょ

せいめいはんだんしに話しかけると、ポケモンのニックネームを新しくつけたり、すでにつけたニックネームを変えたりすることができる。人からもらったポケモンのニックネームは変えられない。

210ページ

14 ゲームフリークの モリモトと勝負できる 毎日

場所 アーカラじま カンタイシティ
ゲームフリーク（殿堂入り後）

ゲームフリークにいるモリモトに話しかけると、1日1回、ポケモン勝負を楽しめる。はじめて勝ったときに、まるいおまもりをもらえる。毎日戦って、ポケモン勝負の戦術を学ぼう。

490ページ

15 ゲームディレクターから 図鑑を評価してもらえる

場所 アーカラじま カンタイシティ
ゲームフリーク

4種類ある島図鑑や、アローラ図鑑を完成させたら、ゲームフリークにいるゲームディレクターに話しかけよう。トレーナーパスに、完成した図鑑に応じたスタンプを押してもらえる。

74ページ

16 きのみのなる木から きのみを手に入れる 毎日

場所 アーカラじま 4ばんどうろ

4ばんどうろのきのみのなる木では、モモンのみ、フィラのみ、ウイのみ、マゴのみ、バンジのみ、イアのみの中からランダムで3〜5個手に入る。まれに、ラムのみが手に入ることがある。

219ページ

Alola Spot Guide

アーカラじま

17 ポケモンをあずけて ポケモンのタマゴを発見できる

場所 アーカラじま オハナぼくじょう ポケモンあずかりや

同じタマゴグループに属するポケモンの♂と♀をあずけると、ポケモンのタマゴが発見されることがある。タマゴから生まれるのは、♀のポケモンと同じ種類か、その進化前のポケモンだ。

228ページ

18 わざ「めざめるパワー」の タイプを教えてもらえる

場所 アーカラじま オハナぼくじょう ポケモンあずかりや

ポケモンあずかりやの中にいる女性から、わざマシン10「めざめるパワー」をもらえる。その後、話しかけてポケモンを選ぶと、そのポケモンのわざ「めざめるパワー」のタイプを教えてもらえる。

228ページ

19 きのみのなる木から きのみを手に入れる　**毎日**

場所 アーカラじま 5ばんどうろ

5ばんどうろのきのみのなる木では、チーゴのみ、クラボのみ、キーのみ、モモンのみの中からランダムで3〜5個手に入る。きのみの山が大きいと、ラムのみが手に入ることがある。

234ページ

20 試食のきのみを 日替わりでもらえる　**毎日**

場所 アーカラじま ロイヤルアベニュー スーパー・メガやす

店員に話しかけると、1日1回、試食のきのみをもらえる。日替わりで、マトマのみ、チーゴのみ、オレンのみ、ブリーのみ、オボンのみ、マゴのみ、パイルのみの順にもらえる。

248ページ

21 バトルロイヤルで勝利してランクを上げよう

場所 アーカラじま ロイヤルアベニュー ロイヤルドーム

バトルロイヤルは、4人の挑戦者が勝利をかけて、1対1対1対1で戦う勝負だ。最初はノーマルランクからスタートする。ノーマルランクで1位になると、次のランクに挑戦できるようになる。

613ページ

22 ポケモンに「がんばリボン」をつけてもらえる

場所 アーカラじま ロイヤルアベニュー ロイヤルドーム

ポケモンのきそポイントを限界まで上げたら、ロイヤルドームにいる女性に話しかけよう。「てもち」の先頭のポケモンのきそポイントが最大まで上がっていると、がんばリボンをもらえる。

249ページ

23 きのみのなる木からきのみを手に入れる

 毎日

場所 アーカラじま 8ばんどうろ

8ばんどうろのきのみのなる木では、モモンのみ、キーのみ、カゴのみ、クラボのみ、オレンのみ、オボンのみの中からランダムで3～5個手に入る。まれに、ラムのみが手に入ることがある。

263ページ

24 手に入れたカセキをポケモンに復元してもらえる

場所 アーカラじま 8ばんどうろ かせきふくげんじょ

かせきふくげんじょにいる男性に話しかけると、持っているカセキをポケモンに復元してもらえる。カセキは、コニコシティのライチのジュエリーショップで手に入れよう。

263ページ

25 マッサージでポケモンのなつき具合を上げてもらえる

 毎日

場所 アーカラじま コニコシティ ロミロミ

ロミロミをしてくれる女性に話しかけると、1日1回、「てもち」の先頭のポケモンにマッサージをしてもらえる。マッサージをしてもらうと、ポケモンのなつき具合が上がる。

278ページ

26 ポケモンのなつき具合を教えてもらえる

場所 アーカラじま コニコシティ

コニコシティのわざマシンうりばの近くにいる女性に話しかけると、ポケモンのなつき具合を教えてもらえる。「てもち」のポケモンの中から、なつき具合を知りたいポケモンを選ぼう。

279ページ

695

Alola Spot Guide

ピカチュウにわざ「ボルテッカー」を教えてもらえる

場所 アーカラじま コニコシティ

「てもち」にピカチュウがいる状態で、コニコシティの岬にいる女性に話しかけよう。ピカチュウにわざ「ボルテッカー」を教えてもらえる。3匹のピカチュウが並んでいる場所が目印だ。

281ページ ▶

28 ナマコブシ投げのアルバイトができる 毎日

場所 アーカラじま ハノハノビーチ

ハノハノビーチにいる男性に話しかけると、1日1回、ナマコブシを海に投げ入れるアルバイトができる。決められた数のナマコブシを海へ返そう。成功すると、バイト代20000円をもらえる。

294ページ ▶

成長したポケモンに「あしあとリボン」をつけてもらえる

場所 アーカラじま ハノハノリゾート ハノハノリゾートホテル

ハノハノリゾートホテルにいる男性に話しかけると、あしあとリボンをもらえる。出会ったときのレベルと現在のレベルの差が30以上あるポケモンを、男性に見せることが条件だ。

295ページ ▶

30 仲良くなったポケモンに「なかよしリボン」をつけてもらえる

場所 ウラウラじま マリエシティ マリエちいきセンター

マリエちいきセンターにいる女の子に話しかけると、なかよしリボンをもらえる。ポケリフレなどで「なかよし」が最高に上がったポケモンを、「てもち」の先頭にして話しかけよう。

317ページ ▶

31 ミブリにバトルスタイルを伝授してもらえる

場所 ウラウラじま マリエシティはずれのみさき

ミブリの弟子になると、バトルスタイルを習得できるようになる。バトルスタイルとは、ボールを投げるアクションや、通信対戦で披露するキメポーズのこと。8種類のバトルスタイルがある。

668ページ

32 きのみのなる木からきのみを手に入れる 毎日

場所 ウラウラじま 10ばんどうろ

10ばんどうろのきのみのなる木では、ザロクのみ、ネコブのみ、タポルのみ、ロメのみ、ウブのみ、マトマのみの中からランダムで3〜5個手に入る。まれに、アッキのみが手に入ることがある。

335ページ

33 きのみのなる木からきのみを手に入れる 毎日

場所 ウラウラじま ウラウラうらかいがん

ウラウラうらかいがんのきのみのなる木では、ナナシのみ、クラボのみ、カゴのみ、ヒメリのみの中からランダムで3〜5個手に入る。きのみの山が大きいと、ズアのみが手に入ることがある。

352ページ

34 きのみのなる木からきのみを手に入れる 毎日

場所 ウラウラじま 16ばんどうろ

16ばんどうろのきのみのなる木では、ナナシのみ、オボンのみ、キーのみ、モモンのみ、オレンのみの中からランダムで3〜5個手に入る。きのみの山が大きいと、ラムのみが手に入ることがある。

385ページ

35 きのみのなる木からきのみを手に入れる 毎日

場所 ウラウラじま 17ばんどうろ

17ばんどうろのきのみのなる木では、オボンのみ、ヒメリのみ、モモンのみ、チーゴのみ、ラムのみの中からランダムで3〜5個手に入る。きのみの山が大きいと、リュガのみが手に入ることがある。

396ページ

36 ポケモンがおぼえられるわざを教えてくれる

場所 ウラウラじま ラナキラマウンテン ポケモンセンター

マダムメモリアルにハートのウロコを1個渡すと、ポケモンにわざを1つ教えてくれる。わざは、そのポケモンの基本わざ、レベルアップでおぼえるわざ、進化したときにおぼえるわざの中から選べる。

447ページ

37 ポケモンリーグで防衛戦にチャレンジしよう

場所 ウラウラじま ラナキラマウンテン
ポケモンリーグ（殿堂入り後）

殿堂入り後のポケモンリーグでは、防衛戦が行われる。四天王に勝利してチャンピオンの間へ進むと、10人の中からランダムで挑戦者が1人選ばれる。初代チャンピオンの座を守りぬこう。

498ページ

38 わざ「りゅうせいぐん」を教えてもらえる

場所 ポニじま うみのたみのむら
ポケモンセンター

ポケモンセンターにいる女性に話しかけると、ドラゴンタイプのポケモンなどに、わざ「りゅうせいぐん」を教えてもらえる。ドラゴンタイプ最強のわざだ。主人公に最高になついていることが条件となる。

408ページ

39 きのみのなる木からきのみを手に入れる 毎日

場所 ポニじま ポニのげんや（西側）

ポニのげんやの西側にある木では、オッカのみ、ナモのみ、ヨブのみ、シュカのみ、ヨロギのみ、ホズのみの中からランダムで3〜5個手に入る。まれに、カムラのみが手に入ることがある。

412ページ

40 きのみのなる木からきのみを手に入れる 毎日

場所 ポニじま ポニのげんや（中央）

ポニのげんやの中央にある木では、イトケのみ、ロゼルのみ、ヤチェのみ、ソクノのみ、ウタンのみ、リリバのみの中からランダムで3〜5個手に入る。まれに、ヤタピのみが手に入ることがある。

413ページ

41 きのみのなる木から きのみを手に入れる　毎日

場所 ポニじま ポニのげんや（東側）

ポニのげんやの東側にある木では、リンドのみ、カシブのみ、バコウのみ、ビアーのみ、タンガのみ、ハバンのみの中からランダムで3～5個手に入る。まれに、チイラのみが手に入ることがある。

413ページ ▶

42 きのみのなる木から きのみを手に入れる　毎日

場所 ポニじま ポニのこうや

ポニのこうやにある木では、オッカのみ、イトケのみ、リンドのみ、ソクノのみ、シュカのみ、ヤチェのみの中からランダムで3～5個手に入る。まれに、タラプのみが手に入ることがある。

476ページ ▶

43 バトルツリーで 連勝記録を伸ばそう

場所 ポニじま バトルツリー

バトルツリーでは、強豪を相手に、連勝記録を伸ばす対戦に挑戦できる。1勝するごとにBP（バトルポイント）をもらえる。バトルレジェンドとして、レッドやグリーンが登場する。

615ページ ▶

★「QRスキャン」のしまスキャンで めずらしいポケモンをつかまえよう

場所 —

下画面のメニューの「QRスキャン」でポイントを100P貯めると、しまスキャンを行える。しまスキャンをすると、アローラ地方には生息していない、めずらしい野生のポケモンをつかまえられる。

622ページ ▶

★ フェスサークルで遊んで ランクを上げよう

場所 フェスサークル

フェスサークルは、他のプレイヤーとコミュニケーションを楽しみながら発展させていく施設だ。下画面のメニューの「フェスサークル」から行ける。たくさん遊んで、ランクを上げよう。

538ページ ▶

★ ポケリゾートで遊んで 開発しよう

場所 ポケリゾート

ポケリゾートは、ボックスにいるポケモンを遊ばせたり、きたえたりすることができる場所だ。下画面のメニューの「ポケリゾート」から行ける。ポケマメを使って、5種類のリゾートを開発できる。

526ページ ▶

| Column 連動アイテム | 「モンコレGET」で QRスキャンを楽しもう |

プレートの裏面に「スペシャルQRコード」がついたトイだ

「モンコレGET」は、ポケモンの新しいフィギュア。プレートの下に、QRコードがプリントされている。『ポケモン サン・ムーン』でQRスキャンをすると、「スペシャルQRコード」として、ポケモン図鑑に「姿を見かけた」状態で登録されるポケモンもいる(→P.623)。

ポケモンの新しいコレクタブルフィギュアのシリーズだ

「モンコレGET」は、ポケモンのフィギュアのコレクションも楽しめる。パッケージの中にフィギュアが1個入っている。パッケージを開けるまでは、どのポケモンが出るかわからないドキドキ感を楽しめる。発売中の「モンスターコレクションEX」シリーズとは別のシリーズとして展開される。「モンコレGET」シリーズは、玩具売場、ガチャ売場、お菓子売場で発売予定だ。

■商品の例

モンコレGET Vol.1 「出会いの草原」	モンコレGET Vol.2 「火種のどうくつ」
全9種。ノーマル6種、シークレット3種の構成だ。	こちらもシークレットが3種ある。全9種の構成だ。

商品情報の検索はこちらから！
「モンコレGET」について、くわしくはタカラトミーのサイトを見よう。

| タカラトミー　モンコレGET | |

 アローラ図鑑の完成に役立つ新世代のフィギュアだ

「モンコレGET」は、プレートの上に載ったフィギュア。サイズは統一されている。そのポケモンの特徴を最大限に引きだすようなデザインは、集めたくなる魅力がある。さわってディテールを楽しんだり、机の上にきれいに並べて眺めたりと、さまざまな楽しみかたができる。裏面の「スペシャルQRコード」をQRスキャンすると、ポケモンの生息地がわかる。623ページで紹介している、しまスキャンのポイントも、1回につき20P貯められる。（元宮秀介）

「モンコレGET」シリーズのラインナップを紹介だ

「モンコレGET Vol.1 出会いの草原」と「モンコレGET Vol.2 火種のどうくつ」は、2016年12月28日(水)に発売される。「モンコレGET Vol.3 はじまりの水辺」は2017年1月にガチャで発売、「モンコレGET Vol.4 町はずれの発電所」は、2017年1月にお菓子売場で発売予定だ。

Column 連動アイテム
「ポケモン Zリング」で光と音と振動の4D体験を楽しもう

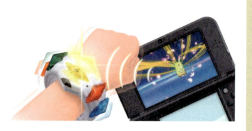

『ポケモン サン・ムーン』を演出するハイテクトイだ

「ポケモン Zリング」は、腕に巻いて遊ぶトイだ。『ポケモン サン・ムーン』でZワザをくり出すと、音と光と振動でシンクロ。戦闘アニメとリンクして、Zワザの迫力をさらに盛りあげる。「ポケモン Zリング」に、別売の「ポケモン Zクリスタル」をセットすると、タイプごとの効果音が鳴り、マークが発光する。

「ポケモン Zリング」と「ポケモン Zクリスタル」が発売中だ

「ポケモン Zリング」の関連商品が発売中。基本となるのが、「ポケモン Zリング」。「Zクリスタル」を集めるときは、「ポケモン Zクリスタル」を入手しよう。「ポケモン Zリング&Zクリスタルスペシャルセット」は、6種類の「Zクリスタル」と展示用のコレクションボードがセットになっている。

■商品の例

ポケモン Zリング
でんきタイプのZワザに対応した、デンキZが付属。

ポケモン ZクリスタルVol.1
ドクZ　ハガネZ　イワZ
ドクZ、ハガネZ、イワZの3個入り。「Vol.2」も同時に発売される。

商品情報の検索はこちらから！
「ポケモン Zリング」関連の商品は、「ポケモン Zクリスタル」が追加で登場する。くわしくはタカラトミーのサイトを見よう。

タカラトミー　Zリング　 検索

体験レポート
大人の腕にも付けられるサイズがうれしい！ こだわりの感じられる演出に感動！

「ポケモン Zリング」は、大人の腕にもはめられるサイズでありながら、重量は軽く、ゲームのプレイ中でも気にならない。「ポケモン Zクリスタル」をセットすると、光と音が鳴り響く。わざのタイプを表現したサウンドが絶妙で、たとえば「いわタイプの音はどんな感じなのだろう？」と興味を惹かれる。Zワザをくり出したときは、ゲーム中の戦闘アニメと完全にリンクした演出で、気分が高まる。（元宮秀介）

©Nintendo・Creatures・GAME FREAK・TV Tokyo・ShoPro・JR Kikaku・©Pokémon
©2016 Pokémon ©1995-2016 Nintendo/Creatures Inc./GAME FREAK inc.
ポケットモンスター・ポケモン・Pokémonは任天堂・クリーチャーズ・ゲームフリークの登録商標です。
ニンテンドー3DSのロゴ、ニンテンドー3DSは任天堂の商標です。

バトルの相性表

タイプには、攻撃をするときに使う「わざのタイプ」と、攻撃を受けるときに影響する「ポケモンのタイプ」の2種類がある。戦闘で与えたり受けたりするダメージは、これらの相性によって大きく変化する。相性をマスターして、戦闘を有利に進めよう。

攻撃を受けるポケモンのタイプ

攻撃をするポケモンのわざのタイプ	ノーマル	ほのお	みず	くさ	でんき	こおり	かくとう	どく	じめん	ひこう	エスパー	むし	いわ	ゴースト	ドラゴン	あく	はがね	フェアリー
ノーマル													▲	×			▲	
ほのお		▲	▲	◎		◎						◎	▲		▲		◎	
みず		◎	▲	▲					◎				◎		▲			
くさ		▲	◎	▲				▲	◎	▲		▲	◎		▲		▲	
でんき			◎	▲	▲				×	◎					▲			
こおり		▲	▲	◎		▲			◎	◎					◎		▲	
かくとう	◎					◎		▲		▲	▲	▲	◎	×		◎	◎	▲
どく				◎				▲	▲				▲	▲			×	◎
じめん		◎		▲	◎			◎		×		▲	◎				◎	
ひこう				◎	▲		◎					◎	▲				▲	
エスパー							◎	◎			▲					×	▲	
むし		▲		◎			▲	▲		▲	◎			▲		◎	▲	▲
いわ		◎				◎	▲		▲	◎		◎					▲	
ゴースト	×										◎			◎		▲		
ドラゴン															◎		▲	×
あく							▲				◎			◎		▲		▲
はがね		▲	▲		▲	◎							◎				▲	◎
フェアリー		▲					◎	▲							◎	◎	▲	

表の見かた

- ◎ とてもよく効く……×2 「こうかはばつぐんだ!」
- 印なし ふつうに効く……×1
- ▲ あまり効かない…×0.5 「こうかはいまひとつのようだ…」
- × まったく効かない…×0 「こうかがないようだ…」

●タイプによって効果のない状態異常とわざ・とくせい

タイプ	説明
ほのお	・「やけど」状態にならない。
くさ	・わざ「やどりぎのタネ」が効かない。「どくのこな」や「しびれごな」などのこな系のわざや、わざ「キノコのほうし」を受けない。 ・とくせい「ほうし」を受けない。
でんき	・「まひ」状態にならない。
こおり	・「こおり」状態にならない。 ・天気が「あられ」状態のとき、ターンごとのダメージを受けない。 ・わざ「ぜったいれいど」が効かない。
どく	・「どく」と「もうどく」状態にならない。 ・交代して出てきたときに、わざ「どくびし」の効果で「どく」と「もうどく」状態にならない。 ・交代して出てきたときに、わざ「どくびし」の効果を消す(同時にひこうタイプに属していたり、とくせい「ふゆう」を持っていたりするポケモンには、この効果はない)。
じめん	・わざ「でんじは」が効かない。◆ ・天気が「すなあらし」状態のとき、ターンごとのダメージを受けない。
ひこう	・交代して出てきたときに、わざ「まきびし」のダメージを受けない。 ・交代して出てきたときに、わざ「どくびし」の効果で「どく」と「もうどく」状態にならない。
いわ	・天気が「すなあらし」状態のとき、ターンごとのダメージを受けない。
ゴースト	・逃げられなくなるわざやとくせいの効果を受けない。
あく	・とくせい「いたずらごころ」の効果で、先制して出されたへんかわざの効果を受けない。
はがね	・天気が「すなあらし」状態のとき、ターンごとのダメージを受けない。 ・「どく」と「もうどく」状態にならない。 ・交代して出てきたときに、わざ「どくびし」の効果で「どく」と「もうどく」状態にならない。

◆「へんか」に分類されるわざは通常はタイプの影響を受けませんが、わざ「でんじは」は例外となり、じめんタイプに効果がありません。

703

STAFF

発行人：永田勝治
編集人：山下善久
制作：岩田紗由美
営業企画：橋本佳奈／山本里美
宣伝・PR：岩﨑篤史／笠井 純

企画・構成・編集：元宮秀介（ワンナップ）
　　　　　　　　　金沢有紀子（シタタメヤ）
　　　　　　　　　ゲヱセン上野
　　　　　　　　　城戸芳充
　　　　　　　　　元宮響子

カバーデザイン：高橋俊之（ラグタイム）
アートディレクション&デザイン：高橋俊之（ラグタイム）
デザイン：鈴木達夫（すずきこうぼう）
　　　　　安田ひろみ（ラグタイム）
　　　　　大野虹太郎（ラグタイム）
　　　　　北出伸一郎（ラグタイム）

アローラ地方イラストマップ作成：鈴木達夫（すずきこうぼう）

DTP：ツユキノリコ（ワンナップ）
　　　金沢有紀子（シタタメヤ）

校正：向川浩子／三柴直子

スペシャルサンクス：下越麻理

監修：株式会社ポケモン
　　　株式会社ゲームフリーク

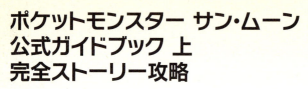

ポケットモンスター サン・ムーン 公式ガイドブック 上 完全ストーリー攻略

元宮秀介&ワンナップ

2016年12月14日　初版　第1刷　発行

発行所：株式会社オーバーラップ
　　　　〒150-0013　東京都渋谷区恵比寿1-23-13
電話：03-6219-0850　オーバーラップカスタマーセンター
受付時間10:00～18:00（土日祝日をのぞく）

●ゲームの内容に関するご質問については
　お答えできませんので、ご了承ください。

印刷・製本所：大日本印刷株式会社

本書は著作権上の保護を受けております。
本書の一部あるいは全部について著作権者及び出版社に対して文書による承諾を得ずに、
いかなる方法においても無断で複写、複製することを禁じます。

ISBN978-4-86554-151-9　C0076　2016 Printed in Japan

●定価はカバーに表示しております。
●乱丁本、落丁本はお取替えいたします。

©2016 Pokémon.
©1995-2016 Nintendo/Creatures Inc./GAME FREAK inc.
ポケットモンスター・ポケモン・Pokémonは任天堂・クリーチャーズ・ゲームフリークの登録商標です。
ニンテンドー3DSロゴ、ニンテンドー3DSは任天堂の商標です。

PC、スマホからWEBアンケートにご協力ください
●中学生以下の方は保護者の方の了承を得て
　から回答してください。
●サイトへのアクセスの際に発生する通信費
　等はご負担ください。

http://over-lap.co.jp/865541519

2016年12月14日（水）同日発売！
ポケットモンスター サン・ムーン
公式ガイドブック 下
完全アローラ図鑑

本誌に掲載されている情報は、2016年10月末現在のものです。
画面やデータ、仕様などは変更される場合があります。
あらかじめご了承ください。